国家出版基金项目
NATIONAL PUBLICATION FOUNDATION

刘大年全集

大路——刘大年的学术人生

（图录）

十五

长江出版传媒
湖北人民出版社

编者说明

本卷收录了与刘大年一生学术活动相关的图像文献近七百幅，其中包括他参加会议、会谈、访问的照片，重要论著、论述的手稿、笔记，与学术组织建设、学术探讨相关的信件，所发表的重要著述、文章，所参与的学术活动的报章报道，任命书、证件、记录等文书档案，与刘大年交往人士的相关书信、手迹，等等。

这些文献产生的时间自1940年代初至1999年，跨越一个甲子。文献展现了刘大年这六十年中，从事学术研究、学术建设和社会活动的轨迹，展现了他沉甸甸的学术研究成果，展现了他对新中国相关学术建设和组织工作的卓越贡献，展现了他刻苦、严谨的治学态度和优秀学术品质。这些图像文献与《刘大年全集》中其他各卷的文字相互印证，有文字所不能起到的作用。

从图片中展示的书信、书刊的粗糙纸张、简陋装帧，从来往信件中简洁、直爽的语言，从会议、会见的简朴场地，从人物的着装、神情、姿态，我们可以感受到当时的党风、学风、时代风貌。

这些文献不仅有研究新中国学术发展的史料价值，其中的一些书籍、书信、照片历经沧桑，同时也具有了文物价值；一些学界大家的书信，更有相当的艺术价值。

这些文献中的相当一部分，是刘大年悉心留下来并加以标记、整理过的，显示出一位史学大家的史料意识。他在去世前一年给战友的信（见本卷第九章第五节）中说：“想争取最后的时间写一本回忆抗日战争的小书。目的不是讲个人，是讲我看到的中国人在那场伟大的民族解放战争中是怎样走过来的，讲他们坚韧奋发的民族精神。”我们相信，他保存这些珍贵的文献、文物，目的也不是为了讲个人，而是想告诉后人，中国的马克思主义史学、社会科学、科学研究是如何从一穷二白开始，筚路蓝缕，一路走到今天。

本卷按刘大年所从事学术研究、学术组织管理、学术活动分为十一章，大致按事件发生的时间顺序编排，兼顾事件的性质。

本卷对图像文献说明的主要依据包括：（1）刘大年在照片背后，手稿、日记、书信上的记载和他的相关著述；（2）《刘大年来往书信选》（王玉璞、朱薇编，中央文献出版社，2006年）、《刘大年传》（周秋光、黄仁国著，岳麓书社，2009年）；（3）本卷编者和亲友对刘大年生前相关谈论的记录、记忆；（4）研究、评论刘大年文献的论述；（5）有些公共信息，是从网站上查到线索，并尽量查找相关书面文献印证。在此特向上述两书的作者以及相关文献的编著者深致谢意。在本卷的编写过程中，张海鹏、王玉璞、刘宝林、姜涛、李长莉、黄仁国、赵庆云、朱薇等同志给予了各种指导、支持，在此亦深表谢意。

由于我们的学识和能力所限，本卷肯定存在不准确甚至谬误之处，恳请专家、读者指正。

由于是用图片来表现刘大年的学术人生，受图片数量的限制，难以充分表达，这是与文字叙述有所不同的，请读者鉴谅。

本卷编者作为后人，本不应直呼家父姓名。但从读者和行文考虑，还是采用了现在的称谓方式，这也是家父一贯主张的做法。

关于本卷的卷名。刘大年在给战友的那封信的最后说："我们在自然规律支配下，很快都要最后作结论了，这个结论中将有一句关键的话：我们走的是一条正确的大路，光明的大路。这是可以自慰的。"他们那一代人，在民族危亡的时刻，义无反顾，奔赴国难，献身沙场，选择了"一条正确的大路，光明的大路"。在此后的生涯中，他们仍继续坚持马克思主义信仰，坚持科学客观的态度，坚持以维护国家和人民的利益为己任，坚持弘扬正气，在政治上、学术上选择的仍然是一条"正确的大路，光明的大路"。

刘大年没有精力写完讲述抗战经历的《大路》这本书，但是无疑，他一生都走在这条"正确的大路，光明的大路"上。他还"可以自慰的"是，今天，中国人民还在沿着这条大路，走向新的辉煌。

本卷由刘潞、刘衡山负责编辑。

目　录

序章

投笔从戎

刘大年 1915 年出生在湖南华容县一户小康人家。在这个寂静的小山村，刘大年少年时期“主要是接受封建教育，与‘子曰诗云’打交道”，七七事变之前，“是一个落后的书斋式小知识分子”。抗日战争爆发后，他“再也坐不下来专心读书”，在革命前辈徐特立、王凌波的指引下，投笔从戎，毅然奔赴国难，投身抗日战场。在革命队伍中，他受到马克思主义思想的熏陶，树立了为共产主义奋斗终生的远大理想。

刘大年的亲身革命经历、坚定的马克思主义信仰，以及青少年时期打下的深厚国学根底，为他大半生战士型学者的学术生涯，奠定了坚实、独特的发展背景。

1 洞庭湖畔金盆村

1915 年 8 月，刘大年出生于湖南省华容县三封寺镇金盆村。这里处于洞庭湖北岸与长江夹角丘陵中，是一个三面环山一面为田的小村落。

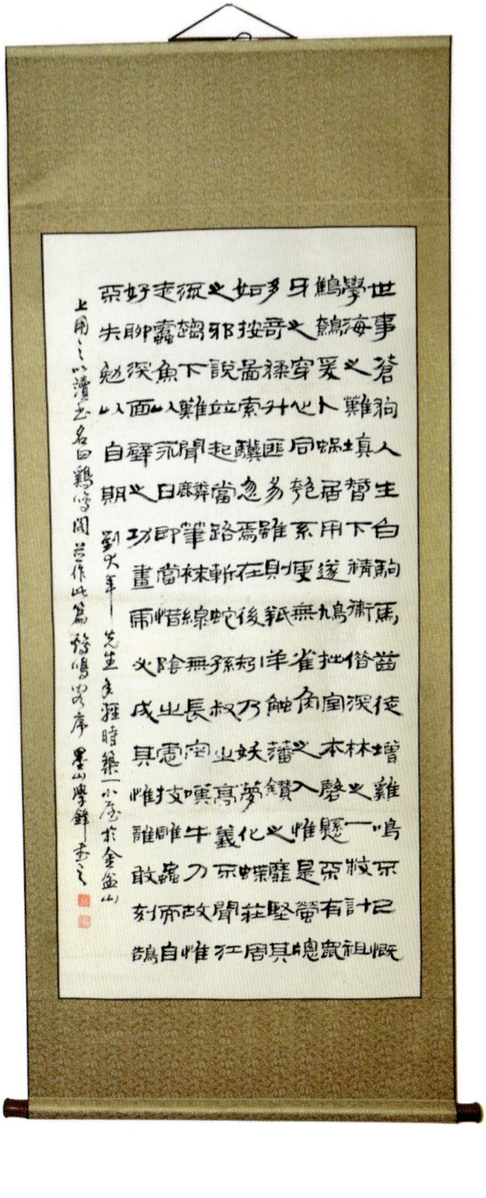

2 刘大年所写励志骈文《鸡鸣阁序》

1937年七七事变之前，刘大年曾在金盆村的雪窝山上建一称之为“鸡鸣阁”的读书茅屋，并写过一篇《鸡鸣阁序》的骈文以励志。该“序”在乡里曾有流传。图为岳阳博物馆熊培庚先生请人书写的《鸡鸣阁序》。序文如下：

世事苍狗，人生白驹。马齿徒增，鸡鸣不已。慨学海之难填，智下精卫；借深林之一枝，计祖鷦鷯。爰卜蜗居，用遂鸠拙。室本磬悬，不有鼠牙之穿；心同匏系，更无雀角之入。

惟是萤窗多奇，猱升匪易。虽则羝羊触藩，钻之靡坚；其如按图索骥，忽焉在后。矧乃妖梦化蝶，庄周之邪说并起；当路斩蛇，孙叔之高义不闻。江流趋下，难闻麟笔；袜线无长，空叹牛刀。故惟志蠹鱼以永日，即当惜阴之虑；技雕虫而自好，聊深面壁之功。画虎必成，其惟谁敢？刻鹄不失，勉以自期！

3 黄鹤楼旧照

1937 年七七事变后第二天，正在武昌求职的刘大年在黄鹤楼下见到成百上千激愤议论抗战的人。在这里，他首次体验到什么是“爱国主义”“民族精神”，开始“意识到了自己的书斋生活将要变，但是如何变，变到哪里去，一派茫然”。

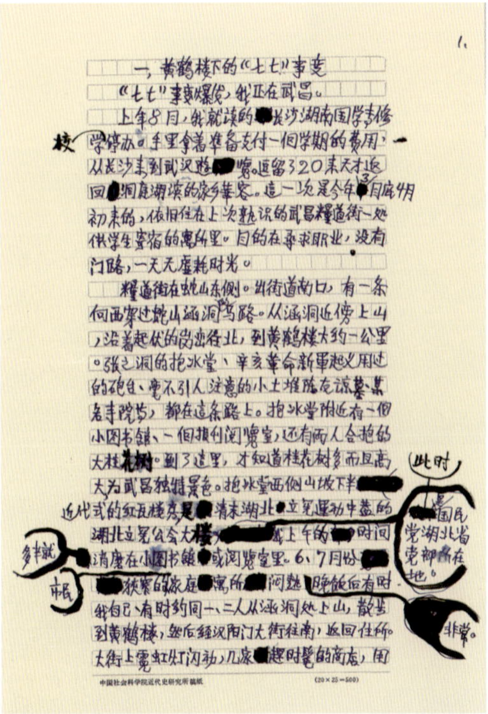

1.

一、黄鹤楼下的“七七”事变

“七七”事变爆发，我正在武昌。

上年8月，我就读的[redacted]长沙湖南国学专修学校。手里拿着准备支付一個学期的费用，从长沙来到武汉游[redacted]览。逗留了20来天才返回[redacted]洞庭湖滨的家乡华容。这一次是今年[redacted]月底4月初来的，依旧住在上次熟识的武昌粮道街一处供学生寄宿的寓所里。目的在寻求职业，没有门路，一天天虚耗时光。

粮道街在蛇山东侧。出街道南口，有一条向西穿过蛇山涵洞马路。从涵洞近傍上山，沿着起伏的岗峦往北，到黄鹤楼大约一公里。张之洞的抱冰堂、辛亥革命新军起义用过的砲台、毫不引人注意的小土堆陈友谅墓、某名寺院等，都在这条路上。抱冰堂附近有一個小图书館、一個报刊阅览室，还有两人合抱的大桂花树。到了这里，才知道桂花树多而且高大，为武昌独特景色。抱冰堂西侧山坡下半[redacted]近代式的红瓦楼房是[redacted]清末湖北[redacted]立宪运动中盖的湖北立宪公会大楼[redacted]或上午的[redacted]时间[redacted]消磨在小图书館[redacted]或阅览室里。6、7月份[redacted]狭窄的家庭[redacted]寓所[redacted]问热[redacted]晚饭后有时我自己、有时约同一、二人从涵洞处上山，散步到黄鹤楼，然后经汉阳门大街往南，返回住所。大街上霓虹灯闪动，几家[redacted]趣时髦的商店，闹

此时国民党湖北省党部所在地。

多半就

市民

非常。

中国社会科学院近代史研究所稿纸　(20×25＝500)

4 《黄鹤楼下的“七七”事变》手稿

60年后，刘大年将七七事变爆发时感受到的民众抗日激情作为抗战回忆录的第一章，大概是想说明这是他走向人生“大路”的序章。

5 徐特立像

徐特立是中共老革命家，湖南教育界的老前辈，在湘人心中有很高的威望，知识青年一般都尊而不名称其为“徐先生”。1938年5月，刘大年在八路军驻湘通讯处见到他并说明想去延安的想法后，他回答的第一句话就是“很好！有志青年应该到延安去！”

6 八路军驻湘通讯处

八路军驻湘通讯处系1937年11月徐特立奉命从延安来到长沙所筹建。刘大年在此得到徐先生的指引，走上革命的康庄大路。

7 王凌波、何叔衡、姜梦周与谢觉哉

在八路军驻湘通讯处，通讯处主任王凌波对刘大年作了考察，并对他进行了唯物主义的启蒙教育。王凌波与同为宁乡县的同乡何叔衡、姜梦周、谢觉哉被称为“宁乡四髯”。图中左1为王凌波。

徐特立与王凌波是刘大年走上革命道路的引路人。

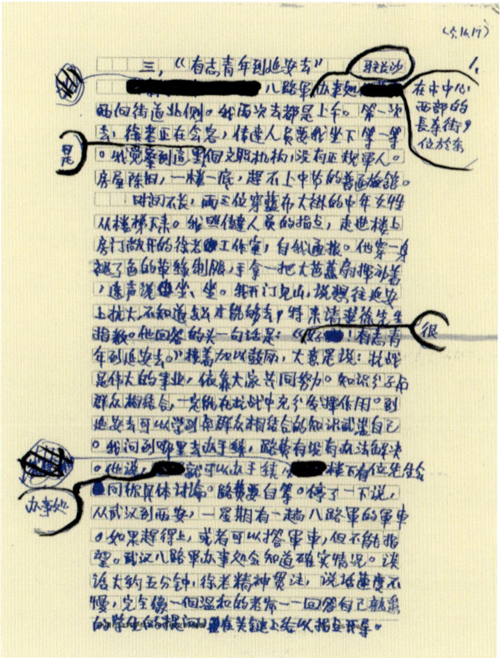

8《“有志青年到延安去”》手稿

60 年后，刘大年把在八路军驻湘通讯处与徐特立、王凌波谈话过程写成回忆录。

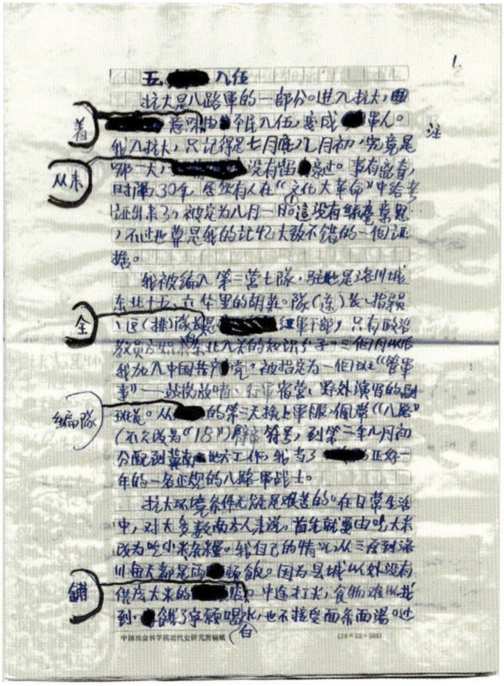

9《入伍》手稿

在徐特立、王凌波的指引下，刘大年于 1938 年 7 月离开家乡，奔赴延安抗大，成为一名八路军战士，开始了革命生涯。刘大年在回忆录里，写了他进入设在洛川县的抗日军政大学第五大队的经过。自此，开始了他在晋冀鲁豫敌后抗战的历程。

第一章

起步于抗日根据地的学术研究
（1939—1950）

1938 年，国难当头，刘大年弃笔从戎，奔赴延安抗日军政大学，成为八路军战士。1939 年抗大毕业后，被分配到冀南抗日根据地领导机关冀南行政主任公署工作。从此在游击战的环境中，走上教育与学术之路。

1939 年到 1945 年，刘大年历任冀南行政主任公署文教处宣传科长、社会教育科长、干部教育科长，兼任冀南行署建立的抗战学院与政治学校教员、冀南抗战史料编纂委员会委员、中共冀南区党委文化运动委员会委员等。

1946 年到 1949 年，刘大年先后在北方大学、华北大学任职。其间撰写了他第一部史学著作《美国侵华简史》，1950 年进入中国科学院工作。

第一节　马背上的书箱（1939—1945）

冀南抗战学院、政治学校一般是在青纱帐长起的季节开学，学员最多时达五六百人，课堂就设在大树下、田头边。

刘大年讲课的内容涉及政治、经济、哲学、历史各方面。为编写讲义，他需要千方百计搜罗图书。据他回忆：“抗日战争期间书是比较难找的。当时找到什么书就看什么书。在艰苦的环境，读了书好像也记得住。那个时候经常有打仗行军。因为我做宣传工作，职务是宣传科长，所以有一匹马。因为有一匹马，也多少可以带几本书。”

烽火连天的战争岁月，学校需要不断变换地点，书籍也就不断箱装马驮，四处转移。刘大年说，千辛万苦搜集到的书籍大部分都散失了。所幸还留下了若干。这些幸存书籍的粗糙纸张和简陋印装，印证着中国革命的艰辛历程。

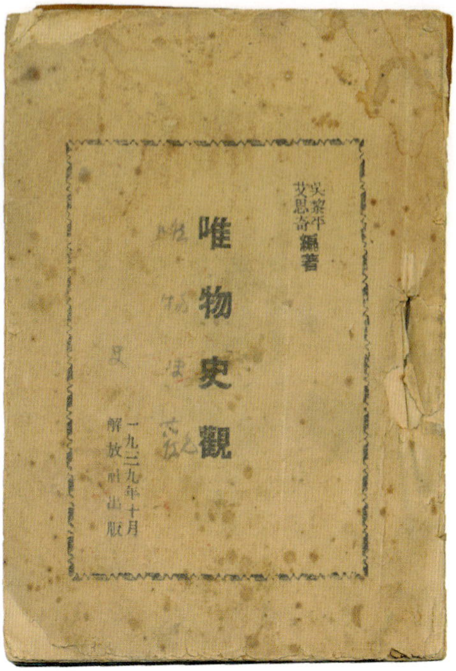

1《唯物史观》扉页（1939）

吴黎平、艾思奇编著，1939 年 10 月解放社出版，新华书店发行。本书封面已失，是现存刘氏马背书箱中出版最早的一本。

2《哲学论文集》封面（1940）

博古等译，1940 年《新华日报》华北分馆编印。此书所用纸张颜色纷杂。抗战敌后根据地的艰苦状况由此可见一斑。

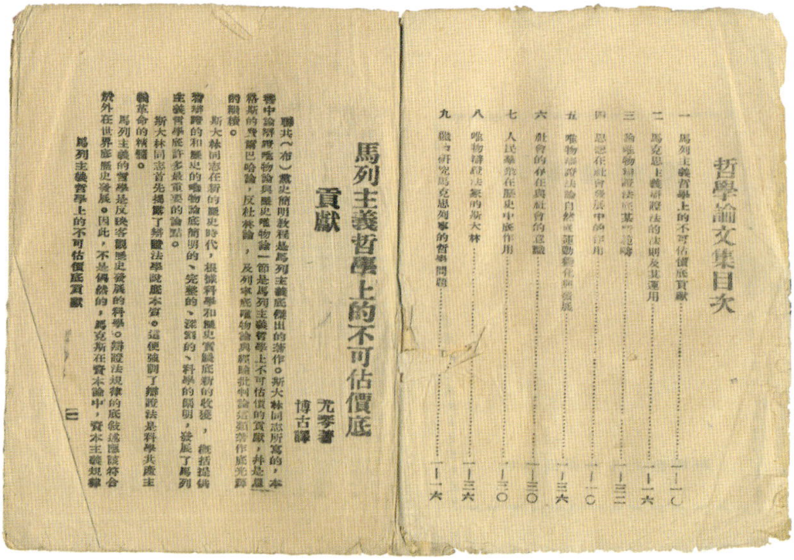

哲學論文集目次

一 馬列主義哲學上的不可估價底貢獻
二 馬克思主義辯證法的法則及其運用
三 論唯物辯證法底某些範疇
四 思想在社會發展中的作用
五 唯物辯證法論自然底運動變化與發展
六 社會的存在與社會的意識
七 人民群眾在歷史中底作用
八 唯物辯證法家的斯大林
九 繼續研究馬克思列寧的哲學問題

馬列主義哲學上的不可估價底貢獻

尤琴著 博古譯

聯共（布）黨史簡明教程是馬列主義底傑出的著作。斯大林同志所寫的，本書中論辯證唯物論與歷史唯物論一節是馬列主義哲學上不可估價的貢獻，并是恩格斯的費爾巴哈論，反杜林論，及列寧底唯物論與經驗批判論諸類著作底光輝的繼續。

斯大林同志在新的歷史時代，根據科學和歷史實踐底新的收獲，概括提供辯證的和歷史的唯物論底簡明的、完整的、深刻的、科學的闡明，發展了馬列主義哲學底許多最重要的論點。

斯大林同志首先揭露了辯證法學說底本質。這便強調了辯證法是科學共產主義革命的精髓。

馬列主義的哲學是反映客觀歷史發展的科學。辯證法規律的底敘述應該符合於外在世界底歷史發展。因此，不是偶然的，馬克斯在資本論中，資本主義規律

馬列主義哲學上的不可估價底貢獻 三

3《哲学论文集》目录页（1940）

本书第一篇《马列主义哲学上的不可估价底贡献》的作者是苏联哲学家尤琴（亦译尤金），1950 年代曾任苏联驻华大使。

4《中国革命基本问题讲义》封面（1941）

本书应为抗日军政大学教材，1941年6月鲁西日报社发行。封面有刘大年题“四二年二月于冀南以《中国社会经济结构》换得”。此书应是他在抗战学院任教时以《中国社会经济结构》一书“换得”。“换得”大概是在书刊缺少的抗日根据地，知识分子获得图书的一种方式。

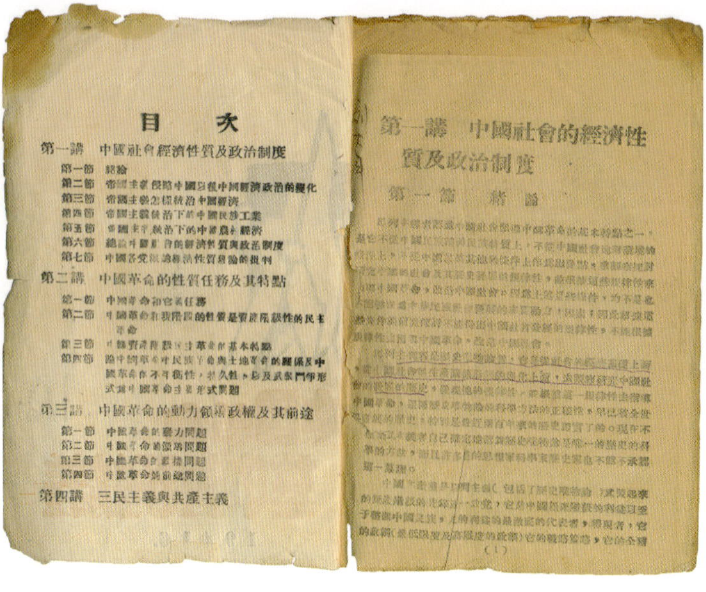

5《中国革命基本问题讲义》目录页（1941）

从本讲义目录可以看出，自延安抗大时起，中共就已形成了以历史唯物主义分析中国社会及革命性质、革命前途的思想体系，并以此教育青年知识分子和民众。

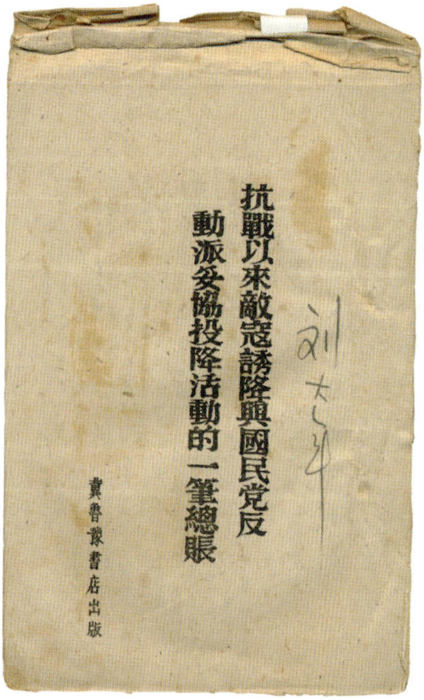

6《抗战以来敌寇诱降与国民党反动派妥协投降活动的一笔总账》封面（1943）

本书未署编者及时间，封面有“冀鲁豫书店出版”字样。书中收录了 1937 年至 1943 年新华通讯社转发世界各大通讯社有关日本侵华战争及汪精卫、蒋介石等国民党高层的一些对日言论，揭露了日本诱降与国民党妥协投降的活动。

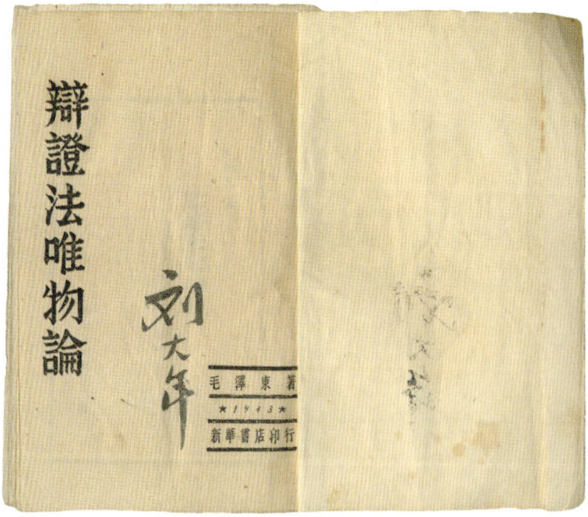

7《辩证法唯物论》封面（1943）

本书作者毛泽东，1943 年 2 月由华北新华书店出版。扉页标题下有“讲授提纲”字样。全书共分三章：唯心论与唯物论、辩证法唯物论、唯物辩证法。本书为毛泽东 1937 年为抗大学员讲授哲学的记录稿，文字相当口语化。如在讲唯物辩证法时说：“中国许多辩证法书，不是错了就是写得不好，或不大好，使人望而生畏。所谓善于讲解的书，在于以通俗的言语，讲亲切的经验，这种书将来总是要弄出来的。我这个讲义也不是好的，因为我自己还在开始研究辩证法，还没有可能写出一本好书。”本书的第二章和第三章是《实践论》《矛盾论》的雏形。

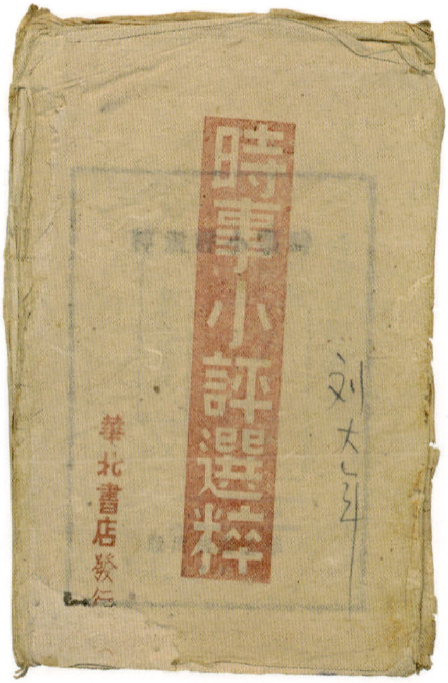

8《时事小评选粹》封面（1944）

本书1944年由华北书店出版。华北书店位于八路军总部所在地山西左权县，并在河南涉县设有分店。从《选粹》可以看出，八路军在对日作战的炮火中，目光一直关注着全国局势。

9《时事小评选粹》扉页（1944）

本书收录了吕振羽《国共两党和中国之命运》、范文澜《袁世凯再生》等批判蒋介石《中国之命运》一书的文章。蒋书鼓吹中国命运应完全寄托于国民党。

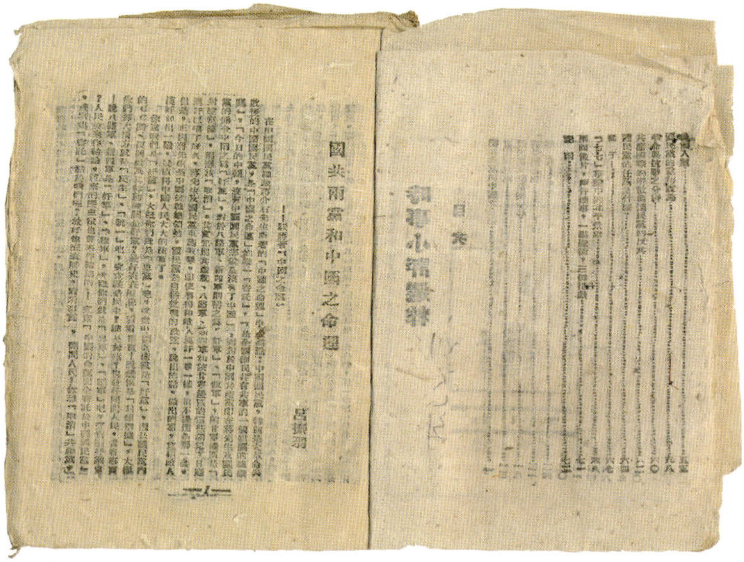

10《时事小评选粹》目录页（1944）

11《中共抗战一般情况介绍》封面（1944）

本书由冀鲁豫书店出版。书中收录的主要是三篇文章。第一篇《中共抗战一般情况的介绍》，是 1944 年 6 月 22 日叶剑英与中外记者参观团的谈话。第二篇《八路军新四军的抗战成绩与敌后根据地的概况》作者不详，从文中第一句“中华民族解放战争到今天已经整整七年”可知，本文同样写于 1944 年。文内分别介绍了华北、华中、华南抗日根据地八路军、新四军的抗敌情况。第三篇《八路军新四军与华南抗日纵队抗战第八周年主要战绩统计》是由延安总部发表的，统计了作战次数、敌军损失人数、缴获各类轻重武器数等 12 类数字。

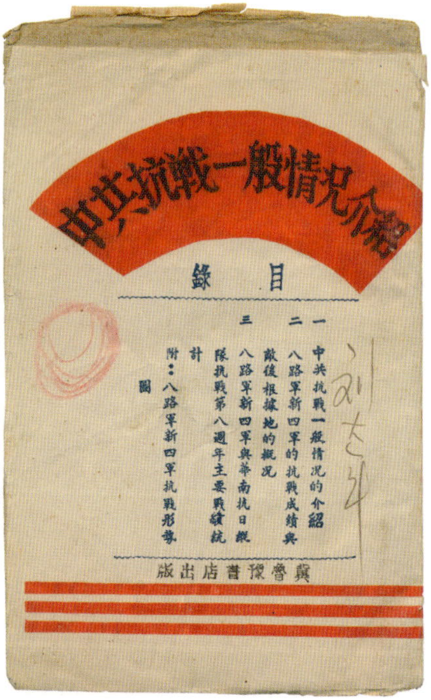

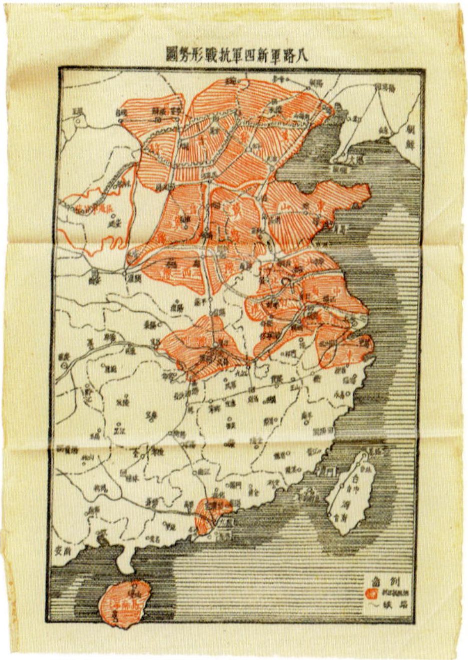

12 八路军新四军抗战形势图（1944）

本图为《中共抗战一般情况介绍》书后所附。

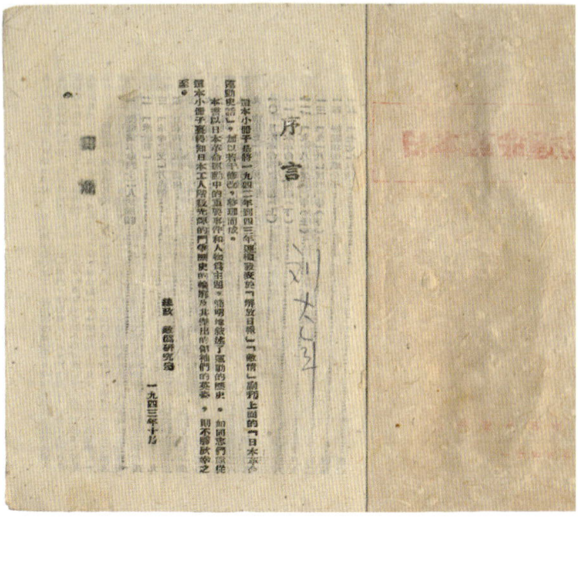

序言

這本小冊子是將一九四二年到四三年連續發表於「解放日報」「敵情」副刊上面的「日本革命運動史話」，加以若干修改，整理而成。

本書以日本革命運動中的重要事件和人物爲主題，簡明地敍述了運動的歷史。如同志們讀從這本小冊子裏得知日本工人階級先鋒的鬥爭歷史的輪廓及其傑出的領袖們的英姿，則不勝欣幸之至。

總政 敵僞研究室

一九四三年十月

13《日本革命运动史话》序言（1944）

本书由太行军区政治部于1944年翻印。从“序言”可以看出，抗战期间，八路军十分重视对侵华日军及日本各方面情况的搜集与研究，在总政治部下专门设有敌伪研究室。

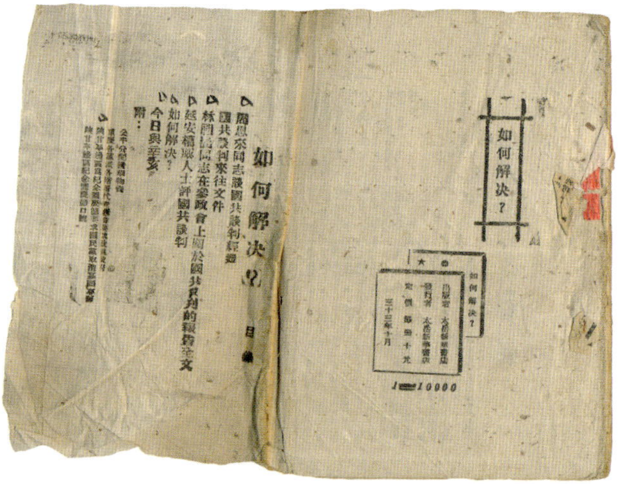

14《如何解决？》封面（1944）

本书未署编者，1944年由晋冀鲁豫抗日根据地的太岳新华书店出版。当时，世界反法西斯战争已进入战略反攻阶段。同年5月开始，中共与国民党分别派出林伯渠和张治中、王世杰，就中共部队的成军数量、承认中共政权合法性、释放政治犯等问题进行谈判。本书收录了《周恩来同志谈国共谈判经过》一文，也收录了《中共中央向国民政府提出之意见书》《国民政府对中共问题政治解决之提示案》等国共谈判文件，意在抗战决胜关头，向全国人民表达共产党、八路军抗战到底，谋建新中国的决心与路径。

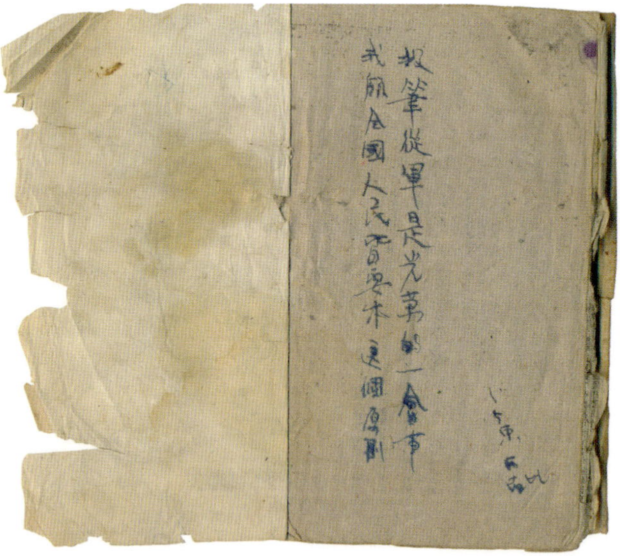

15《如何解决？》书后题词（1944）

题词内容为“投笔从军是光荣的一会事，我愿全国人民皆要本这个原则”，写在本书书后，无落款。似为某领导人为从军的知识分子所题。

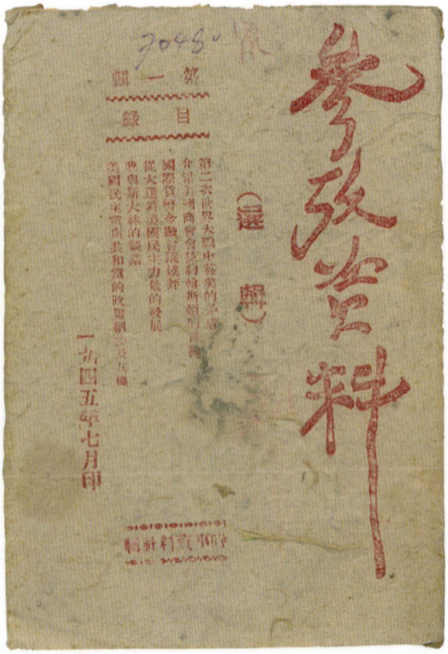

16《参考资料（选辑）》封面（1945）

本书 1945 年 7 月由时事资料社编印，资料来自 1941 年至 1945 年的《新华日报》《解放日报》《文汇周报》《参考消息》等报刊。出版说明说：“这是从参考资料中选辑的文章，目的是供给大家在研究时事问题，研究七代大会文件时，作参考材料。其中有些东西，虽为时较久，但作为资料来研究，尚不失其作用。但参考这些材料时，应该与当前时局的演变相对照，从发展过程中，联系着来研究。”

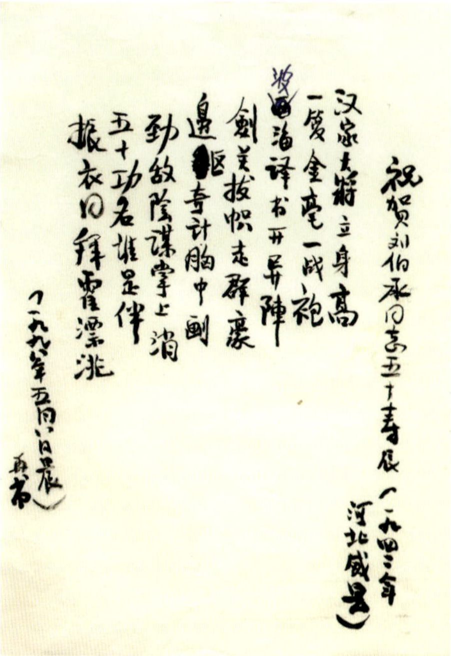

17《祝贺刘伯承同志五十寿辰》诗手迹（1942）

此诗 1942 年写于河北威县。威县是抗日根据地冀南行署所在地。刘大年时任行署宣传科长。在戎马倥偬中写此诗，既是为一二九师师长刘伯承祝寿，也是抗战时期刘大年的生活写照。此帧为 1998 年刘重书。

第二节 任职北方大学（1946—1948）

抗日战争结束后，1945 年底，为培养解放区急需的建设人才，晋冀鲁豫边区政府遵照中共中央指示，在河北省邢台市创办了解放区的第一所综合性大学——北方大学。重庆《新华日报》1946 年 1 月 26 日刊发消息：“（北方大学）特聘范文澜为该校校长。范氏为全国著名学者，对于中国历史文化著述甚丰，曾任北平、北京、辅仁等大学教授，北平大学女子文理学院院长，及河南大学历史系主任，抗战后又历任延安大学教授及中央研究院院长等职。”第二天，重庆《新华日报》又报：“晋冀鲁豫解放区政府前积极设立的新华大学，现经政务会议决定，改为北方大学。校址设于邢台，特聘范文澜为该校校长。”

范文澜到任后，在校逐步设立了教育、财经、行政、工、医五个学院以及教务、总务、秘书、生产工程四个处室。

刘大年先后任教务处副处长、工学院副主任。

1 北方大学在邢台时期的校址（1980 年代摄）

图为 1946 年 5 月至 11 月间北方大学工学院教室。此处为日军侵华期间在邢台建立的“新兵营”旧址。北方大学校部也设于此处。

2 北方大学在山西潞城时的校舍（1980年代摄）

1946年6月，内战全面爆发。晋冀鲁豫边区政府为使学校有个相对安定的环境，决定将北方大学迁往山西潞城，校部设于潞城高家庄。图为北方大学工学院在潞城故漳的校舍。

3 范文澜校长讲话（1946）

七七事变后，范文澜积极从事抗日救亡活动，创办抗战讲习班，后进入桐柏山参加游击战。到延安后担任马列学院副院长兼历史研究室主任。后奉命于1946年3月由延安辗转抵邢台任北方大学校长。

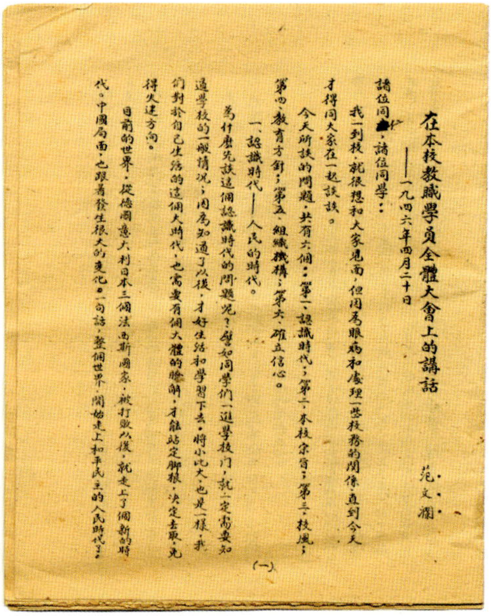

4 范文澜《在本校教职学员全体大会上的讲话》油印稿（1946）

这是范文澜校长在与全校师生第一次见面会上的讲话。讲话含“认识时代——人民的时代、本校宗旨——全心全意为人民服务、校风——实事求是、教育方针——理论与实际联系、组织机构、确立信心”六个方面的内容。

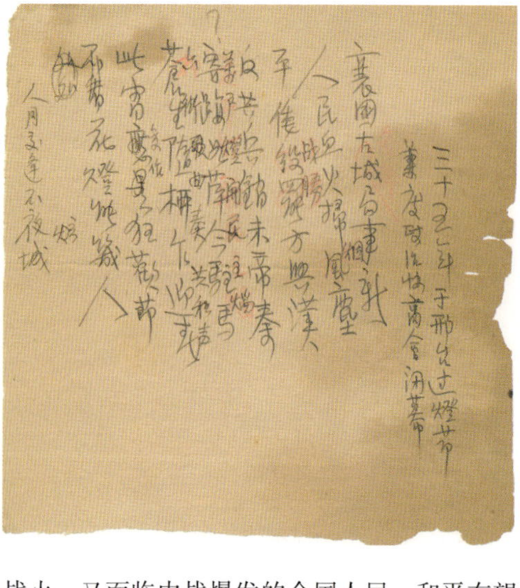

5《三十五年于邢台过灯节兼庆政治协商会闭幕》诗手迹（1946）

1946 年 1 月 10 日至 31 日，为建立统一、自由、民主的新中国，国民党、共产党、民主同盟、社会贤达等左中右三方，分别派出代表，在重庆举行了政治协商会议。会议经过艰难的协商讨论，通过了《和平建国纲领》等五项协议，迫使国民党承认党派存在的合法性和各党派的平等地位，确立了民主改革的总方向。对于历经 8 年战火，又面临内战爆发的全国人民，和平在望实在是天大的好消息。刘大年在抵达邢台后，面对处处花灯，欣然命笔，写下此诗。这帧诗笺保留了近 70 年，是抗战后内战前人民祈盼和平心愿的见证。

6 北方大学留影（1946）

此照为刘大年1946年2月被边区政府主席杨秀峰派往邢台参与筹办建校事宜时在邢台所拍。

7 夫妻合照（1946）

刘大年抵达邢台后，与师力坤相识，结为夫妻。师力坤原名张毅果，邢台人，1937年邢台女子师范学校毕业后，赴山西太岳根据地投身抗战。1946年奉命回邢台参与筹办北方大学，担任校部秘书。这是他们的结婚照。

8 尹达来函谈历史课问题（1946）

尹达，考古学家，曾在中央研究院历史语言研究所工作，时为北方大学教务处负责人。信中所说“史料尚未运回”，指北方大学从邢台迁往潞城转运资料。“你院”，即刘大年所在的工学院。

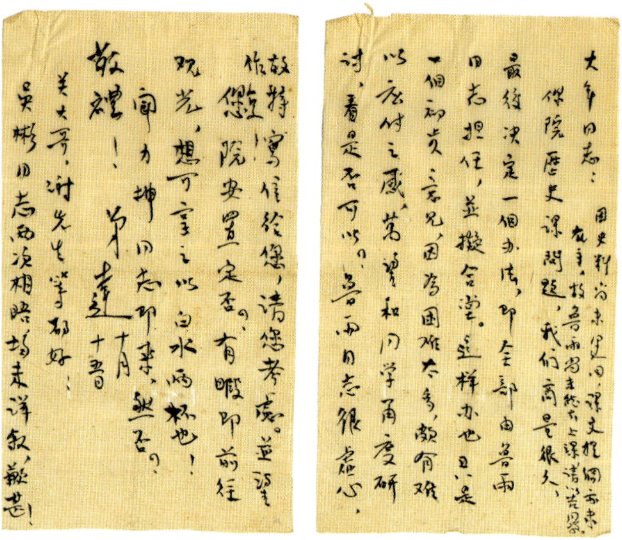

大年同志：

你院历史课问题，我们商量很久，（因史料尚未运回，课文提纲亦未在手，故鲁雨同志未能去上课，请您原谅。）最后决定一个办法，即全部由鲁雨同志担任，并拟合堂。这样办也只是一个初步意见，因为困难太多，颇有难以应付之感，希望和同学商量研讨，看是否可以。鲁雨同志很虚心，故特写信给您，请您考虑。并望您院安置定否。有暇即前往观光，想可享之以白水满杯也！阎力坤同志即来，然否。

敬礼！

弟尹达 十月十四

吴大哥、谢先生等都好：

吴彬同志函次相照，均未详叙，歉甚！

9 姜国仁在延安（1940 年代）

姜国仁，女教育家，王凌波夫人。抗战前曾在家乡湖南长沙和宁乡从事平民教育和女子教育，抗战后赴延安，先后担任过边区师范、延安中学和延安大学的国语教员。图中左 1 为姜国仁。

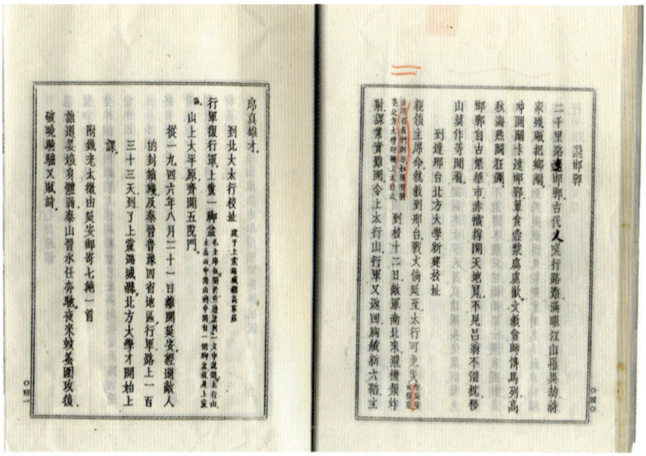

過邯鄲

二千里路過邯鄲，古代人災行路難，滿眼江山罹異劫，詩家殘賊把鄉關。

冲開關卡達邯鄲，草食壺漿慶賞歡，文教會師傳馬列，高秋海燕闘狂瀾。

邯鄲自古繁華市，赤幟搖開天地寬，不見呂翁不借枕，移山莫作等閑看。

到達邢台北方大學新建校址

親領主席命，執教到邢台，戰火倘延至，太行可免災。

到校十二日，敵軍南北來，飛機頻炸射，謀叢資難開，令上太行山，行軍又返回，胸被新六箱，宝

席眞棟才。

到北大太行校址

行軍復行軍，上黨一脚盆。山上太平原，齊開五院門。

從一九四六年八月二十一日離開延安，經過敵人的封鎖綫及秦晉冀豫四省地區，行軍路上一百三十三天，到了上黨路城縣，北方大學才開始上課。

附錢老太微由延安郵寄七絶一首

論道姜娘負體弱，秦山晉水任奔馳，夜來蚊蚤圍攻後，破曉騎驢又賦詩。

10 姜国仁离延安赴北方大学执教诗（1946）

姜国仁 1946 年奉命赴北方大学任教，与刘大年成为同事，而作为刘大年引路人王凌波的夫人，又与刘大年成为终生的朋友。姜国仁从延安辗转邢台路上，写下这两首诗，诗中记录了战时学校的情况，还透露了毛泽东对内战一旦爆发，北方大学如何安置的预案。本图取自《姜国仁诗集》。

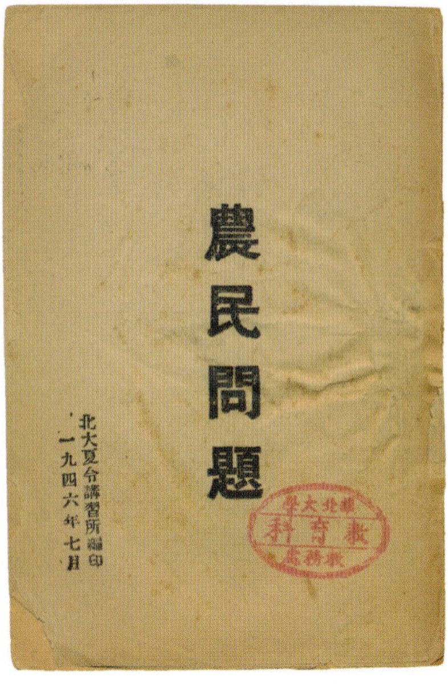

11《农民问题》封面（1946）

本书为“北大夏令讲习所”于 1946 年 7 月编印。范文澜校长所定北方大学办学宗旨第一条即为“认识时代——人民的时代”。此时正是抗战胜利后中共扩大解放区，人民谋求翻身做主的时代。本书节录了太平天国《天朝田亩制度》、毛泽东《论联合政府》等著作中有关土地问题的章节，以提高北方大学学生对中国农民状况的认识，帮助学生跟上时代的步伐。

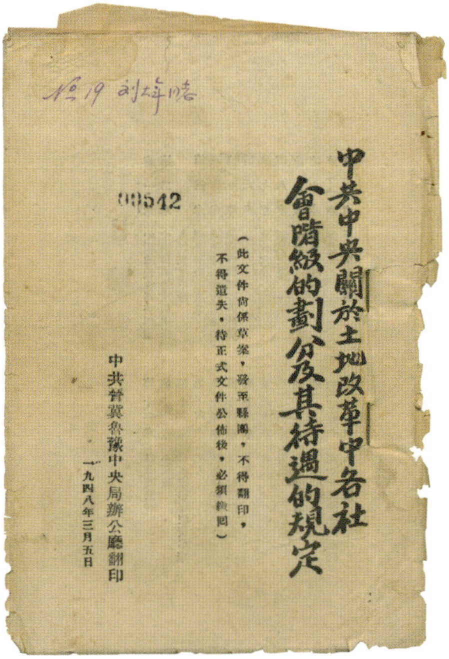
No.19 刘大年赠

中共中央關於土地改革中各社會階級的劃分及其待遇的規定

（此文件尚係草案，發至縣團，不得翻印，不得遺失，待正式文件公佈後，必須繳回）

中共晉冀魯豫中央局辦公廳翻印
一九四八年三月五日

00542

12《中共中央关于土地改革中各社会阶级的划分及其待遇的规定》封面（1948）

本书为 1948 年 3 月 5 日中共冀晋鲁豫中央局办公厅翻印，应是北方大学在“三查”时的学习文件。1947 年底至 1948 年春，为了宣传《土地法大纲》，配合解放区土改，北方大学的教职员工和学生都进行了查阶级、查立场、查思想的三查学习。中共中央于 1948 年 2 月 16 日发布此规定，目的是纠正当时党内广泛存在的在划分阶级问题上的混乱思想，以及在土改中对各阶级阶层人们具体政策执行时出现的问题。

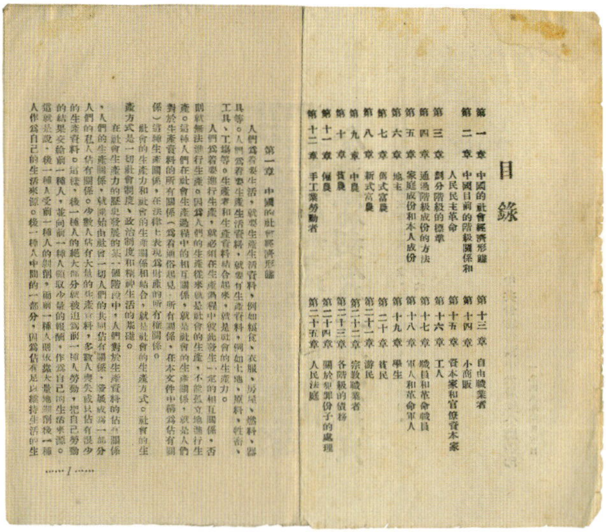
目錄

第一章 中國的社會經濟形態
第二章 中國目前的階級關係和人民民主革命
第三章 劃分階級的標準
第四章 通過階級成份的方法
第五章 家庭成份和本人成份
第六章 地主
第七章 舊式富農
第八章 新式富農
第九章 中農
第十章 貧農
第十一章 僱農
第十二章 手工業勞動者
第十三章 自由職業者
第十四章 小商販
第十五章 資本家和官僚資本家
第十六章 工人
第十七章 職員和革命職員
第十八章 軍人和革命軍人
第十九章 學生
第二十章 貧民
第二十一章 游民
第二十二章 宗教職業者
第二十三章 各階級的債務
第二十四章 關於犯罪份子的處理
第二十五章 人民法庭

第一章 中國的社會經濟形態

人們為着要生活，就要生產生活資料，例如糧食、衣服、房屋、燃料、器具等。人們為着要生產生活資料，就要有生產資料，例如土地、原料、牲畜、工具、工場等。生產者和生產資料結合起來，就是社會的生產力。

人們為着要進行生產，就必須在生產過程中發生一定的相互關係，否則就無法進行生產。因為人們的生產從來就是社會的生產，不能孤立地進行生產。這種人們在社會生產過程中的相互關係，就是社會的生產關係，就是人們對於生產資料的所有關係（為着通俗起見，所有關係，在本文件中稱為佔有關係）這種生產關係，在法律上表現為財產的所有權關係。社會的生產力和社會的生產關係相結合，就是社會的生產方式。社會的生產方式是一切社會制度、政治制度和精神生活的基礎。

在社會生產力的歷史發展的某一個階段中，人們對於生產資料的佔有關係，人們的生產關係，就會由社會一切人們的共同佔有關係，發展成為一部分人們的私人佔有關係。少數人佔有大量的生產資料，多數人喪失或只佔有很少的生產資料。這樣，後一種人的絕大部分就被迫為前一種人勞動，把自己勞動的結果交給前一種人，並向前一種人領取少量的報酬，作為自己的生活來源。這就是說，後一種人受前一種人的剝削，而前一種人則依靠大量地剝削後一種人作為自己的生活來源。後一種人中間的一部分，因為佔有是以維持生活的生

……1……

13《中共中央关于土地改革中各社会阶级的划分及其待遇的规定》目录页（1948）

从目录页中可以看出，当时将社会阶级划分为地主、旧式富农、新式富农、中农、贫农、雇农、手工业劳动者、自由职业者、小商贩、资本家和官僚资本家、工人、职员和革命职员、军人和革命军人、学生、贫民、游民、宗教职业者 17 种。由此可以看出，当时划分阶级是依据职业和经济地位而非政治立场。

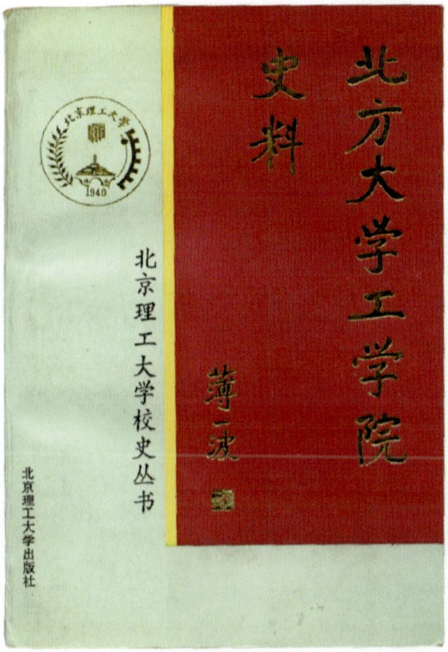

14《北方大学工学院史料》封面（1995）

北京理工大学的前身为1939年成立的延安自然科学研究院，1940年更名延安自然科学学院，1946年转入邢台北方大学工学院，1949年后更名为北京工业学院。本书是《北京理工大学校史丛书》的一种，可能是唯一的在书名中标明“北方大学工学院”的正式出版物。

15 与北方大学工学院老同事合影（1996）

刘大年因曾任北方大学工学院负责人，被推举为北京理工大学校友会名誉会长。图为1996年校庆时与北方大学工学院老同事合影。左1刘舒（工学院教员，晚清名臣、两江总督刘坤一曾孙），2刘大年，3谢籁（工学院教员，北京理工大学原校长），4严沛然（工学院教员，北京理工大学原党委书记）。

16 刘大年重返潞城高家庄北方大学旧址（1997）

为撰写抗日战争回忆录，刘大年于 1997 年以 82 岁高龄，重返太行山。在 50 年前工作过的北方大学工学院旧址前留下此照。持摄像机者是其长子刘衡山。

第三节　任职华北大学（1948—1949）

1948 年华北解放区成立了以董必武为主席的华北人民政府。5 月，为给新中国建设培养大批人才，中共中央决定将华北联合大学、北方大学合并成立华北大学（即中国人民大学前身）。吴玉章任校长，范文澜和成仿吾任副校长。学校设四部两院：一部为政治训练班，二部为教育学院，三部为文艺学院，四部为研究部；两院为工学院、农学院。

刘大年任研究部历史研究室副主任。

1 华北大学正定校部旧址（1948）

华北大学校址设在河北正定县一座天主教堂内。图为华北大学校部旧址。

2 华北大学校部旧址（2014 年摄）

华北大学校部旧址现为一所军队医院的礼堂。

3 《华北大学成立典礼特刊》封面（1948）

1948年8月24日，华北大学于正定成立，印制了《华北大学成立典礼特刊》。特刊收录了谢觉哉、艾思奇等在成立大会上的发言，以及冀晋鲁豫解放区一些单位的贺电贺词。特刊封面小图为正定教堂惨案纪念碑，记录了1937年10月日军在正定县制造的教堂惨案。

4 华北大学校旗（1948）

本图取自《华北大学成立典礼特刊》。

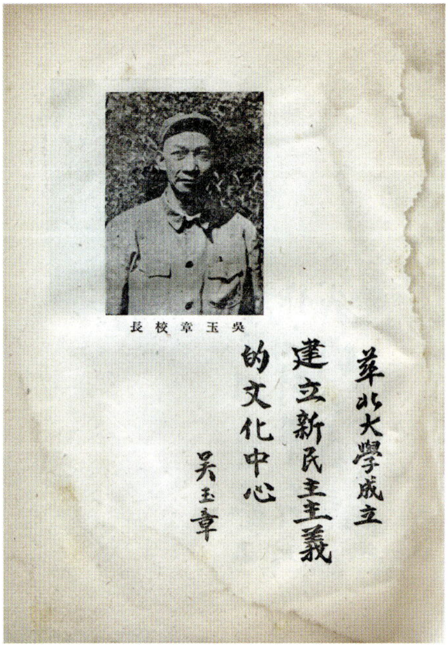

5 校长吴玉章题词（1948）

吴玉章曾经历戊戌变法、辛亥革命、讨袁战争、北伐战争、抗日战争、解放战争，在中共党内享有崇高威望。华北大学是中国人民大学的前身，校长吴玉章后被尊为中国人民大学奠基者、创始人。本图取自《华北大学成立典礼特刊》。

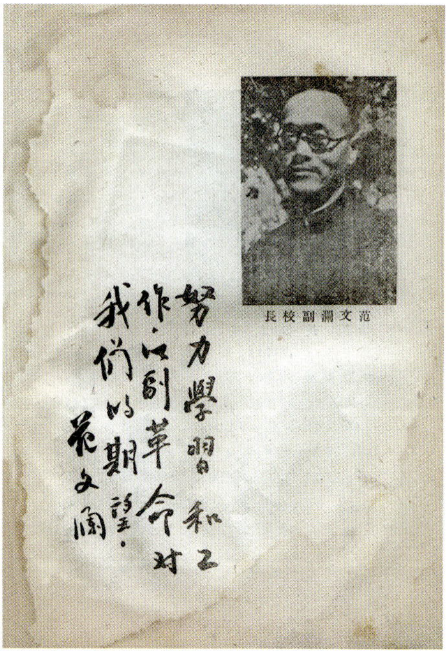

6 副校长范文澜题词（1948）

北方大学与华北联合大学合并为华北大学后，范文澜任华北大学副校长，兼研究部主任、历史研究室主任。本图取自《华北大学成立典礼特刊》。

7 华北大学系主任合影

图中站立者右 4 为吴玉章，5 为范文澜，左 2 为刘大年，4 为成仿吾。本图取自《华北大学成立典礼特刊》。

8 正定华北大学四部所在地旧址新照之一

华北大学四部（研究部）历史研究室所在地为北洋政府总理王士珍故乡旧居。王于1930年病逝于北京，其正定旧居一直荒芜，华北大学成立，成为四部办公地。

9 正定华北大学四部所在地旧址新照之二

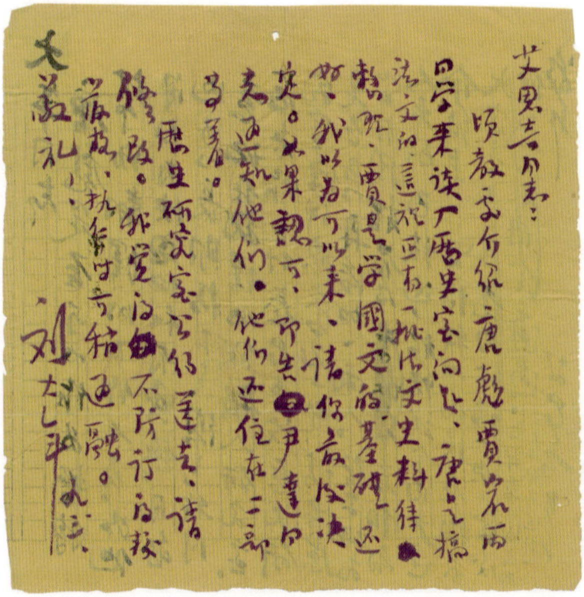
艾思奇同志：
顷教务介绍唐彪、贾宗西两同学来读了历史研究所，唐已搞法文的，这就正有一批法文史料待整理，贾是学国文的，基础还好，我以为可以来，请你决定。如果愿意，即告尹达同志通知他们。他们还住在二部等着。
历史研究室之经迁去，请修改。我觉得不妨订为校方针，执行时可稍通融。
敬礼！！
刘大年 九.三.

10 致艾思奇函谈学校工作（1948）

艾思奇，著名哲学家，时在中共中央宣传部工作，兼任华北大学四部副主任、党支部书记。此函为刘大年于1948年9月3日致艾思奇谈新学员入学等相关工作。信中所言唐彪，后来为中国科学院近代史研究所南京史料整理处工作人员、中国第二历史档案馆副馆长。

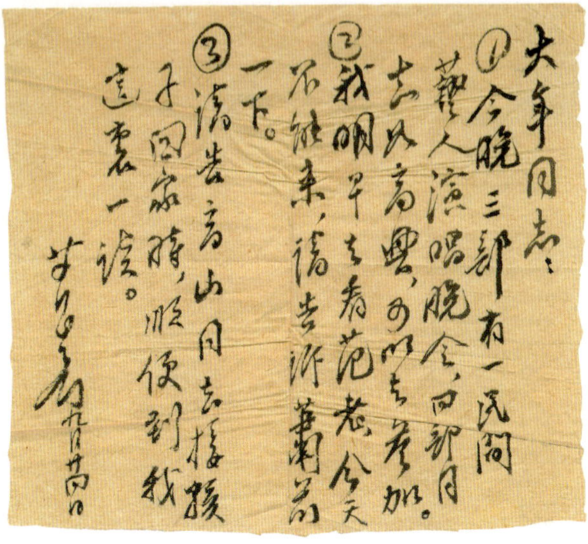
大年同志：
①今晚三部有一民间艺人演唱晚会，四部同志及高[illegible]，可以去参加。
②我明早去看范老，今天不能来，请告诉[illegible]一下。
③请告高山同志接孩子回家时，顺便到我这里一谈。
艾思奇 九月廿四日

11 艾思奇来函谈工作安排（1948）

此函中“三部有一民间艺人”，指歌唱演员郭兰英。此时郭刚由华北联合大学转到华北大学三部（文艺学院）。

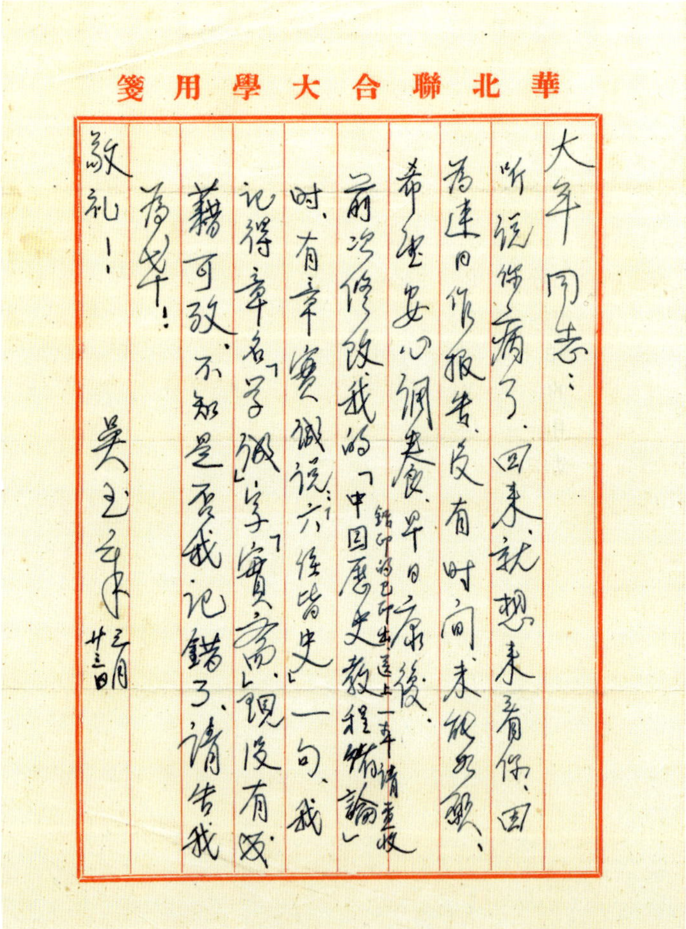

華北聯合大學用箋

大年同志：

听说你病了，回来就想来看你，因为连日作报告，没有时间，未能如愿，希望安心调养饮食，早日康复。

前次修改我的「中国历史教程绪论」（绪论已印出，送上一本，请查收）时，有章实斋说「六经皆史」一句，我记得章名「学诚」字「实斋」，现没有书籍可考，不知是否我记错了，请告我为盼！

敬礼！

吴玉章
三月廿三日

12 吴玉章来函谈书稿修改等事（1949）

此函为吴玉章 1949 年 3 月 23 日致刘大年谈《中国历史教程绪论》及章学诚字号问题。

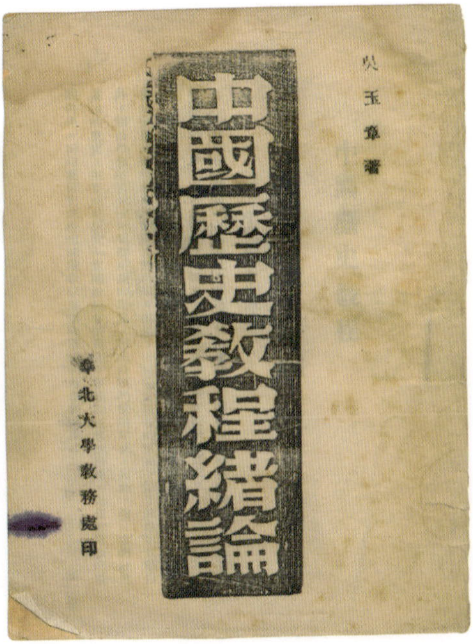

13《中国历史教程绪论》封面（1948）

本书作者吴玉章，1948年底由华北大学教务处印行。全书分为“研究中国历史的意义”“研究中国历史的方法”“研究中国历史应选择的材料”“中国历史的范围”“中国历史的编年纪事和时代的划分”五章，旨在用辩证唯物主义与历史唯物主义理论勾勒华北大学历史教科书的基本框架。

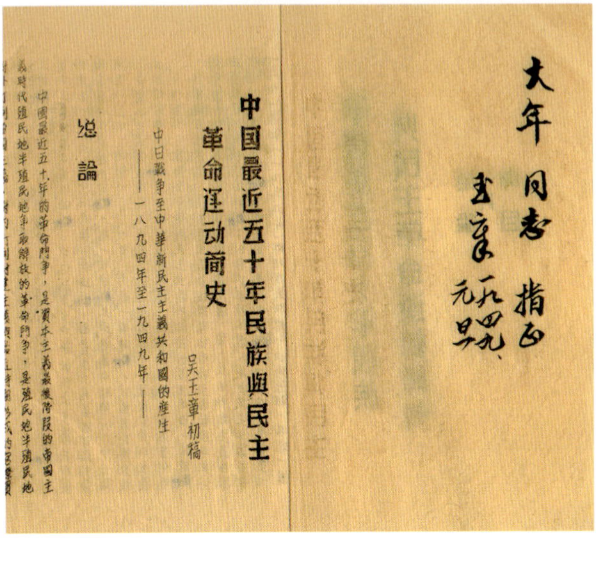

14《中国最近五十年民族与民主革命运动简史》封面（1948）

本书作者吴玉章。从扉页题词可以判断，此书应完成于1948年。

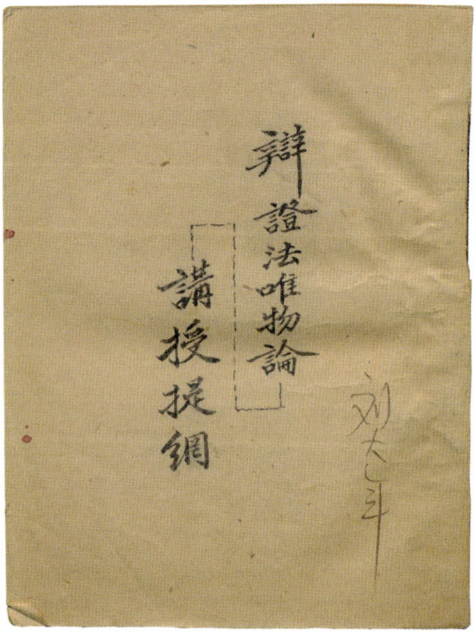

15《辩证法唯物论讲授提纲》封面（1948）

本书作者与出版发行年代不详。从其内容、体例和简陋的印刷装帧判断，应是1948年至1949年华北大学编印的哲学教科书。

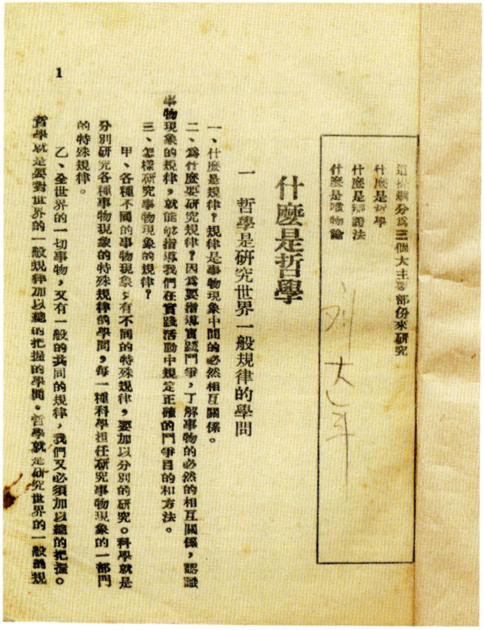

這提綱分爲三個大主要部份來研究
什麽是哲學
什麽是辯證法
什麽是唯物論

刘大年

什麽是哲學

一 哲學是研究世界一般規律的學問

一、什麽是規律？規律是事物現象中間的必然相互關係。

二、爲什麽要研究規律？因爲要指導實踐鬥爭，了解事物的必然的相互關係，認識事物現象的規律，就能够指導我們在實踐活動中規定正確的鬥爭目的和方法。

三、怎樣研究事物現象的規律？

甲、各種不同的事物現象，有不同的特殊規律，要加以分別的研究。科學就是分別研究各種事物現象的特殊規律的學問，每一種科學担任研究事物現象的一部門的特殊規律。

乙、全世界的一切事物，又有一般的共同的規律，我們又必須加以總的把握。哲學就是要對世界的一般規律加以總的把握的學問。哲學就是研究世界的一般的規

1

16《辩证法唯物论讲授提纲》目录页（1948）

本书共三章："什么是哲学""什么是辩证法""什么是唯物论"，各部分末尾均附有"中心问题和参考书（仅限于容易找到的）"，罗列本章各节的问题及参考书，为学生深入思考与阅读提供方便。

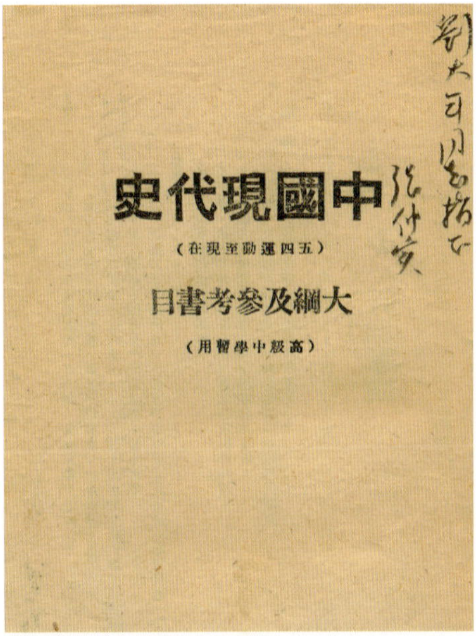

17《中国现代史大纲及参考书目》封面（1948）

本书作者张仲实。张是著名翻译家、出版家，延安时期任中共中央马列学院编译室主任。本书出版发行时间不详，但其参考书目中有毛泽东 1947 年 12 月所作《目前形势和我们的任务》报告，可以推断应在 1948 年至 1949 年印行，为华北大学的教科书。

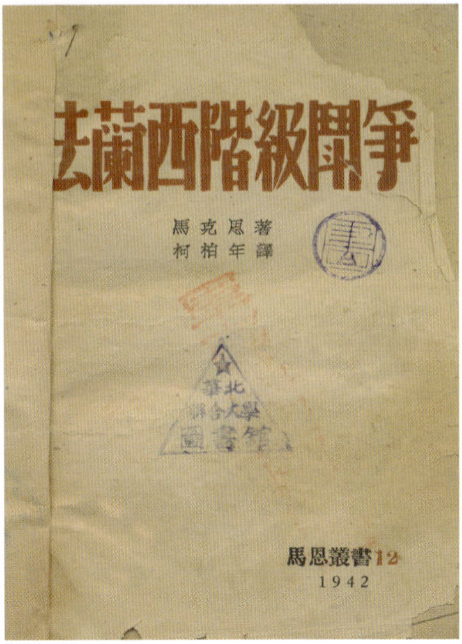

18《法兰西阶级斗争》封面（1942）

本书为延安解放社于 1942 年出版的《马恩丛书》第 12 种，封面上钤有“华北联合大学图书馆”印章。

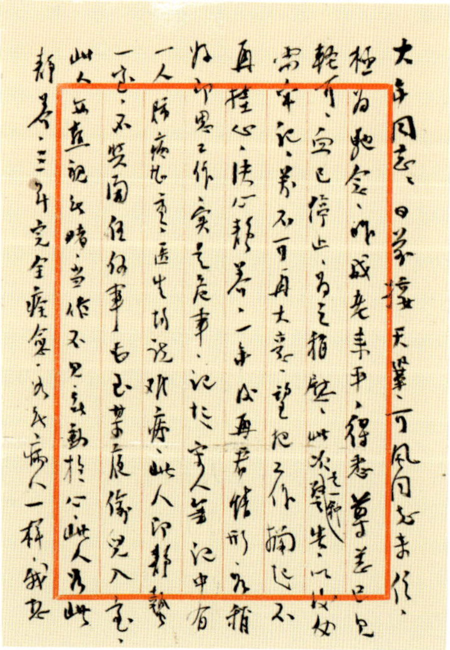

19 范文澜来函谈四部借东厂胡同一号房（1949）

此信写于 1949 年 3 月 28 日。当时范文澜率领华北大学历史研究室进入北平，刘大年因肺病复发滞留正定。信中所说四部借用的“东厂胡同一号房子”，后为中国科学院近代史所。东厂胡同一号原为北京大学校长胡适的府邸，也是北京大学文科研究所所在地。

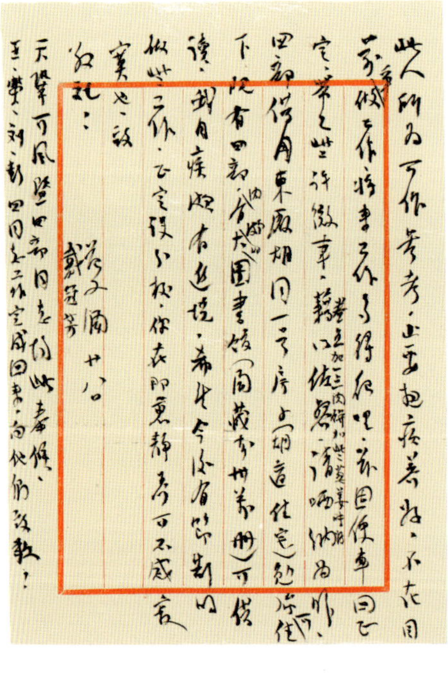

20 范文澜来函谈四部借东厂胡同一号房续（1949）

第四节　撰写《美国侵华史》（1947—1954）

第二次世界大战结束以后，美国政府通过所谓《美国军事援华法案》《中美友好通商航海条约》等，加大对中国的军事干涉和掠夺力度。身为北方大学历史研究室的研究人员，刘大年把揭露和批判美国对华政策的真面目作为学术研究的起点。

刘大年的《美国侵华史》于1949年初版。他在“史料很不凑手的条件下”（范文澜语），四处搜罗，积累了一些材料，其中一部分因撰写此书保留了下来，得以让后人看到当时著述的艰辛。

《美国侵华史》出版后，即为《人民日报》全文连载，在新中国与美帝国主义的斗争中，发挥了积极的作用。以后在莫斯科、柏林与布拉迪斯拉发，又分别出版了俄文、德文与斯洛伐克文版。

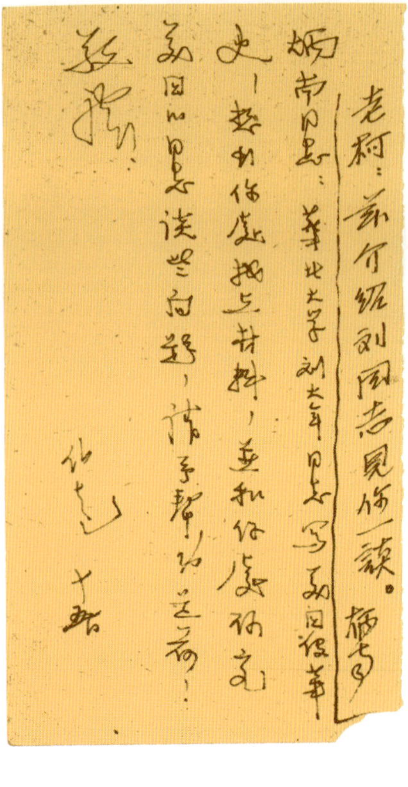
老柯：兹介绍刘同志见你一谈。炳南

炳南同志：华北大学刘大年同志写美国侵华史，[illegible]你处找些材料，并和你处研究员同志谈些问题，请予帮助为荷！

敬礼！

伯达

1 陈伯达致王炳南函谈帮助刘大年搜集材料事（1948）

陈伯达时任中共中央宣传部副部长。王炳南时任中共中央外事组副主任。王炳南在陈信上的批语是：“老柯：兹介绍刘同志见你一谈。”老柯，即柯柏年，时任中共中央外事组研究处处长。

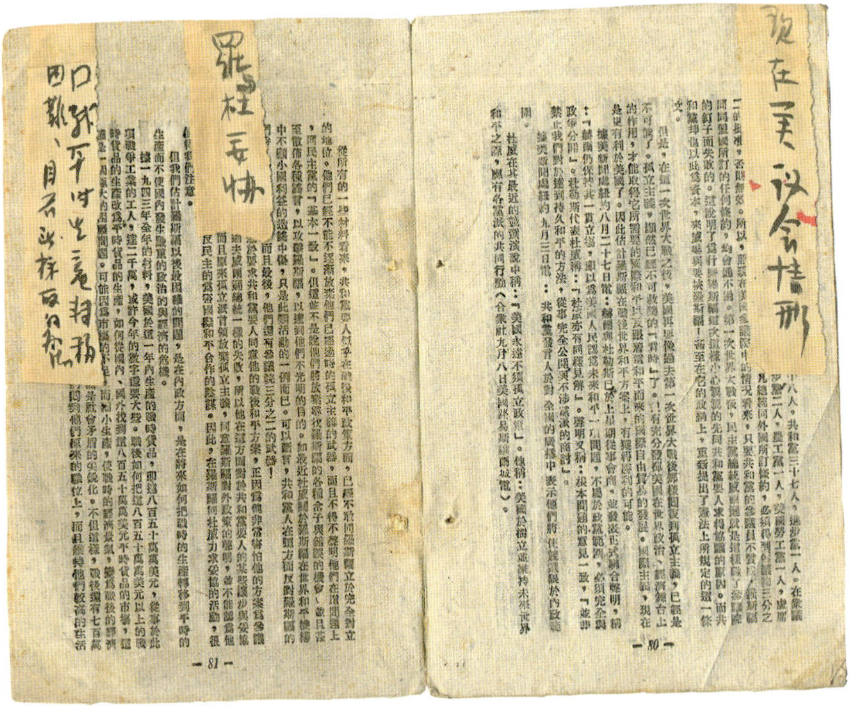

2《参考资料》贴签页（1945）

1945 年时事资料社编印的《参考资料》中，辑录了很多关于美国当代情况的报道。刘大年在本辑贴上了一些标记，如“美国在华实力”“美国现在民主力量工会情形”“现在美议会情形”等。此件应为刘大年收集的编写《美国侵华史》的资料。

3 《新华日报》刊《论美国共产党的解散》（1945）

新華日報

論美國共產黨的解散

世界反法西斯战争期间，欧美各国的共产党相当活跃。美国共产党也领导和组织产业工人工会，动员3000人赴西班牙参加反佛朗哥斗争。1943年德黑兰会议后，美共总书记白劳德认为世界已进入资本主义与社会主义长期信任和合作的时代，于1944年5月宣布解散美共。《新华日报》1945年8月9日刊载的法国共产党主要领导人之一杜克洛所著《论美国共产党的解散》，批判白劳德的决定，认为欧美国家社会的尖锐矛盾，如生产力与生产关系的矛盾，并未因战争得以缓和。此件应为刘大年收集的编写《美国侵华史》的资料。

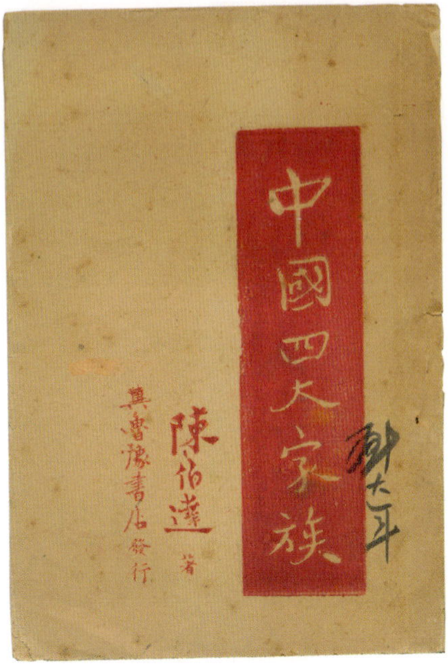

4 《中国四大家族》封面（1947）

本书作者陈伯达，1947年1月冀鲁豫书店出版发行。本书通过历数蒋、宋、孔、陈四大家族官商勾结，在金融、商业、工业、农业、新闻出版各行业侵吞的财产，以及他们在外国的存款等，揭露四大家族掠夺国家财富的罪行，彰显人民革命战争的正义。此书1946年先在《解放日报》连载，后在解放区发行单行本。此件应为刘大年收集的编写《美国侵华史》的资料。

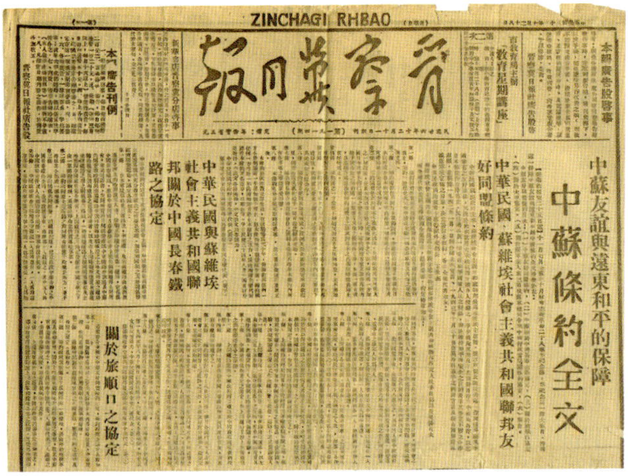
ZINCHAGI RHBAO

晉察冀日報

中蘇友誼與遠東和平的保障

中蘇條約全文

中華民國、蘇維埃社會主義共和國聯邦友好同盟條約

中華民國與蘇維埃社會主義共和國聯邦關於中國長春鐵路之協定

關於旅順口之協定

5 《晋察冀日报》刊《中苏条约》全文（1945）

《晋察冀日报》，原名《抗敌报》，1937 年 12 月 11 日由晋察冀军区出版，1941 年 11 月更名为《晋察冀日报》，成为中共晋察冀边区党委机关报。根据美、英、苏三国 1945 年 2 月达成的《雅尔塔协定》，中华民国政府与苏联政府于 1945 年 8 月 14 日签订了《中苏友好同盟条约》。同年 10 月 28 日《晋察冀日报》据新华社延安 25 日电全文刊登此条约：“十一月七日是苏联十月社会主义革命二十八周年纪念节，为纪念这一伟大节日，特将这一保障中苏友谊与远东和平的中苏条约全文播发于左：……”此件应为刘大年收集的编写《美国侵华史》的资料。

6 《美国侵华史》作者后记残页（1947）

此为刘大年在印有“北大稿纸”字样的稿纸上写的未刊出的后记，现仅存此残页：“毛主席三十五年六月二十二日为美国军事援华所作声明，不仅代表中国人民对美国侵略者表示了严正态度，且为中国百余年来外交史上仅有的伟大文献，把它录在前面，让我们与美国侵略中国的历史对照着读，当可更加深刻认识：谁是民族敌人，又谁是人民真正的救星！”时间是 1947 年 12 月，应为《美国侵华史》完稿后所作。

四，毛主席三十五年六月二十二日為美國軍事援華所作
聲明，不僅代表中國人民对美國侵略者表示了嚴正態度，
且為中國百餘年來外交史上僅有的偉大文献，把它錄在前面
，讓我們與美國侵略中國的歷史对照着讀，當可更加深
刻認識、誰是民族敵人，又誰是人民的真正救星！
一九四七年十二月二日
作者于北方大學歷史研究室
25×24=600

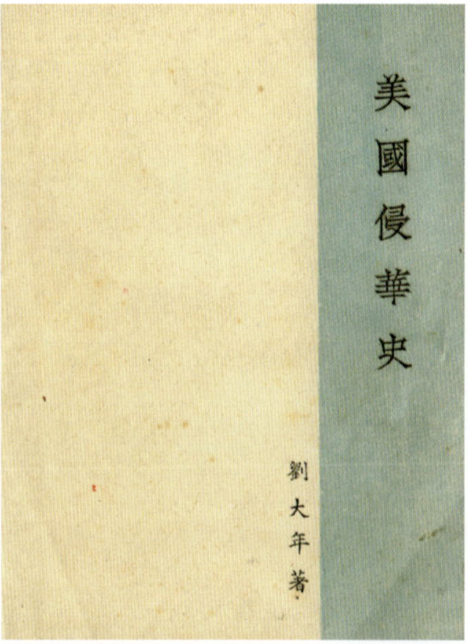

7 华北大学版《美国侵华史》封面（1949）

《美国侵华史》最初的版本为华北大学 1949 年 8 月印行，同年 10 月再版，此为再版本封面。

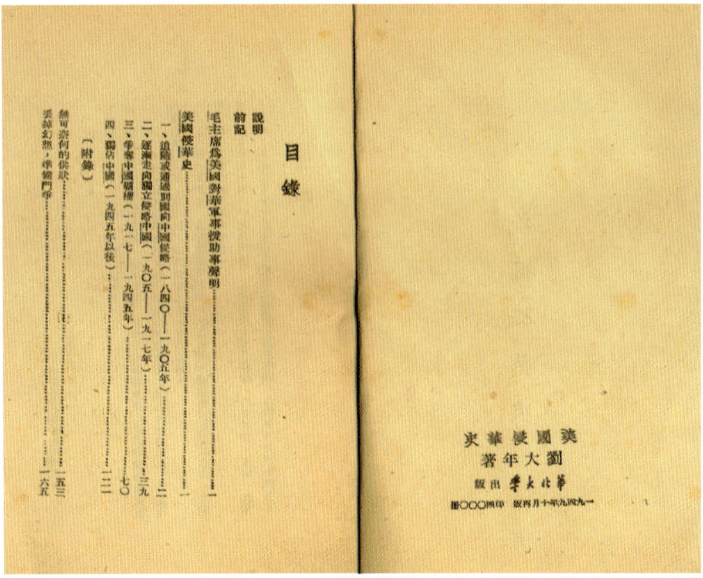

8 华北大学版《美国侵华史》版权页及目录页（1949）

《美国侵华史》1949 年 10 月再版本版权页及目录页。

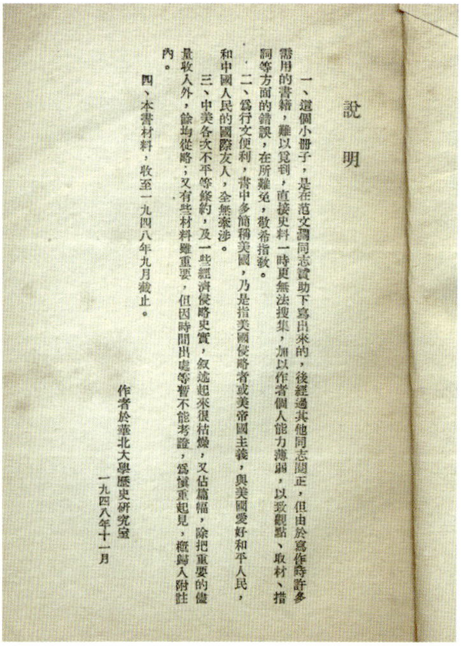

說　明

一、這個小冊子，是在范文瀾同志贊助下寫出來的，後經過其他同志閱正，但由於寫作時許多需用的書籍，難以覓到，直接史料一時更無法搜集，加以作者個人能力薄弱，以致觀點、取材、措詞等方面的錯誤，在所難免，敬希指教。

二、爲行文便利，書中多簡稱美國，乃是指美國侵略者或美帝國主義，與美國愛好和平人民，和中國人民的國際友人，全無牽涉。

三、中美各次不平等條約，及一些經濟侵略史實，叙述起來很枯燥，又佔篇幅，除把重要的儘量收入外，餘均從略；又有些材料雖重要，但因時間出處等暫不能考證，爲慎重起見，概歸入附註內。

四、本書材料，收至一九四八年九月截止。

作者於華北大學歷史研究室
一九四八年十一月

9 华北大学版《美国侵华史》说明页（1949）

《美国侵华史》华北大学版附“说明”一则（写于 1948 年 11 月），特别指出：本书是在范文澜先生和其他同志的协助下写出的，但因个人能力薄弱，在观点、取材、措词上仍有不少错误。

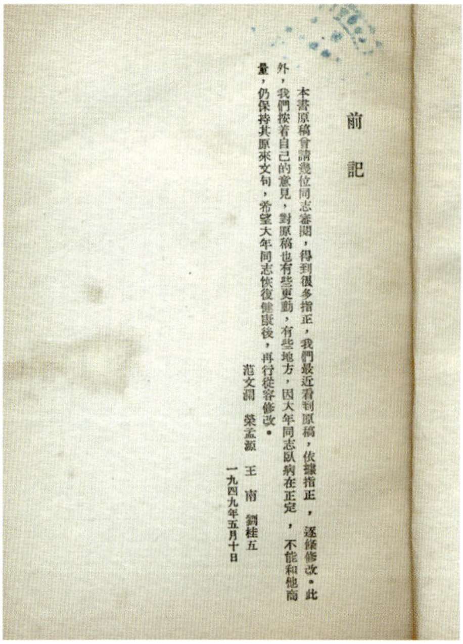

前　記

本書原稿曾請幾位同志審閱，得到很多指正，我們最近看到原稿，依據指正，逐條修改。此外，我們按着自己的意見，對原稿也有些更動，有些地方，因大年同志臥病在正定，不能和他商量，仍保持其原來文句，希望大年同志恢復健康後，再行從容修改。

范文瀾　榮孟源　王南　劉桂五
一九四九年五月十日

10 华北大学版《美国侵华史》前记（1949）

《美国侵华史》华北大学版还附有范文澜、荣孟源、王南、刘桂五写的“前记”，简述了他们对本书修订的情况。

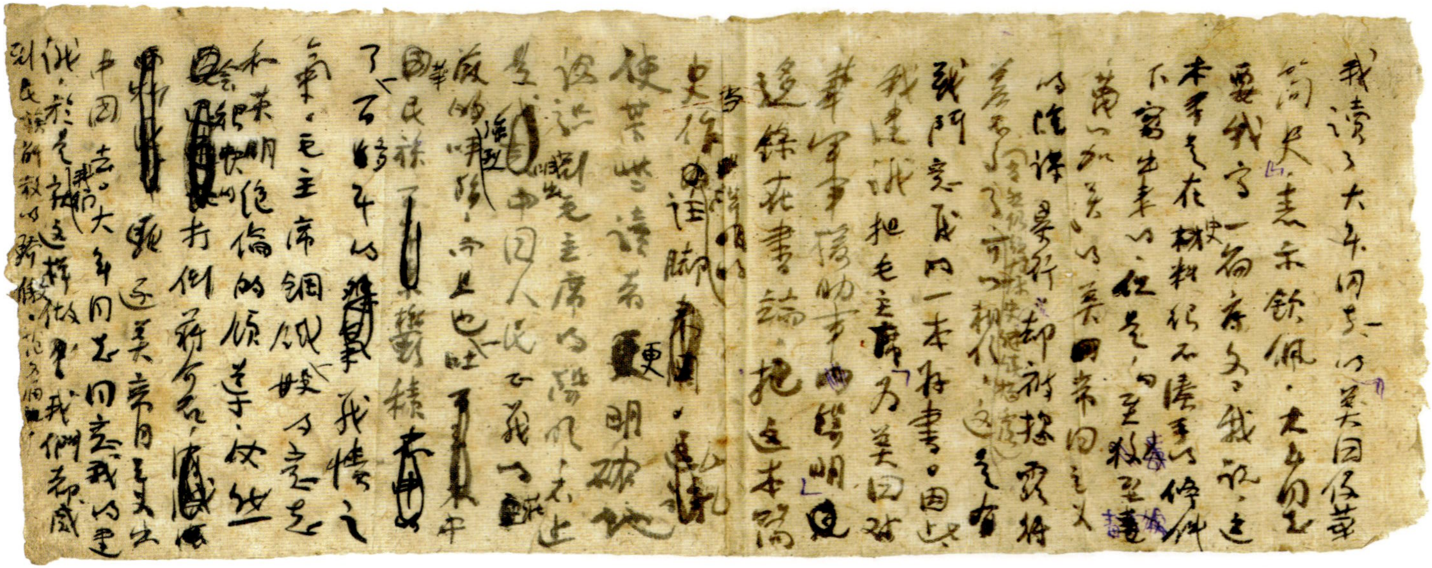

11 范文澜为《美国侵华史》所写之序（1949）

应刘大年之请，范文澜为《美国侵华史》写序：“这本书是在史料很不凑手的条件下写出来的，但是，‘至狡至毒，蔑以加矣’的美帝国主义的阴谋暴行，却被揭露得差不多了（当然仍须博采史实，继续揭露），可以相信，这是有战斗意义的一本好书。”不过，本书印行时并未刊出此序。

12《人民日报》连载《美国侵华史》（1949）

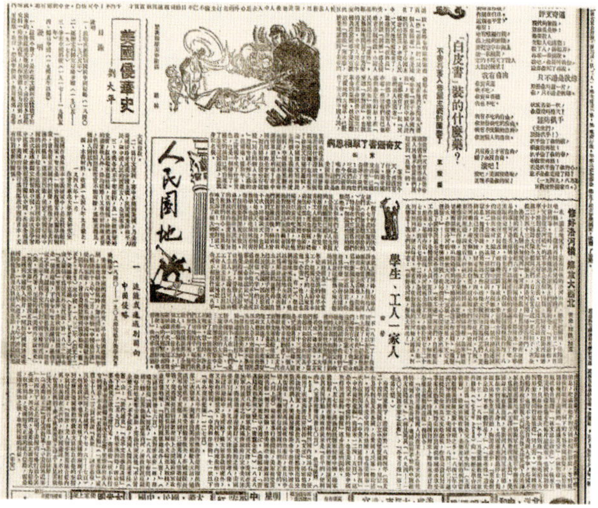
美國侵華史
劉大年
人民園地
「白皮書」裝的什麼藥?
學生、工人一家人

当时主持《人民日报》工作的胡乔木看到华北大学出版的《美国侵华史》，决定在《人民日报》连载。自 1949 年 8 月 26 日至 10 月 6 日，《人民日报》每天连载《美国侵华史》，在国内产生很大影响。

13 新华书店版《美国侵华简史》封面（1949）

《美国侵华简史》1949 年 11 月由北京新华书店发行，编入《新华时事丛刊》。此为刘大年书赠华北大学的《新华时事丛刊》本。

14 新华书店第五版《美国侵华简史》封面（1950）

《新华时事丛刊》于 1950 年 11 日印行《美国侵华简史》第五版。此本曾为上海同济中学所收藏。

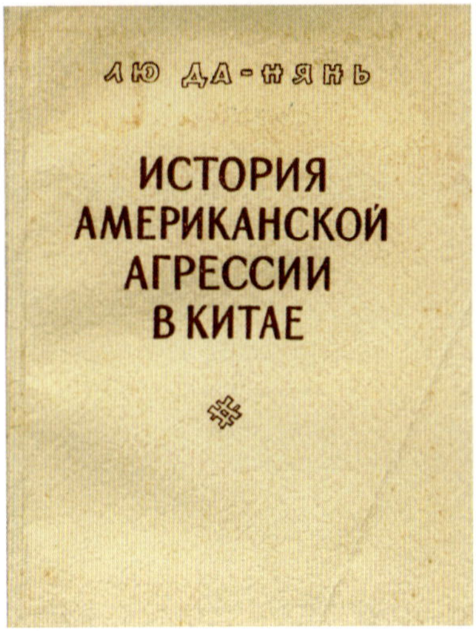

15 俄文版《美国侵华简史》封面（1951）

1951 年 12 月，苏联根据新华书店发行的版本，翻译出版了《美国侵华简史》。

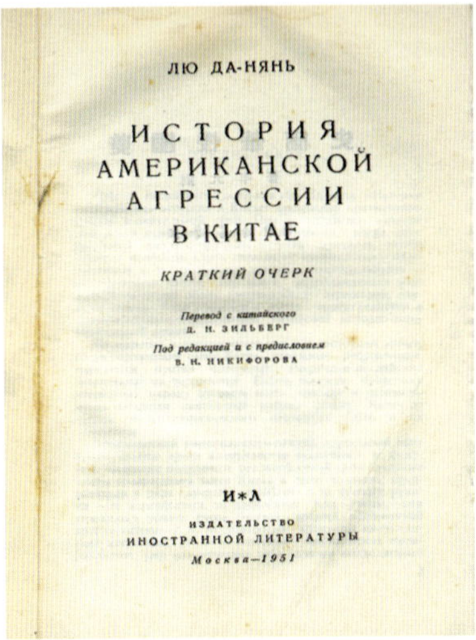

16 俄文版《美国侵华简史》扉页（1951）

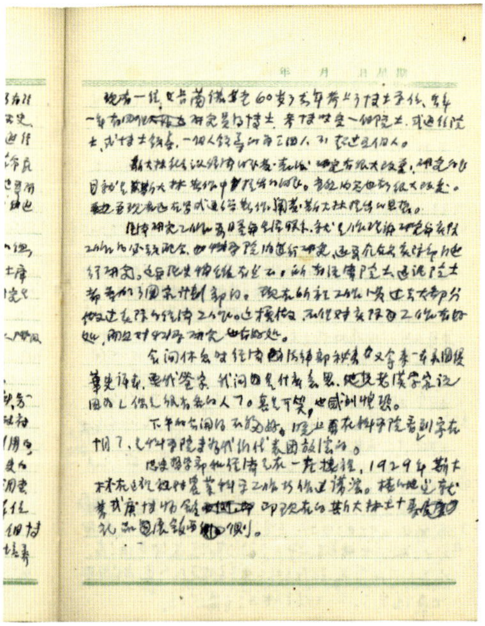

17 访苏日记所记对《美国侵华简史》的反映之一（1953）

《美国侵华简史》在苏联翻译出版后，反响颇大。刘大年 1953 年参加中国科学院访苏代表团在苏联不断遇到有学者拿着书要求签名，刘在日记中写道：“会间休息时经济法律部秘书又拿来一本《美国侵华史》译本，要我签字。我问是什么意思，老汉学家说因为‘你是很有名的人’。真是可笑，也感到惶恐。”

18 访苏日记所记对《美国侵华简史》的反映之二（1953）

“今天早餐时，与苏联科学院一位负责与代表团联络的老先生谈话，他会说中文，不过要很注意听才能听懂。他告诉我，他有一本《美国侵华史》，如果我不信，他可以拿来给我看。我说，值不〖得〗提，写得不好。他说很好。请他批评，他说就是写得好。平常可以客气一些，但在科学院，在科学问题上是不能客气的。有不同意见就应当提出，批评并不是为了把事情做坏。”

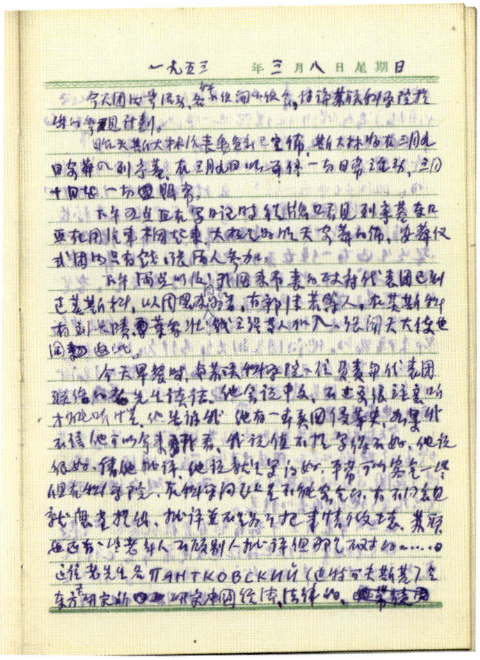

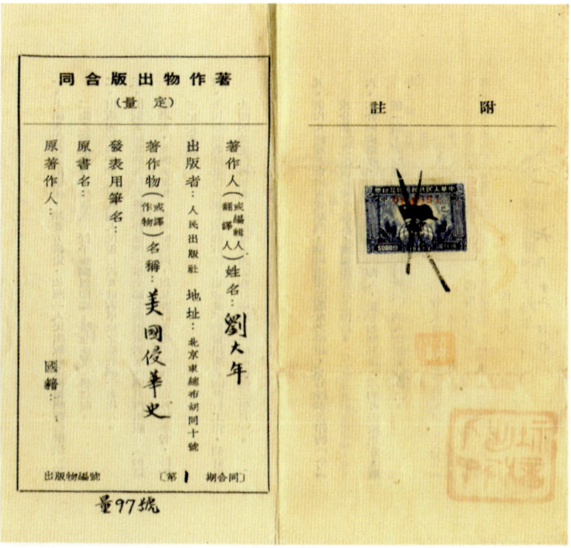

著作物出版合同

（量定）

著作人（或編輯人、翻譯人）姓名：劉大年

出版者：人民出版社 地址：北京東總布胡同十號

著作物（或譯作物）名稱：美國侵華史

發表用筆名：

原書名：

原著作人： 國籍：

出版物編號 〔第 1 期合同〕

量97號

附註

19 人民出版社版《美国侵华史》出版合同（1951）

1950年朝鲜战争爆发，抗美援朝运动随之在全国展开。时政的需求及“简史”中史料的不足乃至错误，让刘大年感到有必要对《美国侵华史》进行修订，遂与人民出版社签订了出版合同。

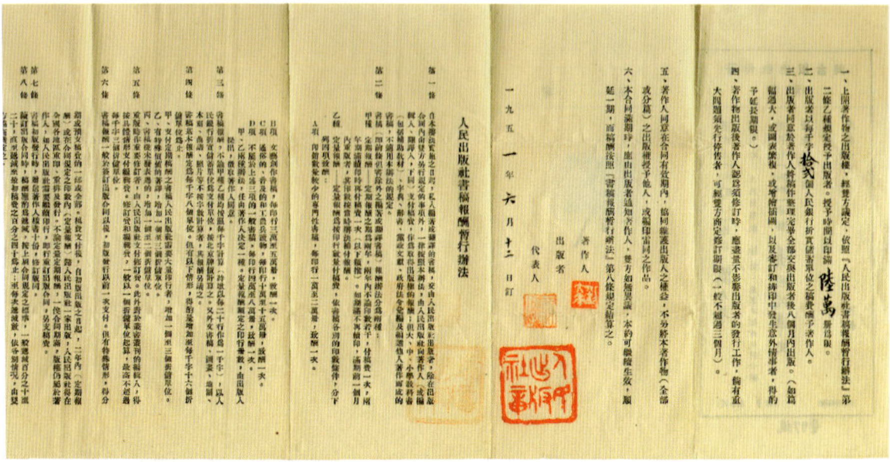

20 人民出版社版《美国侵华史》出版合同续（1951）

21 人民出版社版《美国侵华史》封面（1951）

1951 年，刘大年在原《美国侵华简史》7 万字的基础上，增补修订为 17 万字的《美国侵华史》，由人民出版社出版。

22 1954 年版《美国侵华史》封面

《美国侵华史》在增加了抗美援朝的内容后，于 1954 年由人民出版社再版。

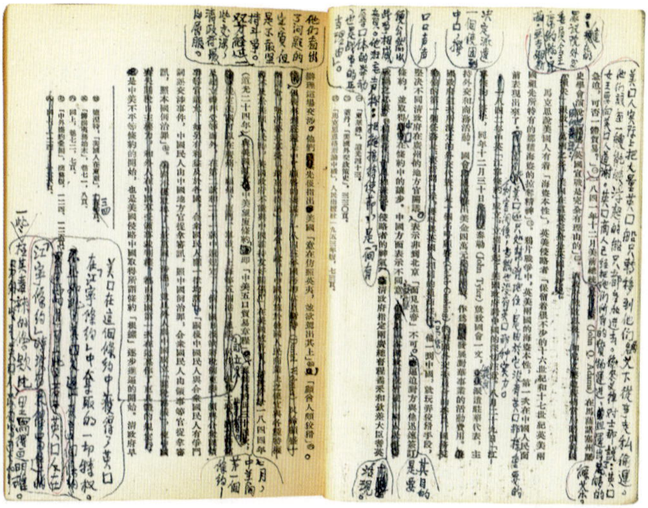

23《美国侵华史》修改页（1954）

1954年《美国侵华史》增订再版后，在得到不少读者肯定的同时，也受到一些批评。这促使作者要进一步修改。图为书上的修改页。

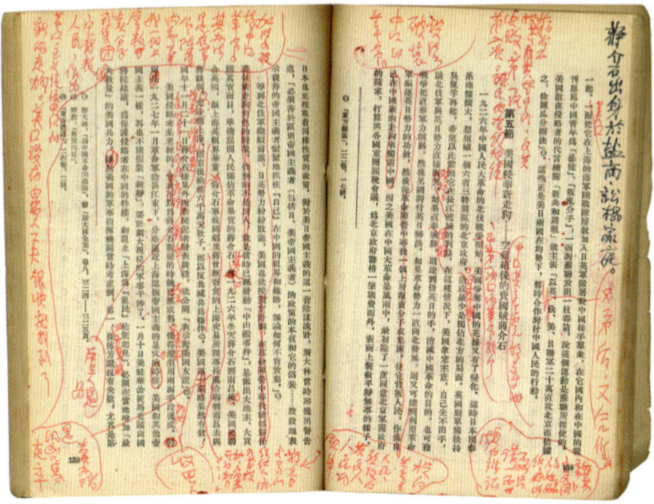

24《美国侵华史》修改页续（1954）

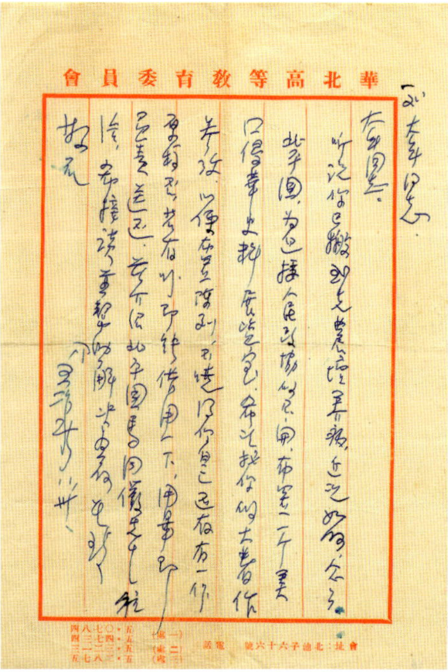

華北高等教育委員會

25 王冶秋来函谈借《美国侵华简史》事（1949）

王冶秋时任北平军事管制委员会文管处副处长。信中所说“北平图”指北平图书馆，即北京图书馆。1949 年军管会接收后，由王冶秋负责。信中“你的大著”即《美国侵华简史》，拟借用以办美国侵华史展览，迎接人民政协召开。

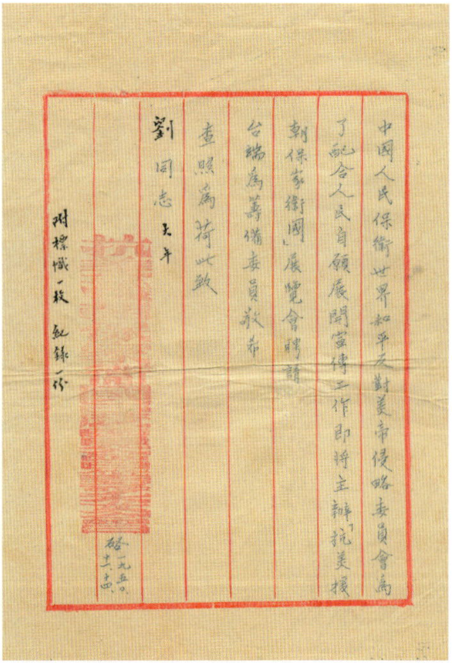

中國人民保衛世界和平反對美帝侵略委員會為了配合人民自願展開宣傳工作即將主辦「抗美援朝保家衛國」展覽會聘請台端為籌備委員敬希查照為荷此致

劉同志大年

附標幟一枚 紀錄一份

26 “抗美援朝保家卫国”展览会聘书（1950）

“二战”结束后，欧洲各国相继成立了保卫和平反对战争的组织，1949 年 10 月，我国成立了中国人民保卫世界和平委员会；朝鲜战争爆发后，改为中国人民保卫世界和平反对美帝侵略委员会。该会在筹办“抗美援朝保家卫国”展览会时，刘大年因著《美国侵华简史》而被聘为展览会的筹备委员。

第二章

在中国科学院初建时期

（1951—1958）

新中国成立前夕，中共中央决定组建全国最高科学机构。1949 年 9 月，全国政协第一次代表大会通过决议，在政务院下设中国科学院，由郭沫若任院长，陈伯达、李四光、陶孟和、吴有训、竺可桢为副院长。11 月，政务院正式作出设立中国科学院的决定。

刘大年 1951 年调入中国科学院院部，曾任中国科学院党组成员、中国科学院研究人员学习委员会办公室副主任、编译局副局长、《科学通报》副主编、哲学社会科学学部委员、哲学社会科学部党组成员、近代史研究所（历史研究所第三所）副所长等职；参与科学院思想改造运动、组建科学院哲学社会科学学部、制定全国十二年科学发展规划、参加中国科学院访苏代表团等工作。

第一节　任职科学院学习委员会（1951—1952）

新中国成立前后，全国知识分子迎接解放、准备投身国家建设的热情很高，但是由于所受教育及经历的局限，他们对中国共产党和新政权普遍缺乏了解。为此，中共中央决定在知识分子中广泛组织马列主义基础知识和党的方针政策的学习，史称“知识分子思想改造运动”。运动从 1951 年 9 月下旬在北京、天津的高校开始。

中国科学院从 1951 年 11 月开始，在政务院文化教育委员会领导下展开思想改造运动。为此，成立了由郭沫若院长任主任委员的“中国科学院研究人员学习委员会”，下设办公室承担具体工作。刘大年被任命为“学习委员会办公室副主任”。

科学院思想改造运动的方针，按中宣部的指示是“和风细雨，自觉革命”。据参加过学习委员会办公室工作的何祚庥回忆说：“还有一些人是保护过关的，根本不让碰，像几位副院长就是。”

1 东厂胡同一号院中（1951）

1949 年 9 月中国科学院成立后，曾短暂以东厂胡同一号为院部驻地。图为刘大年在院中留影。其身后的楼房为日本侵华期间所建图书馆藏书楼，中国科学院成立后，即成为中国科学院图书馆。

2 在东四大街六条院中留影（1950）

进入北京后，刘大年第一个家庭住址是其妻所在单位中国人民大学校部东四大街六条。图为刘大年与妻女合影。

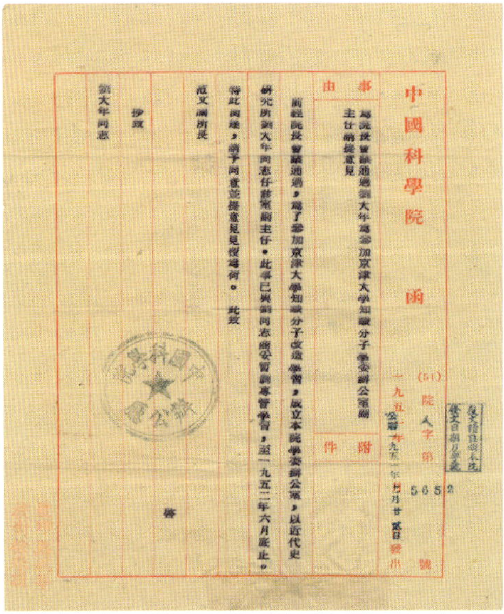

中國科學院 函

（51）院人字第5652號

公曆一九五一年[illegible]月廿貳日發出

事由：為院長會議通過劉大年為參加京津大學知識分子學委辦公室副主任希提意見

附件

前經院長會議通過，為了參加京津大學知識分子改造學習，成立本院學委辦公室，以近代史研究所劉大年同志任該室副主任。此事已與劉同志商妥暫調專管學習，至一九五二年六月底止。特此函達，希予同意並提意見見復為荷。此致

范文瀾所長

抄致

劉大年同志

啓

中國科學院辦公廳

3 学委办公室副主任调任函（1951）

为调刘大年任中国科学院研究人员学习委员会办公室副主任，中国科学院办公厅致函近代史所范文澜所长。

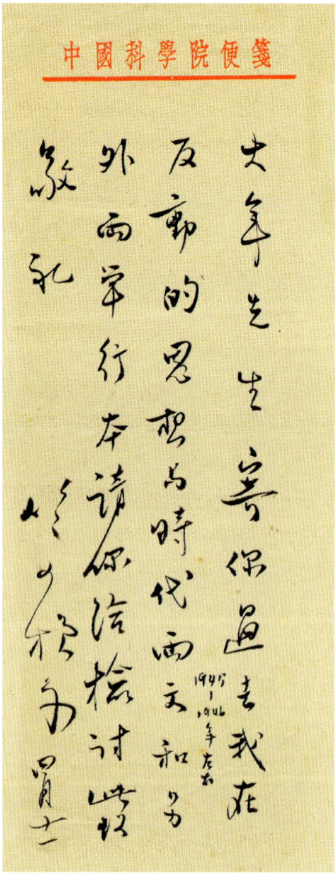

中國科學院便箋

大年先生：寄你過去我在反動的思想與時代兩文和另外兩單行本，請你給檢討些。

1945—1946年左右

敬禮

竺可楨 八月十一

4 竺可桢来函谈思想改造运动事（1952）

竺可桢是中国气象科学和物候科学的开拓者，1936年至1949年担任浙江大学校长，新中国成立后，任中国科学院副院长。关于思想改造运动，他在当时的日记中说：“据刘大年交来思想改造计划，把检讨分为三种，一种是副院长、厅局长的检讨，限于各所所长、副所长到会，不过二十人；第二种是各所所长、副所长检讨，限定所中研究员、副研究员及若干代表到会；第三种是对于突出的个别人，全院指定人参加。说明院中检讨和大学不同，是和风细雨。”此函为竺可桢谈自己“检讨”事。

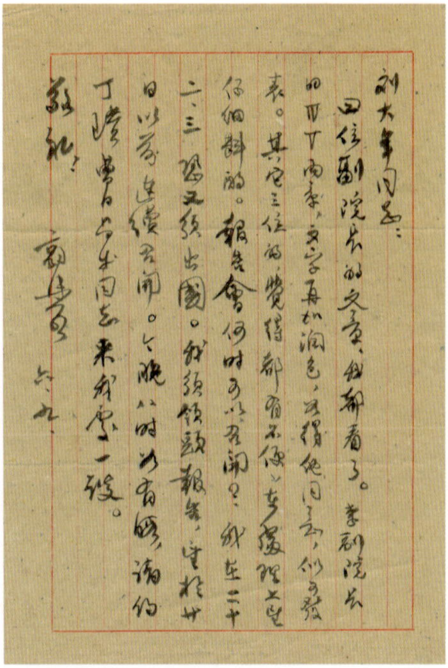

刘大年同志：

四位副院长的文章，我都看了。李副院长的IV V两条，文字再加润色，求得他同意，似可发表。其它三位的，觉得都有不够之处，要缓理一些仔细斟酌。报告会何时可以召开？我在二十二、三须出国。我须领头报告，宜于廿日以前连续召开。今晚八时如有暇，请约丁瓒同志来我处一谈。

敬礼！

郭沫若

六、九

5 郭沫若来函谈四位副院长检讨事（1952）

从此信可以看出，科学院思想改造运动确实在执行“和风细雨”的方针。

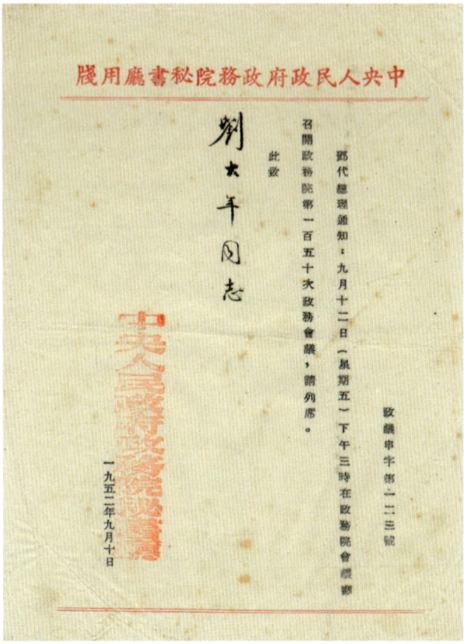

中央人民政府政務院秘書廳用牋

政議申字第一二三號

鄧代總理通知：九月十二日（星期五）下午三時在政務院會議廳召開政務院第一百五十次政務會議，請列席。

此致

劉大年同志

一九五二年九月十日

6 政务院第 150 次会议列席通知（1952）

科学院是政务院下一个科学管理机构，知识分子思想改造运动受政务院领导。1952 年 9 月 10 日，刘大年接到列席政务院召开的第 150 次会议的通知，应与政务院讨论与思想改造运动相关事宜有关。

第二节　任职编译局（1952—1953）

1949 年中国科学院成立后，院部机构设一厅三局：办公厅、研究计划局（翌年改称计划局）、国际联络局（翌年改称联络局）与出版编译局（翌年改称编译局）。编译局负责编审出版科学院各种图书刊物，扶助各专门学会出版学报。局长为杨钟健。刘大年后调入编译局任副局长。

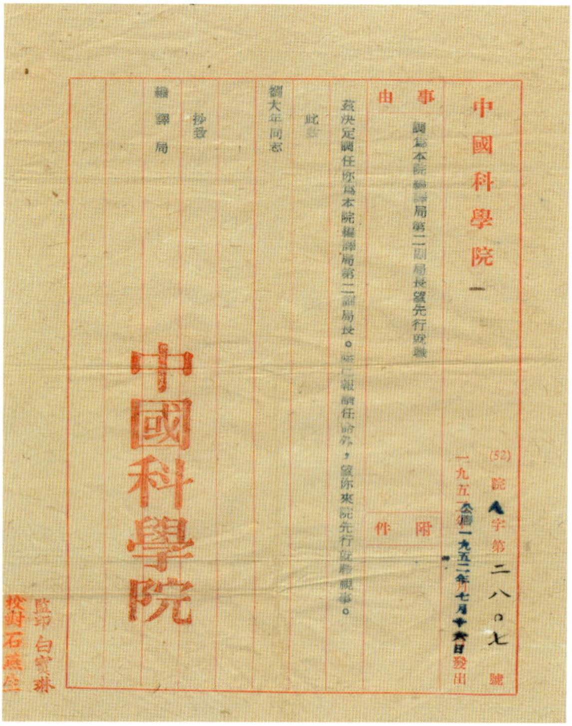

中國科學院
(52)院人字第二八〇七號
一九五二年七月十六日發出

事由　調為本院編譯局第二副局長望先行就職

附件

茲決定調任你爲本院編譯局第二副局長。除已報請任命外，望你來院先行就職視事。

此令

劉大年同志

抄發
編譯局

中國科學院

監印　白寶琳
校對　石燕生

1　编译局第二副局长调任函（1952）

1952 年 7 月 16 日，刘大年接到中国科学院“调为本院编译局第二副局长望先行就职”函。

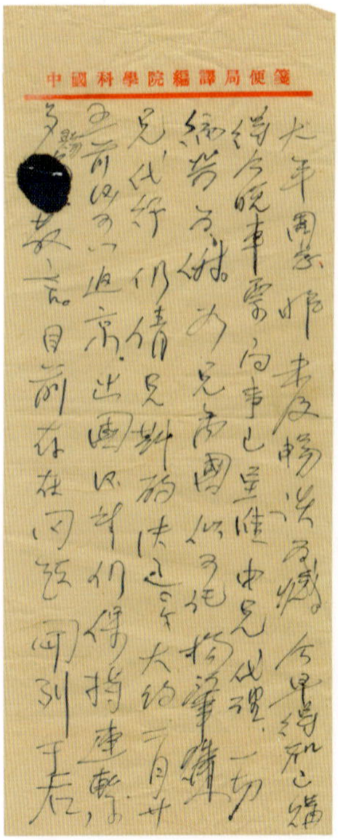
中國科學院編譯局便箋

2 杨钟健来函谈编译局工作事（1953）

杨钟健为中国著名古生物学家，为第一任编译局局长。此函写于 1953 年 2 月刘大年参加中国科学院访苏代表团出访苏联前，函中“如兄离国”一语即指此事。

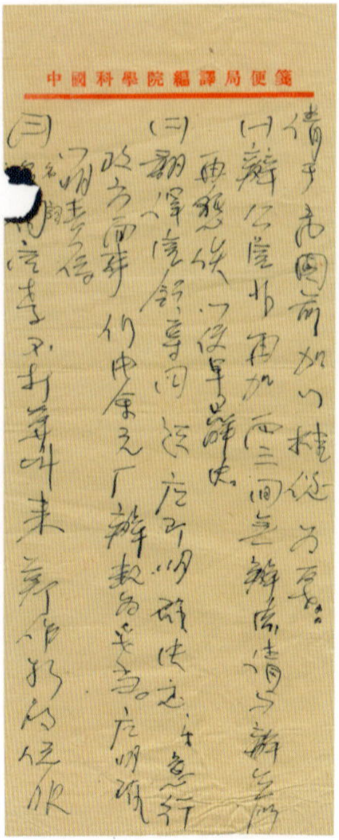
中國科學院編譯局便箋

3 杨钟健来函谈编译局工作事续一（1953）

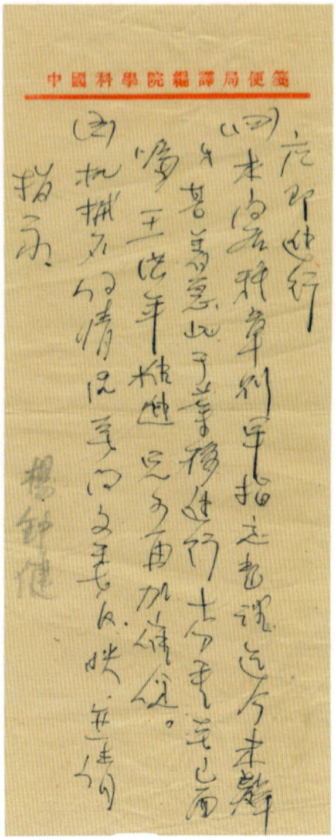
中國科學院編譯局便箋

4 杨钟健来函谈编译局工作事续二（1953）

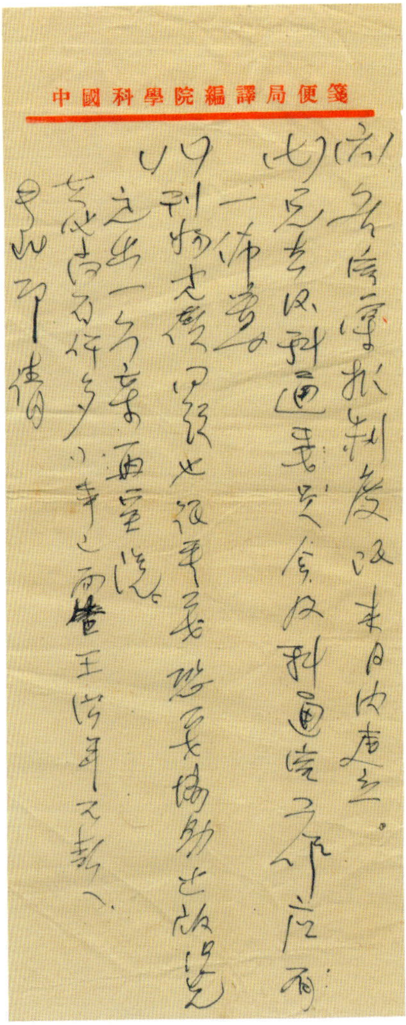

5 杨钟健来函谈编译局工作事续三（1953）

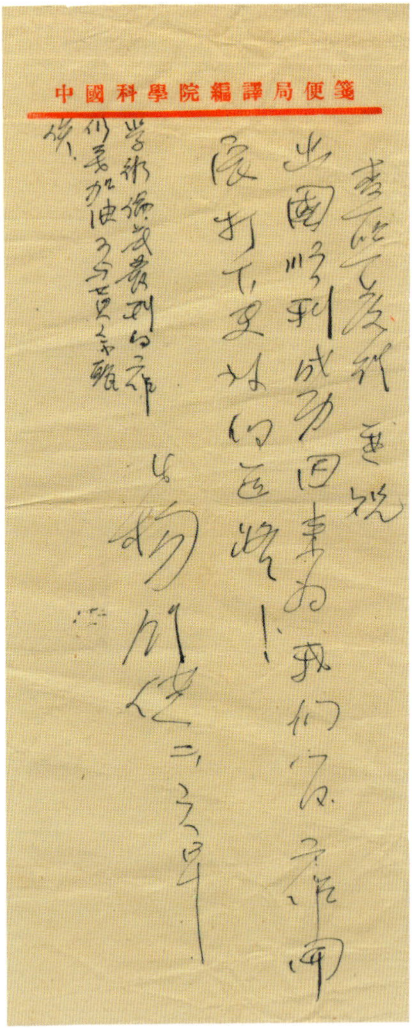

6 杨钟健来函谈编译局工作事续四（1953）

中央人民政府
政務院
任命通知書
政 字第 7345 號

茲經政務院第一百七十四次政務會議通過任命
劉大年為中國科學院編譯局副局
長

特此通知

總理 周恩來

一九五三年四月十日

中央人民政府政務院印

7 编译局副局长任命通知书（1953）

1953年4月10日，周恩来总理签署了批准任命刘大年为中国科学院编译局副局长的任命通知书。

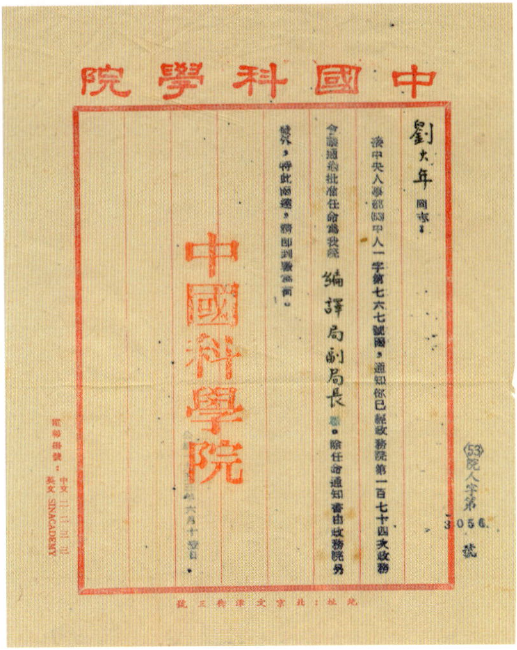

中國科學院

劉大年 同志：

接中央人事部(53)中人一字第七六七號函，通知你已經政務院第一百七十四次政務會議通過批准任命為我院 編譯局副局長 職。除任命通知書由政務院另發外，特此函達，請即到職為荷。

中國科學院

六月十[illegible]日

(53)院人字第 3056 號

電報掛號：中文 [illegible] 英文 SINACADEMY

地址：北京文津街三號

8 编译局副局长批准任命函（1953）

1953年6月，经政务院第174次政务会议通过，中国科学院批准任命刘大年为中国科学院编译局副局长。

第三节 在科学院院部的其他工作（1952—1956）

在科学院院部工作期间，刘大年还担任过《科学通报》副主编、科学院对外论文交换委员会委员、科学院党组成员等职。

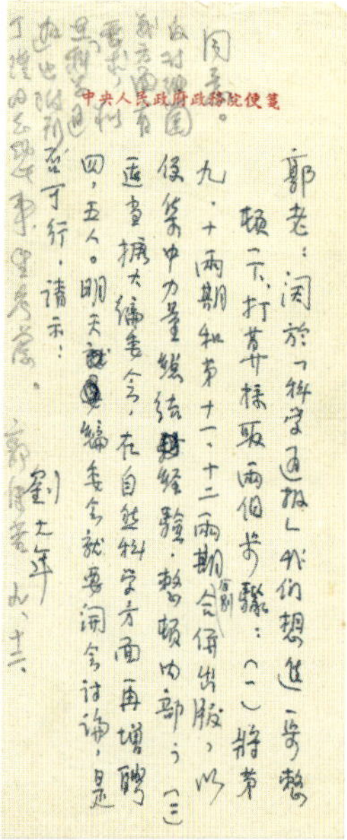

中央人民政府政务院便笺

郭老：关于「科学通报」我们想进一步整顿一下，打算採取两个步骤：（一）将第九、十两期和第十一、十二两期合併出版，以便集中力量总结经验，整顿内部；（二）适当扩大编委会，在自然科学方面再增聘四、五人。明天编委会就要开会讨论，是否可行，请示。

刘大年 九、十六

同意。反对细菌战方面有要求，拟在科学通报出附刊，丁瓒同志知此事，望考虑。

郭沫若 九、十六

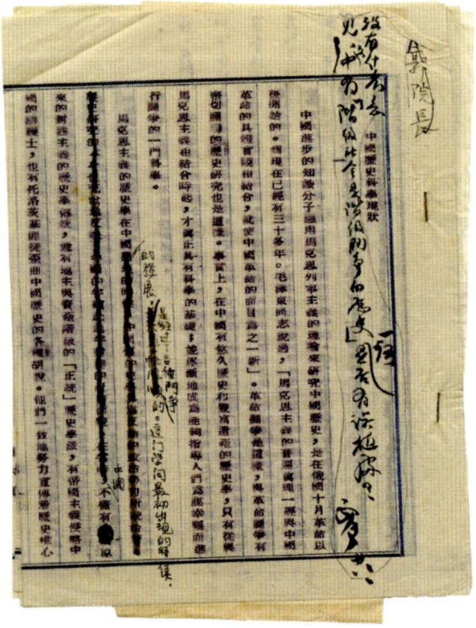

中國歷史科學現狀

1 致函郭沫若请示《科学通报》工作及郭沫若的批复（1952）

《科学通报》创立于1950年5月，1952年《人民日报》署名文章批评其“脱离实际、脱离政治”。为加强和充实编辑部的工作，科学院调刘大年任《科学通报》副主编。此信反映刘大年就任副主编后，着手刊物的整顿工作。郭沫若在此函上批示：“同意。反对细菌战方面有要求，拟在《科学通报》出附刊，丁瓒同志知此事，望考虑。”

2 《中国历史科学现状》打印稿首页（1953）

《科学通报》发表自然科学方面的文章，也发表社会科学方面的文章。刘大年的《中国历史科学现状》发表在《科学通报》1953年7月号上；同年12月，日本同朋社出版的竹内实主编的《中国近现代史年表》译载该文；苏联《历史问题》杂志同年第5期译载此文。文中手迹为郭沫若所作修改。

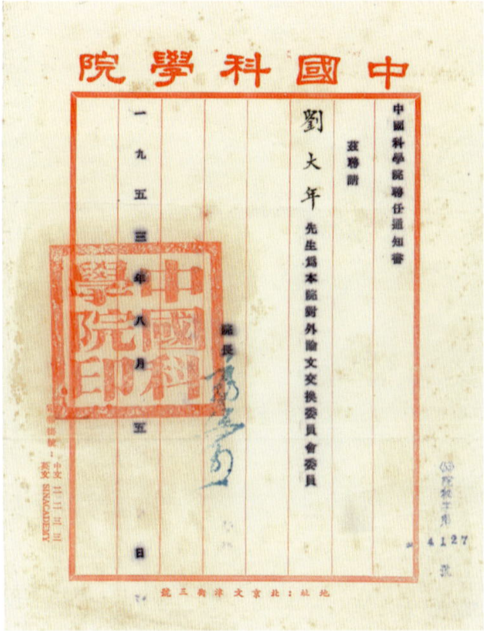

中國科學院

中國科學院聘任通知書

(53)院秘字第4127號

茲聘請

劉大年

先生爲本院對外論文交換委員會委員

院長

一九五三年八月五日

英文 SINACADEMY

地址：北京文津街三號

3 对外论文交换委员会委员聘任通知书（1953）

为扩大和加强学术交流，1953年8月科学院成立了对外论文交换委员会，刘大年被聘为委员。

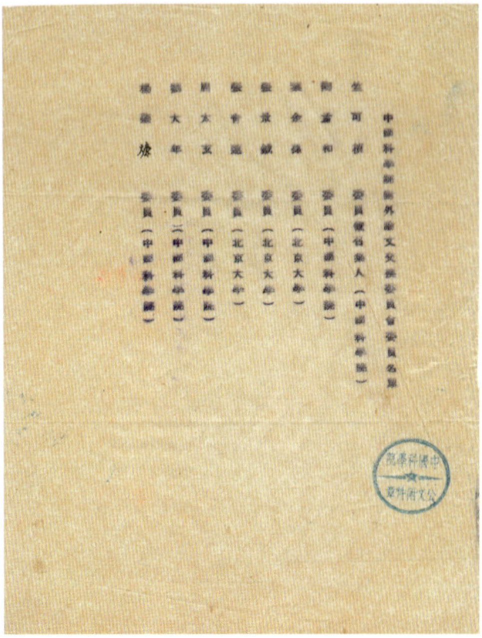

中國科學院對外論文交換委員會委員名單

竺可楨 委員兼召集人（中國科學院）

[illegible] 委員（中國科學院）

[illegible] 委員（北京大學）

[illegible] 委員（北京大學）

[illegible] 委員（北京大學）

[illegible] 委員（中國科學院）

劉大年 委員（中國科學院）

楊鍾健 委員（中國科學院）

4 对外论文交换委员会委员名单（1953）

从委员名单可以看出，这个委员会委员不囿于科学院院内，还聘有北京大学的科学家。

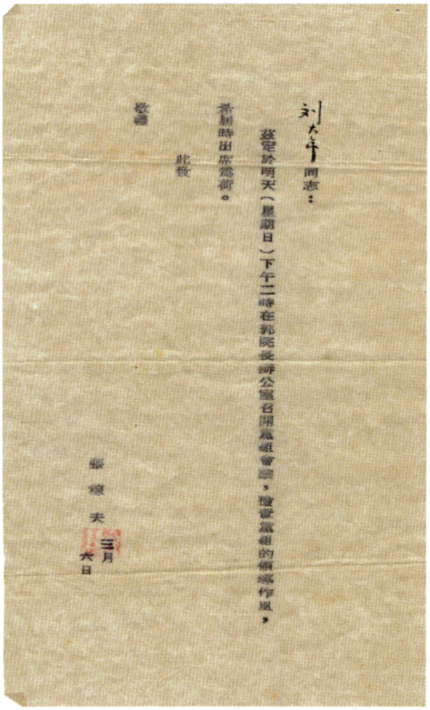

刘大年同志：

兹定於明天（星期日）下午二時在郭院長辦公室召開黨組會議，檢查黨組的領導作風，希屆時出席爲荷。

此致

敬禮

張稼夫

三月六日

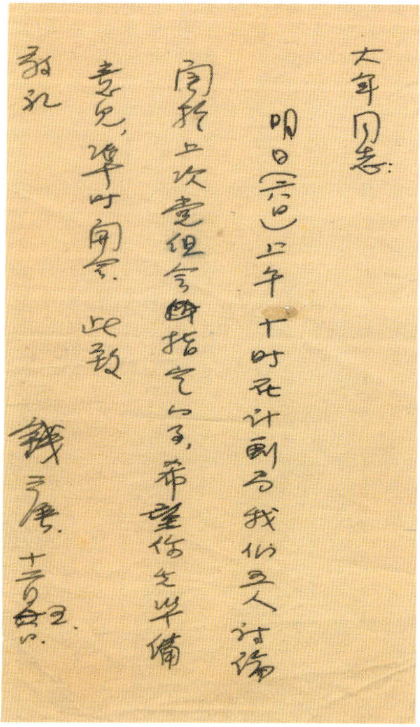

大年同志：

明日（六日）上午十时在计划局我们五人讨论关於上次党组会指定的事，希望你先准备意见，准时开会。

此致

敬礼

钱三强

十二月五日

5 院党组会议通知（1954）

中国科学院党组于1949年12月在科学院建立时成立。1952年底，张稼夫调任科学院任党组书记，刘大年为党组成员。党组成员还有范文澜、李亚农、曹日昌、汪志华、孙桐。

6 钱三强来函谈党组工作事（1954）

钱三强，中国“两弹一星”元勋。1954年任中国科学院学术秘书处秘书长。函中“我们五人”包括钱三强、武衡（副秘书长）、刘大年（学术秘书）。

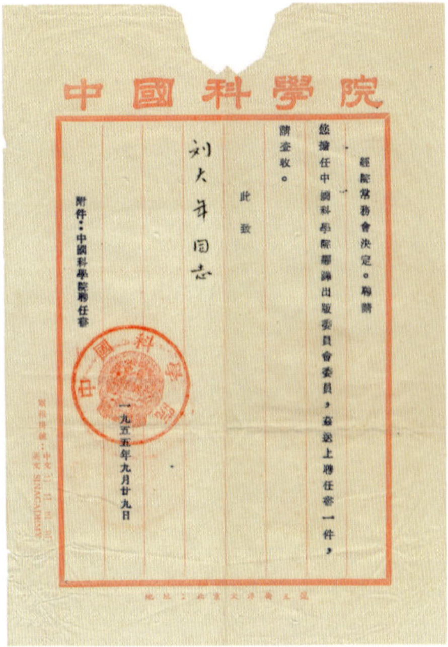

中國科學院

經院常務會決定。聘請

您擔任中國科學院編譯出版委員會委員，茲送上聘任書一件，

請查收。

此致

刘大年同志

附件：中國科學院聘任書

一九五五年九月廿九日

7 编译出版委员会委员聘任通知（1955）

1955 年 9 月，刘大年被聘为科学院编译出版委员会委员。

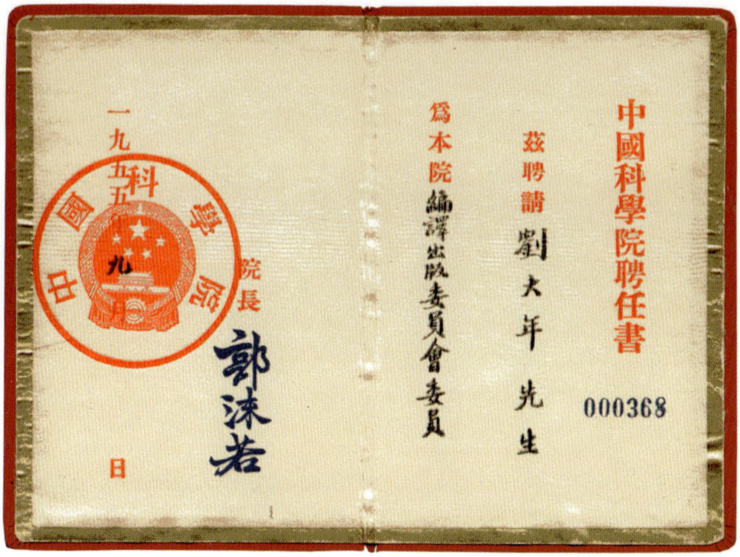

中國科學院聘任書

000368

茲聘請

劉大年先生

爲本院編譯出版委員會委員

院長

郭沫若

一九五五年九月日

8 编译出版委员会委员聘任书（1955）

此为科学院编译出版委员会委员聘书。

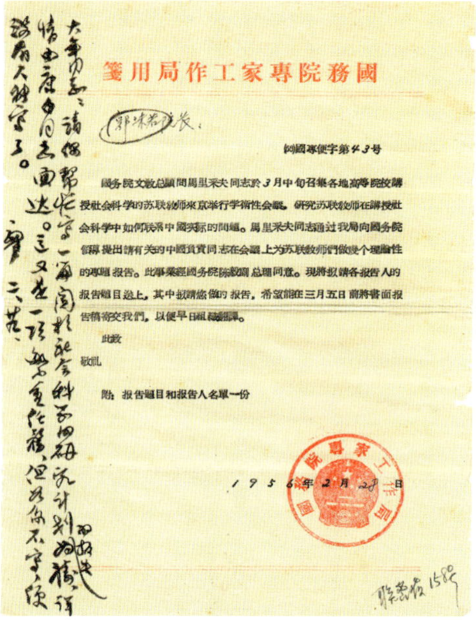

國務院專家工作局用箋

郭沫若院長：

(56)國專便字第43号

國务院文教总顧問馬里采夫同志於3月中旬召集各地高等院校講授社会科学的苏联教师來京举行学術性会議。研究苏联教师在講授社会科学中如何联系中國实际的問題。馬里采夫同志通过我局向國务院領導提出請有关的中國負責同志在会議上为苏联教师們做幾个理論性的專題報告。此事業經國务院陈毅副总理同意。現將拟請各报告人的报告題目送上，其中拟請您做的报告，希望能在三月五日前將書面报告稿寄交我們，以便早日組織翻譯。

此致

敬礼

附：报告題目和报告人名單一份

1956年2月28日

9 郭沫若批转国务院专家工作局事（1956）

1950年代，苏联向中国派出各方面专家，由国务院专家工作局管理。应苏联文教总顾问之请，专家局希望郭沫若为苏联专家作一相关报告。郭将撰写报告一事派给刘大年。

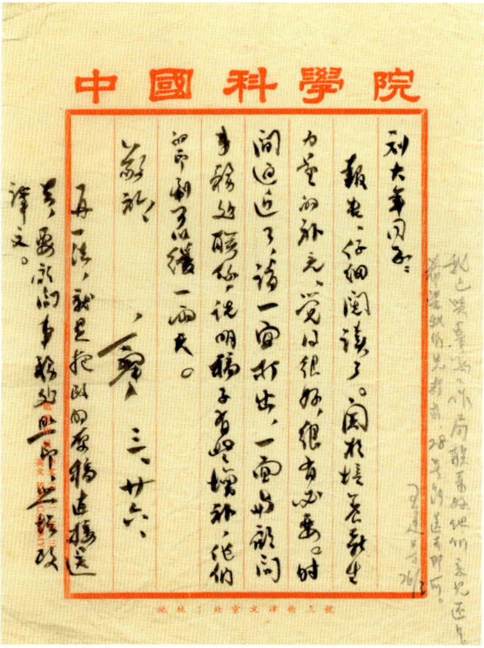

中國科學院

地址：北京文津街三號

10 郭沫若来函谈专家工作局报告事（1956）

此函为上述报告完稿后，郭沫若对报告的肯定意见。

11 中国语文社语法座谈会合影（1956）

1956 年 7 月，在中国科学院哲学社会科学学部的领导和主持下，由《中国语文》杂志社邀集全国的语法学者在青岛举行语法座谈会。会议的一项成果是一致认可把《暂拟汉语教学语法系统》作为中学汉语教材采用的语法体系。刘大年作为科学院学术秘书处成员参加了这次会议。图中前排左起 1 刘大年，2 丁声树，4 王力，5 潘梓年，7 罗常培，10 王还；二排左 7 周祖谟，9 刘世儒；三排左 5 朱德熙，6 胡明杨，7 吕叔湘，9 吴竞存，12 石安石。

第四节　参加中国科学院访苏代表团（1953）

为了了解苏联科学的现状及发展方向，学习苏联组织领导科学研究工作的经验，中国科学院于 1953 年 2 月派出了以钱三强为团长的大型代表团前往苏联，进行为期近 3 个月的访问。

代表团由 19 个学科的 26 位科学家组成，刘大年作为历史学科代表参加。据刘日记记载，他当时还负责资料组工作：“资料组工作由我负责，指定要成为团的参谋部，这对我是一个很重的负担。”

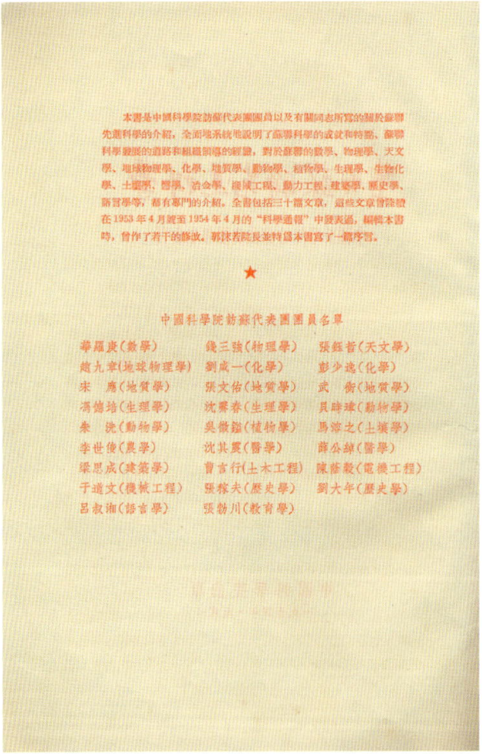

本書是中國科學院訪蘇代表團團員以及有關同志所寫的關於蘇聯先進科學的介紹，全面地系統地說明了蘇聯科學的成就和特點、蘇聯科學發展的道路和組織領導的經驗，對於蘇聯的數學、物理學、天文學、地球物理學、化學、地質學、動物學、植物學、生理學、生物化學、土壤學、醫學、冶金學、機械工程、動力工程、建築學、歷史學、語言學等，都有專門的介紹。全書包括三十篇文章，這些文章曾陸續在 1953 年 4 月號至 1954 年 4 月的“科學通報”中發表過，編輯本書時，曾作了若干的修改。郭沫若院長並特爲本書寫了一篇序言。

★

中國科學院訪蘇代表團團員名單

華羅庚（數學）	錢三強（物理學）	張鈺哲（天文學）
趙九章（地球物理學）	劉咸一（化學）	彭少逸（化學）
宋　應（地質學）	張文佑（地質學）	武　衡（地質學）
馮德培（生理學）	沈霽春（生理學）	貝時璋（動物學）
朱　洗（動物學）	吳徵鎰（植物學）	馬溶之（土壤學）
李世俊（農學）	沈其震（醫學）	薛公綽（醫學）
梁思成（建築學）	曹言行（土木工程）	陳蔭穀（電機工程）
于道文（機械工程）	張稼夫（歷史學）	劉大年（歷史學）
呂叔湘（語言學）	張勃川（教育學）	

1　科学院访苏代表团名单（1953）

代表团访苏报告集《学习苏联先进科学》一书所列访苏代表团成员名单。

2 代表团在莫斯科火车站受到热烈欢迎（1953）

前排左 2 为代表团副团长张稼夫，后排右 3 为刘大年。

3 副团长张稼夫致答辞（1953）

中国科学院党组书记、副院长张稼夫以历史学家身份参加代表团，任代表团党委书记、副团长。

4 代表团在苏联科学院大厅合影（1953）

苏联科学院院长涅斯米扬诺夫向代表团作了苏联科学工作计划的报告。报告后代表团在大厅合影。前排坐者右 4 为团长钱三强，其后右为梁思成，右 7 为华罗庚，后右为吕叔湘；后排站立者右 3 为刘大年。

5 代表团在苏联科学院大楼前合影（1953）

前排左 2 梁思成，3 武衡，5 张稼夫，6 钱三强，8 华罗庚；三排左 2 刘大年，3 何祚庥。

6 代表团参观莫斯科斯大林汽车厂（1953）

刘大年访苏日记载：“汽车制造过程经过了四个部门，冶、锻、铸、装配，每一个部门都是自动化的。在装配部门看表，每两分钟出汽车一辆（一天六百辆，一年二十万辆）。另有一个自行车车间，每分钟出车三辆。厂址在莫斯科东南，所占面积是一个不小的城市，汽车在里面要走相当的时间（据说是六七万工人）。”

图中左 2 数学家赵九章，4 钱三强，右 1 刘大年。

7 莫斯科红场克林姆林宫通行卡（1953）

每年五一国际劳动节举行的红场游行是苏联的传统节目。届时会邀请各国来宾到观礼台观礼。访苏代表团也应邀参加了观礼。图为刘大年的观礼台通行证。据刘大年访苏日记载：（五一这天）“这一带早起就断绝交通。我们从列宁博物馆东侧入红场，沿红场东边绕至南口再至观礼台第七台，中间经过了三道检查，第一、二道检查很严格仔细，把入场券的人名和护照上的人名照片都对照了一遍。”

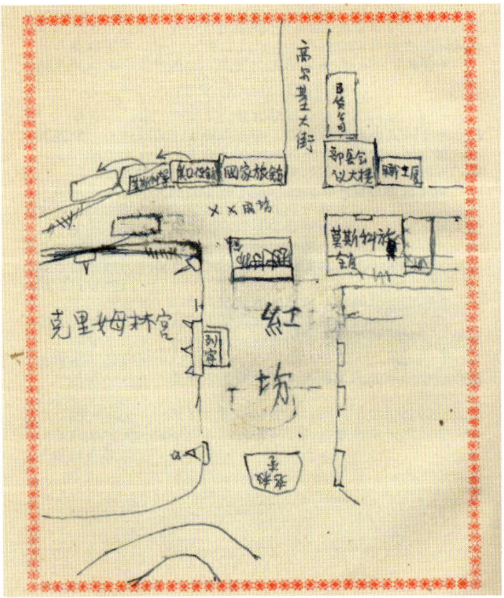

8 手绘莫斯科红场示意图（1953）

刘大年在日记中所绘红场及周边建筑示意图。

9 代表团在乌兹别克共和国首都塔什干火车站受到欢迎（1953）

访问与俄罗斯历史文化及经济状况迥异的乌兹别克共和国，是代表团的一项重要日程。代表团抵达乌首都塔什干时，在火车站受到热烈欢迎。前排右 1 地质学家武衡，3 医学生理学家沈其震，左 1 刘大年。

10 代表团部分成员在塔什干合影（1953）

吉谢列夫为苏联考古学家，长于中亚及元代历史研究。代表团访苏期间，他几乎全程陪同。此图为吉谢列夫与赵九章、生物学家朱洗及刘大年在塔什干代表团所住别墅合影。

11 代表团回国后在科学院院部楼前合影（1953）

代表团回国向科学院领导汇报后，在文津街科学院院部楼前合影。前排左起第 7 至第 11 人为钱三强、吴有训、李四光、陶孟和、张稼夫；后排左 2 至 7 人为梁思成、赵九章、贝时璋、冯德培、华罗庚、刘大年。

學習蘇聯先進科學

中國科學院訪蘇代表團報告彙刊

中國科學院出版

一九五四年·北京

12《学习苏联先进科学》扉页（1954）

代表团回国后，各学科专家分头撰写了访苏报告，汇集成《学习苏联先进科学》一书。其中收录了刘大年撰写的《苏联培养科学工作干部的经验》与《苏联的先进历史科学》两文。

13《斯大林逝世纪念册》照片之一（1953）

访苏代表团抵达莫斯科的第二天，斯大林去世。代表团成员后获赠《斯大林逝世纪念册》。图为纪念册所载3月9日北京60万人在天安门广场举行追悼大会的场景。

14《斯大林逝世纪念册》照片之二（1953）

图为纪念册所载莫斯科市民前往放置斯大林灵柩的职工大厦吊唁的场景。

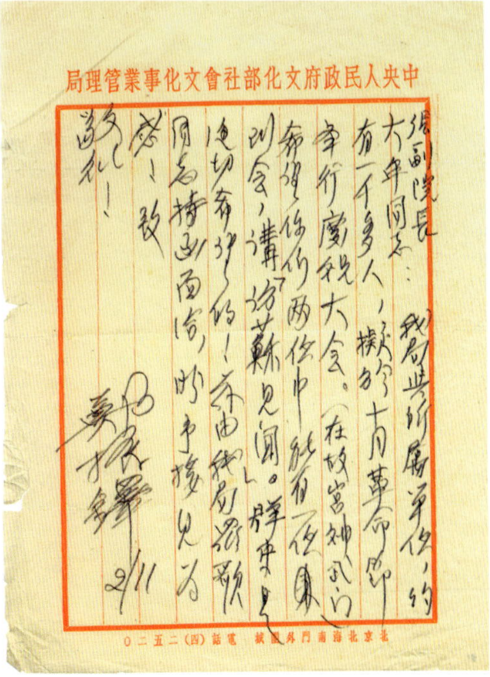

中央人民政府文化部社會文化事業管理局

侯副院長
大年同志：我局共所屬單位，約
有一千多人，擬於十月革命節
舉行慶祝大會（在故宮神武門），
希望你們兩位中能有一位來
訓話，講講訪蘇見聞。群衆是
迫切希望的！茲由我局羅頌
同志持函面洽，盼予接見為
感！致
敬禮！

鄭振鐸
2/11

北京北海南門外團城　電話（四）二五二〇

15 郑振铎来函谈报告访苏见闻事（1953）

代表团归国后，不少单位邀请代表团成员报告访苏见闻。此为文化部社会文化事业管理局局长郑振铎来函邀请。

第五节　参与组建学部（1954—1956）

中国科学院各学部是在向苏联科学院学习的基础上，根据我国实际情况设立的负责学术及学术组织工作的机构。

中国科学院初期设有四个学部：物理学数学化学部、生物学地学部、技术科学部、哲学社会科学部。各学部主任分别由科学院副院长吴有训、竺可桢、严济慈及院长郭沫若担任。

为落实学部的建设，科学院院务会下设学术秘书处。刘大年作为学术秘书处成员，参与了初期的学部建设工作，主要负责与科学院及全国高校社会科学家联系。

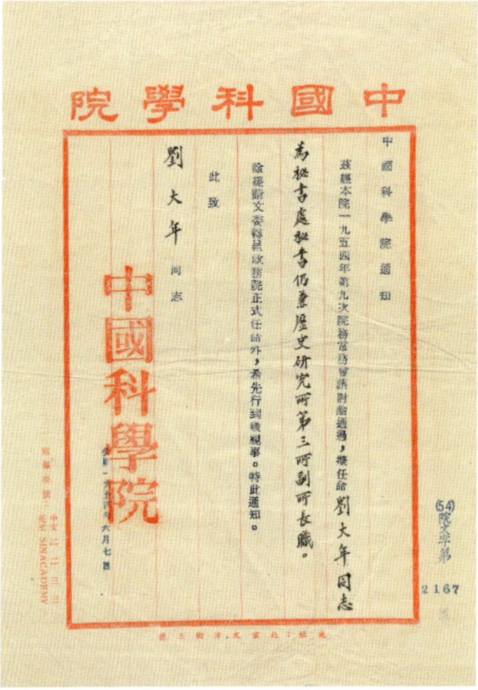
中國科學院

中國科學院通知

(54)院文字第2167

茲經本院一九五四年第九次院務常務會議討論通過，擬任命劉大年同志為秘書處秘書仍兼歷史研究所第三所副所長職。除提請文委轉呈政務院正式任命外，希先行到職視事。特此通知。

此致

劉大年同志

中國科學院

公曆一九五四年六月七日

1 中国科学院学术秘书处秘书兼历史研究所第三所副所长任命通知（1954）

科学院学术秘书处成立于1954年。秘书长为钱三强、陈康白，副秘书长为秦力生、武衡，秘书有贝时璋、钱伟长、张文佑、刘大年。秘书处在建立学部的调研与组织方面起了重要作用。

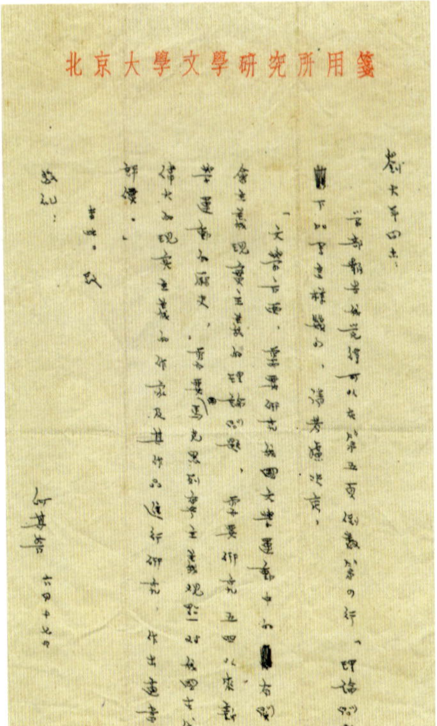

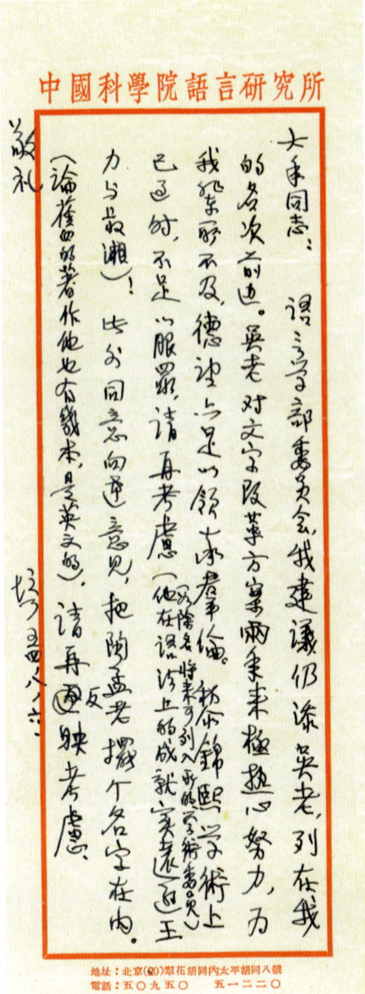

2 何其芳来函谈学部成立报告事（1954）

何其芳，诗人，时为北京大学文学研究所副所长。刘大年被学术秘书处安排负责组织班子起草学部成立大会报告。此信是在向各方面征求意见时，何其芳对报告提出的修改意见。

3 罗常培来函谈学部委员人选事（1954）

罗常培，语言学家，时为科学院语言研究所所长。哲学社会科学部首任学部委员由各方面协商产生。刘大年负责与国内社会科学学者沟通，上传下达沟通意见。此函可以看出当时协商的情况。

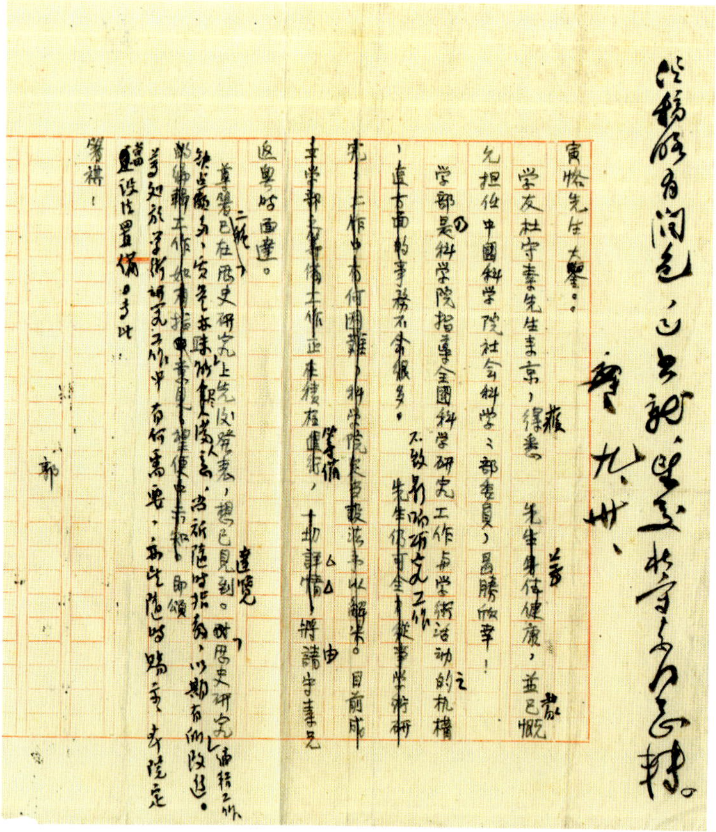

4 为郭沫若起草的致陈寅恪函（1954）

1953年9月，中国科学院在筹建三个历史研究所时，曾拟聘著名历史学家陈寅恪任第二所所长，陈婉拒。一年后筹建学部时，又拟聘陈寅恪为学部委员，陈应允任职。此件为郭沫若给陈的回复函。原件由刘大年草拟，郭修改。

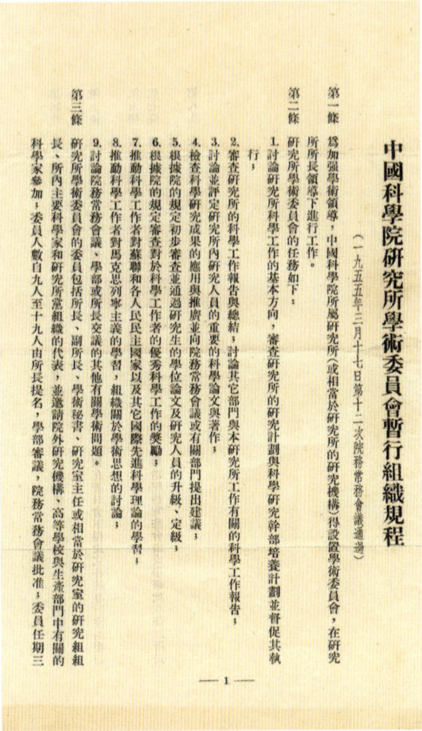

中國科學院研究所學術委員會暫行組織規程

（一九五五年三月十七日第十二次院務常務會議通過）

第一條　爲加強學術領導，中國科學院所屬研究所（或相當於研究所的研究機構）得設置學術委員會，在研究所所長領導下進行工作。

第二條　研究所學術委員會的任務如下：

1. 討論研究所科學工作的基本方向，審查研究所的研究計劃與科學研究幹部培養計劃並督促其執行；
2. 審查研究所的科學工作報告與總結；討論其它部門與本研究所工作有關的科學工作報告；
3. 討論並評定研究所內研究人員的重要的科學論文與著作；
4. 檢查科學研究成果的應用與推廣並向院務常務會議或有關部門提出建議；
5. 根據院的規定初步審查並通過研究生的學位論文及研究人員的升級、定級；
6. 根據院的規定審查對於科學工作者的優秀科學工作的獎勵；
7. 推動科學工作者對蘇聯和各人民民主國家以及其它國際先進科學理論的學習；
8. 推動科學工作者對馬克思列寧主義的學習，組織關於學術思想的討論；
9. 討論院務常務會議、學部或所長交議的其他有關學術問題。

第三條　研究所學術委員會的委員包括所長、副所長、學術秘書、研究室主任或相當於研究室的研究組組長、所內主要科學家和研究所黨組織的代表，並邀請院外研究機構、高等學校與生產部門中有關的科學家參加；委員人數自九人至十九人由所長提名，學部審議，院務常務會議批准；委員任期三

—1—

5《中国科学院研究所学术委员会暂行组织规程》（1955）

科学院在筹备建立学部期间，拟定了《中国科学院研究所学术委员会暂行组织规程》，共8条9款。刘大年参与了起草《规程》的工作。

年。

第四條　研究所學術委員會由所長担任主任，學術秘書或副學術秘書協助主任處理日常工作，非學術委員會委員得担任副學術秘書職務。

第五條　研究所學術委員會得視工作需要分組，爲了審查專門科學問題在委員會下得設立各種專門性的委員會。

第六條　研究所學術委員會應根據研究所的計劃制訂計劃，按計劃進行工作。

第七條　學術委員會的決議均以所長名義公佈，重大問題的決議，須報請院務常務會議或學部批准後以所長名義公佈之。

第八條　本條例經院務常務會議通過後施行。

—2—

6《中国科学院研究所学术委员会暂行组织规程》续（1955）

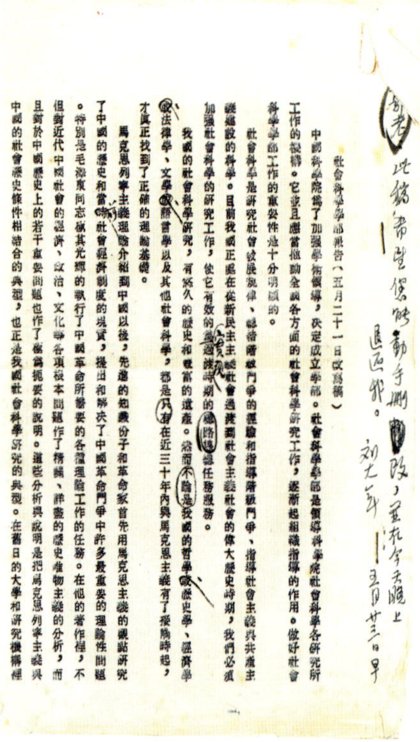

郭老：此稿希望您能動手删改，並在今天晚上退還我。劉大年 五月廿三日早

社會科學學部報告（五月二十一日改寫稿）

中國科學院為了加强學術領導，決定成立學部。社會科學學部是領導科學院社會科學各研究所工作的機構。它並且應當推動全國各方面的社會科學研究工作，逐漸起組織指導的作用。做好社會科學學部工作的重要性是十分明顯的。

社會科學是研究社會發展規律、總結階級鬥爭的經驗和指導階級鬥爭、指導社會主義與共產主義建設的科學。目前我國正處在從新民主主義社會過渡到社會主義社會的偉大歷史時期，我們必須加强社會科學的研究工作，使它有效的為過渡時期的總路線總任務服務。

我國的社會科學研究，有悠久的歷史和豐富的遺產。然而不論是我國的哲學或歷史學、經濟學或法律學、文學或語言學以及其他社會科學，都是只有在近三十年內與馬克思主義有了接觸時起，才真正找到了正確的理論基礎。

馬克思列寧主義理論介紹到中國以後，先進的知識分子和革命家首先用馬克思主義的觀點研究了中國的歷史和當時社會經濟制度的現實，提出和解決了中國革命鬥爭中許多最重要的理論性問題。特別是毛澤東同志極其光輝的執行了中國革命所需要的各種理論工作的任務。在他的著作裡，不但對近代中國社會的經濟、政治、文化等各項根本問題作了精闢、詳盡的歷史唯物主義的分析，而且對於中國歷史上的若干重要問題也作了極為扼要的說明。這些分析與說明是把馬克思列寧主義與中國的社會歷史條件相結合的典型，也正是我國社會科學研究的典型。在舊日的大學和研究機構裡

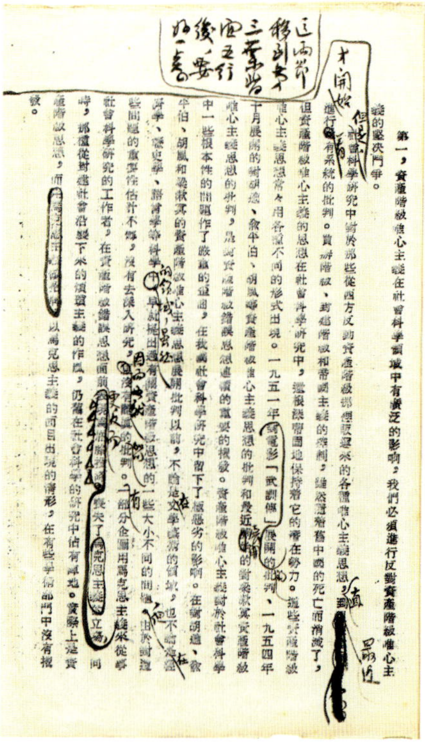

第一，資產階級唯心主義在社會科學領域中有廣泛的影响，我們必須進行反對資產階級唯心主義的堅決鬥爭。

[illegible]社會科學研究中對於那些從西方反動資產階級那裏販運來的各種唯心主義思想，[illegible]進行了有系統的批判。買辦階級、封建階級和帝國主義的殘渣，雖然隨着舊中國的死亡而消滅了，但資產階級唯心主義的思想在社會科學研究中，還根深蒂固地保持着它的存在勢力。這些資產階級唯心主義思想常々用各種不同的形式出現。一九五一年對電影「武訓傳」展開的批判、一九五四年十月展開的對胡適、俞平伯、胡風等資產階級唯心主義思想的批判和最近[illegible]的對梁漱溟資產階級唯心主義思想的批判，是對資產階級錯誤思想連續的重要的揭發。資產階級唯心主義對於社會科學中一些根本性的問題作了歪曲的說明，在我國社會科學研究中留下了極惡劣的影响。在對胡適、俞平伯、胡風和梁漱溟的資產階級唯心主義思想展開批判以前，不論是文學藝術的領域，也不論是經濟學、歷史學、哲學等科學中，早就提出過有關資產階級思想的一些大小不同的問題，但由於對這些問題的重要性估計不够，沒有去深入研究，因而沒有徹底的批判。一部分企圖用馬克思主義來從事社會科學研究的工作者，在資產階級錯誤思想面前，[illegible]喪失了馬克思主義的立場，同時，那種從封建社會沿襲下來的煩瑣主義的作風，仍舊在社會科學的研究中佔有陣地。實際上是資產階級思想，而[illegible]以馬克思主義的面目出現的情形，在有些學術部門中沒有揭發。

7 组织撰写的学部成立报告（1955）

8 组织撰写的学部成立报告续（1955）

学部成立大会定于1955年6月1日举行，5月23日大会报告尚未定稿。故刘大年在呈送郭沫若的报告稿上写道：“郭老：此稿希望您能动手删改，并在今天晚上退还我。”

文稿上的修改笔迹为郭所留。

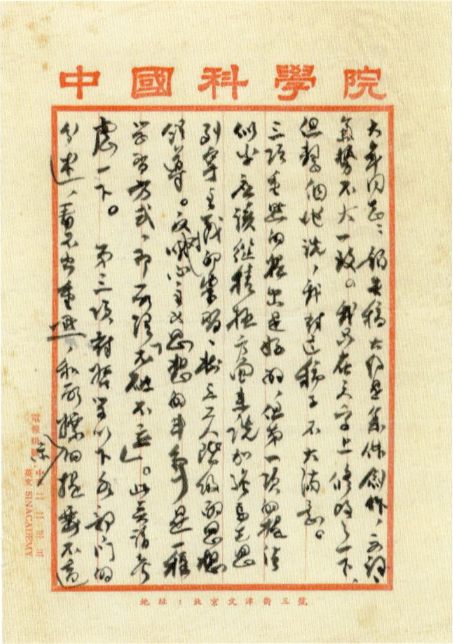
中國科學院

英文 SINACADEMY

地址：北京文津街三號

9 郭沫若来函谈学部成立报告起草事（1955）

郭沫若在接到报告稿后，仅略作改动，当天即将稿退回，写信直接表达了对报告稿的不满，并提出修改意见。

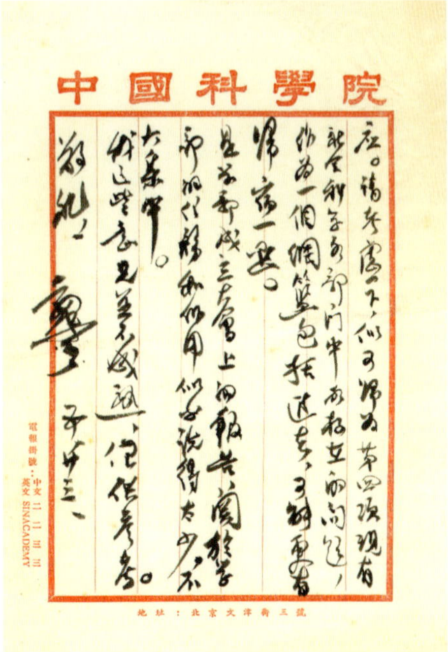
中國科學院

英文 SINACADEMY

地址：北京文津街三號

10 郭沫若来函谈学部成立报告起草事续（1955）

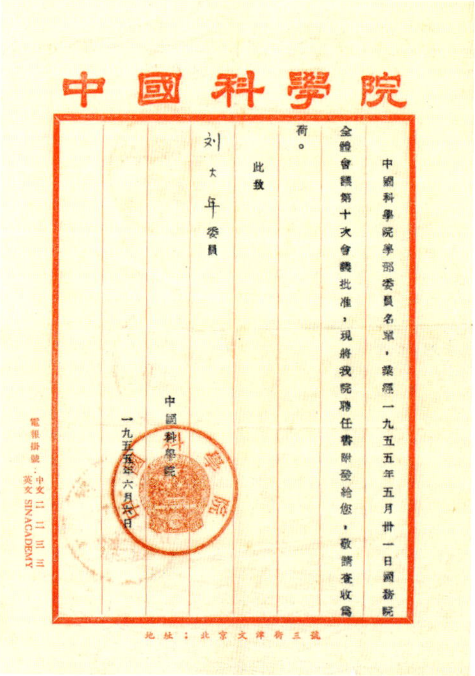

中國科學院

中國科學院學部委員名單，業經一九五五年五月卅一日國務院全體會議第十次會議批准，現將我院聘任書附發給您，敬請查收爲荷。

此致

刘大年委員

中國科學院

一九五五年六月六日

電報掛號：中文 11 11 11 11 英文 SINACADEMY

地址：北京文津街三號

11 学部委员聘任通知（1955）

科学院第一届学部委员共计233人，其中物理学数学化学部48人，生物学地学部84人，技术科学部40人，哲学社会科学部61人。1955年6月，刘大年收到科学院学部委员聘任通知。

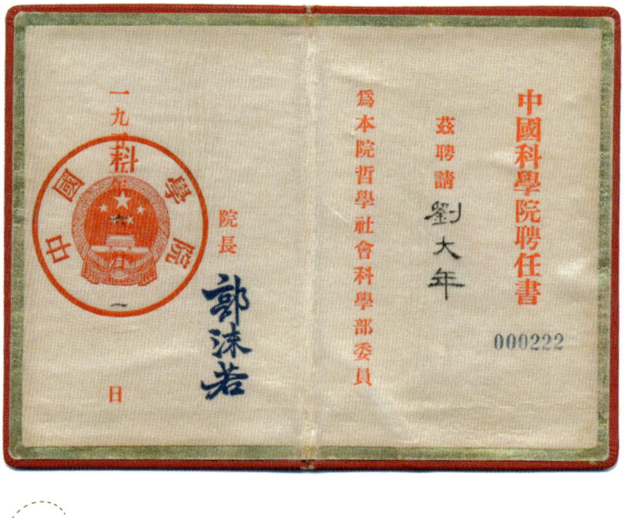

中國科學院聘任書

000222

茲聘請

劉大年

爲本院哲學社會科學部委員

院長

郭沫若

一九

日

12 学部委员聘任书（1955）

学部委员聘任书大小为8.5厘米×12.5厘米。

13 学部成立大会主席台（1955）

学部成立大会于1955年6月1日至10日在北京召开。周恩来总理等国家领导人到会祝贺，苏联科学院、波兰科学院也都派团祝贺。

14 中宣部部长陆定一在学部成立大会上宣读贺词(1955)

以上两幅图片取自《中国社会科学院二十年》一书。

第六节　参与制定全国十二年科学发展规划（1956）

1956 年 3 月，国务院宣布成立科学规划委员会，制定一个旨在追赶世界先进科学与技术水平的“1956—1967 年科学技术发展远景规划”，简称“十二年科学发展规划”。

此前（1956 年 1 月），中共中央召开了全国知识分子工作会议，讨论如何肯定和发挥知识分子在向科学进军中的作用。会议一结束，科学院即成立了自然科学规划办公室与哲学社会科学规划办公室。刘大年担任哲学社会科学规划办公室主任，负责与全国社科学者联系制定规划事。

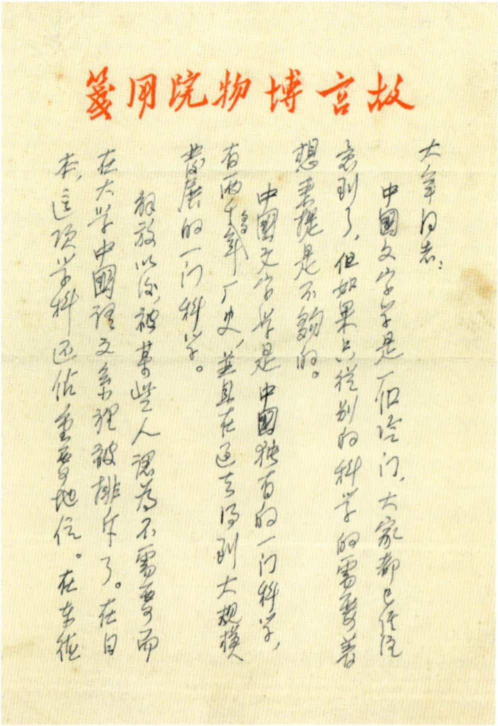
故宫博物院用笺

大年同志：

中国文字学是一个冷门，大家都已经注意到了，但如果只从别的科学的需要着想来提，是不够的。

中国文字学是中国独有的一门科学，有两千多年历史，并且在近百年得到大规模发展的一门科学。

解放以后，被某些人认为不需要而在大学中国语文系里被排斥了。在日本，这项学科还占重要地位。在东德

1 唐兰来函谈古文字学科建设事（1956）

唐兰，古文字学家，时任故宫博物院副院长。函中建议在发展规划中应提高中国文字学的地位。

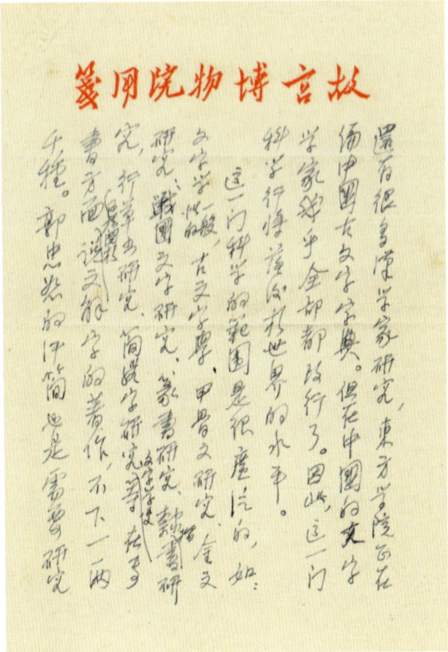

故宫博物院用箋

還有很多漢學家研究，東方學院正在編中國古文字字典。但在中國的文字學家幾乎全部都改行了。因此，這一門科學行將落後於世界的水平。

這一門科學的範圍是很廣泛的，如：文字學一般，古文字學、甲骨文研究、金文研究、戰國文字研究、篆書研究、隸書研究、行草書研究、簡牘字研究等，在這書方面說文解字的著作，不下一兩千種。郭忠恕的汗簡也是需要研究

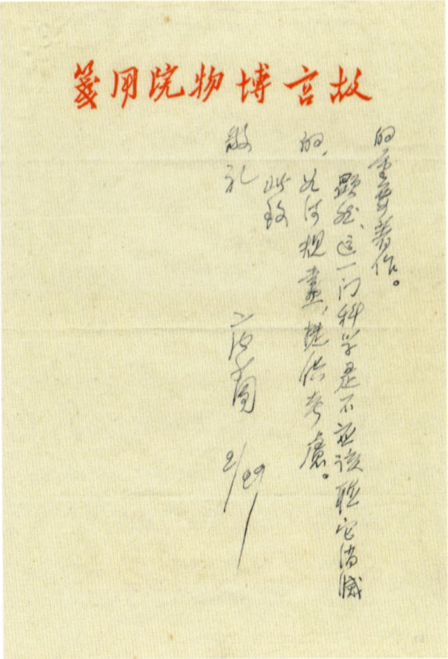

故宫博物院用箋

的重要著作。

顯然，這一門科學是不應該聽它消滅的。以上所想，提供參考。

此致

敬禮

唐蘭 2/29

2 唐兰来函谈古文字学科建设事续一（1956）

3 唐兰来函谈古文字学科建设事续二（1956）

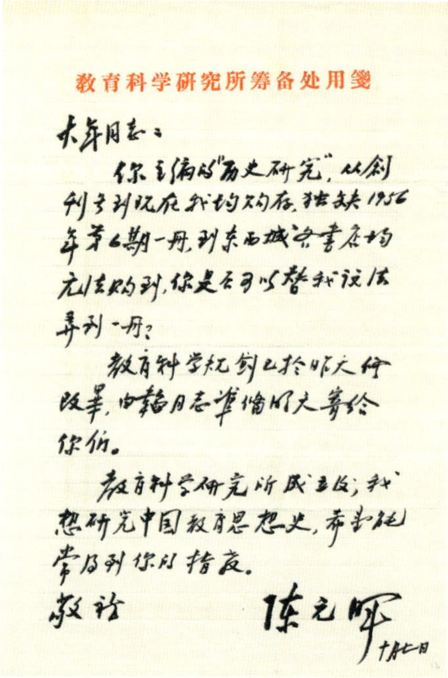

教育科学研究所筹备处用笺

大年同志：

你主编的《历史研究》，从创刊号到现在我均购存，独缺1956年第6期一册，到东西城新华书店均无法购到，你是否可以替我设法弄到一册？

教育科学规划已于昨天修改毕，由韦悫同志准备明天寄给你们。

教育科学研究所既已建立，我想研究中国教育思想史，希望能常得到你的指教。

敬礼

陈元晖

十月七日

4 陈元晖来函谈教育科学规划事（1956）

陈元晖，心理学家，时为中央教育科学研究所研究员，科学院生物学地学学部委员。函中“教育科学规划”，指十二年科学发展规划中的教育科学部分。陈元晖后来是哲学研究所研究员。

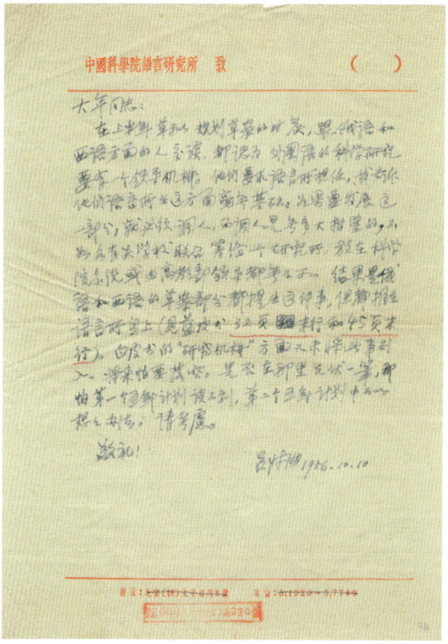

中國科學院語言研究所　致　（　）

大年同志：

在上半年草拟规划草案的时候，跟俄语和西语方面的人交谈，都认为外国语的科学研究要有一个领导机构。他们要求语言所担任，我认为他们语言所在这方面毫无基础。如果要负责这一部分，就必须找新人，而新人是不会太好找的。不如由有关学校联合筹备一个研究所，放在科学院或由高教部领导都可以。结果是俄语和西语的草案部分都提出这件事，但都推到语言所身上（见草案第32页材料和45页末行）。而原来的“研究机构”方面又未涉及此事，将来恐要落空。是否在部里先谈一谈，能否第一个五年计划赶不上，第十二年计划中也想个办法。请考虑。

敬礼！

吕叔湘 1956.10.10

5 吕叔湘来函谈外国语研究事（1956）

吕叔湘，语言学家，时为科学院语言研究所副所长、哲学社会科学学部委员。

6 国家领导人与参加十二年科学规划会的代表合影（1956）

1956年6月14日，毛泽东、周恩来、朱德、邓小平等党和国家领导人在中南海会见了参加十二年科学规划会的各地代表并合影留念。二排左7周一良，8刘桂五，9骆耕漠，10尹达，11侯外庐；三排左9夏鼐；四排左7狄超白；五排左8费孝通，9刘大年。

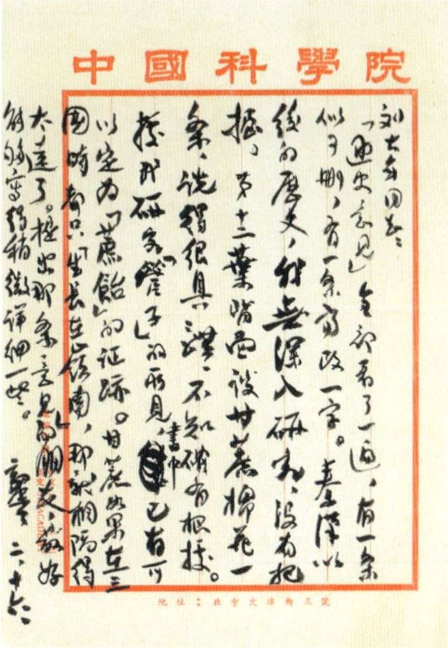
中國科學院

地址：北京文津街三號

7 郭沫若来函谈“通史意见”事（1956）

苏联科学院编写《世界通史》，有关中国历史的内容苏方请中国方面提意见，郭沫若将此事派给刘大年办。此为郭对刘处理意见的回复。

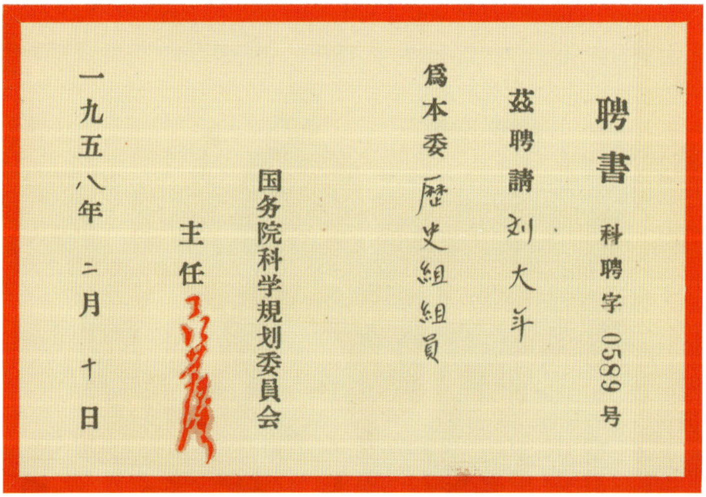

聘書 科聘字0589号

茲聘請刘大年

爲本委歷史組組員

国务院科学规划委员会

主任

一九五八年二月十日

8 国务院科学规划委员会历史组组员聘书（1958）

1957年聂荣臻出任国务院科学规划委员会主任。委员会下设有历史组、地方志组等。1958年2月，颁发聘刘大年为历史组组员的聘书。

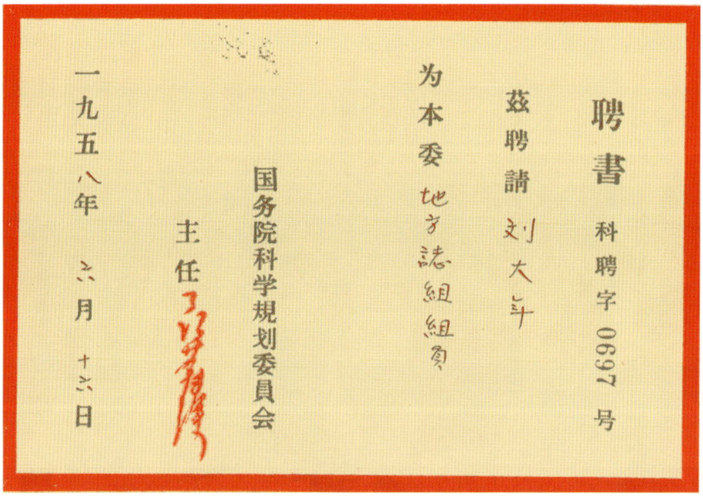

聘書 科聘字0697号

茲聘請刘大年

为本委地方誌組組員

国务院科学规划委员会

主任

一九五八年六月十六日

9 国务院科学规划委员会地方志组组员聘书（1958）

1958年6月，颁发聘刘大年为地方志组组员的聘书。

第三章

参与组建三个历史研究所

（1949—1961）

中国科学院在建立之初，只有四个社会科学方面的研究所：考古所、近代史所、语言所和社会学所。1953 年，开始组建历史所第一、第二和第三所。

1954 年，三个历史研究所组建完成。历史研究所第一所由郭沫若兼任所长，尹达任副所长；历史研究所第二所由陈垣任所长，侯外庐、向达、熊德基任副所长；历史研究所第三所由范文澜任所长，刘大年任副所长。

在此期间，刘大年参与了多项相关工作，曾担任中国历史问题研究委员会成员、历史研究所第一所第二所筹委会委员、《历史研究》杂志副主编、历史研究所第三所副所长等职，同时兼任多项科学院职务。

第一节　中国历史问题研究委员会成员（1953）

1953 年，中共中央决定成立中国历史问题研究委员会，其职能是研究性组织，非行政机构，只研究问题，不发号施令。委员会由陈伯达负责。刘大年是成员之一。

委员会第一次会议提出，“科学院不但应成为自然科学的权威机构，而且也应该成为历史研究的权威机构。中宣部提议设立三个历史研究所，从远古到南北朝为第一所，以下为第二所，近代史所为第三所”。“关于历史刊物，可考虑出版一个史学界的刊物”。此两项成为 1950 年代中国史学建设的主要任务。

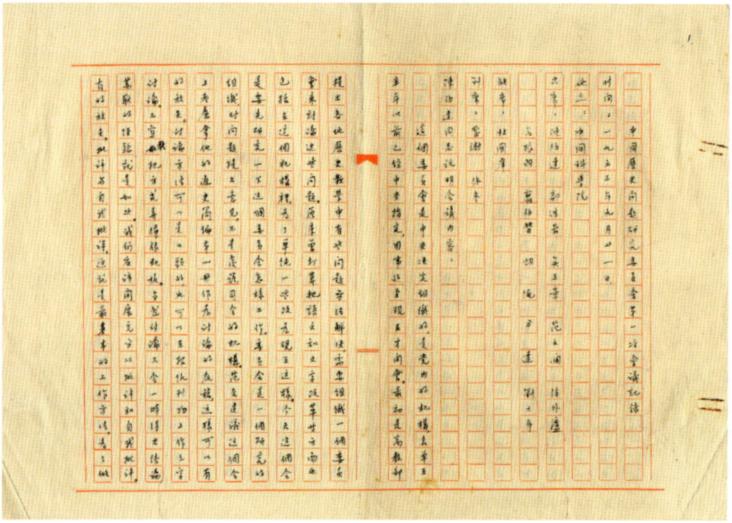
中國歷史問題研究委員會第一次會議記錄
時間：一九五三年九月廿一日
地点：中國科學院
出席：陳伯達 郭沫若 吳玉章 范文瀾 侯外廬
呂振羽 翦伯贊 胡繩 尹達 劉大年
缺席：杜國庠
列席：黎澍 佟冬
陳伯達同志說明會議內容。

1　中国历史问题研究委员会第一次会议记录稿首页（1953）

1953 年 8 月 8 日，中共中央宣传部通知刘大年：“为了领导中国历史问题的研究工作，中央决定成立中国历史问题研究委员会，并决定以尹达、吴玉章、吕振羽、杜国庠、范文澜、胡绳、侯外庐、陈伯达、郭沫若、翦伯赞、刘大年为委员，以陈伯达同志为主任委员。委员会会议召集日期另定。”1953 年 9 月 21 日，中国历史问题研究委员会第一次会议在文津街科学院院部召开。图为保留在刘大年手中的当时记录（整理）稿。

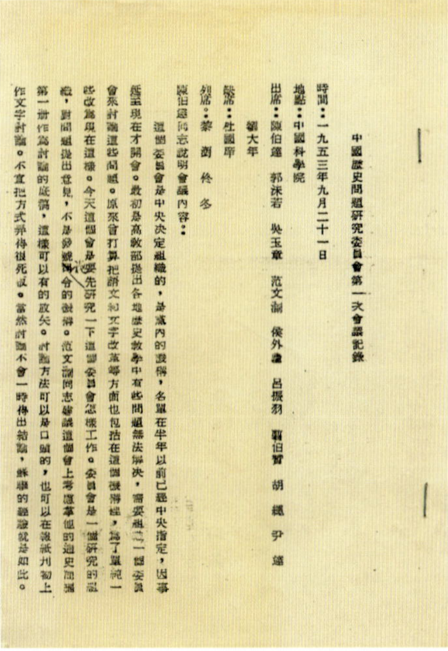

中國歷史問題研究委員會第一次會議記錄

時間：一九五三年九月二十一日

地點：中國科學院

出席：陳伯達　郭沫若　吳玉章　范文瀾　侯外廬　呂振羽　翦伯贊　胡繩　尹達

劉大年

缺席：杜國庠

列席：黎澍　佟冬

陳伯達同志說明會議內容：

這個委員會是中央決定組織的，是黨內的設備，名單在半年以前已經中央指定，因事延至現在才開會。最初是高教部提出各地歷史教學中有些問題無法解決，需要組織一個委員會來討論這些問題。原來會打算把語文和文字改革等方面也包括在這個機構裡，為了單純一些改為現在這樣。今天這個會是要先研究一下這個委員會怎樣工作。委員會是一個研究的組織，對問題提出意見，不是發號施令的機構。范文瀾同志建議這個會上考慮拿他的通史簡編第一冊作為討論的底稿，這樣可以有的放矢。討論方法可以是口頭的，也可以在報紙刊物上作文字討論。不宜把方式弄得很死板。當然討論不會一時得出結論，蘇聯的經驗就是如此。

2 中国历史问题研究委员会第一次会议记录打印稿首页（1953）

中国历史问题研究委员会第一次会议记录打印稿，以之分发相关人士。

3 八角亭（1951）

1949年3月华北大学四部（研究部）历史研究室迁入北平东厂胡同一号北京大学文科研究所旧址。此后，这里成为近代史所驻地。当时，院内仍保留着清末大学士荣禄和民初总统黎元洪先后居住时的规模与格局。院中东花园小山上，有民国年间所建八角亭。1950年至1956年，八角亭曾为刘大年的办公室兼卧室。图为1951年春日与妻女在亭前留影。

第二节　参与组建历史研究所第一所、第二所（1953—1954）

1953 年 9 月，中国历史问题研究委员会第一次会议提出建立三个历史研究所。会后，筹建工作积极展开。刘大年被聘为历史研究所第一所、第二所筹委会委员兼秘书。

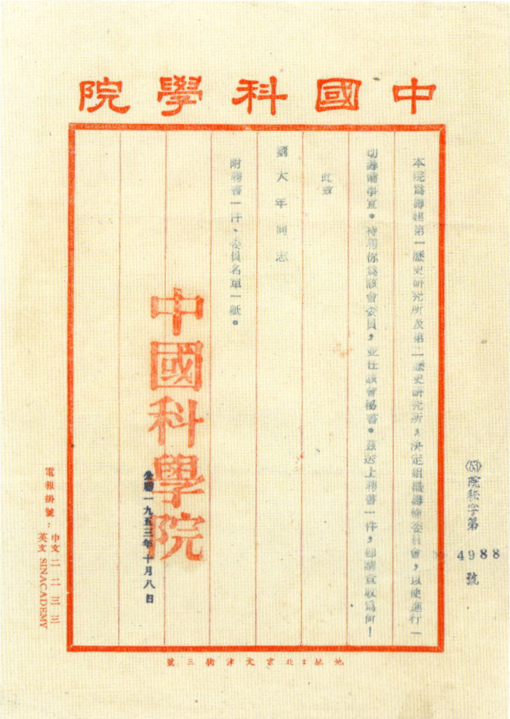

中國科學院

(53)院秘字第 4988 號

本院爲籌建第一歷史研究所及第二歷史研究所，決定組織籌備委員會，以便進行一切籌備事宜。特聘你爲該會委員，並任該會秘書。茲送上聘書一件，即請查收爲荷！

此致

劉大年同志

附聘書一件、委員名單一紙。

中國科學院

公曆一九五三年十月八日

電報掛號：中文 二二三三　英文 SINACADEMY

地址：北京文津街三號

1 历史研究所第一所、第二所筹委会委员兼秘书任命通知书（1953）

1953 年 10 月 8 日，科学院成立了历史研究所第一所、第二所筹委会。刘大年被任命为筹委会委员兼秘书。通知书上有“附聘书一件、委员名单一纸”。

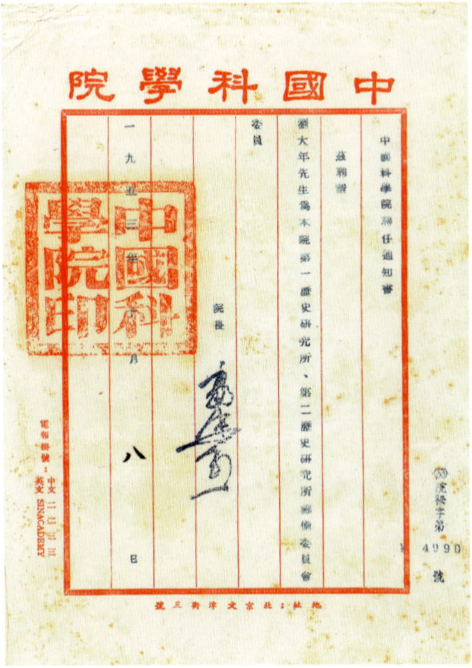

中國科學院

中國科學院聘任通知書

（53）院秘字第4990號

茲聘請

劉大年先生為本院第一歷史研究所、第二歷史研究所籌備委員會

委員

院長 [signature]

一九五三年八月 日

電報掛號：中文 二二二二 英文 SINACADEMY

地址：北京文津街三號

2 历史研究所第一所、第二所筹委会委员聘任通知书（1953）

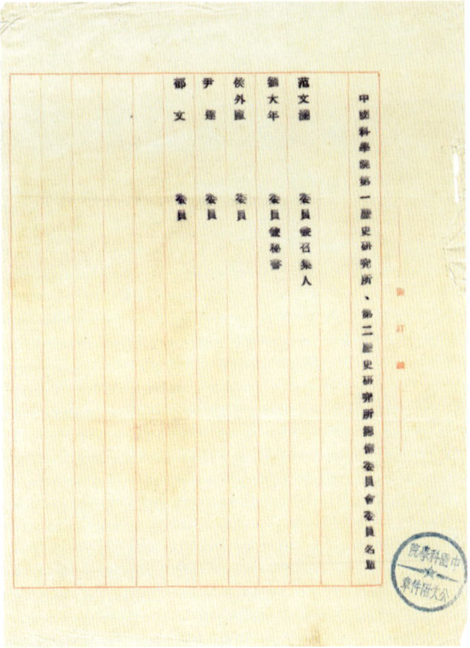

中國科學院第一歷史研究所、第二歷史研究所籌備委員會委員名單

范文瀾 委員會召集人

劉大年 委員會秘書

侯外廬 委員

尹達 委員

鄧文 委員

裝訂線

3 聘书所附筹委会名单（1953）

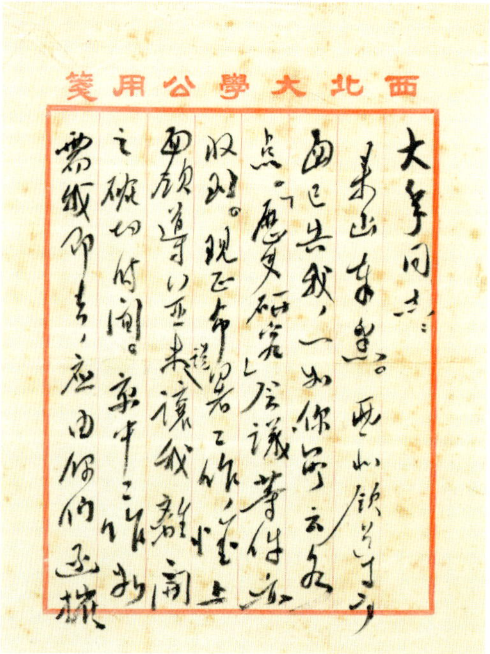

西北大學公用箋

大年同志：
来函奉悉。西北钦差李子方面已告我，一如你所云。各点"历史研究"会议等件亦收到。现正布署工作，以便上西北领导以正式来提议我离开之确切时间。京中工作，如需我即去，应由你们函催。

4 侯外庐来函谈调京事（1953）

侯外庐，历史学家，时为西北大学校长。此信应写于 1953 年 11 月或 12 月的 9 日，其时侯正准备调京任科学院历史研究所第二所副所长。函中"'历史研究'会议等件"，应为《中国历史问题研究委员会第一次会议记录》。

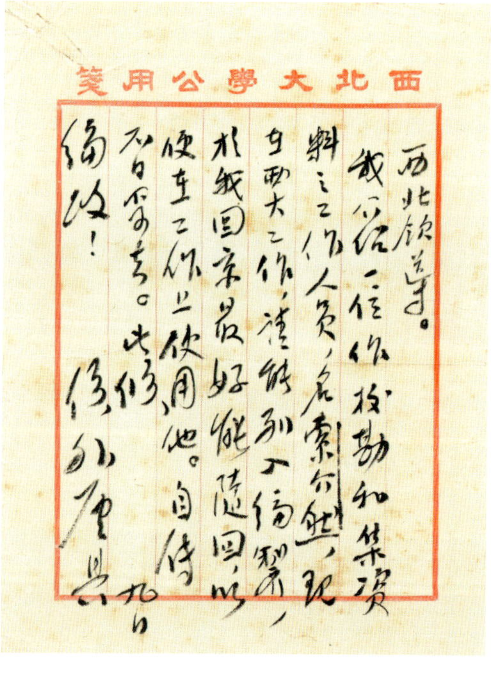

西北大學公用箋

西北钦差事。
我们信一位作校勘和集资料之工作人员，名索介然，现在西大工作，请能列入编制，于我回京最好能随回，以便在工作上使用他。自传不日寄去。此致
敬礼！
侯外庐
九日

5 侯外庐来函谈调京事续（1953）

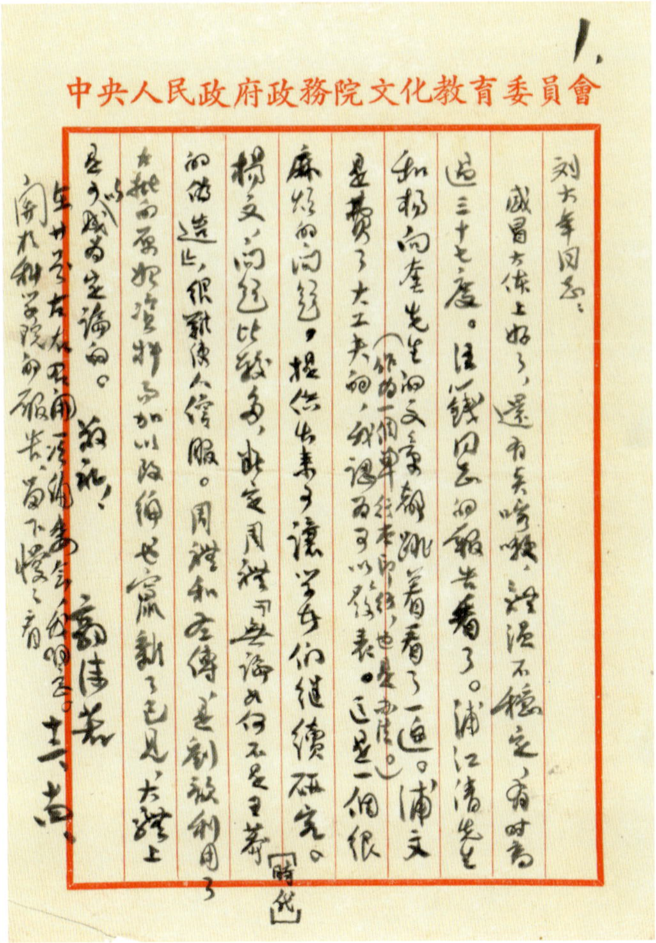

1.

中央人民政府政務院文化教育委員會

刘大年同志：

感冒大体上好了，还有点咳嗽，体温不稳定，有时高过三十七度。汪钱同志的报告看了。浦江清先生和杨向奎先生的文章都跳着看了一遍。浦文是费了大工夫的，（作为一个学术问题，也是如此。）我认为可以发表。这是一个很麻烦的问题，提供出来，让学者们继续研究。杨文，问题比较多，断定周礼"无论如何不是王莽的伪造"，很难使人信服。周礼和左传是刘歆利用了大批的原始资料而加以改编也窜乱了的，己见，大体上是可以成为定论的。

敬礼！

郭沫若

十六日

在廿五日左右召开座谈会，我明天去。

关于科学院的报告，当下慢慢看。

6 郭沫若来函谈汪篯报告及《历史研究》文稿事（1953）

中国历史问题研究委员会最初提出，历史研究所第二所所长由中山大学陈寅恪教授担任，并派陈的学生北京大学历史系汪篯副教授前往广州与陈商谈，陈拒绝。汪篯回京后写了书面汇报。郭沫若函中“汪篯同志的报告”即指此事。此后，历史研究所第二所所长由原北京师范大学校长陈垣担任。

函中所说“浦江清先生和杨向奎先生的文章”，为即将创刊的《历史研究》杂志所组稿件。

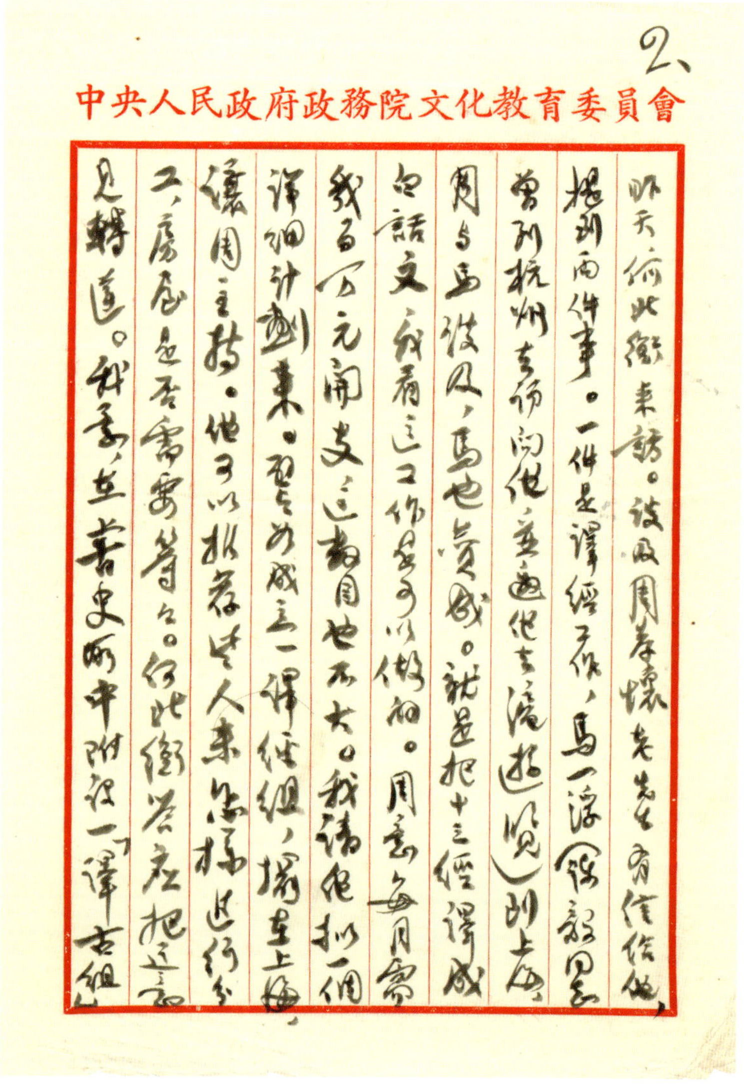

2、

中央人民政府政務院文化教育委員會

昨天侯外庐来访。谈及周孝怀先生有信给他，提到两件事。一件是译经工作，马一浮（蠲叟）曾到杭州去访问他，并邀他去备顾问）到上海，周与马谈及，马也赞成。就是把十三经译成白话文。我看这工作是可以做的。周希望每月需贰万万元开支，这数目也不大。我请他拟一个详细计划来。想要成立一译经组，搞在上海，让周主持。他可以推荐些人来协助进行。工，历史是否需要等等。侯外庐要我把这话见转达。我意，在历史所中附设一"译古组"

7 郭沫若来函谈汪钱报告及《历史研究》文稿事续一（1953）

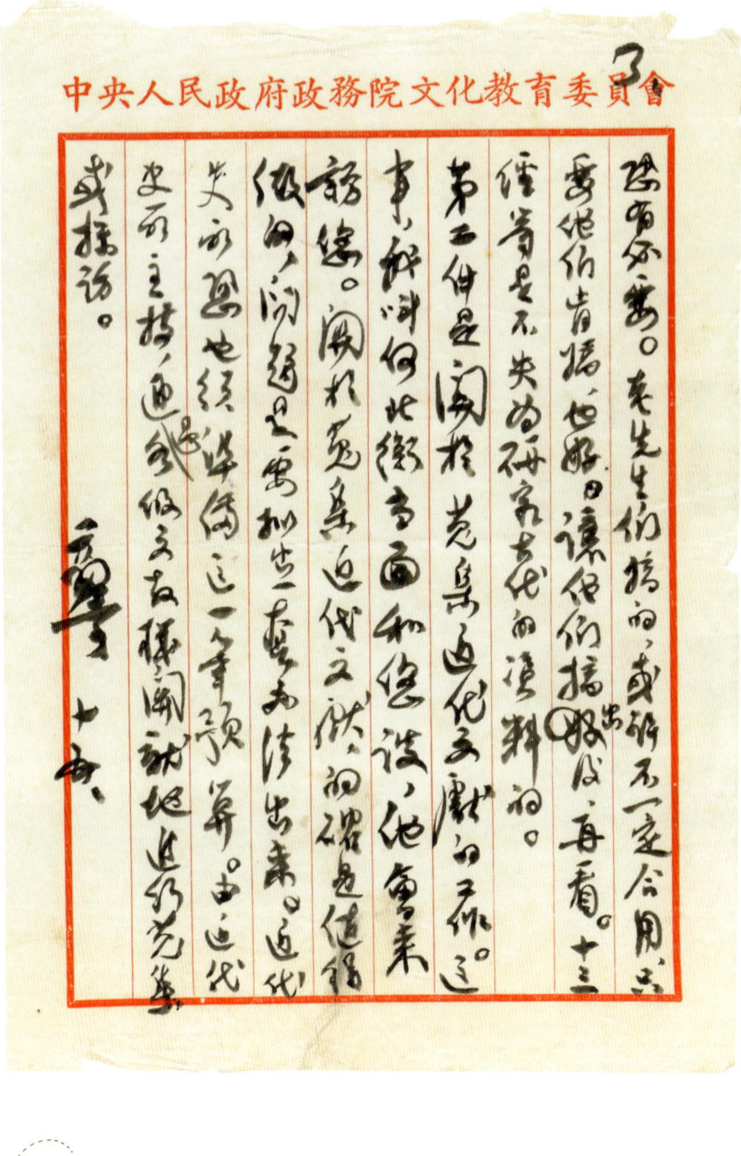

8 郭沫若来函谈汪钱报告及《历史研究》文稿事续二（1953）

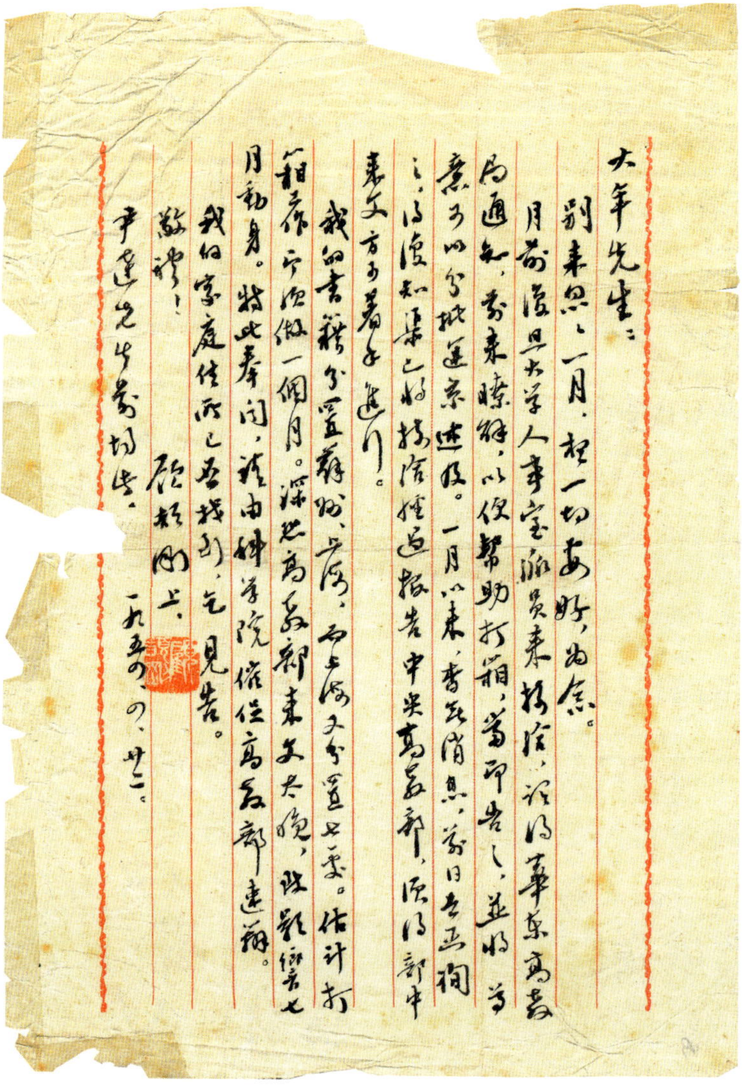

大年先生：

别来忽忽一月，想一切安好，为念。

月前复旦大学人事室派员来接洽，谓得华东高教局通知，要求谅解，以便帮助打箱，当即告之，并将意见写于纸递京述职。一月以来，杳无消息，前日去函询之，得复知渠已将接洽经过报告中央高教部，须得部中来文方可着手进行。

我们的书籍分置苏州、上海，而上海又分置五处。估计打箱装作，须做一个月。深恐高教部来文太晚，致难能于七月动身。特此奉闻，请由科学院催促高教部速办。

我们家庭住所已否找到，乞见告。

敬礼！

颉刚上。

一九五四、四、廿二。

尹达先生前均此。

9 顾颉刚来函谈调京事（1954）

顾颉刚，历史学家，时为复旦大学教授。周恩来提议调顾来科学院历史研究所第一所工作，刘大年奉命前往上海落实此事。函中所言即刘离沪后顾颉刚为调京做准备之事。

第三节　参与创办《历史研究》杂志（1954）

1953 年历史问题研究委员会第一次会议上还提出，“关于历史刊物，可考虑出版一个史学界的刊物”。此事也很快进入日程。1954 年《历史研究》创刊，尹达任主编，刘大年任副主编。

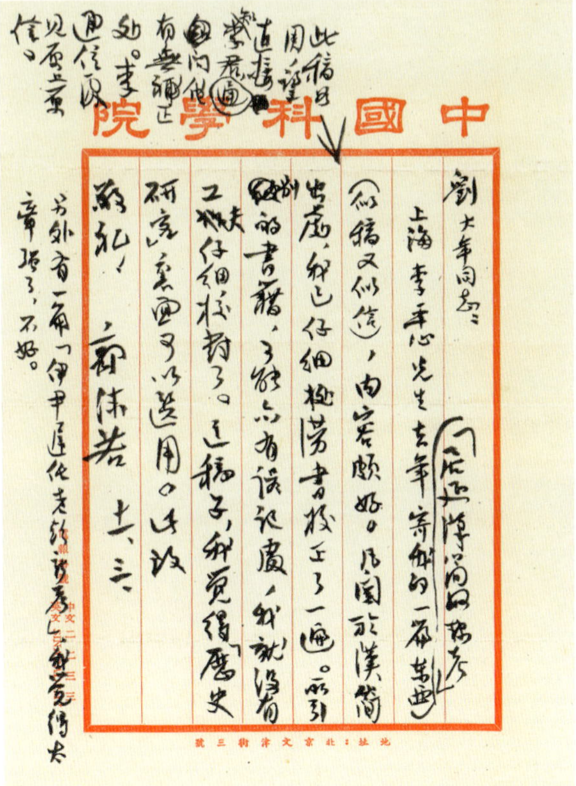
中國科學院

刘大年同志：

上海李平心先生去年寄我的一篇[illegible]（似稿又似信），内容颇好。关于汉简出处，我已仔细据劳书校正了一遍。所引[illegible]的书籍，可能亦有误记处，我就没有工夫仔细核对了。这稿子，我觉得《历史研究》里面可以选用。此致

敬礼！

郭沫若　十、三

地址：北京文津街三號

1　郭沫若来函谈李平心文章事（1953）

李平心时为华东师范大学教授。从函中看，刊物名称《历史研究》至迟在 1953 年 10 月底就应已提出了。

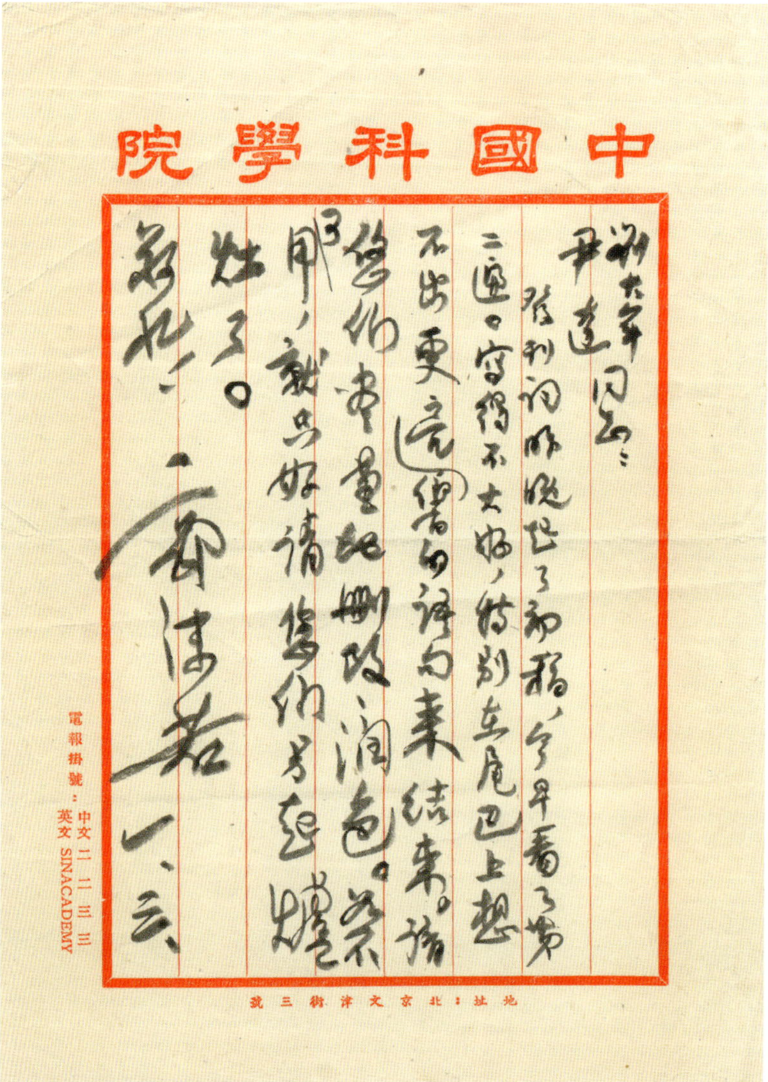

中國科學院

刘大年、尹达同志：

发刊词昨晚想了初稿，今早看了第二遍，写得不太好，特别在尾巴上想不出更适当的语句来结束。请你们或重加删改、润色。如不用，就只好请你们另起炉灶了。

敬礼！

郭沫若

一、六

電報掛號：中文 二二三三 英文 SINACADEMY

地址：北京文津街三號

2 郭沫若致函刘大年、尹达谈发刊词事（1954）

尹达，考古学家，时为历史研究所第一所副所长，《历史研究》主编。

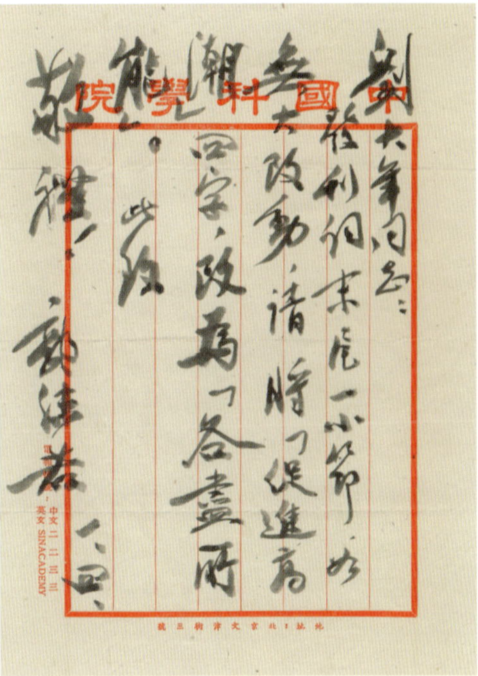

中國科學院

劉大年同志：

茲發刊詞末尾一小節，擬

有改動，請將「促進高

潮」字，改為「各盡所

能」。此致

敬禮！

郭沫若

一、四、

電報掛號：中文 二二三三 英文 SINACADEMY

地址：北京文津街三號

3 郭沫若来函谈发刊词事（1954）

郭沫若在将《历史研究》发刊词交给刘大年后，推敲再三，第二天，为了一个词的改动，又致函刘大年。

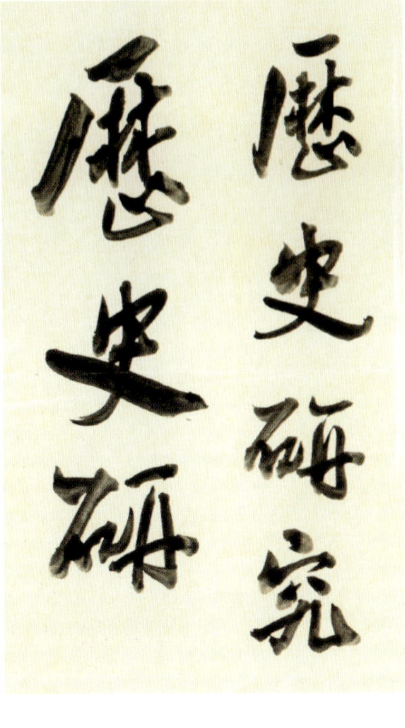

4 郭沫若题《历史研究》刊名手迹（1954）

刊物名称曾在《历史研究》与《史学研究》中有所选择。郭沫若为两名都有题字。图为所题《历史研究》手迹之一。

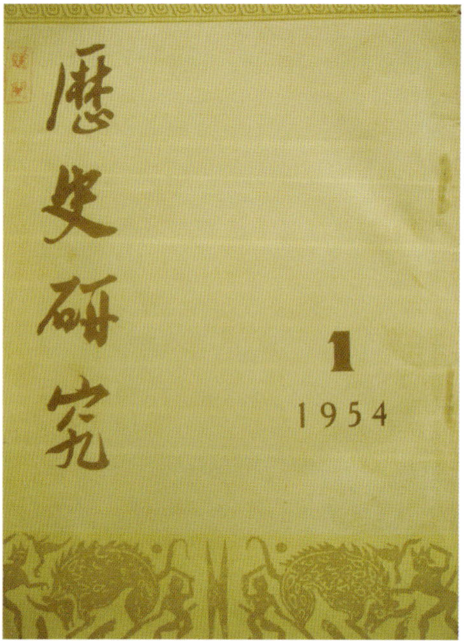

5 《历史研究》创刊号封面

经过各位编委的积极努力，不足三个月时间，《历史研究》创刊号于 1954 年 1 月就面世了。

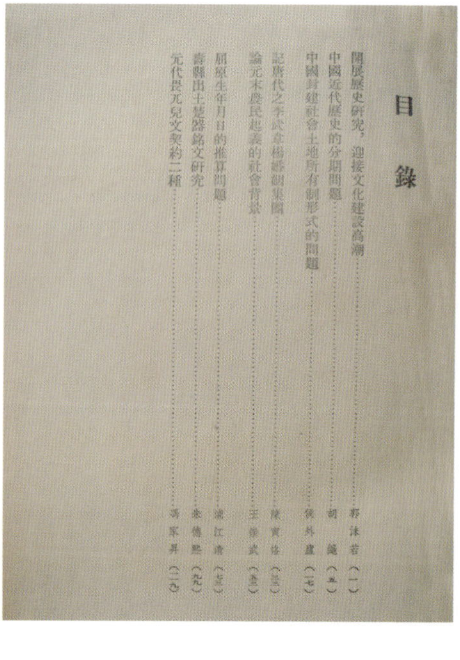

目錄

6 《历史研究》创刊号目录页

创刊号所载文章，均出自国内著名学者郭沫若、胡绳、侯外庐、陈寅恪、王崇武、浦江清、朱德熙、冯家昇笔下。

第四节　参与组建历史研究所第三所（1953—1956）

根据历史问题研究委员会的意见，科学院在成立历史研究所第一所和第二所的同时，将近代史研究所更名为历史研究所第三所。1959 年，在将一所、二所合并为历史研究所的同时，三所又恢复了近代史所的名称。

1953 年历史研究所第三所成立，范文澜任所长，刘大年任副所长、所学术委员会委员。

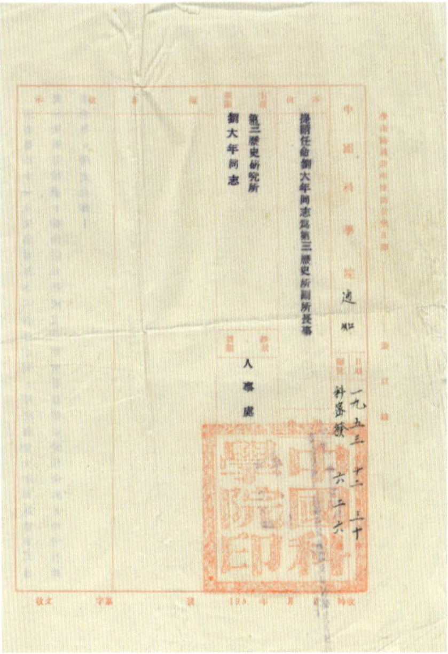
中國科學院 通知
擬請任命劉大年同志爲第三歷史所副所長事
第三歷史研究所
劉大年同志
人事處
一九五三 十二 三十
科秘發 六二六

1 历史研究所第三所副所长任命通知（1953）

1953 年 12 月 30 日，科学院任命刘大年为历史研究所第三所副所长。

茲經第四十一次院務常務會議討論通過，擬任命劉大年同志爲第三歷史研究所副所長，除擬請政務院文化教育委員會正式任命外，希先行到職視事。特此通知！

2 历史研究所第三所副所长任命通知续（1953）

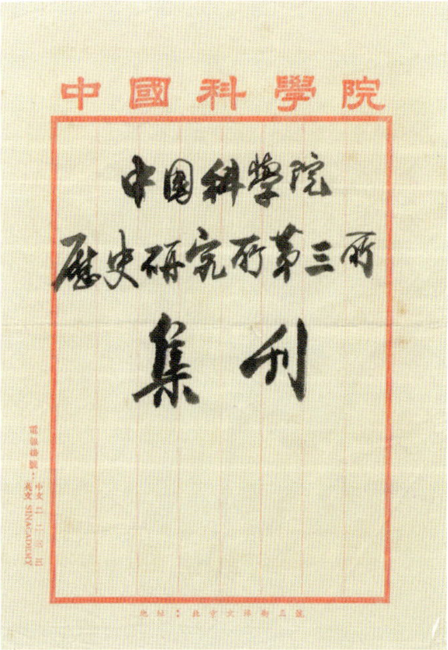

3 郭沫若题《中国科学院历史研究所第三所集刊》刊名手迹（1953）

在创办史学刊物《历史研究》的同时，历史研究所第三所创办了刊发近代史研究成果的刊物，并请院长郭沫若为刊物题名。

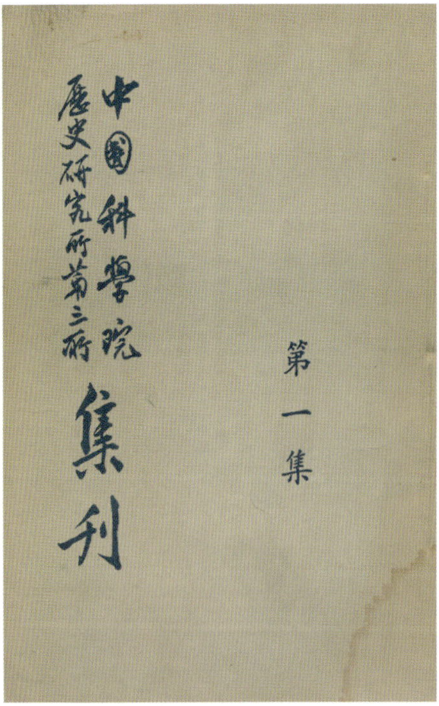

4 《中国科学院历史研究所第三所集刊》第一集封面（1954）

“集刊”创刊号申明，历史研究所第三所“在中国科学院历史研究部门的分工中，是研究中国近代、现代史的。目前的研究计划中，列有近百年来中国的阶级关系、政治史、国际关系史等方面的若干专题”。

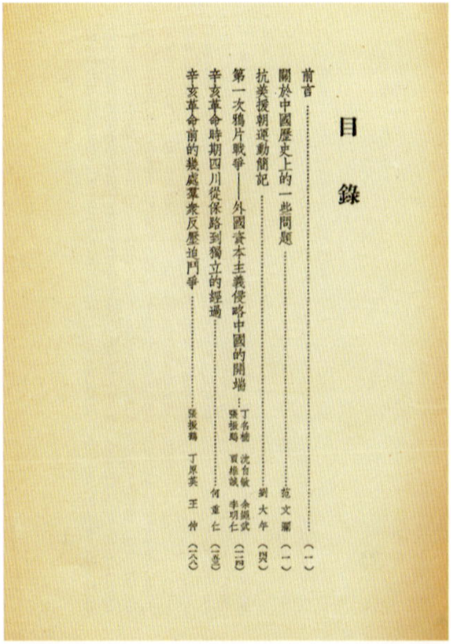

目 錄

5 《中国科学院历史研究所第三所集刊》第一集目录页（1954）

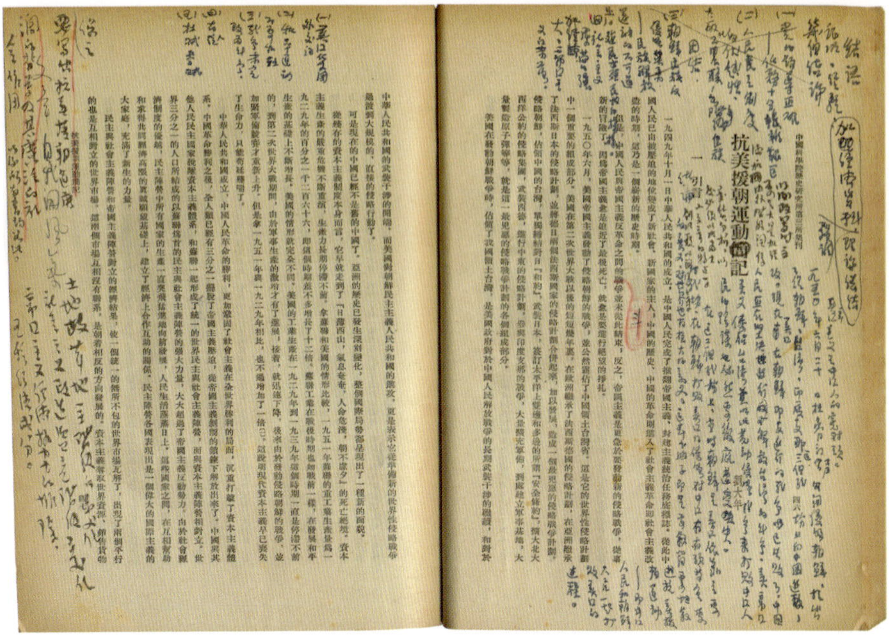

6 “集刊”第一集刊发刘大年《抗美援朝运动简记》页面（1954）

中國科學院聘任書

茲聘請 刘大年 為本院歷史研究所第三所學術委員會委員

000151

院長 郭沫若

一九五五年十月二十五日

7 历史研究所第三所学术委员会委员聘书（1955）

1955年10月25日，郭沫若签发任命刘大年为历史研究所第三所学术委员会委员的聘书。

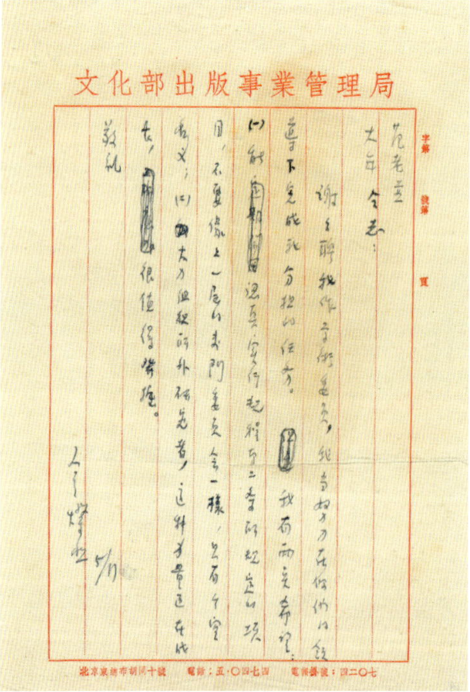

文化部出版事業管理局

范老並
大年仝志：

北京東總布胡同十號　電話：五·〇四七四　電報掛號：四二〇七

8 金灿然来函谈被聘学术委员事（1955）

金灿然，时为文化部出版事业管理局局长。1955年被聘为中国科学院历史研究所第三所学术委员会委员。当时的学术委员会包括多位所外专家。

9 历史研究所第三所部分同仁合影（1950 年代）

历史研究所第三所同仁照片。前排左 1 王明伦，2 董其昉，3 张玮瑛，4 樊百川；二排左 1 李瑚，2 钱宏，3 卞孝萱。

10 与金毓黼合影（1955）

金毓黻，爱新觉罗氏，著名东北史学家，时为近代史所研究员。1955 年刘大年携女与金毓黻同游香山，在香山碧云寺金刚宝座塔前合影。

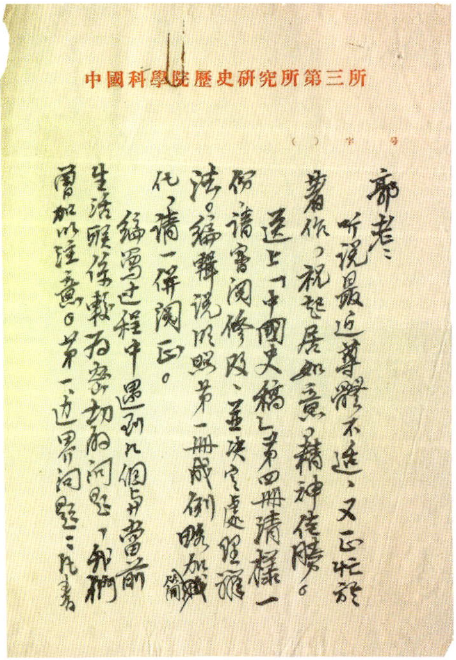
中國科學院歷史研究所第三所

（ ）字 号

郭老：

听说最近尊体不适，又正忙於著作，祝起居如意，精神佳胜。

送上《中國史稿》第四册清样一份，请审阅修改，并决定处理办法。编辑说明照第一册成例略加简化，请一併阅正。

编写过程中遇到几個与当前生活联系较为密切的问题，我们曾加以注意。第一，边界问题：凡书

11 致函郭沫若谈《中国史稿》第四册事（1962）

1956 年，中共中央决定，由郭沫若主持编写一部为全国县团级干部阅读的中国通史，由郭沫若、陈寅恪、陈垣、范文澜、翦伯赞、尹达、刘大年 7 人组成编审小组。本书采用郭沫若的历史分期主张，行文用现代汉语，不直接引用原始材料，必要时加注。刘大年负责近代史部分。经过几年的曲曲折折，《中国史稿》第四册于 1962 年完稿。此函为刘大年请郭沫若审查该书清样。函件现藏郭沫若纪念馆。

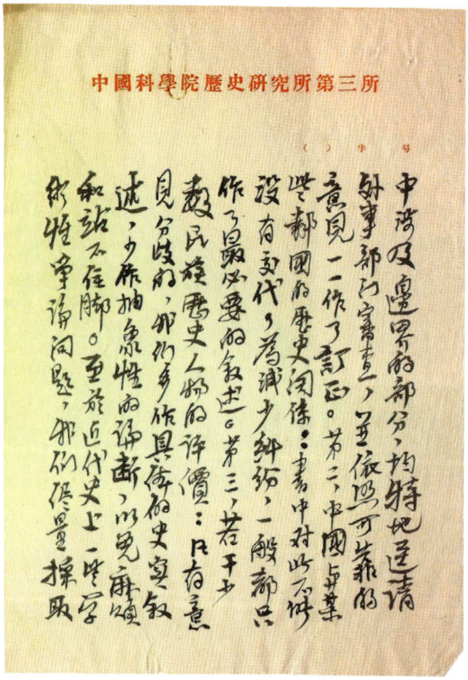
中國科學院歷史研究所第三所

（ ）字 号

中涉及边界的部分，均特地送请外事部门审查，并依照可靠的意见一一作了订正。第二，中国与某些邻国的历史关係：书中对此不能没有交代，为减少纠纷，一般都只作了最必要的叙述。第三，若干少数民族历史人物的评价：凡有意见分歧的，我们多作具体的史实叙述，少作抽象性的论断，以免麻烦和站不住脚。至於近代史上一些学术性争论问题，我们尽量择取

12 致函郭沫若谈《中国史稿》第四册事续一（1962）

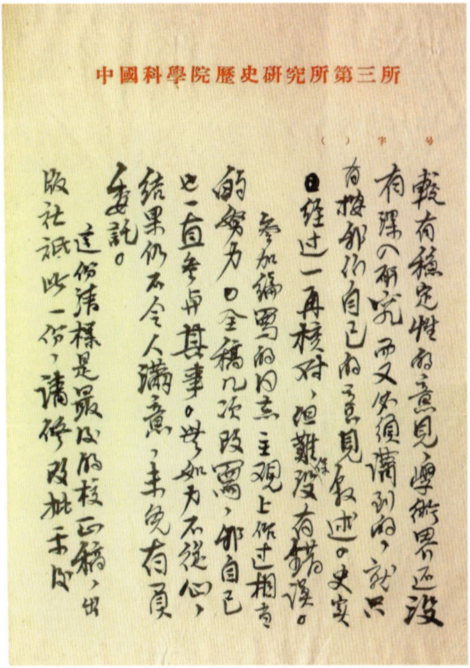

中國科學院歷史研究所第三所

（ ）字 号

較有穩定性的意見，學術界還沒
有深入研究，而又必須備列的，就只
有按我們自己的意見敘述。史實
已經過一再核對，但難保沒有錯誤。
參加編寫的同志主觀上作過相當
的努力。全稿幾次改寫，我自己
也一直參與其事。無如力不從心，
結果仍不令人滿意，未免有負
委託。
這份清樣是最後的校正稿，出
版社祇此一份，請修改批示後

13 致函郭沫若谈《中国史稿》第四册事续二（1962）

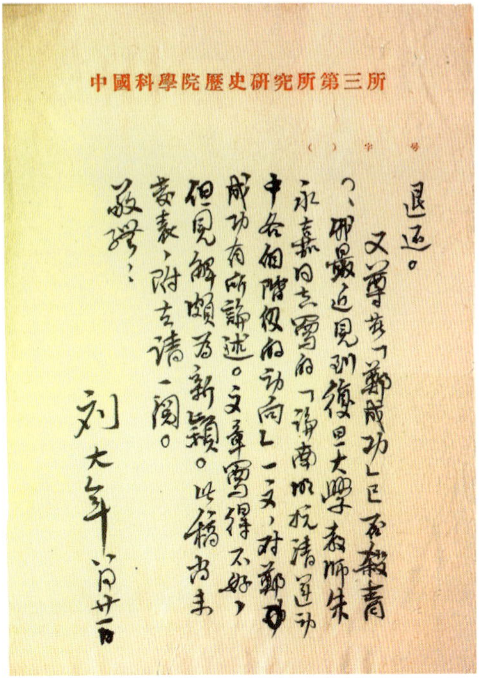

中國科學院歷史研究所第三所

（ ）字 号

退還。
又，尊著「鄭成功」已否殺青
？我最近見到復旦大學教師朱
永嘉同志寫的「論南明抗清運動
中各個階級的動向」一文，對鄭
成功有所論述。文章寫得不好，
但見解頗為新穎。此稿尚未
發表，附去請一閱。
敬禮！
刘大年 六月廿一日

14 致函郭沫若谈《中国史稿》第四册事续三（1962）

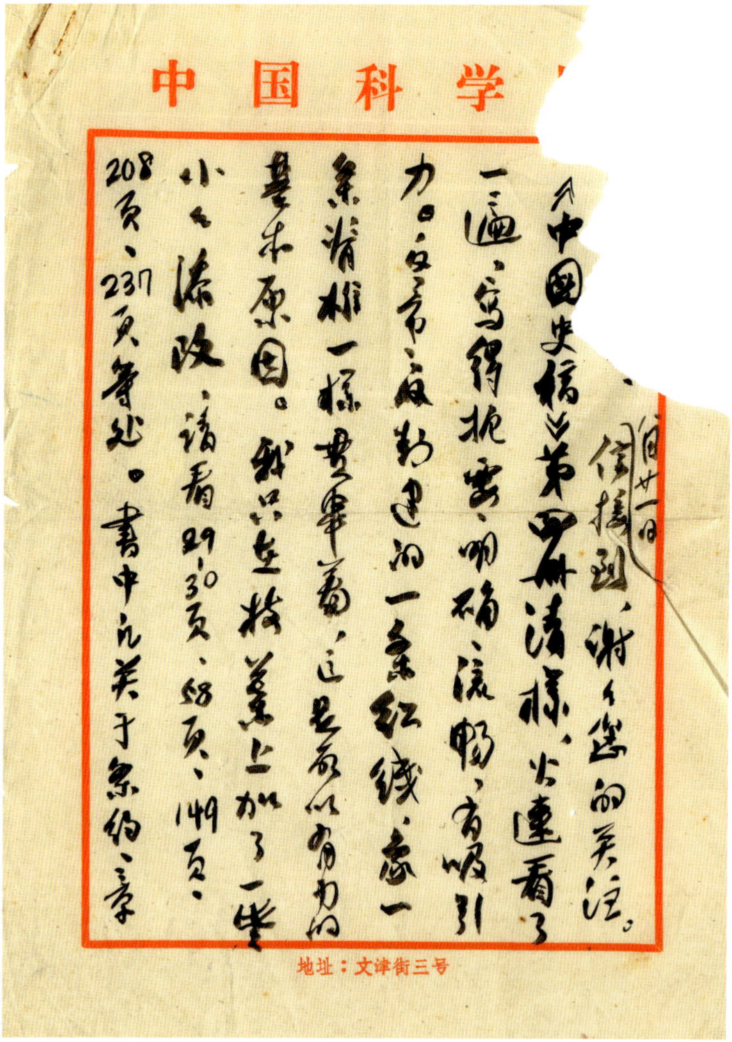

中国科学

……信接到，谢谢您的关注。

《中国史稿》第四册清样，已连看了一遍，写得很实，明确，流畅，有吸引力。反帝反封建的一条红线，象一条脊椎一样贯串着，这是最有力的基本原因。我只在枝叶上加了一些小小添改，请看29、30页、58页、149页、208页、237页等处。书中凡关于条约、章

地址：文津街三号

15 郭沫若回函谈《中国史稿》第四册事（1962）

郭沫若阅后回函给予好评。书中创立的近代史叙述框架，对学界产生了相当的影响。此函于“文革”期间被近代史所造反派收走，“文革”结束后退还刘大年时便没了抬头。

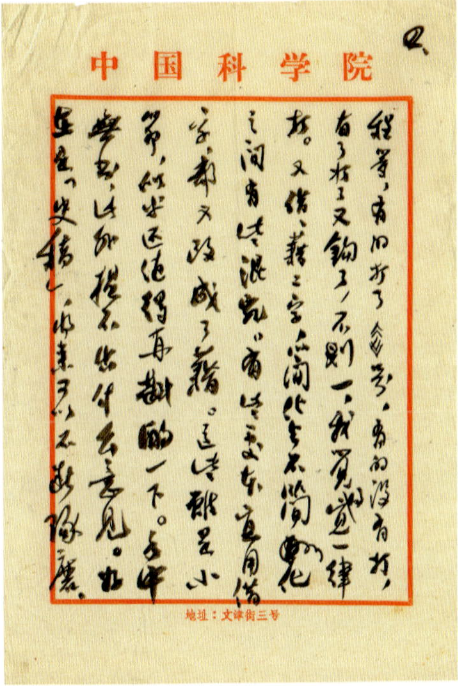

16 郭沫若回函谈《中国史稿》第四册事续一（1962）

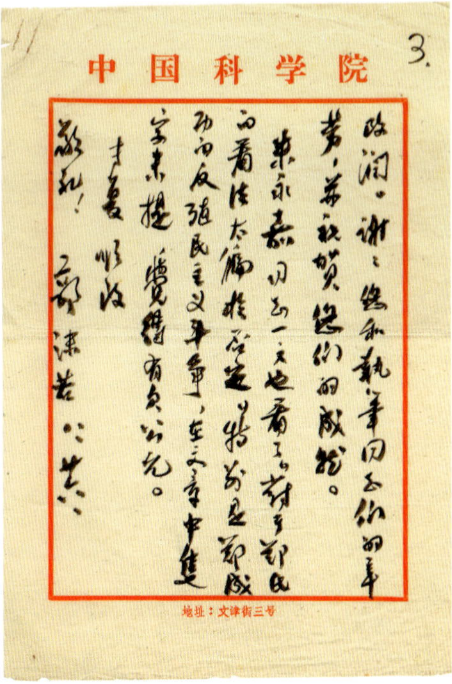

17 郭沫若回函谈《中国史稿》第四册事续二（1962）

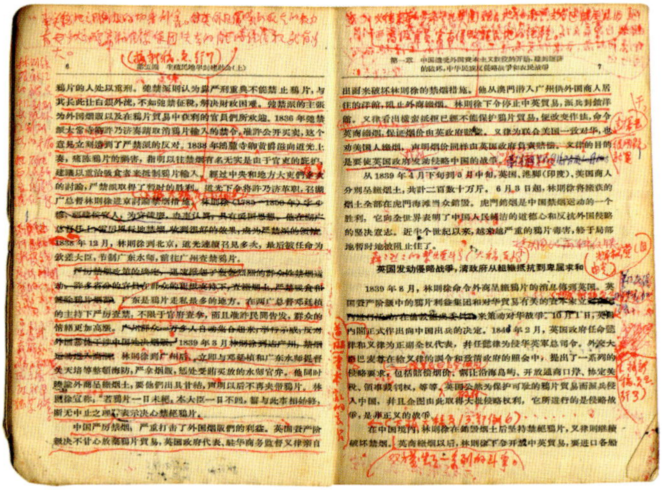

18《中国史稿》第四册修改页一（1962）

刘大年曾多次对编写组成员说过：“我们科学院写书的任务，不是炒土豆，而是炒山珍海味。”本着这种精益求精的态度，《中国史稿》第四册虽已出版，但他还是对书上多处作了修改。

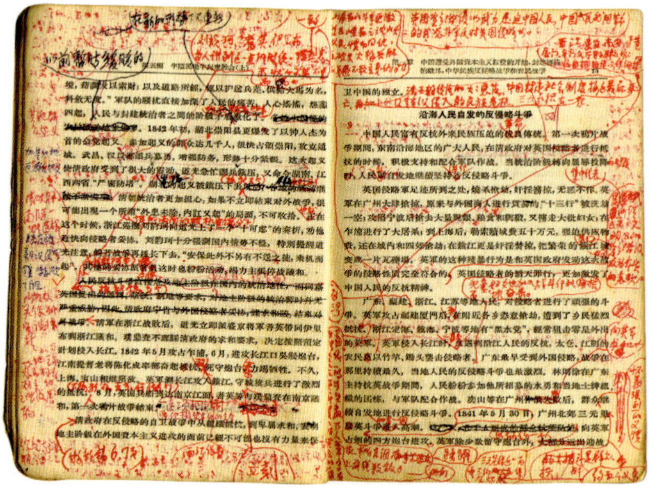

19《中国史稿》第四册修改页二（1962）

第五节　参与戊戌变法与辛亥革命纪念活动（1958—1961）

戊戌变法与辛亥革命都是中国近代史上的重大历史事件，新中国成立后，国家和学界一直坚持举行隆重的纪念活动。新中国成立初期，一些当事人尚在，他们都曾积极参与纪念和学术活动。刘大年作为学者和学术组织者，参与了当时相关的学术研究和活动的组织工作。1961 年他发表的《辛亥革命与反满问题》，是其早期重要代表作之一，也曾长期被广泛关注。

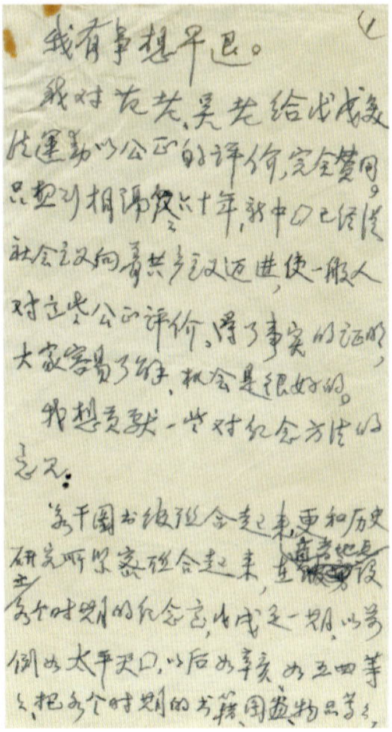

（1）

我有事想早退。

我对范老、吴老给戊戌变法运动以公正的评价，完全赞同。只想到相隔六十年，新中国已经从社会主义向着共产主义迈进，使一般人对这些公正评价，得了事实的证明，大家容易了解，机会是很好的。

我想贡献一些对纪念方法的意见：

关于图书馆[illegible]合起来，更和历史研究所紧密联合起来，[illegible]设立各个时期的纪念室，如戊戌一期，以前例如太平天国，以后如辛亥如五四等等，把各个时期的书籍、图画、物品等等，

1 黄炎培便函谈建纪念馆事（1958）

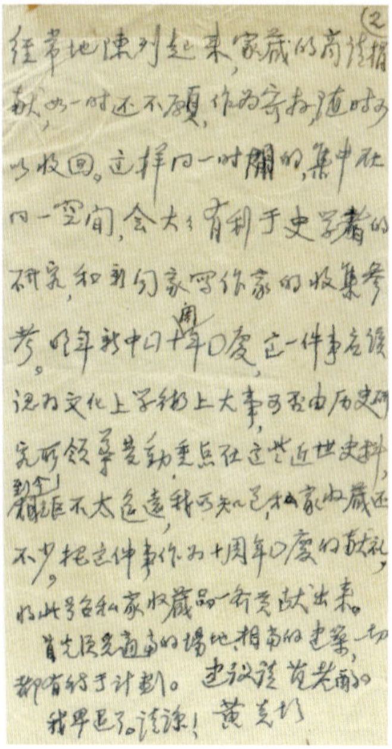

（2）

经常地陈列起来，家藏的，商请捐献的，一时还不愿，作为寄存，随时可以收回。这样同一时期的集中在同一空间，会大大有利于史学者的研究，和[illegible]的收集参考。明年新中国十周年国庆，这一件事应该认为文化上学术上大事，可否由历史研究所领导发动，重点在这些近世史料，距今不太遥远，我所知道，私家收藏还不少，把这件事作为十周年国庆的献礼，[illegible]各私家收藏品一齐贡献出来。

首先应选适当的场地，相当的建筑，一切都有待于计划。建议请范老酌。

我要退了，请谅！黄炎培

2 黄炎培便函谈建纪念馆事续（1958）

黄炎培，时为全国人大常委会副委员长、全国政协副主席、中国民主建国会主任委员。1958 年为戊戌变法六十周年，7 月，中国史学会与历史研究所第三所联合召开会议，筹备学术讨论会。图为黄在筹备会上所写便条，建议历史三所牵头此事，故此函留刘大年处。

文澜先生：
关于戊戌纪念事各方面来稿想必不少
先君自编年谱是至四十以后我为之补遗
初稿正在校雠拟于纪念会前付印分
送各方藉作参考今闻住房早年
给予小女仪凤她现愿献出作为
戊戌纪念南海及其殉难六君子之纪

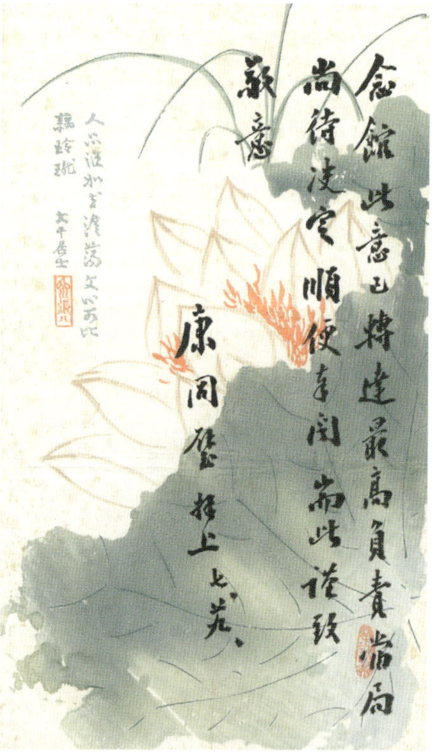

念馆此意已转达最高负责当局
尚待决定顺便奉闻尚此谨致
敬意
康同璧拜上

3 康同璧致函范文澜谈纪念戊戌变法事（1958）

4 康同璧致函范文澜谈纪念戊戌变法事续（1958）

康同璧，康有为之女。1949年后任中央文史馆馆员，从事康有为遗著整理工作。戊戌变法六十年纪念会筹备会期间，康致函范文澜谈其女罗仪凤愿献出私宅作戊戌纪念馆事。此类事情范文澜一般均交刘大年办理，故此信存于刘处。

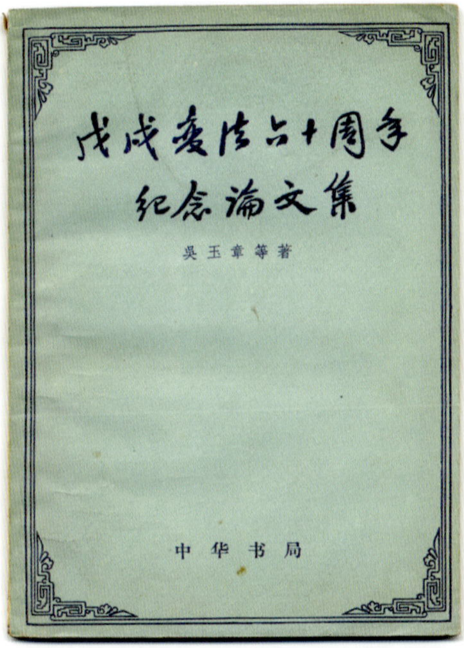

5《戊戌变法六十周年纪念论文集》封面（1958）

戊戌变法六十周年学术讨论会后，中华书局出版了此书。书中收录了刘大年的《戊戌变法六十年》一文。

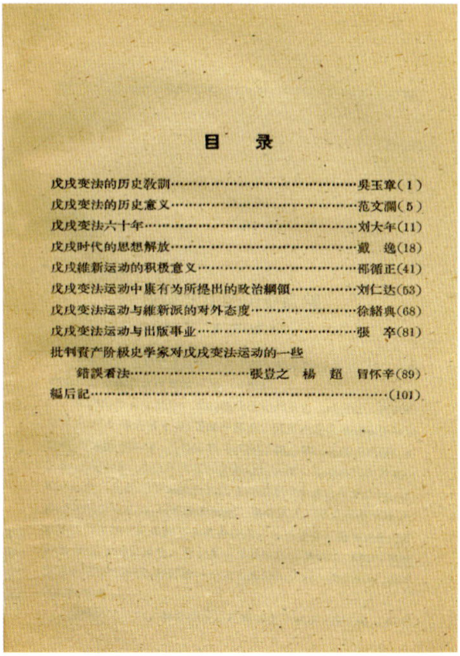

目 录

6《戊戌变法六十周年纪念论文集》目录页（1958）

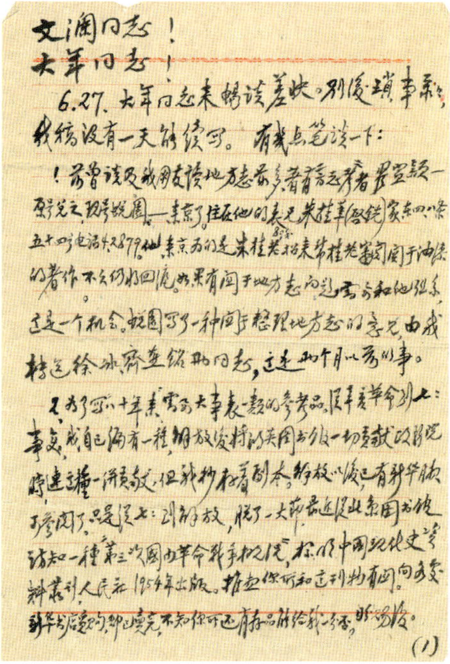
文澜同志！
大年同志！
6.27.大年同志来畅谈甚快。别后琐事系系，我稿没有一天能续写。有几点要谈一下：
(1)

7 黄炎培致函范文澜、刘大年谈《八十年来》大事年表事（1959）

黄炎培曾加入同盟会，任江苏省谘议局常驻议员，后发起建立中国民主建国会，是戊戌、辛亥以来中国重大事件的亲历者。1958年他八十初度，准备撰写自己八十年来的经历，故有此函。《八十年来——黄炎培自述》一书，于2000年由文汇出版社出版。

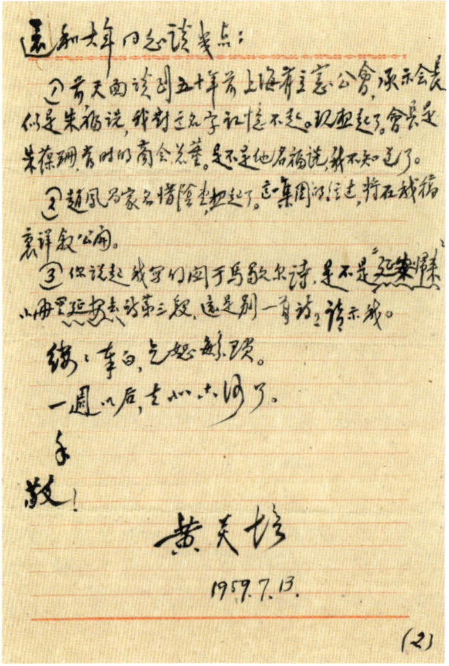
手
敬！
黄炎培
1959.7.13.
(2)

8 黄炎培致函范文澜、刘大年谈《八十年来》大事年表事续（1959）

9 范文澜等人与辛亥老人合影（1961）

辛亥革命五十周年纪念会前，中国史学会在全国政协礼堂举行辛亥老人座谈会。前排左6中国史学会副主席范文澜，左7哲学社会科学部副主任潘梓年；三排左2侯外庐，3尹达；最后排左2李新，6蔡美彪，7吴晗，8刘大年。

10 辛亥革命五十周年学术讨论会合影（1961）

为纪念辛亥革命五十周年，中国史学会与湖北省哲学社会科学学会联合会于1961年10月在武汉举行学术讨论会。图为会后合影。

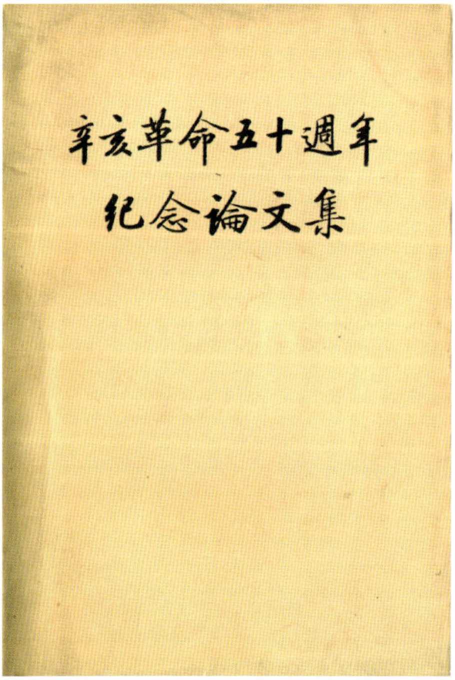

11《辛亥革命五十周年纪念论文集》封面（1962）

讨论会后，由中华书局将会议论文结集出版。

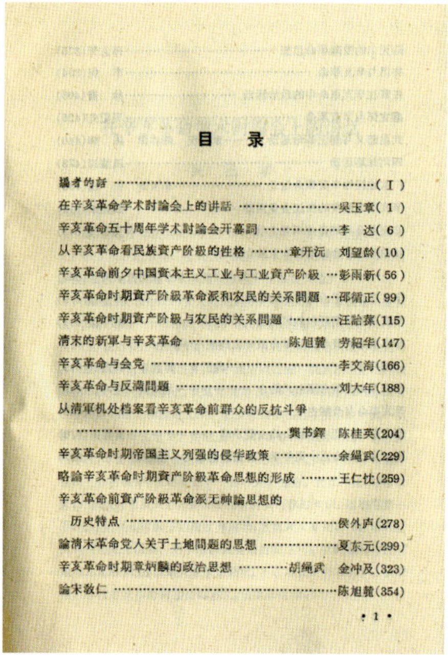

目 录

· 1 ·

12《辛亥革命五十周年纪念论文集》目录页（1962）

论文集收录刘大年提交的论文《辛亥革命与反满问题》。此文在《历史研究》1961 年第 5 期发表，同年 10 月 22 日，《人民日报》摘要发表。1980 年，被苏联历史学家齐赫文斯基在第十五届国际历史学大会撰文批判。此文于 1992 年获 1949—1992 年中国大陆孙中山学术研究与文艺创作优秀成果学术论文一等奖。

第六节 参加历史学家内蒙古考察团（1961）

中国秦汉以来二千多年封建王朝历史上，有长达三百多年的中央政权，由北方蒙古族、满族少数民族建立。1961 年夏，在京的历史学家受国家民委之邀，怀着极大的兴趣前往内蒙古、山西考察。刘大年是考察团的成员之一。

1 乌兰夫与历史学家合影（1961）

内蒙古自治区主席乌兰夫前往呼和浩特新城宾馆看望史学家。前排左至右 1 胡昭衡，2 韩儒林，3 王再天，4 吕振羽，5 乌兰夫，6 范文澜，7 翦伯赞，8 杨植霖，9 刘大年；二排左 2 金灿然，3 王冶秋，4 翁独健，5 秋浦；后排中立者蔡美彪。

2 在内蒙古大学讲演一（1961）

考察期间，刘大年应邀在内蒙古大学讲演。

3 在内蒙古大学讲演二（1961）

图为刘大年讲演时阶梯教室里的师生。

4 与范文澜等于云冈石窟北魏大佛前合影（1961）

图中前排左起 1 秋浦，3 翁独健，4 韩儒林，5 范文澜，6 翦伯赞，7 吕振羽，8 刘大年，9 金灿然；后排右 2 蔡美彪。

5 与范文澜等于云冈石窟七窟前合影（1961）

图中坐者左 1 范文澜，2 吕振羽，3 翦伯赞；后排左 1 金灿然，3 翁独健，4 刘大年，5 秋浦，7 韩儒林。

6 与呼伦贝尔盟鄂温克旗牧民合影（1961）

呼伦贝尔盟居住有达斡尔族、鄂温克族、鄂伦春族等少数民族。8 月，考察团部分成员抵达鄂温克自治旗锡尼河公社锡伯生产队。时逢秋雨，刘大年、翦伯赞等人身着大衣与牧民合影。

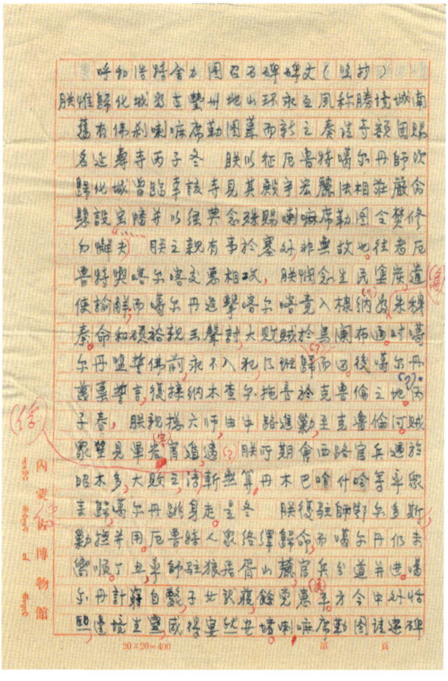
呼和浩特舍力图召石碑碑文（照抄）
朕惟歸化城鄂古豐州地，山環水匝，風氣勝境。城南
舊有佛剎，喇嘛席勒图葺而新之，奏请寺额，因賜
名延壽寺。丙子冬，朕以征厄鲁特噶尔丹，師次
歸化城，曾臨幸該寺，見其殿宇宏麗，法相莊嚴，兼
懸設寶幢，并以經典念珠賜喇嘛席勒图，令焚修
勿懈矣。朕之親有事於塞外，非無故也。往者厄
鲁特與喀尔喀交惡相攻，朕憫念生民，屢遣
使諭解，而噶尔丹追擊喀尔喀，竟入(?)朱穆
秦，命和碩裕親王擊討，大敗賊於烏蘭布通。時噶
尔丹望佛前誓永不入犯，乃班師而回。後噶尔丹
背棄誓言，復掠納木查尔、拖音於克鲁倫之地。丙
子春，朕親統六師由中路進剿，至克鲁倫河，賊
眾望見軍容，宵遁。朕所期會西路官兵，遇於
昭木多，大敗之，陣斬無算，丹木巴哈什哈等率眾
來歸，噶尔丹挺身走免。冬，朕復駐師鄂尔多斯，
勤撫并用，厄鲁特人眾絡繹歸命，而噶尔丹仍未
嚮順。丁丑春，師駐狼居胥山，兼官兵分道并進，噶
尔丹計窮自殺，子女就擒，餘黨悉平。方今中外恬
熙，邊境生靈咸得寧然安堵。喇嘛席勒图請建碑
内蒙古博物館
20×20=400

7 抄录的舍力图召石碑碑文（1961）

席（舍）力图召是呼和浩特的一座寺庙。康熙皇帝率军西征，平定准噶尔部噶尔丹叛乱，班师回朝时曾驻跸此寺。为表彰寺中僧人助战，康熙帝敕令在寺内勒石刻碑。刘大年当年发表《论康熙》，考察中发现康熙亲征遗迹，应是意外收获，遂亲笔抄录下碑文。此碑现存内蒙古博物馆。

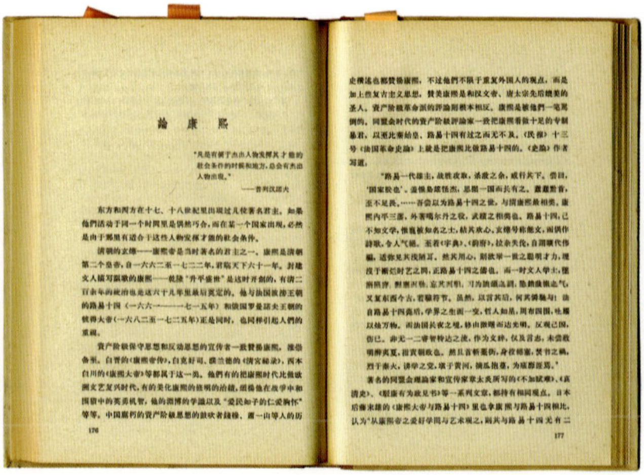

論 康 熙

"凡是有便于杰出人物发挥其才能的社会条件的时候和地方，总会有杰出人物出现。"

——普列汉诺夫

东方和西方在十七、十八世纪里出现过几位著名君主。如果他們活动于同一个时間里是偶然巧合，而在某一个国家出現，必然是由于那里有适合于这些人物发挥才能的社会条件。

清朝的玄燁——康熙帝是当时著名的君主之一。康熙是清朝第二个皇帝，自一六六二至一七二二年，君臨天下六十一年。封建文人描写謳歌的康熙——乾隆"升平盛世"是这时开創的，有清二百余年的统治也是这六十几年里最后奠定的。他与法国波旁王朝的路易十四（一六六一——一七一五年）和俄国罗曼諾夫王朝的彼得大帝（一六八二至一七二五年）正是同时，也同样引起人們的重视。

資产阶級保守思想和反动思想的宣传者一致贊揚康熙。淮德备里、白晋的《康熙帝传》，白克好司、濮兰德的《清宮秘录》，西本白川的《康熙大帝》等都属于这一类。他們有的把康熙时代比做欧洲文艺复兴时代，有的美化康熙的"英明的治績，頌揚他在战爭中和围猎中的英勇机智，他的淵博的学識以及"爱民如子的仁爱胸怀"等等。中国腐朽的資产阶級思想的鼓吹者錢穆、蕭一山等人的历

176

史撰述也都贊揚康熙，不过他們不限于重复外国人的观点，而是加上些复古主义思想，贊美康熙是和汉文帝、唐太宗先后媲美的圣人。資产阶級革命派的評論則根本相反，康熙是被他們一笔罵倒的。同盟会时代的資产阶級評論家一致把康熙看做十足的专制暴君，以至比秦始皇、路易十四有过之而无不及。《民报》十三号《法国革命史論》上就是把康熙比做路易十四的。《史論》作者写道：

"路易一代雄主，战胜攻取，丞敌之余，威行天下。尝曰，'国家朕也'。玄燁島夷枭杰，思擅一国而长有之，蠢蠢黔首，歪不足畏。……吾尝以为路易十四之世，与清康熙最相类。康熙内平三藩，外掃噶尔丹之役，武績之相类也。路易十四，已不知文学，惟龍被知名之士，結其欢心。玄燁号称能文，而偶作詩歌，令人气絕。至若《字典》、《韵府》，拉杂失伦，自謂曠代伟編，适彌見其浅陋耳。然其用心，則欲举一世之聪明才力，埋沒于断烂时艺之間，正路易十四之儔也。而一时文人学士，摧栖眼窄，槲弊其惟，宣其兴衆，习为諂諛之詞，陰銷磨其志气，又复东西今古，若驗符节。虽然，以言其后，何其倍驰与！法自路易十四薨后，学界之生面一变，哲人如星，閃布国国，吐耀以烛万物。而法国长夜之境，since由微曦而达光明。反观己国，伤已。非无一二睿智特达之徒，作为文辞，仅及言志，未尝敢明辨夷夏，指责朝政也。然且言斩覆伤，身投暗塞，焚书之禍，烈于秦火，讲学之党，壤于黄河，摘瓜抱蔓，为禍靡匪焉。"

著名的同盟会理論家和宣传家章太炎所写的《不加賦难》、《哀清史》、《駁康有为政见书》等一系列文章，都持有相同观点。日本稻叶君山的《康熙大帝与路易十四》里也拿康熙与路易十四相比，认为"从康熙帝之爱好学問与艺术观之，則其与路易十四无有二

177

8 《论康熙》文章页面（1961）

刘大年所写《论康熙》一文发表于《历史研究》1961 年第 3 期，是刘大年早期的代表作之一，曾引起广泛的关注。图为收录在 1965 年出版的论文集《中国近代史诸问题》中的《论康熙》。

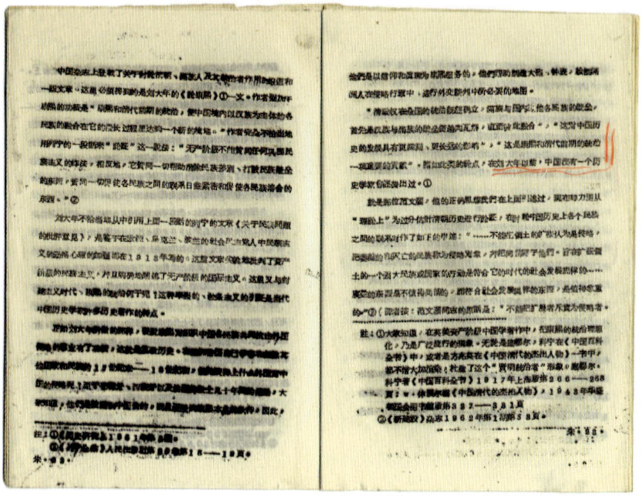

9 齐赫文斯基批判《论康熙》文章中文翻译打印稿（1960 年代）

《论康熙》发表后，受到国内外很多史学家的赞许。但也不乏反对之声。其中以苏联科学院历史学家齐赫文斯基的批评最为突出。图为他在 1960 年代写的《论中华人民共和国历史科学的一些问题》一文的中文译稿。其中谈到《论康熙》一文时说，刘大年文中所说“康熙和清代前期的统治，使中国境内以汉族为主体的各民族的融合在它的漫长过程里达到一个新的境地”，是“作者强加于康熙的功绩”。

第四章

新中国成立初期参与的国际学术交流活动
（1955—1965）

20 世纪五六十年代，中国所处的国际环境十分复杂，开展国际学术交流相当艰难。随着国家发展和国际形势的变化，中国史学界的国际学术交流，从最初于社会主义阵营内，逐步拓展到亚非拉及大洋洲一些国家。

第一节　接待外国史学家访华（1955—1964）

1956 年至 1965 年间，陆续有一些国外史学家来华访问，历史研究所第三所（近代史研究所）是他们访问的主要部门之一。刘大年经常主持接待工作。

1950 年代，科学院近代史研究所与考古所、语言所均在民初黎元洪府邸旧址办公。府内东花园山石嶙峋，花木扶疏，其中的牡丹台、假山等颇具中国传统特色，国外学者来访经常在此留影。

1　与苏联、蒙古学者合影（1956）

1956 年，苏联与蒙古学者访问历史研究所第三所时于所内花坛前合影。图中左 1 刘桂五，2 刘大年，3 苏联学者，4 蒙古学者，5 范文澜。

2 与苏联、蒙古学者合影（1956）

合影地为所内假山前。图中左 1 丁名楠，2 译员，3 范文澜，4 苏联学者，5 蒙古学者，6 刘大年，8 刘桂五。

3 与苏联、蒙古学者合影（1956）

合影地为所内办公室前廊下。图中左 1 刘大年，2 苏联学者，3 范文澜，4 蒙古学者，5 刘桂五。

4 与日本学者合影（1963）

1963年日本学者访问近代史所，于所中接待室前合影。图中前排左1黎澍，2北山康夫，3森鹿三，4刘大年，5张崇山；二排左1丁名楠，2蔡美彪，3李新，4钱宏，5王忠，6何重仁。

5 陪同董必武接见日本学术代表团合影（1964）

1964年10月17日，刘大年陪同国家副主席董必武接见以铃木直吉为团长的日本学术代表团。图中后排左2为刘大年。此图采自当时的《人民日报》。

第二节　赴民主德国参加学术会议（1955）

1955 年 10 月，应德意志民主共和国邀请，中国史学界组成了以吕振羽为团长的中国史学代表团，参加国际东方学年会。团员包括科学院刘大年、北京大学季羡林与南京大学赵瑞蕻。

1 访德代表团与德意志民主共和国汉学家合影（1955）

图中左 1 汉学家贝喜发，2 赵瑞蕻，3 汉学家包尔，4 刘大年，5 汉学家戈瓦廖夫，6 吕振羽，8 季羡林。

2 与联邦德国汉学家在魏玛歌德公园合影（1955）

魏玛曾是德国的文化中心，歌德和席勒长期在此生活。图中左 2 为汉堡大学汉学系教授颜复礼，右 2 为曾任北平中德学会总编辑的联邦德国汉学家傅吾康。

3 在台尔曼牺牲地献花篮（1955）

台尔曼是德国共产党的杰出领导人，反法西斯勇士。被监禁了十一年半后，于 1944 年在布痕瓦尔德集中营被秘密杀害并焚尸灭迹。代表团会后向台尔曼牺牲地敬献花篮。图中右 2 刘大年，3 吕振羽。

4 献给台尔曼的花篮（1955）

代表团向台尔曼所献之花篮。

5 与女汉学家在歌德纪念碑前合影（1955）

图中左 2 刘大年，4 赵瑞蕻，6 季羡林。

第三节　参加巴基斯坦历史学年会（1962—1965）

1960年代初，中国与巴基斯坦的关系开始改善。1961年底，巴基斯坦历史学会邀请中国史学会参加其学术年会。翌年1月，中国史学会派以刘大年为团长的代表团参会。团员有北京师范大学白寿彝教授和近代史所谢琏造副研究员。1965年，巴历史学会又发邀请，刘大年再次奉命率团前往。团员为中国科学院考古所所长夏鼐。

1 代表团抵达达卡时留影（1962）

1962年的巴基斯坦历史学年会在达卡召开。1月28日，代表团抵达达卡。图中左2白寿彝，3谢琏造，4刘大年。

2 在巴基斯坦历史学年会欢迎会上讲话（1962）

在巴历史学年会上，刘大年宣读了《新中国的历史科学》论文。白寿彝宣读的论文是《中国穆斯林的历史传统》。两文均得到与会代表的好评。

3 在白沙瓦大学历史系留影（1962）

白沙瓦大学是1950年代初建立的一所公立大学，是巴基斯坦名列前茅的高等学府之一。图中右1为其历史系主任，右2为刘大年。

4 与巴基斯坦历史学会会长等人合影（1962）

图中前排左2巴历史学年会秘书长，3中国驻巴大使丁国钰，4巴历史学会会长，5刘大年，7白寿彝。

5 参观拉合尔市夏利玛公园留影（1962）

拉合尔为巴基斯坦第二大城市，曾为莫卧儿王朝的国都。夏利玛公园是莫卧儿王建的园林。图为中国驻巴大使馆秘书陪同刘大年、白寿彝参观。

6 在卡拉奇参会后合影（1965）

1965 年 5 月，刘大年与夏鼐代表中国史学会参加在卡拉奇召开的巴第十五届历史学年会。刘大年提交了《亚洲历史怎样评价？》一文。图中前排左 3 刘大年，4 夏鼐。

7 与巴基斯坦历史学家合影（1965）

图中左 2 刘大年，右 1 夏鼐。

8 与夏鼐考察维修中的阿里·真纳陵（1965）

穆罕默德·阿里·真纳是巴基斯坦国的缔造者，1948 年逝于卡拉奇。刘大年、夏鼐访巴时正值陵墓维修，考古学家夏鼐特别提出前往考察。

9 与夏鼐参观巴基斯坦古清真寺（1965）

第四节　参加中国学术代表团访日（1963）

1960 年代，中日两国政治上交恶，但经贸往来却有所改善，1962 年 11 月还签署了《中日长期综合贸易备忘录》，两国民间文化交往也迅速开展。在此形势下，我国第一次向日本派出了一个由教育、法学、历史、考古、文学、语言、物理、气象等学科专家组成的学术代表团。代表团 1963 年 11 月成行，团长是法学家张友渔，刘大年任秘书长。此次访问，在日本产生了重大影响，也为刘大年此后跟诸多日本学者从事学术交流和中日友好活动，奠定了良好的基础。

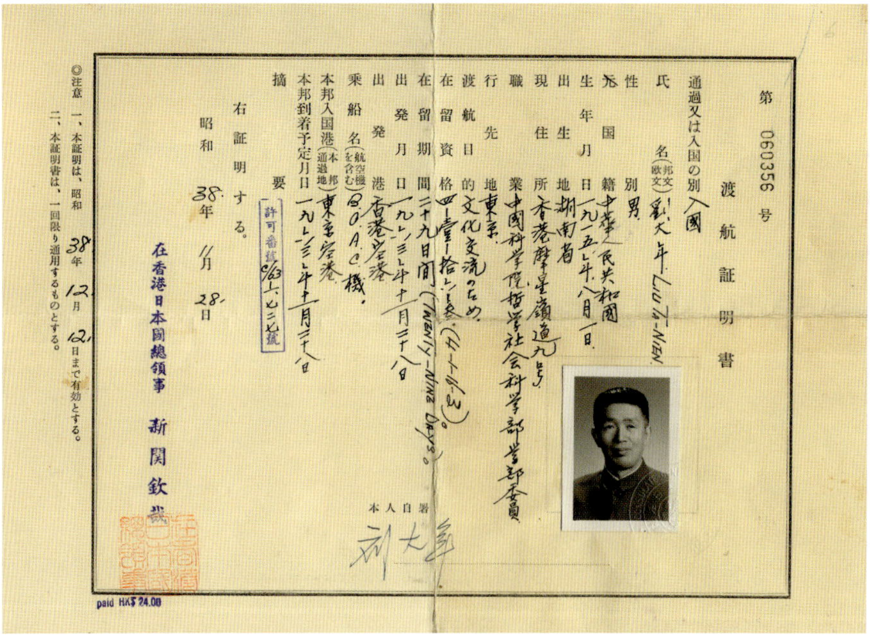

第 060356 号

渡航証明書

通過又は入国の別　入國

氏名（邦文）（欧文）　劉大年　LIU TA-NIEN.

性別　男

国籍　中華人民共和国

生年月日　一九一五年八月一日

出生地　湖南省

現住所　香港摩星嶺道九号

職業　中國科学院哲学社会科学部学部委員

行先地　東京

渡航目的　文化交流のため

在留資格　四-壹-拾六-参（4-1-16-3）

在留期間　二十九日間（TWENTY-NINE DAYS）

出発月日　一九六三年十一月二十八日

出発港　香港空港

乗船名（航空機を含む）　B.O.A.C.機

本邦入国港（本邦通過地）　東京空港

本邦到着予定月日　一九六三年十一月二十八日

摘要　許可番號 C/63 上、七三七號

本人自署　刘大年

右証明する。

昭和 38 年 11 月 28 日

在香港日本国総領事　新関欽哉

◎注意　一、本証明は、昭和 38 年 12 月 12 日まで有効とする。

二、本証明書は、一回限り通用するものとする。

paid HK$ 24.00

1　日本驻香港总领馆颁发的入境许可证（1963）

20 世纪 60 年代，中日尚未恢复邦交。双方人员往来需通过第三方领事馆办理入境许可证。此为日文称为“渡航证明书”的入境许可证。

2 学术代表团抵达东京时受到热烈欢迎（1963）

图中右 1 游国恩，2 夏鼐，3 刘大年。

3 会见日本学术会议议长朝永振一郎（1963）

朝永振一郎为日本著名物理学家，1963—1969 年任日本学术会议议长，1965 年因“重整化理论”获诺贝尔物理学奖。日本学术会议是日本内阁所属关于科学领域重大事项的最高审议机构，由日本学术界代表人物构成。图中左 2 侯外庐，3 江隆基，4 夏鼐，5 刘大年；右 2 朝永振一郎。

4 与侯外庐在日本学术会议题词（1963）

图中左 1 侯外庐，左 2 刘大年。

5 与东京大学校长茅诚司等座谈（1963）

茅诚司为日本著名物理学家，自 1957 年始任东京大学校长。图中左 1 至左 6 为周斌、江隆基、侯外庐、游国恩、夏鼐、刘大年，右 1 为茅诚司。

6 在东京教育大学讲演（1963）

刘大年参加访日代表团期间，应邀到东京教育大学讲演。图中右 1 为日本中文专家小峰王亲，左 1 为译员周斌。

7 东京教育大学欢迎代表团大会会场（1963）

会场主席台悬挂欢迎中国学术代表团的横幅。主席台上刘大年在讲话。

8 讲演结束听众热烈鼓掌（1963）

刘大年在东京教育大学讲演，原定 400 余名师生参会，但临时挤满了 1000 余人，讲演不时为热烈掌声打断，取得很大成功。

9 代表团在大阪的欢迎会上（1963）

会场悬挂“欢迎中国学术代表团”“欢迎刘大年先生”的横幅。图为刘大年在讲演。左为翻译一濑裕子。

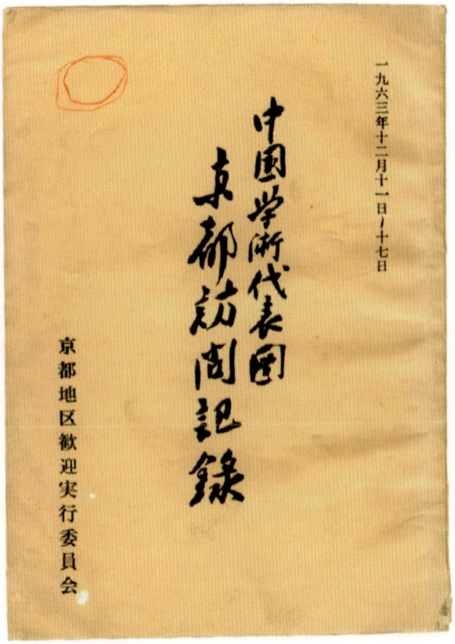

10《中国学术代表团京都访问记录》封面（1963）

中国学术代表团所到的地区，都组织了欢迎委员会，并制作了欢迎手册。此为京都地区制作的欢迎手册。

11《中国学术代表团京都访问记录》所载代表团成员名单（1963）

京都地区欢迎手册内的代表团成员头像。

12 在井上清家做客（1963）

刘大年在京都大学会见了井上清教授，并应邀到家中做客。图中站立排左起铃木、小野信尔、刘大年、井上夫人、井上清、狭涧直树、一濑裕子。

13 在神户大学座谈会上（1963）

图中右 1 刘大年，右 2 一濑裕子。

14 在静冈举行的欢迎会上（1963）

会场除悬挂欢迎横幅外，还挂有“实现日中国交回复”“促进日中学术交流”的条幅。从这些字幅可以感受到，1960 年代日本民间所洋溢的日中友好气氛及对恢复中日邦交的努力。

15 在静冈的火车站上（1963）

代表团在离开静冈前往名古屋时，火车站上欢送的人群高唱《东京—北京》之歌，表达两国民间友好之情。

16 在名古屋的座谈会上（1963）

代表团中人文学科的代表与名古屋的同行座谈。图中正面左为夏鼐，右为刘大年。

17 在横滨华侨学校演讲（1963）

横滨华侨学校为民国初年旅日侨商所建的一座老校。从会场所挂“欢迎祖国学术代表团”会标及毛泽东、刘少奇头像，可以想见新中国在旅日华侨心目中的地位。

18 代表团全体成员归国后于九龙海关大楼前合影（1963）

12月28日代表团返回中国，在九龙海关大楼前合影留念。图中前排左至右为徐鹤皋、江隆基、侯外庐、张友渔、游国恩、刘大年，后排左至右为夏鼐、周斌、李格非、王守武、顾震潮。

19 名古屋反对美国核潜艇进驻横须贺示威集会照片（1963）

1960年代，日本国内反对新《日美安保条约》的斗争风起云涌。中国学术代表团访日的当年，名古屋爆发了大规模的反对美国核潜艇进驻横须贺的示威游行。此照片为日本友人赠送给刘大年的。

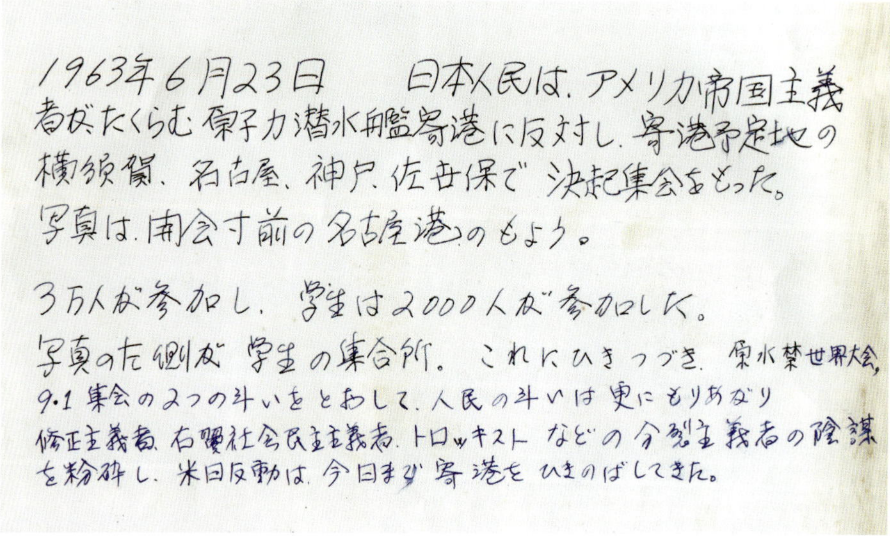

1963年6月23日　日本人民は、アメリカ帝国主義者がたくらむ原子力潜水艦寄港に反対し、寄港予定地の横須賀、名古屋、神戸、佐世保で決起集会をもった。
写真は、開会寸前の名古屋港のもよう。

3万人が参加し、学生は2000人が参加した。
写真の左側が学生の集合所。これにひきつづき、原水禁世界大会、9・1集会の2つの斗いをとおして、人民の斗いは更にもりあがり修正主義者、右翼社会民主主義者、トロッキストなどの分裂主義者の陰謀を粉砕し、米日反動は、今日まで寄港をひきのばしてきた。

20 名古屋反对美国核潜艇进驻横须贺示威集会照片说明（1963）

日本友人在上述照片的背面写的说明。

第五节　参加北京科学讨论会（1964）

1963 年，中国的国际处境仍然很艰难。为开展国际交流，打破美苏对中国的孤立，中央支持中国科协建立“世界科学工作者协会北京中心”，并利用这个平台与国际科技界沟通。此后经过近一年时间的准备，于 1964 年 8 月 21 至 31 日召开有来自亚非拉及大洋洲 44 个国家和地区的 300 多名科学家参加的“北京科学讨论会”。大会按照自然科学和社会科学分开组织。在社会科学内，刘大年与郭沫若、范文澜、井上清等属于历史学组，张友渔、安藤彦太郎等属于政法组。

讨论会结束后，各国代表分别被安排到我国各地参观访问。后经过廖承志安排，安藤彦太郎会后在近代史研究所访问两年，实际工作是做《毛泽东选集》第四卷日文版的校订。刘大年参与了讨论会前期筹备工作会议的全过程，并于会后陪日本代表团访问陕西。

1 “世界科学工作者协会北京中心成立大会”会场（1963）

世界科协除在伦敦设有中央办事处外，还在捷克和印度设有中东欧与西亚区域办事处。1952 年，世界科协主席法国科学家约里奥－居里建议设立世界科协北京中心为东亚办事处，但因美苏阻挠，直到 1963 年北京中心才得以成立。图为成立大会会场。

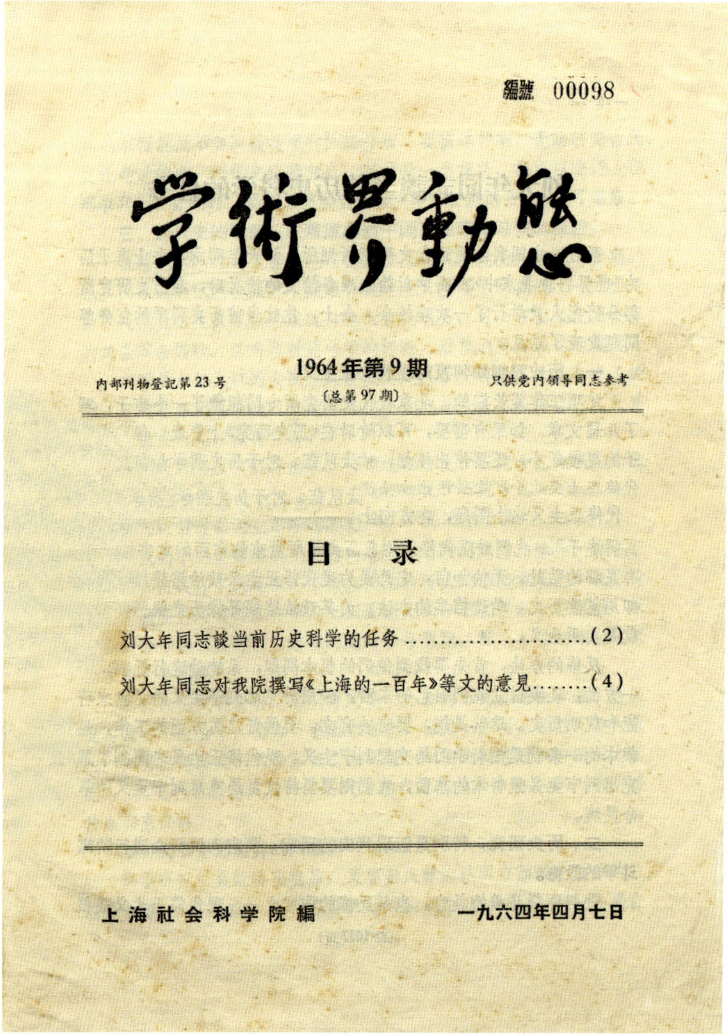

编號 00098

学術界動態

内部刊物登記第23号　　1964年第9期　　只供党内領导同志参考
〔总第97期〕

目　录

上海社会科学院編　　一九六四年四月七日

2 《学术界动态》对“北京科学讨论会”论文准备情况的报道目录页（1964）

《学术界动态》是上海社会科学院办的一份不定期发布学术信息的内部刊物。1964年北京科学讨论会前，刘大年作为中国科学院学术秘书曾前往了解上海参会论文的准备情况。

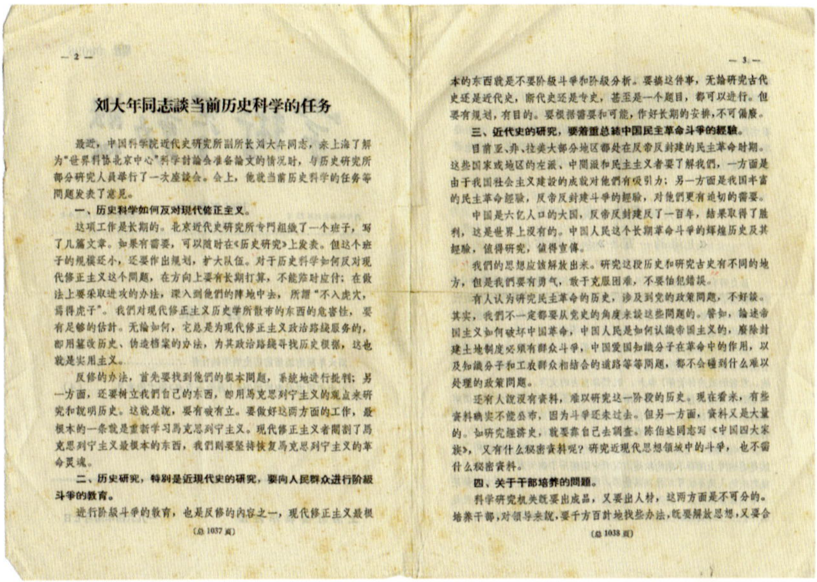

— 2 —

刘大年同志談当前历史科学的任务

最近，中国科学院近代史研究所副所长刘大年同志，来上海了解为"世界科协北京中心"科学討論会准备論文的情况时，与历史研究所部分研究人員举行了一次座談会。会上，他就当前历史科学的任务等問題发表了意見。

一、历史科学如何反对現代修正主义。

这項工作是长期的。北京近代史研究所专門組織了一个班子，写了几篇文章。如果有需要，可以随时在《历史研究》上发表。但这个班子的規模还小，还要作出規划，扩大队伍。对于历史科学如何反对現代修正主义这个問題，在方向上要有长期打算，不能临时应付；在做法上要采取进攻的办法，深入到他們的陣地中去，所謂"不入虎穴，焉得虎子"。我們对現代修正主义历史学所散布的东西的危害性，要有足够的估計。无論如何，它总是为現代修正主义政治路綫服务的，即用篡改历史、伪造档案的办法，为其政治路綫寻找历史根据，这也就是实用主义。

反修的办法，首先要找到他們的根本問題，系統地进行批判；另一方面，还要树立我們自己的东西，即用馬克思列宁主义的观点来研究和說明历史。这就是說，要有破有立。要做好这两方面的工作，最根本的一条就是重新学习馬克思列宁主义。現代修正主义者閹割了馬克思列宁主义最根本的东西，我們則要坚持恢复馬克思列宁主义的革命灵魂。

二、历史研究，特别是近現代史的研究，要向人民群众进行阶級斗爭的教育。

进行阶級斗爭的教育，也是反修的內容之一，現代修正主义最根

(总 1037 頁)

— 3 —

本的东西就是不要阶級斗爭和阶級分析。要搞这件事，无論研究古代史还是近代史，断代史还是专史，甚至是一个題目，都可以进行。但要有規划，有目的。要根据需要和可能，作好长期的安排，不可偏廢。

三、近代史的研究，要着重总結中国民主革命斗爭的經驗。

目前亚、非、拉美大部分地区都处在反帝反封建的民主革命时期。这些国家或地区的左派、中間派和民主主义者要了解我們，一方面是由于我国社会主义建設的成就对他們有吸引力；另一方面是我国丰富的民主革命經驗，反帝反封建斗爭的經驗，对他們更有迫切的需要。

中国是六亿人口的大国，反帝反封建反了一百年，結果取得了胜利，这是世界上沒有的。中国人民这个长期革命斗爭的輝煌历史及其經驗，值得研究，值得宣傳。

我們的思想应该解放出来。研究这段历史和研究古史有不同的地方，但是我們要有勇气，敢于克服困难，不要怕犯錯誤。

有人认为研究民主革命的历史，涉及到党的政策問題，不好談。其实，我們不一定都要从党史的角度来談这些問題的。譬如，論述帝国主义如何破坏中国革命，中国人民是如何认識帝国主义的，廢除封建土地制度必須有群众斗爭，中国愛国知識分子在革命中的作用，以及知識分子和工农群众相結合的道路等等問題，都不会碰到什么难以处理的政策問題。

还有人說沒有資料，难以研究这一阶段的历史。現在看来，有些資料确实不能公布，因为斗爭还未过去。但另一方面，資料又是大量的。如研究經济史，就要靠自己去調查。陈伯达同志写《中国四大家族》，又有什么秘密資料呢？研究近現代思想領域中的斗爭，也不需什么秘密資料。

四、关于干部培养的問題。

科学研究机关既要出成品，又要出人材，这两方面是不可分的。培养干部，对領导来說，要千方百計地找些办法，既要解放思想，又要合

(总 1038 頁)

3 《学术界动态》对"北京科学讨论会"论文准备情况报道之一（1964）

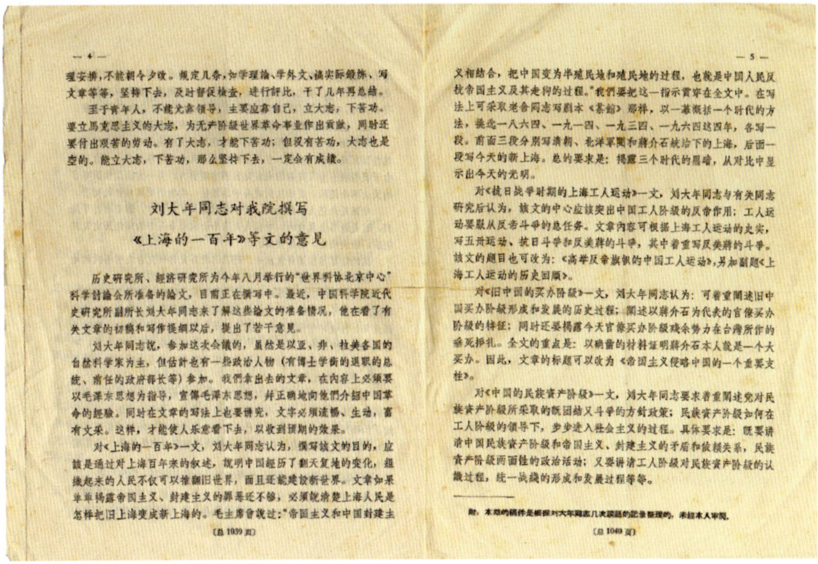

— 4 —

理安排，不能朝令夕改。規定几条，如学理論、学外文、搞实际鍛炼、写文章等等，坚持下去，及时督促檢查，进行評比，干了几年再总結。

至于青年人，不能光靠領导，主要应靠自己，立大志，下苦功。要立馬克思主义的大志，为无产阶級世界革命事业作出貢献，同时还要付出艰苦的劳动。有了大志，才能下苦功；但沒有苦功，大志也是空的。能立大志，下苦功，那么坚持下去，一定会有成績。

刘大年同志对我院撰写《上海的一百年》等文的意見

历史研究所、經济研究所为今年八月举行的"世界科协北京中心"科学討論会所准备的論文，目前正在撰写中。最近，中国科学院近代史研究所副所长刘大年同志来了解这些論文的准备情况，他在看了有关文章的初稿和写作提綱以后，提出了若干意見。

刘大年同志說，参加这次会議的，虽然是以亚、非、拉美各国的自然科学家为主，但估計也有一些政治人物（有博士学衔的退职的总統、前任的政府部长等）参加。我們拿出去的文章，在內容上必須要以毛泽东思想为指导，宣傳毛泽东思想，并正确地向他們介紹中国革命的經驗。同时在文章的写法上也要讲究，文字必須流暢、生动，富有文采。这样，才能使人乐意看下去，以收到預期的效果。

对《上海的一百年》一文，刘大年同志认为，撰写該文的目的，应該是通过对上海百年来的叙述，說明中国經历了翻天复地的变化，組織起来的人民不仅可以推翻旧世界，而且还能建設新世界。文章如果单单揭露帝国主义、封建主义的罪恶还不够，必須說清楚上海人民是怎样把旧上海变成新上海的。毛主席曾說过："帝国主义和中国封建主

(总 1039 頁)

— 5 —

义相結合，把中国变为半殖民地和殖民地的过程，也就是中国人民反抗帝国主义及其走狗的过程。"我們要把这一指示貫穿在全文中。在写法上可采取老舍同志写剧本《茶館》那样，以一幕概括一个时代的方法，挑选一八六四、一九一四、一九三四、一九六四这四年，各写一段。前面三段分别写清朝、北洋軍閥和蔣介石統治下的上海，后面一段写今天的新上海。总的要求是：揭露三个时代的黑暗，从对比中显示出今天的光明。

对《抗日战爭时期的上海工人运动》一文，刘大年同志与有关同志研究后认为，該文的中心应該突出中国工人阶級的反帝作用；工人运动要服从反帝斗爭的总任务。文章內容可根据上海工人运动的史实，写五卅运动、抗日斗爭和反美蔣的斗爭，其中着重写反美蔣的斗爭。該文的題目也可改为：《高举反帝旗帜的中国工人运动》，另加副題《上海工人运动的历史回顾》。

对《旧中国的买办阶級》一文，刘大年同志认为：可着重闡述旧中国买办阶級形成和发展的历史过程；闡述以蔣介石为代表的官僚买办阶級的特征；同时还要揭露今天官僚买办阶級残余势力在台湾所作的垂死掙扎。全文的重点是：以确凿的材料証明蔣介石本人就是一个大买办。因此，文章的标題可以改为《帝国主义侵略中国的一个重要支柱》。

对《中国的民族資产阶級》一文，刘大年同志要求着重闡述党对民族資产阶級所采取的既团結又斗爭的方針政策；民族資产阶級如何在工人阶級的領导下，步步走入社会主义的过程。具体要求是：既要讲清中国民族資产阶級和帝国主义、封建主义的矛盾和依賴关系，民族資产阶級两面性的政治活动；又要讲清工人阶級对民族資产阶級的认識过程，統一战綫的形成和发展过程等等。

附：本期的稿件是根据刘大年同志几次談話的記录整理的，未經本人审阅。

(总 1040 頁)

4 《学术界动态》对"北京科学讨论会"论文准备情况报道之二（1964）

参加一九六四年北京科学討論会

中国科学家代表团组成

新华社十二日訊 参加一九六四年北京科学讨论会的中国科学家代表团已经组成。

中国科学家代表团由六十一人组成。另有特邀代表三十二人。团长由北京大学副校长、中华人民共和国科学技术协会副主席、著名物理学家周培源担任，副团长由张劲夫、范长江、张友渔、张维、钱信忠、于光远担任。

中国代表团团员名单如下：

团员（按姓氏笔划排列）

王东年、王应睐、王顾桐、毛守白、方 明、冯 至、朱元鼎、朱洪沅、刘大年、刘云鹤、刘思慕、艾思奇、李庆逵、李茂斋、吕叔湘、何泽慧、何 康、沈其益、沈其震、沈 勃、汪德昭、吳执中、吳英恺、陈中伟、陈凌风、陈翰伯、杨廷宝、杨显东、周一良、周原冰、郑万钧、林巧稚、孟宪民、张子林、张文佑、张文奇、张龙翔、张炜逊、张致祥、张晓楼、赵九章、赵石英、姜君辰、俞德浚、陶亨咸、陶鼎来、夏 鼐、阎沛霖、黃秉维、黃家驷、程今吾、韩幽桐、管大同、戴松恩。

特邀代表名单如下：（按姓氏笔划排列）

丁 颖、马闻天、王叔咸、尹赞勋、华罗庚、伍献文、何其芳、何 琦、汪 猷、吳中伟、陈永康、杨石先、郑丕留、竺可桢、范秉哲、金善宝、孟继懋、张方佐、张孝骞、张香桐、茅以升、胡传揆、钟惠澜、侯德榜、唐应斌、诸福棠、梁思成、黃鸣龙、蒲辅周、蔡 旭、潘梓年、薛暮桥。

5 《人民日报》报道“北京科学讨论会”（1964）

经过近一年的筹备，世界科协北京中心于1964年8月21至31日，举办了“一九六四年北京科学讨论会”。来自亚洲、非洲、拉丁美洲、大洋洲44个国家和地区的科学家367人参加会议。中国代表团由61人组成，周培源任团长，刘大年为团员。

6 聂荣臻副总理在开幕式上致词（1964）

图为中国国务院分管科技工作的副总理聂荣臻致开幕词。

7 郭沫若与各国历史学家合影（1964）

图为与会的各国史学家合影。前排左6井上清，7郭沫若，9范文澜；后排左1刘桂五，5刘大年，6夏鼐，7陈翰笙，9翦伯赞，11侯外庐，14尹达，16张友渔。

8 聂荣臻、郭沫若等与参会科学家合影（1964）

北京科学讨论会期间，中国国务院副总理聂荣臻、中国科学院院长郭沫若与参会各国科学家在友谊宾馆前合影。前排右18李四光，20聂荣臻，21郭沫若，22陆定一；后排右11夏鼐，12刘大年，18钱三强。

9 毛泽东等国家领导人会见与会全体科学家合影（局部）（1964）

北京科学讨论会是新中国成立后举办的规模最大的国际性学术会议，党和国家十分重视，会后毛泽东、邓小平、彭真、陈毅等会见了与会的全体代表。

10 周恩来总理会见与会部分外国科学家（1964）

会议期间，周恩来总理会见了外国科学家。

11 与非洲某国代表握手告别（1964）

图中左 1 张友渔，2 刘大年。

12 与日本科学家代表团于西安合影（1964）

科学讨论会结束后，各国代表团分组前往中国各地参观。刘大年陪同日本代表团赴陕西省参观。图为于西安合影。

13 刘大年陪同日本代表团参观西安大兴善寺留影（1964）

大兴善寺在中日佛教史上有重要地位。隋唐时天竺僧人在寺内翻译佛经和传授密宗，成为中国佛教密宗的发源地。日本高僧空海赴长安学佛时在此学习密宗，回国创立了真言宗。图中左 3 为寺中住持慧雨法师，4 为明治维新重臣副岛种臣之后、爱知大学教授副岛种典，5 为刘大年。

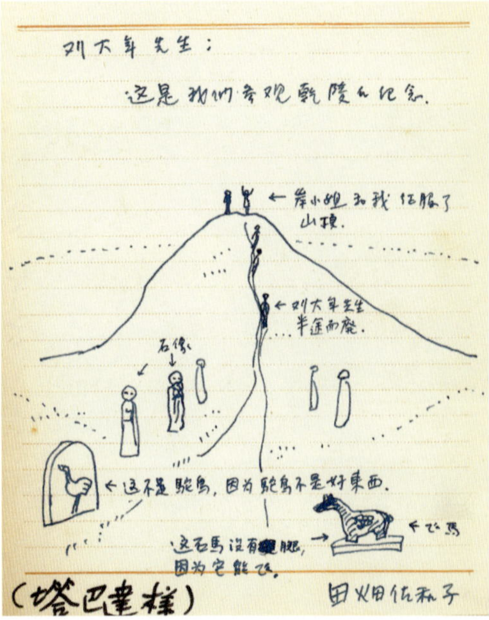

14 田畑佐和子绘登咸阳乾陵图（1964）

日本代表团在陕西参观期间，刘大年陪代表团赴咸阳登乾陵。代表团成员田畑佐和子女士在赠刘大年纪念册上，以诙谐的笔法描绘了这幅登乾陵图。

15 刘大年登乾陵“半途而废”照（1964）

刘大年登乾陵未达陵顶，留下“半途而废”（田畑佐和子语）的照片。

16 与盐田庄兵卫在西安碑林合影（1964）

碑林是西安保存历代刻石最多的一处建筑。初建于北宋，经历代收集，至清代大事修整后，颇具规模。图为刘大年在向日本代表盐田庄兵卫介绍碑林历史。盐田庄兵卫是日本代表团内有名的社会活动家。

17 与安藤彦太郎在延安周恩来故居前留影（1964）

安藤彦太郎（左 1）为早稻田大学教授，曾长期担任日中学院院长。此时正准备在近代史所做为期二年的学术访问，也作为日本代表团成员赴陕西访问。此图为在周恩来故居前留影。

第六节 与日本学者井上清的友谊（1960—1964）

井上清是日本京都大学教授、日本当代著名的历史学家、日本明治史权威学者、著名钓鱼岛问题专家、日本京都学派代表人物。他曾撰文揭露昭和天皇的战争责任，被称为“最勇敢的日本人”。

井上清 1960 年访问莫斯科后，第一次来华，访问了近代史所，从此与范文澜、刘大年结下了深厚的友谊。至 1997 年的 37 年间，共访华 30 余次，每次必至近代史所与刘大年会面。他称近代史所是他第二个家。

1 与井上清于近代史所会议室前合影（1960）

1960 年 10 月，井上清首次访问近代史所，时为京都大学副教授。访华期间，受到周恩来总理的接见。此为在近代史所会议室前合影。左 1 为译员庞春兰。

2 与井上清于长城合影（1960）

3 在东厂胡同家中接待井上清留影（1964）

1964 年北京科学讨论会期间，井上清作为日本代表团副团长第二次来华。会后，刘大年与夫人师力坤在家中接待井上清，近代史所所长范文澜在座。图中从左到右为译员、范文澜、井上清、刘大年、师力坤。

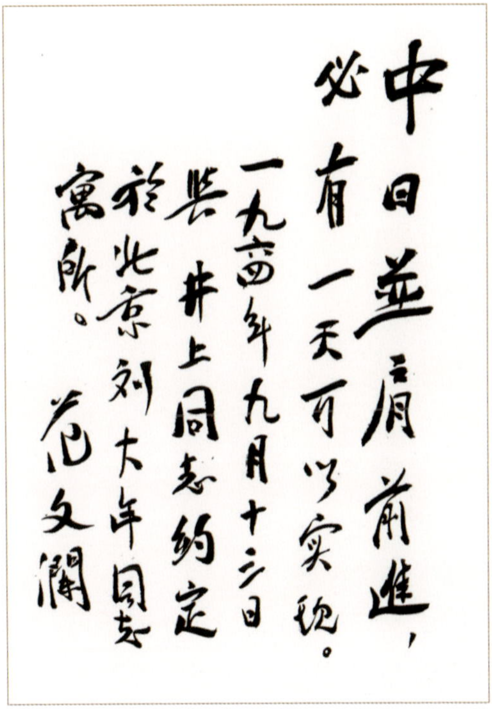

4 范文澜赠井上清题词（1964）

范文澜与井上清在刘大年住所见面时，互赠题词。范文澜的题词是：“中日并肩前进，必有一天可以实现。一九六四年九月十三日与井上同志约定于北京刘大年同志寓所。”图为题词照片。

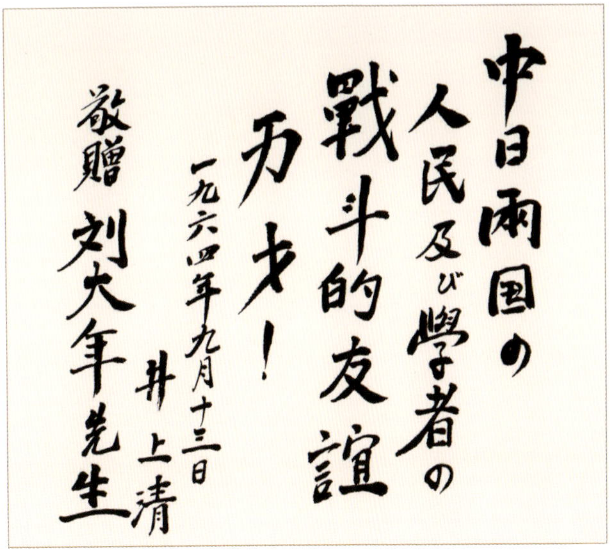

5 井上清赠刘大年题词（1964）

图为井上清赠刘大年题词照片。

第五章

“文革”岁月
（1966—1976）

20 世纪的十年“文化大革命”，给中华民族带来深重的灾难。

刘大年长期主持近代史所工作，自然“在劫难逃”。他在“文革”伊始便被《人民日报》社论戴上“史学界里的‘东霸天’”“叛徒的辩护士”等帽子，在所内外遭到批判。

在被停职批判、隔离审查、打扫厕所的日子，刘大年不再忙于翦伯赞当年调侃他的“开会、谈话，写稿子、挨骂”的生活，倒使他“今日得宽馀”，有时间潜心读书、思考，几次通读马恩全集。“文革”十年，他未公开发表一文一字，但是留下来大量的马列读书笔记。这无疑对他“文革”后的学术研究、学术组织工作积淀了更为坚实的理论基础。

由于“历史清白”且谨言慎行，刘大年的境遇自 1971 年开始有所改善，1975 年连任第四届全国人大代表（曾任第三届全国人大代表），并被选为人大常委会委员。

第一节 “文革”早期的“反革命修正主义分子”（1966—1967）

1966 年 5 月，《五一六通知》在中共中央政治局通过，“文化大革命”的到来已经势不可挡。

著名历史学家、刘大年亦师亦友的范文澜所长虽作为中共中央候补委员，对于时局也感到瞠目结舌，难以理解。刘大年由于与吴晗、李秀成自述案等多种“文化事件”关联，在运动伊始，便处于被批判的地位。

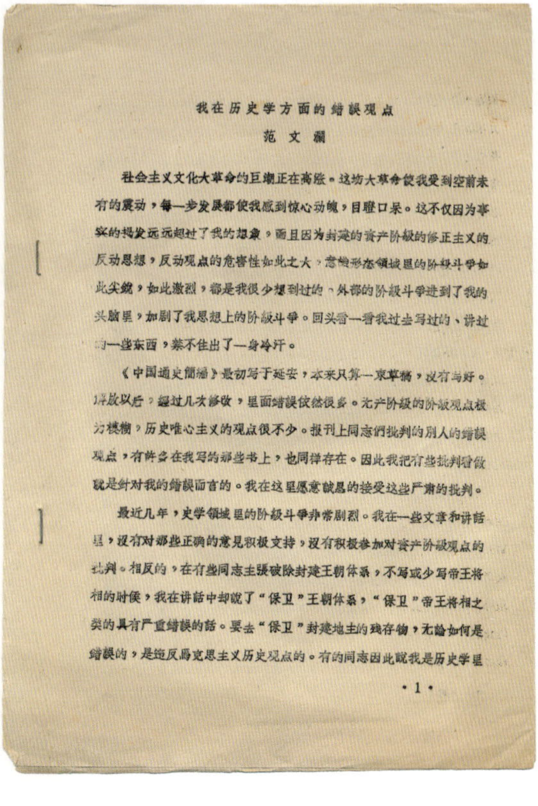

我在历史学方面的错誤观点

范文瀾

社会主义文化大革命的巨潮正在高涨。这场大革命使我受到空前未有的震动，每一步发展都使我感到惊心动魄，目瞪口呆。这不仅因为事实的揭发远远超过了我的想象，而且因为封建的资产阶级的修正主义的反动思想，反动观点的危害性如此之大，意識形态领域里的阶級斗爭如此尖銳，如此激烈，都是我很少想到过的。外部的阶級斗爭进到了我的头脑里，加剧了我思想上的阶級斗爭。回头看一看我过去写过的、讲过的一些东西，禁不住出了一身冷汗。

《中国通史簡編》最初写于延安，本来只算一束草稿，没有写好。解放以后，經过几次修改，里面错誤依然很多。无产阶級的阶級观点极为模糊，历史唯心主义的观点很不少。报刊上同志們批判的别人的错誤观点，有许多在我写的那些书上，也同样存在。因此我把有些批判看做就是針对我的错誤而言的。我在这里愿意誠恳的接受这些严肃的批判。

最近几年，史学領域里的阶級斗爭非常剧烈。我在一些文章和讲話里，没有对那些正确的意見积极支持，没有积极参加对资产阶級观点的批判。相反的，在有些同志主張破除封建王朝体系，不写或少写帝王将相的时候，我在讲話中却說了“保卫”王朝体系，“保卫”帝王将相之类的具有严重错誤的話。要去“保卫”封建地主的残存物，无論如何是错誤的，是违反馬克思主义历史观点的。有的同志因此說我是历史学里

·1·

1 范文澜“自我批判”打印稿（1966）

1966 年 4 月，范文澜写了《我在历史学方面的错误观点》的自我批判稿，说“这场大革命使我受到空前未有的震动，每一步发展都使我感到惊心动魄，目瞪口呆。……有的同志因此说我是历史学里的保皇派，显然击中了我思想的要害。”

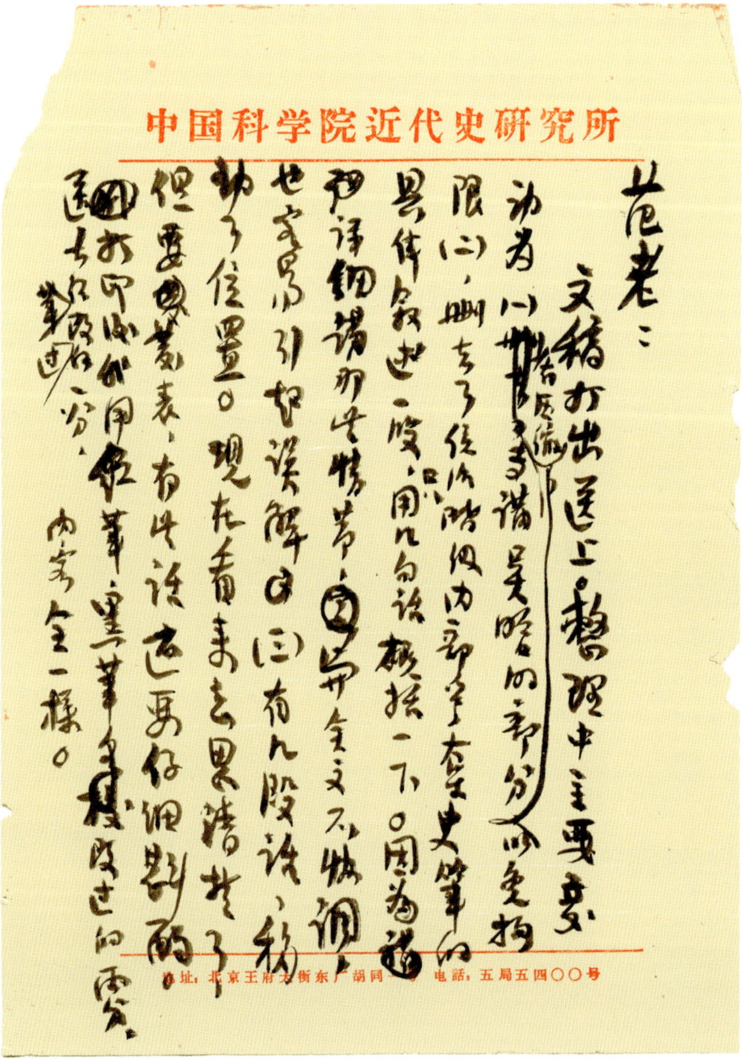
中国科学院近代史研究所

范老：
文稿打出送上。整理中主要变
动为：(一)[illegible]吴晗的部分，以免构
限；(二)删去了经济[illegible]大段史笔的
具体叙述一段，只用几句话概括一下。因为这
种详细论列[illegible]，(二)[illegible]全文不够调
也容易引起误解；(三)有几段话，移
动了位置。现在看来，思路清楚了。
但要发表，有些话还要仔细斟酌。
因此再印时用红笔[illegible]
送去[illegible]
内容全一样。

地址：北京王府大街东厂胡同一号　电话：五局五四〇〇号

2 回复范文澜谈稿件修改事残件（1966）

此件所谈应是针对范文澜“自我批判”稿初稿。从中可以看出，刘大年对范稿基本仅限于文字结构的改动，也可见刘当时仍天真地认为，对吴晗的批判是学术之争。

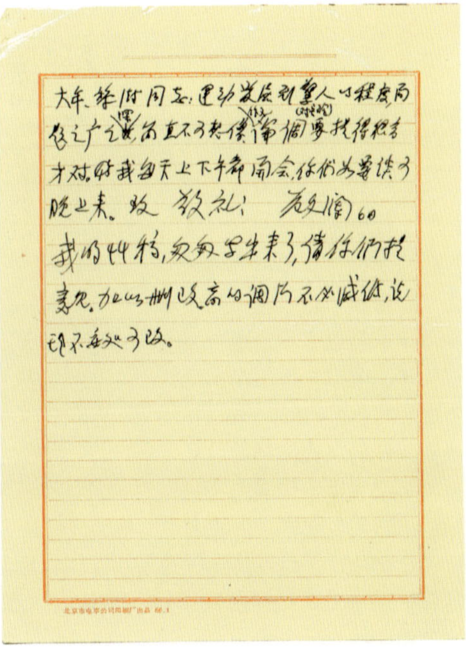

大年、黎澍同志：运动发展到整人的程度，局面之广之深前所未见，不可不慎重对待。需要找你们谈谈才对。明天我上下午都开会，你们如要谈，可晚上来。致 敬礼！范文澜 6日

我的草稿，匆匆写出来了，请你们找毛病，加以删改。高的调子不必减低，说理不妥处可改。

3 范文澜致函刘大年、黎澍谈“文革”形势及文稿事(1966)

1966年5月4日至26日，中共中央召开了中央政治局扩大会议，对彭真、罗瑞卿、陆定一、杨尚昆进行错误批判。范文澜作为中央候补委员参加了扩大会议。信中“我的草稿”，应指当时他所写的自我批判的文稿。此信写于5月6日。

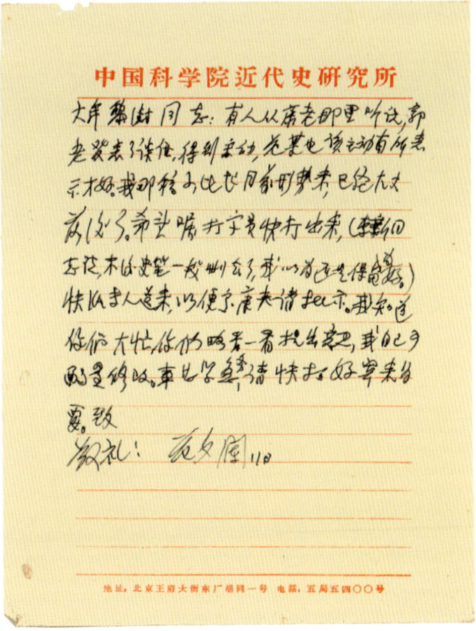

中国科学院近代史研究所

大年、黎澍同志：有人从康老那里听说，郭老发表了谈话，得到表扬，并要他领头动有所表示才好。我那稿子比较长，目前形势来看已经太过落后了。希望赶快打字员快打出来，（李新同志说，末段要整一段删去了，我以为还是保留为好。）快派专人送来，以便交康老请批示。我知道你们太忙，你们略看一看找出毛病，我自己可以复修改。事甚紧急，请快打好写来为要。致

敬礼！范文澜 11日

地址：北京王府大街东厂胡同一号 电话：五局五四〇〇号

4 范文澜来函谈“自我批判”稿事(1966)

函中康老指康生，郭老指郭沫若。此信写于5月11日。

人民日報

1966年6月3日 星期五

毛主席语录

我们提倡百家争鸣，在各个学术部门可以有许多派、许多家，可是就世界观来说，在现代，基本上只有两家，就是无产阶级一家，资产阶级一家。或者是无产阶级的世界观，或者是资产阶级的世界观。共产主义世界观就是无产阶级的世界观，它不是任何别的阶级的世界观。

（在中国共产党全国宣传工作会议上的讲话）

社论　夺取資产阶級霸占的史学陣地

修好渠道炼好人　精神物质双丰收

韶山灌区总干渠和北干渠竣工通水

5　《人民日报》“六三社论”（1966）

1966年6月3日，《人民日报》借些须细故发表题为《夺取资产阶级霸占的史学阵地》社论，不点名批判刘大年、黎澍“像奸商一样垄断资料，甚至在‘三家村’反党集团的急先锋吴晗已经被揭穿之后，还隐瞒关于吴晗的史料，包庇这个反共老手。他们简直是史学界里的‘东霸天’‘西霸天’”。

这篇社论，是近代史所批斗刘大年、黎澍的开端，故被所内特称为“六三社论”。这篇社论与《人民日报》6月1日的社论《横扫一切牛鬼蛇神》一起，成为发动“文化大革命”的公开信号。

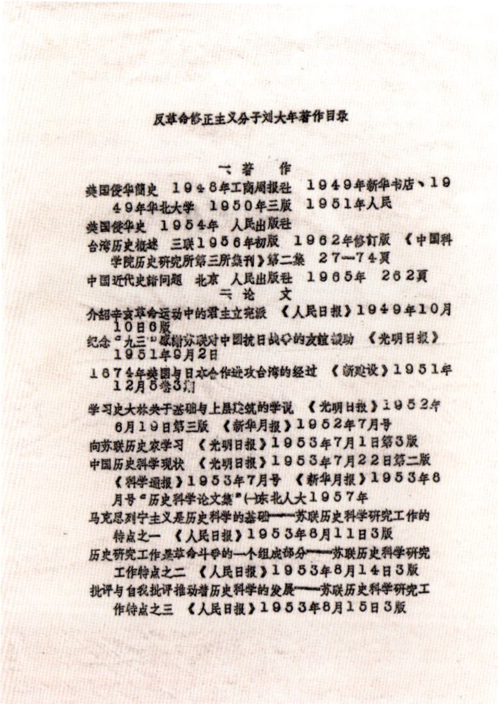

反革命修正主义分子刘大年著作目录

一、著　作

美国侵华簡史　1948年工商周报社　1949年新华书店、1949年华北大学　1950年三版　1951年人民

美国侵华史　1954年　人民出版社

台湾历史概述　三联1956年初版　1962年修訂版　《中国科学院历史研究所第三所集刊》第二集　27—74頁

中国近代史諸问题　北京　人民出版社　1965年　262頁

二、论　文

介绍辛亥革命运动中的君主立宪派　《人民日报》1949年10月10日6版

纪念“九三”感谢苏联对中国抗日战争的友誼援助　《光明日报》1951年9月2日

1874年美国与日本合作进攻台湾的经过　《新建设》1951年12月5卷3期

学习史大林关于基础与上层建筑的学说　《光明日报》1952年6月19日第三版　《新华月报》1952年7月号

向苏联历史家学习　《光明日报》1953年7月1日第3版

中国历史科学现状　《光明日报》1953年7月22日第二版　《科学通报》1953年7月号　《新华月报》1953年8月号“历史科学论文集”(一)东北人大1957年

马克思列宁主义是历史科学的基础——苏联历史科学研究工作的特点之一　《人民日报》1953年8月11日3版

历史研究工作是革命斗争的一个组成部分——苏联历史科学研究工作特点之二　《人民日报》1953年8月14日3版

批评与自我批评推动着历史科学的发展——苏联历史科学研究工作特点之三　《人民日报》1953年8月15日3版

6　近代史所“造反派”整理的刘大年的著述目录（1966）

此件共4页，包括刘大年的专著和文章共43种。

7 《人民日报》批判周扬、刘大年的署名文章（1967）

人民日报

周扬、刘大年之流是叛徒的辩护士

1967年1月8日，《人民日报》发表署名晋群新文章《周扬、刘大年之流是叛徒的辩护士》，指“周扬、刘大年之流抬出叛徒李秀成的僵尸，来为那些遗臭万年的叛徒辩护。这就说明，他们是赫鲁晓夫修正主义的应声虫，他们和邓拓、吴晗一样，是彻头彻尾的反革命修正主义分子”。

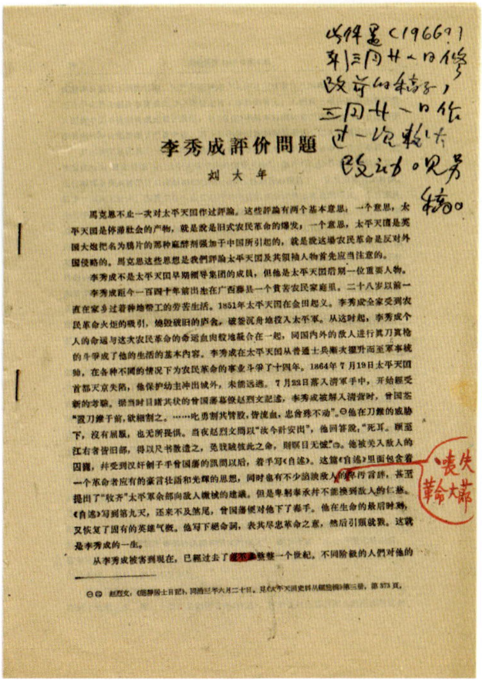
李秀成評价問題

刘大年

馬克思不止一次对太平天国作过評論。这些評論有两个基本意思，一个意思，太平天国是停滞社会的产物，就是說是旧式农民革命的爆发，一个意思，太平天国是英国大炮把名为鴉片的那种麻醉剂强加于中国所引起的，就是說这場农民革命是反对外国侵略的。馬克思这些思想是我們評論太平天国及其領袖人物首先应当注意的。

李秀成不是太平天国早期領导集团的成員，但他是太平天国后期一位重要人物。

李秀成距今一百四十年前出生在广西藤县一个貧苦农民家庭里。二十八岁以前一直在家乡过着种地帮工的劳苦生活。1851年太平天国在金田起义。李秀成全家受到农民革命火炬的吸引，燒毁破旧的庐舍，破釜沉舟地投入太平軍。从这时起，李秀成个人的命运与这次农民革命的命运血肉般地融合在一起，同国内外的敌人进行真刀真枪的斗爭成了他的生活的基本內容。李秀成在太平天国从普通士兵漸次擢升而至軍事統帥，在各种不同的情况下为农民革命的事业斗爭了十四年。1864年7月19日太平天国首都天京失陷，他保护幼主冲出城外，未能远逃。7月22日落入清軍手中，开始經受新的考驗。据当时目睹其状的曾国藩幕僚赵烈文記述，李秀成被解入清营时，曾国荃“置刀錐于前，欲細割之。……叱勇割其臂股，皆流血，忠酋殊不动”。㊀他在刀錐的威胁下，沒有屈服，也无所提供。当夜赵烈文問以“汝今計安出”，他回答說，“死耳。顾至江右者皆旧部，得以尺书散遣之，免戕贼彼此之命，則瞑目无憾”㊁。他被关入敌人的囚籠，并受到汉奸劊子手曾国藩的訊問以后，着手写《自述》。这篇《自述》里面包含着一个革命者应有的豪言壮語和光輝的思想，同时也有不少諂媚敌人的卑污言辞，甚至提出了“收齐”太平軍余部向敌人繳械的建議。但是卑躬奉承并不能換到敌人的仁慈。《自述》写到第九天，还来不及煞尾，曾国藩便对他下了毒手。他在生命的最后时刻，又恢复了固有的英雄气概。他写下絕命詞，表其尽忠革命之意，然后引頸就戮。这就是李秀成的一生。

从李秀成被害到現在，已經过去了差不多整整一个世紀。不同阶級的人們对他的

㊀㊁ 赵烈文：《能靜居士日記》，同治三年六月二十日。見《太平天国史料丛編簡輯》第三册，第373頁。

8 《李秀成评价问题》清样（1964）

晋群新文章指周扬、刘大年是“叛徒的辩护士”，与这篇文章直接相关。此文是刘大年根据中宣部副部长周扬建议撰写，批评戚本禹利用太平天国将领李秀成被俘事件大做文章。写成后送《历史研究》，但根据毛泽东秘书田家英建议而没有发表。这是当年《历史研究》的文稿清样。

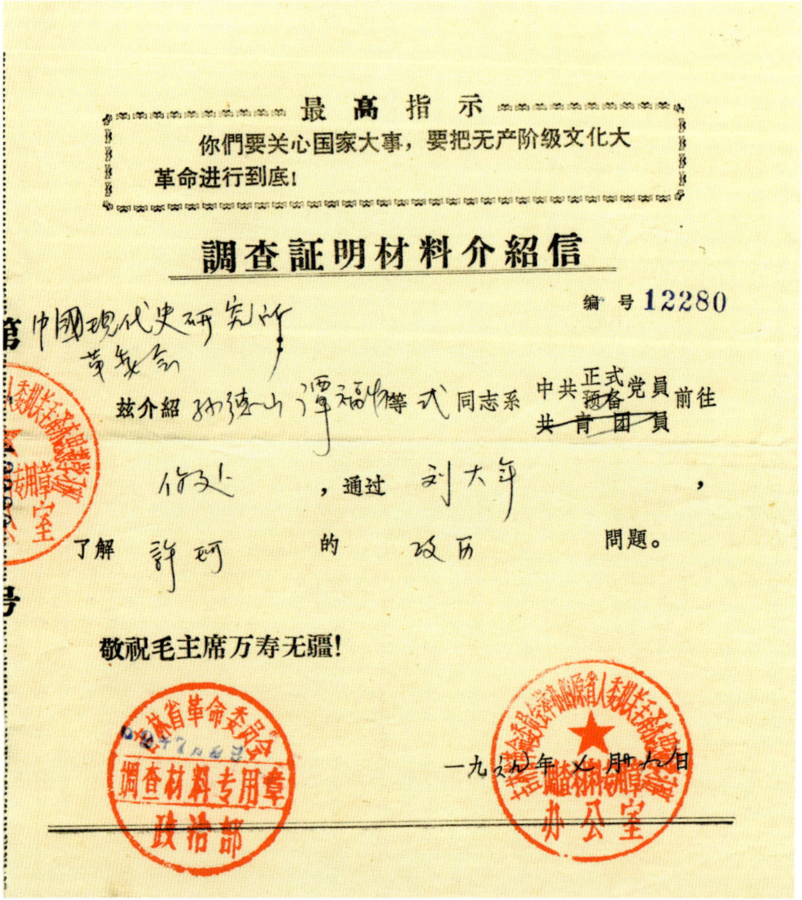

最高指示

你們要关心国家大事，要把无产阶级文化大革命进行到底！

调查証明材料介紹信

编号 12280

中国现代史研究所革委会

兹介紹 孙德山 谭福怡 等 弍 同志系 中共正式党員 前往

你处，通过 刘大年，

了解 許珂 的 政历 問題。

敬祝毛主席万寿无疆！

吉林省革命委员会 调查材料专用章 政治部

一九六九年 [illegible] 月 六日

办公室

9 吉林省“革委会”外调介绍信（1969）

“文革”中，常有单位或“专案组”对某人历史情况进行调查。许珂是长春电影制片厂导演，或与刘大年在新中国成立前有过交往。

第二节　通读马恩全集（1967—1976）

刘大年在“文革”伊始就被定为“反革命修正主义分子、走资本主义道路当权派”，日常除了接受革命群众的批判和参加指定劳动（如打扫厕所等）外，几乎所有的时间都用来读书。这期间，他不止一次地通读《马克思恩格斯全集》，选读《列宁全集》。书中很多地方都留下他的批注。有的地方有多种颜色、不同风格的笔迹，表明这些文章读过不止一次；还有不少地方可以看出他对相关文章反复对照研读。

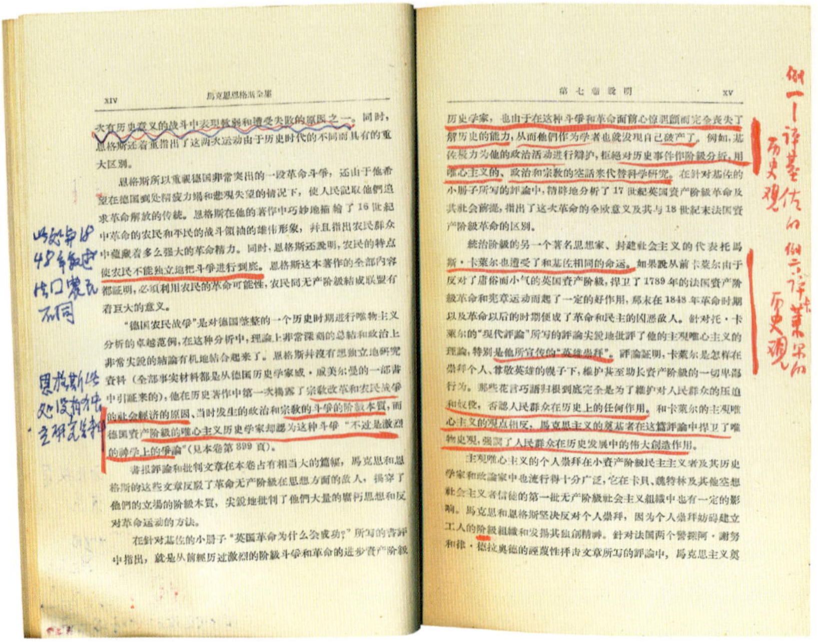

XIV　馬克思恩格斯全集

次有历史意义的战斗中表現軟弱和遭受失敗的原因之一。同时，恩格斯还着重指出了这两次运动由于历史时代的不同而具有的重大区别。

恩格斯所以重视德国非常突出的一段革命斗争，还由于他希望在德国到处精疲力竭和悲观失望的情况下，使人民記取他們追求革命解放的传統。恩格斯在他的著作中巧妙地描繪了16世紀革命的农民和平民的战斗領袖的雄伟形象，并且指出农民群众中蘊藏着多么强大的革命精力。同时，恩格斯还說明，农民的特点使农民不能独立地把斗爭进行到底。恩格斯这本著作的全部内容都証明，必須利用农民的革命可能性，农民同无产阶級結成联盟有着巨大的意义。

“德国农民战爭”是对德国整整的一个历史时期进行唯物主义分析的卓越范例，在这种分析中，理論上非常深刻的总結和政治上非常尖銳的結論有机地結合起来了。恩格斯并沒有想独立地研究資料（全部事实材料都是从德国历史学家威·戚美尔曼的一部書中引証来的），他在历史著作中第一次揭露了宗教改革和农民战爭的社会經济的原因、当时发生的政治和宗教的斗爭的阶級本質，而德国資产阶級的唯心主义历史学家却認为这种斗爭“不过是激烈的神学上的爭論”（見本卷第399頁）。

書报評論和批判文章在本卷占有相当大的篇幅，馬克思和恩格斯的这些文章反映了革命无产阶級在思想方面的敌人，揭穿了他們的立場的阶級本質，尖銳地批判了他們大量的腐朽思想和反对革命运动的方法。

在針对基佐的小册子“英国革命为什么会成功？”所写的書評中指出，就是从前經历过激烈的阶級斗爭和革命的进步資产阶級

第七卷說明　XV

历史学家，也由于在这种斗爭和革命面前心惊胆顫而完全丧失了解历史的能力，从而他們作为学者也就发現自己破产了。例如，基佐极力为他的政治活动进行辯护，拒絕对历史事件作阶級分析，用唯心主义的、政治和宗教的空話来代替科学研究。在針对基佐的小册子所写的評論中，精辟地分析了17世紀英国資产阶級革命及其社会前提，指出了这次革命的全欧意义及其与18世紀末法国資产阶級革命的区别。

統治阶級的另一个著名思想家、封建社会主义的代表托馬斯·卡萊尔也遭受了和基佐相同的命运。如果說从前卡萊尔由于反对了庸俗而小气的英国資产阶級，捍卫了1789年的法国資产阶級革命和宪章运动而起了一定的好作用，那末在1848年革命时期以及革命以后的时期便成了革命和民主的凶恶敌人。針对托·卡萊尔的“現代評論”所写的評論尖銳地批評了他的主观唯心主义的理論，特别是他所宣传的“英雄崇拜”。評論証明，卡萊尔是怎样在崇拜个人、尊敬英雄的幌子下，維护甚至助长資产阶級的一切卑鄙行为。那些花言巧語归根到底完全是为了維护对人民群众的压迫和奴役，否認人民群众在历史上的任何作用。和卡萊尔的主观唯心主义的观点相反，馬克思主义的奠基者在这篇評論中捍卫了唯物史观，强調了人民群众在历史发展中的伟大創造作用。

主观唯心主义的个人崇拜在小資产阶級民主主义者及其历史学家和政論家中也流行得十分广泛，它在卡貝、魏特林及其他空想社会主义者信徒的第一批无产阶級社会主义組織中也有一定的影响。馬克思和恩格斯坚决反对个人崇拜，因为个人崇拜妨碍建立工人的阶級組織和发揚其独創精神。針对法国两个警探阿·谢努和律·德拉奥德的誣蔑性抨击文章所写的評論中，馬克思主义奠

1　《马克思恩格斯全集》第七卷说明页批注（“文革”中）

在《马克思恩格斯全集》第七卷说明页，刘大年注：“此处与1848年叙述法国农民不同”，“恩格斯此处没有独立研究资料”等。

2 马克思《1848 年至 1850 年的法兰西阶级斗争》批注（“文革”中）

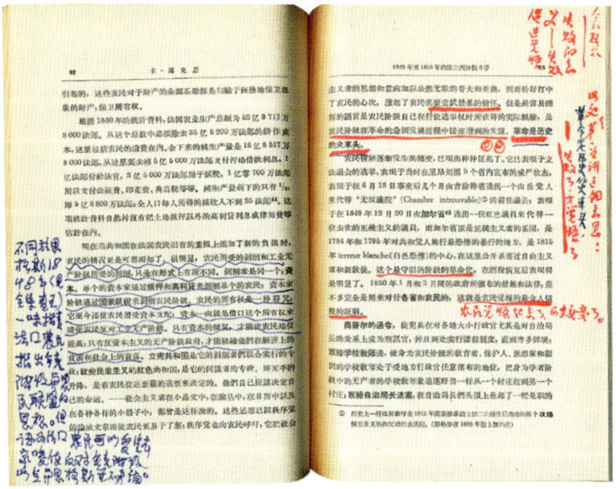

刘大年注：“不同于恩格斯 1848 年（见全集卷五）一味指责法国农民，指出无产阶级与农民联盟的思想。但认为法国农民可以受资本家唆使反对无产阶级。此点与恩格斯并不矛盾。”

3 恩格斯《德国维护帝国宪法的运动》批注（“文革”中）

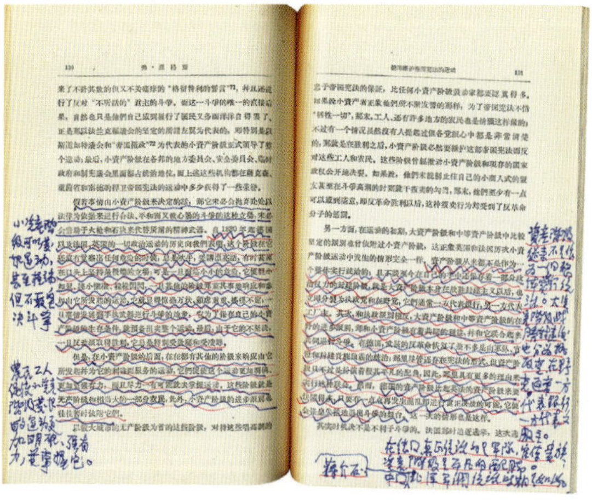

刘大年在本页空白处，摘录了文中一段话：“资产阶级从来不是作为一个整体实行统治。大资产阶级战胜封建后，也分为执政党、在野党，通常一方代表银行，一方代表工厂主。在德国，真正统治的是军队、官僚、贵族，资产阶级是平凡的配角。”在此段后，又写了“中国蒋介石、北洋军阀统治时期是如此”。

4 马克思与恩格斯《国际述评（一）》批注（“文革”中）

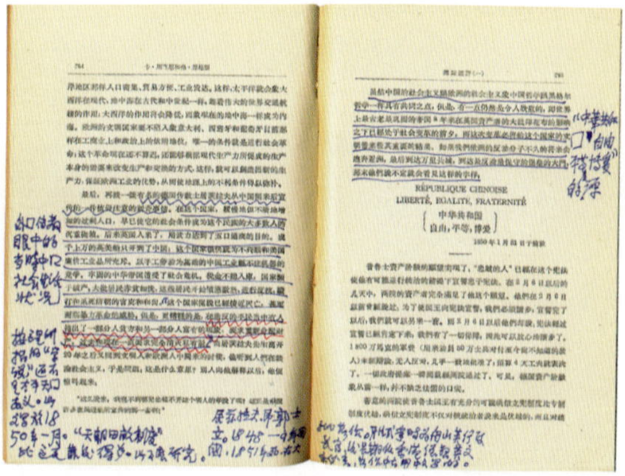

本页有马克思写的德国传教士居茨拉夫从中国返回欧洲，写的关于中国“据说已经接近灭亡，甚至面临暴力革命的威胁，但是，更糟糕的是，在造反的平民当中有人指出了一部分人贫穷和另一部分人富有的现象，要求重新分配财产，过去和现在一直要求完全消灭私有制”。刘大年旁注：“按这里所指的‘学说’，还不是太平天国教义。此文写于1850年1月，‘天朝田亩制度’比这更靠后得多。此事应研究。居茨拉夫即郭士立，1848—1849年回国，1851年死，有大批著作。鸦片战争时为舟山英行政长官，后长期任香港总督英文秘书，著作中有用中文写的。”

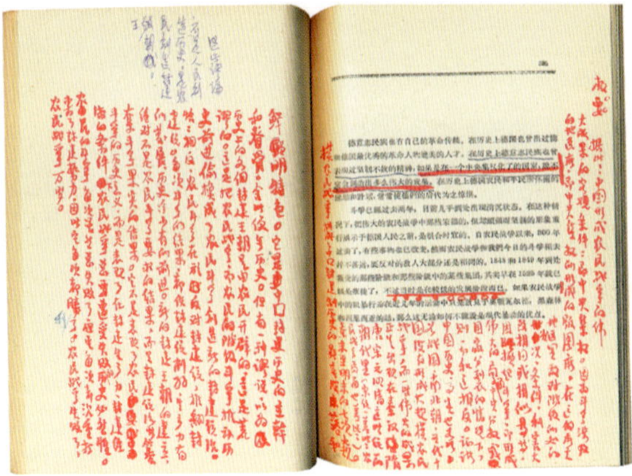

5 恩格斯《德国农民战争》批注（“文革”中）

本页在恩格斯论述德意志民族也有自己的革命传统一节旁，刘大年用红墨笔写有一长达500余字的批注，其中一段写道：“极要！据此，中国形成农民战争的伟大成果的客观条件：即中央集权。因为斗争涉及的地区广，即中央集权所形成的版图广，在这个广大地区里，敌对阶级所处的状况、条件、利害大致相同或相似等等，因此掀起斗争，即形成伟大的局面。中央分权或国家分裂的情况下，则一切和这相反。证诸中国历史，事实也如此。如战国、南北朝、五代十国，没有形成大规模农民战争，而一些伟大的成果正是出现在秦汉隋唐宋元明清这些统一的朝代里（宋统一差些，农民战争局面也差些）。秦末至明末的七次大规模农民战争，构成了中国封建制历史的显著脉络和鲜明特色。它是中国封建历史的主干和脊骨，舍此便无历史。”

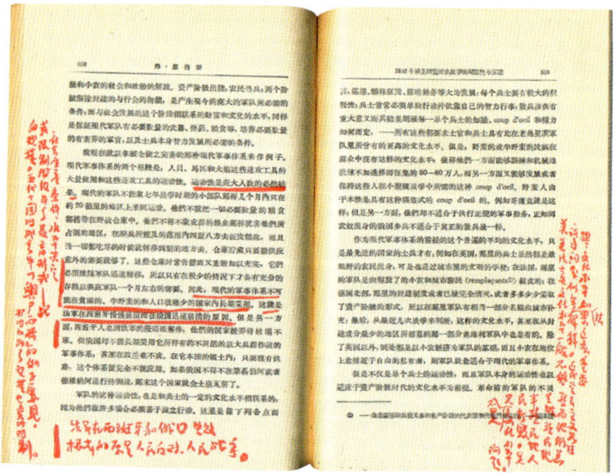

6 恩格斯《1852年神圣同盟对法战争的可能性与展望》批注（“文革”中）

本页原文有：“现代的军事体系不可能在贫困的、半野蛮的和人口很稀少的国家内长期采用。这就是法军在西班牙慢慢崩溃而在俄国迅速崩溃的原因。”

刘大年注：“社会生产条件、水平决定或限制阶级斗争最高形式——战争规模。五代十国时战争中‘舆尸而前’的例子屡见。那时的战争规模也受此限制。”

另外，刘似乎不完全同意恩格斯对法军在西班牙和俄国失败原因的分析，在旁边又写道：“法军在西班牙和俄国失败，根本的原因是人民反对，人民战争。”

对恩格斯所说现代军事体系的前提是文化水平，刘也有不同意见：“按：文化水平如果这么重要，许多问题似乎无法解释。近代资本主义如日美英法士兵文化水平一般不低，然而他们总是被殖民地半殖民地人民打败。足见不是文化水平问题。”

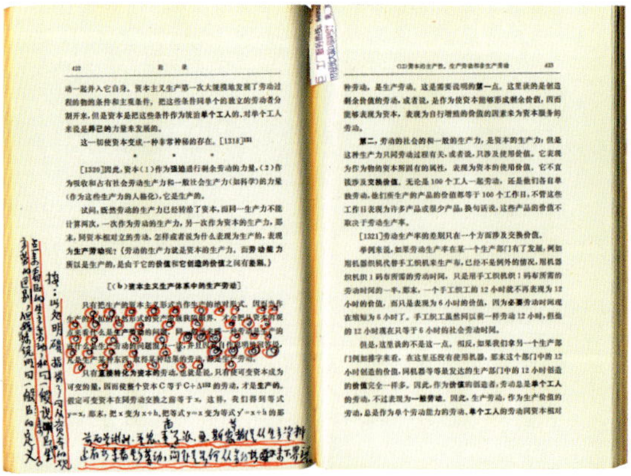

7 马克思《资本论》“资本主义生产体系中的生产劳动”一节批注（“文革”中）

在《资本论》“剩余价值理论”关于“资本主义生产体系中的生产劳动”一节旁注：“按：此处明确指出了‘从资本的观点来看’的生产劳动，和‘一般说’的生产劳动的区别，但始终未说明‘一般’的定义。前面曾讲到，重农、重商学派、亚·斯密等都是从生产资料占有者来看生产劳动，问题是如何从劳动者来下界说。”

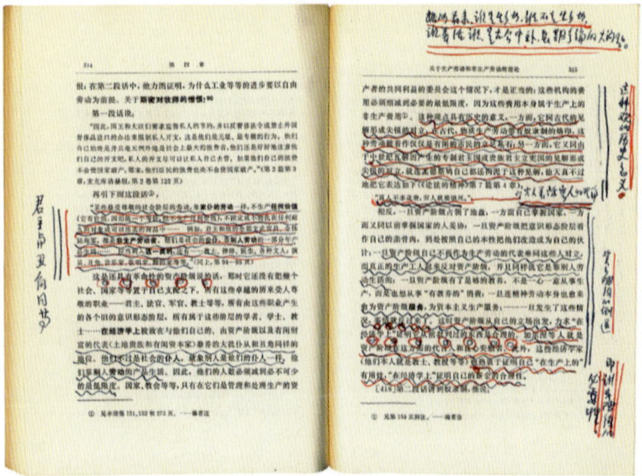

8 马克思《资本论》第四章批注（“文革”中）

刘大年在“关于生产劳动和非生产劳动的理论”一节旁注：“据此看来，谁是生产者，谁不是生产者，谁养活谁，是古今中外长期争论的大问题。”

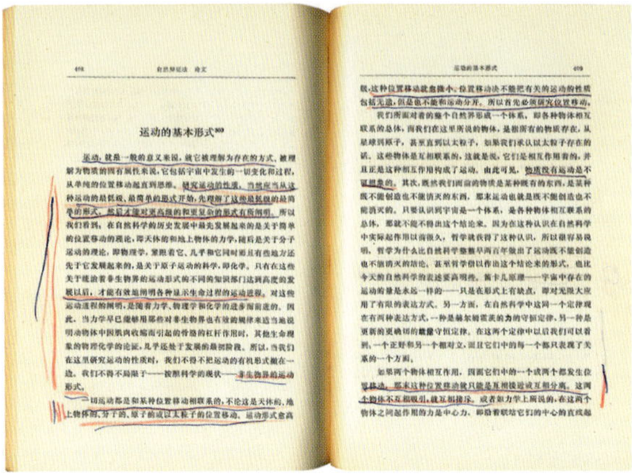

9 恩格斯《自然辩证法》批注（“文革”中）

刘大年在“一切运动都是和某种位置移动相联系的，不论这是天体的、地上物体的、分子的、原子的或以太粒子的位置移动”旁边，用不同颜色多次标记，或反映了他对自然界或社会运动的思考。

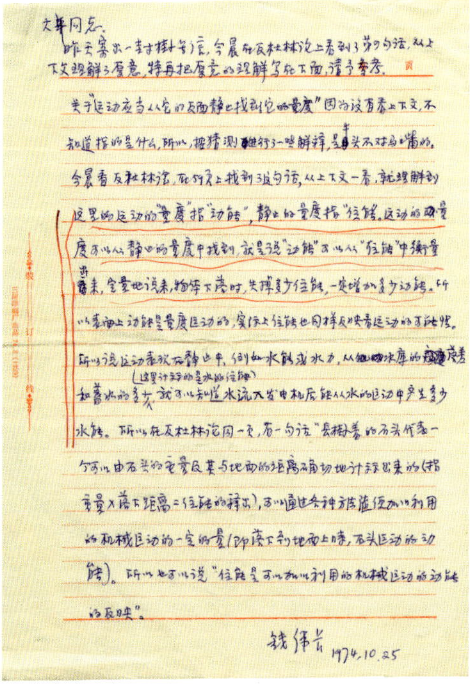
大年同志：
昨天寄出一封挂号信，今晨在反杜林论上看到了那句话，从上下文理解了原意，特再把原意的理解写在下面，请予参考。
关于"运动应当从它的反面静止找到它的量度"因为没有看上下文，不知道指的是什么，所以，按猜测进行了一些解释，是牛头不对马嘴的。
今晨看反杜林论，在59页上找到了这句话，从上下文一看，就理解到这里的运动的"量度"指"动能"，静止的量度指"位能"。运动的量度可以从静止的量度中找到，就是说"动能"可以从"位能"中衡量出来，定量地说来，物体下落时，失掉多少位能，一定增加多少动能。所以表面上动能是量度运动的，实际上位能也同样反映着运动的可能性。
所以说运动表现在静止中，例如水能或水力，从水库的落差和蓄水的多少（这里计算的是水的位能）就可以知道水流入发电机后能从水的运动中产生多少水能。所以在反杜林论同一页，有一句话"被举起的石头代表一个可以由石头的重量及其与地面的距离确切地计算出来的（指重量×落下距离＝位能的释出），可以通过各种方法随便加以利用的机械运动的一定的量（即落下到地面上时，石头运动的动能）。所以也可以说"位能是可以加以利用的机械运动的动能的反映"。
钱伟长
1974.10.25

10 钱伟长来函谈力学问题页一（1974）

刘大年与物理学家钱伟长是老朋友。钱伟长分别于 1974 年 10 月 24 日、25 日对刘大年的信回复。刘信未见，从钱信可以看出，刘应是在读马恩著作产生疑问时而请教物理学家的。钱信共 9 页，这里选了 4 页。

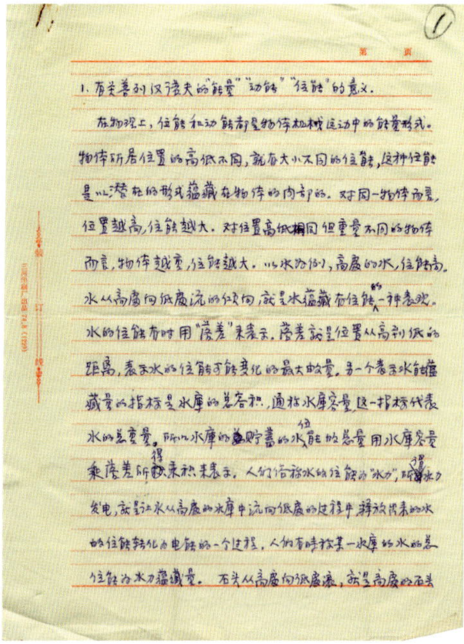
1；
①
第　页
1. 有关恩格斯引汉克夫的"能量""动能""位能"的意义.
在物理上，位能和动能都是物体机械运动中的能量形式。物体所居位置的高低不同，就有大小不同的位能，这种位能是以潜在的形式蕴藏在物体的内部的。对同一物体而言，位置越高，位能越大。对位置高低相同但重量不同的物体而言，物体越重，位能越大。以水为例，高处的水，位能高。水从高处向低处流的倾向，就是水蕴藏有位能的一种表现。水的位能有时用"落差"来表示。落差就是位置从高到低的距离，表示水的位能可能变化的最大数量。另一个表示水能蕴藏量的指标是水库的总容积，通称水库容量，这一指标代表水的总重量。所以水库所贮蓄的水位能的总量用水库容量乘落差所得乘积来表示。人们俗称水的位能为"水力"，所谓水力发电，就是让水从高处的水库中流向低处的过程中，释放出来的水的位能转化为电能的一个过程。人们有时称某一水库的水的总位能为水力蕴藏量。石头从高处向低处滚，就是高处的石头

11 钱伟长来函谈力学问题页二（1974）

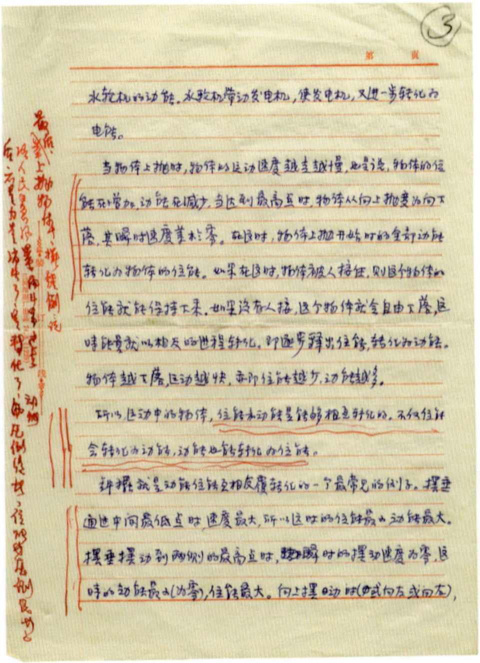

水轮机的动能。水轮机带动发电机，使发电机，又进一步转化为电能。

当物体上抛时，物体的运动速度越来越慢，也就是说，物体的位能在增加，动能在减少。当达到最高点时，物体从向上抛变为向下落，其瞬时速度等于零。在这时，物体上抛开始时的全部动能转化为物体的位能。如果在这时，物体被人接住，则这个物体的位能就能保持下来。如果没有人接，这个物体就会自由下落，这时能量就以相反的过程转化，即逐步释出位能，转化为动能。物体越下落，运动越快，亦即位能越少，动能越多。

所以运动中的物体，位能和动能是能够相互转化的。不但位能会转化为动能，动能也能转化为位能。

钟摆就是动能位能交相反复转化的一个最常见的例子。摆垂通过中间最低点时速度最大，所以这时的位能最小动能最大。摆垂摆动到两侧的最高点时，瞬时的摆动速度为零，这时的动能最小（为零），位能最大。向上摆动时（或向左或向右），

12 钱伟长来函谈力学问题页三（1974）

刘大年在此页注：“最后举上抛物体、摆钟例，说明人民急风暴雨斗争过去，动能后，不是力量消失了，是转化了。”

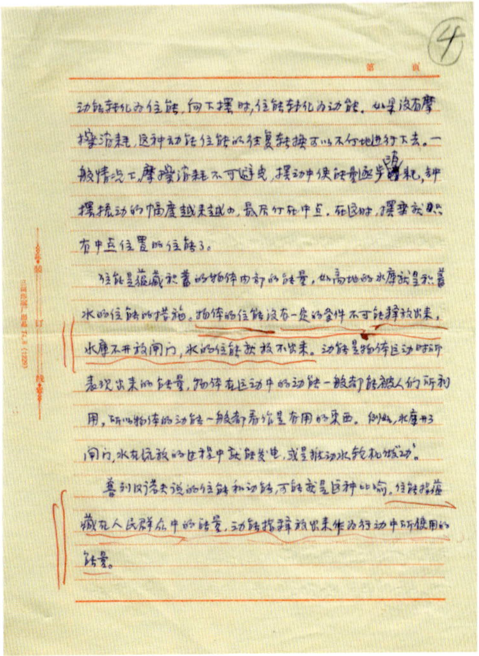

动能转化为位能，向下摆时，位能转化为动能。如果没有摩擦消耗，这种动能位能的往复转换可以不停地进行下去。一般情况下，摩擦消耗不可避免，摆动中使能量逐步消耗，钟摆摆动的幅度越来越小，最后停在中点。在这时，摆垂就只有中点位置的位能了。

位能是蕴藏积蓄的物体内部的能量，如高地的水库就是积蓄水的位能的措施。物体的位能没有一定的条件不可能释放出来，水库不开放闸门，水的位能就放不出来。动能是物体运动时所表现出来的能量，物体在运动中的动能一般都能被人们所利用，所以物体的动能一般都看作是有用的东西。例如，水库开了闸门，水在流放的过程中就能发电，或是推动水轮机做功。

普列汉诺夫说的位能和动能，可能就是这种比喻。位能指蕴藏在人民群众中的能量，动能指释放出来作为行动中所使用的能量。

13 钱伟长来函谈力学问题页四（1974）

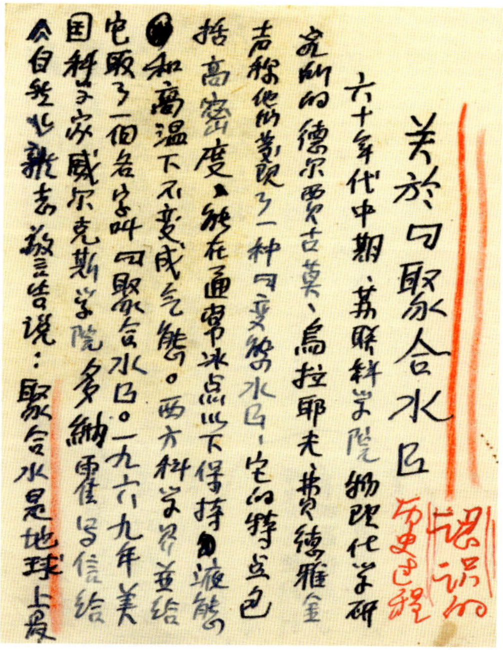

关於"聚合水"

认识的历史过程

六十年代中期，苏联科学院物理化学研究所的德尔贾古英、乌拉耶夫、弗德雅金声称他们发现了一种"变形水"，它的特点包括高密度、能在通常冰点以下保持液态和高温下不变成气态。西方科学界并给它取了一个名字叫"聚合水"。一九六九年美国科学家威尔克斯学院多纳霍写信给《自然》杂志发表意见说："聚合水是地球上最

14 关于"聚合水"的卡片（1973）

研读马恩哲学和政治经济学思想，使刘大年的关注点延展至自然科学。1973 年 9 月 3 日《参考消息》刊有"聚合水"的消息，他做了卡片，并在旁以红笔注"认识的历史过程"。

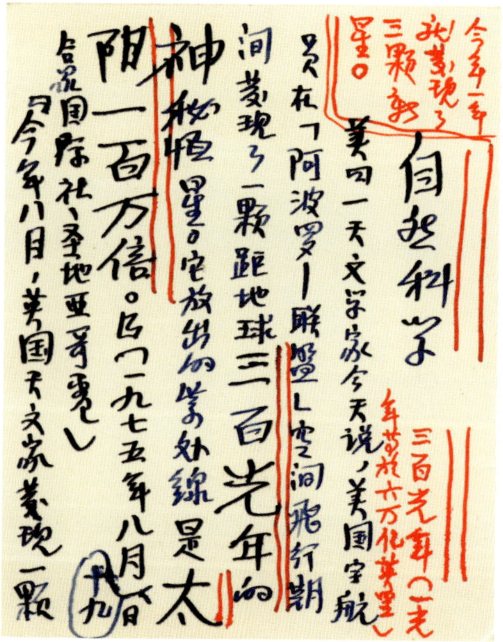

今年一年就发现了三颗新星。

自然科学

美国一天文学家今天说，美国宇航员在"阿波罗—联盟"宇宙飞行期间发现了一颗距地球三百光年的神秘恒星。它放出的紫外线是太阳一百万倍。（一九七五年八月廿九日合众国际社，圣地亚哥电）

今年八月，美国天文家发现一颗

三百光年（一光年等于六万亿英里）

15 关于"美国宇航员发现新恒星"的卡片（1975）

1975 年 9 月 2 日《参考消息》刊载了美国合众国际社报道的美国宇航员发现了新恒星。刘大年做了卡片并以红笔注："今年一年就发现了三颗新星。"

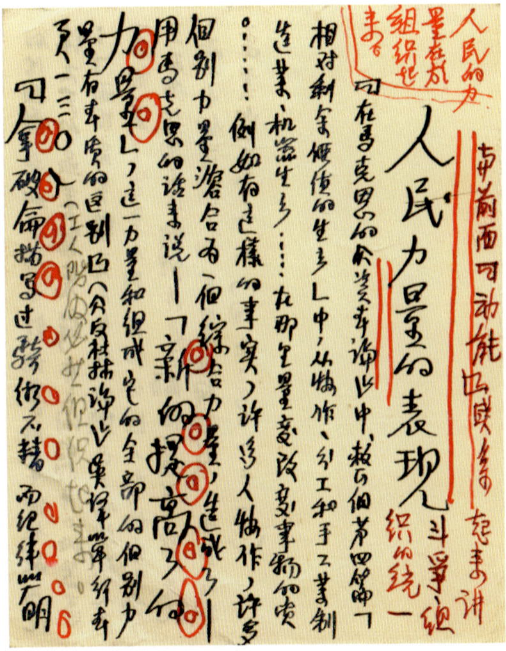

16 关于恩格斯《反杜林论》的卡片（“文革”中）

刘大年研读马恩对“动能”的论述，联系到社会运动。此卡片特别以红笔标出“与前面‘动能’联系起来讲”。

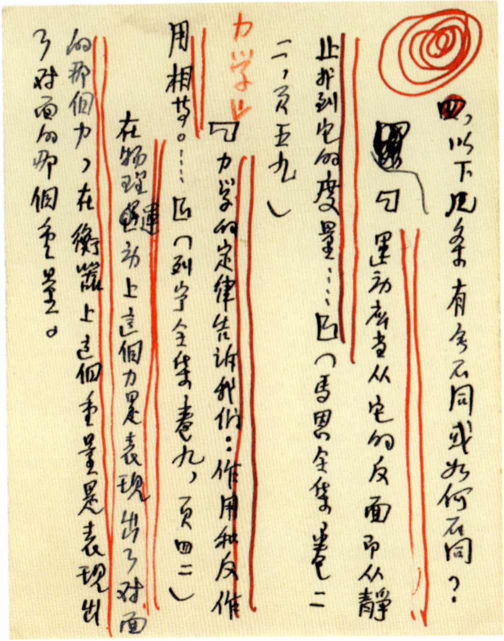

17 关于“作用和反作用力的疑问”的卡片（“文革”中）

此卡片记录了马恩对力学的论述与列宁论述的差异，并提问“以下几条有无不同或如何不同？”这应是读《反杜林论》后产生疑问所记。

第三节　被“解放”（1971—1973）

1971 年，国内“文革”局势发生了重大变化，国际局势也在酝酿着重大变化。这给刘大年复出提供了契机。刘大年由于是从延安走出来的干部，没有“历史问题”；且谨言慎行，也没有“现行问题”，被逐渐放松了“改造”。1970 年 5 月他随科学院哲学社会科学部大批科研人员到河南信阳学部“五七干校”。1971 年干校转移到信阳县明港。这时候，日本老友井上清来访，郭沫若院长为他创造接待井上清的机会，加快了他改变境遇的步伐。

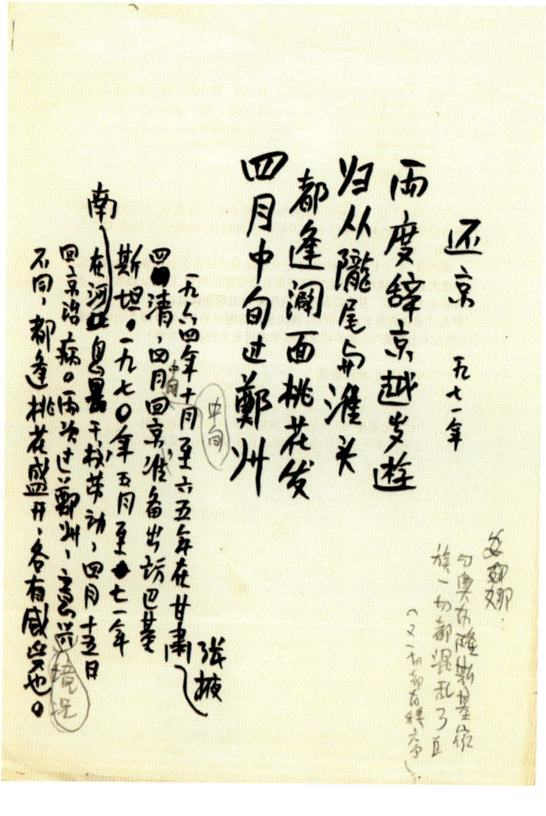

1 《还京》诗稿（1971）

1971 年 4 月，刘大年因耳旁长瘤从河南明港的学部“五七干校”返京治疗。火车过郑州时，联想五年前从甘肃张掖从事“四清”工作后返京过郑州情景，得《还京》诗一首，抒发对“文革”难以言状的心情。

2 “文革”中首次会见日本客人留影（1971）

1971年5月，日本历史学家井上清等来华访问。井上清与刘大年有过多次交往，此次特向中方请求会见刘大年。郭沫若院长借机安排刘大年参加接待日本客人，并陪同周恩来总理会见，使刘的名字出现在新华社通稿中。在当时，这是被公开“解放”的信号。此为会见时的照片。左3刘大年，左4于立群。

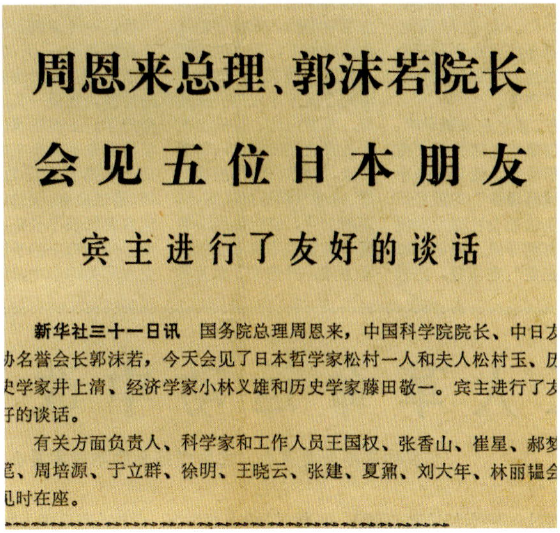

周恩来总理、郭沫若院长
会见五位日本朋友
宾主进行了友好的谈话

新华社三十一日讯 国务院总理周恩来，中国科学院院长、中日友好协会名誉会长郭沫若，今天会见了日本哲学家松村一人和夫人松村玉、历史学家井上清、经济学家小林义雄和历史学家藤田敬一。宾主进行了友好的谈话。

有关方面负责人、科学家和工作人员王国权、张香山、崔星、郝梦笔、周培源、于立群、徐明、王晓云、张建、夏鼐、刘大年、林丽韫会见时在座。

3 新华社报道周恩来会见日本客人（1971）

1971年5月31日，在郭沫若、井上清的促动下，刘大年被定为“走资本主义道路的当权派”“反革命修正主义分子”五年后，他的名字首次以正面形象出现在《人民日报》上。

4 陪同周恩来总理会见日本客人合影（1971）

1971 年 6 月 1 日，《人民日报》刊登了周总理接见日本客人的照片。刘大年在“文革”遭批判后，首次正式露面。前排右 4 郭沫若，5 井上清；二排右 5 刘大年，6 夏鼐。此图采自当时的《人民日报》。

5 在北京饭店会见日本客人留影（1971）

1971 年 6 月 22 日，刘大年、夏鼐在北京饭店会见日本客人。

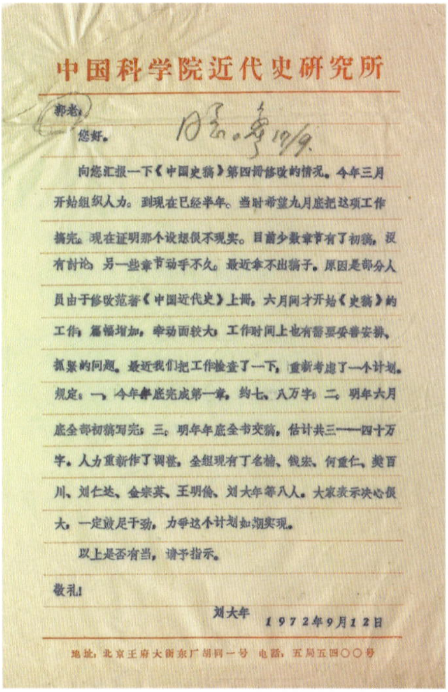

中国科学院近代史研究所

郭老：

您好。同意。10/9

向您汇报一下《中国史稿》第四册修改的情况。今年三月开始组织人力。到现在已经半年。当时希望九月底把这项工作搞完。现在证明那个设想很不现实。目前少数章节有了初稿，没有讨论，另一些章节动手不久。最近拿不出稿子。原因是部分人员由于修改范著《中国近代史》上册，六月间才开始《史稿》的工作，篇幅增加，牵动面较大，工作时间上也有需要妥善安排、抓紧的问题。最近我们把工作检查了一下，重新考虑了一个计划。规定：一、今年年底完成第一章，约七、八万字；二、明年六月底全部初稿写完；三、明年年底全书交稿，估计共三——四十万字。人力重新作了调整，全组现有丁名楠、钱宏、何重仁、樊百川、刘仁达、金宗英、王明伦、刘大年等八人。大家表示决心很大，一定鼓足干劲，力争这个计划如期实现。

以上是否有当，请予指示。

敬礼！

刘大年　1972年9月12日

地址：北京王府大街东厂胡同一号　电话：五局五四〇〇号

6 致函郭沫若谈撰写《中国近代史稿》事（1972）

1972年，学部“军宣队”通知刘大年，要他组织班子对《中国史稿》第四册进行修改。刘大年致函郭沫若谈修改书稿事。郭沫若在信函上批“同意”二字。此函现藏郭沫若纪念馆。

7 周恩来会见美国华人学者访华团合影（1972）

1972年7月，美国霍普金斯应用物理学研究中心副主任任之恭教授率美籍华人学者探亲观光访问团来华，刘大年参与了接待工作。图为周总理接见访问团时合影。

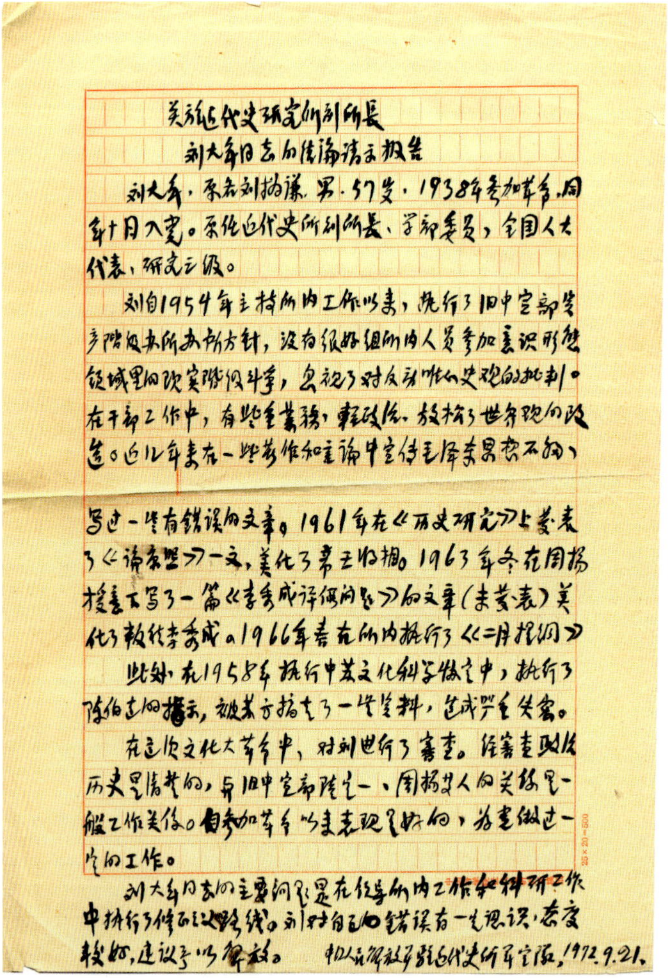

关于近代史研究所副所长
刘大年同志的结论请示报告

刘大年，原名刘书祥，男，57岁，1938年参加革命，同年十月入党。原任近代史所副所长、学部委员，全国人大代表，研究三级。

刘自1954年主持所内工作以来，执行了旧中宣部资产阶级办所办刊方针，没有很好组织所内人员参加意识形态领域里的阶级斗争，忽视了对反动唯心史观的批判。在干部工作中，有些重业务、轻政治，放松了世界观的改造。近几年来在一些著作和言论中宣传毛泽东思想不够，写过一些有错误的文章。1961年在《历史研究》上发表了《论康熙》一文，美化了帝王将相。1963年冬在周扬授意下写了一篇《李秀成评价问题》的文章（未发表）美化了叛徒李秀成。1966年春在所内执行了《二月提纲》。

此外，在1958年执行中苏文化科学协定中，执行了陈伯达的指示，被苏方搞走了一些资料，造成严重失密。

在这次文化大革命中，对刘进行了审查。经审查刘的历史是清楚的，与旧中宣部陆定一、周扬等人的关系是一般工作关系。自参加革命以来表现是好的，为党做过一定的工作。

刘大年同志的主要问题是在领导所内工作和科研工作中执行了修正主义路线。刘对自己的错误有一定认识，态度较好，建议予以解放。　中国人民解放军驻近代史所军宣队，1972.9.21.

8 “军宣队”关于刘大年“结论”的请示报告（1972）

刘大年自1971年春回京后，陆续参加了若干外事活动，1972年驻近代史所的“军宣队”为刘做了“结论”，表示可以“解放”。“军宣队”让刘大年自己起草“刘大年结论请示报告”稿。此为草稿。正式结论稿是否直接采用了这个草稿，不得而知。从草稿看，这个结论显然是接受“军宣队”授意的，他不得不部分接受“文革”初期对他的错误批判。1974年，近代史所恢复党组织，在“军宣队”安排下，刘大年担任了党总支书记。

第六章

拨乱反正时期的学术活动

（1978—1983）

1976 年 10 月，十年“文革”结束，各行各业百废待兴，最早被摧残的中国史学界开始复苏。1977 年 5 月，经中共中央批准，中国科学院哲学社会科学部从中国科学院独立出来，成立了中国社会科学院。翌年 4 月，刘大年被任命为中国社会科学院近代史研究所所长。在主持恢复近代史所各项工作的同时，他还参与和主持了一些全国性的重要学术活动。1979 年，刘大年作为“文革”后第一位应邀赴日本讲学的中国学者，在东京大学教授中国近代史课程。

第一节　近代史所学术建设（1978—1983）

1978 年 4 月，刘大年被任命为近代史所第二任所长。在他主持下，近代史所开辟了一些新的研究领域，如中华民国史、中国近代政治史、中外关系史、近代经济史、近代文化史等，增设了相应的研究机构；同时恢复了原有刊物，还创立了新刊物，学术活动和对外交流也逐步展开。

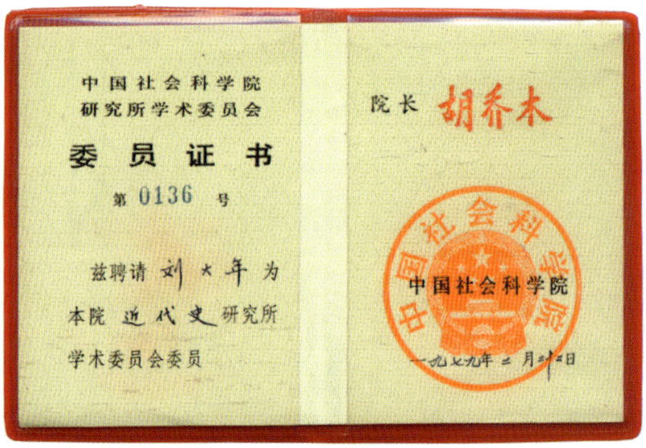

1 中国社会科学院研究所学术委员会委员证书（1979）

1978 年 9 月，近代史所成立第二届学术委员会，刘大年任主任委员。图为胡乔木院长 1979 年 2 月颁发的“中国社会科学院研究所学术委员会委员证书”。

2《中国近代史稿》第一册封面（1978）

“文革”后期，刘大年向郭沫若建议修订《中国史稿》第四册，把近代史部分独立出来，定名为《中国近代史稿》。计划编写三册，后来改成五册。工作仍由刘大年主持，重新组织撰写班子。1978 年第一册出版时，郭沫若已经去世，编写单位改为中国社会科学院近代史研究所。第二、三册在 1984 年出版。由于种种原因，第四、五册未得出版。《中国近代史稿》成为 20 世纪 80 年代许多高校历史系选用的基本教材。

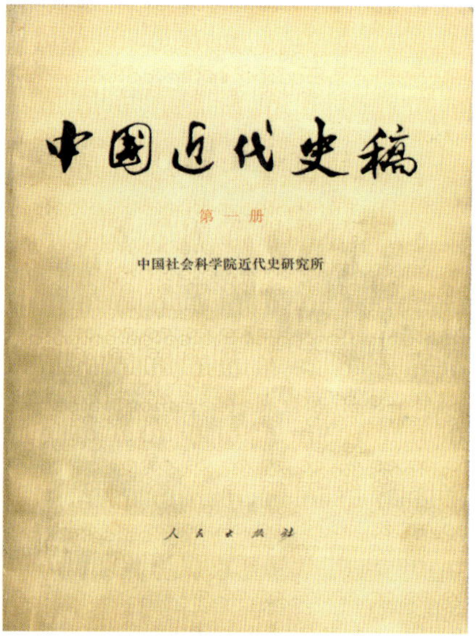

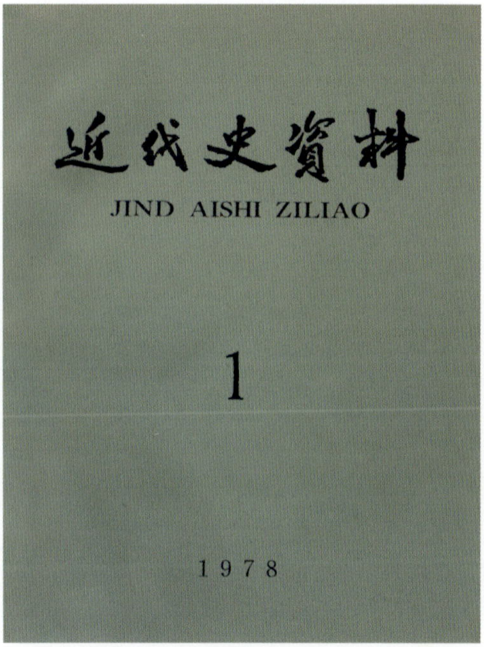

3 复刊后的《近代史资料》封面（1978）

1978年8月，创刊于1954年的《近代史资料》复刊，荣孟源任主编。出版者由科学出版社改为中华书局。

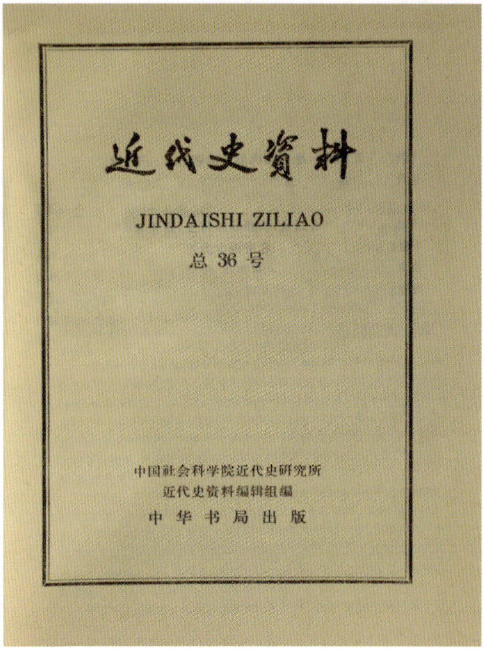

4 复刊后的《近代史资料》扉页（1978）

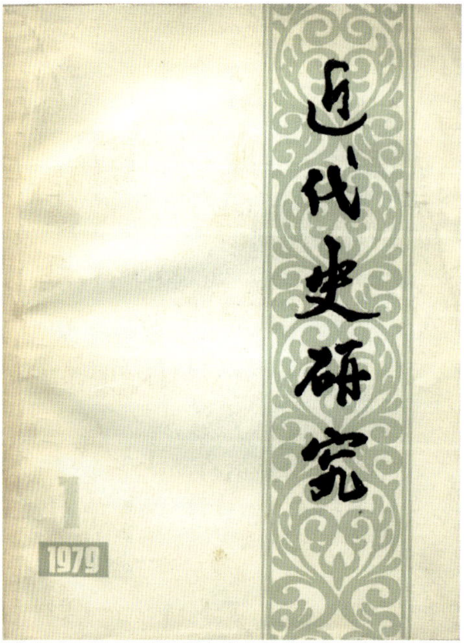

5 《近代史研究》创刊号封面（1979）

1979 年 10 月，《近代史研究》杂志创刊，钱宏与丁守和任主编。此刊初为季刊，1984 年改为双月刊。

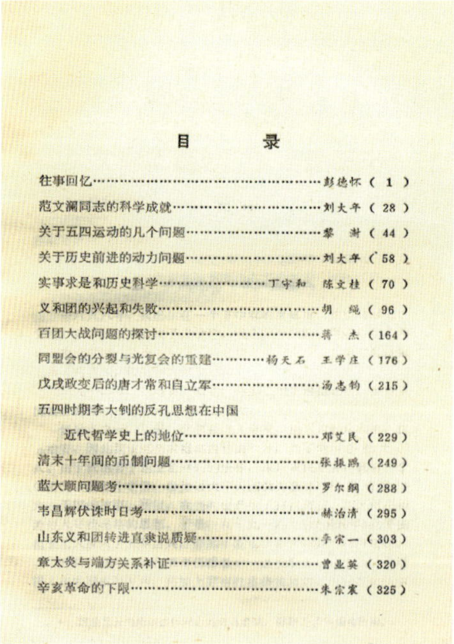

目　录

6 《近代史研究》创刊号目录页（1979）

《近代史研究》创刊号首篇为彭德怀的《往事回忆》，还刊有刘大年《范文澜同志的科学成就》与《关于历史前进的动力问题》两篇文章。前者是为同年出版的《范文澜历史论文选集》所作序言，后者是提交给同年 5 月在南京召开的太平天国史学讨论会的论文。

7 与北京师范大学历史系同学座谈（1980）

1980年，北京师范大学历史系学生到近代史所与刘大年座谈。座谈会上同学们各抒己见，畅所欲言，气氛活跃。

8 与北京师范大学历史系同学座谈后合影（1980）

座谈会后，刘大年与同学们合影留念。前排左 3 刘大年，左 4 杨鹏程（现为湖南科技大学教授），左 7 孙燕京（现为北京师范大学历史学院教授）。

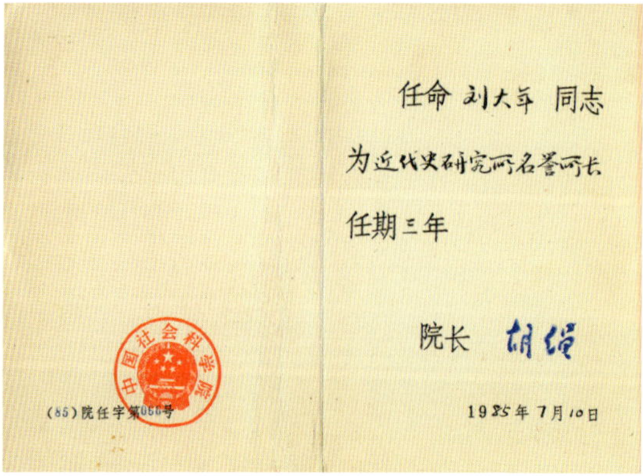

任命 刘大年 同志
为近代史研究所名誉所长
任期三年

院长 胡绳

1985年7月10日

(85)院任字第066号

9 近代史所名誉所长任命书（1985）

1982 年，经多次请辞，刘大年被免去近代史所所长职务，转任名誉所长。图为 1985 年胡绳院长颁发的任命刘大年为名誉所长的任命书（续任）。

第二节　“赤门谈史”（1979—1980）

1979 年 10 月，中国社会科学院院长胡乔木与日本东京大学校长向坊隆商定，聘请刘大年为东京大学特聘教授，任期三个月，到东京大学讲学。刘大年讲授的内容为“研究中国近代史的意义”与“辛亥革命性质”。刘是“文革”后中国社会科学院首位到日本讲学的学者。讲学期间，刘大年还寻访了孙中山在日本的故居和革命活动遗迹。东京大学校门为红色，日本人称其为“赤门”。因此，刘大年称此次讲学为“赤门谈史”，并以此作为后来印行的讲稿的书名。

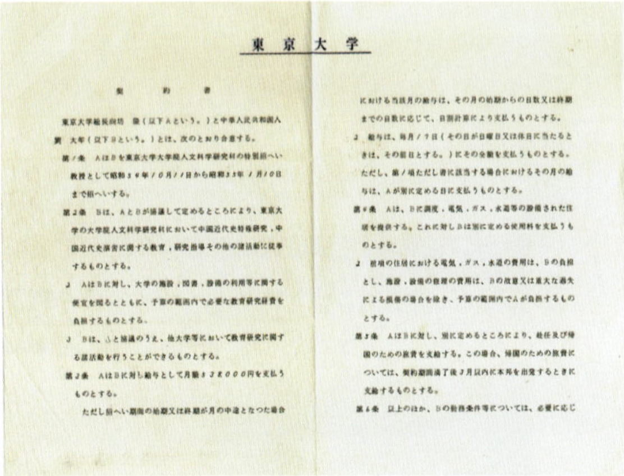

東　京　大　学

契　約　書

東京大学総長向坊　隆（以下Aという。）と中華人民共和国人劉　大年（以下Bという。）とは、次のとおり合意する。

第1条　AはBを東京大学大学院人文科学研究科の特別招へい教授として昭和54年10月11日から昭和55年1月10日まで招へいする。

第2条　Bは、AとBが協議して定めるところにより、東京大学の大学院人文科学研究科において中国近代史特殊研究，中国近代史演習に関する教育，研究指導その他の諸活動に従事するものとする。

2　AはBに対し、大学の施設，図書，設備の利用等に関する便宜を図るとともに、予算の範囲内で必要な教育研究経費を負担するものとする。

3　Bは、Aと協議のうえ、他大学等において教育研究に関する諸活動を行うことができるものとする。

第3条　AはBに対し給与として月額538000円を支払うものとする。

ただし招へい期間の始期又は終期が月の中途となつた場合における当該月の給与は、その月の始期からの日数又は終期までの日数に応じて、日割計算により支払うものとする。

2　給与は、毎月17日（その日が日曜日又は休日に当たるときは、その前日とする。）にその全額を支払うものとする。ただし、第1項ただし書に該当する場合におけるその月の給与は、Aが別に定める日に支払うものとする。

第4条　Aは、Bに調度，電気，ガス，水道等の設備された住居を提供する。これに対しBは別に定める使用料を支払うものとする。

2　前項の住居における電気，ガス，水道の費用は、Bの負担とし、施設，設備の修理の費用は、Bの故意又は重大な過失による損傷の場合を除き、予算の範囲内でAが負担するものとする。

第5条　AはBに対し、別に定めるところにより、赴任及び帰国のための旅費を支給する。この場合、帰国のための旅費については、契約期間満了後3月以内に本邦を出発するときに支給するものとする。

第6条　以上のほか、Bの勤務条件等については、必要に応じ

1　东京大学聘书（契约书）（1979）

聘书显示聘任刘大年为特聘教授，聘期为 1979 年 10 月 1 日至 1979 年 12 月 31 日。

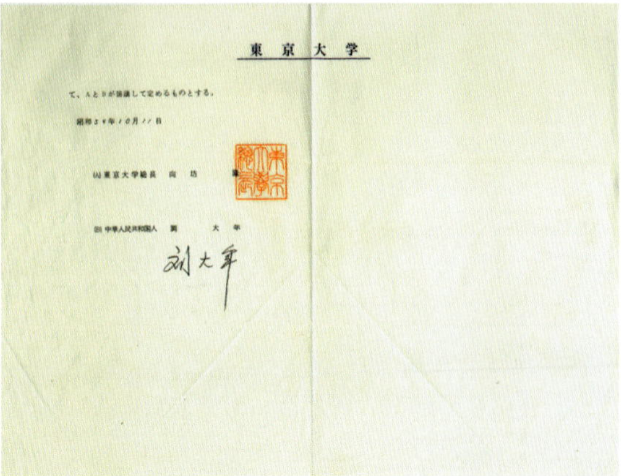

東　京　大　学

て、AとBが協議して定めるものとする。

昭和54年10月11日

(A)東京大学総長　向　坊

(B)中華人民共和国人　劉　大　年

刘大年

2　东京大学聘书续（1979）

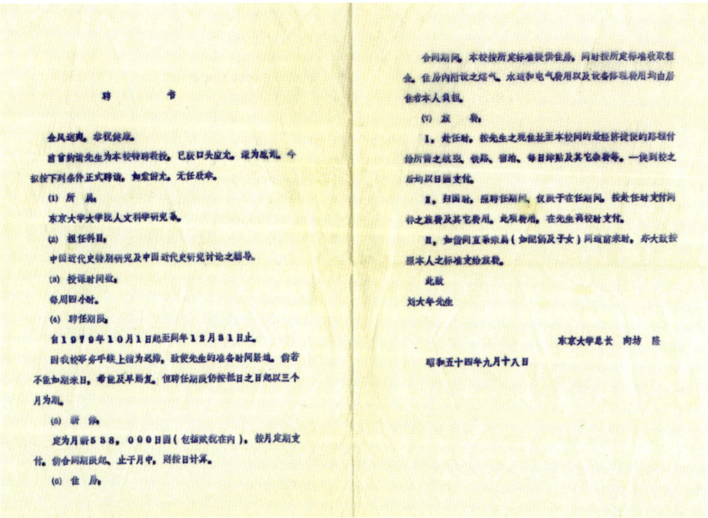

聘　　书

金风送爽，恭祝健康。

前曾约请先生为本校特聘教授，已获口头应允，深为感荷。今拟按下列条件正式聘请，如蒙俯允，无任欣幸。

(1) 所　属：

东京大学大学院人文科学研究科。

(2) 担任科目：

中国近代史特别研究及中国近代史研究讨论之辅导。

(3) 授课时间数：

每周四小时。

(4) 聘任期限：

自1979年10月1日起至同年12月31日止。

因我校事务手续上稍为迟滞，致使先生的准备时间紧迫。倘若不能如期来日，希能及早赐复。但聘任期限仍按抵日之日起以三个月为期。

(5) 薪　俸：

定为月薪588，000日圆（包括赋税在内），按月定期支付。倘合同期限起、止于月中，则按日计算。

(6) 住　房：

合同期间，本校按所定标准提供住房，同时按所定标准收取租金。住房内附设之煤气、水道和电气费用以及设备修理费用均由居住者本人负担。

(7) 旅　费：

Ⅰ、赴任时：按先生之现住址至本校间的最经济便利路程付给所需之航空、铁路、宿泊、每日津贴及其它杂费等。一俟到校之后均以日圆支付。

Ⅱ、归国时：照聘任期间、仅限于在任期间，按赴任时支付同样之旅费及其它费用。此项费用，在先生离校时支付。

Ⅲ、如偕同直系亲属（如配偶及子女）同道前来时，亦大致按照本人之标准支给旅费。

此致

刘大年先生

东京大学总长　向坊　隆

昭和五十四年九月十八日

3 东京大学聘书中文译本（1979）

聘书由近代史所研究员、日本史专家邹念之译成中文。

4 在东京大学东洋文化研究所授课（1979）

刘大年在东京大学的授课对象为东京大学研究生院攻读中国明清史和近代史专业者。他的授课方式为问答式：课前将讲稿发给学生，学生认真研读过讲稿后，在课堂上提出问题，他给予答复，然后师生共同讨论，课堂气氛十分活跃。图中右为担任翻译的大山沙理，曾留学北京大学。

5 与东京大学东洋文化研究所学员合影（1979）

1979年12月，刘大年授课结束后与部分东京大学师生合影。前排左起1刘潞，2东大教授田中正俊，3刘大年，4东大教授佐伯有一；二排左2臼井佐知子，左9大山沙理，右1岸本美绪（时名中山美绪）。

6 与京都大学人文科学研究所同行研讨（1979）

在东京大学讲学期间，刘大年应邀访问京都大学。图为1979年12月在京都大学人文科学研究所讲演后，与京都大学教授贝冢茂树（左1）、竹内实（左2）讨论。

7 在《宋庆龄选集》出版庆祝会上发言（1979）

1979 年 12 月，《宋庆龄选集》由仁木富美子译成日文在日出版。出版者在东京松本楼举行庆祝会，刘大年应邀到会祝贺。图为刘大年在发言。

8 在《宋庆龄选集》出版庆祝会上交谈（1979）

图中左 1 刘大年，2《宋庆龄选集》译者仁木富美子，3 中国驻日使馆文化参赞陈抗。

9 与国芳千势子等合影（1979）

1979年10月，刘大年前往东京神乐坂，拜访孙中山、宋庆龄婚礼目击者梅屋庄吉之女国芳千势子。图中前排左起1国芳春男（梅屋庄吉之婿），2国芳千势子，3刘大年，4佐伯有一；二排左1日本女子大学教授久保田文次，2东京大学教授藤井昇三。

10 探访新宿孙中山故居（1979）

1979年12月，刘大年在日本学者陪同下寻访东京新宿区筑土八幡21号孙中山故居。图中右1为接任刘大年东京大学讲学的社科院经济所研究员吴承明，右2为刘大年。

11 新宿孙中山故居留影（1979）

图为在孙中山故居外合影。左起第 2 至第 7 人为久保田文次、小岛淑男、刘大年、藤井昇三、佐伯有一、吴承明。

12 孙中山避难地镰仓市义烈庄（1979）

1979 年 12 月 24 日，刘大年在日本同行的陪同下，探访孙中山避难地镰仓市义烈庄。图为日本学者赠送的义烈庄照片。

13 探访镰仓市孙中山避难地义烈庄留影（1979）

思想解放踏み台に
実践で真実を追求

14《读卖新闻》采访刘大年报道复印件（1979）

1979 年 12 月 13 日，《读卖新闻》就刘大年赴日讲学及中国的学术研究等问题对刘进行采访。《读卖新闻》以《中国的历史研究：以解放思想为立足点，通过实践探求真理》为题报道，并刊发刘大年此次赴日所写《重携书剑访东邻》诗稿。

1979.12.26(水) 朝日新聞(横浜版) 夕刊

劉氏、孫文の足跡たどる

横浜や鎌倉

「支援関係、今後も調査」

15《朝日新闻》刘大年活动报道复印件（1979）

1979年12月26日，《朝日新闻》晨版报道刘大年至镰仓探访。

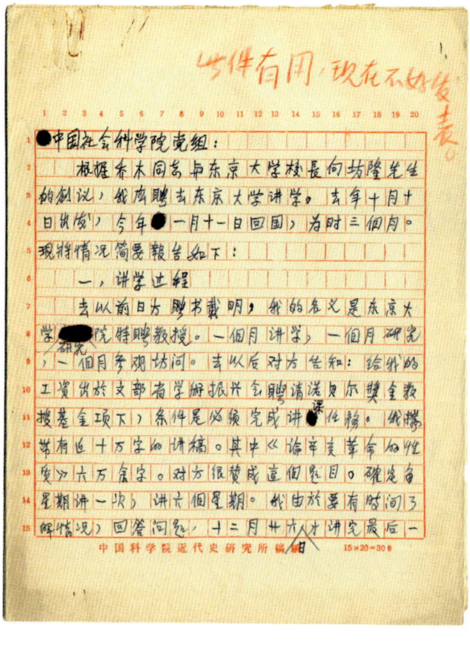

此件有用，现在不好发表。

[redacted]中国社会科学院党组：

根据乔木同志与东京大学校长向坊隆先生的创议，我应聘去东京大学讲学。去年十月十日出发，今年[redacted]一月十一日回国，为时三个月。现将情况简要报告如下：

一、讲学过程

去以前日方聘书载明，我的名义是东京大学[redacted]研究院特聘教授。一个月讲学，一个月研究，一个月参观访问。去以后对方告知：给我的工资出於文部省学术振兴会聘请诺贝尔奖金教授基金项下），条件是必须完成讲课[redacted]任务。我携带有近十万字的讲稿。其中《论辛亥革命的性质》六万余字。对方很赞成这个题目。确定每星期讲一次，讲六个星期。我由於要有时间了解情况，回答问题，十二月廿六才讲完最后一

中国科学院近代史研究所稿纸　15×20=300

16 向社科院党组汇报日本讲学情况手稿首页（1980）

1980年1月，刘大年在东京大学讲学回国后，向社科院党组汇报讲学的过程、各方反映以及讲课之余观察、思考的一些有关日本社会的问题。其中认为，财产再分配、劳资矛盾等日本资本主义社会出现的新情况，在马恩经典著作中没有现成答案，值得研究。

第三节　国内重要学术活动（1979—1999）

这一时期，国内史学界学术活动逐渐展开。刘大年的主要活动包括：积极参与重要学术会议和学术活动，组织翻译出版《顾维钧回忆录》，担任国务院学位委员会历史学科评议组成员。

1 “太平天国史学术讨论会”大会合影（1979）

1979年5月25日，北京太平天国历史研究会和南京市史学会在南京联合举办“太平天国史学术讨论会”。这是“文革”结束后史学界召开的第一次大型学术讨论会，来自各高等院校和相关单位的260多人参会，还有来自英国、澳大利亚、比利时、联邦德国、日本、美国、加拿大七个国家的10位外国学者参会。刘大年在开幕式上作了《关于历史前进的动力问题》的学术报告。

2 “太平天国史学术讨论会”会场（1979）

会场主席台悬挂毛泽东与华国锋的肖像，是“文革”刚结束时的特征。

3 与参会中外学者交流（1979）

图中左 3 刘大年，4 英国研究太平天国的著名学者柯文南。

4 在“明清史国际学术讨论会”开幕式发言（1980）

1980年8月，著名明清史专家、南开大学副校长郑天挺教授在天津主持召开了“明清史国际学术讨论会”。刘大年在会上作了《研究清史的科学意义》的演讲。

5 与美国华裔历史学家何炳棣合影（1980）

何炳棣为出生于天津的著名美籍华人史学家。参会期间与刘大年合影。

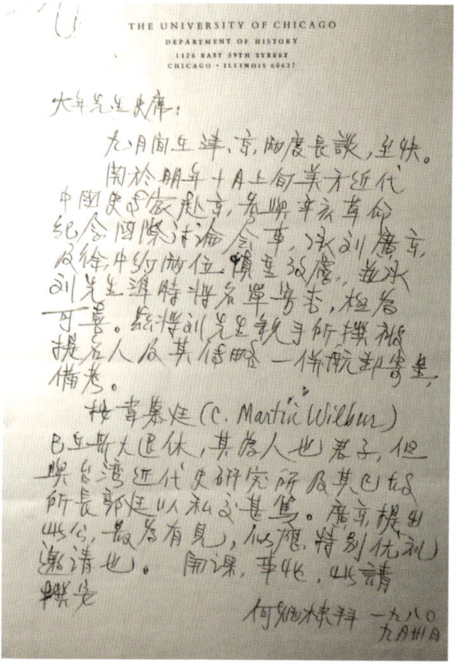

THE UNIVERSITY OF CHICAGO
DEPARTMENT OF HISTORY
1126 EAST 59TH STREET
CHICAGO · ILLINOIS 60637

大年先生史席：

九月間在津、京兩度長談，至快。

關於明年十月上旬美方近代中國史家赴京，參與辛亥革命紀念國際討論會事，承刘廣京及徐中约兩位慎重考慮，並承刘先生準時將名單寄去，極為可喜。茲將刘先生親手所擬被提名人及其傳略一份航郵寄呈，備考。

按韋慕廷（C. Martin Wilbur）已自哥大退休，其為人也君子，但與台灣近代史研究所及其已故所長郭廷以私交甚篤。廣京提出此公，最為有見，似應特別優禮邀請也。開課，事忙，此請撰安

何炳棣拜 一九八〇 九月卅日

6 何炳棣来函谈参加辛亥革命七十周年讨论会事（1980）

何炳棣在参加1980年“明清史国际学术讨论会”时，与刘大年有过两次愉快长谈。此信是他返美后致函刘大年，推荐哥伦比亚大学退休教授韦慕廷参加1981年将要召开的纪念辛亥革命七十周年学术讨论会。

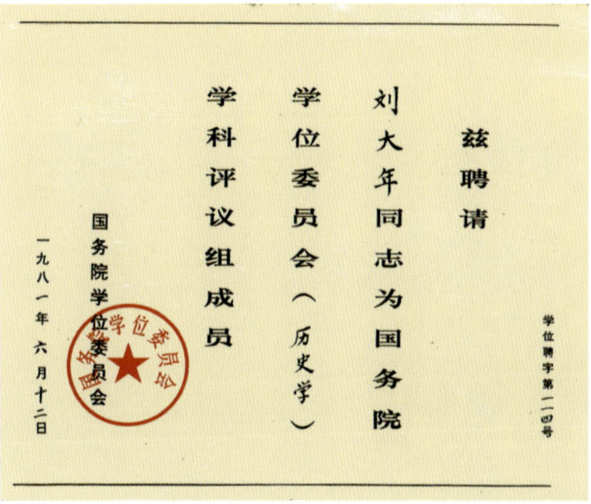

学位聘字第一四号

兹聘请

刘大年同志为国务院

学位委员会（历史学）

学科评议组成员

国务院学位委员会

一九八一年六月十二日

7 国务院学位委员会学科评议组成员聘书（1981）

1980年2月，全国人大颁布了《中华人民共和国学位条例》，第二年开始实施。1981年，刘大年被聘为国务院学位委员会历史学学科评议组成员。

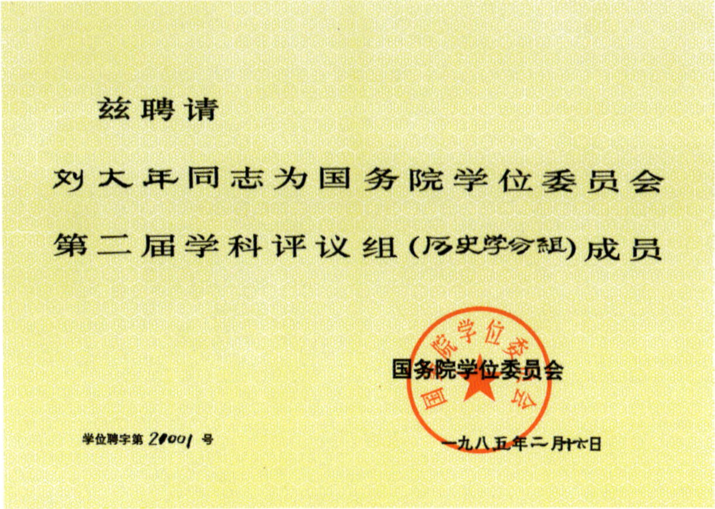

兹聘请

刘大年同志为国务院学位委员会

第二届学科评议组（历史学分组）成员

国务院学位委员会

学位聘字第20001号

一九八五年二月十六日

8 国务院学位委员会第二届学科评议组成员聘书（1985）

1985年刘大年被聘为国务院学位委员会第二届学科评议组历史学分组成员。

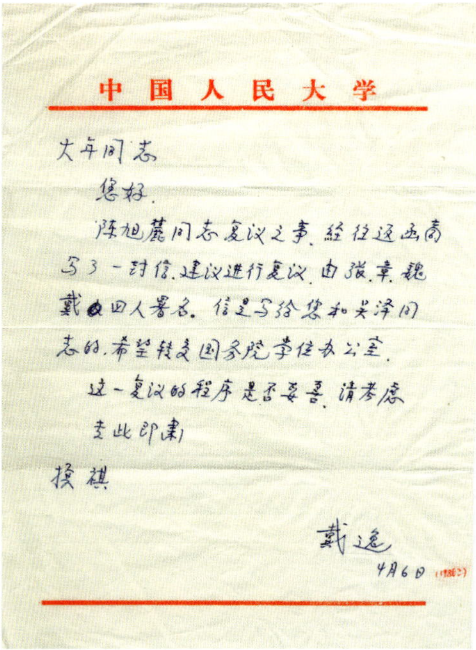

中国人民大学

大年同志

您好。

陈旭麓同志复议之事，经往返函商写了一封信，建议进行复议，由张、章、魏、戴四人署名。信是写给您和吴泽同志的，希望转交国务院学位办公室。

这一复议的程序是否妥善，请考虑。

专此即肃

撰祺

戴逸

4月6日 (1986)

9 戴逸来函谈陈旭麓申请博士生导师事（1986）

陈旭麓为华东师范大学历史系教授。1986年2月，国家教委学科评议历史分组审议博士生导师资格时，未能通过，引起史学界议论。为此，评议组成员张岂之、章开沅、魏宏运和戴逸致函刘大年，希望历史学科评议组能够复议。此件为戴逸转送专函的来信。

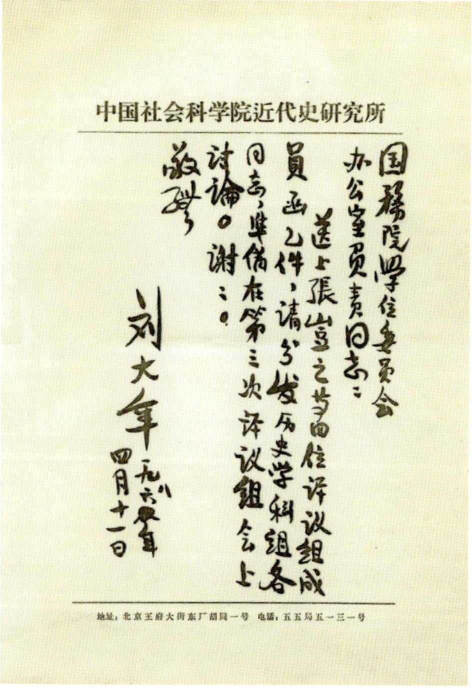

中国社会科学院近代史研究所

国务院学位委员会办公室负责同志：

送上张岂之等四位评议组成员函乙件，请分发历史学科组各同志，准备在第三次评议组会上讨论。谢谢。

敬礼

刘大年

一九八六年四月十一日

地址：北京王府大街东厂胡同一号　电话：五五局五一三一号

10 致函学位委员会办公室谈陈旭麓博导事（1986）

此为信函的复印件。

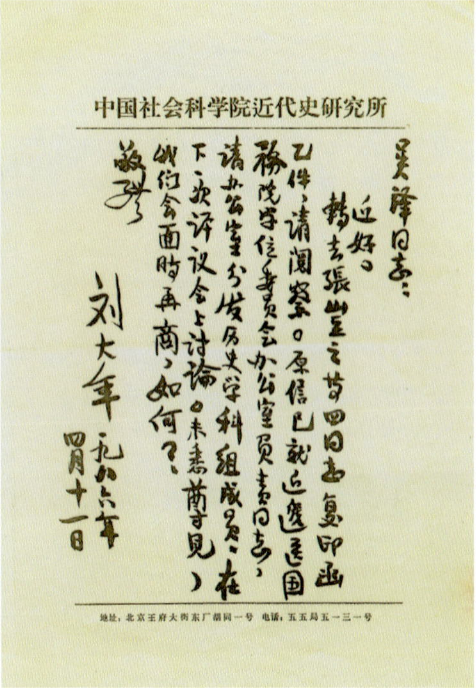

中国社会科学院近代史研究所

吴泽同志：

近好。转去张岂之等四同志复印函件，请阅鉴。原信已就近送国务院学位委员会办公室负责同志，请办公室分发历史学科组成员，下次评议会上讨论。（未表意见）我们会面时再商，如何？

敬礼

刘大年

一九八六年四月十一日

地址：北京王府大街东厂胡同一号 电话：五五局五一三一号

11 致函吴泽谈陈旭麓博导事（1986）

此为信函的复印件。

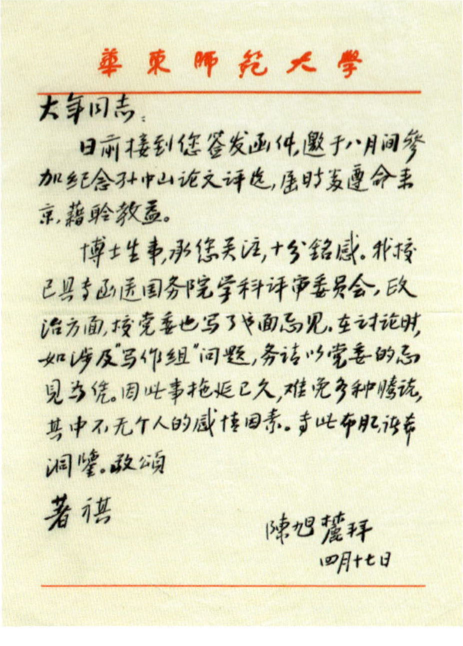

華東師範大學

大年同志：

日前接到您签发函件，邀于八月间参加纪念孙中山论文评选，届时当遵命来京，藉聆教益。

博士生事，承您关注，十分铭感。我校已另专函送国务院学科评审委员会，政治方面，校党委也写了书面意见。在讨论时，如涉及"写作组"问题，务请以党委的意见为凭。因此事拖延已久，难免多种臆说，其中不无个人的感情因素。专此布臆，并希洞鉴。致颂

著祺

陈旭麓拜

四月十七日

12 陈旭麓致谢函（1986）

陈旭麓致函刘大年，感谢他在博士生导师一事上秉公直言。

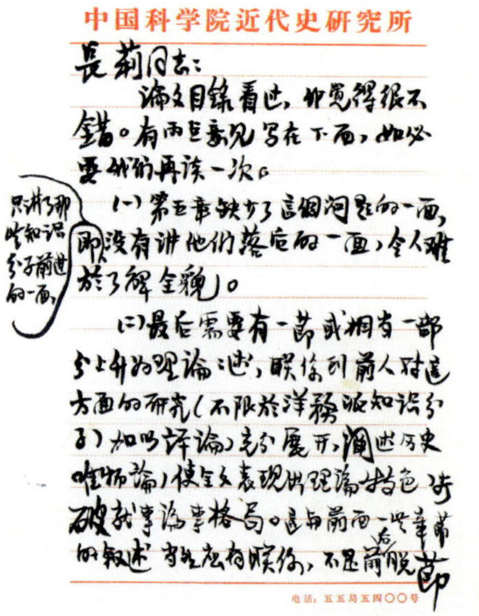

中国科学院近代史研究所

長莉同志：

論文目錄看过，我覺得很不錯。有兩点意見写在下面，如必要我们再談一次。

（一）第五章缺少了這個問題的一面，即没有讲他们落后的一面，令人难於了解全貌。（只讲了那些知识分子前进的一面，）

（二）最后需要有一節或拥有一部分上升為理論述，联系到前人对這方面的研究（不限於洋務派知识分子）加以評論，充分展开，闡述歷史唯物論，使全文表现出理論特色，打破就事論事格局。這与前面一些章節的叙述，事先应有联系，不是前后脱節

电话：五五局五四〇〇号

13 致函李长莉谈博士论文事（1987）

此函为刘大年对他的博士生李长莉博士论文《洋务知识分子研究》的指导意见。

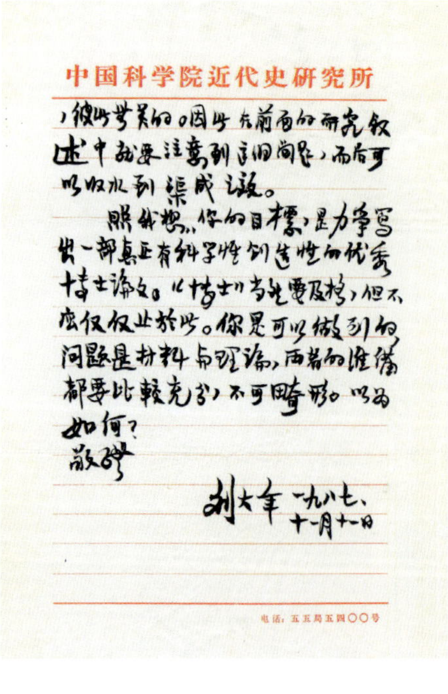

中国科学院近代史研究所

，彼此無关的。因此在前面的研究叙述中就要注意到這個問题，而后可以水到渠成。

照我想，你的目標，是力争寫出一部真正有科学性创造性的优秀博士論文。《博士》当然要及格，但不应仅仅止於此。你是可以做到的，問题是材料与理論，两者的准備都要比較充分，不可畸形。以為如何？

敬禮

刘大年 一九八七、十一月十一日

电话：五五局五四〇〇号

14 致函李长莉谈博士论文事续（1987）

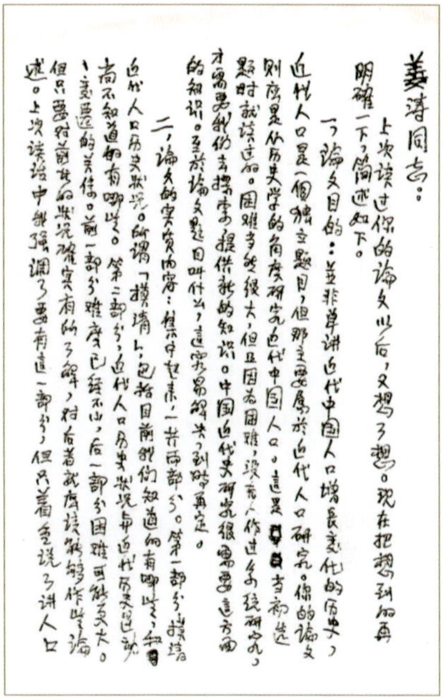

姜涛同志：

上次读过你的论文以后，又想了想。现在把想到的再明确一下，简述如下。

一、论文目的：并非单讲近代中国人口增长变化的历史，近代人口是一个独立题目，但那主要属于近代人口研究。你的论文则应是从历史学的角度研究近代中国人口。这是当初选题时就谈过的。困难当然很大，但正因为困难，没有人作过多少系统研究，才需要我们去探索，提供新的知识。中国近代史研究很需要这方面的知识。至于论文题目叫什么，这容易解决，到时再定。

二、论文的实质内容：设想中包括一并两部分。第一部分，「摸清近代人口历史状况」。所谓「摸清」，包括目前我们知道的有哪些，和尚不知道的有哪些。第二部分，近代人口历史状况与近代历史运动、变迁的关系。前一部分难度已经不小，后一部分困难可能更大。但只要对前者的状况确实有所了解，对后者就应该能够作些论述。上次谈话中都强调了要有这一部分，但只着重说了讲人口

15 致函姜涛谈博士论文事（1988）

此函为刘大年对他的博士生姜涛博士论文《近代中国人口研究》的指导意见。

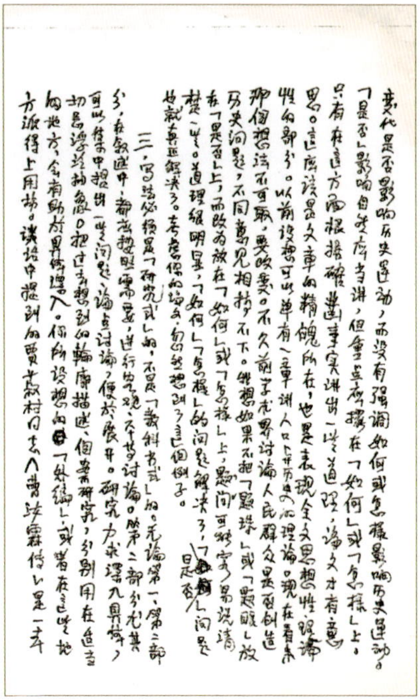

变化是否影响历史运动，而没有强调如何或怎样影响历史运动。「是否」影响自然应当讲，但重点应放在「如何」或「怎样」上。只有在这方面根据确凿事实讲出一些道理，论文才有意思。这应该是文章的精魄所在，也是表现全文思想性、理论性的部分。以前设想可以单有一章讲人口与历史的理论。现在看来那个想法不可取，要改变。不久前学术界讨论人民群众是否创造历史问题，不同意见相持不下。我想如果不把「题珠」或「题眼」放在「是否」上，而改为放在「如何」或「怎样」上，题问可能容易说清楚一些。道理很明显，「如何」「怎样」的问题解决了，「是否」问题也就容易解决了。考虑你的论文，忽然想到了这个例子。

三、写法必须是「研究式」的，不是「教科书式」的。无论第一、第二部分，在叙述中，都应按照需要，进行必要的、不过分的讨论。如第二部分尤其可以集中提出一些问题，论点讨论，便于展开。研究力求深入具体，切忌浮泛抽象。把过去想到的轮廓描述、个案研究，分别用在适当的地方，会有助于思路深入。你所设想的「外编」，或者在这些地方派得上用场。谈话中提到的费成村同志《曹珍霖传》是一本

16 致函姜涛谈博士论文事续一（1988）

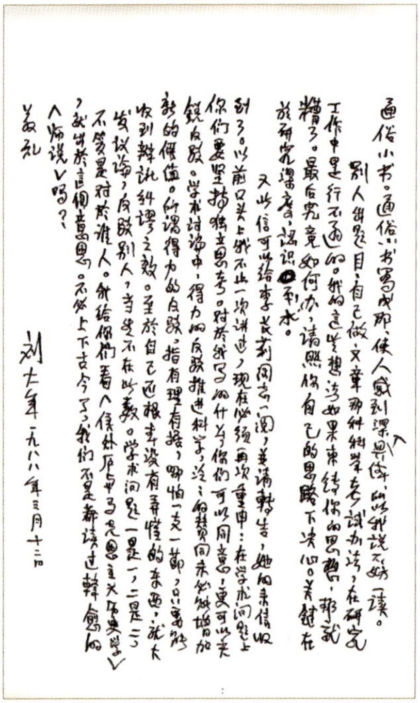

通俗小书。通俗的书写成那样，使人感到深入浅出，所以我说不妨一读。

别人出题目，自己做文章那种科学方式办法，在研究工作中是行不通的。我的这些想法，如果束缚你的思想，那就糟了。最后究竟如何办，请照你自己的思路下决心。关键在于研究深度，认识水平。

又此信可以给李长莉同志一阅，并请转告，她的来信收到了。以前口头上我不止一次讲过，现在必须再次重申：在学术问题上你们要坚持独立思考。对于我写的什么，你们可以同意，更可以表示反驳。学术讨论中，得力的反驳推进科学，泛泛的赞同未必能增加新的价值。所谓得力的反驳，指有理有据，哪怕一支一节，只要能收到辨讹纠谬之效。至于自己还根本没有弄懂的东西，就大发议论，反驳别人，当然不在此数。学术问题一是一，二是二，不管是对于谁人。我给你们看《[illegible]马克思主义历史学》，就出于这个意思。不必上下古今了，我们不是都读过韩愈的《师说》吗？

敬礼

刘大年 一九八八年三月十二日

17 致函姜涛谈博士论文事续二（1988）

18 与李长莉、姜涛合影（1998）

1998 年，刘大年与已为近代史所政治史研究室研究员的姜涛和文化史研究室研究员的李长莉在近代史所办公大楼门前合影。

19 致函邓颖超、廖承志谈出版《顾维钧回忆录》事（1982）

1980年，近代史所研究员丁名楠告知刘大年，中国近代著名外交家顾维钧的回忆录收藏在美国哥伦比亚大学，可以买到缩微胶卷。刘大年当即向社科院报告，申请外汇购买并组织人员翻译。1982年购回全书胶卷。刘大年向时任中央对台工作领导小组组长邓颖超和国务院侨办主任廖承志写信请求批准出版《顾维钧回忆录》。图为刘信和邓、廖批语的复印件。

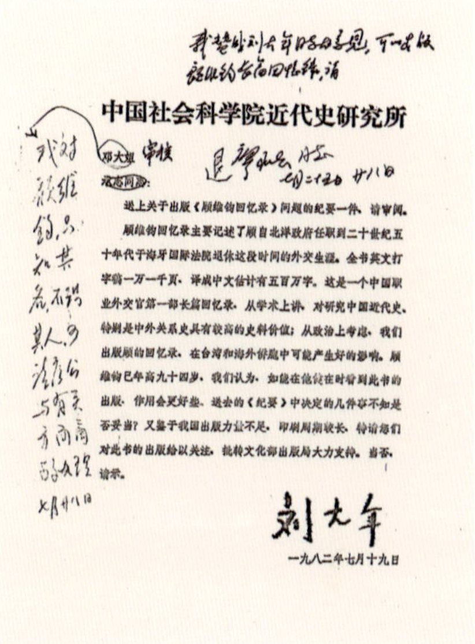

中国社会科学院近代史研究所

邓大姐

承志同志：

送上关于出版《顾维钧回忆录》问题的纪要一件，请审阅。

顾维钧回忆录主要记述了顾自北洋政府任职到二十世纪五十年代于海牙国际法院退休这段时间的外交生涯。全书英文打字稿一万一千页，译成中文估计有五百万字。这是一个中国职业外交官第一部长篇回忆录，从学术上讲，对研究中国近代史、特别是中外关系史具有较高的史料价值；从政治上考虑，我们出版顾的回忆录，在台湾和海外侨胞中可能产生好的影响。顾维钧已年高九十四岁，我们认为，如能在他仍在时看到此书的出版，作用会更好些。送去的《纪要》中决定的几件事不知是否妥当？又鉴于我国出版力量不足，印刷周期较长，特请您们对此书的出版给以关注，批转文化部出版局大力支持。当否，请示。

刘大年

一九八二年七月十九日

20 黄华外长会见顾菊珍、钱家其合影（1983）

1983年10月，为《顾维钧回忆录》翻译出版，顾维钧之女顾菊珍和丈夫钱家其来华磋商相关事宜。全国人大常委会副委员长黄华会见了顾菊珍夫妇。图中左2王玉璞，4余绳武，6钱家其，7黄华，8顾菊珍，9刘大年。

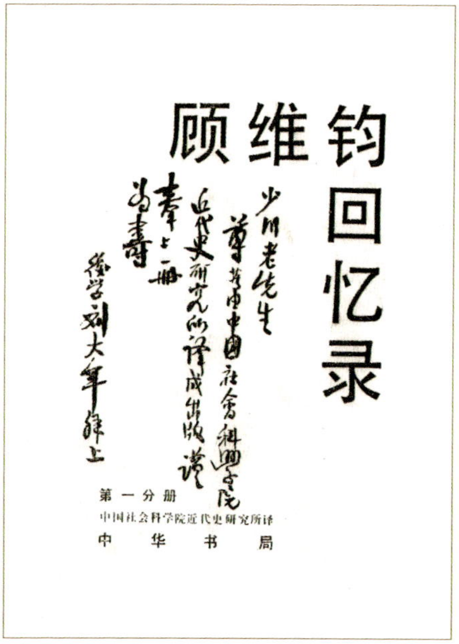
顾维钧回忆录

少川老先生
尊著由中国社会科学院近代史研究所译成出版谨奉上一册为寿
后学刘大年拜上

第一分册
中国社会科学院近代史研究所译
中华书局

21《顾维钧回忆录》扉页题词（1983）

1983年5月，《顾维钧回忆录》第一分册面世。刘大年在给顾维钧先生赠书的扉页上题词：“少川老先生：尊著由中国社会科学院近代史研究所译成出版。谨奉上一册为寿。后学刘大年拜上。”图为刘赠书扉页复印件。

22 参加顾维钧历史照片展座谈会（1980年代）

1980年代，相关部门在全国政协礼堂举办顾维钧历史照片展。刘大年应邀参加座谈会。图中左1刘大年，2顾菊珍，3钱家其，4章文晋。

23 与顾菊珍晤谈留影（1999）

1999 年 1 月，顾菊珍回故乡参加嘉定博物馆举办的“纪念顾维钧先生诞辰 111 周年展”开幕式。事后到近代史所拜访名誉所长刘大年与所长张海鹏。

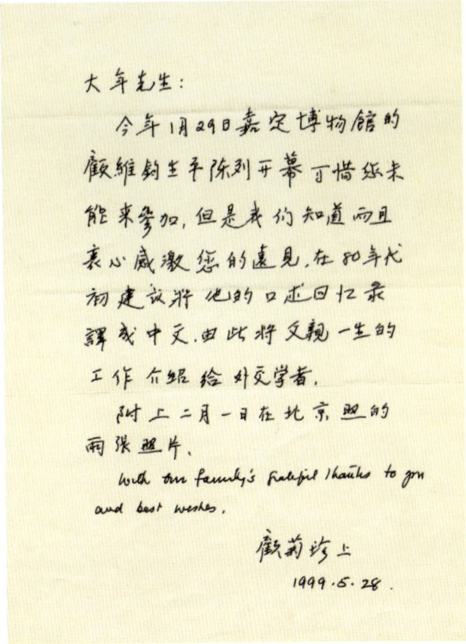

大年先生：

今年1月29日嘉定博物館的顧維鈞生平陈列开幕可惜我未能来参加，但是我们知道而且衷心感激您的遠見，在80年代初建议将他的口述回忆录譯成中文，由此将父親一生的工作介绍给外交学者。

附上二月一日在北京照的两张照片。

With our family's grateful thanks to you and best wishes,

顧菊珍上

1999.5.28.

24 顾菊珍来函表达谢意（1999）

1999 年 6 月，顾菊珍回美国后，致函刘大年，感谢他在 1980 年代初努力推动《顾维钧回忆录》的翻译出版。

第七章

新时期的中国史学建设

（1980—1997）

1980 年初，中国史学会恢复活动，开启了中国历史科学建设的新篇章。

“文革”后，我国第一代马克思主义史学家或已过世，或进入暮年。刘大年自 20 世纪 50 年代初便在中国科学院工作，参与组建三个历史研究所，担任《历史研究》副主编，参与组织重大学术活动。这些经历，使他在中国史学建设承前启后的过程中，起到了特殊的作用。

这一时期，他是中国史学会恢复建设的主要参与者之一，连任第二届、第三届中国史学会主席团成员，在推动中国史学研究，推动中国史学会走向世界史学论坛，参与和组织领导多种重大学术活动中，起到了重要的作用。

第一节　重建中国史学会（1980—1988）

中国史学会筹建于 1949 年 7 月，时称“中国新史学研究会”。1951 年 7 月在中国史学界第一次全国代表大会上定名为“中国史学会”，郭沫若任主席，吴玉章、范文澜任副主席。“文革”期间，学会中止活动。1980 年 1 月，根据胡乔木指示，中国社会科学院邀请中国史学会第一届理事会在京理事（对在外地的理事同时发函）和相关单位负责人，召开座谈会，就恢复中国史学会征求意见。与会者（包括外地理事以来函形式）一致赞同恢复活动，推举梅益、刘大年负责筹备召开中国史学界代表大会。

1980 年 4 月 8 日，中国史学界第二次全国代表大会在北京召开。大会以无记名投票方式选举产生了史学会的理事会。刘大年与郑天挺、周谷城、白寿彝、邓广铭 5 人当选主席团成员。

1 在“中国史学界第二次全国代表大会”召开时与牟润孙、赵令扬合影

“中国史学界第二次全国代表大会”邀请香港中文大学教授牟润孙与香港大学教授赵令扬参加。图中左 1 牟润孙，2 刘大年，3 赵令扬。

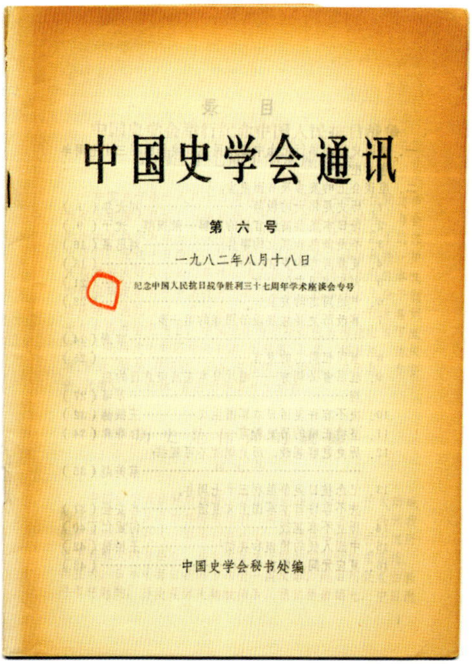

2 《中国史学会通讯》第六号封面

1982年是抗日战争胜利37周年，又发生了日本文部省修改教科书事件。刘大年时为中国史学会主席团执行主席，特别组织并主持了在京史学家纪念抗日战争胜利37周年座谈会。史学会秘书处为此出了专号。

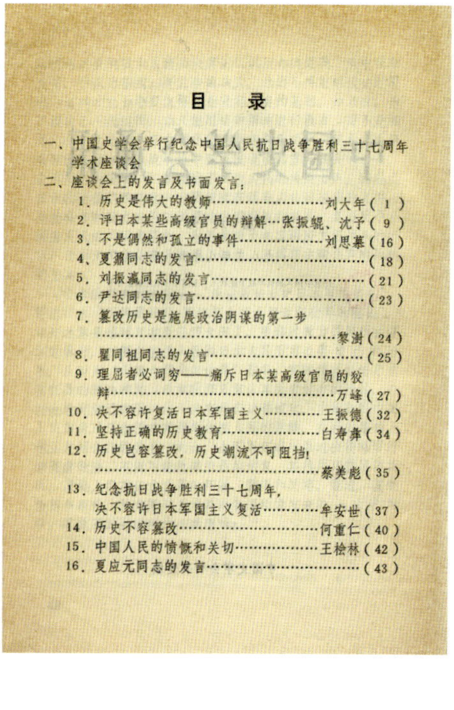

目　录

3 《中国史学会通讯》第六号目录页

刘大年、白寿彝、夏鼐、尹达、黎澍、瞿同祖、张振鹍、蔡美彪等37位学者到会并发言。

4 中国史学会第二届理事会部分理事合影（1983）

1983 年春，中国史学会在上海华东师范大学召开了第二届理事会，筹备第三次全国代表大会和首次学术年会，图为参会部分理事合影。前排左 1 周谷城，2 张友渔，3 翁独健，4 谭其骧，5 佟冬，6 史念海；后排左 1 刘大年，4 邓广铭，6 胡厚宣，7 张政烺。

5 中国史学界第三次代表大会代表合影（1983）

1983 年 4 月，中国史学会在北京召开了中国史学会首次学术年会暨中国史学界第三次代表大会。刘大年作为史学会主席团执行主席主持了开幕式。图中前排左 7 周扬，13 黎澍，14 翁独健，15 刘大年，16 梅益，17 周谷城，18 邓立群，19 邓广铭，20 张友渔，21 夏鼐，23 陈翰笙，24 季羡林，25 蔡尚思，28 李新，29 张岱年。

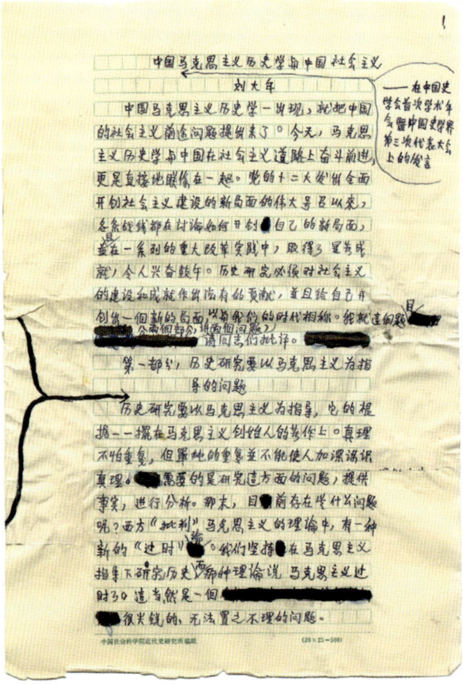
1

中国马克思主义历史学与中国社会主义

——在中国史学会首次学术年会暨中国史学界第三次代表大会上的发言

刘大年

中国马克思主义历史学一出现，就把中国的社会主义前途问题提出来了。今天，马克思主义历史学与中国在社会主义道路上奋斗前进，更是直接地联系在一起。党的十二大发出全面开创社会主义建设的新局面的伟大号召以来，各条战线都在讨论如何开创[redacted]自己的新局面，且在一系列的重大改革实践中，取得了显著成就，令人兴奋鼓舞。历史研究必须对社会主义的建设和成就作出应有的贡献，并且给自己开创出一個新的局面，以与我们的时代相称。我就這個题目[redacted]（分两個部分，讲两個问题）[redacted]请同志们批评。[redacted]

第一部分，历史研究要以马克思主义为指导的问题

历史研究要以马克思主义为指导，它的根据——摆在马克思主义创始人的著作上。真理不怕重复，但單纯的重复並不能使人加深認识真理。[redacted]需要的是研究這方面的问题，提供事实，进行分析。那末，目[redacted]前存在些什么问题呢？西方"批判"马克思主义的理论中，有一种新的"过时"论[redacted]。我們堅持[redacted]在马克思主义指导下研究历史，而那种理論说马克思主义过时了。這当然是一個[redacted]很尖锐的、无法置之不理的问题。

中国社会科学院近代史研究所稿纸　（20×25＝500）

6 《中国马克思主义历史学与中国社会主义》手稿（1983）

刘大年向史学会首次学术年会提交论文《中国马克思主义历史学与中国社会主义》。

7 中国史学界第四次代表大会代表合影（1988）

1988 年 7 月，中国史学会召开了史学界第四次代表大会。这次会议修改了史学会的章程。

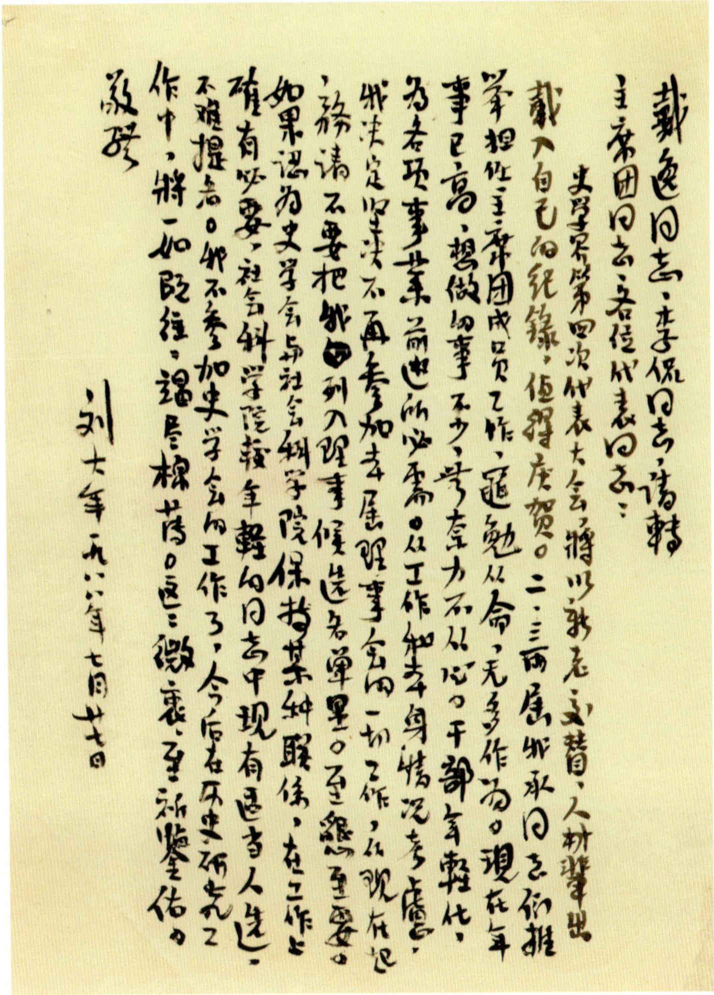

戴逸同志、李侃同志，请转
主席团同志、各位代表同志：
史学界第四次代表大会将以新老交替，人材辈出载入自己的纪录，值得庆贺。二、三两届我承同志们推举担任主席团成员工作，黾勉从命，无多作为。现在年事已高，想做的事不少，常苦力不从心。干部年轻化，为各项事业前进所必需。从工作和本身情况考虑，我决定以后不再参加本届理事会的一切工作，从现在起，务请不要把我列入理事候选名单里。至恳至要。如果认为史学会与社会科学院保持某种联系，在工作上确有必要，社会科学院较年轻的同志中现有适当人选，不难提名。我不参加史学会的工作了，今后在历史研究工作中，将一如既往，竭尽棉薄。区区微衷，至祈鉴宥。
敬礼
刘大年 一九八八年七月廿七日

8 致函戴逸等人请辞史学会职务（1988）

中国史学界第四次代表大会期间，刘大年致函戴逸等学会领导，请求不要再把他列入第四届史学会理事会名单。图为信函复印件。

第二节 推动中国史学会参加国际历史科学大会（1983—1985）

国际历史科学大会创始于 1900 年，以后每五年举办一次，由国际历史学会主办。1982 年中国史学会成为国际历史学会正式会员。1985 年，刘大年率中国历史学家代表团，第一次以正式会员身份出席在联邦德国举办的第十六届国际历史科学大会，受到大会的热烈欢迎。此前刘大年曾多次跟主办方联络，促使代表团成行。

1 阿维勒访华与中国史学家座谈（1984）

应中国史学会之邀，1984 年国际历史科学委员会秘书长埃莱娜 · 阿维勒专程访华，商讨中国史学会参加第十六届国际历史科学大会事宜。图为阿维勒教授与中国史学会部分常务理事座谈。图中左 1 张椿年，2 季羡林，3 刘大年，4 阿维勒，5 林甘泉，6 李侃，7 戴逸。

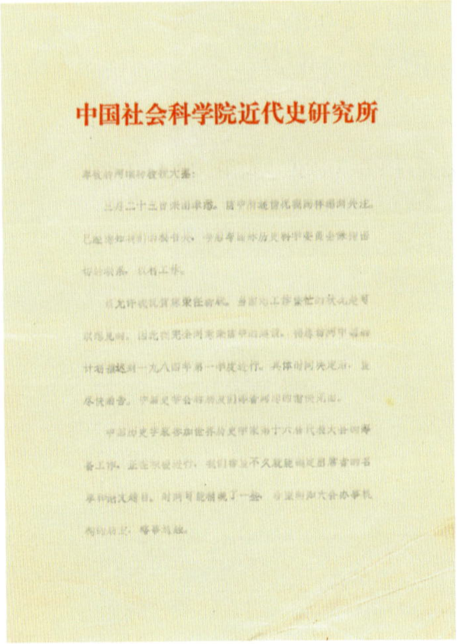

中国社会科学院近代史研究所

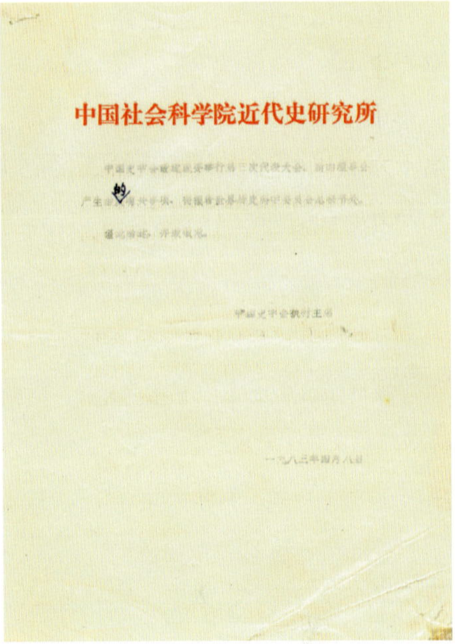

中国社会科学院近代史研究所

2 致函阿维勒谈参加第十六届国际历史科学大会事稿（1983）

3 致函阿维勒谈参加第十六届国际历史科学大会事稿续（1983）

1983年3月，阿维勒曾就第十六届国际历史科学大会事致函中国史学会，邀请中国史学家参加国际历史科学大会。刘大年代表中国史学会复函，介绍中方参加此会的准备情况。

4 赵紫阳总理会见阿维勒（1984）

阿维勒访华期间，国务院总理赵紫阳在中南海紫光阁与之会见。图中左起 1 阿维勒，2 赵紫阳，3 马洪，4 胡绳，5 夏鼐，6 刘大年。

5 赵紫阳总理与阿维勒等人合影（1984）

图中左 1 译员王晓渡，2 夏鼐，3 胡绳，4 马洪，5 阿维勒，6 赵紫阳，7 法国驻华大使，8 刘大年。

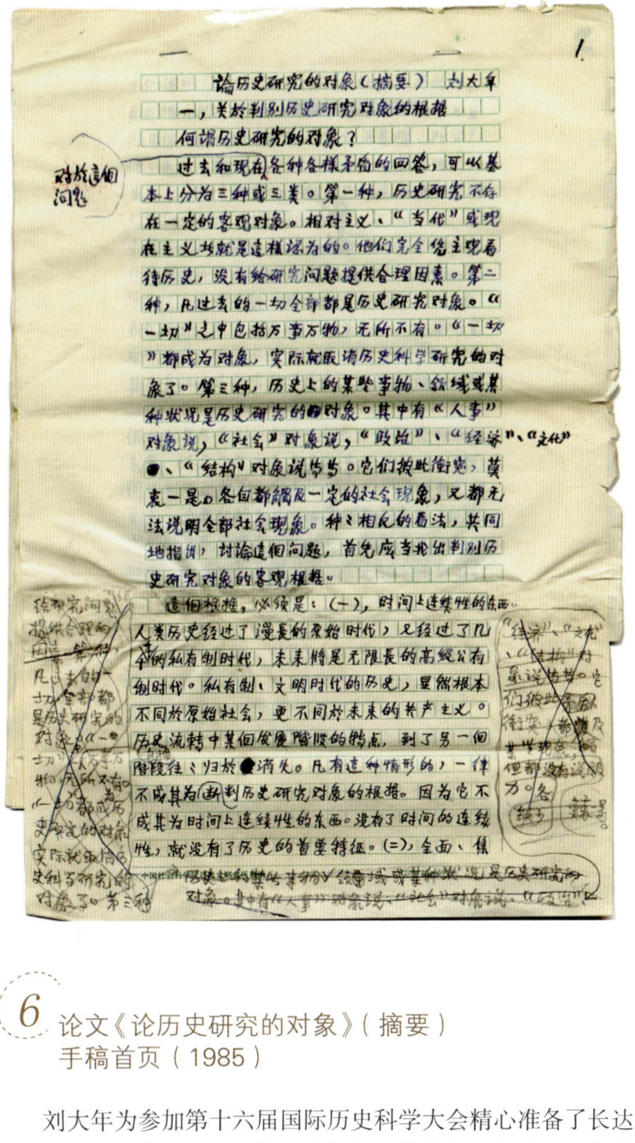

论历史研究的对象（摘要） 刘大年

一，关于判别历史研究对象的根据

何谓历史研究的对象？

过去和现在各种各样矛盾的回答，可以基本上分为三种或三类。第一种，历史研究不存在一定的客观对象。相对主义、"当代"或现在主义者就是这样认为的。他们完全凭主观看待历史，没有给研究问题提供合理因素。第二种，凡过去的一切全部都是历史研究对象。"一切"之中包括万事万物，无所不有。"一切"都成为对象，实际就取消历史科学研究的对象了。第三种，历史上的某些事物、领域或某种状况是历史研究的对象。其中有《人事》对象说，《社会》对象说，"政治"、"经济"、"文化"、"结构"对象说等等。它们彼此冲突，莫衷一是。各自都触及一定的社会现象，又都无法说明全部社会现象。种种相反的看法，共同地指出，讨论这个问题，首先应当找出判别历史研究对象的客观根据。

这个根据，必须是：（一），时间上连续性的东西。人类历史经过了漫长的原始时代，又经过了几千年的私有制时代，未来将是无限长的高级公有制时代。私有制、文明时代的历史，显然根本不同于原始社会，更不同于未来的共产主义。历史流转中某个发展阶段的特点，到了另一个阶段往往归于消失。凡有这种情形的，一律不成其为判别历史研究对象的根据。因为它不成其为时间上连续性的东西。没有了时间的连续性，就没有了历史的首要特征。（二），全面、集

6 论文《论历史研究的对象》（摘要）手稿首页（1985）

刘大年为参加第十六届国际历史科学大会精心准备了长达6万字的论文《论历史研究的对象》。他在会上宣读了此文的摘要。

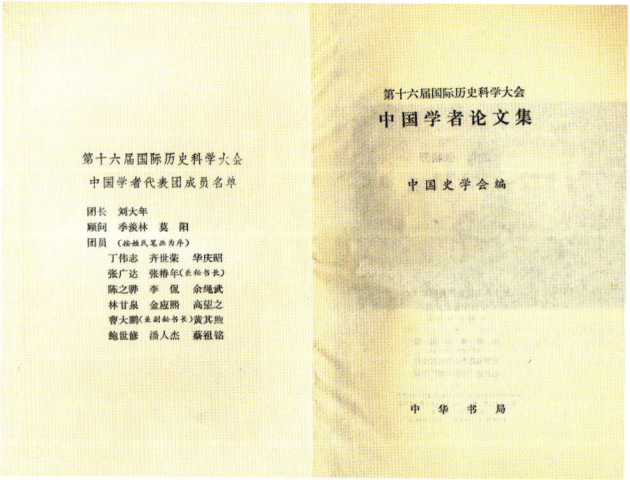

第十六届国际历史科学大会
中国学者代表团成员名单

团长 刘大年
顾问 季羡林 莫 阳
团员 （按姓氏笔画为序）
丁伟志 齐世荣 华庆昭
张广达 张椿年（兼秘书长）
陈之骅 李 侃 余绳武
林甘泉 金应熙 高望之
曹大鹏（兼副秘书长）黄其煦
鲍世修 潘人杰 蔡祖铭

第十六届国际历史科学大会
中国学者论文集

中国史学会编

中 华 书 局

7 《中国学者论文集》扉页（1985）

中国代表团前往联邦德国参会时，带有中华书局专为大会出版的《第十六届国际历史科学大会中国学者论文集》。大会秘书长阿维勒在开幕式上特别介绍说：“中国出版参加大会的《中国学者论文集》，反映了中国历史学家对国际历史科学大会十分重视。”

8 与季羡林等叙谈（1985）

图为在国际历史科学大会期间与季羡林等合影。

9 与季羡林在马克思故乡特里尔罗马古城堡前留影（1985）

会后刘大年与季羡林同赴马克思故乡特里尔访问。此为与季羡林在特里尔罗马古城堡前留影。

第三节　重要学术会议和活动（1984—1996）

中国史学会重建，为中国史学界进行大规模的学术活动创造了条件。作为学会主要负责人之一，刘大年参与、主持、支持了一些重大活动。

1 “全国史学理论讨论会（武汉）”合影（1984）

1984 年 11 月，《世界历史》《中国史研究》《近代史研究》《江汉论坛》四编辑部在武汉联合举办首次“全国史学理论讨论会”。刘大年作了《坚持实事求是，发扬勇敢精神》的发言。

2 “中国近代文化史学术讨论会”合影（1984）

1984年11月，河南省社会科学院历史研究所、河南省历史学会和《中国近代文化史丛书》编委会，在郑州联合召开首次“中国近代文化史学术讨论会”。图为大会合影。前排左1张文阁，2龚书铎，5丁守和，6陈旭麓，7李侃，8刘大年，10蔡尚思，11胡思庸，12林增平，13汤志钧，14胡绳武。

3 访问河南省社会科学院（1984）

在“中国近代文化史学术讨论会”期间，河南省社科院院长胡思庸邀请刘大年到该院作学术报告。图中左3刘大年，5胡思庸，右1王玉璞。

4 在“全国史学理论讨论会（安徽）”上发言（1986）

1986 年 5 月，《世界历史》《中国史研究》《近代史研究》和《安徽史学》四编辑部在安徽歙县联合举办“全国史学理论讨论会”。会上，刘大年就推进史学理论研究工作发表三点意见：1. 要制定一个长远的史学理论研究规划，确定一些重点研究课题。2. 系统翻译和介绍一批国外的史学理论著作，确切地了解国外学术动态。3. 创办一个专门的、旗帜鲜明的马克思主义的史学理论刊物。

5 考察棠樾牌坊（1986）

会议期间，刘大年到歙县棠樾村参观。村中有 7 座明清表彰孝子节妇的石牌坊。图为参观时留影。

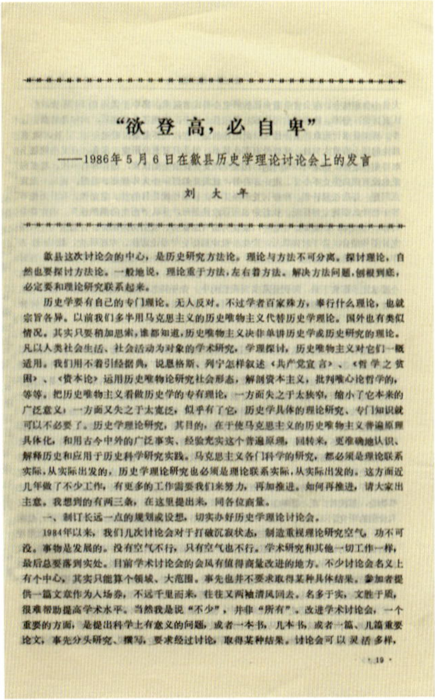

"欲登高，必自卑"

——1986年5月6日在歙县历史学理论讨论会上的发言

刘大年

歙县这次讨论会的中心，是历史研究方法论。理论与方法不可分离。探讨理论，自然也要探讨方法论。一般地说，理论重于方法，左右着方法。解决方法问题，刨根到底，必定要和理论研究联系起来。

历史学要有自己的专门理论。无人反对。不过学者百家殊方，奉行什么理论，也就宗旨各异。以前我们多半用马克思主义的历史唯物主义代替历史学理论。国外也有类似情况。其实只要稍加思索，谁都知道，历史唯物主义决非单讲历史学或历史研究的理论。凡以人类社会生活、社会活动为对象的学术研究，学理探讨，历史唯物主义对它们一概适用。我们用不着引经据典，说恩格斯、列宁怎样叙述《共产党宣言》、《哲学之贫困》、《资本论》运用历史唯物论研究社会形态，解剖资本主义，批判唯心论哲学的，等等。把历史唯物主义看做历史学的专有理论，一方面失之于太狭窄，缩小了它本来的广泛意义；一方面又失之于太宽泛，似乎有了它，历史学具体的理论研究、专门知识就可以不必要了。历史学理论研究，其目的，在于使马克思主义的历史唯物主义普遍原理具体化，和用古今中外的广泛事实、经验充实这个普遍原理，回转来，更准确地认识、解释历史和应用于历史科学研究实践。马克思主义各门科学的研究，都必须是理论联系实际，从实际出发的，历史学理论研究也必须是理论联系实际，从实际出发的。这方面近几年做了不少工作，有更多的工作需要我们来努力，再加推进。如何再推进，请大家出主意。我想到的有两三条，在这里提出来，同各位商量。

一、制订长远一点的规划或设想，切实办好历史学理论讨论会。

1984年以来，我们几次讨论会对于打破沉寂状态，制造重视理论研究空气，功不可没。事物是发展的。没有空气不行，只有空气也不行。学术研究和其他一切工作一样，最后总要落到实处。目前学术讨论会的会风有值得商量改进的地方。不少讨论会名义上有个中心，其实只能算个领域、大范围。事先也并不要求取得某种具体结果。参加者提供一篇文章作为入场券，不远千里而来，往往又两袖清风回去。名多于实，文胜于质，很难帮助提高学术水平。当然我是说"不少"，并非"所有"。改进学术讨论会，一个重要的方面，是提出科学上有意义的问题，或者一本书，几本书，或者一篇、几篇重要论文，事先分头研究、撰写，要求经过讨论，取得某种结果。讨论会可以灵活多样，

· 19 ·

6 在"全国史学理论讨论会（安徽）"上的发言稿（1987）

在刘大年支持下，中国社科院世界历史研究所于1987年创办了史学理论刊物《史学理论》杂志。创刊号上刊载了刘大年在安徽"全国史学理论讨论会"上的发言《"欲登高，必自卑"》。

7 "纪念陈寅恪教授国际学术讨论会"合影（1988）

1988年5月，中国史学会、广东历史学会和中山大学在广州联合举办"纪念陈寅恪教授国际学术讨论会"。刘大年在会上作了《一个历史学家的地位》的发言。图为大会合影，前排左11邓广铭，12季羡林，13刘大年。

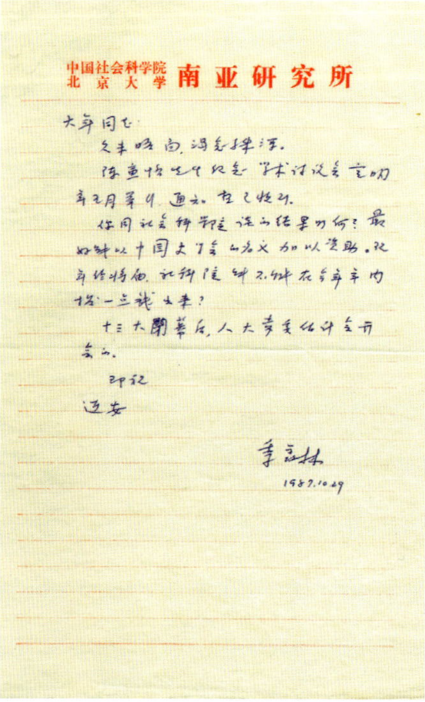

中国社会科学院
北京大学 南亚研究所

大年同志：

久未晤面，渴念殊深。

陈寅恪先生纪念学术讨论会定明年5月举行，通知正在发出。

你同社会科学院谈的结果如何？最好能以中国史学会的名义加以资助。北大经费特困，社科院能不能在学会方面拨一点钱出来？

十三大闭幕后，人大常委估计会开会了。

即祝

近安

季羡林

1987.10.29

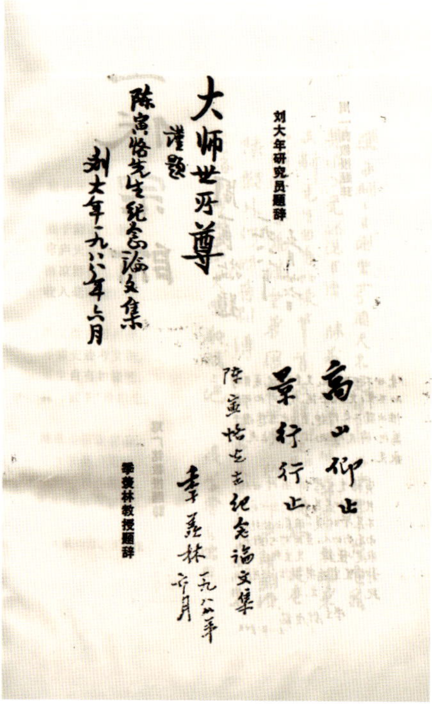

8 季羡林来函谈召开纪念陈寅恪教授国际学术讨论会事（1987）

为筹办纪念陈寅恪教授国际学术讨论会，季羡林曾就经费等问题致函刘大年。

9 为《纪念陈寅恪教授国际学术讨论会文集》题词（1988）

刘大年为《纪念陈寅恪教授国际学术讨论会文集》题词“大师世所尊”。

10 与季羡林在林则徐纪念碑前合影（1988）

讨论会后，与会代表赴虎门参观。图为刘大年与季羡林在虎门林则徐纪念碑前合影。

11 与陈寅恪长女、次女在虎门沙角炮台旧址合影（1988）

12 为林则徐诞辰二百周年纪念邮票题词（1985）

刘大年此次至虎门，亦有表达他对林则徐崇敬之情。早在1985年林则徐诞辰二百周年中国集邮公司发行J.115邮票时，刘大年应邀为邮票题写了林则徐著名的诗句“苟利国家生死以，岂因祸福避趋之”。

13 历史学家范文澜铜像

1950年5月1日，是近代史所建所之日，由其前身华北大学历史研究室改隶中国科学院，称“中国科学院近代史研究所”。范文澜是近代史所第一任所长。在纪念建所40周年之际，近代史所特铸范文澜先生铜像，缅怀前辈。

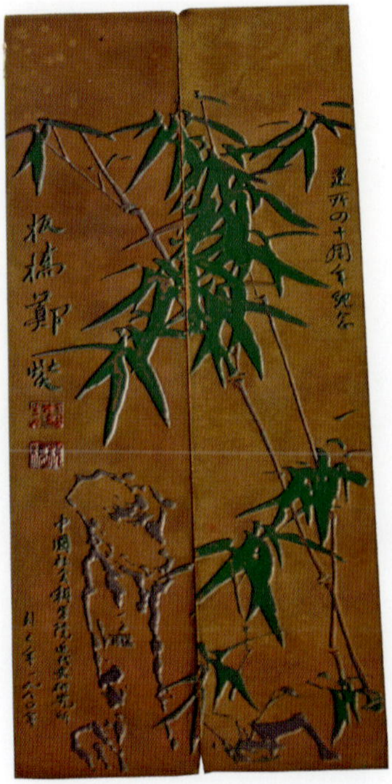

14 近代史所四十周年纪念铜镇纸

在建所四十周年之际，近代史所以清人郑板桥绘表现士大夫高洁品格的绿竹为图，制作了铜镇纸，并镌刻了刘大年题词："建所四十周年纪念　中国社会科学院近代史研究所　刘大年　一九九〇年"

15 "近代中国与世界国际学术讨论会"合影（1990）

为纪念近代史所建所四十周年，1990年8月近代史所于北京龙泉宾馆召开了"近代中国与世界国际学术讨论会"，图为讨论会合影。

16 在“近代中国与世界国际学术讨论会”上发言（1990）

刘大年作为大会组织委员会主任在会上作主旨发言：《中国近代化的道路与世界的关系》。右为大会主席近代史所所长王庆成。

17 “近代中国与世界国际学术讨论会”会场（1990）

图中左 1 日本京都大学名誉教授井上清，2 刘大年，3 日本东京大学名誉教授卫藤沈吉。

18 刘大年向胡绳介绍安藤彦太郎（1990）

讨论会中，刘大年向社科院院长胡绳介绍前来参会的日本早稻田大学安藤彦太郎教授。图中左 2 胡绳，3 刘大年，4 安藤彦太郎。

19 与井上清及江口圭一合影（1990）

图为在“近代中国与世界国际学术讨论会”期间的合影。

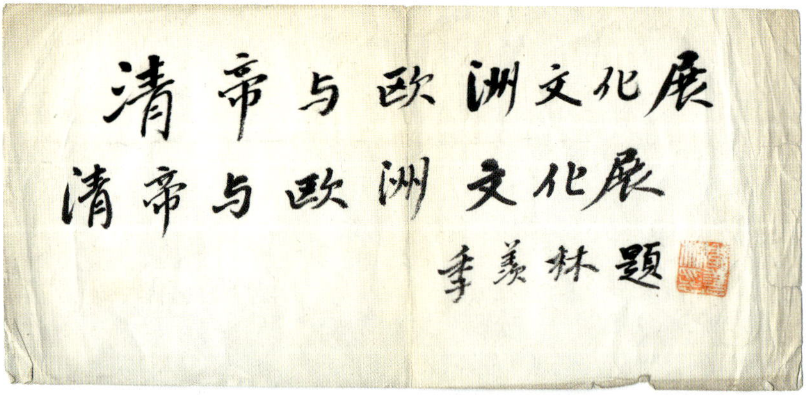

20 季羡林为“清帝与欧洲文化展”所题会标（1996）

1996 年，故宫博物院举办“清帝与欧洲文化展”。刘大年 1961 年发表的《论康熙》文中，即注重中西历史的比较。他支持此展览的立意，并请老友季羡林为展览题写了会标。

21 与钱伟长交谈（1996）

清代科学技术是这次展览的内容之一。刘大年特别出面邀请老友物理学家钱伟长为展览会揭幕。图中左 1 中央民族大学教授王鍾翰，3 钱伟长，4 故宫博物院副院长杨新，5 刘大年。

22 与钱伟长、张芝联等合影（1996）

此为展览揭幕后留影。图中左起 1 中国第一历史档案馆馆长徐艺圃，2 北京大学教授张芝联，3 法国驻中国大使馆文化参赞，4 钱伟长，5 王鍾翰，6 刘大年，7 杨新，8 展览主持者刘潞。

第四节　扩大对外交流（1977—1997）

改革开放，也为中外学术交流开通了道路。“文革”结束后，刘大年主持工作的近代史所，是社科院对外交流最活跃的单位之一。中国史学会恢复活动后，对外交流也日渐增多。参加国际学术讨论会，国内外学者互访，以及翻译出版相关著作等等，刘大年都是积极策划者和参与者。

1 日本学者访问近代史所（1977）

1977 年 1 月，距“文革”结束不过半年，日本学者组织了“第二次中国研究者友好参观团”，访问了近代史所。中排右 1 狭涧直树，2 刘大年，3 近藤秀树，4 黎澍；前排右为森时彦，左为张海鹏；后排右 1 郭永才，2 章伯锋，5 余绳武，7 闽杰，9 孙彩霞。

2 “文革”结束后井上清首次访华（1977）

1977年春，日本历史学家井上清率团访华，考察中国改革开放的情况。刘大年陪同考察。图中前排左4小野和子，6井上清；后排右3刘大年。

3 陪同井上清访问南京（1977）

图为刘大年与井上清等在南京博物院合影。

4 会见薛君度夫妇（1978）

薛君度，美籍华人学者，辛亥革命史专家，辛亥革命先驱黄兴之婿。1978 年薛君度、黄德华夫妇访华。图中左 2 薛君度，3 黄德华，4 刘大年。

5 与仁木富美子合影（1980）

日本学者仁木富美子 1979 年翻译出版《宋庆龄选集》，1980 年来华访问时拜访刘大年。图为在近代史所办公室前的合影。

6 与森时彦合影（1980）

1980 年，日本京都大学学者森时彦访问近代史所。

7 在社科院会见日本学者（1980）

1980 年日本学者访问中国社会科学院。图中左 2 刘大年，3 宫崎蕗苳（宫崎滔天孙女），4 藤井昇三，5 北冈丰治，6 王刚。

8 在社科院会见日本学者藤井昇三（1980）

会见中与藤井昇三进行交流。

9 在纪念汉学家爱吉士学术讨论会会场（1981）

1981 年 10 月，应民主德国莱比锡卡尔 · 马克思大学校长邀请，刘大年率团赴德参加“纪念杰出汉学家爱吉士教授九十诞辰暨东亚学研究所成立三十周年学术讨论会”。图中右 2 南京大学赵瑞蕻教授，3 德国汉学家雷鸣夏，4 刘大年。

10 在纪念汉学家爱吉士学术讨论会上发言（1981）

图中右为德国汉学家曼菲尔德，中文名雷鸣夏，在为刘大年翻译发言。

11 参观莱比锡人类学博物馆（1981）

图中右1刘大年，2赵瑞蕻。

12 参观人类学博物馆后合影（1981）

图中左 1 雷鸣夏，2 刘大年，3 李舒心，右 1 赵瑞蕻。

13 在东柏林菩提树大街步行（1981）

洪堡大学费路教授陪同刘大年前往民主德国科学院历史所访问。

14 与西川正夫夫妇合影（1983）

1983年，日本金泽大学西川正夫及夫人访问近代史所。图中左1李宗一，2孙思源，3西川喜久子，4刘大年，5西川正夫，6谢莉莉，7王玉璞。

15 国家副主席王震会见日本历史学家井上清夫妇（1984）

1984年，井上清夫妇来华访问，中日友好协会名誉会长王震与其会见。前排左1余绳武，2狭涧直树，3梅益，4井上清，5王震，6井上夫人，7刘大年。

16 与井上清夫妇合影（1984）

1984 年，井上清夫妇与狭涧直树访问近代史所。此为在新建起的近代史所办公楼前合影。左起王玉璞，狭涧直树，井上夫人，刘大年，井上清，余绳武，丁名楠。

17 与井上清夫妇于颐和园留影（1984）

井上清夫妇此次访华，刘大年陪同他们游颐和园，并邀请 24 年前第一次为他们做翻译的庞春兰参加。图中前排左 1 庞春兰，2 井上清，3 刘大年，4 井上夫人，5 刘大年外孙女崔丹丹；后排左 1 狭涧直树，2 王玉璞，3 张国维，4 李薇。

18 全国政协主席邓颖超会见井上清夫妇（1985）

1985 年 9 月，全国政协主席邓颖超在中南海西花厅会见来华访问的井上清夫妇。图为会见时合影。左 1 李薇，3 余绳武，4 胡绳，5 井上清，6 邓颖超，7 井上夫人，8 刘大年，9 王玉璞，10 张国维。

19 拜访日中文化交流协会会长、文学家井上靖（1985）

1985 年，应日本著名文学家、社会活动家、日中文化交流协会会长井上靖邀请，中国社科院组团访日。团长为社科院秘书长梅益，刘大年为副团长。

图为代表团到井上靖家拜访。左起林甘泉、杨向奎、梅益、井上靖、井上夫人、刘大年。

20 在东京大学东洋文化研究所讲演（1985）

访日期间，刘大年回访五年前任教的东京大学东洋文化研究所。图为刘大年在交流会上发言。

21 在东京辛亥革命研究会举行的座谈会上（1985）

图中左起野泽丰、刘大年、久保田文次。

22 在北海道大学百年纪念会馆座谈（1985）

代表团在北海道大学百年纪念会馆与该校教授座谈。图中左起林甘泉、刘大年、谢莉莉、杨向奎。

23 参观京都二条城德川将军宫廊（1985）

二条城是幕府将军在京都的行辕，是日本历史上重要的权力象征之地。图为代表团参观后合影。

24 在神户孙中山纪念馆外留影（1985）

神户海滨一座名为“移情阁”的八角楼，曾是孙中山的避难处。1987 年日本兵库县将“移情阁”命名为“孙文纪念馆”。代表团访日期间，刘大年特到此地参观。前排左 2 为纪念馆馆长陈德仁，右 1 为纪念馆副馆长山口一郎教授。

25 与井上清在北戴河交流（1990）

1990 年夏，刘大年邀请井上清夫妇访华，双方在北戴河就 1989 年春夏之交的政治风波进行了坦诚交流。图中左 1 井上清，2 刘大年，3 李薇，4 王玉璞。

26 胡绳会见齐赫文斯基（1990）

齐赫文斯基是苏联著名历史学家、苏联科学院院士，曾任苏中友协主席。1960年代曾与刘大年“论战”。“文革”结束后，两人在“何谓科学的马克思主义”上都有所反思。1990年齐赫文斯基访问中国社科院，受到院长胡绳会见。图中左1齐赫文斯基，2胡绳，4刘大年。

27 近藤邦康来家中做客（1993）

1993年，日本东京大学教授近藤邦康访华，到家中拜会刘大年。

28 岸本美绪来家中做客（1994）

1979 年刘大年至东京大学讲学时，岸本美绪协助田中正俊教授接待刘大年，彼此建立了良好的关系。1994 年，已为东京大学文学部教授的岸本美绪访华，特到家中拜访刘大年。

29 与仁木富美子合影（1994）

1994 年《宋庆龄选集》译者仁木富美子访华，再次拜访刘大年。

30 齐赫文斯基来家中做客（1996）

1996 年，俄罗斯科学院院士齐赫文斯基到家中拜访刘大年。

31 中国社会科学院授予井上清名誉博士学位（1997）

1997 年 7 月，中国社会科学院授予井上清名誉博士学位，以表彰他的学术成就和对中日学术交流的贡献。井上清坚持实事求是研究中日历史，在日本学界被称作“最勇敢的人”。刘大年出席授予仪式，并作了热情洋溢的讲话。图中右起刘大年、井上清、王忍之、张海鹏、张香山。图为刊发此消息的《中国社会科学院报》复印件。

32 会见吴相湘（1996）

吴相湘为著名中国近代史学家，湖南常德人。1949 年后由中国台湾辗转至美国，曾在哥伦比亚大学任教。图为 1996 年访问近代史所与刘大年等人交谈时的愉快场面。右 1 张海鹏，2 吴相湘，3 刘大年，4 耿云志。

33 与吴相湘执手交流（1996）

吴相湘与刘大年执手交流，流露出久别的乡情。

第八章

辛亥革命和孙中山研究

（1981—1996）

辛亥革命及其领导人孙中山是中国近代史研究的重要内容。早在1961年刘大年就撰写有关辛亥革命的论文，其中《辛亥革命与反满问题》在国内外受到广泛关注。1979年，刘大年赴日讲学的中心内容就是辛亥革命。中国史学会复建后，刘大年多次主持召开相关学术会议。1984年，在他的积极参与下，经中共中央书记处讨论批准成立了孙中山研究学会，以胡绳、刘大年为正副会长。孙中山研究学会的成立，有力地推进了这个领域研究的发展。

第一节　组织辛亥革命国际学术研讨会（1981—1991）

辛亥革命五十周年时，史学界曾举行过隆重的学术纪念活动。六十周年时因在“文革”期间，无法举行学术活动。1981 年是辛亥革命七十周年，又值中国史学会复建后第二年，刘大年希望通过举行国际性的学术讨论会，使中国的史学研究融入国家改革开放的洪流中，也为推动两岸关系改善创造机会。会议由中国史学会和湖北省哲学社会科学联合会主办，刘大年任大会组织委员会主任委员。

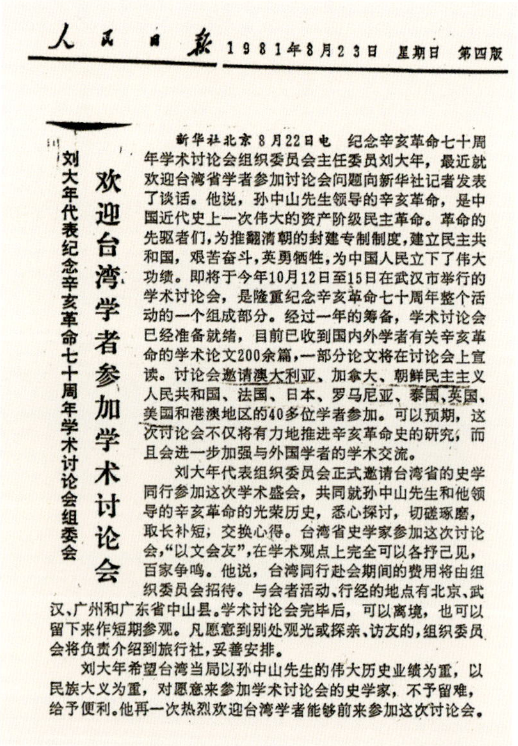

人民日报　1981年8月23日　星期日　第四版

欢迎台湾学者参加学术讨论会

刘大年代表纪念辛亥革命七十周年学术讨论会组委会

新华社北京8月22日电　纪念辛亥革命七十周年学术讨论会组织委员会主任委员刘大年，最近就欢迎台湾省学者参加讨论会问题向新华社记者发表了谈话。他说，孙中山先生领导的辛亥革命，是中国近代史上一次伟大的资产阶级民主革命。革命的先驱者们，为推翻清朝的封建专制制度，建立民主共和国，艰苦奋斗，英勇牺牲，为中国人民立下了伟大功绩。即将于今年10月12日至15日在武汉市举行的学术讨论会，是隆重纪念辛亥革命七十周年整个活动的一个组成部分。经过一年的筹备，学术讨论会已经准备就绪，目前已收到国内外学者有关辛亥革命的学术论文200余篇，一部分论文将在讨论会上宣读。讨论会邀请澳大利亚、加拿大、朝鲜民主主义人民共和国、法国、日本、罗马尼亚、泰国、英国、美国和港澳地区的40多位学者参加。可以预期，这次讨论会不仅将有力地推进辛亥革命史的研究，而且会进一步加强与外国学者的学术交流。

刘大年代表组织委员会正式邀请台湾省的史学同行参加这次学术盛会，共同就孙中山先生和他领导的辛亥革命的光荣历史，悉心探讨，切磋琢磨，取长补短，交换心得。台湾省史学家参加这次讨论会，“以文会友”，在学术观点上完全可以各抒己见，百家争鸣。他说，台湾同行赴会期间的费用将由组织委员会招待。与会者活动、行经的地点有北京、武汉、广州和广东省中山县。学术讨论会完毕后，可以离境，也可以留下来作短期参观。凡愿意到别处观光或探亲、访友的，组织委员会将负责介绍到旅行社，妥善安排。

刘大年希望台湾当局以孙中山先生的伟大历史业绩为重，以民族大义为重，对愿意来参加学术讨论会的史学家，不予留难，给予便利。他再一次热烈欢迎台湾学者能够前来参加这次讨论会。

1　发表欢迎台湾学者到大陆参会的谈话（1981）

1981 年 8 月 22 日，刘大年以“纪念辛亥革命七十周年学术讨论会”组织委员会主任委员名义，向新华社记者发表谈话，诚邀台湾学者前来参会，促进两岸学者共同为国家统一大业努力。第二天《人民日报》刊发了此谈话。

2 “纪念辛亥革命七十周年学术讨论会”合影（1981）

1981年10月12日，“纪念辛亥革命七十周年学术讨论会”召开。刘大年致开幕词，民革中央主席屈武发表讲话。图中前排左2唐长孺，5邓垦，7王德昭，10屈武，11陈丕显，12刘大年，13韩宁夫，14何炳棣，15卫藤沈吉，17黄德华，18薛君度，21胡绳，22邓广铭，24梅益，25赵令扬；二排右1中村义，2李新；三排左2陈志让，8金冲及，9隗瀛涛，右1陈庆华，2藤井昇三，3汤志钧，4久保田文次，5田中正俊，6赵矢元，8胡绳武，10普莱斯，13夏东元。

3 与屈武等人在辛亥革命武昌起义纪念馆前合影（1981）

会议期间，刘大年与屈武及日本学者在纪念馆前合影。前排蹲者左起2石田米子，3松本英纪，4久保田文次，5野泽丰；后排立者左4章开沅，6屈武，7刘大年，9田中正俊，10中村义，11狭间直树。

4 “纪念辛亥革命七十周年学术讨论会”期间跟卫藤沈吉等叙谈（1981）

讨论会期间，刘大年与参会的日本老朋友叙谈。图中左 1 山根幸夫，2 卫藤沈吉，3 刘大年。

湖北日報

HUBEI RIBAO

1981年10月 13 星期二 辛酉年九月十六（廿六霜降） 第11497号

武汉地区天气预报：晴天 北风 3级 最高温度 23—24° 最低温度 10—11°

纪念辛亥革命七十周年学术讨论会隆重开幕

检阅成果，交换心得，把辛亥革命史的研究推向新境域

来自国内外的一百七十多名专家、学者、史学工作者出席，密加凡主持开幕式，刘大年致开幕词，屈武、梅益、韩宁夫、郑天挺先后讲话

纪念辛亥革命七十周年学术讨论会

纪念辛亥革命七十周年学术讨论会开幕式十二日在首义之城武昌隆重举行。 于澄建 摄

本报讯 纪念辛亥革命七十周年学术讨论会，昨天上午在辛亥革命首义之地武昌隆重开幕。

昨天，艳阳高照，东湖之滨秋色宜人，一百二十七位来自全国各地的史学工作者和四十四位来自亚洲、欧洲、美洲、澳洲和香港地区的史学界学者、专家欢聚一堂，共同交流学术研究成果。

辛亥革命七十周年纪念筹委会秘书长屈武，中国社会科学院副院长梅益，中共湖北省委第一书记、省人大常委会主任陈丕显，省委书记、省长韩宁夫，省委书记、省政协主席许道琦，武汉市委书记、市政协主席王群，出席了开幕式。

开幕式由学术讨论会执行主席、省社会科学院副院长密加凡主持。

学术讨论会组织委员会主任委员、中国社会科学院近代史研究所所长刘大年致开幕词。他说，我们举行的这次讨论会，是隆重纪念辛亥革命七十周年活动的一部分。讨论会将检阅对辛亥革命的学术研究成果，把辛亥革命史的研究推向科学上的新的境域。

刘大年说，与会者的名单里缺少台湾地区的历史学者。今年八月间，组织委员会曾正式邀请台湾学者莅会，“以文会友”。现在，台湾的同行们还是没有来得了。这是人为的分裂造成的。最近，叶剑英委员长[illegible]解决台湾问题的九项方针政策，为克服这种分裂局面作了巨大的努力。爱国之心，人皆有之。结束分裂状态，完成祖国统一，是我国各族人民包括台湾同胞和广大侨胞的共同心愿。想长期阻止这种统一，阻碍历史车轮的前进，是任何力量也办不到的。孙中山先生在辛亥革命以前和以后，反复讲过中国只能统一，不能分裂的道理。孙中山的遗训至为宝贵，不可忘记。刘大年说，台湾学者这次没有来，以后什么时候来，我们都乐于接待。

刘大年指出，中国近代史的研究中，辛亥革命占有重要地位。我们研究辛亥革命，第一，就是要客观地评价事件本身。正确对待过去，才能正确对待现在，表彰前代的先进正是为了推动现在的先进。第二，说明中国跨进社会主义的由来。社会主义不是无缘无故产生的。它的根苗、来龙去脉就在民主革命的历史行程里面。对辛亥革命的结局、研究了解越深刻，对社会主义道路的合理性、必然性了解就越深刻。刘大年最后说，这次讨论会将要

5 《湖北日报》报道“纪念辛亥革命七十周年学术讨论会”（1981）

《湖北日报》对会议作了比较详细的报道。

6 与王光美叙谈（1981）

1981年10月10日，邓颖超在人民大会堂举行招待会，招待出席纪念活动的辛亥革命先烈后人及参加学术讨论会的中外学者。图为刘大年与社科院外事局局长王光美交谈。

7 “纪念辛亥革命八十周年国际学术讨论会”论文评选会后合影（1991）

1991年，为纪念辛亥革命八十周年，中国史学会循例举行“纪念辛亥革命八十周年国际学术讨论会”。刘大年仍任组委会主任。为保证会议的质量，会前组织委员会在北京八大处集中专家评审参会论文。图为评审会专家合影。前排左起1金冲及，2林增平，3汪敬虞，4刘大年，5胡绳武，6李侃，7隗瀛涛；二排左1刘望龄，2吴乾兑，3张磊，4张岂之，5龚书铎，6李文海，7张海鹏，8王玉璞。

8 “纪念辛亥革命八十周年国际学术讨论会”合影（局部）（1991）

1991 年 10 月，“纪念辛亥革命八十周年国际学术讨论会”在武汉举行，刘大年致开幕词——《辛亥革命研究与历史前进观点》，另提交论文《孙中山对中国国情的认识》。图为大会合影局部。前排左 2 李侃，3 密加凡，5 黄德华，6 刘凤翰，8 薛君度，9 戴逸，10 贾亦斌，11 关广富，12 健在的辛亥老人，13 刘大年，15 金冲及，16 韩宁夫，17 野泽丰，19 汤志钧，20 中村义，22 普莱斯。

第二节　建立孙中山研究会（1984）

1981年全国人大常委会委员长叶剑英发表“关于台湾回归祖国、实现和平统一的九条方针政策”。第二年，中共中央指示，由中国社会科学院近代史研究所牵头，组织一个全国性的孙中山研究学术团体。在中国社会科学院党组领导下，刘大年承担了全部筹划组织工作。孙中山研究学会于1984年1月成立。胡绳任会长，刘大年任副会长，屈武与朱学范任顾问。孙中山研究学会后改名为中国孙中山研究会。

1 孙中山研究学会成立大会合影（局部）（1984）

1984年，是中国国民党第一次代表大会召开六十周年。经中共中央批准，中国史学会主办的“纪念中国国民党‘一大’六十周年学术讨论会暨孙中山研究学会成立大会”于全国政协礼堂召开。曾为国民党一大省党部成员的全国政协主席邓颖超到会祝贺并讲话。会上宣布成立孙中山研究学会。图为会后国家领导人接见参会人员合影。图中前排左1梁漱溟，2刘大年，3苏子衡，4平杰三，5钱昌照，6王昆仑，7周谷城，8杨尚昆，9邓颖超，10王震，11朱学范，12杨静仁，13屈武，14胡绳，15梅益。

人民日报
RENMIN RIBAO

1984年1月
17
星期二

纪念国民党“一大”六十周年学术讨论会暨孙中山研究学会成立大会在京举行

邓颖超、屈武讲话，王震、杨尚昆等和三百多专家学者出席

新华社北京1月16日电 （记者杨建业、肖家保）中国史学会今天上午在政协礼堂举行纪念中国国民党第一次全国代表大会六十周年学术讨论会暨孙中山研究学会成立大会。中国史学会主席团成员胡绳致开幕词，全国政协主席邓颖超、中国国民党革命委员会副主席屈武在会上讲话。

王震、杨尚昆、周谷城、朱学范、杨静仁、钱昌照、王昆仑、梅益、平杰三、苏子蘅、吴茂荪、梁漱溟、刘大年、吴于廑、李定、杨拯民，全国各地参加学术讨论会的专家、学者，以及北京各高等院校和研究机关的有关人员，共320多人出席。

邓颖超在会上讲话。（讲话全文另发）

屈武作为国共两党第一次、第二次合作的见证人，作为国民党“二大”的参加者和国民党第二届中央执行委员会的一个成员，在会上用他亲身经历的历史说明：国共两党，合则两蒙其利，分则两受其害。他指出，国共两党经历过两次合作、两次分裂的历史经验教训之后，现在又面临着第三次合作的形势。当前，首先要培养起祥和的气氛。我们欢迎台湾的亲人们以各种身份，采取各种方式，回大陆看看，想想，谈谈。一时想不通的，还可以继续从容再想。务必使和平统一，成为海峡两岸所有中国人的共同语言。

屈武强调说，孙中山先生曾经说：“革命尚未成功，同志仍须努力！”今天统一尚未完成，凡我有血性的中华儿女，都要为此作出自己的努力。

胡绳在开幕词中说，举行纪念国民党一大的学术讨论会，还是第一次。他指出，研究国民党“一大”，研究孙中山一生的革命事业和思想，既是中国近代革命发展史研究中的重要组成部分，也是史学界的一个重要任务。我们希望，通过这次讨论会，对今后的研究工作能够起到促进作用。

孙中山研究学会成立

胡绳、刘大年分别担任正副会长

新华社北京1月16日电（记者杨建业、肖家保）孙中山研究学会今天在北京宣告成立。学会由胡绳任会长，刘大年任副会长，屈武、朱学范担任顾问，金冲及任秘书长。

孙中山研究学会是一个群众性学术团体，由15名理事组成，他们是：马璧、刘大年、李侃、李新、李泽厚、吴茂荪、陈锡祺、金冲及、金应熙、胡绳、贾亦斌、章开沅、蔡尚思、黎澍、戴逸。

2 《人民日报》报道（1984）

1984年1月7日，《人民日报》报道了“纪念中国国民党‘一大’六十周年学术讨论会暨孙中山研究学会成立大会”的消息。

3 孙中山研究学会第一次理事会会场（1984）

会后，刘大年在近代史所主持召开孙中山研究学会第一次理事会，理事会决定在1985年孙中山逝世六十周年时，举办“孙中山研究述评国际学术讨论会”，为1986年纪念孙中山诞辰一百二十周年讨论会做学术准备。图为理事会会场。

4 孙中山研究学会理事会成员合影（1984）

全体与会理事在近代史所办公大楼前合影。前排左 1 陈锡祺，2 黎澍，3 蔡尚思，4 朱学范，5 胡绳，6 马璧；后排左 1 王玉璞，2 朱培根，3 金冲及，4 章开沅，5 李侃，6 李新，7 戴逸，8 刘大年，9 李泽厚，10 贾亦斌。

5 美籍华人林汉光向学会捐赠有关孙中山文物（1986）

1986 年，美籍华人林汉光向孙中山研究学会赠送有关孙中山的文物。图中左 1 刘大年，2 林汉光，3 宋庆龄基金会副主席吴全衡。

第三节　孙中山研究（1985—1996）

孙中山研究学会成立，为国内外辛亥革命和孙中山研究，以及在这方面与海外学者的联络搭建了一个新的高规格平台。其中主要活动有：召开纪念孙中山诞辰一百二十周年、一百三十周年的国际学术讨论会，赴苏联参加在莫斯科举行的“纪念伟大的中国革命民主主义者、苏联的朋友孙中山诞辰一百二十周年学术讨论会”，编辑出版相关的论文集和《孙中山书信手迹选》等。

1　“孙中山研究述评国际学术讨论会”会场（1985）

根据学会第一次理事会的决定，在孙中山诞辰一百二十周年学术讨论会前，先举办一次“孙中山研究述评国际学术讨论会”。1985 年 1 月在河北涿县召开了有各国著名学者 49 人出席的“孙中山研究述评国际学术讨论会”。刘大年把这次讨论会当作“一次调查研究的会，一次集思广益的会。目的是估量评价以往的研究成果，提出推进今后研究工作的希望和设想”。讨论会会场简朴，免除了开幕式、闭幕式、领导讲话等繁文缛节。

2 胡绳在“孙中山研究述评国际学术讨论会”上致词（1985）

中国社会科学院院长、孙中山研究学会会长胡绳致词欢迎各国学者。

3 野泽丰在会上发言（1985）

日本骏河台大学教授野泽丰在会上发言。图中左1刘大年，2李薇，3野泽丰，4胡绳。

4 与史扶林、胡绳等合影（1985）

讨论会结束后，与会专家赴清西陵参观。图中左起：胡绳、史扶林、刘大年、陈福霖。

5 与日本学者合影（1985）

参观清西陵时与日本学者合影。图中左起：山口一郎、久保田文次、野泽丰、刘大年、卫藤沈吉。

6 《孙中山书信手迹选》封面（1986）

孙中山研究述评会后，刘大年决定选编一本有学术价值的孙中山书信手迹，以纪念孙中山诞辰一百二十周年。图为《孙中山书信手迹选》封面。

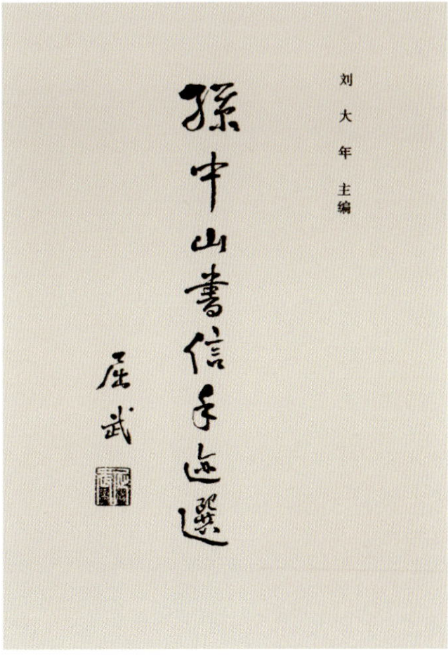

7 《孙中山书信手迹选》扉页（1986）

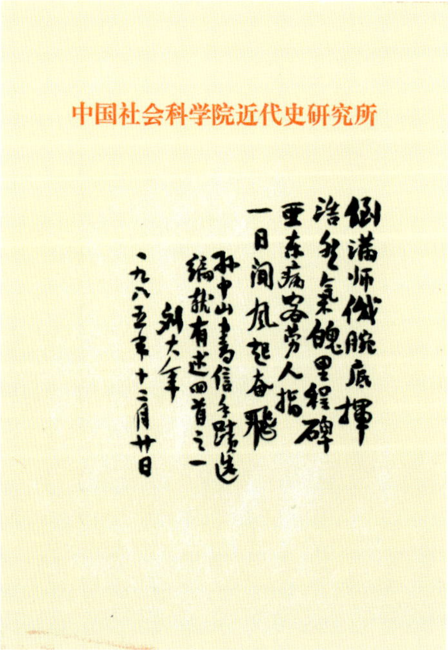

中国社会科学院近代史研究所

倒满师仪脱底挥
浩然气魄里程碑
亚东病客劳人指
一日间风起春飚
孙中山书信手迹选
编就有述四首之一
刘大年
一九八五年十二月廿日

8 《孙中山书信手迹选》完稿后赋诗手迹（1985）

编选《孙中山书信手迹选》期间，刘大年因病入住北京协和医院五楼，住的恰巧是孙中山60年前住过的病房。《手迹选》完成后，他触景生情，赋诗抒怀："见闻三世校春秋，踪迹追寻第五楼。欲问先生何处之，昆仑足畔大江头。"一共赋诗四首，图为其中之一手迹。

9 《人民日报》海外版报道《孙中山书信手迹选》出版（1986）

《孙中山书信手迹选》于1986年出版。《人民日报》海外版报道称此书是对孙中山诞辰一百二十周年纪念奉上的"珍贵的献礼"。

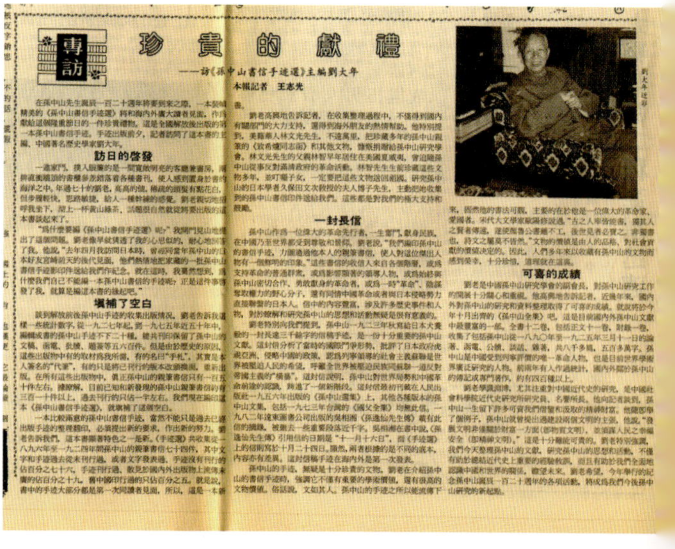

專訪

珍貴的獻禮

——訪《孫中山書信手迹選》主編劉大年

本報記者　王忠光

訪日的啓發

填補了空白

一封長信

可喜的成績

10 “孙中山研究国际学术讨论会”论文评审会会场(1986)

1985年在涿县召开的“孙中山研究述评国际学术讨论会”，对国际范围内孙中山研究情况做了调研，确定了纪念孙中山诞辰一百二十周年召开的“孙中山研究国际学术讨论会”的主题为“孙中山和他的时代”。为保证论文质量，孙中山研究学会循例，于1986年8月召开论文评审会。图为专家们在热烈讨论与会代表提交的论文。

11 论文评审会后专家合影（1986）

“孙中山研究国际学术讨论会”论文评审会会后合影。前排左起1林增平，2汪敬虞，3胡绳，4刘大年，5陈旭麓，6李侃，7汤志钧；二排左起1李宗一，2龚书铎，3胡绳武，4李时岳，5林家有；三排左起1金冲及，2章开沅，3李文海，4张岂之，5黄彦。

12 “孙中山研究国际学术讨论会”开幕式（1986）

1986年11月4日，孙中山研究学会为纪念孙中山诞辰一百二十周年主办的“孙中山研究国际学术讨论会”在广州中山大学开幕。参加讨论会的内地学者93人，香港地区学者8人，外国学者38人。图为刘大年在开幕式上致词。

13 “孙中山研究国际学术讨论会”合影（局部）（1986）

此次讨论会由于准备精心，论文质量高，获得了很大的成功。这从与会代表们心情舒畅的合影中可以看出。图中前排左2蔡尚思，3齐赫文斯基，4谢非，5胡绳，6刘大年，7岛田虔次，8陈锡祺，9陈志让，10贾亦斌。

14 与参加“孙中山研究国际学术讨论会”青年学者座谈（1986）

在讨论会期间，刘大年、胡绳、金冲及与参会的青年学者座谈。

15 拜谒中山市中山纪念堂合影（1986）

会议期间，与会代表去中山市中山纪念堂拜谒。

16《孙中山和他的时代》封面（1986）

本次讨论会论文以会议主题“孙中山和他的时代”为题结集出版，其中收录有刘大年提交的论文《孙中山与中华民国》。

17“孙中山与中国近代化国际学术讨论会”合影（1996）

1996年是孙中山诞辰一百三十周年。同年11月，孙中山研究会与广东省社科联共同在中山市举办了“孙中山与中国近代化国际学术讨论会”。国内130多位学者、海外50多位学者与会。图为学者们济济一堂，在孙中山的故乡翠亨村合影。

18 在"孙中山与中国近代化国际学术讨论会"上发言(1996)

刘大年在会上作了《关于研究孙中山与中国近代化问题》的主旨报告。图为刘大年在发言。

19 与胡绳在孙中山故居前留影(1996)

在"孙中山与中国近代化国际学术讨论会"期间与胡绳在孙中山故居前留影。

第四节　率团出席莫斯科纪念孙中山诞辰一百二十周年学术讨论会（1986）

1986 年，苏联科学院远东研究所与全苏东方学家联合会共同举办“纪念伟大的中国革命民主主义者、苏联的朋友孙中山诞辰一百二十周年学术讨论会”。刘大年率团出席。

1　“纪念伟大的中国革命民主主义者、苏联的朋友孙中山诞辰一百二十周年学术讨论会”在莫斯科召开（1986）

图中站立者为大会主持人、苏联科学院院士、汉学家齐赫文斯基，其右首为刘大年。

2 在莫斯科讨论会主席台上（1986）

图为刘大年（左3）在莫斯科“纪念伟大的中国革命民主主义者、苏联的朋友孙中山诞辰一百二十周年学术讨论会”主席台上。

3 拜会苏联科学院费多谢耶夫院士（1986）

会议期间，代表团拜会了曾对中国有过较大影响的苏联著名哲学家彼德·尼古拉耶维奇·费多谢耶夫院士。图中右2费多谢耶夫，3刘大年，4齐赫文斯基，6李侃，8张椿年，9陈之骅，10刘存宽。

4 参观列宁逝世之地高尔克村（1986）

高尔克村位于莫斯科郊区。1918 年列宁遇刺后经常到此休养，1924 年逝世于此。图为代表团在参观高尔克村时合影。图中前排左 1 刘存宽，2 刘大年，3 张椿年，4 李侃。

第九章

抗日战争研究
（1982—1999）

20 世纪 80 年代，国内对抗日战争进行全面研究的成果寥寥，与国际上对二战史的研究相比差距极大。1982 年发生日本教科书否认日本军国主义侵华罪行事件，引起刘大年的高度重视。他预见到这可能是一场长期的斗争。为此，很快在近代史研究所组织人力，搜集资料，开展研究。他强调指出，我们应当加强抗日战争的科学研究，客观地认识全民抗战的发展过程，客观地认识抗日战争在中国近代史上的“复兴枢纽”地位，揭露日本帝国主义对华侵略的罪行，警惕日本右翼势力复活军国主义。

为此，他改变了自己的研究计划，停止了一些科研项目，把更多精力转移到抗日战争研究上来。同时，努力推动国内外抗日战争的科学研究及相关机制建设，为推进抗日战争研究，做出了开拓性的贡献。

第一节　参与筹建中国人民抗日战争纪念馆（1982）

1982年10月，中共中央政治局委员胡乔木到东北访问，发现虽然日本在东北占领了十多年，但是东北各省很少建有抗日战争纪念馆。从东北回来后，向北京市建议在七七事变爆发地卢沟桥建立抗战纪念馆，并说“有事你们可以向刘大年请教”。

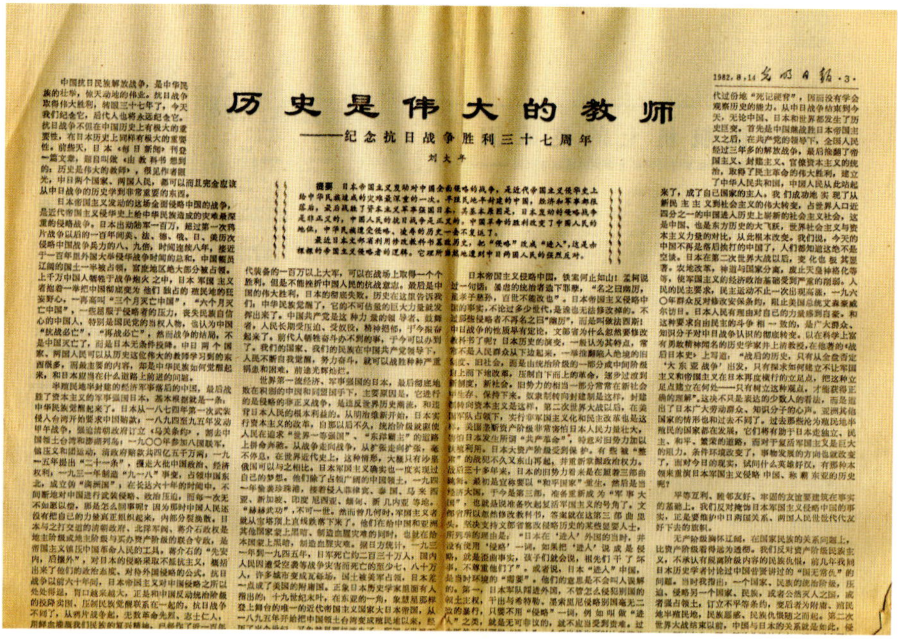
1982.8.14 光明日报 ·3·

历史是伟大的教师

——纪念抗日战争胜利三十七周年

刘大年

1《光明日报》载文《历史是伟大的教师》（1982）

1982年8月14日，在抗战胜利三十七周年前夕，刘大年在《光明日报》发表《历史是伟大的教师》一文，严厉批判日本修改历史教科书，企图掩盖历史真相。

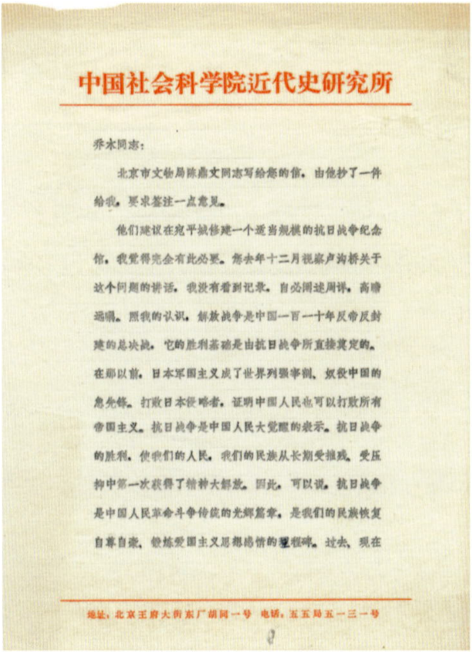

中国社会科学院近代史研究所

乔木同志：

北京市文物局陈鼎文同志写给您的信，由他抄了一件给我，要求签注一点意见。

他们建议在宛平城修建一个适当规模的抗日战争纪念馆，我觉得完全有此必要。您去年十二月视察卢沟桥关于这个问题的讲话，我没有看到记录，自必阐述周详，高瞻远瞩。照我的认识，解放战争是中国一百一十年反帝反封建的总决战，它的胜利基础是由抗日战争所直接奠定的。在那以前，日本军国主义成了世界列强事制、奴役中国的急先锋。打败日本侵略者，证明中国人民也可以打败所有帝国主义。抗日战争是中国人民大觉醒的表示。抗日战争的胜利，使我们的人民，我们的民族从长期受摧残，受压抑中第一次获得了精神大解放。因此，可以说，抗日战争是中国人民革命斗争传统的光辉篇章，是我们的民族恢复自尊自豪、锻炼爱国主义思想感情的里程碑。过去、现在

地址：北京王府大街东厂胡同一号　电话：五五局五一三一号

2 致函胡乔木为筹建抗日战争纪念馆事稿（1984）

1984年4月20日，北京市文物局顾问陈鼎文将筹建抗日战争纪念馆的报告送刘大年。刘大年阅后致函胡乔木，认为建立抗日战争纪念馆意义重大。

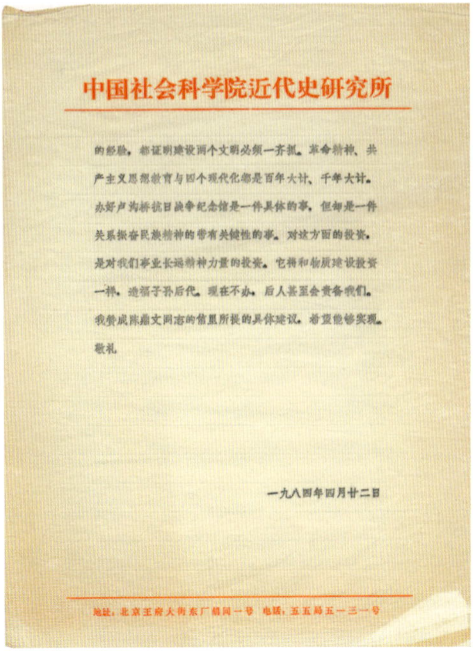

中国社会科学院近代史研究所

的经验，都证明建设两个文明必须一齐抓。革命精神、共产主义思想教育与四个现代化都是百年大计、千年大计。办好卢沟桥抗日战争纪念馆是一件具体的事，但却是一件关系振奋民族精神的带有关键性的事。对这方面的投资，是对我们事业长远精神力量的投资。它将和物质建设投资一样，造福子孙后代。现在不办，后人甚至会责备我们。我赞成陈鼎文同志的信里所提的具体建议，希望能够实现。

敬礼

一九八四年四月廿二日

地址：北京王府大街东厂胡同一号　电话：五五局五一三一号

3 致函胡乔木为筹建抗日战争纪念馆事稿续（1984）

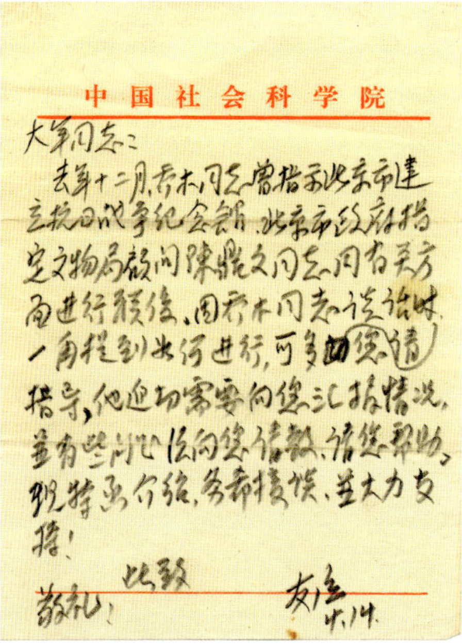

中国社会科学院

大年同志：

去年十二月乔木同志曾指示北京市建立抗日战争纪念馆。北京市政府指定文物局顾问陈鼎文同志同有关方面进行联系。因乔木同志谈话时，一再提到此须进行，可多请您指导，他迫切需要向您汇报情况，并有些问题须向您请教，请您帮助。现特函介绍，务希接谈，并大力支持！

此致

敬礼！

友渔 4.14

4 张友渔来函谈筹建抗日战争纪念馆事（1984）

1984 年 4 月，中国社会科学院副院长、全国人大法制委员会副主任张友渔来函谈筹建抗日战争纪念馆事。

5 中国人民抗日战争纪念馆外景（1987）

经过三年的筹建，1987 年七七事变五十周年前夕，中国人民抗日战争纪念馆落成于京西卢沟桥畔。

6 抗战老战士在铜墙铁壁雕塑前合影（1997）

1997 年，中国人民抗日战争纪念馆举办纪念南京大屠杀惨案六十周年座谈会，参会的抗战老战士在馆内象征中华民族抗战精神的铜墙铁壁雕塑前合影。图中左 3 白介夫，5 朱穆之，6 焦若愚，7 贾亦斌，8 刘大年。

第二节　推动抗日战争史研究（1982—1999）

1985 年，刘大年率团参加第十六届国际历史科学大会，时值第二次世界大战结束四十周年，他从大会上体会到西方各国极为重视二战史研究，深感中国对此研究十分不足。

刘大年亲身经历了抗日战争的全过程，认为运用历史唯物主义，实事求是地对抗日战争的全过程进行客观、全面的科学研究，对于认识中国的历史、现实和未来发展意义重大，决心全力投入抗日战争研究事业。

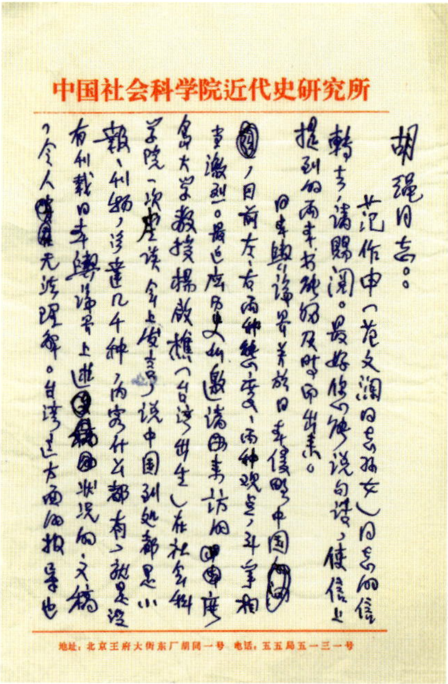

中国社会科学院近代史研究所

胡绳同志：

地址：北京王府大街东厂胡同一号　电话：五五局五一三一号

1 致胡绳函谈国内抗日战争研究薄弱事稿（1985）

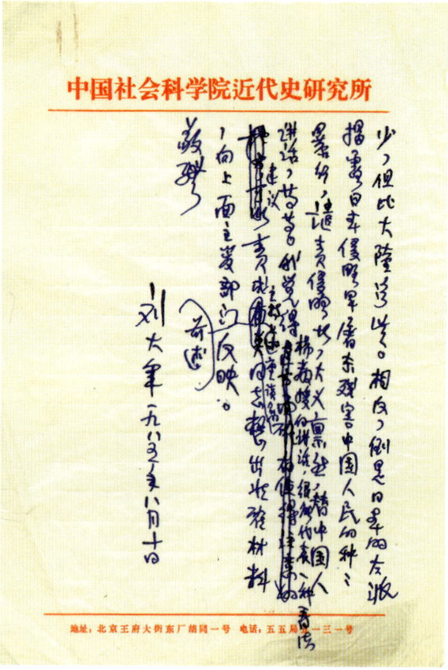

中国社会科学院近代史研究所

刘大年　一九八五年八月十日

地址：北京王府大街东厂胡同一号　电话：五五局五一三一号

2 致胡绳函谈国内抗日战争研究薄弱事稿续（1985）

1985 年 8 月，刘大年曾致函胡绳，表示对国内研究抗日战争的现状不满。

3 在“纪念中国人民抗日战争爆发五十周年学术讨论会”开幕式上讲话（1987）

1987年七七事变五十周年，中国史学会举办了“纪念中国人民抗日战争爆发五十周年学术讨论会”，刘大年作了《抗日战争与中国历史》的发言，认为抗日战争是“中国近代历史关键性的篇章”。

4《七七事变五十周年纪念文集》封面（1987）

讨论会后，人民出版社出版了《七七事变五十周年纪念文集》。

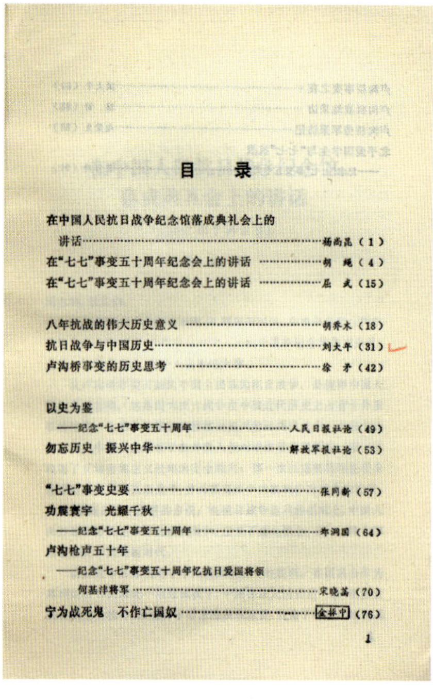

目　录

1

5《七七事变五十周年纪念文集》目录页（1987）

文集收录了刘大年的论文《抗日战争与中国历史》。

6 在日本京都“卢沟桥事件五十周年日中学术讨论会”上发言（1987）

1984 年，日本京都大学名誉教授井上清访华时向刘大年建议，在七七事变五十周年时中日双方共同举办学术讨论会。刘大年十分赞同。经过中日双方三年的努力协调，讨论会得以举行。1987 年 7 月 5 日，刘大年率中国历史学家代表团赴日参会。讨论会前半段会场设于京都，后半段移至东京。图为刘大年在京都会场发言。

7 京都大学人文科学研究所会场（1987）

讨论会京都会场设在京都大学人文科学研究所。图中右 1 刘大年，2 岛田虔次。

8 东京庆应大学讨论会会场（1987）

讨论会后半段在东京举行，由亚细亚、庆应、早稻田三所大学共同举办。图为庆应大学大会会场，前排左 1 吴于廑，2 刘大年，3 李薇。

9 讨论会闭幕后合影（1987）

此次讨论会受到日本各界关注，与会者有时多达数百人，取得了圆满的成功。会后中国代表团全体代表与日本友人在东京庆应大学楼前合影。前排左 1 李薇，2 王玉璞，3 刘大年，4 远山茂树，5 井上清，6 吴于廑；后排左 1 王汝丰，2 齐世荣，3 张振鹍，4 郑惠。

10 在日本学术振兴会招待会上讲话（1987）

讨论会闭幕后，日本学术振兴会举办了招待会。刘大年在讲话中阐明：尽管参会学者的题目各异，方法也有不同，但有一点却是共同的，大家都认同一个事实，即围绕卢沟桥事变前后的中日间的关系和战争，是日本的侵略和中国的民族抵抗。图为刘大年在招待会上讲话。

11 在东京梅屋庄吉故居松本楼查阅资料（1987）

讨论会结束后，刘大年到孙中山的日本挚友梅屋庄吉故居松本楼查阅有关孙中山的文献。

12 “首届抗日战争史学术研讨会”合影（1988）

1988 年 7 月，中国人民抗日战争纪念馆主办了“首届抗日战争史学术研讨会”。图为大会合影。图中前排左 6 刘大年，7 胡乔木，8 王定国。

13 在“首届抗日战争史学术研讨会”上发言（1988）

刘大年在会上发言，强调要集中力量写出一部质量较高的、内容充实的抗日战争史，并且要编一套完整的抗战史资料。图中左 1 王定国，2 刘大年，3 孙思白，4 金冲及，5 孙轶青。

14 “第二届中国抗日战争史学术研讨会”杨成武发言（1989）

1989年10月，中国人民抗日战争纪念馆举行“第二届中国抗日战争史学术研讨会”。会上有近50名代表发表声明，就日本东京地方法院10月3日对日本文部省修改教科书诉讼案做出的所谓修改教科书中某些历史事实“不能算违法”的错误判决，表示极大的义愤。图为大会主席台，杨成武在发言。图中右1刘大年，2朱穆之。

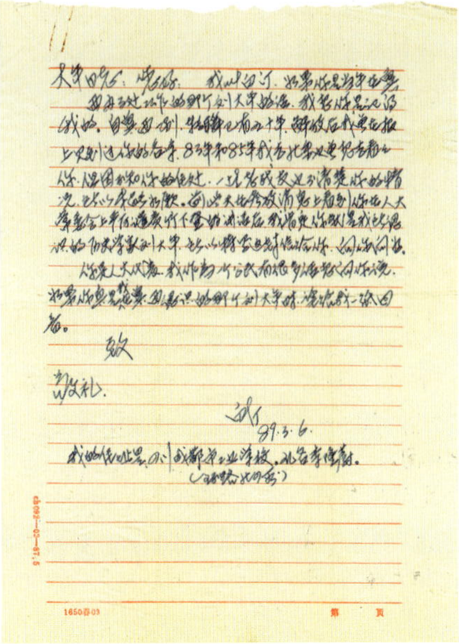

大年同志：

致

敬礼

白汀
89.3.6

15 白汀来函谈刘大年在全国人大常委会发言事（1989）

1989年2月，日本首相竹下登为裕仁天皇开脱战争责任，为日本侵华辩护。2月20日，刘大年在全国人大常委会会议上，严词批判日本当局在侵华战争性质问题上倒退。第二天《人民日报》全文发表刘大年的发言，国内外反响强烈。抗战时期的老战友白汀来信谈了自己的感想。

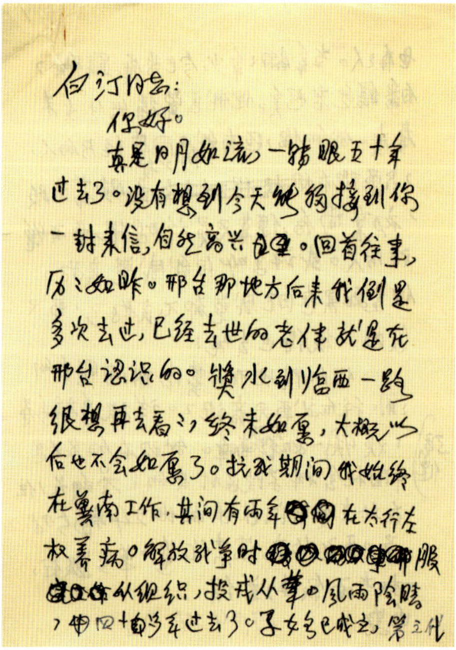

白汀同志：

你好。

真是日月如流，一转眼五十年过去了。没有想到今天能够接到你一封来信，自然高兴。回首往事，历历如昨。邢台那地方后来我倒是多次去过，已经去世的老伴就是在邢台认识的。漳水到临西一路很想再去看看，终未如愿，大概以后也不会如愿了。抗战期间我始终在冀南工作，其间有两年在太行左权养病。解放战争时服从组织，投戎从笔。风雨阴晴，一晃四十多年过去了。子女多已成立，第三代

16 复白汀函稿（1989）

刘大年复信白汀，回顾了自己当年在冀南一带生活战斗的情况，并表达了自己及经历过抗战的同辈人“只要现在晚节未改，初衷尚存，便算无负于时代，也不愧对后人”的情怀。

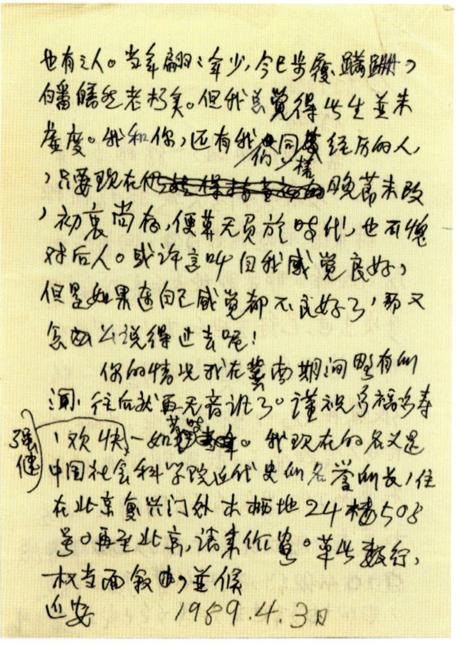

也有三人。当年翩翩年少，今已步履蹒跚，白发皤然老朽矣。但我总觉得此生并未虚度。我和你，还有我们同辈经历的人，只要现在晚节未改，初衷尚存，便算无负于时代，也不愧对后人。或许言此自我感觉良好，但是如果连自己感觉都不良好了，那又怎么能说得过去呢！

你的情况我在冀南期间略有所闻，往后就再无音讯了。谨祝多福多寿，强健欢快，一如往昔。我现在的名义是中国社会科学院近代史研究所名誉所长，住在北京复兴门外木樨地24楼508号。再至北京，请来作客。草此数行，权当面叙吧，并候

近安

1989.4.3日

17 复白汀函稿续（1989）

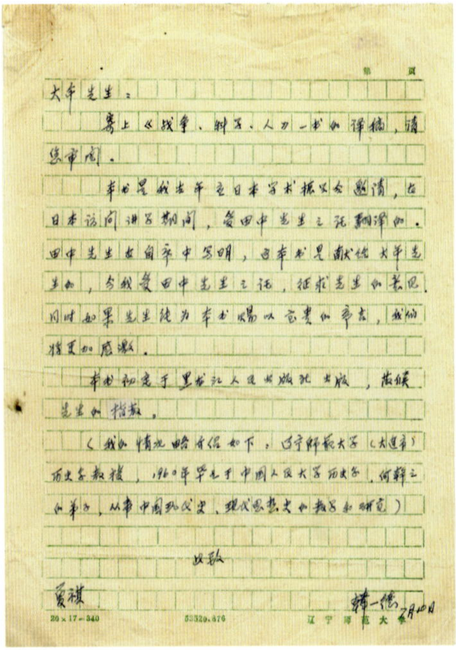

大年先生：

寄上《战争、科学、人》一书的译稿，请您审阅。

本书是我去年应日本学术振兴会邀请，在日本访问讲学期间，受田中先生之托翻译的。田中先生在自序中写明，本书是献给大年先生的，今我受田中先生之托，征求先生的意见，同时如果先生能为本书赐以宝贵的序言，我们将更加感激。

本书初定于黑龙江人民出版社出版，尚候先生的指教。

（我的情况略介绍如下：辽宁师范大学（大连市）历史系教授，1960年毕业于中国人民大学历史系，何干之的弟子，从事中国现代史、现代思想史的教学和研究）

此致

敬礼

韩一德 2月10日

20×17=340 53329.676 辽宁师范大学

18 韩一德来函谈为田中正俊书写序事（1989）

1989年，日本东京大学教授田中正俊出版《战争·科学·人》一书，委托辽宁师范大学教授韩一德翻译中文版。田中在自序中写明这本书献给“我们的老师刘大年先生”，韩一德因而致函刘大年索序。刘大年写了《固守真理者》一文为序。

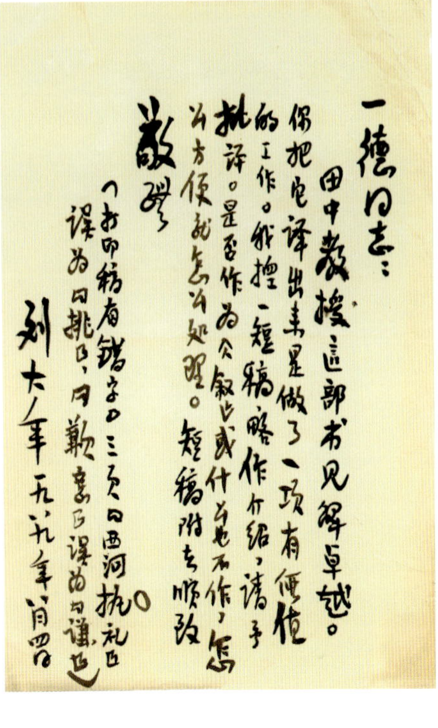

一德同志：

田中教授这部书见解卓越。你把它译出来是做了一项有价值的工作。我撰一短稿略作介绍，请予批评。是否作为代叙或什么也不作，怎么方便就怎么处理。短稿附去，顺致

敬礼

（书印稿有错字：三页“西洞挑衅”误为“挑衅”，“勤案”误为“谦逊”）

刘大年 一九八九年二月四日

19 复函韩一德谈田中正俊书序事稿（1989）

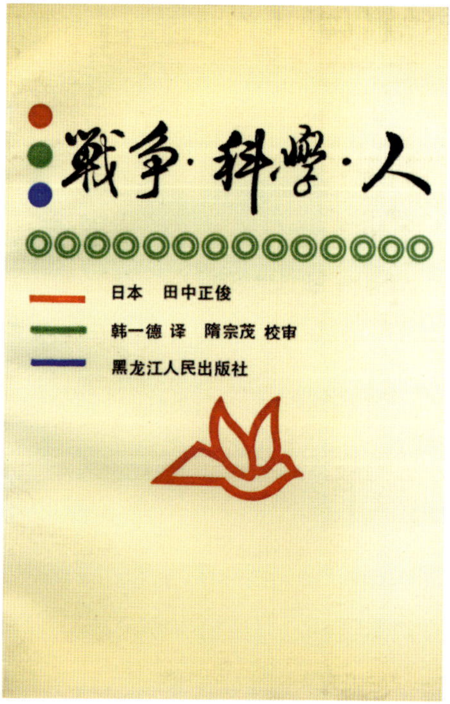

20《战争・科学・人》封面（1990）

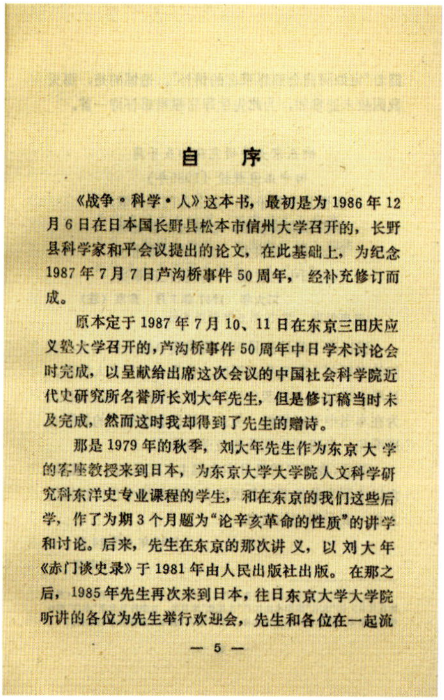

自　序

《战争・科学・人》这本书，最初是为 1986 年 12 月 6 日在日本国长野县松本市信州大学召开的，长野县科学家和平会议提出的论文，在此基础上，为纪念 1987 年 7 月 7 日芦沟桥事件 50 周年，经补充修订而成。

原本定于 1987 年 7 月 10、11 日在东京三田庆应义塾大学召开的，芦沟桥事件 50 周年中日学术讨论会时完成，以呈献给出席这次会议的中国社会科学院近代史研究所名誉所长刘大年先生，但是修订稿当时未及完成，然而这时我却得到了先生的赠诗。

那是 1979 年的秋季，刘大年先生作为东京大学的客座教授来到日本，为东京大学大学院人文科学研究科东洋史专业课程的学生，和在东京的我们这些后学，作了为期 3 个月题为“论辛亥革命的性质”的讲学和讨论。后来，先生在东京的那次讲义，以刘大年《赤门谈史录》于 1981 年由人民出版社出版。在那之后，1985 年先生再次来到日本，往日东京大学大学院听讲的各位为先生举行欢迎会，先生和各位在一起流

— 5 —

21《战争・科学・人》自序（1990）

作者在自序中说：“谨以本书献给抗日民族解放战争的英勇战士，我们的老师刘大年先生。……最后，我还以曾是日本帝国主义军队的一个成员，向以中国为首的亚洲各民族在侵略战争中作出牺牲的人们，表示深切的歉意。”

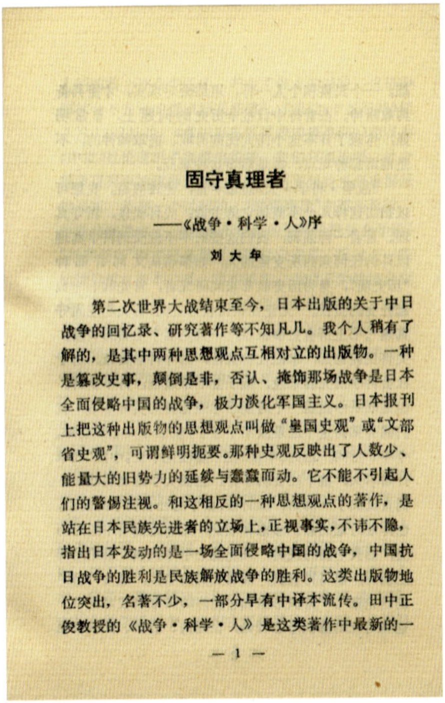

固守真理者

——《战争·科学·人》序

刘大年

第二次世界大战结束至今，日本出版的关于中日战争的回忆录、研究著作等不知凡几。我个人稍有了解的，是其中两种思想观点互相对立的出版物。一种是篡改史事，颠倒是非，否认、掩饰那场战争是日本全面侵略中国的战争，极力淡化军国主义。日本报刊上把这种出版物的思想观点叫做“皇国史观”或“文部省史观”，可谓鲜明扼要。那种史观反映出了人数少、能量大的旧势力的延续与蠢蠢而动。它不能不引起人们的警惕注视。和这相反的一种思想观点的著作，是站在日本民族先进者的立场上，正视事实，不讳不隐，指出日本发动的是一场全面侵略中国的战争，中国抗日战争的胜利是民族解放战争的胜利。这类出版物地位突出，名著不少，一部分早有中译本流传。田中正俊教授的《战争·科学·人》是这类著作中最新的一

— 1 —

22《战争·科学·人》刘序（1990）

刘大年在序言中就日本是否承认发动侵华战争，说“一个民族和个人一样，坦然面对现实，才能具备勇敢精神”。“这位历史研究家、教育家是一个主张自己民族也主张别的民族同样要自尊自信的人，是一位在为人师表上高自位置的人，一位敢于顶住强权，固守科学真理的人”。

23《中日学者对谈录》封面（1990）

1990年8月，刘大年主编的《中日学者对谈录——卢沟桥事变五十周年中日学术讨论会文集》由北京出版社出版。刘大年为论文集作序。

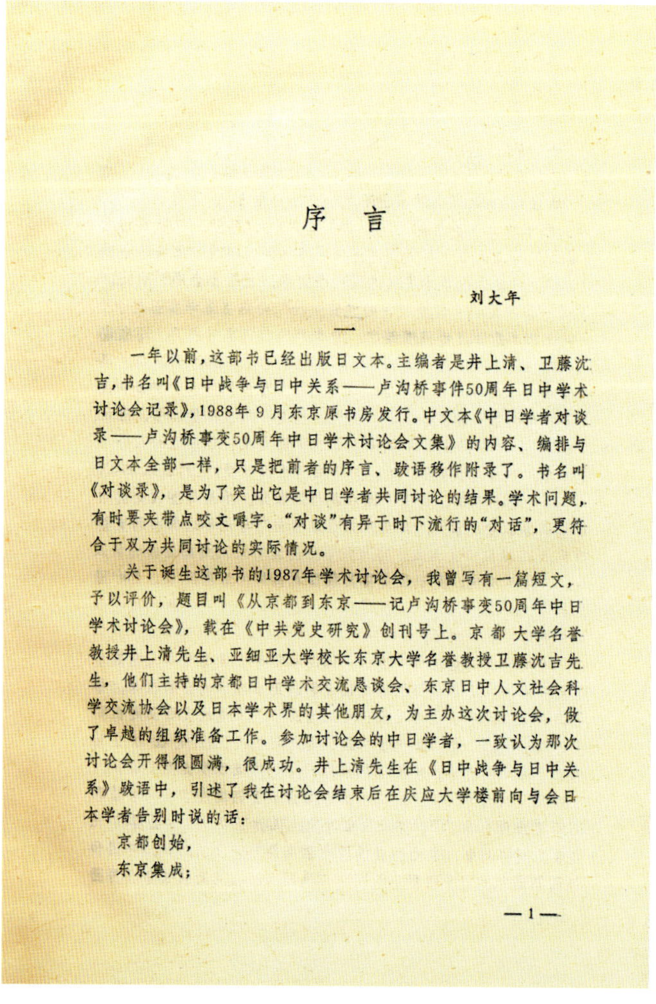

序　言

刘大年

一

一年以前，这部书已经出版日文本。主编者是井上清、卫藤沈吉，书名叫《日中战争与日中关系——卢沟桥事件50周年日中学术讨论会记录》，1988年9月东京原书房发行。中文本《中日学者对谈录——卢沟桥事变50周年中日学术讨论会文集》的内容、编排与日文本全部一样，只是把前者的序言、跋语移作附录了。书名叫《对谈录》，是为了突出它是中日学者共同讨论的结果。学术问题，有时要夹带点咬文嚼字。“对谈”有异于时下流行的“对话”，更符合于双方共同讨论的实际情况。

关于诞生这部书的1987年学术讨论会，我曾写有一篇短文，予以评价，题目叫《从京都到东京——记卢沟桥事变50周年中日学术讨论会》，载在《中共党史研究》创刊号上。京都大学名誉教授井上清先生、亚细亚大学校长东京大学名誉教授卫藤沈吉先生，他们主持的京都日中学术交流恳谈会、东京日中人文社会科学交流协会以及日本学术界的其他朋友，为主办这次讨论会，做了卓越的组织准备工作。参加讨论会的中日学者，一致认为那次讨论会开得很圆满，很成功。井上清先生在《日中战争与日中关系》跋语中，引述了我在讨论会结束后在庆应大学楼前向与会日本学者告别时说的话：

京都创始，
东京集成；

—1—

24《中日学者对谈录》序言（1988）

对于20世纪日本发动的侵华战争，刘大年在《序言》中指出：“天下的公言怎样才能使更多的人了解？一要有人宣讲，二要经过科学研究来宣讲。‘对谈录’从科学研究来宣讲天下公言，这正是它的价值所在。”

第三节　创建中国抗日战争史学会（1989—1991）

1989 年 8 月，胡乔木致函刘大年，提出建立抗日战争史学会，建议刘大年牵头筹办。经过各方面一年多的努力，1991 年 1 月 23 日，“中国抗日战争史学会”的成立大会在北京人民大会堂召开。胡乔木任名誉会长，刘大年任会长，白介夫任执行会长。

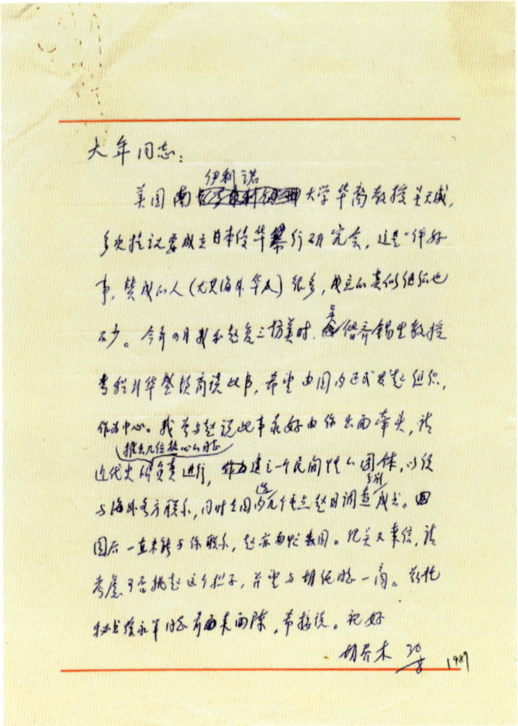
大年同志：
美国伊利诺大学华裔教授吴天威，多次提议要成立日本侵华罪行研究会，这是一件好事，赞成的人（尤其海外华人）很多，成立的意义与作用也不少。今年四月我和[illegible]三访美时，吴偕齐锡生教授专程到华盛顿商谈此事，希望由国内正式发起组织，作为中心。我考虑这此事最好由你出面牵头，请近代史所负责进行（请找出几位热心的同志），组建一个民间性的团体，以便与海外各方联系，同时在国内进行[illegible]调查研究工作。因国庆一直未能与你联系，[illegible]。现吴又来信，请考虑可否挑起这个担子，并望与胡绳同志一商。[illegible]有困难[illegible]，希指教。祝好
胡乔木 30/8 1989

1 胡乔木来函谈成立抗战研究民间性团体事（1989）

1989 年 8 月 30 日，胡乔木致函刘大年，提出建立一个研究抗日战争的“民间性团体”，并说“此事最好由你出面牵头”。

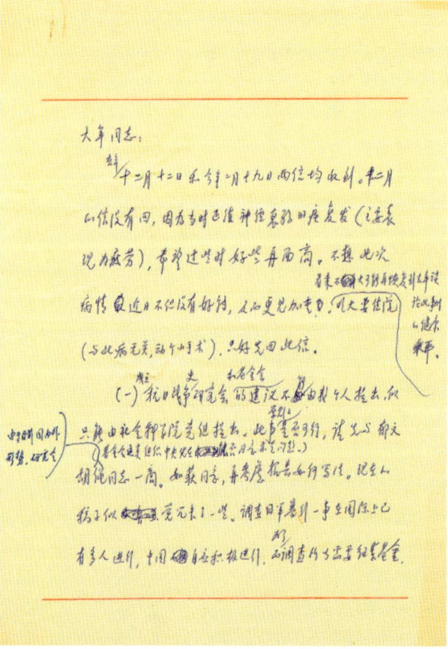

大年同志：

去年十二月十二日和今年一月十九日两信均收到。去年十二月的信没有回，因为当时正值神经系统的病复发（主要表现为疲劳），本想过些时好些再回。不想此次病情近日不但没有好转，反而更见加重，可能又要住院（与此病无关，动个小手术），只好先回此信。

（一）抗日战争史研究会和基金会的建议不宜由我个人提出，似只能由社会科学院党组提出。此事望您考虑，请先与郁文、胡绳同志一商。如获同意，再考虑报告如何写法。现在的稿子似觉太简单了一些。调查日军暴行一事在国际上已有多人进行，中国自应积极进行，而调查所需要经费基金，

2 胡乔木来函谈成立抗战史学会事（1990）

1990年2月20日，胡乔木致函刘大年，谈建立抗日战争史学会和基金会事。

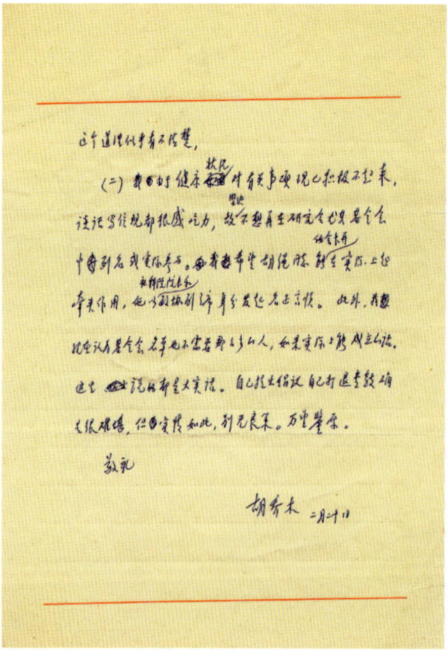

这个道理似乎有不清楚，

（二）我的身体健康状况对有关事项现已担任不起来，连写信现都很感吃力，故不想再在研究会和基金会中担任名义或实际参与。我希望胡绳同志能在实际上起带头作用，他以社科院院长身份发起名正言顺。此外，我想现在认为基金会名单也不需要那么多的人，如果实际上能成立的话。这些话都是大实话。自己提出倡议自己却退出是较为失礼的，但实情如此，别无良策。万望鉴原。

敬礼

胡乔木 二月二十日

3 胡乔木来函谈成立抗战史学会事续（1990）

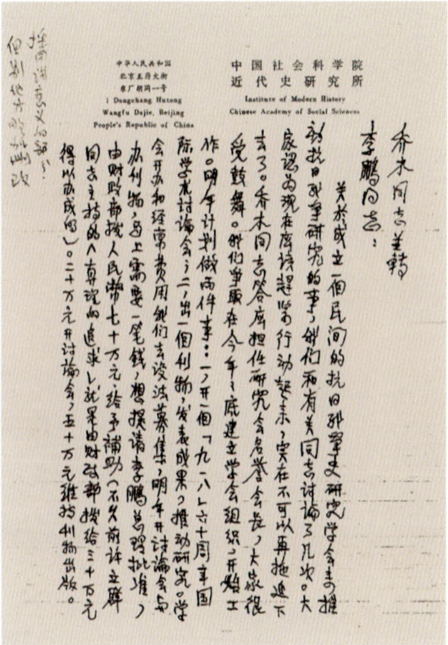

中华人民共和国
北京王府大街
东厂胡同一号
1 Dongchang Hutong
Wangfu Dajie, Beijing
People's Republic of China

中国社会科学院
近代史研究所
Institute of Modern History
Chinese Academy of Social Sciences

乔木同志并转
李鹏同志：

关于成立一个民间的抗日战争史研究学会，是推动抗日战争研究的事，我们和有关同志讨论了几次。大家认为现在应该赶紧行动起来，实在不可以再拖延下去了。乔木同志答应担任研究会名誉会长，大家很受鼓舞。我们争取在今年底建立学会组织，开始工作。明年计划做两件事：一，开一个"九一八"六十周年国际学术讨论会；二，出一个刊物，发表成果，推动研究。学会开办和经常费用，我们去设法募集，明年开讨论会与办刊物，马上需要一笔钱，想提请李鹏总理批准，由财政部拨人民币七十万元，给予补助（不久前许立群同志主持的《大百科》追求，就是由财政部拨给三十万元得以办成的）。二十万元开讨论会，五十万元开办刊物出版。

4 致李鹏函为创办学会及刊物经费事（1990）

1990年，国家经费困难。为解无米之炊，刘大年、白介夫联名致信国务院总理李鹏，请求财政部资助学会成立大会及创办《抗日战争研究》刊物的经费。图为致李鹏函的复印件。

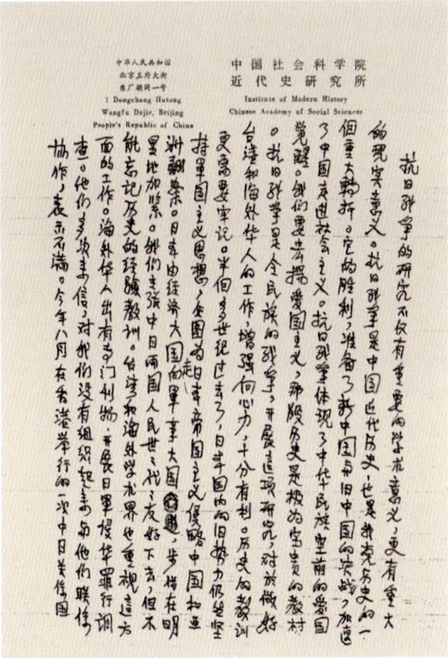

中华人民共和国
北京王府大街
东厂胡同一号
1 Dongchang Hutong
Wangfu Dajie, Beijing
People's Republic of China

中国社会科学院
近代史研究所
Institute of Modern History
Chinese Academy of Social Sciences

抗日战争的研究不仅有重要的学术意义，更有重大的现实意义。抗日战争是中国近代历史，也是世界历史的一个重大转折。它的胜利，准备了新中国和旧中国的决战，加速了中国走向社会主义。抗日战争体现了中华民族空前的爱国觉醒。我们要发扬爱国主义，那段历史是极为宝贵的教材。抗日战争是全民族的战争，开展这项研究，对于做好台湾和海外华人的工作，增强向心力，十分有利。历史的教训更需要牢记。半个多世纪过去了，日本国内的旧势力仍然坚持军国主义思想，企图为日本帝国主义侵略中国和亚洲翻案。日本由经济大国向军事大国迈进，步子在明显地加紧。我们主张中日两国人民世世代代友好下去，但不能忘记历史的经验教训。台湾和海外学术界也重视这方面的工作。海外华人出有专门刊物，开展日军侵华罪行调查。他们多次来信，对我们没有组织起来与他们联系协作，表示不满。今年八月在香港举行的一次中日关系国

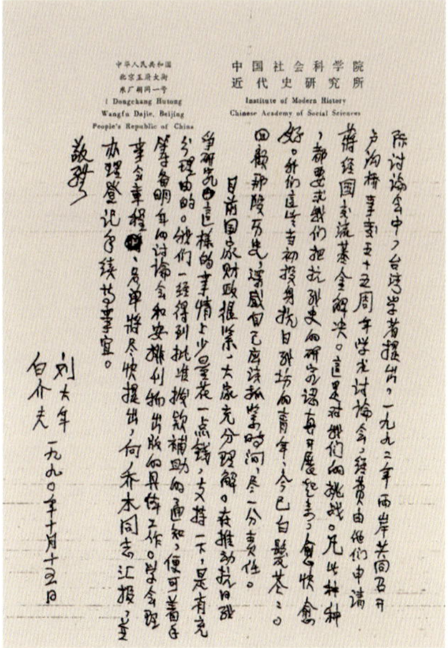

中华人民共和国
北京王府大街
东厂胡同一号
1 Dongchang Hutong
Wangfu Dajie, Beijing
People's Republic of China

中国社会科学院
近代史研究所
Institute of Modern History
Chinese Academy of Social Sciences

际讨论会中，台湾学者提出，一九九二年两岸共同召开卢沟桥事变五十五周年学术讨论会，经费由他们申请蒋经国交流基金解决。这是对我们的挑战。凡此种种，都要求我们把抗战史的研究深入开展起来，愈快愈好。我们这些当初投身抗日战场的青年，今已白发苍苍。回顾那段历史，深感自己应该抓紧时间，尽一分责任。

目前国家财政拮据，大家充分理解。在推动抗日战争研究这样的事情上少量花一点钱，支持一下，是有充分理由的。我们一经得到批准拨款补助的通知，便可着手筹备明年的讨论会和安排刊物出版的具体工作。学会章程、名单将尽快提出，向乔木同志汇报，并办理登记手续等事宜。

敬礼

刘大年
白介夫
一九九〇年十月十五日

5 致李鹏函为创办学会及刊物经费事续一（1990）

6 致李鹏函为创办学会及刊物经费事续二（1990）

7 “中国抗日战争史学会成立大会”主席台（1991）

1991 年 1 月 23 日，中国抗日战争史学会成立大会在人民大会堂召开，刘大年当选为会长，白介夫为执行会长，胡乔木任名誉会长。图为刘大年在大会上作主旨发言。

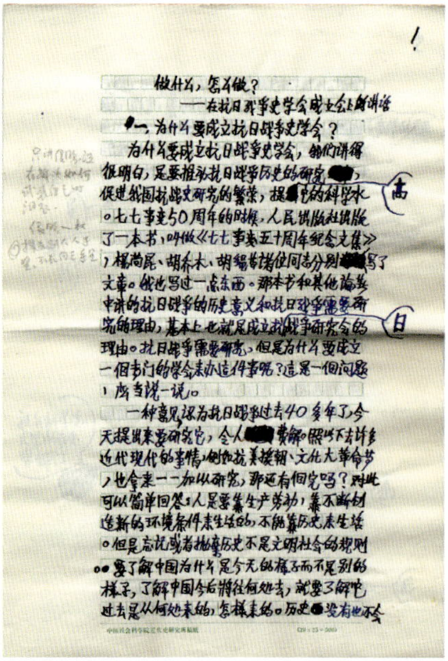

1

做什么，怎么做？

——在抗日战争史学会成立会上的讲话

一、为什么要成立抗日战争史学会？

为什么要成立抗日战争史学会，我们讲得很明白，是要推动抗日战争历史的研究[redacted]，促进我国抗战史研究的繁荣，提[redacted]它的科学水平。七七事变50周年的时候，人民出版社出版了一本书，叫做《七七事变五十周年纪念文集》，杨尚昆、胡乔木、胡绳等诸位同志分别[redacted]写了文章。我也写过一点东西。那本书和其他论著中讲的抗日战争的历史意义和抗日战争需要研究的理由，基本上也就是成立抗战争研究会的理由。抗日战争需要研究，但是为什么要成立一个专门的学会来办这件事呢？这是一个问题，应当说一说。

一种意见认为抗日战争过去40多年了，今天提出来要研究它，令人[redacted]费解。照此下去许多近代现代的事情，例如抗美援朝、文化大革命等，也会来一一加以研究，那还有个完吗？对此可以简单回答：人是要靠生产劳动，靠不断创造新的环境条件来生活的，不能靠历史来生活。但是忘记或者抛弃历史不是文明社会的规则。要了解中国为什么是今天的样子而不是别的样子，了解中国今后将往何处去，就要了解它过去是从何处来的，怎样来的。历史[redacted]没有也不会

中国社会科学院近代史研究所稿纸

8 在“中国抗日战争史学会成立大会”开幕式上发言的手稿（1991）

刘大年在发言中说明了成立此学会的现实意义、任务的艰巨性和时间的紧迫感，强调要尊重历史，遵循科学，不务虚名，多干实事。

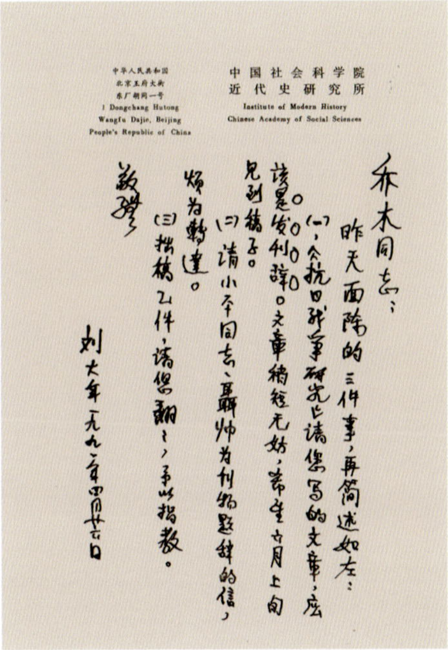

中华人民共和国
北京王府大街
东厂胡同一号
1 Dongchang Hutong
Wangfu Dajie, Beijing
People's Republic of China

中国社会科学院
近代史研究所
Institute of Modern History
Chinese Academy of Social Sciences

乔木同志：

昨天面陈的三件事，再简述如左：

（一）《抗日战争研究》请您写的文章，应该是《发刊辞》。文章稍短无妨，希望五月上旬见到稿子。

（二）请小平同志、聂帅为刊物题辞的信，烦为转达。

（三）拙稿二件，请得翻之，予以指教。

敬礼

刘大年 一九九一年四月廿六日

9 致胡乔木函稿为《抗日战争研究》创刊事（1991）

为筹备出版抗日战争史学会会刊《抗日战争研究》，1991年4月26日，刘大年致函胡乔木，请为即将创刊的《抗日战争研究》撰文，并请向邓小平、聂荣臻转达请为题词的信件。图为此函复印件。

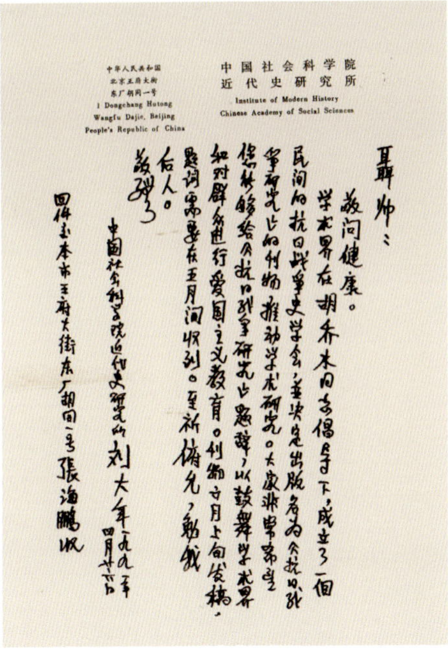

中华人民共和国
北京王府大街
东厂胡同一号
1 Dongchang Hutong
Wangfu Dajie, Beijing
People's Republic of China

中国社会科学院
近代史研究所
Institute of Modern History
Chinese Academy of Social Sciences

聂帅：

敬问健康。

学术界在胡乔木同志倡导下，成立了一个民间的抗日战争史学会，并决定出版名为《抗日战争研究》的刊物，推动学术研究。大家非常希望您能够给《抗日战争研究》题辞，以鼓舞学术界和对群众进行爱国主义教育。刊物五月上旬发稿，题词需要在五月间收到。至祈俯允，勉我后人。

敬礼

中国社会科学院近代史研究所 刘大年 一九九一年四月廿六日

回件寄本市王府大街东厂胡同一号张海鹏收

10 致聂荣臻函稿为《抗日战争研究》刊物题词事（1991）

为了扩大《抗日战争研究》刊物的影响，1991年4月刘大年特致函抗战期间任晋察冀军区司令的聂荣臻元帅，请求为刊物题词。图为此函复印件。

11《抗日战争研究》创刊号封面（1991）

1991年9月，中国抗日战争史学会主办的《抗日战争研究》创刊。刊物由近代史所编辑，刘大年任召集人，张海鹏任主编。此刊是我国抗日战争研究的权威刊物，对抗日战争的科学研究起了重要的推动作用。

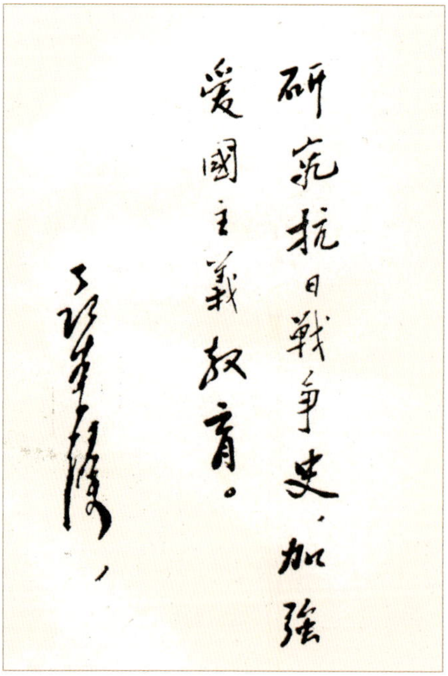

12《抗日战争研究》创刊号扉页聂荣臻题词（1991）

收到刘大年的请求后，聂荣臻元帅为《抗日战争研究》创刊号题词。

13 中国抗日战争史学会会员代表大会合影（1998）

1998 年 7 月，中国抗日战争史学会会员代表大会召开。刘大年再次当选为学会会长。图中前排左 6 为刘大年。

第四节　抗日战争研究的新阶段（1991—1998）

抗日战争史学会的建立和《抗日战争研究》创刊，为抗日战争研究建立了一个高规格的平台，把抗日战争研究推向了一个科学、客观、全面研究的新阶段。

在这个平台上，刘大年主持了若干重要的学术会议，主持编写了《中国抗日战争史丛书》，与白介夫共同主编了丛书第一本《中国复兴枢纽——抗日战争的八年》等。与此同时，他还撰写了多篇论文，对本领域的研究起了重要的引领作用。

1　"九一八事变"六十周年国际学术研讨会会场（1991）

1991 年中国抗日战争史学会成立大会决定在沈阳召开"九一八事变"六十周年国际学术研讨会。同年 9 月，大会如期召开。图为大会会场。大会组委会主任刘大年在开幕式上以《抗日战争与中国历史》为题，阐释了大会的主题，并提交《抗日战争与中华民族的统一》一文。

2 “九一八事变”六十周年国际学术研讨会合影（1991）

图中左 11 井上清，12 刘大年，13 杨成武，14 胡绳，15 吕正操，16 白介夫，20 戴逸，24 金冲及。

3 唐德刚来函谈抗日战争史研究事（1992）

唐德刚是美籍华人历史学家，曾参加过在沈阳举行的“九一八事变”六十周年国际学术研讨会。1992 年春节致函刘大年，认为抗日战争史学会的成立必将使抗日战争研究成为世界史学中的显学。

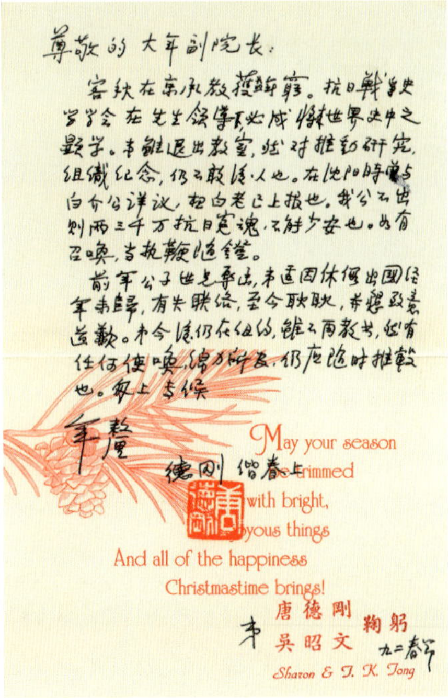
尊敬的大年副院长：

客秋在京承教获益匪浅。抗日战争史学学会在先生领导下必成为世界史中之显学。本人虽退出教室，然对推动研究，组织纪念，仍不敢后人也。在沈阳时曾与白介公详议，想白老已上报也。我公不出，则两三千万抗日冤魂，不能少安也。如有召唤，当执鞭随镫。

前年公子世兄来此，本适因休假出国经年未归，有失联络，至今耿耿，并烦致意道歉。本人今后仍在纽约，虽不再教书，然有任何使唤，总力所及，仍应随时报效也。敬上 专候

年釐

德刚 偕眷上

May your season be trimmed with bright, joyous things And all of the happiness Christmastime brings!

本 唐德刚 吴昭文 鞠躬 九二春节

Sharon & T. K. Tong

4 “第二届近百年中日关系史国际研讨会”开幕式会场（1993）

1993年，中国抗日战争史学会、近代史研究所、美国日本侵华研究学会与美国伊利诺伊州立大学联合举办了“第二届近百年中日关系史国际研讨会”。刘大年在开幕词中指出，近百年中日关系一系列大事，不仅直接影响中日两国间的历史演变，而且还影响到近代国际关系的局势，造成远东国际关系一个又一个热点。图中主席台右3为刘大年。

5 在《中国抗日战争史丛书》编委会上的发言稿（1994）

为纪念抗日战争胜利五十周年，抗日战争史学会与中国人民抗日战争纪念馆联合编纂了《中国抗日战争史丛书》。刘大年为丛书编委会主任。在1994年编委会上，刘大年作了《抗日战争的历史意义与民族精神》的发言。图为发言手稿。

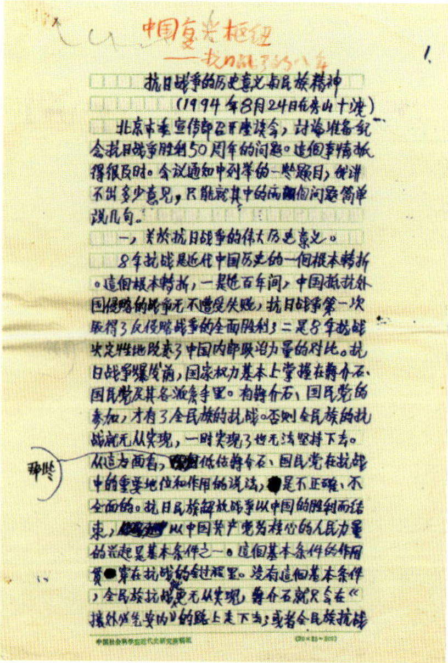
中国复兴枢纽

1.

抗日战争的历史意义与民族精神

北京市委宣传部召开座谈会，讨论准备纪念抗日战争胜利50周年的问题。這個事情抓得很及时。会议通知中列举的一些题目，我讲不出多少意见，只能就其中的两個问题简单说几句。

一、关于抗日战争的伟大历史意义。

8年抗战是近代中国历史的一個根本转折。這個根本转折，一是近百年间，中国抵抗外国侵略的战争无不遭受失败，抗日战争第一次取得了反侵略战争的全面胜利；二是8年抗战决定性地改变了中国内部政治力量的对比。抗日战争爆发前，国家权力基本上掌握在蒋介石、国民党及其各派系手里。有蒋介石、国民党的参加，才有了全民族的抗战。否则全民族的抗战就无从实现，一时实现了也无法坚持下去。从這方面看，低估蒋介石、国民党在抗战中的重要地位和作用的说法，是不正确、不全面的。抗日民族解放战争以中国的胜利而结束，以中国共产党为核心的人民力量的兴起是基本条件之一。這個基本条件的作用贯穿在抗战的过程里。没有這個基本条件，全民族抗战更无从实现，蒋介石就只会在“攘外必先安内”的路上走下去；或者全民族抗战

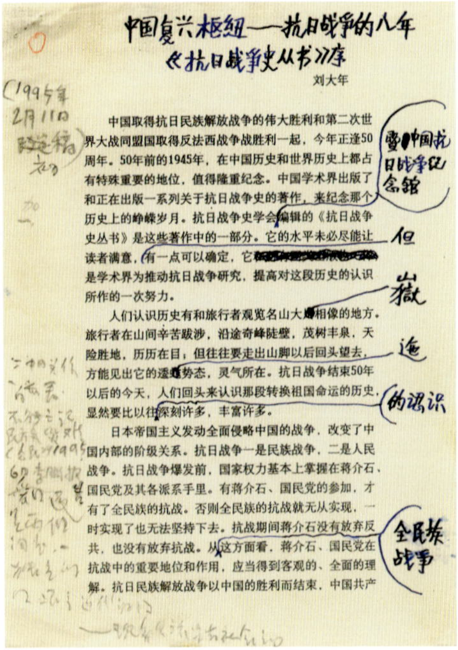

中国复兴枢纽——抗日战争的八年

《抗日战争史丛书》序

刘大年

中国取得抗日民族解放战争的伟大胜利和第二次世界大战同盟国取得反法西战争战胜利一起，今年正逢50周年。50年前的1945年，在中国历史和世界历史上都占有特殊重要的地位，值得隆重纪念。中国学术界出版了和正在出版一系列关于抗日战争史的著作，来纪念那个历史上的峥嵘岁月。抗日战争史学会编辑的《抗日战争史丛书》是这些著作中的一部分。它的水平未必尽能让读者满意，有一点可以确定，它[illegible]是学术界为推动抗日战争研究，提高对这段历史的认识所作的一次努力。

人们认识历史有和旅行者观览名山大[illegible]相像的地方。旅行者在山间辛苦跋涉，沿途奇峰陡壁，茂树丰泉，天险胜地，历历在目；但往往要走出山脚以后回头望去，方能见出它的逶[illegible]势态，灵气所在。抗日战争结束50年以后的今天，人们回头来认识那段转换祖国命运的历史，显然要比以往深刻许多，丰富许多。

日本帝国主义发动全面侵略中国的战争，改变了中国内部的阶级关系。抗日战争一是民族战争，二是人民战争。抗日战争爆发前，国家权力基本上掌握在蒋介石、国民党及其各派系手里。有蒋介石、国民党的参加，才有了全民族的抗战。否则全民族的抗战就无从实现，一时实现了也无法坚持下去。抗战期间蒋介石没有放弃反共，也没有放弃抗战。从这方面看，蒋介石、国民党在抗战中的重要地位和作用，应当得到客观的、全面的理解。抗日民族解放战争以中国的胜利而结束，中国共产

6 《〈中国抗日战争史丛书〉序》修改页（1995）

刘大年为《中国抗日战争史丛书》写了总序“中国复兴枢纽——抗日战争的八年”。图为序言修改页之一。

7 《中国复兴枢纽》封面（1995）

在主持《中国抗日战争史丛书》编写的同时，刘大年与白介夫共同主编了丛书第一部《中国复兴枢柤——抗日战争的八年》。

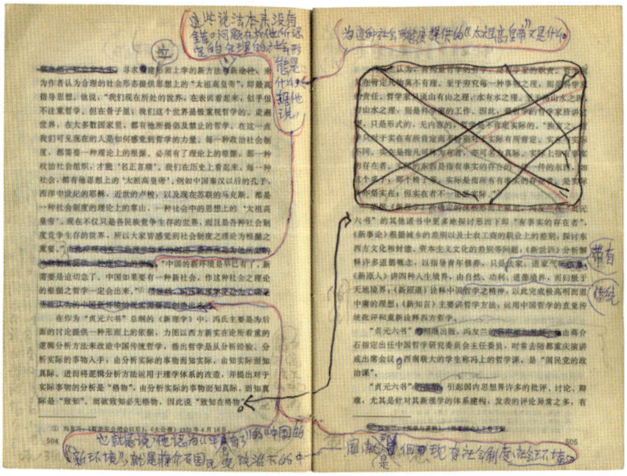

8《中国复兴枢纽》修改页（1995）

《中国复兴枢纽》初版后，刘大年对一些地方仍不满意，又做过多处修改。图为修改页之一。1997年本书修订后再版。

9《中国复兴枢纽》日文版封面（2002）

2002年，《中国复兴枢纽》被译成日文，以《中国抗日战争史》为名，在日本樱井书店出版。这是在日本发行的第一本中国学者著的《中国抗日战争史》。

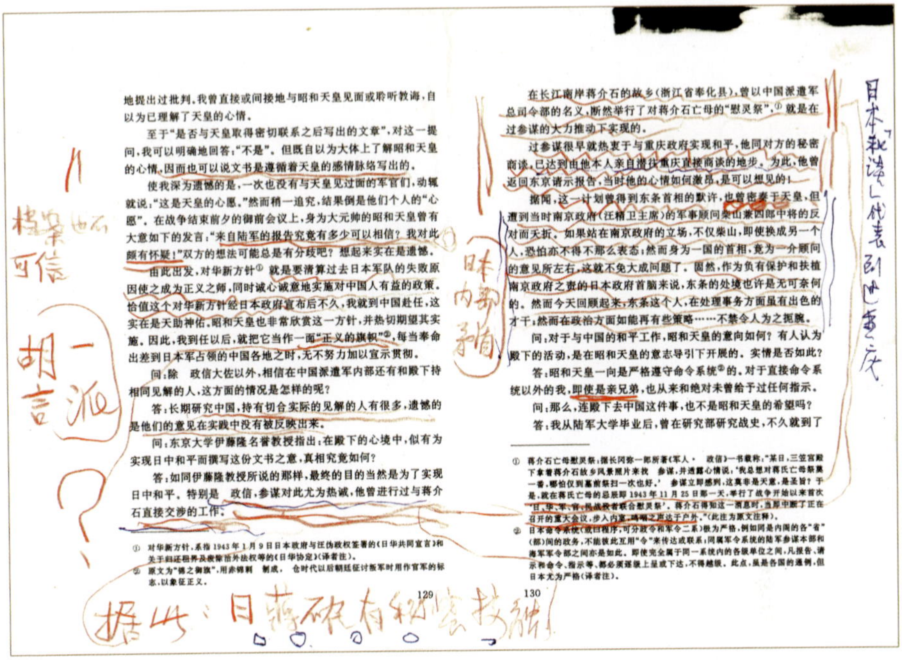

地提出过批判。我曾直接或间接地与昭和天皇见面或聆听教诲，自以为已理解了天皇的心情。

至于"是否与天皇取得密切联系之后写出的文章"，对这一提问，我可以明确地回答："不是"。但既自以为大体上了解昭和天皇的心情，因而也可以说文书是遵循着天皇的感情脉络写出的。

使我深为遗憾的是，一次也没有与天皇见过面的军官们，动辄就说："这是天皇的心愿。"然而稍一追究，结果倒是他们个人的"心愿"。在战争结束前夕的御前会议上，身为大元帅的昭和天皇曾有大意如下的发言："来自陆军的报告究竟有多少可以相信？我对此颇有怀疑！"双方的想法可能总是有分歧吧？想起来实在是遗憾。

由此出发，对华新方针① 就是要清算过去日本军队的失败原因使之成为正义之师，同时诚心诚意地实施对中国人有益的政策。恰值这个对华新方针经日本政府宣布后不久，我就到中国赴任，这实在是天助神佑。昭和天皇也非常欣赏这一方针，并热切期望其实施。因此，我到任以后，就把它当作一面"正义的旗帜"②，每当奉命出差到日本军占领的中国各地之时，无不努力加以宣示贯彻。

问：除　政信大佐以外，相信在中国派遣军内部还有和殿下持相同见解的人，这方面的情况是怎样的呢？

答：长期研究中国，持有切合实际的见解的人有很多，遗憾的是他们的意见在实践中没有被反映出来。

问：东京大学伊藤隆名誉教授指出：在殿下的心境中，似有为实现日中和平而撰写这份文书之意，真相究竟如何？

答：如同伊藤隆教授所说的那样，最终的目的当然是为了实现日中和平。特别是　政信，参谋对此尤为热诚，他曾进行过与蒋介石直接交涉的工作。

① 对华新方针，系指1943年1月9日日本政府与汪伪政权签署的《日华共同宣言》和关于归还租界及废除治外法权等的《日华协定》（译者注）。

② 原文为"锦之御旗"，用赤锦刺　制成，　仓时代以后朝廷征讨叛军时用作官军的标志，以象征正义。

129

在长江南岸蒋介石的故乡（浙江省奉化县），曾以中国派遣军总司令部的名义，断然举行了对蒋介石亡母的"慰灵祭"，① 就是在过参谋的大力推动下实现的。

过参谋很早就热衷于与重庆政府实现和平，他同对方的秘密商谈，已达到由他本人亲自潜往重庆直接商谈的地步。为此，他曾返回东京请示报告，当时他的心情如何激昂，是可以想见的！

据闻，这一计划曾得到东条首相的默许，也曾密奏于天皇，但遭到当时南京政府（汪精卫主席）的军事顾问柴山兼四郎中将的反对而夭折。如果站在南京政府的立场，不仅柴山，即使换成另一个人，恐怕亦不得不那么表态；然而身为一国的首相，竟为一介顾问的意见所左右，这就不免大成问题了。固然，作为负有保护和扶植南京政府之责的日本政府首脑来说，东条的处境也许是无可奈何的。然而今天回顾起来，东条这个人，在处理事务方面虽有出色的才干；然而在政治方面如能再有些策略……不禁令人为之扼腕。

问：对于与中国的和平工作，昭和天皇的意向如何？有人认为殿下的活动，是在昭和天皇的意志导引下开展的。实情是否如此？

答：昭和天皇一向是严格遵守命令系统②的。对于直接命令系统以外的我，即使是亲兄弟，也从来和绝对未曾给予过任何指示。

问：那么，连殿下去中国这件事，也不是昭和天皇的希望吗？

答：我从陆军大学毕业后，曾在研究部研究战史，不久就到了

① 蒋介石亡母慰灵祭：据长冈弥一郎所著《军人·　政信》一书载称："某日，三笠宫殿下拿着蒋介石故乡风景照片来找　参谋，并透露心情说：'我总想对蒋氏亡母祭奠一番，哪怕仅到墓前祭扫一次也好。'　参谋立即感到，这莫非是天意，是圣旨？于是，就在蒋氏亡母的忌辰即1943年11月25日那一天，举行了战争开始以来首次'日、华、军、官、民战殁者联合慰灵祭'。蒋介石得知这一消息时，当即中断了正在召开的重大会议，步入内室，鸣咽之声达于户外。"（此注为原文注释）。

② 日本命令系统（或曰程序，可分政令和军令二系）极为严格，例如同是内阁的各"省"（部）间的政务，不能彼此互用"令"来传达或联系；同属军令系统的陆军参谋本部和海军军令部之间亦是如此。即使完全属于同一系统内的各级单位之间，凡报告、请示和命令、指示等，都必须逐级上呈或下达，不得越级。此点，虽是各国的通例，但日本尤为严格（译者注）。

130

10 在日本三笠宫崇仁亲王《内心反省》一文清样上的批注（1995）

1995年《抗日战争研究》第二期刊登了日本亲王三笠宫崇仁《作为日本人对中国事变的内心反省》一文。崇仁在日本侵华期间曾在中国战场广泛考察，看到中国全民抗战的情形，得出日军无法在中国取得最后胜利的判断。图为刘大年读后的批注。

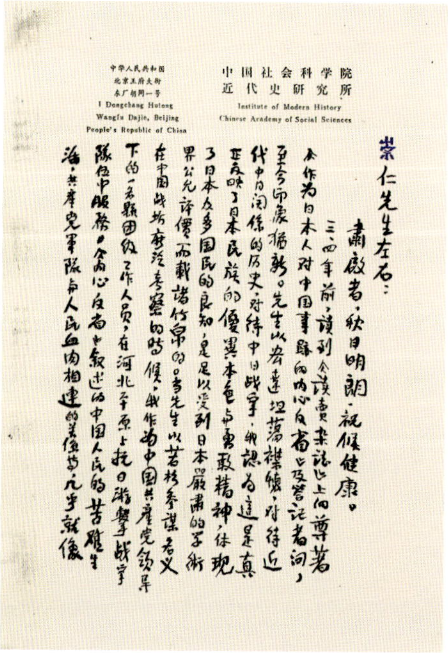

中華人民共和国
北京王府大街
东厂胡同一号
1 Dongchang Hutong
Wangfu Dajie, Beijing
People's Republic of China

中国社会科学院
近代史研究所
Institute of Modern History
Chinese Academy of Social Sciences

崇仁先生左右：

肅啟者，秋日明朗，祝候健康。

三、四年前，讀到《讀賣》雜誌上的尊著《作为日本人对中国事變的内心反省》以及答記者問，至今印象猶新。先生以豁達坦蕩襟懷，对待近代中日關係的历史，对待中日战争，我認為這是真正反映了日本民族的優異本色與勇敢精神，体現了日本及多国民的良知，是足以受到日本嚴肅的学術界公允評價而載諸竹帛的。當先生以若杉參謀名义在中国战场奔走考察的时候，我作为中国共產党領導下的一名縣团级工作人员，在河北平原上抗日游擊战争隊伍中服務。《内心反省》中叙述的中国人民的苦難生活，共產党軍隊與人民血肉相連的关係等，几乎就像

11 致三笠宫崇仁亲王函复印件（1998）

1998 年，刘大年访日时，委托日中友好会馆会长后藤田正晴向三笠宫崇仁亲王转交信函，对崇仁当年正视日军侵华战争性质的勇气表达敬意，希望共同努力，不断增进中日两国的友好关系。

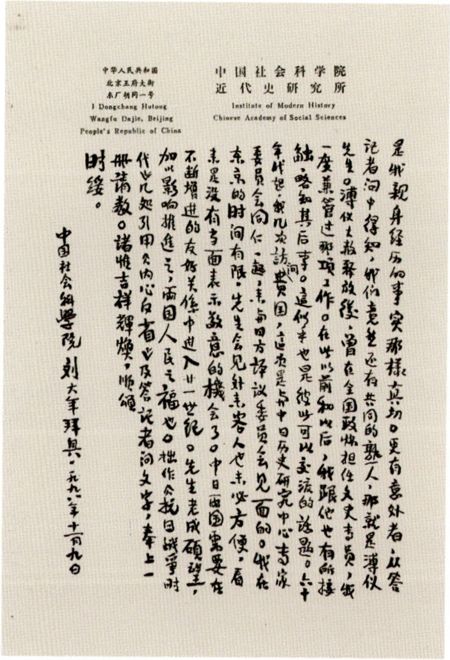

中華人民共和国
北京王府大街
东厂胡同一号
1 Dongchang Hutong
Wangfu Dajie, Beijing
People's Republic of China

中国社会科学院
近代史研究所
Institute of Modern History
Chinese Academy of Social Sciences

是我親身經歷的事實那樣真切。更有意外者，從答記者問中得知，我們竟然還有共同的熟人，那就是溥儀先生。溥儀大赦釋放後，曾在全国政協担任文史專员，我一度兼管过那项工作。在此以前和以后，我跟他也有所接触，略知其后事。這似乎也是彼此可以交流的話題。六十年代起，我几次訪問貴国，這次是與中日历史研究中心专家委員会同仁一起，來與日方評議委員会見面的。我在东京的时间有限，先生会見外来客人也未必方便，看來是沒有当面表示敬意的機会了。中日两国需要在不斷增进的友好关係中进入廿一世紀。先生老成碩望，加以影响推進之，兩国人民之福也。拙作《抗日战争时代》几处引用《内心反省》及答記者問文字，奉上一冊請教。諸惟吉祥禪悅，順頌

时綏。

中国社会科學院 刘大年拜具
一九九八年十月九日

12 致三笠宫崇仁亲王函复印件续（1998）

13《抗日战争时代》封面（1996）

1996年，刘大年将自己自1987年到1996年撰写的研究抗日战争的主要论文结集出版。定名为《抗日战争时代》。

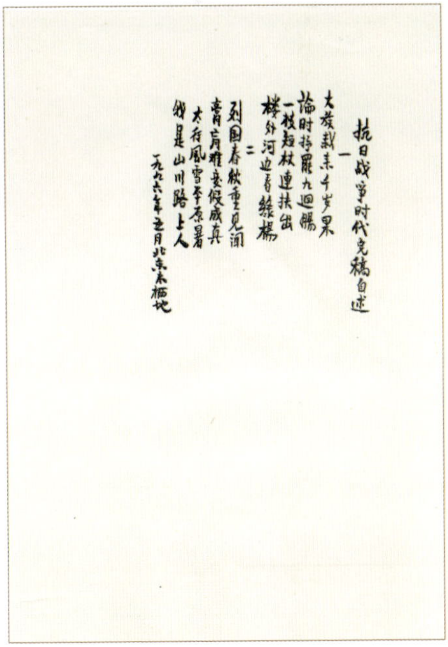

14《抗日战争时代》编后题诗（1994）

《抗日战争时代》编辑完稿后，刘大年如释重负，赋诗抒怀。落款所题“木樨地”是他当年的住址。

第五节　重访太行山抗日根据地（1997）

作为抗日战争的亲历者，刘大年晚年准备写一部名为《大路》的抗战回忆录，“目的不是讲个人，是讲我看到的中国人在那场伟大的民族解放战争中是怎样走过来的，讲他们坚韧奋发的民族精神”。

为了写好这部“信史”，他以 82 岁高龄，于 1997 年重返当年战斗过的太行山，访查核实自己的经历。《大路》最终没有完成，已写成的章节，收录在后人编辑的《我亲历的抗日战争与研究》一书中。

1 与何定一合影（1997）

何定一是 1938 年与刘大年一同从家乡湖南华容出来共赴国难的同乡与战友。1997 年何定一到北京拜访刘大年，留下此照。图中左 1 刘大年，2 刘大年之侄刘活民，3 何定一。

2 致何定一函谈撰写回忆录事稿（1998）

信中说：“八年抗战是中国复兴枢纽。我们这一辈子没有白过，我们尽了一个爱国的中国人的责任。我们受到了民族解放战争那个伟大时代的洗礼，也为那个时代贡献了大海中的一点半滴。”“我们在自然规律支配下，很快都要最后作结论了，这个结论中将有一句关键的话：我们走的是一条正确的大路，光明的大路。”这大概是刘大年打算把回忆录命名为《大路》的由来。

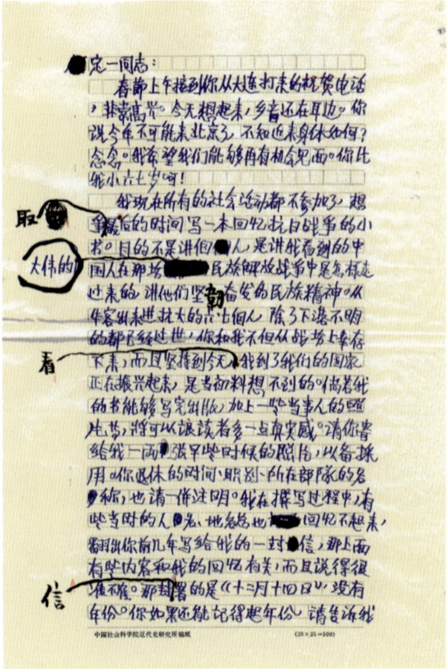

[redacted]定一同志：

春节上午接到你从大连打来的祝贺电话，非常高兴。今天想起来，乡音还在耳边。你说今年不可能来北京了，不知近来身体如何？念念。我希望我们能够再有机会见面。你比我小六七岁呵！

我现在所有的社会活动都不参加了，想争取最后的时间写一本回忆抗日战争的小书。目的不是讲個[redacted]人，是讲我看到的中国人在那场[redacted]民族解放战争中是怎样走过来的，讲他们坚韧奋发的民族精神。从华容出来进抗大的六七個人，除了下落不明的都已经过世，你和我不但从战场上幸存下来，而且坚持到今天，[redacted]我到了我们的国家正在振兴起来，是当初料想不到的。倘若我的书能够写完出版，加上一些当事人的照片，将可以让读者多一点真实感。请你寄给我一两[redacted]张早些时候的照片，以备採用。你退休的时间、职别、所在部队的名称，也请一併注明。我在撰写过程中，有些当时的人名、地名总也[redacted]回忆不起来，翻出你前几年写给我的一封[redacted]信，那上面有些内容和我的回忆有关，而且说得很准确。那封信署的是“十二月十四日”，没有年份。你如果还能记得起年份，请告诉我

中国社会科学院近代史研究所稿纸　(20×25=500)

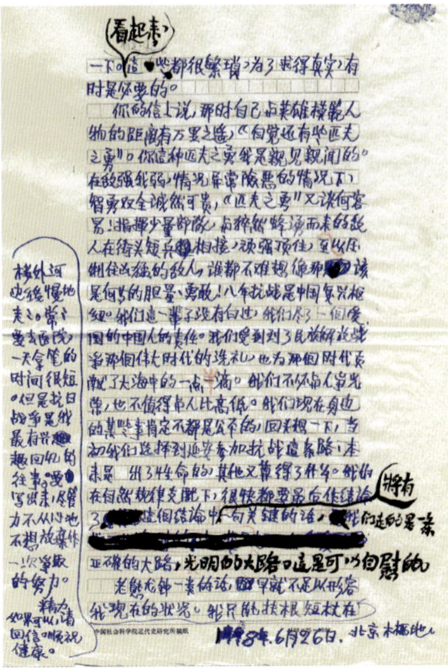

（看起来）

一下。這[redacted]些都很繁琐，为了求得真实，有时是必要的。

你的信上说，那时自己与英雄模范人物的距离有万里之遥，“自觉还有些匹夫之勇”。你這种匹夫之勇我是亲见亲闻的。在敌强我弱、情况异常险恶的情况下，智勇双全诚然可贵，“匹夫之勇”又谈何容易！指挥少量部队，与猝然蜂涌而来的敌人在街头短兵[redacted]相接，顽强顶住，至以压倒往凶猛的敌人，谁都不难想像那[redacted]该是何等的胆量、勇敢！八年抗战是中国复兴枢纽。我们這一辈子没有白过，我们尽了一個爱国的中国人的责任。我们受到了民族解放战争那個伟大时代的洗礼，也为那個时代贡献了大海中的一点半滴。我们不必個人争光荣，也不值得与人比高低。我们现在身边的某些事肯定不都是公平的，回头想一下，当初我们选择到延安参加抗战這条路，本来是 出了性命的，其他又算得了什么。我们在自然规律支配下，很快都要最后作结论了。[redacted]這個结论中将有一句关键的话，[redacted]我们走的是一条[redacted]正确的大路，光明的大路。這是可以自慰的。

老态龙钟一类的话，[redacted]早就不足以形容我现在的状况。我只能扶根短杖在楼外河边缓慢地走走。常常要去医院，一天拿笔的时间很短。但是抗日战争是我最有兴趣回忆的往事，要写出来，尽管力不从心，也不想放弃作一次争取的努力。

如果可以，请回信。顺祝健康。

中国社会科学院近代史研究所稿纸

1998年.6月26日.北京木樨地。

3 致何定一函谈撰写回忆录事稿续（1998）

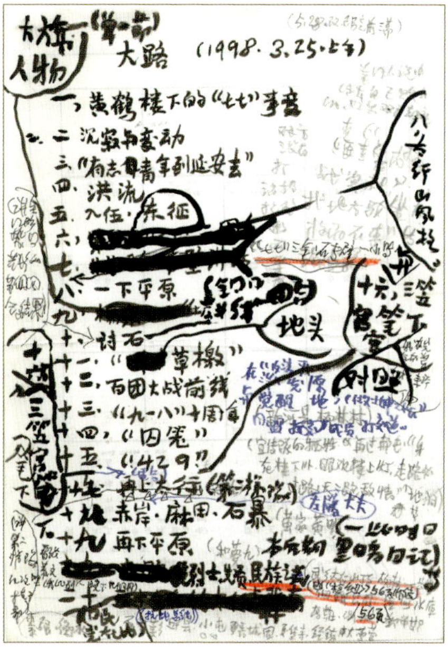

大族人物（第一部）

大路 （1998.3.25.上午）

一、黄鹤楼下的“七七”事变

二、沉寂与变动

三、“有志青年到延安去”

四、洪流

五、入伍·东征

六、[redacted]

七、[redacted]

八、一下平原

九、[redacted]

十、讨石

十一、“[redacted]草檄”

十二、百团大战前线

十三、“九一八”十周年

十四、“囚笼”

十五、

十六、再上太行

十七、赤岸·麻田·石暴

十九、再下平原

二十、[redacted]

4 《大路》写作提纲（1998）

提纲共设计了 20 个题目，但因年迈体衰，又同时在赶写《评近代经学》，刘大年只写完了前 7 篇就一病不起了。

5 在山西左权县麻田八路军总部纪念馆门前留影（1997）

1940 年至 1945 年，彭德怀副总司令领导的八路军总部驻扎在麻田村。1943 年刘大年在离此处不远的八路军总部医院疗伤。刘大年重返太行的第一站就是麻田八路军总部纪念馆。

6 为麻田八路军总部纪念馆题词（1997）

纪念馆工作人员希望当年的八路军战士为纪念馆题词。刘大年欣然挥毫。

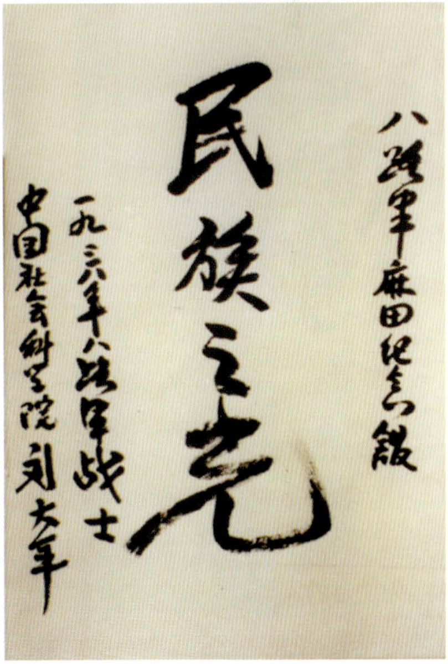

7 刘大年的题词（1997）

刘大年认为抗日战争是“中国复兴枢纽”。他用“民族之光”四个大字再次表达了这个思想。

8 当年养伤的左权县石暴村（1997）

左权县石暴村是刘大年 1943 年养伤之地。

9 巧遇当年房东后人（1997）

刘大年在石暴村巧遇当年养伤时房东的后人。图为刘大年在养伤时所住院落与房东后人叙谈。

10 在山西潞城高庄北方大学历史研究室旧址前留影（1997）

从太行山归途中，刘大年又特地走访了晋东南的潞城县。1947 年，中国社会科学院近代史所前身北方大学历史研究室曾驻在潞城县的高庄教堂，其女刘潞就在此地出生。图为刘大年与陪同他寻访的长子刘衡山在历史研究室旧址前留影。

11《我亲历的抗日战争与研究》封面（2000）

此书出版于2000年，第一部分收录了刘大年为《大路》一书写成的篇章，第二部分收录了他所有关于抗日战争研究的文章。

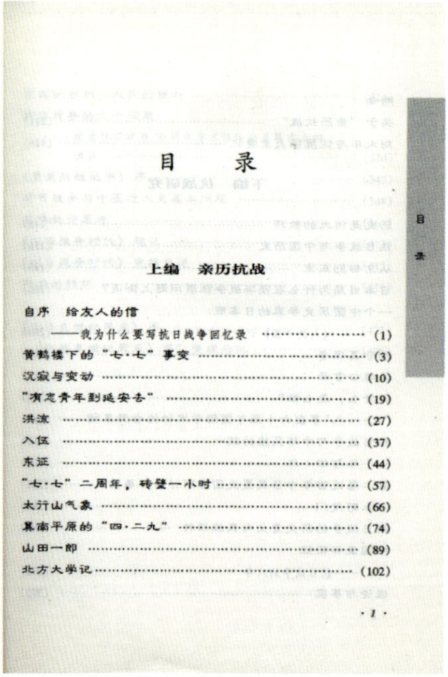
目　录

上编　亲历抗战

·1·

12《我亲历的抗日战争与研究》上编目录（2000）

本书的上编"亲历抗战"是刘大年未完成的《大路》一书的片段。

，每天从早到晚，川流不息地朝台上涌。人和人之间比赛，团体之间比[redacted]赛，简直是象狂的献金的什么人都有，擦皮鞋的小孩子、黄包车夫、码头工人、老妈子、洗澡堂里擦背的、茶楼酒馆的堂倌，他们不仅献一次两次，甚至献十次二十次，天天都在献，时时都在献，最后[redacted]金[redacted]多達法币一百多万元。這個[redacted]数目，主要是靠众多的贫穷者一角两角，一分两分凑積起来的。有钱的人捐献金手表、白金、黄金戒指、西装、药品等。他们[redacted]人数[redacted]不会有穷人多。

[redacted]在黄鹤楼所见到的情景，[redacted]都是表现了中国人的民族独立精神，表现了[redacted]

13 回忆录手稿（1996）

此为回忆录第一篇《黄鹤楼下的“七七”事变》手稿第4页复印件。

第六节　与八路军中的日本友人重逢（1998）

1943 年，刘大年在通过日军封锁线时跳崖跌破肺部，住进麻田八路军总部医院。到医院后吐血不止，九死一生。总部医院医务部主任、日本反战同盟成员山田一郎（后名佐藤猛夫）医生诊断后用一块白阿胶把他从死亡线上拉回来。二人从此再无联络。

55 年后，1998 年，刘大年最后一次访日时，几经辗转找到佐藤，两人重逢。1999 年，当年的八路军总部医院院长（钱信忠）、医生（山田一郎副院长）和患者（刘大年）重聚一堂，半个世纪前的情景，仍历历在目。

1　中日历史研究中心专家委员会委员聘书（1998）

1998 年，中国社会科学院中日历史研究中心与日中友好会馆日中历史研究中心，就中方协助日方研究 19 世纪 70 年代至 20 世纪 40 年代中日关系一事达成协议。中方成立了以刘大年为召集人的专家委员会。图为专家委员会委员聘书。

2 与日本日中历史研究中心评议会成员交谈（1998）

1998 年 11 月，刘大年率社科院中日历史研究中心专家委员会访日，与日本日中历史研究中心评议会学者会谈。刘大年作了《评议与选择》的发言，着重阐述了协助日方开展日中历史研究的几个原则问题。右 2 为日中友好会馆会长后藤田正晴（曾任日本内阁副首相）。

3 会谈期间参观有关图片展（1998）

图中前排左 1 刘大年，2 郭永才，3 张海鹏。

4 向岚山周恩来诗碑敬献鲜花（1998）

岚山周恩来诗碑，是 1979 年 4 月京都各日中友好团体为纪念周恩来而建的。1979 年刘大年在东京大学讲学时，曾前往拜谒。此次，刘大年又前往奉献鲜花，表达敬意。

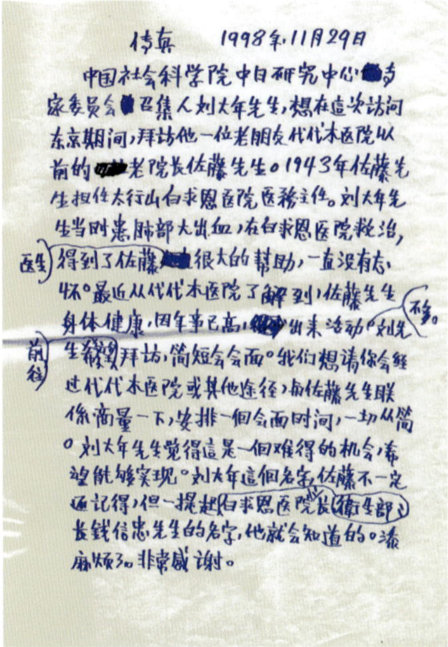

传真　1998年11月29日

中国社会科学院中日研究中心[redacted]专
家委员会[redacted]召集人刘大年先生，想在这次访问
东京期间，拜访他一位老朋友代代木医院从
前的[redacted]老院长佐藤先生。1943年佐藤先
生担任太行山白求恩医院医务主任。刘大年先
生当时患肺部大出血，在白求恩医院救治，
医生）得到了佐藤[redacted]很大的帮助，一直没有忘
怀。最近从代代木医院了解到，佐藤先生
身体健康，因年事已高，[redacted]出来活动不多。刘先
前往）生[redacted]拜访，简短会会面。我们想请你会经
过代代木医院或其他途径，向佐藤先生联
係商量一下，安排一個会面时间，一切从简
。刘大年先生觉得這是一個难得的机会，希
望能够实现。刘大年這個名字，佐藤不一定
还記得，但一提起白求恩医院長（衛生部）
長钱信忠先生的名字，他就会知道的。添
麻烦了。非常感谢。

5 致函约见佐藤猛夫医生（1998）

刘大年这次访日的最大收获之一，是几经辗转，找到了55年前把自己从死亡线上拉回来的救命恩人——山田一郎（回日本后改名佐藤猛夫）。图为赴日前，刘大年给日方发传真请求帮助安排与佐藤会面。

6 拜访半个世纪前“起死回生”的佐藤猛夫医生（1998）

图为两位耄耋老人在东京佐藤医生家中重逢。右1早稻田大学教授尾行洋一，2刘大年，左1为医生佐藤猛夫，左2为担任翻译的中国社科院日本研究所研究人员高洪。

7 与佐藤猛夫夫妇合影（1998）

佐藤猛夫 1937 年毕业于东京大学医学部。1938 年被征入伍，编入华北派遣军。1939 年在山东被俘，后逃跑，又被俘。此后被安排在太行山八路军总部医院当医生，再逃跑未成。从此思想逐渐转变，1942 年加入中国共产党，是在华日本反战同盟的代表人物之一。1945 年在延安出席中共七大，回国后加入日本共产党，任日共代代木医院院长。图中右 1 尾行洋一，2 刘大年，3 佐藤猛夫，4 佐藤夫人，5 刘红。

8 向钱信忠讲述与佐藤会面情景（1998）

刘大年回国后，拜访当年也曾为自己疗伤的八路军总部医院院长钱信忠，向他讲述与佐藤猛夫会面的情景。

9 佐藤猛夫到刘大年家中做客（1999）

1999年5月，佐藤猛夫夫妇携儿女，应中国社会科学院近代史所之邀访华，并到刘大年家中做客。

10 刘大年、钱信忠与佐藤夫妇合影（1999）

佐藤猛夫访华期间，拜访了当年八路军总部医院的同事、院长钱信忠。三人在半个多世纪后，传奇般地重聚北京。图中右1刘大年、2钱信忠、3佐藤猛夫、4佐藤夫人。

第十章

担任全国人大代表及人大常委会委员

（1964—1992）

刘大年 1964 年当选第三届全国人民代表大会代表。1975 年起，连任第四、五、六、七届全国人民代表大会代表、人大常委会委员，并担任过人大中国—澳大利亚友好小组主席、人大教科文卫委员会委员。

在此期间，刘大年积极参与立法活动，如对婚姻法、廉政法提出建议，也多次参与人大的外事活动。

第一节　担任全国人大代表和人大常委会委员（1964—1993）

1964 年，刘大年在甘肃省张掖县乌江公社参加“四清”运动期间当选为第三届全国人大代表。9 年后（1975 年）的“文革”后期，刘大年作为被“解放”的老干部、延安走出来的老学者，当选为第四届人大代表并进入常委会，直至 1993 年第七届人代会任期结束。

1 第三届全国人民代表大会代表当选证书封面（1964）

1964 年 12 月，刘大年当选为第三届全国人民代表大会代表。后来因为发生了“文化大革命”，这届人大的实际任期到了 1975 年。当时的人大代表证件为“代表当选证书”。

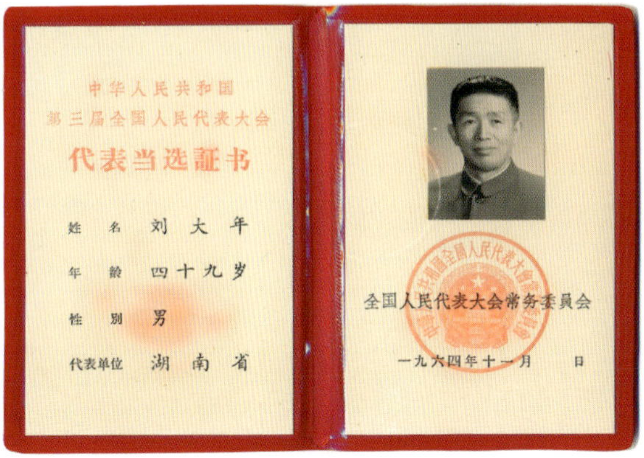

2 第三届全国人民代表大会代表当选证书内页（1964）

3 第四届全国人民代表大会代表当选证书封面（1975）

1975 年召开第四届全国人民代表大会时已是“文革”后期。当时的代表证件仍为“代表当选证书”。

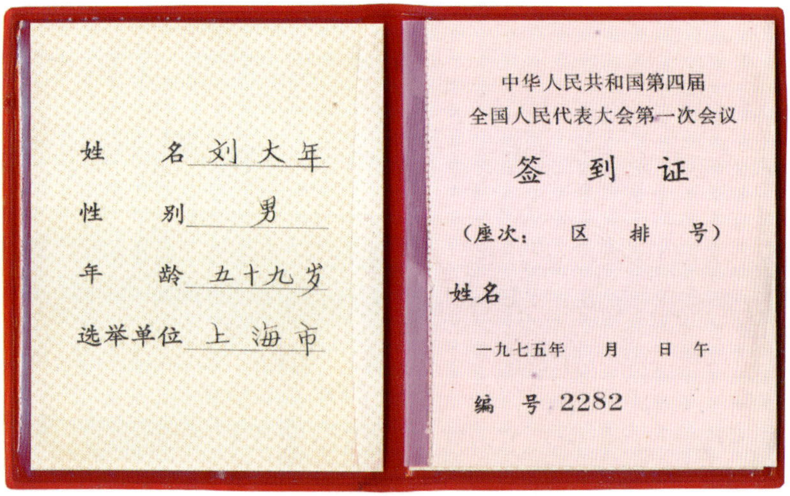

4 第四届全国人民代表大会第一次会议签到证（1975）

当时每年的例会均有签到证。据说是因为平衡各省市代表名额，刘大年被分配在上海选区。

5 第五届全国人民代表大会代表证封面（1978）

1978 年刘大年当选第五届全国人大代表、常委会委员。从这一届开始，人大代表证件名称由“代表当选证书”改为“代表证”。

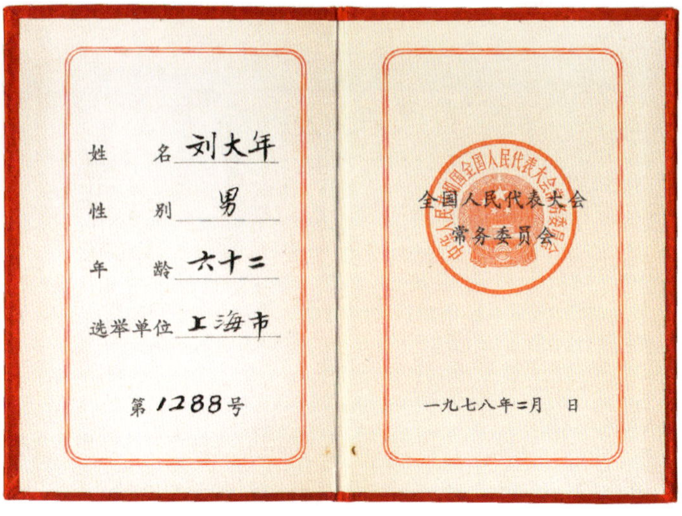

6 第五届全国人民代表大会代表证内页（1978）

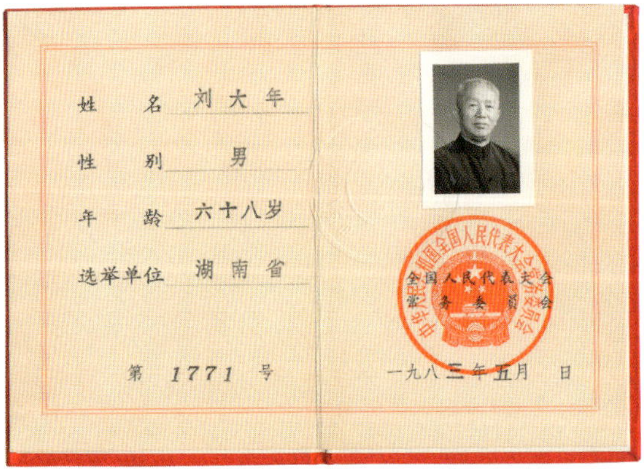

7 第六届全国人民代表大会代表证（1983）

1983 年，刘大年被选为第六届全国人大代表、常委会委员。这次开始，他回归到湖南省代表团。

8 第七届全国人大常委会委员证封面（1988）

1988 年，刘大年当选为第七届全国人大代表、常委会委员。第二年开始颁发人大常委会委员证。

9 第七届全国人大常委会委员证内页（1989）

第二节 参与全国人大的国内活动（1977—1990）

刘大年在连任四届全国人大常委会委员期间，认真履行委员的职责。无论是奉命陪同外宾在国内访问，还是遇国内外重大问题，他都会严肃认真地对待。

1 陪同西萨摩亚议会代表团参观故宫留影（1977）

1977 年，西萨摩亚议长率议会代表团访华。刘大年作为陪同团团长，陪同代表团到南京、上海、广州等地访问。图为在北京参观故宫。

2 陪同西萨摩亚议长访问南京（1977）

陪同西萨摩亚议会代表团参观南京时，在长江大桥上留影。图中前排左 4 为刘大年。

3 华国锋会见马耳他议会代表团合影（1979）

1979 年，马耳他共和国议会代表团访华期间，国务院总理华国锋会见并合影。图中右 4 为刘大年。

4 陪马耳他议会代表团参观红旗渠留影（1979）

1979年，刘大年作为陪同团团长，陪同马耳他议会代表团参观河南林县红旗渠。

5 陪马耳他议会代表团参观海上养殖场（1979）

马耳他议会代表团访华期间，参观青岛海上养殖场。图中左4马议会议长，8刘大年。

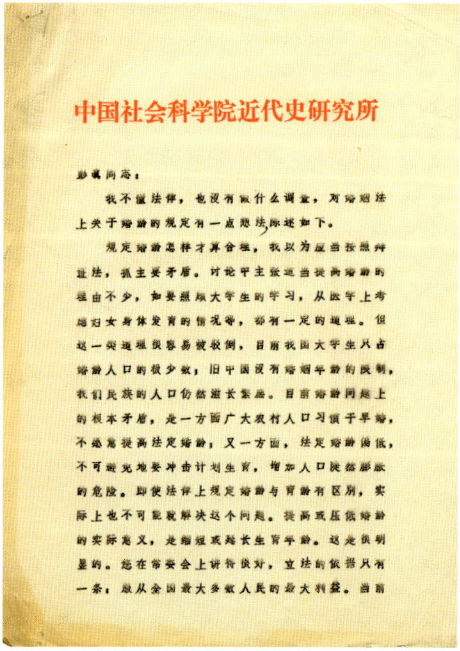

中国社会科学院近代史研究所

彭真同志：

我不懂法律，也没有做什么调查，对婚姻法上关于婚龄的规定有一点想法，陈述如下。

规定婚龄怎样才算合理，我以为应当按照辩证法，抓主要矛盾。讨论中主张适当提高婚龄的理由不少，如要照顾大学生的学习，从医学上考虑妇女身体发育的情况等，都有一定的道理。但这一类道理很容易被驳倒，目前我国大学生只占婚龄人口的极少数；旧中国没有婚姻年龄的限制，我们民族的人口仍然滋长繁盛。目前婚龄问题上的根本矛盾，是一方面广大农村人口习惯于早婚，不愿意提高法定婚龄；又一方面，法定婚龄偏低，不可避免地要冲击计划生育，增加人口陡然膨胀的危险。即使法律上规定婚龄与育龄有区别，实际上也不可能就解决这个问题。提高或压低婚龄的实际意义，是缩短或延长生育年龄。这是很明显的。您在常委会上讲得很对，立法的依据只有一条，就从全国最大多数人民的最大利益。当前

6 致彭真函谈修改婚姻法中婚龄问题事稿（1980）

在 1980 年 4 月五届全国人大常委会第十四次会议上，法制工作委员会对“婚姻法修改草案”作说明时，提出提高法定婚龄。刘大年就此致函彭真委员长。

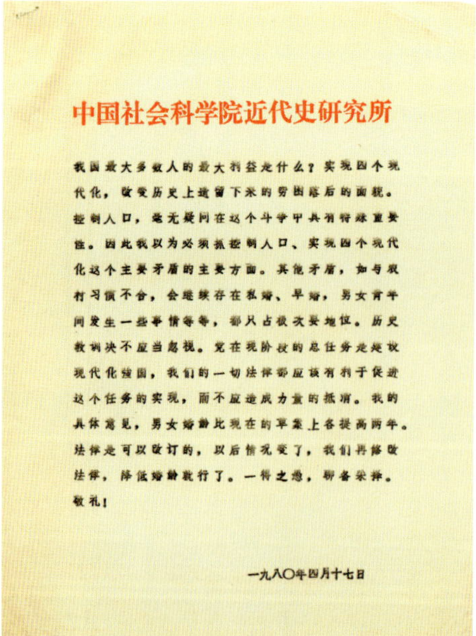

中国社会科学院近代史研究所

我国最大多数人的最大利益是什么？实现四个现代化，改变历史上遗留下来的穷困落后的面貌。控制人口，毫无疑问在这个斗争中具有特殊重要性。因此我以为必须抓控制人口、实现四个现代化这个主要矛盾的主要方面。其他矛盾，如与农村习惯不合，会继续存在私婚、早婚，男女青年间发生一些事情等等，都只占很次要地位。历史教训决不应当忽视。党在现阶段的总任务是建设现代化强国，我们的一切法律都应该有利于促进这个任务的实现，而不应造成力量的抵消。我的具体意见，男女婚龄比现在的草案上各提高两年。法律是可以修订的，以后情况变了，我们再修改法律，降低婚龄就行了。一得之愚，聊备采择。

敬礼！

一九八〇年四月十七日

7 致彭真函谈修改婚姻法中婚龄问题事稿续（1980）

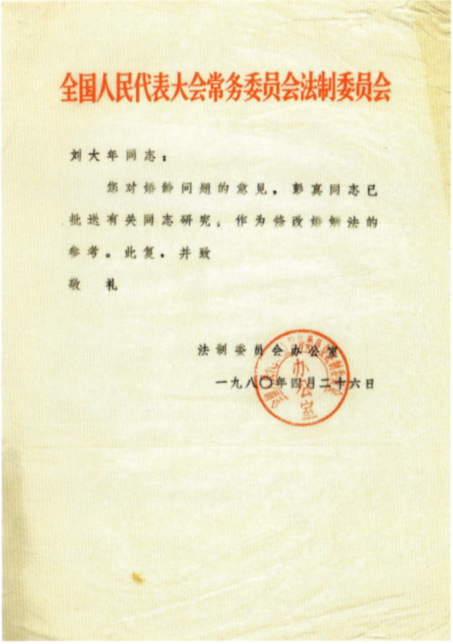

全国人民代表大会常务委员会法制委员会

刘大年同志：

您对婚龄问题的意见，彭真同志已批送有关同志研究。作为修改婚姻法的参考。此复，并致

敬礼

法制委员会办公室

一九八〇年四月二十六日

8 全国人大常委会法制委员会回函（1980）

法制委员会回函告知刘大年的意见已批复有关同志研究。

9 陪同布隆迪议长参观长江大桥（1984）

1984年，布隆迪议会代表团访华。刘大年作为陪同团团长，与代表团在武汉长江大桥留影。

10 陪同澳大利亚议会代表团参观故宫（1985）

1985 年 6 月，澳大利亚参议院代表团访华。刘大年担任陪同团团长。图为陪代表团参观故宫。图中右 2 刘大年，3 澳议长麦克米兰。

11 陪同澳大利亚议会代表团参观十三陵（1985）

图为刘大年陪同澳大利亚参议院代表团参观明十三陵。图中前排众儿童妇女，多为随团访华的议员家属。

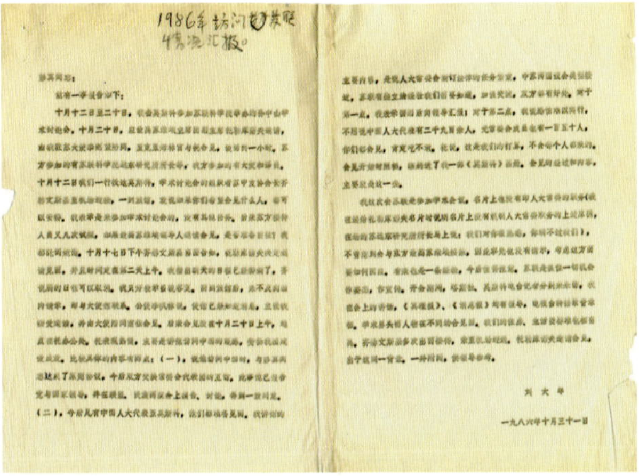

12 致彭真函谈参加苏联学术会议情况稿（1986）

1986 年刘大年应苏联科学院之邀，率团赴莫斯科参加孙中山学术研讨会。会间苏方得知刘大年是全国人大常委会委员，马上提高了接待规格，苏联最高苏维埃主席团副主席托勒库诺夫并邀请刘大年至克里姆林宫会面一小时。当时中苏关系尚不明朗，刘大年认为，这一动态值得注意，并可作为其他全国人大常委会委员出国访问的一个经验。故回国后向委员长彭真汇报。

13 全国人大教科文卫委员会成员工作餐留影（1988）

1988 年 3 月，第六届全国人大教科文卫委员会召开最后一次会议后，举行工作餐庆贺本届工作圆满结束。图中左 1 刘大年，2 周谷城，3 张承先。

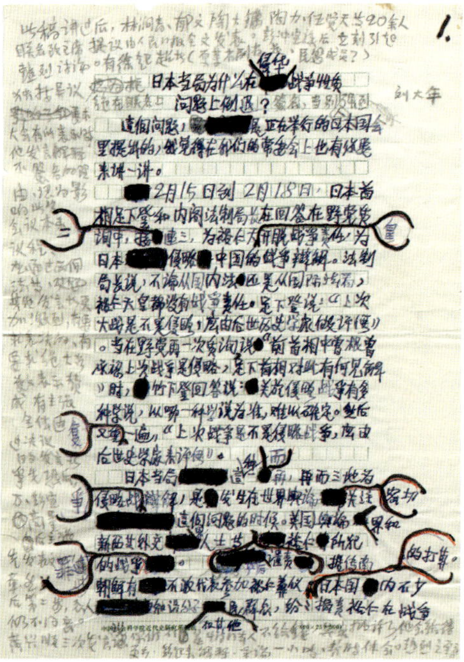

14 批判日本当局为侵华战争辩护的发言稿（1989）

1989年2月，日本首相竹下登为裕仁天皇开脱战争责任，为日本侵华辩护。在2月20日全国人大常委会会议上，刘大年以《日本当局为什么在侵华战争性质问题上倒退？》为题作了即席发言。次日，《人民日报》全文刊登了发言，日法苏美各大媒体也予以报道，在国内外反响强烈。发言稿上的铅笔字，是刘大年对发言后委员们的反应所作的记录。

15 批判日本当局为侵华战争辩护的发言稿续一（1989）

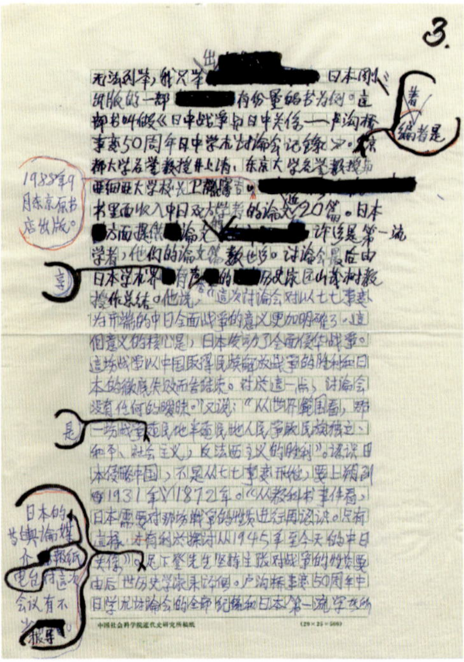
3.

无法列举，我只举[redacted]日本刚刚
出版的一部[redacted]有份量的书为例。这
部书叫做《日中战争与日中关系——卢沟桥
事变50周年日中学术讨论会记录》。京
都大学名誉教授井上清，东京大学名誉教授、
亚细亚大学校长卫藤沈吉[redacted]
书里面收入中日双方学者的论文20篇。日本
[redacted]方面提供[redacted]论文[redacted]许多是第一流
学者，他们的论文篇数也多。讨论会最后由
日本学术界[redacted]有[redacted]的[redacted]历史家田山茂树教
授作总结。他说，"这次讨论会对以七七事变
为开端的中日全面战争的意义更加明确了。这
个意义的核心是，日本发动了全面侵华战争。
这场战争以中国取得民族解放战争的胜利和日
本的彻底失败而告结束。对於这一点，讨论会
没有任何的暧昧。"又说："从世界范围看，那
一场战争是殖民地半殖民地人民争取民族独立、
和平、社会主义，反法西主义的胜利"。该说日
本侵略中国，不是从七七事变开始，要上溯到
1931年以至1872年。"从教科书事件看，
日本需要对那场战争的性质进行再认识。只有
这样，才有利於探讨从1945年至今天的中日
关系"。尾下登先生坚持主张对战争的性质要
由后世历史学家来评价。卢沟桥事变50周年中
日学术讨论会的全部纪录和日本第一流学者所

1988年9月东京原书店出版。

著 编者是

日本的报纸舆论媒介电台对这次会议有不少[redacted]报导。

中国社会科学院近代史研究所稿纸 （20×25=500）

16 批判日本当局为侵华战争辩护的发言稿续二（1989）

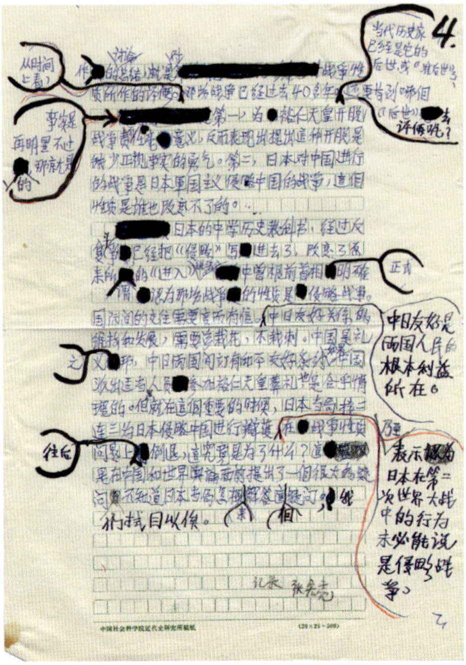
4.

作[redacted]的总结，就是[redacted]战争性
质所作的评价。那场战争已经过去40多年，还要等到哪个
[redacted]第一，为[redacted]裕仁天皇开脱
战争责任[redacted]意义，反而表现出提出这种开脱是
缺少正视事实的勇气。第二，日本对中国进行
的战争是日本军国主义侵略中国的战争，这个
性质是谁也改变不了的。
[redacted]日本的中学历史教科书，经过反
复[redacted]已经把"侵略"写[redacted]进去了，改变了原
来所[redacted]的"进入"[redacted]中曾根前首相[redacted]明确
[redacted]认为那场战争[redacted]的性质是[redacted]侵略战争。
国际间的交往需要宣而有信。中日友好关系的
维持和发展，需要多栽花、不栽刺。中国是礼
义[redacted]邦，中日两国间订有和平友好条约，中国
派出适当人员[redacted]参加裕仁天皇葬礼也是合乎情
理的。但就在这个重要的时候，日本当局接二
连三为日本侵略中国进行辩护，在[redacted]战争性质
问题上[redacted]倒退，这究竟是为了什么？这[redacted]
是在中国和世界舆论面前提出了一个很大的疑
问。不知道日本当局怎样解答这疑问。[redacted]我
们拭目以俟。

记录 张秀（？）

从时间上看

事实是再明显不过[redacted]的，那就是

当代历史家已经是它的后世或"准后世"，（后世）[redacted]去评价呢？

正式

之

中日友好是两国人民的根本利益所在。

往后

表示认为日本在第二次世界大战中的行为未必能说是侵略战争。

中国社会科学院近代史研究所稿纸 （20×25=500）

17 批判日本当局为侵华战争辩护的发言稿续三（1989）

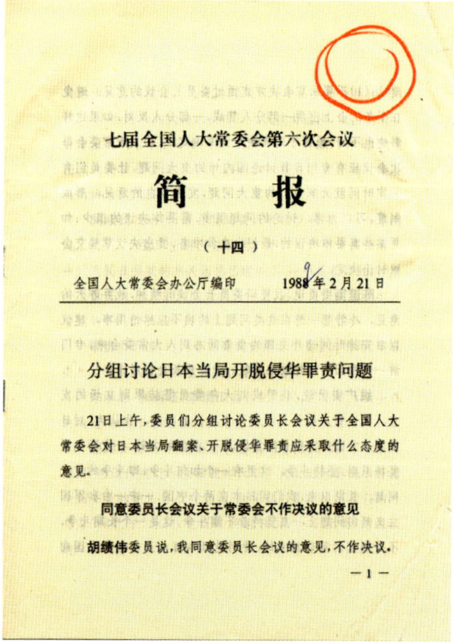

七届全国人大常委会第六次会议

简　报

（十四）

全国人大常委会办公厅编印　　　　198~~8~~9年2月21日

分组讨论日本当局开脱侵华罪责问题

21日上午，委员们分组讨论委员长会议关于全国人大常委会对日本当局翻案、开脱侵华罪责应采取什么态度的意见。

同意委员长会议关于常委会不作决议的意见

胡绩伟委员说，我同意委员长会议的意见，不作决议。

—1—

18《七届全国人大常委会第六次会议简报》封面（1989）

刘大年的发言，引起全国人大常委会热烈讨论。委员们对如何应对日方意见颇有分歧，人大常委会办公厅编印了这一期简报。

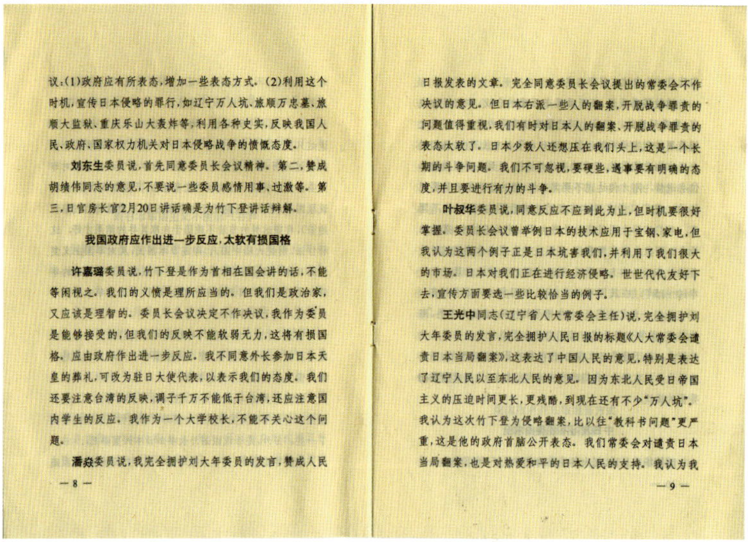

议：(1)政府应有所表态，增加一些表态方式。(2)利用这个时机，宣传日本侵略的罪行，如辽宁万人坑、旅顺万忠墓、旅顺大监狱、重庆乐山大轰炸等，利用各种史实，反映我国人民、政府、国家权力机关对日本侵略战争的愤慨态度。

刘东生委员说，首先同意委员长会议精神。第二，赞成胡绩伟同志的意见，不要说一些委员感情用事、过激等。第三，日官房长官2月20日讲话确是为竹下登讲话辩解。

我国政府应作出进一步反应，太软有损国格

许嘉璐委员说，竹下登是作为首相在国会讲的话，不能等闲视之。我们的义愤是理所应当的。但我们是政治家，又应该是理智的。委员长会议决定不作决议，我作为委员是能够接受的，但我们的反映不能软弱无力，这将有损国格。应由政府作出进一步反应。我不同意外长参加日本天皇的葬礼，可改为驻日大使代表，以表示我们的态度。我们还要注意台湾的反映，调子千万不能低于台湾，还应注意国内学生的反应。我作为一个大学校长，不能不关心这个问题。

潘焱委员说，我完全拥护刘大年委员的发言，赞成人民

—8—

日报发表的文章。完全同意委员长会议提出的常委会不作决议的意见。但日本右派一些人的翻案，开脱战争罪责的问题值得重视，我们有时对日本人的翻案、开脱战争罪责的表态太软了。日本少数人还想压在我们头上，这是一个长期的斗争问题。我们不可忽视，要硬些，遇事要有明确的态度，并且要进行有力的斗争。

叶叔华委员说，同意反应不应到此为止，但时机要很好掌握。委员长会议曾举例日本的技术应用于宝钢、家电，但我认为这两个例子正是日本坑害我们，并利用了我们很大的市场。日本对我们正在进行经济侵略。世世代代友好下去，宣传方面要选一些比较恰当的例子。

王光中同志（辽宁省人大常委会主任）说，完全拥护刘大年委员的发言，完全拥护人民日报的标题《人大常委会谴责日本当局翻案》，这表达了中国人民的意见，特别是表达了辽宁人民以至东北人民的意见。因为东北人民受日帝国主义的压迫时间更长，更残酷，到现在还有不少“万人坑”。我认为这次竹下登为侵略翻案，比以往“教科书问题”更严重，这是他的政府首脑公开表态。我们常委会对谴责日本当局翻案，也是对热爱和平的日本人民的支持。我认为我

—9—

19《七届全国人大常委会第六次会议简报》摘录（1989）

部分委员认为“我国政府应作出进一步反应，太软有损国格”。

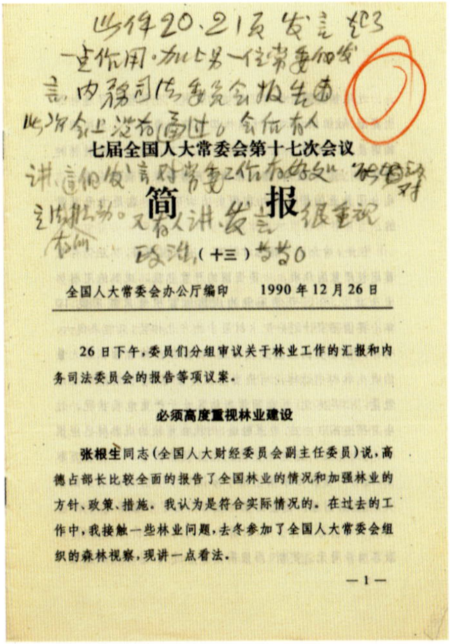

七届全国人大常委会第十七次会议

简　报

（十三）

全国人大常委会办公厅编印　1990年12月26日

26日下午，委员们分组审议关于林业工作的汇报和内务司法委员会的报告等项议案。

必须高度重视林业建设

张根生同志（全国人大财经委员会副主任委员）说，高德占部长比较全面的报告了全国林业的情况和加强林业的方针、政策、措施。我认为是符合实际情况的。在过去的工作中，我接触一些林业问题，去冬参加了全国人大常委会组织的森林视察，现讲一点看法。

—1—

20 关于廉政建设的发言简报封面（1990）

1990年12月，七届全国人大常委会第十七次会议《简报》载刘大年发言《还是应该制定廉政法》。封面上的铅笔字是刘大年所记的会后反应："发言起了一点作用。加上另一位常委的发言，内务司法委员会的报告此次会上没有通过。会后有人讲，这个发言对常委会工作有好处，能对立法有所推动。又有人讲，发言很重视政治，等等。"

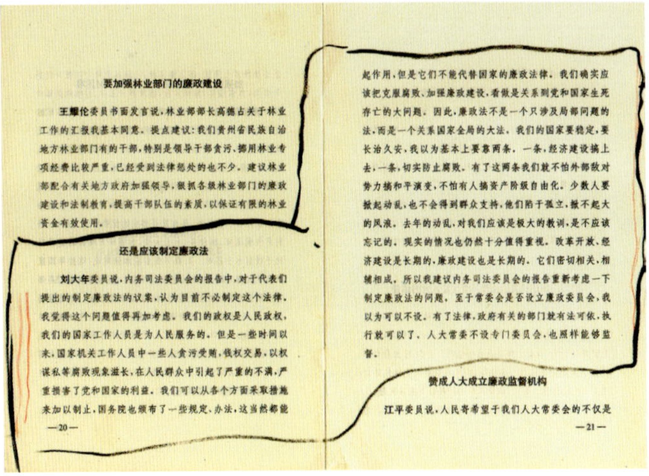

要加强林业部门的廉政建设

王耀伦委员书面发言说，林业部部长高德占关于林业工作的汇报我基本同意。提点建议：我们贵州省民族自治地方林业部门有的干部，特别是领导干部贪污、挪用林业专项经费比较严重，已经受到法律惩处的也不少。建议林业部配合有关地方政府加强领导，狠抓各级林业部门的廉政建设和法制教育，提高干部队伍的素质，以保证有限的林业资金有效使用。

还是应该制定廉政法

刘大年委员说，内务司法委员会的报告中，对于代表们提出的制定廉政法的议案，认为目前不必制定这个法律。我觉得这个问题值得再加考虑。我们的政权是人民政权，我们的国家工作人员是为人民服务的。但是一些时间以来，国家机关工作人员中一些人贪污受贿，钱权交易，以权谋私等腐败现象滋长，在人民群众中引起了严重的不满，严重损害了党和国家的利益。我们可以从各个方面采取措施来加以制止，国务院也颁布了一些规定、办法，这当然都能

—20—

起作用，但是它们不能代替国家的廉政法律。我们确实应该把克服腐败、加强廉政建设，看做是关系到党和国家生死存亡的大问题。因此，廉政法不是一个只涉及局部问题的法，而是一个关系国家全局的大法。我们的国家要稳定，要长治久安，我以为基本上要靠两条。一条，经济建设搞上去，一条，切实防止腐败。有了这两条我们就不怕外部敌对势力搞和平演变，不怕有人搞资产阶级自由化。少数人要掀起动乱，也不会得到群众支持，他们陷于孤立，掀不起大的风浪。去年的动乱，对我们应该是极大的教训，是不应该忘记的。现实的情况也仍然十分值得重视。改革开放、经济建设是长期的，廉政建设也是长期的。它们密切相关，相辅相成。所以我建议内务司法委员会的报告重新考虑一下制定廉政法的问题。至于常委会是否设立廉政委员会，我以为可以不设。有了法律，政府有关的部门就有法可依，执行就可以了。人大常委不设专门委员会，也照样能够监督。

赞成人大成立廉政监督机构

江平委员说，人民寄希望于我们人大常委会的不仅是

—21—

21 关于廉政建设的发言简报摘录（1990）

1990年12月，刘大年在全国人大常委会会议发言中说："一段时间以来，国家机关工作人员中一些人贪污受贿，钱权交易，以权谋私等腐败现象滋长……严重损害了党和国家的利益。……我们确实应该把克服腐败，加强廉政建设，看做是关系到党和国家生死存亡的大问题。……我建议内务司法委员会的报告重新考虑一下制定廉政法的问题。"

第三节　参加全国人大代表团出访（1981—1987）

全国人大每年都会组织若干代表团出访外国，加强与各国议会的联系。刘大年多次作为人大代表团成员或副团长，随团出访。

1 与哥伦比亚议长合影（1981）

1981年2月，全国人大常委会副委员长阿沛·阿旺晋美率团访问哥伦比亚、圭亚那、巴巴多斯、特立尼达和多巴哥。

图为代表团在哥伦比亚首都波哥大拜会哥伦比亚参众两院议长。图中右4为刘大年，右5、右6为哥国参众两院议长，右7为阿沛·阿旺晋美。

2 与哥伦比亚总统会谈留影（1981）

代表团在总统府拜会哥伦比亚总统。图中右 1 阿沛・阿旺晋美，左 1 哥国总统，左 3 刘大年。

3 与麦德林市议员座谈（1981）

代表团在哥伦比亚安蒂奥基亚省省会麦德林市政厅与市议员交谈。坐者右 4 为刘大年，对面右 2 为阿沛・阿旺晋美。墙面上有巨幅壁画。

4 对麦德林市政厅壁画的追记（1981）

市政厅的壁画引起了刘大年的注意。刘大年在日记中写道：“麦德林市政大楼壁画。哥有名画家彼德罗·奈尔·戈麦斯1934—1938年创作。《咖啡舞》描写咖啡收获季节，咖农劳动场面。妇女收摘咖啡，却是抬起手的有节奏挥舞，像采茶一样，类似西方芭蕾。内容丰富。”

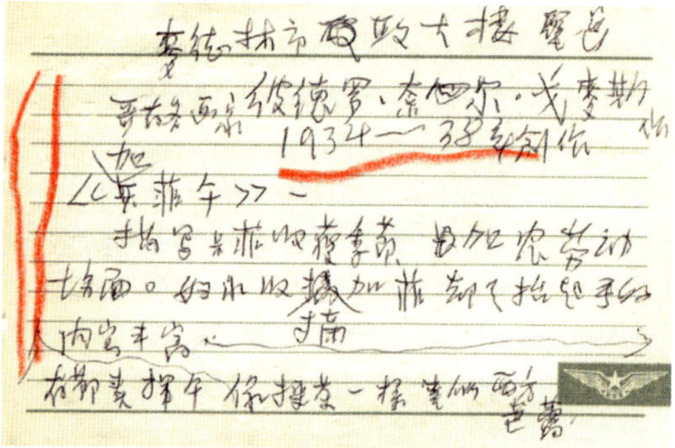
麦德林市政大楼壁画
哥有名画家彼德罗·奈尔·戈麦斯
1934—38年创作
《咖啡舞》—
描写咖啡收获季节，咖农劳动场面。妇女收摘咖啡，却是抬起手的有节奏挥舞，像采茶一样，类似西方芭蕾。内容丰富。

5 对麦德林市政厅壁画的追记续一（1981）

“画名《共和国》，说明第一句：‘这是歌颂祖国的一曲凯歌。’”

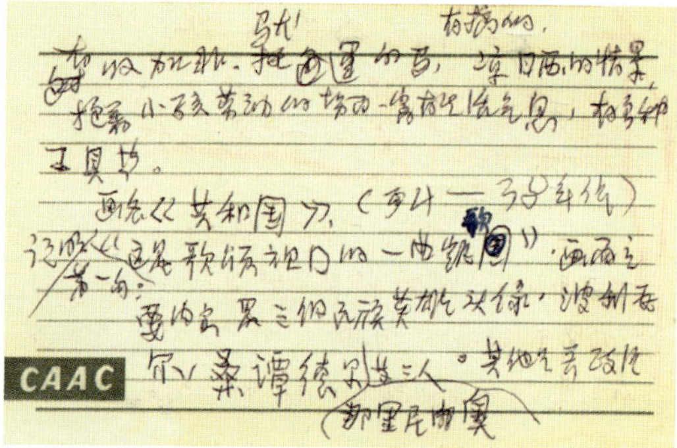
画名《共和国》（34—38年作）
说明第一句：“这是歌颂祖国的一曲凯歌。”

6 对麦德林市政厅壁画的追记续二（1981）

“画中间是工人，拿着标语牌，高呼口号，要求将（私人资本和外国掌握的）矿山、石油、电力国有化。”

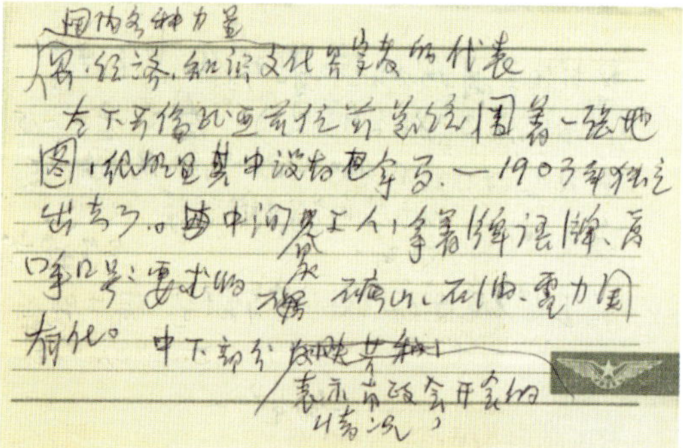
画中间是工人，拿着标语牌、高呼口号：要求将……矿山、石油、电力国有化。

7 在巴巴多斯首都布里奇顿华盛顿故居前留影（1981）

代表团访问巴巴多斯时，参观首都布里奇顿市的乔治·华盛顿故居。图中左 2 为刘大年，右 1 为代表团成员吴肇光教授。刘大年在当天的日记里写道：乔治·华盛顿 1751 年时因患肺结核曾在此处养病。此处当时面对海滩，现在是一清洗店老板住宅。

8 参观特立尼达和多巴哥议会大厦（1981）

图中左 4 刘大年，5 阿沛·阿旺晋美。

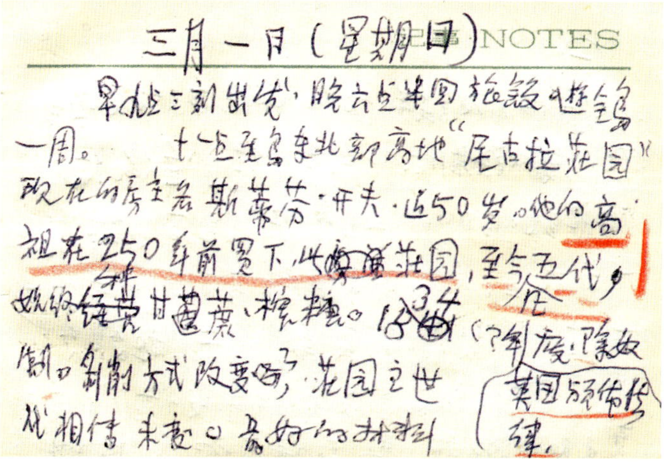

9 南美访问参观庄园日记（1981）

出访拉美四国，对刘大年来说，是难得的了解 17 世纪后贩卖黑奴历史的机会。他在日记中记下参观甘蔗庄园的情形。

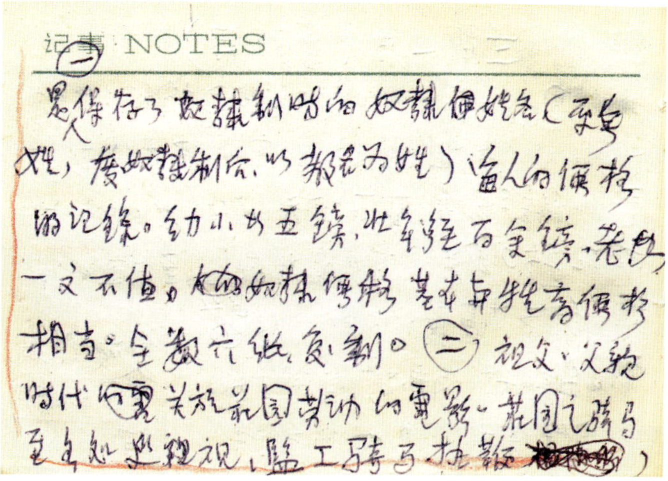

10 南美访问参观庄园日记续（1981）

“保存了奴隶制时的奴隶姓名（原无姓，废奴隶制后，以教名为姓）、每人的价格的记录。幼小者五镑，壮年多至百余镑，老者一文不值。奴隶价格基本与牲畜价格相当。”

11 在澳大利亚议长举行的招待会上留影（1982）

1982 年 11 月，全国人大常委会副委员长朱学范率团出访澳大利亚与新西兰。刘大年任副团长。图为澳大利亚议长举行招待会款待代表团，图中右 3 朱学范，4 澳议长，5 刘大年。

12 代表团向总督及其夫人赠送礼物（1982）

代表团拜会澳大利亚总督尼尼安・斯蒂芬爵士，并送上代表团的礼物。图中左1总督夫人，2朱学范，3总督尼尼安，4刘大年。

13 访问堪培拉澳大利亚国立大学留影（1982）

代表团访问澳大利亚国立大学，澳中理事会主席、澳大利亚亚洲学会会长、澳大利亚国立大学远东史系主任王赓武教授热情招待。图中前排左7王赓武，8朱学范，9刘大年。

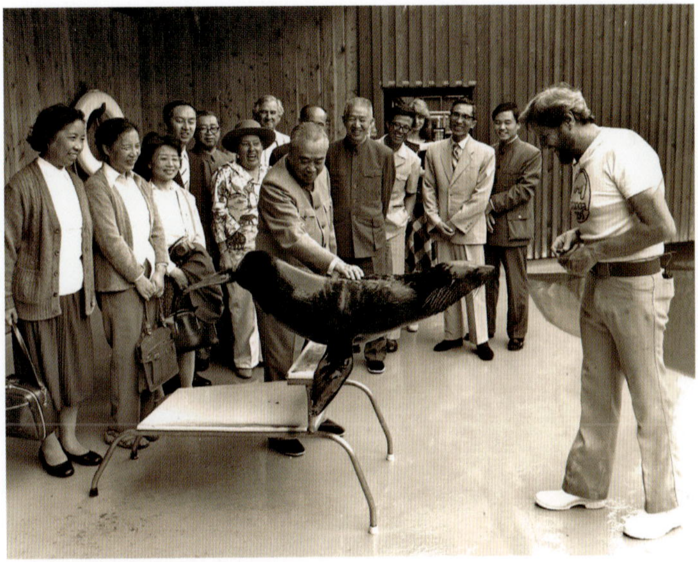

14 在悉尼海洋馆观看海豚表演（1982）

悉尼海洋馆的海豚表演虽然非常精彩，但刘大年对大洋洲的鸭嘴兽更为有兴趣。当晚他写了对鸭嘴兽的了解。

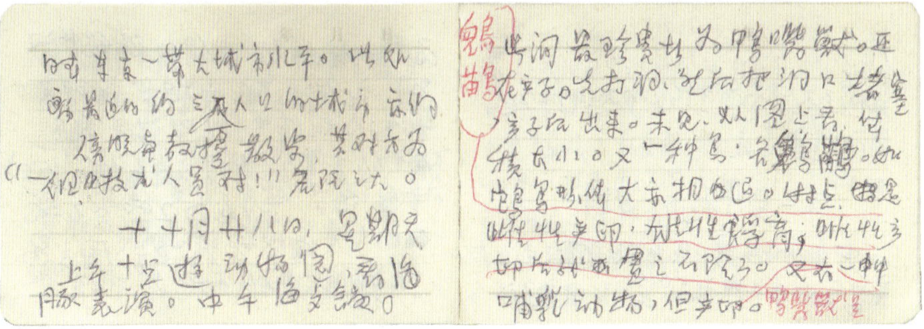
此间最珍贵者为鸭嘴兽。正在产子。先打洞，然后把洞口堵塞，产子后出来。未见。从图上看，体积甚小。又一种鸟，名鸸鹋。如鸵鸟形，体大亦相近。特点是雌性产卵，雄性孵育，雌性产卵后就置之不理了。又有一种哺乳动物，但产卵。

15 关于鸭嘴兽的日记（1982）

刘大年日记载：“此间最珍贵者为鸭嘴兽。正在产子。先打洞，然后把洞口堵塞，产子后出来。未见。从图上看，体积甚小。又一种鸟，名鸸鹋。如鸵鸟形，体大亦相近。特点是雌性产卵，雄性孵育，雌性产卵后就置之不理了。”

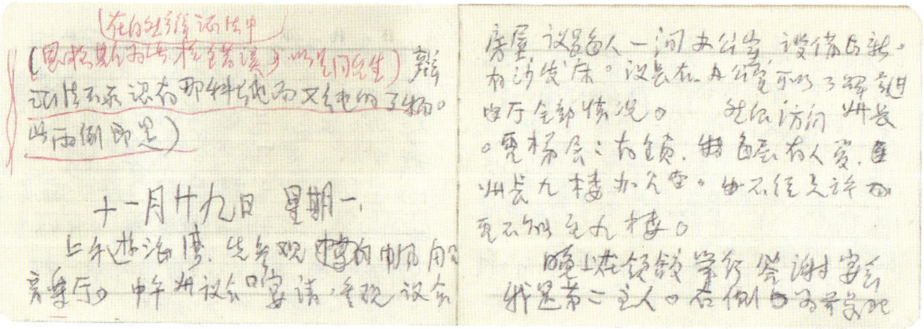
十一月廿九日 星期一

16 关于鸭嘴兽的日记续（1982）

“鸭嘴兽是一种哺乳动物，但产卵。（恩格斯为此在《自然辩证法》中承认错误，说明是胎生。）辩证法不承认有那种纯而又纯的事物。此两例即是。”

17 在悉尼领事馆迎接澳大利亚议长（1982）

离开澳大利亚前，代表团在中国驻悉尼领事馆举行答谢宴会。图为代表团成员在领馆门口迎接澳大利亚议长及议员。右 1 刘大年，2 朱学范。

18 在新西兰罗托鲁阿宾馆交谈（1982）

罗托鲁阿是新西兰北部的风景区。“罗托鲁阿”为毛利语“第二湖”的意思，指这里一处火山爆发形成的湖。图为代表团在下榻的宾馆。

19 参观罗托鲁阿市的彩霞仙境公园（1982）

图中左 2 朱学范，左 4 刘大年。

20 会见西班牙国王卡洛斯（1987）

1987年11月，全国人大常委会副委员长廖汉生率团访问西班牙和葡萄牙。刘大年任副团长。图为会见国王胡安·卡洛斯一世。图中左1熊复，2刘大年。

21 会见西班牙议长（1987）

团长廖汉生向西班牙议长介绍副团长刘大年。图中右1廖汉生，2西班牙议长，4刘大年。

22 与西班牙议员座谈（1987）

图中右 2 为刘大年。

23 在葡萄牙议会大厦前合影（1987）

图为代表团在葡萄牙里斯本与第一副议长阿基亚尔女士在议会大厦前合影。前排左 3 为廖汉生，左 4 阿基亚尔，左 5 刘大年，左 6 熊复。

24 参观罗卡角留影（1987）

罗卡角位于葡萄牙最西端，是欧亚大陆的最西点。角上建有一座灯塔及一面向大洋的石碑。碑上以葡萄牙语刻有著名的一句话：“陆止于此，海始于斯。”第一副议长阿基亚尔女士陪同代表团参观罗卡角。图中左4为刘大年，5廖汉生，6阿基亚尔，右2熊复。

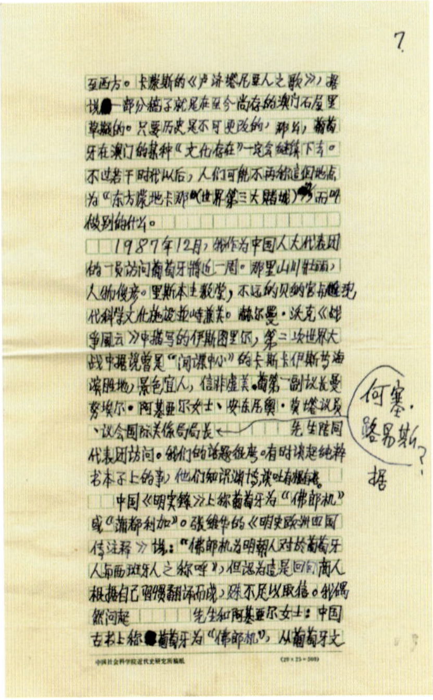
7

至西方。卡蒙斯的《卢济塔尼亚人之歌》，据说[redacted]一部分稿子就是在至今尚存的澳门石屋里草拟的。只要历史是不可更改的，那么，葡萄牙在澳门的某种"文化存在"一定会继续下去。不过若干时代以后，人们可能不再称这個地点为"东方蒙地卡罗"(世界第三大赌城)[redacted]而叫做别的什么。

1987年12月，我作为中国人大代表团的一员访问葡萄牙将近一周。那里山川壮丽，人物俊秀。里斯本主教堂，不远的贝纳宫古堡现代科学文化施设并峙兼美。赫尔曼·沃克《战争风云》中描写的伊斯图里尔，第二次世界大战中据说曾是"间谍中心"的卡斯卡伊斯等海滨胜地，景色宜人，信非虚美。葡第一副议长曼努埃尔·阿基亚尔女士、安东尼奥·费塔议员、议会国际关系局局长←　　先生陪同代表团访问。我们的话题很广。有时谈起纯粹书本子上的事，他们知识渊博，谈吐有趣。

中国《明实录》上称葡萄牙为"佛郎机"或"蒲都利加"。张维华的《明史欧洲四国传注释》说："佛郎机为明朝人对於葡萄牙人与西班牙人之称呼"，但认为这是回回商人根据自己習惯翻译而成，殊不足以取信。我偶然问起　　先生和阿基亚尔女士：中国古书上称[redacted]葡萄牙为"佛郎机"，从葡萄牙文

何塞·路易斯？据

中国社会科学院近代史研究所稿纸　(20×25＝500)

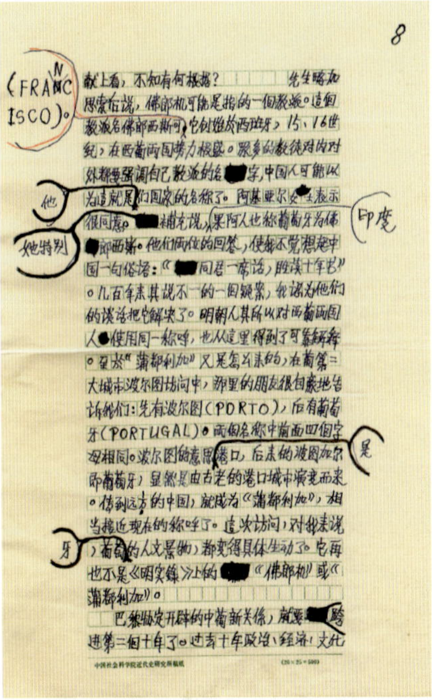
8

献上看，不知有何根据？　　先生略加思索后说，佛郎机可能是指的一個教派。這個教派名佛郎西斯可，它创始於西班牙，15、16世纪，在西葡两国势力极盛。众多的教徒对内对外都要强调自己教派的名[redacted]字，中国人可能以为這就是他们国家的名称了。阿基亚尔女[redacted]士表示很同意。[redacted]她特别補充说，印度人也称葡萄牙为佛[redacted]郎西斯。他们两位的回答，使我不觉想起中国一句俗语：《[redacted]同君一席话，胜读十年书》。几百年来其说不一的一個疑案，我认为他们的谈话把它解決了。明朝人其所以对西葡两国人[redacted]使用同一称呼，也从這里得到了可靠解释。至於"蒲都利加"又是怎么来的，在葡第二大城市波尔图访问中，那里的朋友很自豪地告诉我们：先有波尔图(PORTO)，后有葡萄牙(PORTUGAL)。两個名称中前面四個字母相同。波尔图的意思是港口，后来的波图加尔即葡萄牙，显然是由古老的港口城市演变而来。傳到远方的中国，就成为"蒲都利加"，相当接近现在的称呼了。這次访问，对我来说，葡萄牙的人文景物，都变得具体生动了。它再也不是《明实錄》上的[redacted]"佛郎机"或"蒲都利加"。

巴黎协定开辟的中葡新关係，就要[redacted]跨进第二個十年了。过去十年政治、经济、文化

(FRANCISCO)。

他

她特别

印度

是

牙

中国社会科学院近代史研究所稿纸　(20×25＝500)

25《中葡新关系十年》手稿之一（1989）

26《中葡新关系十年》手稿之二（1989）

《明实录》中将葡萄牙称为"佛朗机"，有学者认为是译音，刘大年一直存疑。此次与葡国人士交流得知"佛朗机"是15、16世纪葡国最大教派"佛朗西斯科"的音译，是传教士将此名带到了东方。1989年中葡建交10周年时，他把对"佛朗机"国名考证写进了《中葡新关系十年》一文。此文发表在当年2月7日的《人民日报》上。图为该文手稿之一。

第十一章

坚定信仰马克思主义

（1938—1999）

1938 年，刘大年投笔从戎，奔赴国难，成为一名八路军战士。从此也疏远了自幼烂熟于心的孔孟之学，逐步迈进马克思主义的殿堂。60 多年的学习、运用，特别是亲身经历中国在马克思主义引导下发生的天翻地覆的变化，不断坚定了他对马克思主义的信仰。他坚信，马克思主义是科学思想的最大成果，历史研究要成为科学，只有依靠马克思主义的哲学指导。矢志不渝地学习、运用、追求马克思主义，成为刘大年做人、做事、做学问的根本特点。

在“文革”的逆境中，他没有动摇，反而如饥似渴地反复研读马列著作；“文革”过后，马克思主义“不时兴”时，他旗帜鲜明地坚持马克思主义是历史研究的指导思想。在他人生的最后一次大会报告正文的第一句话，还是：“我是主张马克思主义对哲学社会科学具有指导作用的。”

第一节 坚持马克思主义是历史学研究的指导思想（1983—1998）

自从踏入史学的大门，刘大年就以郭沫若、范文澜等前辈为榜样，努力用马克思主义的立场、观点、方法分析历史事件、人物，依此著书立说，奠定了他在中国史学界的地位。

“文革”后，中国史学界在迎来思想解放的春天时，也出现了否定历史唯物主义的思潮。刘大年以自己深厚的马克思主义理论积淀，做出了有力的回应。

刘大年认为，以往证明，马克思主义与中国革命实践相结合，表现了巨大的生命力。马克思主义历史学也必须跟上时代的步伐，不断发展前进。“现在和今后，按照新的条件，坚持这种结合的马克思主义历史学就是长青的”。

1 在光明日报社参加理论座谈会合影（1983）

1983年11月，《光明日报》理论部组织理论工作者座谈有关理论界马克思主义指导思想问题。图为会后合影。前排左4赵沨，5刘大年，6张友渔，7范若愚。

高举马列主义、社会主义旗帜
抵制和清除精神污染

本报编辑部邀请首都理论界文艺界部分同志座谈会发言摘要

坚持史学领域批判历史唯心论的斗争

刘大年（中国社会科学院近代史研究所名誉所长）

二中全会关于清除精神污染的文献，邓小平同志和陈云同志的讲话，是党中央向理论界、文艺界发出的战斗号召，我们必须积极响应，见诸实际行动。历史遗产有精华，有糟粕，研究工作有唯物观点，有唯心观点，传播糟粕和唯心观点，都可以造成精神污染。历史研究中解决这个问题，要举高举马克思主义的鲜明旗子，拿起学术批评这个锐利武器，坚持反对历史唯心主义。

西方资产阶级唯心主义哲学和历史观点输进中国，它的破坏性影响绝不可以低估。前几天《光明日报》的一篇文章上说，法国存在主义哲学家萨特的著作，在我们的大学里面，被一些青年吹捧为填补马克思主义的空白，比马克思高明。这是一个例子，说明我们对于西方资产阶级思想任其传播，没有批评。旧中国许多丑恶的东西，解放后不久基本上绝迹了，最近几年有的蠢蠢而动，与学术理论领域的资产阶级思潮互为呼应。在历史研究中，解放后多次批评过的资产阶级唯心主义观点，如胡适、蒋廷黻等人的某些观点，又被作为新的东西，改头换面来加以宣传。这又是一种例子，也是说明我们对于资产阶级思想缺少批评。

没有批评资产阶级，责任在谁？历史研究者首先有责任，报纸刊物的编辑同志同样有责任。（下转第三版）

从两个方面清除音乐界的精神污染

赵沨（中国音乐家协会副主席）

音乐界防止和消除资产阶级思想污染，可能主要是针对两个方面的问题。一个是全社会都知道的，靡靡之音的流传。港台或欧美流行音乐进来并不可怕，因为实行开放政策，这类东西自然会进来一些，这不足为怪。可怕的是我们的一部分作曲者、歌唱者亦步亦趋，以模仿为荣，有些人拼命往这个行列里挤，唯恐挤不进去，于是形成一种力量。这是很严重的。另一个是刚露出头的一些人对先锋派音乐的热衷。先锋派是一个庞大的概念，一句话说不清。它是当代资产阶级走向最没落时期在音乐上的表现。在这种音乐里，最荒谬的东西荒谬得教你不能理解。但现在我们的一些人开始热衷于它。先锋派在外国没有很多听众，在中国也不会象港台靡靡之音那么盛行。对以上两个方面的问题，都需要做大量的工作。

面临这种现状怎么办？记得前年参加一个座谈会，给我的一个感觉是，对反对资产阶级自由化有一点抵触情绪的人，总是大谈成绩，好象唯恐别人抹煞了成绩似的。我认为成绩是有的，是抹煞不了的。但不能拿成绩来作挡箭牌。

“上有好者，下必甚焉”。这种现象应有所消除。我指的“上”，不是指党政领导者。例如一个学校的老师，对学生就是“上”，一个校长对全校来讲也是“上”，一个车间主任，对全车间就是上……。上面多少松一松，下面就可以走得很远很远。例如对先锋派音乐，只要上面松一点，下面可能就随之而起。最近有人在报刊就公开为先锋派大唱颂歌。说老实话，有一些先锋派不需要什么学问，有些先锋派音乐根本不需要苦练，只要乱想、瞎想、瞎写，就算音乐。所以“上有好者，下必甚焉”的问题要解决。对于靡靡之音，也不是没有“上有好者”，据传有些模仿港台歌曲的“歌星”出自部队，还有国家办的歌舞团也是如此。出来一个还不行，还有第二个，批下去以后还要复苏，变得更红。这情况就更严重了。我想这与上头有“好者”不无关系。

要提倡批评与反批评的自由，特别是被批评者有反批评的自由。不能只说一面的话。早些时候，音乐界的一些同志不许批评，稍有一点不同意见，就被称“左家庄”（我们的研究所设在左家庄），或被叫“思想僵化”、“打棍子”等等。鉴于此，我们报刊应为不入耳之言提供版面，给他们充分发言的机会。这才能保证生动活泼的局面。一言堂恐非最好的办法。

2 光明日报社理论座谈会发言（1983）

1983年11月5日《光明日报》发表了座谈会的发言摘要，刘大年的发言题为《坚持史学领域批判历史唯心论的斗争》。

3 在德国特里尔马克思故居前留影（1985）

1985年刘大年在赴德参加第十六届国际历史科学大会时，与季羡林一起参观了特里尔马克思故居。图中左起刘大年、季羡林、留德学生胡海燕。

4 拜谒马克思墓（1987）

1987 年 11 月刘大年随人大代表团出访在伦敦停留时，特赴海格特公墓拜谒马克思墓。初冬的暮色中，刘大年脱帽肃立于马克思墓前，表达自己对这位伟人的景仰。

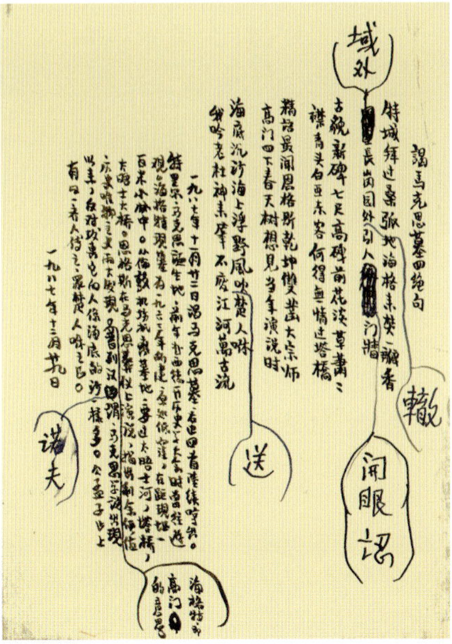

5《谒马克思墓四绝句》手稿（1987）

刘大年在拜谒马克思墓后，曾陆续题诗四首。他在诗注中引用普列汉诺夫的话：“马克思学说出现以来，反对、攻击它的人像海底的沙一样多。”

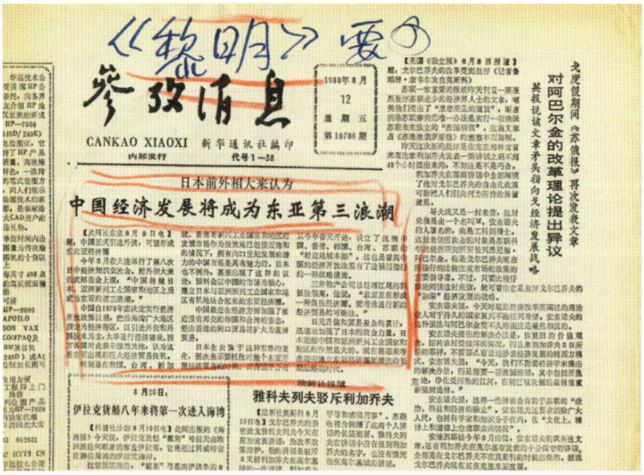

6 为撰写《黎明》准备的资料：《中国经济发展将成为东亚第三浪潮》（1988）

21世纪前夕，各国学者都在关注历史走向。刘大年自20世纪80年代末便准备撰写总结20世纪历史的著述。1988年8月12日的《参考消息》载日本前外相大来佐武郎的讲话《中国经济发展将成为东亚第三浪潮》引起了他的注意。其上所写"《黎明》"，即是他准备撰写论文的题目。

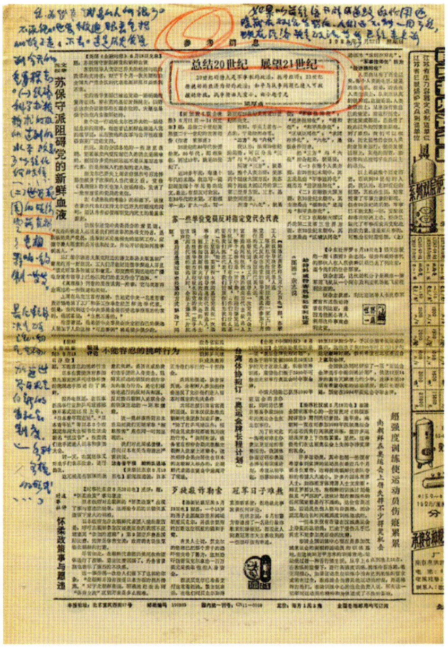

7 为撰写《黎明》准备的资料：《总结20世纪，展望21世纪》（1988）

1988年5月22日，《参考消息》上刊登新加坡学者梁厚甫的文章《总结20世纪，展望21世纪》。刘大年在报纸空白处写道："如果以前经济开辟道路的作用还隐藏在政治等背后，人们还不能一目了然，现在经济决定政治等等已经走上前台，为越来越多的人所认识了。不承认，也要被迫跟着它指的路子走下去。这是历史发展到今天的重要标志。（一）经济科学技术所达到的水平改变了以往任何时候……（二）世界范围的联系空前直接了，互相影响、约制等等。最后，经济决定政治，必定加速世界历史走向新的社会制度。"

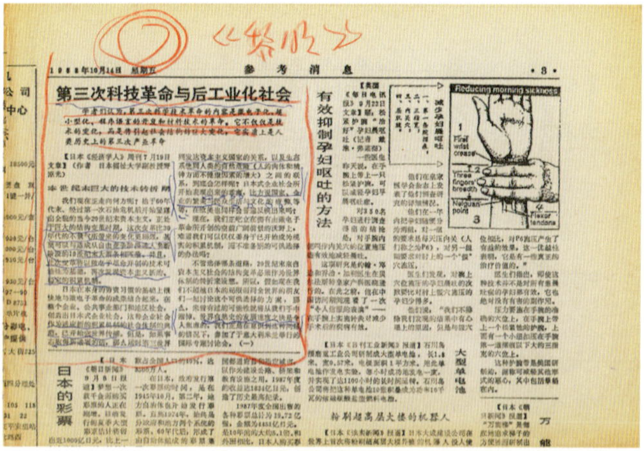

《黎明》

1988年10月14日 星期五 参考消息 ·3·

第三次科技革命与后工业化社会

学者们认为，第三次科学技术革命的内容是微电子化、超小型化、程序语言的开发和材料技术的革命。它不仅仅是技术的变化，而是将引起社会结构的巨大变化。它实质上是人类历史上的第三次产业革命

有效抑制孕妇呕吐的方法

8 为撰写《黎明》准备的资料：《第三次科技革命与后工业化社会》（1988）

1988年10月14日，《参考消息》上刊登日本《经济学人》上的文章《第三次科技革命与后工业化社会》，指出由微电子技术开创的变革，“比30年代的不景气所带来的变化更剧烈，甚至可以与造成从自由竞争阶段进入垄断阶段的19世纪末大萧条相匹敌”。刘大年拟作为写作《黎明》时的参考。

9《说20世纪的标志》手稿之一（1989）

《黎明》一文在进入写作阶段后，更名为《说20世纪的标志》。此页铅笔记录了写作的过程：“此稿2月下旬开始写，3月上旬草成（一）（二）部分，（二）部分原有草底，（三）部分最费时，3月中至今始完稿，约20天。中间开会花去若干时。还应加（四）部分结尾。4月3日记。”从本文所引资料时间看，最晚为1989年3月，推测此稿应写于1989年。而起始部分“国际历史科学大会1990年马德里讨论会”一段，应为完稿后再加入。

此稿写成后一直未发表，刘大年去世后在他的遗物中发现。

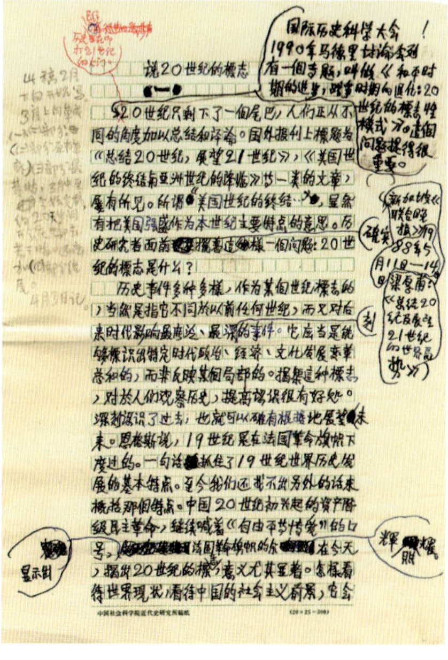

说20世纪的标志

（一）

国际历史科学大会1990年马德里讨论会列有一個专题，叫做《和平时期的进步，战争时期的退化：20世纪的标志性模式》。這個问题提得很重要。

20世纪只剩下了一個尾巴，人们正从不同的角度加以总结和评论。国外报刊上标题为《总结20世纪，展望21世纪》，《美国世纪的终结和亚洲世纪的降临》等一类的文章，屡有所见。所谓“美国世纪的终结”，显然有把美国强盛作为本世纪主要特点的意思。历史研究者面前摆着這樣一個问题：20世纪的标志是什么？

历史事件多种多樣，作为某個世纪标志的，当然是指它不同於以前任何世纪，而又对后来时代影响最广泛、最深刻的事件。它应当是能够标识出特定时代政治、经济、文化发展素质总和的，而非反映某個局部的。据此這种标志，对於人们观察历史，提高认识很有好处。深刻認识了过去，也就可以确有根据地展望未来。恩格斯说，19世纪是在法国革命旗帜下度过的。一句话抓住了19世纪世界历史发展的基本特点。至今我们还找不出另外的话来概括那個特点。中国20世纪初兴起的资产阶级民主革命，继续喊着“自由平等博爱”的口号，……法国革命旗帜的……在今天，揭出20世纪的标志，意义尤其显着。怎樣看待世界现状，看待中国的社会主义前景，它会

中国社会科学院近代史研究所稿纸 （20×25＝500）

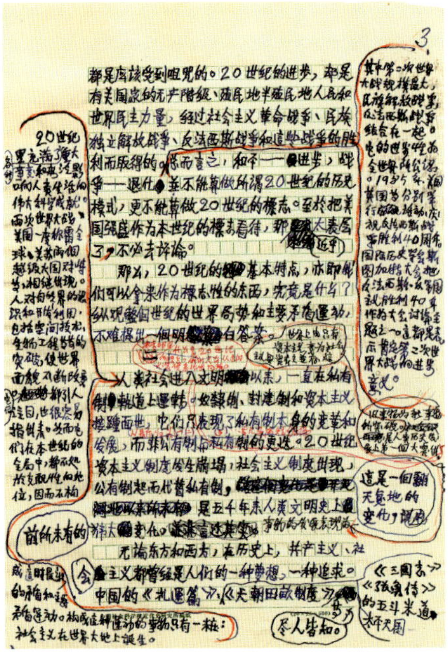

10《说 20 世纪的标志》手稿之二（1989）

刘大年花费两年精力写作此文，主要想论证：“中国的、世界范围的社会主义和资本主义现状和未来的大辩论，过去有，今后也会继续下去。一个世界，两种制度这个格局只要一天存在，人们的思想观点分歧与辩论就会一天存在。当前这个大辩论极为突出，也极大地丰富了人们对本世纪特点的认识。它使我们从分歧中看到统一，最大的分歧，又是最大的统一。这个统一是什么？ 20 世纪：社会主义的黎明！”

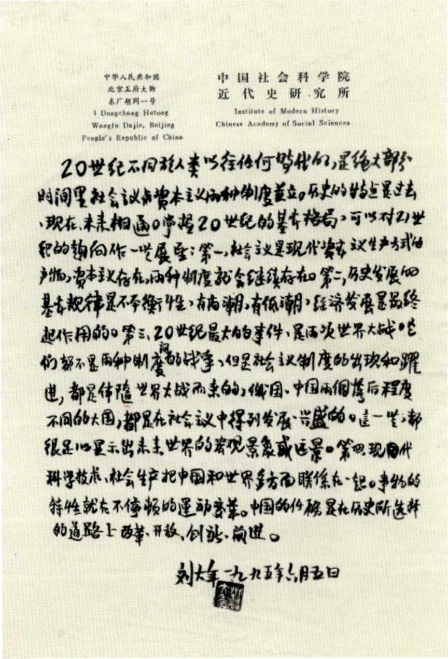
中华人民共和国
北京王府大街
东厂胡同一号
1 Dongchang Hutong
Wangfu Dajie, Beijing
People's Republic of China

中国社会科学院
近代史研究所
Institute of Modern History
Chinese Academy of Social Sciences

20世纪不同于人类以往任何时代的，是绝大部分时间里社会主义与资本主义两种制度并立。历史的特点是过去、现在、未来相通。掌握20世纪的基本格局，可以对21世纪的趋向作一些展望：第一，社会主义是现代资本主义生产方式的产物，资本主义存在，两种制度就会继续存在。第二，历史发展的基本规律是不平衡性，有高潮，有低潮，经济发展是最终起作用的。第三，20世纪最大的事件，是两次世界大战。它们都不是两种制度间的战争，但是社会主义制度的出现和跃进，都是伴随世界大战而来的，俄国、中国两个落后程度不同的大国，都是在社会主义中得到发展、兴盛的。这一些，都很足以显示出未来世界的宏观景象或远景。第四，现代科学技术、社会生产把中国和世界多方面联系在一起。事物的特性就在不停顿的运动变革。中国的任务是在历史所选择的道路上改革、开放、创新、前进。

刘大年 一九九五年六月五日

11《对 20 世纪基本格局的概括》手稿（1995）

1995 年 6 月 5 日，刘大年应友人之邀，写了自己对 20 世纪基本格局的认识。概括起来为：一，社会主义制度是现代资本主义生产方式的产物；二，历史发展最终起作用的是经济发展；三，两次世界大战是 20 世纪发生的最大的事件；四，现代科学技术和社会生产把中国和世界多方面联系在一起。

12《历史运动是一个整体运动》手稿（1996）

《中国大百科全书》是“文革”后启动的一项重要文化工程。《中国历史》卷“刘大年”的条目为张海鹏撰写。1996年《中国大百科全书》修订时，刘大年为此条作了修改，以更准确地表述自己关于如何运用历史唯物主义研究历史的学术主张。

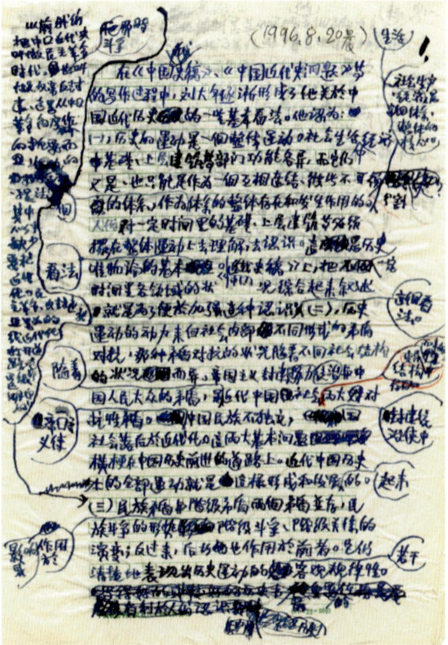

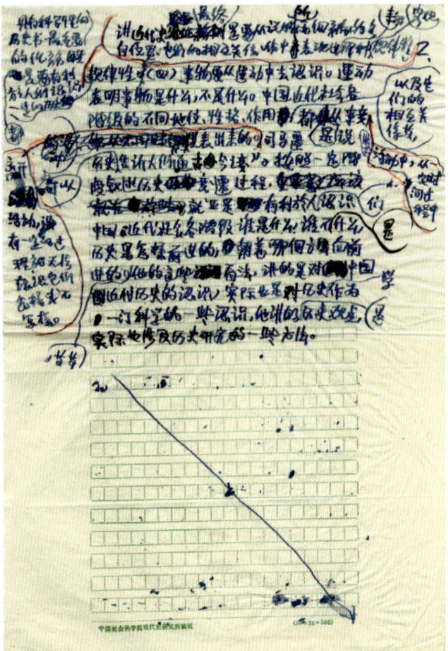

13《历史运动是一个整体运动》手稿续一（1996）

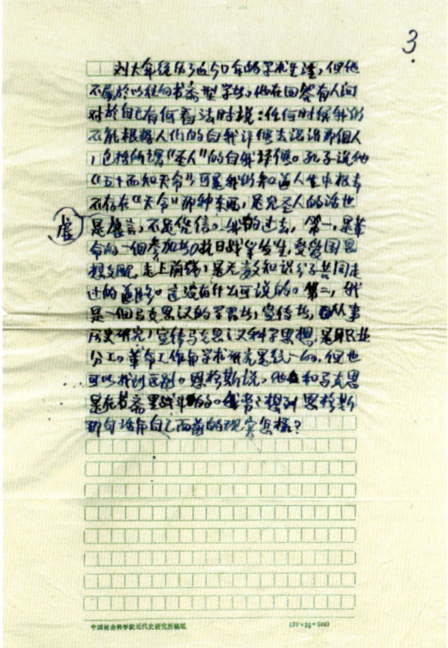

14《历史运动是一个整体运动》手稿续二（1996）

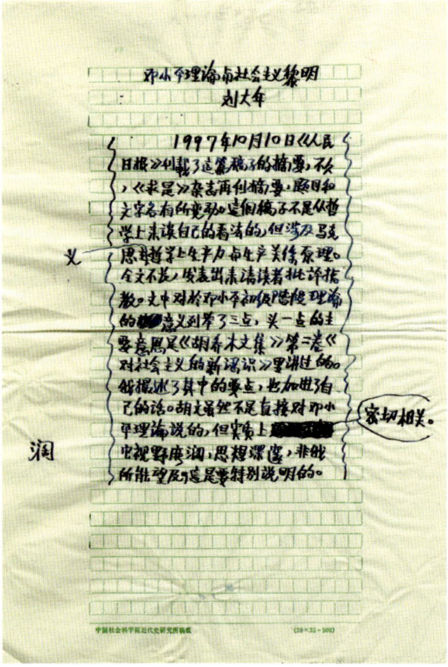

邓小平理论与社会主义黎明

刘大年

1997年10月10日《人民日报》刊载了这篇稿子的摘要，不久，《求是》杂志再刊摘要，题目和文字各有所更动。这個稿子不是从哲学上来谈自己的看法的，但涉及马克思主义哲学上生产力与生产关系原理。全文不长，发表出来请读者批评指教。文中对於邓小平初级阶段理论的[redacted]意义列举了三点，头一点的主要意思是《胡乔木文集》第二卷《对社会主义的新认识》里讲过的。我摘述了其中的要点，也加进了自己的话。胡文虽然不是直接对邓小平理论说的，但实质上[redacted]密切相关。其视野广阔，思想深邃，非我所能望及，这是要特别说明的。

15《邓小平理论与社会主义黎明》手稿之一（1997）

1997年9月，中共十五大召开，把“邓小平理论”写进了党章。10月，刘大年参加人民日报社和求是杂志社举行的座谈会，作了题为《邓小平理论与社会主义黎明》的发言。

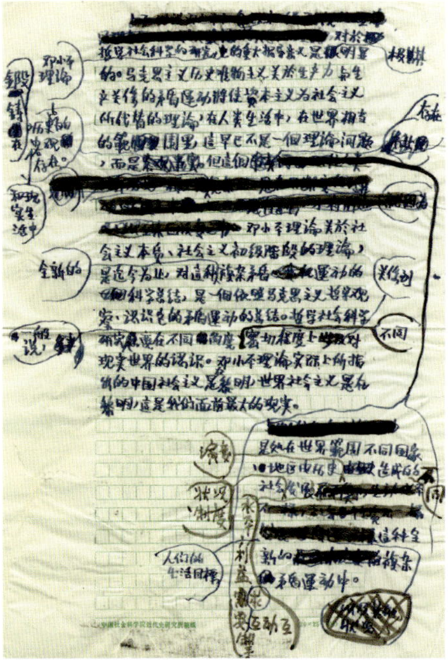

16《邓小平理论与社会主义黎明》手稿之二（1997）

参考消息
CANKAO XIAOXI 新华通讯社主办
美报文章 马克思主义依然影响深远

17 美国《华盛顿邮报》文章《卡尔·马克思无形的手》剪报（1998）

1998年4月3日，《参考消息》上刊载了美国《华盛顿邮报》文章《卡尔·马克思无形的手》，指出："数十年来，它（指马克思主义）一直是我们这个大陆上最主要的理性模式，对美国的广大知识界人士产生了巨大的影响。"刘大年认为这篇由美国学者评论马克思主义的文章极为重要，将它制成剪报，并将此文的观点作了概括写于空白处。

18 对法国总理若斯潘谈"资本主义与世界金融危机"的批注(1998)

1998年9月22日，《参考消息》刊载法国总理若斯潘的文章《资本主义与世界金融危机》。刘大年用红黑笔做了各种标记。文章认为冷战结束后，"资本主义的最坏的敌人可能就是资本主义本身。……经济学与地质学有点相似：资本主义的道路上出现了裂缝，这些裂缝孕育着地震"。刘大年旁注："深刻！！！"文章讲到"东南亚国家的金融危机确认了一种发展模式的失败"。旁注："任何一种简单模式——公式，都一定失败，马克思主义也不例外。认识要不断更新！"还注有"苏联毁了，苏联是否就是唯一模式？"等等。表明刘大年对经济发展与社会发展关系的不断思考。

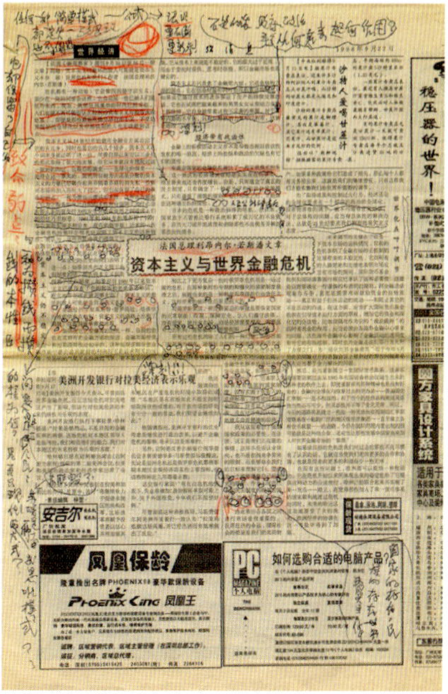
世界经济
法国总理若斯潘文章
资本主义与世界金融危机
美洲开发银行对拉美经济表示乐观
凤凰保龄
如何选购合适的电脑产品

第二节　弘扬马克思主义史学传统（1978—1997）

刘大年在史学界的特殊经历和地位，使他有机会接触到我国第一代马克思主义史学家。他敬重、学习这些前辈，并以继承和弘扬前贤的马克思主义史学传统为己任。

这里有被称为“马克思主义史学五老”的郭沫若、范文澜、翦伯赞、吕振羽、侯外庐，还有陈翰笙、胡乔木、胡绳等史学大家。他们与刘大年有诸多交往，逢这些大家重要诞辰忌日或纪念活动，刘大年对他们都有纪念文章。

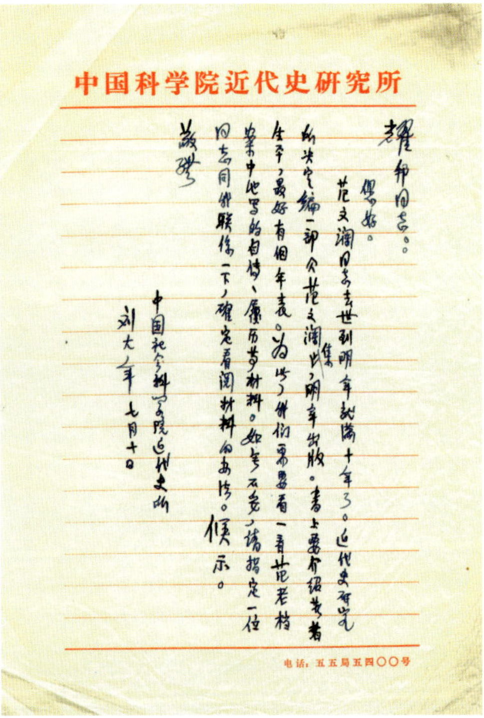
中国科学院近代史研究所

耀邦同志：

您好。

范文澜同志去世到明年就满十年了。近代史研究所决定编一部《范文澜史集》，明年出版。书上要介绍著者生平，最好有个年表。为此，我们需要看一看范老档案中他写的自传、履历等材料。如无不妥，请指定一位同志同我们联系一下，确定看阅材料的办法。候示。

敬礼

中国社会科学院近代史所

刘大年　七月十日

电话：五五局五四〇〇号

1　致胡耀邦函申请阅读范文澜自传稿（1978）

范文澜是用马克思主义研究中国近代史的第一人，也是刘大年多年的领导与学术引路人。1978年，为筹备范文澜逝世10周年纪念活动，刘大年致函中组部部长胡耀邦，希望准许阅读范文澜档案。

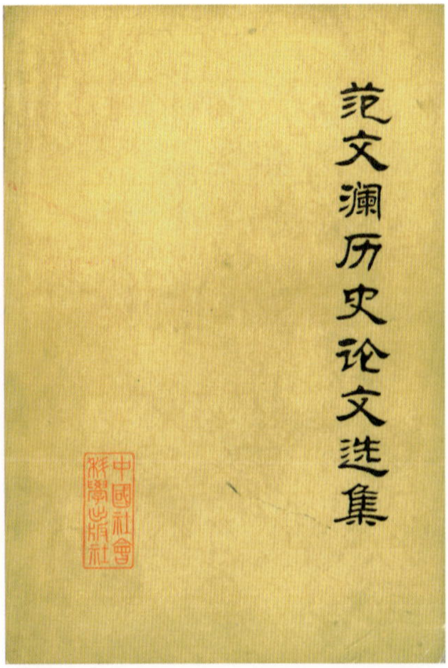

2 《范文澜历史论文选集》封面（1979）

刘大年主编的《范文澜历史论文选集》1979年由中国社会科学出版社出版。选集有刘大年撰写的序《范文澜同志的科学成就》。

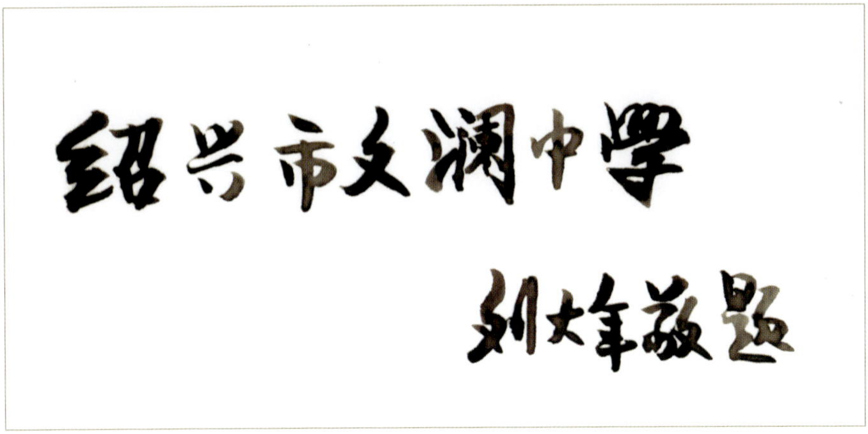

3 为绍兴市文澜中学题词（1994）

刘大年一向婉拒题词。1994年，范文澜的故乡浙江绍兴市成立“文澜中学”，却欣然应邀“敬题”了“绍兴市文澜中学”。

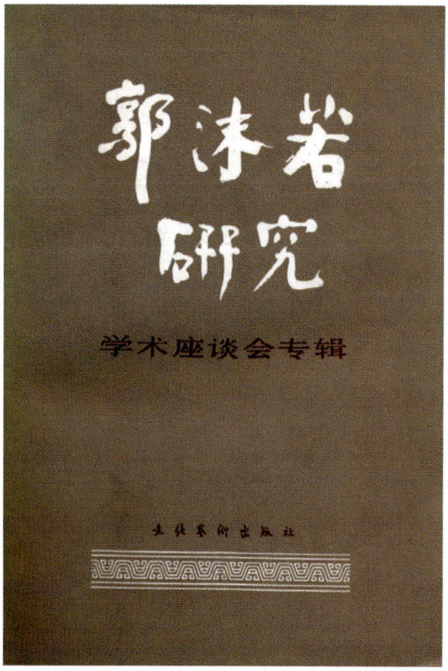

4《郭沫若研究学术座谈会专辑》封面（1982）

郭沫若为中国马克思主义历史学的创始人。刘大年自1951年调入中国科学院院部，就在院长郭沫若直接领导下工作。

1982年是郭沫若诞辰90周年。为纪念和弘扬郭沫若的业绩，刘大年连续写了《学习郭沫若》与《郭沫若与哲学》两篇文章，认为“郭沫若在学术上所以远远超过前人和同时代一些最有才能的学者如王国维等人，首先是他在哲学思想上远远超越他们，站在科学的尖端”。图为收有《郭沫若与哲学》一文之书的封面。

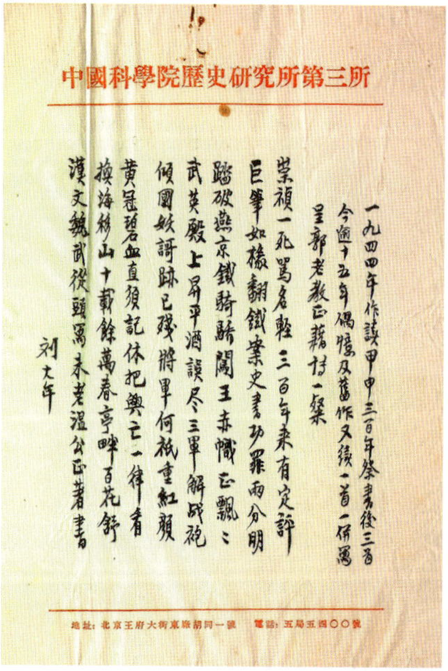
中國科學院歷史研究所第三所

一九四四年作讀甲申三百年祭書後三首
今逾十五年偶憶及舊作又續一首一併寫
呈郭老教正藉博一粲

崇禎一死罵名輕 三百年來有定評
巨筆如椽翻鐵案 史書功罪兩分明
踏破燕京鐵騎驕 闖王赤幟正飄飄
武英殿上昇平酒 誤盡三軍解戰袍
傾國妖謌跡已殘 將軍何祇重紅顏
黄冠碧血直須記 休把興亡一律看
換海移山十載餘 萬春亭畔百花舒
漢文魏武從頭寫 未老溫公正著書

刘大年

地址：北京王府大街東廠胡同一號 電話：五局五四〇〇號

5《〈甲申三百年祭〉书后四首》手稿（1961）

1944年，刘大年在太行山抗日根据地曾读到郭沫若《甲申三百年祭》，获很大启发，后作诗三首。1962年还写过一首肯定郭沫若为曹操翻案的诗。后刘将此四首诗面呈郭沫若。此稿现存郭沫若纪念馆。

《甲申三百年祭》书后四首

刘大年

赠吉田健三先生

赵朴初

自制棉衣

一九四八年

明朗

龙门石窟

曹吉昌

41

6 《诗刊》载《〈甲申三百年祭〉书后四首》页（1984）

这四首诗1984年发表在7月号《诗刊》上。图为载此诗的《诗刊》页。

7 与翦伯赞等史学家会见日本学者（1961）

翦伯赞于1930年代出版《历史哲学教程》，结合中国历史讲解历史唯物主义。刘大年说：“翦老坚持马克思主义科学，遵守中国传统史学美德，并以自己的生命为代价，把两者结合起来，这是中国历史学上一种新的典范。”

1961年日本学者访华时，翦伯赞与他们合影。图中左1刘大年，2周一良，4侯外庐，6翦伯赞，7夏鼐，8尹达。

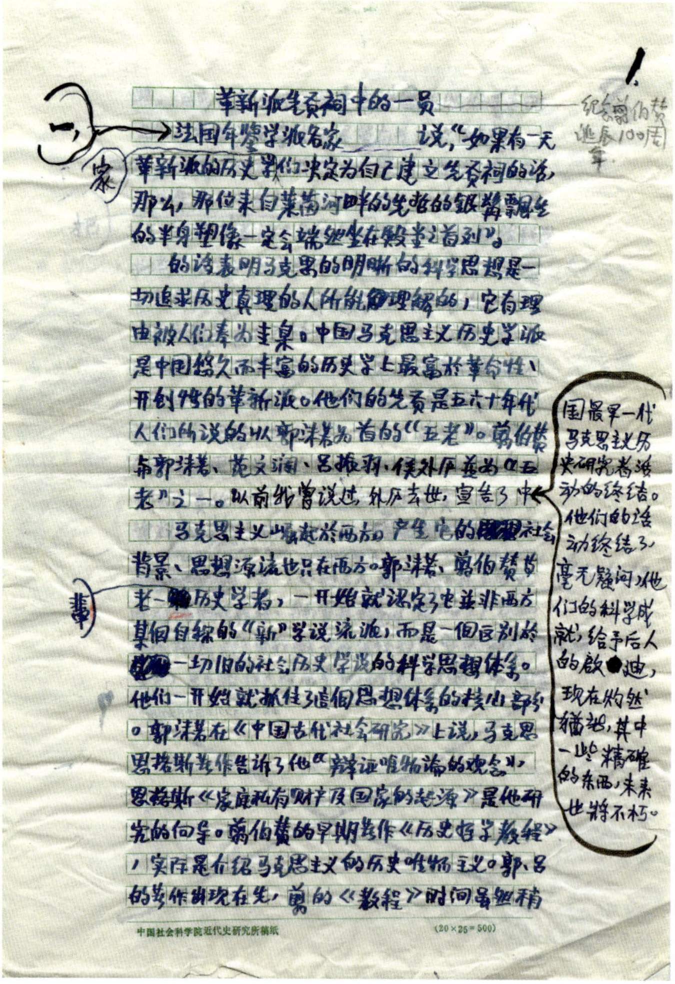
1.
一、
革新派先贤祠中的一员
纪念翦伯赞诞辰100周年
法国年鉴学派名家　　说，“如果有一天
家
革新派的历史学家们决定为自己建立先贤祠的话，
那么，那位来自莱茵河畔的先哲的银髯飘垂
的半身塑像一定会端然坐在殿堂之首列”。
的话表明马克思的明晰的科学思想是一
切追求历史真理的人所能理解的，它有理
由被人们奉为圭臬。中国马克思主义历史学派
是中国悠久而丰富的历史学上最富於革命性、
开创性的革新派。他们的先贤是五六十年代
人们所说的以郭沫若为首的“五老”。翦伯赞
和郭沫若、范文澜、吕振羽、侯外庐並为“五
老”之一。以前我曾说过，外庐去世，宣告了中
国最早一代马克思主义历史研究者活动的终结。他们的活动终结了，毫无疑问，他们的科学成就，给予后人的启迪，现在灼然独照，其中一些精确的东西，未来世将不朽。
马克思主义崛起於西方，产生它的社会
背景、思想源流也只在西方。郭沫若、翦伯赞
老一辈历史学者，一开始就认定了它並非西方
某個自称的“新”学说流派，而是一個区别於
一切旧的社会历史学说的科学思想体系。
他们一开始就抓住了這個思想体系的核心部分
。郭沫若在《中国古代社会研究》上说，马克思
恩格斯著作告诉了他“辩证唯物论的观念”，
恩格斯《家庭私有财产及国家的起源》是他研
究的向导。翦伯赞的早期著作《历史哲学教程》
，实际是介绍马克思主义的历史唯物主义。郭、吕
的著作出现在先，翦的《教程》时间虽然稍
中国社会科学院近代史研究所稿纸　(20×25=500)

8《革新派先贤祠中的一员》手稿（1997）

1997年为翦伯赞诞辰一百周年，刘大年写了《革新派先贤祠中的一员》以为纪念。图为文章手稿。

9《光明日报》载《开拓者的启示》（1986）

吕振羽也是中国马克思主义历史学最早的开拓者之一。刘大年认为，吕振羽几乎与郭沫若同时期，用马克思主义研究中国古代社会，首先揭开了自文明以来中国古代一直隐秘着的神话谜底，使中国社会从何处来、到何处去的问题昭然若揭。

1986年10月，是吕振羽曾任校长的吉林大学四十周年校庆，吉大举行吕振羽纪念室揭幕式并召开研讨会。应吉大之邀，刘大年写下《开拓者的启示》作为书面发言。

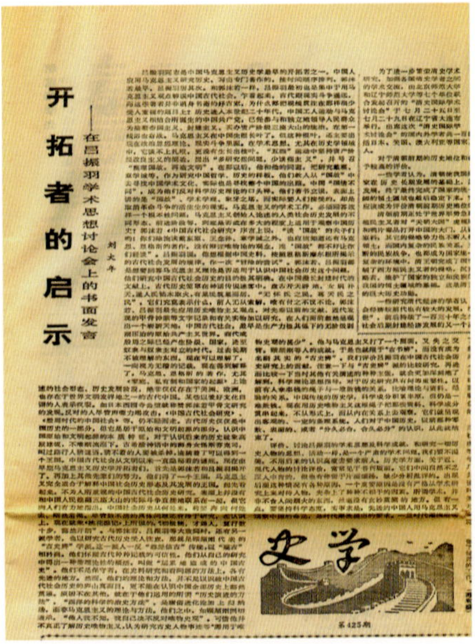

开拓者的启示

——在吕振羽学术思想讨论会上的书面发言

刘大年

史学

第425期

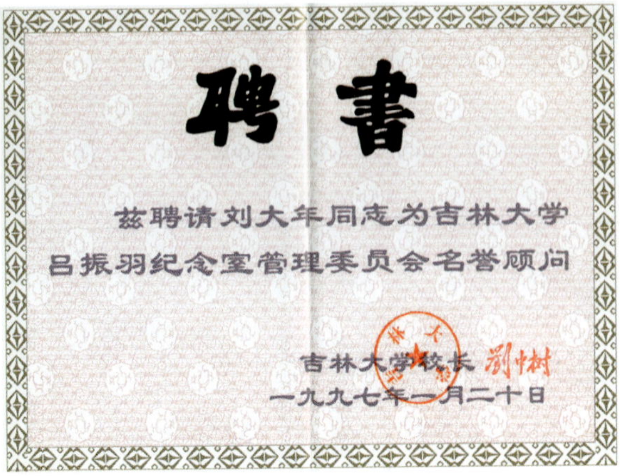

10 吉林大学吕振羽纪念室管理委员会名誉顾问聘书（1997）

1997年，吉林大学向刘大年颁发了“吕振羽纪念室管理委员会名誉顾问”的聘书。

11 与侯外庐会见外宾留影（1960 年代）

侯外庐青年时代因翻译《资本论》，而成为中国马克思主义历史学家先驱者之一。1953 年后，侯与刘大年在中国科学院共事近 30 年。刘大年说：“侯老和其他诸老，是我的长辈、领导者和指引者，我是他们的后辈、被领导者和小学生。”

1960 年代中期，刘大年与侯外庐一起会见外宾后，在哲学社会科学部楼前留影。图中左 1 丁名楠，4 刘大年，6 侯外庐，右 1 刘桂五。

12 “纪念侯外庐同志学术讨论会”会场（1988）

1988 年 10 月，侯外庐逝世一周年，社科院举行了“纪念侯外庐同志学术讨论会”。刘大年在会上作了题为《他们做出了榜样》的发言。图为讨论会会场。主席台左 1 刘大年，2 周谷城，3 张岂之，4 胡绳。

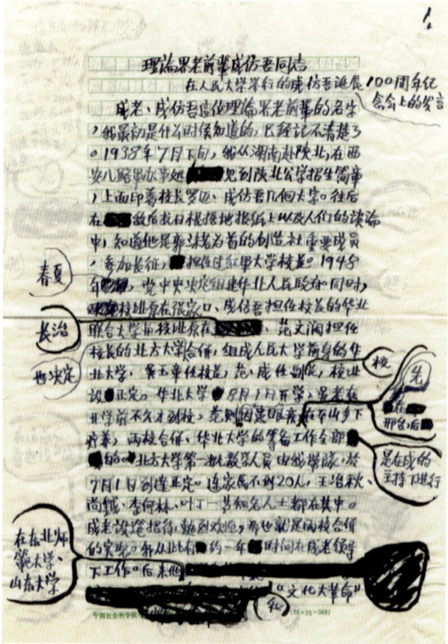
理论界老前辈成仿吾同志
在人民大学举行的成仿吾诞辰100周年纪念会上的发言
成老，成仿吾这位理论界老前辈的名字，我最初是什么时候知道的，已经记不清楚了。1938年7月下旬，我从湖南赴陕北，在西安八路军办事处[redacted]见到陕北公学招生简章，上面印着校长罗迈、成仿吾几个大字。往后在[redacted]敌后抗日根据地报纸上以及人们的谈论中，知道他是郭沫若为首的创造社重要成员，参加长征，[redacted]担任过红军大学校长。1948年[redacted]，党中央决定组建华北人民政府，同时，[redacted]校址原在张家口、成仿吾担任校长的华北联合大学前校址原在[redacted]、范文澜担任校长的北方大学合併，组成人民大学前身的华北大学，吴玉章任校长，范、成任副校长，校址设[redacted]正定。华北大学[redacted]8月1日开学，吴老在开学前不久才到校，范则因是眼疾在平山乡下疗养，两校合併、华北大学的筹备工作全部[redacted]的。北方大学第一批教学人员由我带队，於7月1日到达正定。连家属不到20人，王冶秋、尚钺、李何林、叶丁易等知名人士都在其中。成老设筵招待，热烈欢迎，那也就是两校合併的实现。我从此有[redacted]约一年[redacted]时间在成老领导下工作。后来他[redacted]“文化大革命”[redacted]

13《理论界老前辈成仿吾同志》手稿（1997）

成仿吾是经历过长征的老革命家、老教育家，1948年任华北大学副校长。刘大年曾在他的领导下工作。

1997年成仿吾诞辰一百周年，中国人民大学举行了纪念会，刘大年在会上作了《理论界老前辈成仿吾同志》的发言。图为发言稿。

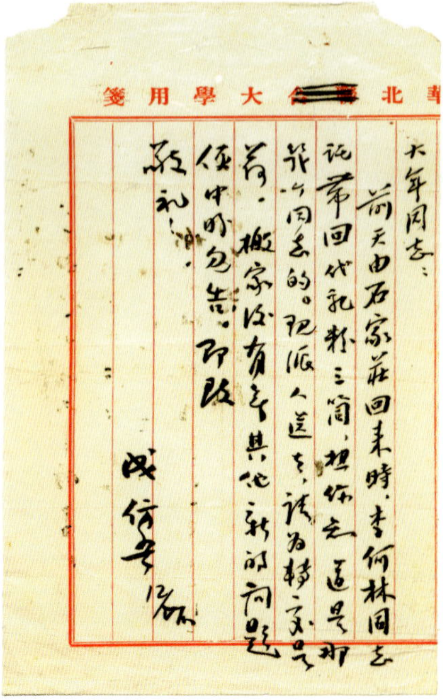
華北[redacted]大學用箋
大年同志：
前天由石家莊回來時，李何林同志託帶回代乳粉三筒，想你已[illegible]是那[illegible]同志的。現派人送去，請為轉交是荷。搬家後有無其他新的問題，便中盼告。即致
敬禮！
成仿吾 [illegible]

14成仿吾来函谈托带食品事（1948）

1948年，刘大年在华北大学研究部历史研究室工作，得到成仿吾的关怀。

15 陈翰笙百岁华诞座谈会会场（1997）

陈翰笙是早期马克思主义农村经济学家、社会学家、社会活动家。刘大年称他是“革命前辈，学者宗师”。

1997 年陈翰笙百岁华诞，社科院召开纪念座谈会。图为前来祝贺的原中国科学院哲学社会科学部学部委员合影。图中左 1 薛暮桥，2 陈翰笙，3 季羡林，4 胡绳，5 刘大年。

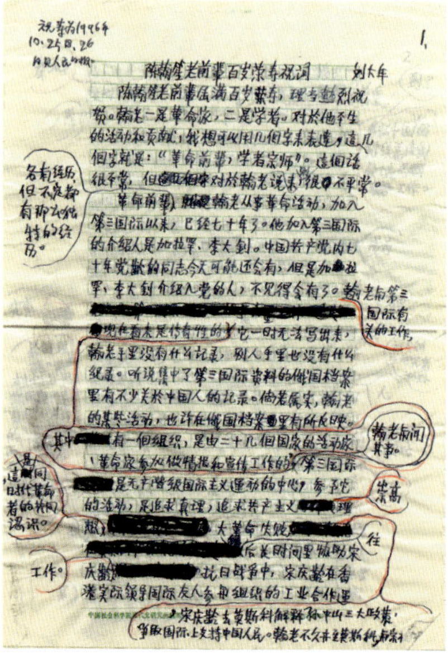
祝寿为1996年10.25日、26日见人民日报。

1.

陈翰笙老前辈百岁荣寿祝词　刘大年

陈翰笙老前辈届满百岁华寿，理当热烈祝贺。翰老一是革命家，二是学者。对於他平生的活动和贡献，我想可以用几个字来表达，这几个字就是：“革命前辈，学者宗师”。这個话很平常，但对於翰老说来，很不平常。

各有经历，但不是都有那么独特的经历。

革命前辈。翰老从事革命活动，加入第三国际以来，已经七十年了。他加入第三国际的介绍人是加拉罕、李大钊。中国共产党内七十年党龄的同志今天可能还会有，但是加拉罕、李大钊介绍入党的人，不见得会有了。翰老向第三[redacted]现在看来是传奇性的，它一时无法写出来，翰老手里没有什么记录，别人手里也没有什么纪录。听说集中了第三国际资料的俄国档案里有不少关於中国人的记录。倘若属实，翰老的某些活动，也许在俄国档案里有所反映。

国际有关的工作，

其中[redacted]有一個组织，是由二十几個国家的活动家、革命家参加做情报和宣传工作的。第三国际[redacted]是无产阶级国际主义运动的中心，参予它的活动，是追求真理，追求共产主义[redacted]理想[redacted]大革命失败[redacted]后长时间里协助宋庆龄[redacted]抗日战争中，宋庆龄在香港实际领导国际友人参加组织的工业合作运动，宋庆龄去莫斯科解释孙中山三大政策，争取国际上支持中国人民。翰老不久去莫斯科……

翰老后向其事。

是同时代革命者的执间谒识。

崇高

往

工作。

16《陈翰笙老前辈百岁荣寿祝词》手稿（1997）

此文发表在张椿年、陆国俊主编的《陈翰笙百岁华诞集》一书中。

17《历史要分析》打印稿（1993）

胡乔木是马克思主义理论家，长期担任党的思想理论文化宣传战线的领导工作。刘大年1949年与胡乔木相识，多有交往。1978年胡乔木担任中国社会科学院院长后，更是在其直接领导下工作。刘大年认为：“胡乔木同志是卓越的马克思主义理论家，熟谙多门科学的社会科学家。”

胡乔木去世一周年时，刘大年写了《历史要分析——纪念胡乔木同志逝世一周年》，对胡乔木反复强调历史要分析，看待历史不能简单化，作了深入的阐述。

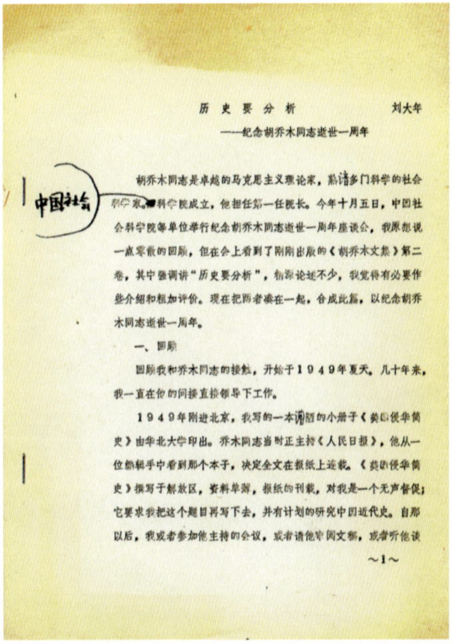

历 史 要 分 析　　刘大年

——纪念胡乔木同志逝世一周年

胡乔木同志是卓越的马克思主义理论家，熟谙多门科学的社会科学家。中国社会科学院成立，他担任第一任院长。今年十月五日，中国社会科学院等单位举行纪念胡乔木同志逝世一周年座谈会，我原想说一点零散的回顾，但在会上看到了刚刚出版的《胡乔木文集》第二卷，其中强调讲“历史要分析”，相关论述不少，我觉得有必要作些介绍和粗加评价。现在把两者凑在一起，合成此篇，以纪念胡乔木同志逝世一周年。

一、回顾

回顾我和乔木同志的接触，开始于1949年夏天。几十年来，我一直在他的间接直接领导下工作。

1949年刚进北京，我写的一本简略的小册子《美国侵华简史》由华北大学印出。乔木同志当时正主持《人民日报》，他从一位编辑手中看到那个本子，决定全文在报纸上连载。《美国侵华简史》撰写于解放区，资料单薄，报纸的刊载，对我是一个无声督促；它要求我把这个题目再写下去，并有计划的研究中国近代史。自那以后，我或者参加他主持的会议，或者请他审阅文稿，或者听他谈

～1～

18 与《胡乔木传》作者谈胡乔木（1997）

1997年，刘大年在家中向《胡乔木传》写作组谈胡乔木往事。

19 与胡绳同游清西陵（1985）

胡绳是著名的马克思主义理论家，中国近代史研究大家。刘大年说，胡绳的著作紧跟历史前进的步伐，用哲学观点对历史客观存在和演变予以认识。刘、胡二人志同道合，交往甚多。

图为1985年胡绳与刘大年在“孙中山研究述评国际学术讨论会”后参观清西陵。

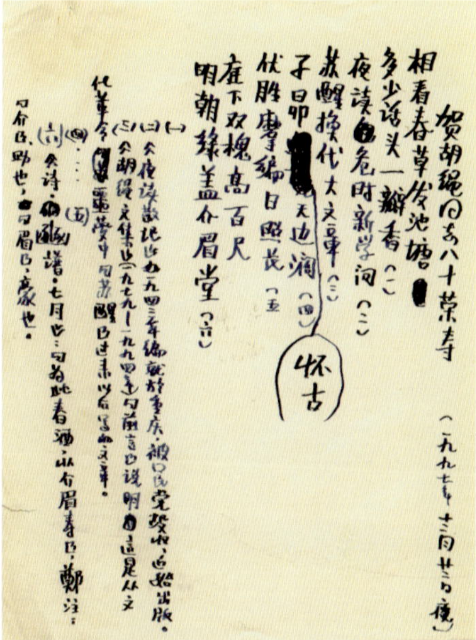

贺胡绳同志八十荣寿[redacted]

相看春草发池塘
多少话头一瓣香（一）
夜读[redacted]危时新学问（二）
苏醒换代大文章（三）
子昂[redacted]天边阔（四）怀古
伏胜摩编日照长（五）
庭下双槐高百尺
明朝绿盖介眉堂（六）

（一九九七年十二月廿二日夜）

（二）（三）《夜读散记》为一九四三年编就于重庆，被国民党没收，近始出版。《胡绳文集》（一九七九—一九九四）《前言》说明这是从文化大革命噩梦中苏醒以后写的文章。
（六）《诗·豳风·七月》：为此春酒，以介眉寿。郑注：介，助也；眉，豪也。

20《贺胡绳同志八十荣寿》诗稿（1997）

1998 年，胡绳八十寿辰。刘大年赋诗祝贺。

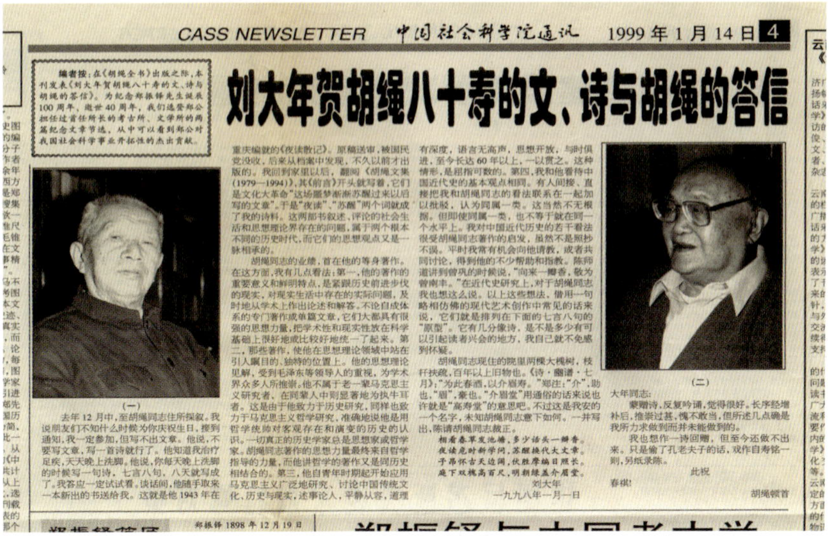

CASS NEWSLETTER 中国社会科学院通讯 1999年1月14日 4

刘大年贺胡绳八十寿的文、诗与胡绳的答信

编者按：在《胡绳全书》出版之际，本刊发表《刘大年贺胡绳八十寿的文、诗与胡绳的答信》。为纪念郑振铎先生诞辰100周年、逝世40周年，我们选登郑公担任过首任所长的考古所、文学所的两篇纪念文章节选。从中可以看到郑公对我国社会科学事业开拓性的杰出贡献。

（一）

去年12月中，至胡绳同志住所探叙。我说朋友们不知什么时候为你庆祝生日，接到通知，我一定参加，但写不出文章。他说，不要写文章，写一首诗就行了。他知道我治疗足疾，天天晚上洗脚。他说，你每天晚上洗脚的时候写一句诗，七言八句，八天就写成了。我答应一定试试看。谈话间，他随手取来一本新出的书送给我。这就是他1943年在重庆编就的《夜读散记》。原稿送审，被国民党没收，后来从档案中发现，不久以前才出版的。我回到家里以后，翻阅《胡绳文集（1979—1994）》，其《前言》开头就写着，它们是文化大革命"这场噩梦渐渐苏醒过来以后写的文章"。于是"夜读"、"苏醒"两个词就成了我的诗料。这两部书叙述、评论的社会生活和思想理论界存在的问题，属于两个根本不同的历史时代，而它们的思想观点又是一脉相承的。

胡绳同志的业绩，首在他的等身著作。在这方面，我有几点看法：第一，他的著作的重要意义和鲜明特点，是紧跟历史前进步伐的现实，对现实生活中存在的实际问题，及时地从学术上作出论述和解答。不论自成体系的专门著作或单篇文章，它们大都具有很强的思想力量，把学术性和现实性放在科学基础上很好地或比较好地统一了起来。第二，那些著作，使他在思想理论领域中站在引人瞩目的、独特的位置上。他的思想理论见解，受到毛泽东等领导人的重视，为学术界众多人所推崇。他不属于老一辈马克思主义研究者，在同辈人中则显著地为执牛耳者。这是由于他致力于历史研究，同样也致力于马克思主义哲学研究，准确地说他是用哲学统帅对客观存在和演变的历史的认识。一切真正的历史学家总是思想家或哲学家。胡绳同志著作的思想力量最终来自哲学指导的力量，而他讲哲学的著作又是同历史相结合的。第三，他自青年时期起开始应用马克思主义广泛地研究、讨论中国传统文化、历史与现实，述事论人，平静从容，道理有深度，语言无高声，思想开放，与时俱进，至今长达60年以上，一以贯之。这种情形，是屈指可数的。第四，我和他看待中国近代史的基本观点相同。有人间接、直接把我和胡绳同志的看法联系在一起加以批驳，认为同属一类。这当然不无根据。但即使同属一类，也不等于就在同一个水平上。我对中国近代历史的若干看法很受胡绳同志著作的启发，虽然不是照抄不误。平时我常有机会向他请教，或者共同讨论，得到他的不少帮助和指教。陈师道讲到曾巩的时候说，"向来一瓣香，敬为曾南丰。"在近代史研究上，对于胡绳同志我也想这么说。以上这些想法，借用一句略相仿佛的现代艺术创作中常见的话来说，它们就是排列在下面的七言八句的"原型"。它有几分像诗，是不是多少有可以引起读者兴会的地方，我自己就不免感到怀疑。

胡绳同志现住的院里两棵大槐树，枝杆扶疏，百年以上旧物也。《诗·豳谱·七月》："为此春酒，以介眉寿。"郑注："介"，助也，"眉"，豪也。"介眉堂"用通俗的话来说也许就是"高寿堂"的意思吧。不过这是我安的一个名字，未知胡绳同志意下如何。一并写出，陈请胡绳同志裁正。

相看春草发池塘，多少话头一瓣香。
夜读危时新学问，苏醒换代大文章。
子昂怀古天边阔，伏胜摩编日照长。
庭下双槐高百尺，明朝绿盖介眉堂。

刘大年

一九九八年一月一日

（二）

大年同志：

蒙赠诗，反复吟诵，觉得很好。长序经增补后，推崇过甚，愧不敢当，但所述几点确是我所力求做到而并未能做到的。

我也想作一诗回赠，但至今还做不出来。只是偷了孔老夫子的话，戏作自寿铭一则，另纸录陈。

此祝

春祺！

胡绳顿首

郑振铎 1898年12月19日

21《中国社会科学院通讯》载刘大年与胡绳来往信件（1999）

《中国社会科学院通讯》刊载了刘大年和胡绳的来往书信，表达对胡绳八十寿辰的祝贺和道德文章的赞许。

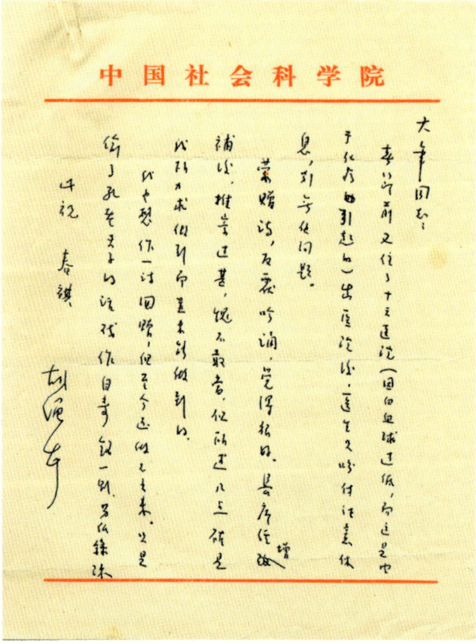

中国社会科学院

大年同志：

此祝
春祺
胡绳

22 胡绳来函答谢（1998）

胡绳接到刘大年贺寿诗和信件后，复函答谢。

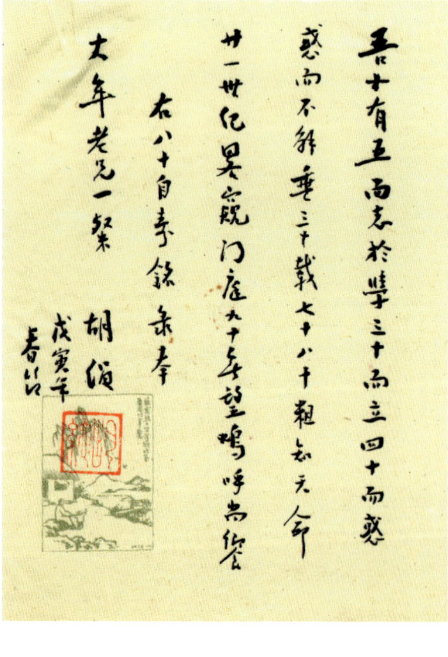

吾十有五而志於學 三十而立 四十而惑
惑而不解 垂三十載 七十八十粗知天命
廿一世紀是窺門庭 九十無望 嗚呼尚饗
右八十自壽銘 錄奉
大年老兄一粲
胡繩
戊寅年春日

23 胡绳书赠《八十自寿铭》（1998）

胡绳在答谢函中附上了《八十自寿铭》。

第三节 论马克思主义与传统文化（1989—1999）

20世纪80年代末，儒学与马克思主义的关系问题备受理论界和学术界关注。

投笔从戎以前，刘大年曾把孔孟之学奉若神明。参加中国革命和历史研究的实践，使他跳出孔孟之学，从新的角度、新的高度来审视中国传统文化。

刘大年用辩证唯物主义和历史唯物主义，结合中国社会发展的历史、现实，客观分析中国传统文化以及马克思主义对中国文化的影响。主张继承精华，摒弃糟粕，认为“马克思主义与中国传统文化相结合，是中国文化的自我更新，是中国文化现阶段的重要发展”。

刘大年前后花了10年的时间写成的最后一部著作《评近代经学》，对经学这个题目“作个了结”。

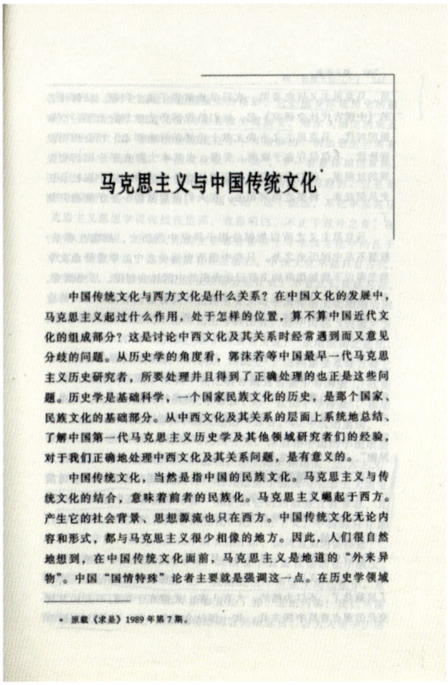

马克思主义与中国传统文化*

中国传统文化与西方文化是什么关系？在中国文化的发展中，马克思主义起过什么作用，处于怎样的位置，算不算中国近代文化的组成部分？这是讨论中西文化及其关系时经常遇到而又意见分歧的问题。从历史学的角度看，郭沫若等中国最早一代马克思主义历史研究者，所要处理并且得到了正确处理的也正是这些问题。历史学是基础科学，一个国家民族文化的历史，是那个国家、民族文化的基础部分。从中西文化及其关系的层面上系统地总结、了解中国第一代马克思主义历史学及其他领域研究者们的经验，对于我们正确地处理中西文化及其关系问题，是有意义的。

中国传统文化，当然是指中国的民族文化。马克思主义与传统文化的结合，意味着前者的民族化。马克思主义崛起于西方。产生它的社会背景、思想源流也只在西方。中国传统文化无论内容和形式，都与马克思主义很少相像的地方。因此，人们很自然地想到，在中国传统文化面前，马克思主义是地道的“外来异物”。中国“国情特殊”论者主要就是强调这一点。在历史学领域

* 原载《求是》1989年第7期。

1 《马克思主义与中国传统文化》文稿（1989）

1989年4月，刘大年发表了《马克思主义与中国传统文化》一文。他在文中指出：“中西文化的强烈差异存在一天，中西文化如何结合的争论和讨论就不会停止。”“马克思主义产生于西方，它一旦与中国内在根据相结合以后，就成了中国文化的重要组成部分。”

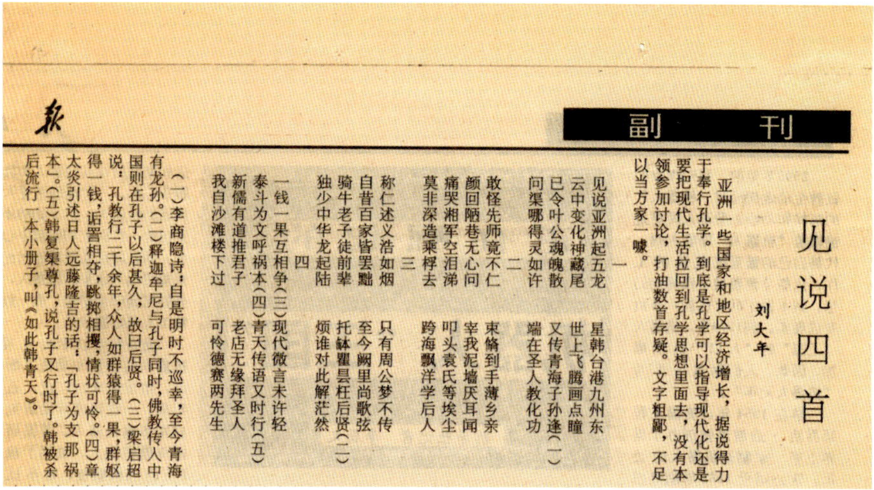

报

副刊

见说四首

刘大年

亚洲一些国家和地区经济增长，据说得力于奉行孔学。到底是孔学可以指导现代化还是要把现代生活拉回到孔学思想里面去，没有本领参加讨论，打油数首存疑。文字粗鄙，不足以当方家一嘘。

一

见说亚洲起五龙，星韩台港九州东。
云中变化神藏尾，世上飞腾画点瞳。
已令叶公魂魄散，又传青海子孙逢(一)。
问渠哪得灵如许，端在圣人教化功。

二

敢怪先师竟不仁，束脩到手薄乡亲。
颜回陋巷无心问，宰我泥墙厌耳闻。
痛哭湘军空泪涕，叩头袁氏等埃尘。
莫非深造乘桴去，跨海飘洋学后人。

三

称仁述义浩如烟，只有周公梦不传。
自昔百家皆罢黜，至今阙里尚歌弦。
骑牛老子徒前辈，托钵瞿昙枉后贤(二)。
独少中华龙起陆，烦谁对此解茫然。

四

一钱一果互相争(三)，现代微言未许轻。
泰斗为文呼祸本(四)，青天传语又时行(五)。
新儒有道推君子，老店无缘拜圣人。
我自沙滩楼下过，可怜德赛两先生。

(一)李商隐诗：自是明时不巡幸，至今青海有龙孙。(二)释迦牟尼与孔子同时，佛教传入中国则在孔子以后甚久，故曰后贤。(三)梁启超说：孔教行二千余年，众人如群猿得一果，群妪得一钱，诟詈相夺，跳掷相攫，情状可怜。(四)章太炎引述日人远藤隆吉的话：「孔子为支那祸本」。(五)韩复榘尊孔，说孔子又行时了。韩被杀后流行一本小册子，叫《如此韩青天》。

2《见说四首》诗稿（1989）

1989年11月21日，《人民日报》发表刘大年《见说四首》诗稿。这组诗反映了刘大年对当时有人鼓吹的现代化需由孔学指导的批评。发表后得到很多人赞同。

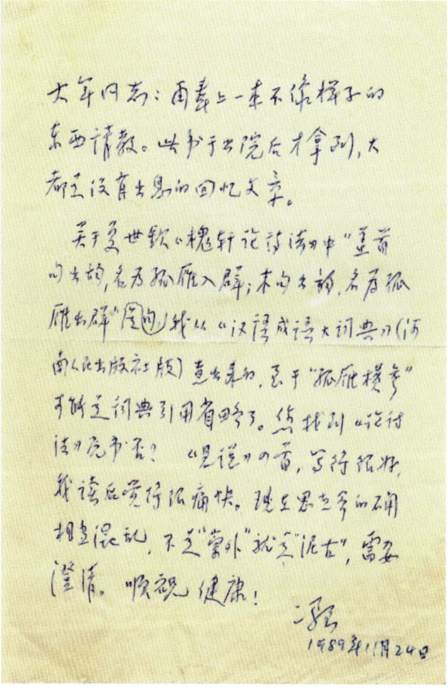

大年同志：前寄上一本不像样子的东西请教。此书于出院后才拿到，大都是没有出息的回忆文章。

关于夏世钦《槐轩论诗诗》中"凡首句出韵，名为孤雁入群；末句出韵，名为孤雁出群"是问，我从《汉语成语大词典》（河南人民出版社版）查出来的，至于"孤雁横飞"，该词典引用有错了。您找到《论诗诗》原书否？《见说》四首，写得很好，我读后觉得很痛快。现在思想界的确相当混乱，不是"崇外"就是"泥古"，需要澄清。顺祝健康！

至

1989年11月24日

3 冯至来函谈《见说四首》（1989）

冯至为诗人，中国社科院外国文学所所长。他信中说："《见说四首》写得很好，我读后觉得很痛快。现在思想界的确相当混乱，不是'崇外'就是'泥古'，需要澄清。"

4 “毛泽东与二十四史学术研讨会”合影（1997）

1996年，《毛泽东评点二十四史》出版。次年12月1日，中国版协与光明日报社联合召开了文史哲诸方面专家参加的“毛泽东与二十四史学术研讨会”。图中前排左2金冲及，3逄先知，4任继愈，5张岱年，6李瑞环，7季羡林，8刘大年。

5《毛泽东评点二十四史》样书（1996）

1997年12月20日 星期六 第六版 人民日报

毛泽东评《二十四史》

□刘大年

关于唯物主义历史观

关于现实性

●学者论坛

6 “毛泽东与二十四史学术研讨会”发言稿（1997）

刘大年一贯赞同毛泽东对传统文化取其精华、去其糟粕的主张，他在会上发言的主旨，即是认为对传统文化应以马克思主义予以分析。这篇发言后刊于1997年12月20日《人民日报》。

7 《评近代经学》引言手稿（1999）

1999年10月，刘大年完成了他耗时近10年撰写的《评近代经学》一书。引言是在他最后患病入院前夕才写完的。

在这本书中，刘大年“跳出”经学，把经学放到中国社会的发展中加以考察，用历史唯物主义的方法，揭示经学的本质，分析经学对中国近代社会发展的推动与阻碍。最后得出如下结论：“马克思主义与中国传统文化相结合，是中国文化的自我更新，是中国文化现阶段的重要发展。孔子学说统治成为过去，近代经学结束，是历史朝前演进的必然，是合理的和不可避免的。”“五四运动以后，西方各种牌号的新思想、新学说蜂拥进入中国，又都像昙花一现，转眼过去，唯有马克思主义终于落地生根，开花结果了……”

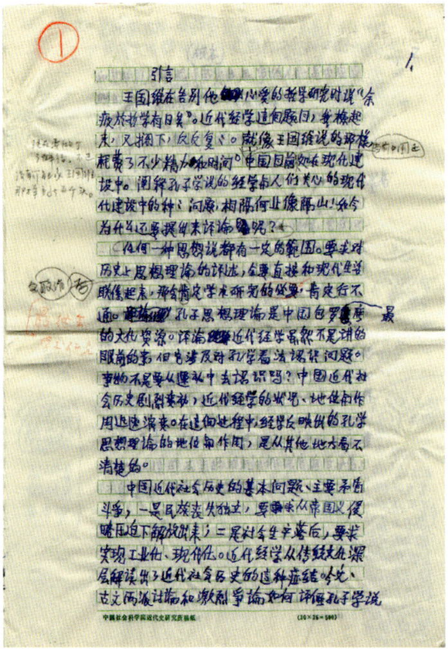

引言

王国维在告别他心爱的哲学研究时说“余疲于哲学有日矣”。近代经学这个题目，我拿起来，又搁下，反反复复。就像王国维说的那样，耗费了不少精力和时间。中国目前处在现代化建设中。阐释孔子学说的经学与人们关心的现代化建设中的种种问题，相隔何止像隔山！我今为什么还要提出来评论呢？

任何一种思想学说都有一定的范围。要求对历史上思想理论的评述，全要直接和现代生活联系起来，那会背定学术研究的必要，肯定行不通。孔子思想理论是中国包罗最广的文化资源。评论近代经学虽然不是讲的眼前的事，但它涉及对孔学看法认识问题。事物不是要从运动中去认识吗？中国近代社会历史剧烈变动，近代经学的状况、地位和作用迅速演变。在这个过程中，经学反映的孔学思想理论的地位和作用，是从其他地方看不清楚的。

中国近代社会历史的基本问题、主要矛盾斗争，一是民族丧失独立，要求从帝国主义侵略压迫下解放出来；二是社会生产落后，要求实现工业化、现代化。近代经学从传统文化深层解读出了近代社会历史的这种症结。今文、古文两派讨论和激烈争论如何评价孔子学说

中国社会科学院近代史研究所稿纸 （20×25=500）

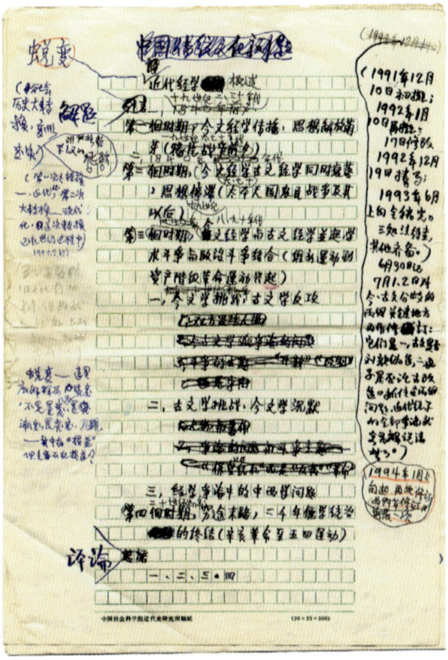

8《评近代经学》撰写修改时间表手稿（1999）

从这张撰写修改时间表中可以看出：“1991年12月10日初拟；1992年1月10日再拟……1994年1月上旬起再次修订，为1999年修订前最后一次”。可见，动手写作，前后近10年。

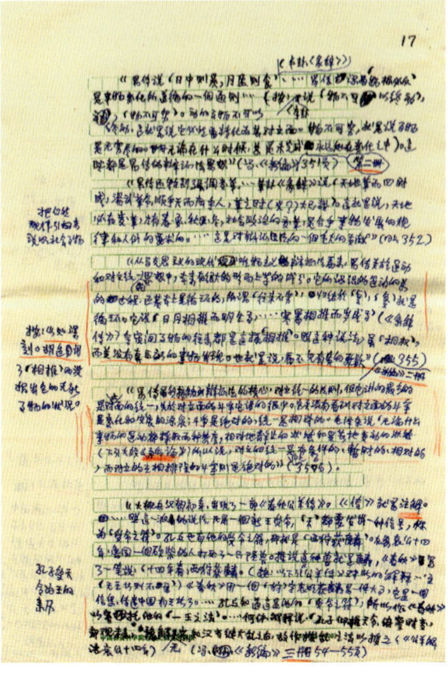

9《中国哲学史新编》读书笔记（1990年代）

刘大年在撰写《评近代经学》的10年中，不但阅读了大量文献史籍，还做了相当数量的读书笔记，且在笔记中以“按”的形式随时记下自己的认识。图为刘大年读冯友兰《中国哲学史新编》的笔记。

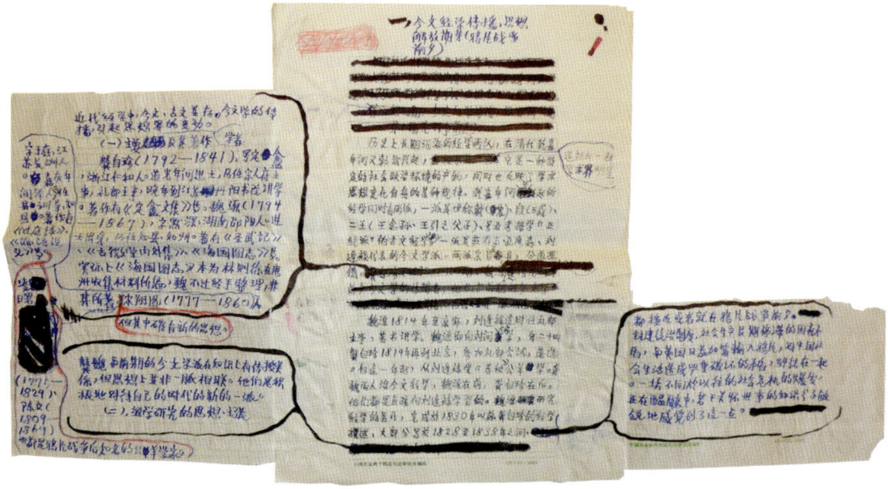

10《评近代经学》手稿一（1999）

以上几幅多处剪贴的手稿，是《评近代经学》撰写中几易其稿的记录。

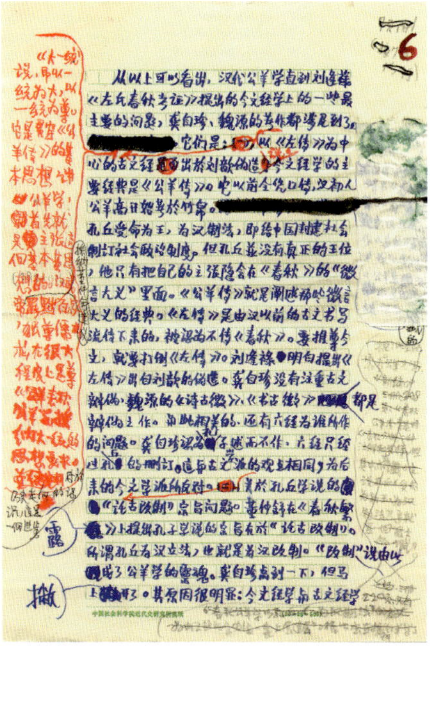

11《评近代经学》手稿二（1999）

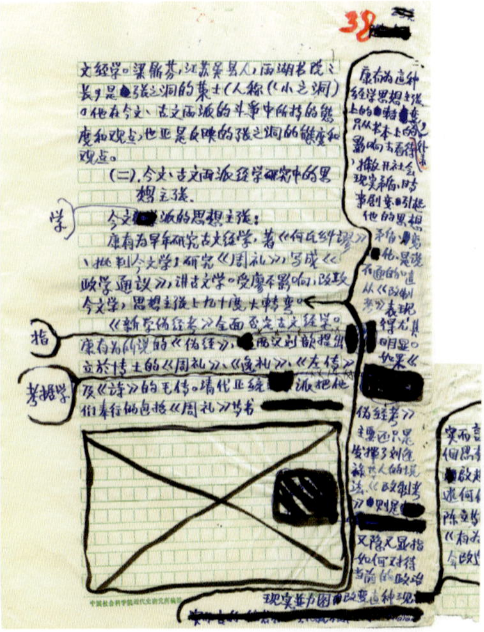

12《评近代经学》手稿三（1999）

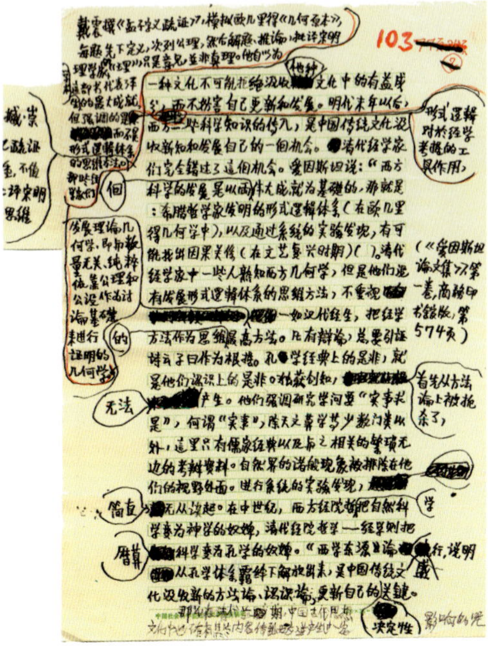

13《评近代经学》手稿四（1999）

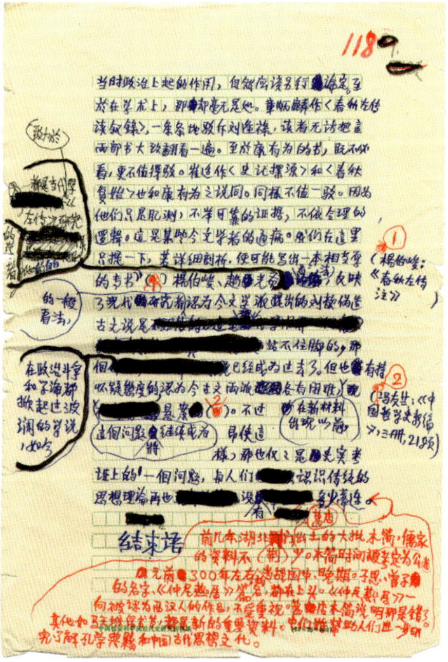
118

当时政治上起的作用，自然应该另行评定。至
於在学术上，那却毫无是处。章炳麟作《春秋左传
读叙录》，一条条地驳斥刘逢禄，读者无妨把这
两部书大致翻看一遍。至於康有为的书，既不必
看，更不值得驳。崔适作《史记探源》和《春秋
复始》也和康有为之说同。同样不值一驳。因为
他们只是臆测，不举可靠的证据，不依合理的
逻辑。这是某些今文学者的通病。我们在这里
只提一下，若详细剖析，便可能写出一本相当厚
的专书（1）杨伯峻、赵光贤[redacted]，反映
了现代研究者认为今文学派提出的刘歆伪造
古文说是[redacted]
[redacted]站不住脚的，那
個[redacted]已经成为过去了。但也有持
怀疑态度的，认为今古文两派[redacted]各有困难，现
[redacted]悬案（2）。不过　在新材料
这個问题继续成为　出现以前
即使这样，那也仅仅是史实考
证上的一個问题，与人们[redacted]认识传统的
思想理论再也[redacted]没[redacted]多少牵连。

结束语

前几年湖北出土的大批木简，儒家
的资料不少。木简时间被鉴定为公元
前300年左右战国中、晚期。子思、曾子
的名字，《仲尼燕居》篇名，都在上头。《仲尼燕居》一
向被认为西汉人的作品，不受重视。木简说明那是错了。
其他如马王堆帛书等，都是新的重要资料。它们帮助人们进一步研
究了解孔学典籍和中国古代思想文化。

致於

都是古代学
左传之研究
的一般看法，

在政治斗争
和学術都
掀起过波
澜的学说，如今

（杨伯峻：
《春秋左传
注》）

（冯友兰：《中
国哲学史新编
》三册，218页）

14《评近代经学》手稿五（1999）

15《近代中国儒学思想史》封面（2007）

2007年，《评近代经学》由日本著名学者安藤彦太郎及小池敏明、斋藤泰治、竹中宪一共同译成日文，以《近代中国儒学思想史》为题，由日本汲古书院出版。书中并附有安藤彦太郎的《跋》与姜涛的《刘大年与〈评近代经学〉》，讲述了本书的写作及翻译缘由。

第四节　最后的报告（1999）

1999年，是刘大年人生最后一个年头。这年他参加了“庆祝中国史学会成立五十周年座谈会”及“新中国社会科学五十年学术报告会”。两次会上，他一如既往，阐述了自己一贯主张的中国社会科学要以马克思主义为指导的思想。

1 “庆祝中国史学会成立五十周年座谈会”主席台（1999）

1999年7月，中国史学会举行“庆祝中国史学会成立五十周年座谈会”。图中左起1张椿年，2戴逸，3季羡林，4刘大年，5袁贵仁，6金冲及。

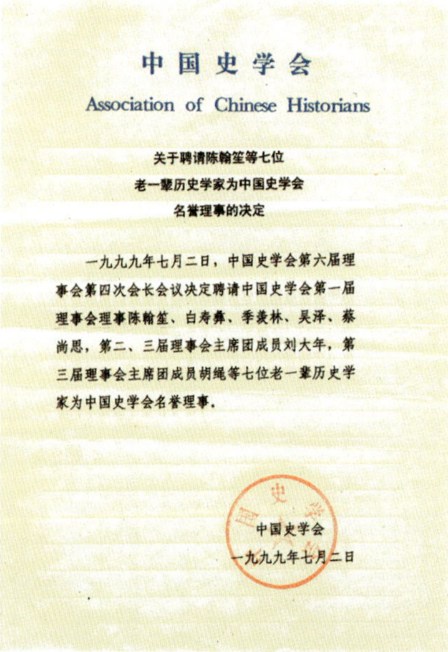

中国史学会

Association of Chinese Historians

关于聘请陈翰笙等七位
老一辈历史学家为中国史学会
名誉理事的决定

一九九九年七月二日，中国史学会第六届理事会第四次会长会议决定聘请中国史学会第一届理事会理事陈翰笙、白寿彝、季羡林、吴泽、蔡尚思，第二、三届理事会主席团成员刘大年，第三届理事会主席团成员胡绳等七位老一辈历史学家为中国史学会名誉理事。

中国史学会
一九九九年七月二日

2 中国史学会所作聘请老一辈史学家为名誉理事的决定（1999）

1999年7月，中国史学会作出聘请老一辈史学家为名誉理事的决定。所聘名誉理事有陈翰笙、白寿彝、季羡林、吴泽、蔡尚思、刘大年、胡绳七人。图为“决定”通知。

3 中国史学会会长金冲及向刘大年授名誉理事聘书（1999）

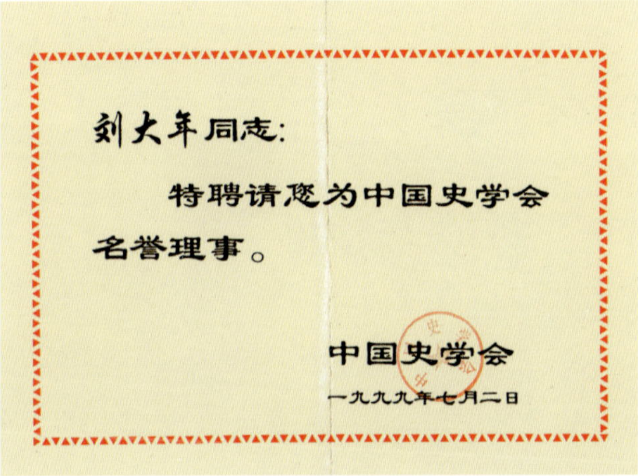

刘大年同志：

特聘请您为中国史学会名誉理事。

中国史学会

一九九九年七月二日

4 中国史学会名誉理事聘书（1999）

5 刘大年在“庆祝中国史学会成立五十周年座谈会”上发言（1999）

刘大年在发言中说：“把历史学真正作为一门科学研究的对象去研究，这是我们的根本任务，过去是，现在是，今后还是。”图中右1刘大年，2季羡林。

6 中国史学会成立五十周年座谈会后在京理事合影（1999）

图中前排左1齐世荣，2季羡林，3刘大年，4戴逸；后排左1王庆成，2龚书铎，3李文海，4林甘泉，5丁伟志，6金冲及，7李学勤，8张海鹏。

7 在"新中国社会科学五十年学术报告会"休息室中（1999）

1999年是新中国成立五十周年，9月，中国社科院举行了"新中国社会科学五十年学术报告会"。图为刘大年与社科院院长李铁映、哲学所名誉所长任继愈在休息室聊天。

8 在“新中国社会科学五十年学术报告会”上讲话（1999）

刘大年在“新中国社会科学五十年学术报告会”上作了他一生最后一次大会讲话《马克思主义社会科学研究要回答当代社会重要问题》。图中刘大年在发言。

9 《光明日报》刊载讲话稿（2000）

2000年4月7日《光明日报·历史周刊》发表了刘大年在“新中国社会科学五十年学术报告会”上的讲话稿。刘大年认为：“今天马克思主义哲学社会科学的历史使命，应当就是全面研究现代资本主义，加上全面研究现代社会主义。”

与同志们交流

——刘大年先生在中国社会科学院成立五十周年学术报告会上的讲话

刘大年先生

为纪念已故著名历史学家刘大年先生，本版特刊发他在中国社会科学院成立五十周年学术报告会上的讲话（内容略有删节）。

——编者

五十年前，我来到中国科学院近代史研究所工作。那时是一名小学生、一名实习生。时间过去了半个世纪，我仍然是一个小学生、实习生。虽然老迈龙钟，还是抱着与各位一起学习、交流的愿望。

我是主张马克思主义对哲学社会科学研究具有指导作用的。从五四运动算起，中国马克思主义的社会科学研究到现在已经八十年。五四以后逐渐形成的马克思主义的社会科学研究者群体，特点显著，值得回顾。

第一，研究者们都相当年轻。文史哲经等基础科学一些著名的马克思主义学者，他们引人注目的著作都发表在二、三十年代之交，他们当时是朝气蓬勃的青年知识分子。第二，国家多难，他们都是满腔热忱的爱国者，各自在不同条件下参加爱国斗争，最终都走上了革命的道路。第三，他们是在物质生活匮乏、政治上遭受歧视和压迫的环境下去追求真理的。第四，创造性研究与直接间接联系现实，是他们著作的特色。他们就这样给文史哲经等领域开了一种生面，把中国传统文化和现实生活的不同方面与马克思主义结合到了一起。

中国近代历史上的基本问题一是民族丧失独立，要求从帝国主义侵略压迫下解放出来，二是社会生产、生活落后，要求实行工业化和近代化。马克思主义的社会科学研究，一开始就是和这两大问题直接间接联系在一起的。之所以产生这种联系，其原因用一句高度概括的话来说，那就是马克思主义科学性与革命性相统一的特点。在实践当中，两者在多大程度上实现统一，显然因人因时而异。但从主流来看，它是趋向一致的。它由增强科学性来增强革命性，在推动历史前进中发挥作用。要求科学性与革命性相统一，这是中国马克思主义社会科学研究的力量、作用和最大意义所在。

新中国代替旧中国，民族独立给中国走向近代化打开了道路。但是民族独立不等于捍卫民族独立不受侵犯的斗争就从此消失。中国的现代化还有很长的路要走，不可中途被打断。但是，旧的矛盾过去了，新的矛盾斗争又会出现。老一辈马克思主义研究者已经完成他们的任务。谁来继承他们开拓的更新科学文化知识与关注国家前途命运相统一的传统，并加以发扬光大呢？就是今天我们的青年学子；是今天成熟的爱国者；是今天那些顽强执着、不怕艰难辛苦、勇于追求真理、勇于创造的人。这也就是说，回顾前代先进知识分子的传统，今天年轻的和未来的马克思主义社会科学研究者，从新的社会实践中汲取智慧，处理自己面临的问题，取得远超过老一辈马克思主义研究者的成就，是理所当然的。

马克思主义是否过时，是否还能够成为社会科学研究的指导思想呢？这不是一个凭口舌争论来解决的问题。

马克思主义是资本主义生产力与生产关系存在、资本主义社会制度存在的产物。说它过时了，是不正确的。请看资本主义世界的现实。去年（1998年——编者注）是《共产党宣言》发表150周年。美国主流报纸《华盛顿邮报》去年3月31日刊载了美国事业研究所研究员詹姆斯·格拉斯曼的一篇题目叫《卡尔·马克思的手》的文章。文中说：

“马克思的革命主张首先是：至今一切社会的历史，都是阶级斗争的历史，而目前的，也是最后的阶级斗争是在‘两大敌对阵营’……（即资产阶级和无产阶级）之间展开的；第二是：在控制着一切，但最终必将消亡的国家体制之下的集体主义是社会的最好的组织形式。”“即便是在美国，我们也依旧按照马克思的划分办法把我们自己划归某一个阶级。在1996年的一项调查中，45%的美国人自称是‘劳动阶级’（即无产阶级，45%的人自称是‘中产阶级’（即资产阶级）。”“在《共产党宣言》中，马克思把‘征收高额累进税’——也就是美国今天实行的这种所得税——作为无产阶级取得政治地位、‘夺取……资产阶级的全部资本，把一切生产工具集中在国家手里’的第二号药方，这不是偶然的。”“马克思的思想在集体主义和国家控制这方面的影响最大，也最不为人所注意。一个证据是：直到不久前，人们还确信由政府管理的养老金制度——称为‘社会保障’——应当为所有美国人提供退休金。”“马克思的影响依然存在的另一个例证是认为政府应当——通过税收、规章和补贴——掌管经济决定的看法。在欧洲，特别是在亚洲，此类政策大行其道。”

从《卡尔·马克思的手》我们可以知道，各种不同形式所表现出的资本主义制度下生产力与生产关系之间无法解决的矛盾，依然是当今资本主义世界根本的现实。只要这个现实是客观存在，马克思主义就不会过时。

资本主义制度下生产力与生产关系的矛盾，处在经常的强烈运动演变中。我们必须认真、全面地研究它们，保持马克思主义的科学生命力。一切科学研究必须从解决问题入手，而我们的视界应当更加辽阔。马克思主义是从解剖他那个时代的资本主义开始，全面建立起现在我们所知道的这个科学思想体系的。马克思如果复生，来到今天这个世界上，他也一定要全面研究现代资本主义，加上全面研究现代社会主义，极大地丰富、发展自己的伟大学说。今天马克思主义哲学社会科学的历史使命，应当就是全面研究现代资本主义，加上全面研究现代社会主义，回答人们期望得到的当代社会生活中的一些重要的问题。

我这个社会科学院的实习生，虽然没有放弃还想做点什么，但实在够不上老有所为。就说这一些，算是与各位一起学习、交流！

（1999年9月24日）

责任编辑 张小也

电话：63082736 传真：63039387

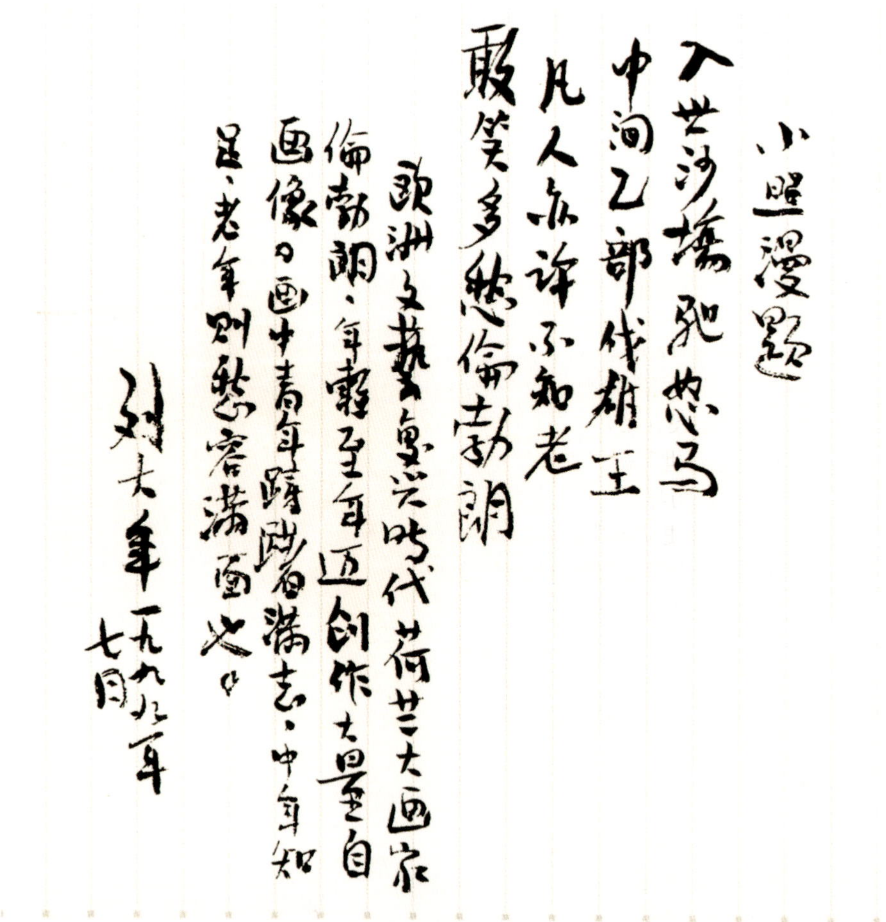

小照漫题
入世沙场驰怒马
中间乙部伐雄王
凡人亦许不知老
敢笑多愁伦勃朗
欧洲文艺复兴时代荷兰大画家伦勃朗，年轻至年迈创作大量自画像。画中青年踌躇满志，中年知足，老年则愁容满面也。
刘大年 一九九九年七月

10《小照漫题》手迹（1999）

1999 年 7 月，刘大年以一首《小照漫题》对自己一生作了概括："小照漫题：入世沙场驰怒马，中间乙部伐雄王。凡人亦许不知老，敢笑多愁伦勃朗。 欧洲文艺复兴时代荷兰大画家伦勃朗，年轻至年迈创作大量自画像。画中青年踌躇满志，中年知足，老年则愁容满面也。"此诗发表时又略作了修改。

11《人民日报》讣告（2000）

1999年12月28日，在新千年到来之际，刘大年因病去世。转年1月20日，《人民日报》刊发了新华社“刘大年同志逝世”的消息，列举了刘大年的人生经历与学术成就，指出他“不仅对于近代史研究所，而且对于中国近代史研究学科的创建、发展和繁荣，起到了不可替代的作用”。

刘大年同志逝世

新华社北京1月19日电 中国共产党优秀党员、中国社会科学院近代史研究所研究员、名誉所长、中国科学院哲学社会科学部学部委员、俄罗斯科学院外籍院士，第三届全国人大代表，第四、五、六、七届全国人大常委会委员刘大年同志，因循环系统衰竭，医治无效，于1999年12月28日在北京逝世，享年85岁。

刘大年是湖南省华容县人，少年时代积极参加了土地革命运动，曾任少年先锋队秘书、总队长。1936年于长沙国学专修学校肄业。他经革命老人徐特立等人的指引，于1938年赴陕北进中国人民抗日军政大学学习，同年加入中国共产党。1939年抗大第五期毕业后，先在八路军部队，后长期在冀西和冀南抗日根据地工作，先后任冀西专区行政干部学校教导主任、总支书记，晋冀鲁豫边区政府冀南行署宣传科长、教育科长，冀南抗战学院、政治学校教员等职。抗战胜利后，先后任北方大学工学院副主任，北方大学、华北大学历史研究室副主任，华北大学历史系主任。

1949年11月中国科学院建立后，他陆续担任中共中国科学院党组成员，科学院编译局副局长、中国科学院学术秘书、《科学通报》主编、近代史研究所副所长，中国科学院哲学社会科学规划办公室主任，哲学社会科学部分党组成员。1958年后实际主持近代史研究所工作。“文化大革命”中他被作为“走资派”批判。1978年恢复工作后，任中国社会科学院近代史研究所所长、社科院研究生院教授、博士生导师。1980年中国史学会重建，他当选为第二、第三届史学会主席团执行主席。他还是中国孙中山研究学会副会长、中国抗日战争史学会会长。

刘大年自1949年发表《美国侵华史》以来，在中国近代史研究领域，发表了大量论文，主持了数部近代史著作的编写，不仅对于近代史研究所，而且对于中国近代史研究学科的创建、发展和繁荣，起到了不可替代的作用。

他在七届全国人大常委会第六次会议上，就日本当局在侵华战争性质问题上的倒退做了义正辞严的发言，曾吸引国内外舆论界广泛注意。他的逝世，是中国史学界的重大损失。主要代表作有：《美国侵华史》、《中国近代史问题》、《赤门谈史录》、《刘大年史学论文选集》、《抗日战争时代》、《中国史稿》、《中国近代史稿》、《中国复兴枢纽——抗日战争的八年》。

哀悼刘大年先生逝世

我们这次来北京参加新中国建国50周年纪念学术讨论会、得知近代史研究所名誉所长刘大年先生不幸突然逝世的讣报，衷心至表悲痛，并致哀忱！

中日邦交尚未树立的1963年，先生为中国学术访问团秘书长初次访日，与日本学术界奠定了深厚的友情。此后，在中日两国及海外诸地召开的中日学术国际交流会，多为先生奔劳尽力的结果，并于1979年秋，在东京大学讲学三个月。这种热心于国际学术交流的精神，令人感佩千万！

先生的突然逝世，不但失去了中国近代史研究的巨人，而且也为中日国际学术交流上的极大损失。

祈先生安眠于黄泉之下。

1999年12月31日于北京

山口一郎

山田辰雄 近藤邦康

中村哲夫 水野明

上田贵子 伊原泽周

12 日本友人山口一郎等的吊唁函

13 俄文版《刘大年史学论文选》封面（1992）

1999 年 6 月，俄罗斯科学院院士齐赫文斯基曾就刘大年被选为俄罗斯科学院历史专业外籍院士来函说：“今年 6 月 2 日纪念俄罗斯科学院成立 275 周年大会，一致选举您为俄罗斯科学院历史专业外籍院士。鉴于您对世界历史科学发展所做的卓越贡献，特授予院士荣誉称号。”并说“您关于中国近代史著作在我国广为人知，其中许多被译成俄文，促进了中国知识在俄罗斯的传播”。这本 1992 年出版的俄文版《刘大年史学论文选》，应该是齐赫文斯基所说的刘大年在俄罗斯“广为人知”的著作之一。

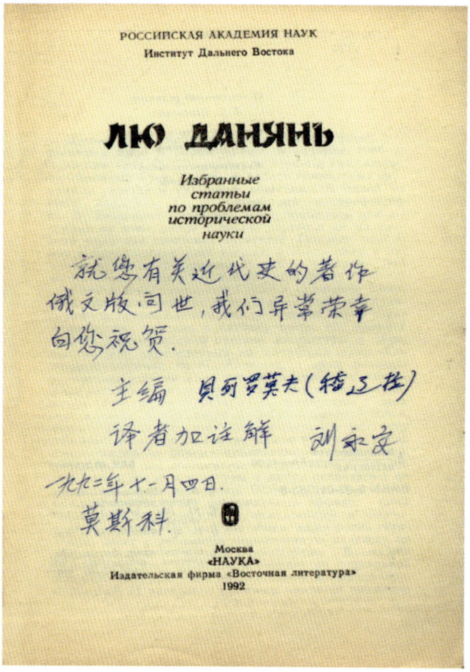

14 俄文版《刘大年史学论文选》扉页（1992）

俄文版《刘大年史学论文选》扉页上有编者和译者向刘大年表示祝贺的题字。

15 俄罗斯科学院外籍院士证书封面（2000）

2000 年 2 月 16 日，两名俄罗斯科学院主席团成员代表俄罗斯科学院院长在俄驻华大使馆，颁发了印有俄罗斯科学院徽章的外籍院士证书。遗憾的是，刘大年已于两个月前逝世。

Российская Академия Наук

РОССИЙСКАЯ
АКАДЕМИЯ НАУК

НА ОСНОВАНИИ УСТАВА
РОССИЙСКОЙ АКАДЕМИИ НАУК

ИЗБРАЛА

ЛЮ ДАНЯНЯ

ИНОСТРАННЫМ ЧЛЕНОМ
РОССИЙСКОЙ АКАДЕМИИ НАУК

3 июня 1999 г.

Президент
Российской академии наук
академик

Главный ученый секретарь
Российской академии наук
академик

16 俄罗斯科学院外籍院士证书（2000）

刘大年全集

中国历史学的思考

三

国家出版基金项目
NATIONAL PUBLICATION FOUNDATION

長江出版傳媒
湖北人民出版社

编者说明

1.《刘大年全集》第一卷至第三卷，是刘大年学术文章的汇编。收入文章按专题分类，按类分卷：第一卷，历史学理论研究，计18篇；第二卷，中国近代史研究，下分中国近代史关键问题研究、孙中山研究、抗日战争研究3个类目，计25篇；第三卷，中国历史学的思考，下分中国古代史研究、亚洲历史评价、中国近代史研究与学风、中国历史学的思考以及前辈和同辈人物怀念与研究、序跋6个类目，计76篇。各类目内文章按初刊或撰写时间先后排序，以见作者思想和学术脉络。

2.收录文章大部分为已刊，有的原在刊物上发表，后又收入由作者手定并先后出版的《中国近代史诸问题》（人民出版社1965年版）、《中国近代史问题》（人民出版社1978年第2版）、《刘大年史学论文选集》（人民出版社1987年版）、《刘大年集》（中国社会科学出版社2000年版）等几部文集中。也有少量没有发表过的已经成文或初步成文的文稿，有的为打印稿（其中或有作者手写修改字迹），有的为作者手写稿。编者在每篇文章标题下作题注，说明该文刊发及未刊等情况。

3.有的文章在初刊后收入文集时，标题及内容有所改动。由于此前出版的几本作者文集，均经作者手定，当为文章的终定稿，故此次收入时即以此为本。有个别例外者，在该篇题注中予以说明。文章内容初刊文被删除部分，有助于理解初刊文原貌及背景者，在文中以〖〗符号补充标出。

4.编者在编校过程中，对原文中个别文字、标点、注释等作了校正，改动不涉及文中观点及论述内容。

5.作者引用的马克思主义经典著作，未便核对新版本，引文及注释均维持原貌；所引《毛泽东选集》，改用1991年第2版，注释页码也作相应变动。

6.第三卷由《美中时报》驻纽约首席记者、美国克莱姆森大学访问学者杜语负责编辑。

目　录

中国古代史研究

亚洲历史评价

中国近代史研究与学风

中国历史学的思考

前辈和同辈人物怀念与研究

序 跋

中国古代史研究

评梁漱溟关于中国封建土地制度问题的观点[①]

土地问题，是中国新民主主义革命的历史时期里最根本的议题之一。毛泽东同志说："战争和土改是在新民主主义的历史时期内考验全中国一切人们、一切党派的两个'关'。什么人站在革命人民方面，他就是革命派，什么人站在帝国主义、封建主义、官僚资本主义方面，他就是反革命派。什么人只是口头上站在革命人民方面而在行动上则另是一样，他就是一个口头革命派，如果不但在口头上而且在行动上也站在革命人民方面，他就是一个完全的革命派。"[②]这两个"关"什么人都逃脱不了，它考验出一切人们的立场，当然也要检验出一切人们的思想的实质。梁漱溟先生写了几部书，在中国封建土地制度问题上发了许许多多议论。在对待土地问题的态度这个"关"口面前，检查一下他的那些议论，那种思想观点，不失为近代政治思想史研究中的一个题目。梁漱溟关于中国文化问题的观点是有一定代表性的，而那种代表性又直接地与封建土地制度的观点联系在一起。评论他关于土地问题的观点，可以使我们看出更广阔的社会矛盾、阶级斗争，看到它们的复杂性。

中国历史上有长达几千年的封建制社会。封建制社会的生产关系的基础，就是封建主对于生产资料的所有制。这样的生产关系，一方面基本上适合于生产力的情况；而另一方面则存在着极其残酷的封建剥削和压迫。被封建主所占有了的"生产资料"，最主要的就是被地主阶级私有化了的土地。地主阶级用占有土地作为残酷剥削压迫农民的手段，农民则因为失去了土地才被地主残酷剥削压迫。农民和地主的矛盾最集中地表现在土地问题上，即土地所有权问题上。对于这种情形，列宁曾准确地指出："中国这个落后的、农业的、半封建的国家底客观条件，在差不多五万万人民的生活日程上，只提出了这种压迫与这种剥削底一个特定的、历史上独特的形式，即封建制度。封建制

① 原载《历史研究》1955年第5期；后收入《刘大年史学论文选集》，人民出版社1987年版。收入论文集后作者作了文字上的修改。——编者注

② 毛泽东：《在中国人民政治协商会议第一届全国委员会第二次会议上的讲话》。

度是建立在农业生活方式和自然经济的统治上面；中国农民所受的封建剥削的源泉，是他们之以这种或那种形式束缚于土地。这种剥削的政治代表者就是以皇帝为政体首脑的全体封建主，和各个封建主。”[1]从根本上说，地主阶级占有土地，农民被剥夺土地，是中国封建社会最基本的阶级矛盾。全部中国封建制度的历史，是这个矛盾不断变化、发展和日趋尖锐化的历史。

梁漱溟对此持绝对相反的观点。他否认中国历史上有长期的封建社会，否认旧中国有封建土地制度的存在。他认为中国“没有阶级”，只有所谓“职业分途”。

据梁漱溟说，中世纪土地属于贵族领主，近代工厂机器属于资本家，构成剥削与被剥削的两面，只是“西洋”社会历史的特征。“中国社会则没有构成这两面。其所以没构成两面，即在其生产工具没有被一部分人所垄断的形势”[2]。梁漱溟认为“中国封建已崩解于先秦战国，而秦以后的社会即须另说”。因之中国两千年来，“土地集中垄断之情形不著；一般估计，有地底人颇占多数”。“以有地者和无地者相较，当不止五十一对四十九之比，而是多得多”。[3]类似的说法，在他先后刊行的几部主要作品里，上下古今、再三再四地加以重复。我们要客观评论他的观点，也就不得不跟着上下古今地走下去，看个究竟。

“先秦战国”往后的历史和新民主主义革命时期的现实生活，到底怎样呢？

从有封建社会就有土地问题，就有地主集中土地，农民同地主在土地问题上的斗争。中国在秦以前一个时期，土地为封建领主所有，不许买卖。秦以后新兴地主大量集中土地，代替了封建领主的相互兼并。封建制度越往前发展，地主占有的土地越发增多。翻开前人的官私著作，随手可以找到地主大量集中土地，农民失掉土地的记载。例如“富者田连阡陌，贫者亡立锥之地”[4]，“强者规田以千数，弱者曾无立锥之居”[5]，“富者兼地数万亩，贫

---

①列宁：《中国的民主主义与民粹主义》。

②梁漱溟：《乡村建设理论》，第27页。

③梁漱溟：《中国文化要义》，第165页。

④《汉书》卷二四，《食货志》。

⑤《汉书》卷九九，《王莽传》。

者无容足之居”[①]，“有田者一人，而耕者十人”[②]，“吴中之民，有田者什一，为人佃作者什九”[③]，“近日田之归于富户者，大约十之五六”[④]等等，是最明白的记录。西汉时，地主占有的土地和其他财产多以“千”作计算单位，如《史记·货殖列传》上所说的那样。到唐代，地主占地便以“万”计算了。宋代朱缅一家有田三十万亩。《宋史》上有“膏腴皆归贵势之家，租米有及百万石者”[⑤]的记载。明代大地主的数目越发增多。《明史》上有人说：“缙绅豪右之家，大者千百万，中者百十万。以万计者不能枚举……就江南论之，富家数亩以对，百计者什六七，千计者什三四，万计者千百中一二耳。”[⑥]中国土地被地主阶级高度集中起来了，是十二分明显的事。除了一般地主占有土地，地主阶级中的皇帝贵族还以所谓“苑囿”“御庄”“皇庄”“封地”“圈地”等特殊方式大量占有土地。

19世纪外国资本主义侵入后，中国旧的社会经济发生了重大的变化，由完全的封建社会逐渐地变成了殖民地、半殖民地半封建社会。但是，地主占有土地和集中土地的基本情况并没有任何改变。相反地，由于外国侵略者不仅在城市中垄断各种新式企业，而且他们的势力也深入农村，用大力支持与培养中国封建的经济势力，使地主阶级从属于自己，来从各方面对农民进行封建的和半封建的剥削，从而延长了地主占有土地和集中土地的寿命。此种情况可以从1950年湖南、湖北、江西、广东、河南五省的典型调查资料中清楚地看出来。这个调查资料表明土地集中的程度有三类地区。第一类土地最分散的地区：地主占人口的3%，占有全部土地的15%以上（包括公田、学田、族田、会社田等）；富农占人口的5%，占土地的15%左右；中农、贫农、雇农及其他劳动人民约占人口的92%，占土地的60%左右。这一类地区占农村人口的15%左右。第二类土地集中程度一般的地区：地主占人口的3%强，土地的30%（包括公田）；富农占人口的5%—6%，占土地的15%；中农、贫农、雇农及其他劳动人民占人口的90%以上，占有土地的50%。这一类地区

---

①《陆宣公全集》卷一二，《均节赋税恤百姓第六》。

② 苏洵：《嘉祐集》卷五，《衡论》下《田制》。

③ 顾炎武：《日知录》卷一〇，《苏松二府田赋之重》。

④ 杨锡绂：《四知堂文集》卷一〇，《陈明米贵之由疏》。

⑤《宋史》卷一七三，《食货志》上《农田》。

⑥《明史》卷二五一，《钱士升传》。

约占农村人口的40%。第三类土地集中地区：地主占人口的3%—4%，占土地的50%（包括公田），最多的达90%；富农占人口的5%，占土地的15%以上；中农、贫农、雇农及其他劳动人民占人口的90%以上，占土地的20%—30%。这一类地区约占农村人口的45%左右。五省土地占有的总情况是：占农业人口3.5%的地主，占有耕地约为耕地总面积的30%—50%，而占农业人口90%的中农、贫农和雇农，只占有35%—50%左右的耕地。五省中地主人口约为三百四十万，共占有的耕地在一亿到一亿四千万亩之间，每人平均占有三十亩到四十亩。中农、贫农和雇农的人口约为七千七百万到八千七百六十多万，占有耕地的面积却和在人数上只有农民二十五分之一的地主阶级所占有的耕地大约相等。农民每人平均只有耕地一亩到一亩半左右。[①]河南、湖北等五个省是全国的一个缩影，1950 年是在鸦片战争以后一百一十年，半殖民地半封建的中国并没有改变封建土地占有的情况，这是再清楚不过了。

是不错的，中国封建社会的农民中，除了完全失掉土地的佃农以外，还有占有少量土地的自耕农。据北宋元丰三年的一个统计，在一千五百万农民户口中，有将近五百万户是地主庄园中的佃农，另外有一千万户是自己有土地的农民。不管这一类的史料是否正确，各自占有一小块土地的农民在中国全体农民中有相当的数量，乃是事实。前述五省调查资料也表明是如此。但是这丝毫也不能成为梁漱溟否认中国有封建土地制度、有农民地主两个对立的阶级的根据。不必列举什么材料，谁都可以理解，占有少量土地的农民并不能避免必须从地主手中租入土地耕种。梁漱溟固然可以将有一亩地和有百亩地的土地所有者等同看待，把他们都称作“地主”或都称作“农民”，却到底无法掩饰有多余土地出租的人向土地不足佃种别人土地的人进行地租剥削的阶级剥削实质。自耕农在名义上是他自己所耕种的那小块土地上的主人，但他们是要经常向地主阶级的国家交纳和“私租”相对衬的各种名义的“官租”的。田赋和税收实际上是地主阶级用国家的名义向农民征收的地租（唐代以前的许多记载上常把“租”“赋”“税”三个字混同使用，租、赋的正式区别，宋以后才开始）。魏文侯时的李悝、西汉时的晁错都具体计算过自耕农那种“卖田宅、鬻子孙以赏责”的贫穷生活，成为后人经常引用的材料。唐代著名诗人白居易、元稹等都写过一些反映这种农民生活的诗篇，如《杜陵叟》《田

---

① 《人民日报》1950 年 8 月 9 日和同年 9 月 6 日。

家词》等均是。其所反映的农民生活情形莫不困苦异常。总之，在封建土地制度的统治下，占有少量土地的农民所遭受的地主阶级的剥削，同样是极为惨重的，比起前者来只是多了一个在那一小块土地上的永佃权而已。并且那种贫穷的生活，经常有使他们完全失掉土地而变成地主的佃农——农奴的危险。

维持封建土地制度，是维持地主对农民进行封建剥削的基础。农民租种地主土地最起码的条件，是要向地主按时缴纳“私租”。在中国封建制的历史上，力役地租、实物地租与货币地租的形式都分别或同时采用过。不管是哪种形式，都是农民要把全部剩余劳动以至必需劳动中的一大部分交纳给地主。

清人陶煦写过一篇名叫《重租论》的文章，对中国封建制度已遭到破坏后，地主阶级利用“地租”形式对农民进行残酷的封建剥削和压迫的有增无已的情形，作了生动的叙述。文章上说：“吴农佃人之田者，十八九皆所谓租田。田中事田主一切不问，皆佃农任之。……一岁仅恃秋禾一熟耳，秋禾亩不过收三石，少者只一石有余，而私租竟有一石五斗之额。……最可异者，纳租收钱而不收米，不收米而故昂其米之价，必以市价一石二三斗或一石四五斗之钱作一石算，名曰‘折价’。即有不得已而收米者，又别有所谓‘租斛’，亦必以石二三作一石。而收租之期，自来以十月为限，三限而止。头限则让租一斗，依次递降，所以奖佃农之踊跃者。今乃唯恐租之有让也。田禾至十月方登场，而租限已自九月中始，及其脱粟出籴，则租限早满，无毫发让矣。并佃农非草木，何能隐忍而甘之！于是，有一岁中稍绌其数者，有数岁中偶绌其数者，更有有故而致后其时者。司租之徒，欲求媚于主人，于佃农概不宽待。恶色恶声，折辱百端。或豫挟隶吏，入乡取租，一不如意，出缧绁而囚之。甚且有以私刑盗贼之法，刑此佃农。其所以窘迫之至于斯极者，非有积怨深仇也，欲使人人知警，盈数而不敢抗，又欲使若人之亲故或怜悯而出为调停也。如是而仍无所得，然后解而送之于官。夫寻常户婚田土之事，定例丞佐官不得擅专。又凡有罪，不论大逆不道，皆容诉。独至追比佃农则不然。即或情实可原，如疾病死伤之赦，致种而弗耨，耨而弗获，获而无以纳租，纳租而不充其额者，往往而有。以天理人情论之，自宜宽其既往，待其将来。何乃诉词未毕，而行刑之令早下矣。况田主控一佃农，止给隶役钱数百；而隶役之索贿于佃农者，初无限量。或田主以隶役行刑不力，倍给之钱，至有‘一板见血’等名目，俾佃农血肉横飞，畏刑服罪。虽衣具尽而质田器，田器尽而卖黄犊，物用皆尽而鬻子女，亦必如其愿而后已。伤心惨目，有如是耶！”[①] 陶煦所讲的基本事实，绝不只是当时的江苏一带如此，这正可以说明中国封建时代的地主阶级剥削农民的残酷状况。

不论是早期或近代的材料，都尖锐地表明：在中国的封建土地制度之下，剩余劳动率很小，而剥削率则很大，二者之间始终处在危险的极限。这是全部中国封建社会与近代半封建半殖民地社会自然经济和半自然经济的主要秘密。正是这个主要秘密，使得中国经济只能勉强在简单再生产中不断地反复，使整个中国社会生活、中国封建制的历史停滞不前。马克思主义的经济学和历史学的任务之一，是要揭露这个主要秘密，阐明封建制历史的客观的法则。梁漱溟却把这个事实歪曲为什么“中国封建之解体”以后的“盘旋往复”[②]，遮掩这个主要秘密，遮掩历史的真实面貌。

很明显，农民在地主阶级这样残酷的经济剥削和政治压迫下，如果不掀起农民反抗运动、农民战争，那是不可想象的。中国历史上反抗地主统治的农民起义从未间断过。那些农民的反抗运动，虽说每次的直接起因不同，延续的时间长短也有区别，但是它所表现的最基本的社会内容，正是农民同地主在土地问题上的矛盾。

在封建社会中，有见识的政治家或思想家，在农民同地主争夺土地的如此尖锐的斗争下，也不能不公开承认封建土地制度的不合理，从而反复研究土地制度改良的问题。中国封建社会历史上出现的各种各样土地制度改良的方案，正是这样产生的。

最早的是“限田”的方案。西汉董仲舒认为要堵塞地主兼并土地的道路，应该“限民名田”[③]。不久师丹也提出“限田”的主张。从此以后，有许多人不断地讨论“限田”问题，北宋政府也有过“限田”的空谈。南宋林勋著《本政书》十三篇，提出“使民一夫占田五十亩，其有羡田之家，毋得市田”[④]。明朝人刘同升著《限田均民议》，反对“富商大贾求田问舍而无所底止”，同

---

① 陶煦：《租核》。

② 梁漱溟：《中国文化要义》，第191页。

③《汉书·食货志》。又王应麟解释：“名田”就是限田，名为立限，不使富家超过定数，然后贫乏户就可以有了土地。见《困学纪闻》卷一六。

④《宋史》卷四二二，《林勋传》。

情“小民”也应该“有田以给朝夕”[①]。西晋政府用法令规定的“占田制”，和“限田”的意思也是相同的。再如“均田制”方案，北魏元宏（孝文帝）于公元485年下令分给农民土地。规定农民十五岁以上受“露田”四十亩，妇人二十亩，“老免及身没则还田”，只有“桑田”不在还授之列。大抵在地广人稀的地区，暂时实行过这个办法。以后北周、北齐一直到隋、唐都有过“均田制”的说法，除把“露田”“桑田”的名称改为“世业”“口分”以外，分给农民土地的多少，授田、还田的期限和办法，虽各有出入，却是大同小异。[②]北宋的陈靖、郭谘、王安石等人“均田”的议论，更是盛极一时。明末清初，还出现了一种近似“耕地农有”或“土地公有”的理论。王夫之在《噩梦》上说：土地不是“王者”所得私有的东西，天地间有土地，人生在上面，依靠土地取得生活资料，应该是“有其力者治其地”，“而民自有其恒畴”[③]。这可以看作是“耕者有其田”的最原始的见解。颜元在他的著作《存治编》里说：“天地间田，宜天地间人共享之。若顺彼富民之心，即尽万人之产而给一人，所不厌也。王道之顺人情，固如是乎。”[④]这种很明显的“土地公有”或“土地平分”的思想，在当时的历史条件下，与王夫之的见解一样，都属于最激进的解决土地问题的理论。

所有这一系列的土地问题方案的提出，绝不是偶然的。它除开反映了地主集中土地的严重程度，便是充分地、反复不断地说明了农民阶级和地主阶级在土地问题上的尖锐对立；说明了地主阶级中有见识的政治家、思想家们企图和缓地主阶级同农民阶级争夺土地所有权这个根本的社会矛盾。当然，那些主张最终总是为地主阶级所坚拒固绝的。我们说，从有封建社会就有土地问题，就有农民同地主在土地问题上的斗争，难道这还不是千真万确的吗？梁漱溟不管怎么辩说，毕竟无法一手掩住几千年的历史和现实社会生活的客

①《古今图书集成》，《经济汇编食货典》卷六一田制部。

②元稹的《元氏长庆集》内有《同州奏均田》一则。元稹在奏议中说，实行他的办法将可以使穷富“庶稍均平”。《新五代史》卷一二《周本纪》和《图书集成·食货典》卷四四引《册府元龟》，都说周世宗曾按照元稹的办法创制《均田图》，并把图样发给他的部下，要他们研究，准备实行。《均田图》的详细内容不知，不过元稹的“均田”，实际只是均税。明人朱国桢也提出过“均田便民”的主张，并且为实行他的主张惹出一场大乱子，事载朱国桢《涌幢小品》最末一卷上。按其内容，同样只是均税，不是均田。

③王夫之：《船山遗书》卷一三一。

④颜元：《四存编》，《存治编》，第1页。

观事实。要使中国的社会生产力从封建生产关系的桎梏下解放出来，要推动中国的历史前进，就必须堵塞“中国农民所受的封建剥削的源泉”，彻底废除封建土地制度，实行土地制度的民主改革。这个历史的真理，只要从科学上去论证，是任何人也不能否认的。

现在可以看得很明白，梁漱溟否认中国有封建土地制度的“理论”，在中国长期的历史和社会生活中是丝毫没有根据的。他的最终的目的，是要令人相信中国没有什么封建土地制度要废除，没有什么帝国主义封建主义的剥削和压迫，“帝国主义者不是真正革命对象”，“军阀不能成为革命对象”[①]，因此中国不应该有什么革命。梁漱溟这一套思想的反历史、反现实生活，实在到顶了。

近代中国历史上，封建势力在帝国主义的支持下，继续在集中土地，继续维持其封建剥削和压迫；而农民阶级则要求废除封建土地制度，实行土地制度的民主改革；中国的资产阶级和工人阶级各有自己对待封建土地制度问题的态度和立场。我们有必要把梁漱溟否认中国有封建土地制度的态度立场，拿来和中国资产阶级对待土地问题的态度和立场加以对照：

关于废除封建土地制度，实行土地制度的民主改革，本来是资产阶级民主主义性质革命的基本任务，是这个革命的基础和内容。这一点，在马克思主义的著作中谈到一般土地问题时屡次说明过，谈到具体的中国土地问题时也作了确切的说明。1921年，列宁在评论孙中山的《中国革命的社会意义》一文所提到的关于实行“土地国有”问题时，曾十分明确地指出：中国应该“在土地方面实行国有化，以保证最快的资本主义的进步”[②]。

中国资产阶级民主主义性质的革命之所以必须解决土地问题，或是说进行土地革命，不仅因为它是反对封建主义的基本内容；同时，还因为它是反对帝国主义的基本内容。因此，在中国资产阶级民主主义性质的革命中，解决土地问题具有更加重要的意义。在中国不打倒封建势力，不打倒帝国主义在中国的侵略势力（20世纪20年代以后还出现了一个官僚资本主义），就谈不上中国资产阶级民主主义性质革命的胜利。1927年，斯大林关于中国革命有过正确的论述。他说：“什么叫做土地革命呢？土地革命正是资产阶级民主

① 梁漱溟：《中国民族自救运动之最后觉悟》，第185、186页。

② 列宁：《中国的民主主义与民粹主义》。

主义革命的基础和内容，正因为如此，所以共产国际说中国目前正经历着资产阶级民主革命。但是中国资产阶级民主革命不仅是反对封建残余，它同时还反对帝国主义。为什么呢？因为帝国主义及其在中国的全部财政和军事的力量，乃是支持、鼓舞、培植、维持封建残余及其全部军阀官僚上层建筑的力量。因为不同时反对在中国的帝国主义的革命斗争，就不能消灭中国的封建残余。因为谁要消灭中国的封建残余，谁就一定要举手反对中国的帝国主义及帝国主义者集团。因为不与帝国主义进行坚决的斗争，就不能打倒和消灭中国的封建残余。正因为如此，所以共产国际说：中国的资产阶级民主革命，同时又是反对帝国主义的革命。”[①] 废除封建土地制度，实行土地制度的民主改革，就正是“既反对封建主义残余又反对帝国主义”的主要基础和内容，也就是中国资产阶级民主主义性质革命的主要基础和内容。

各国的资产阶级由于历史条件不同，对农民土地问题所采取的态度也有差异。自由资产阶级革命时代的西欧资产阶级领导过农民获得土地，处在帝国主义时代的俄国资产阶级便没有做到这一点。中国资产阶级与西欧自由资产阶级有重要的区别；因为有帝国主义站在身边，与俄国资产阶级也不相同。中国资产阶级是在半殖民地半封建的国度里成长起来的，它与帝国主义封建势力都有矛盾，又都有不可分割的联系。

中国近代史上最先提出土地问题的，自然是作为旧民主主义革命序幕的太平天国农民运动。太平天国运动最大的特色是有明确的土地纲领。这个纲领和以往许多关于土地问题的方案的根本区别，是它明确提出了废除封建土地所有制的要求，而不是改良封建土地所有制。《天朝田亩制度》中规定：“凡田分九等。……凡分田，照人口，不论男妇。算其家口多寡，人多则多分，人寡则寡分。杂以九等。如一家六人，分三人好田，三人坏田，好坏各一半。凡天下田，天下同耕。……”太平天国运动虽然最后还是失败了，《天朝田亩制度》在历史上的重要意义是不能抹煞的，它在一定程度上起了动员农民参加革命斗争的作用；同时，给了后来的中国资产阶级政党一个有力的启示：张起解决土地问题的旗帜，号召群众。

太平天国到同盟会之间，提出土地问题而为大家所知道的有黄以周和康

---

①斯大林:《中国革命与共产国际的任务》,1927年5月24日在共产国际执行委员会第八次全会第十次会议上的演说。

有为。黄以周说中国所有弊病的根源，都在于地主私有土地与集中土地。他认定“限田之制行，而诸弊自息”。因为“限田”以后，“贫者可自耕其田，谷米粟菽，不分于富人。官骸手足，不役于富人。……天下无无田之户，无甚贫之民，无不耕之家”[①]。但他讲的实行“限田”的方法，只有一个“法”字。在旧民主主义革命时代的中国，这个“法”是不能产生的。康有为主张“公农”，说是要“举天下之田地皆为公有，人无得私有而私买卖之”[②]。在新的历史情况下，这样的主张含有废除封建土地制度的成分，还有更多的反动复古的成分。并且照康有为自己说，实行这个口号，还要“待之百年”以后，亦即永远无实行之期。所谓“公农”，可以说是资产阶级改良主义的政治代表所作的耸人听闻的议论。

全部资产阶级领导的革命中，在土地问题上表现得最有声色的，是同盟会关于“平均地权”的口号。“平均地权”是1905年同盟会在东京成立以前，中国资产阶级小资产阶级的革命领导者孙中山先生提出来的。从来这个口号被列为同盟会纲领的一条，并附以解释说：“文明之福祉，国民平等以享之。当改良社会经济组织，核定天下地价。其现有之地价，仍属原主所有；其革命后社会改良进步之增价，则归于国家，为国民所共享。……敢有垄断以制国民之生命者，与众弃之。”同盟会机关报《民报》每期刊登的“本志之主义”中更明白地写为“土地国有”。

“平均地权”的口号，表明同盟会这个富有革命精神的中国资产阶级早期政党，所领导的中国革命运动，正是旧的中国资产阶级民主主义的革命。它所要改良或打倒的社会财产占有制度，不是资本主义的私有制度，而是封建的土地私有制度。固然同盟会的纲领里还只规定了“核定天下地价”这一个同“平均地权”很不一致的办法，和抽象的主张“土地国有”，没有把“平均地权”和无代价没收地主土地联系起来，但要真正实行“平均地权”，是必须这样去联系的。列宁评论孙中山的“平均地权”这个革命的原则说：“战斗的真实的民主主义渗透着孙逸仙政纲底每一行。完全懂得‘种族’革命之不够。丝毫没有对政治的漠视或甚至对政治自由的轻视，或甚至容许中国专制政体可以与中国‘社会改良’，与中国立宪改革等并存的思想。这是带有共和国要

① 黄以周：《儆季杂著》，《史说略》三，第25页。

② 康有为：《大同书》，第七章《公农》。

求的完整的民主主义。直接提出群众生活状况，群众斗争的问题，热烈地同情劳动者和被剥削者，相信他们的正直与他们的力量。”① 当然如果认为“平均地权”是要使中国避免资本主义的发展，那这个口号又是保守的，是一种小资产阶级的主观社会主义的空想。

同盟会提出的资产阶级的土地纲领或太平天国农民运动的土地纲领，无非都是地主私有土地、农民失掉土地这一特定的社会经济生活的产物，是农民和地主争夺土地所有权的矛盾在新的历史条件下的尖锐反映。梁漱溟偏说这种社会经济生活是“不存在”的。他反复大讲其土地问题“理论”，却从来不肯提到“平均地权”。对于康有为的思想，梁漱溟只剌取了他的中国无阶级之类欺人自欺的部分；对他的实际上是承认中国有封建土地制度的“公农”之说，却没有任何反应。

当然，中国资产阶级在反对封建土地制度问题上，是妥协的与软弱无能的。把“平均地权”列为同盟会纲领过程中所表现的是如此，辛亥革命运动过程中所表现的尤其是如此。同盟会还没有在日本成立以前，孙中山在欧洲找到一批中国留学生，要他们参加革命团体，所拟的誓词，就是“驱逐鞑虏……”等四条。当时有些人寻找借口，反对“平均地权”一条。虽经孙中山多方解释，仍不肯宣誓。同盟会在东京开正式成立大会通过纲领时，会员们的反对意见也集中在“平均地权”一条上，要求把它取消。

资产阶级的政治代表尽管没有解决土地问题的决心，没有这个能力，但“平均地权”这一号召，却在国内得到了农民群众的响应。例如在同盟会影响下的哥老会改组为龙华会所发出的会规宗旨中，就表现出了比同盟会纲领更为激进的色彩。② 在辛亥革命运动中，中国资产阶级正是这样用“平均地权”的号召，来发动以“会党”为组织形式的一部分农民，及以“新军”为组织形式的一部分革命知识分子与另一部分农民来参加革命斗争的。只有在各地农民自发的、不同形式的参加斗争下才有辛亥革命的巨大浪潮，才取得了这个革命一定历史意义的胜利。反过来，辛亥革命之所以失败得那样迅速，领导革命的资产阶级之所以在人民群众中丧失了威信，最根本的原因，就是这

① 列宁：《中国的民主主义与民粹主义》。

② 平山周:《中国秘密社会史》。据现在的考查，哥老会改组为龙华会，是在1907年。会规文字出自陶成章之手，其中带有否定建立革命政权的消极的东西。宗旨规定“要把田地改作大家公有财产，不准富豪霸占”，则表现出了下层群众的激进要求。

个革命运动依靠群众——特别是依靠农民群众的非常不足，资产阶级非常轻易地抛弃了解决农民土地问题的诺言。结果在帝国主义封建势力反攻的情况下，革命失掉了支持的力量，最后不得不把已经取得的政权，又向反革命交出去，使革命以失败而告终。辛亥革命有很丰富的内容，它所说明的重要问题之一，是中国资产阶级及其政党没有能力解决土地问题。资产阶级在革命的紧要关头，情愿用彻底抛弃自己的土地纲领的办法作为向封建势力妥协以至投降的基础，去断送革命，也决不愿意用解决土地问题的办法作为发动农民的基础，来把旧民主主义革命稍微进行得彻底一点。土地问题是辛亥革命成败关键之一，土地问题严重考验了中国资产阶级的软弱无能，虽有像孙中山那么富有影响的热情的民主主义者，丝毫也没有改变资产阶级这种软弱无能所构成的结局。

和抹煞其他历史事实一样，梁漱溟还抹煞辛亥革命具有农民要求解决土地问题的反封建的社会内容。他极不郑重地宣称，辛亥革命是“证明”了他的中国没有阶级的谬误论点。他说：“辛亥革命还是用暴力革命方式，利用新军反抗政府；不过同时我们看这个暴力革命，实在太容易了，阴历八月十九日起义，两三个月即成功。这么一个大的国家，几百年的统治，一转移间即被推翻，此即证明他没有阶级力量；如是阶级统治，革命断不能如此容易成功。清廷不是一个阶级，没有力量，所有的一些官僚——各省督抚，仿佛是他统治的工具，应与之为一面了；但至革命军起，皆纷纷独立，此足见其非与清廷为一面。”[①] 梁漱溟近乎和人们的历史知识开玩笑。他先把“清廷”假定为“一个阶级”，再把“各省督抚”的“纷纷独立”看作没有与清廷构成“一面”来“证明他没有阶级力量”。“清廷”既不成一个阶级，领导革命的资产阶级和参加革命的农民群众都不是阶级，因此社会“散为无数面，再也摄不拢来”[②] 了。据梁漱溟看来，辛亥革命不过是一群与社会无关的“新军”，起来反对另一个与社会无关的“清廷”，厮杀一场。甚么农民土地问题，甚么资产阶级对土地问题的态度等等，那是海外奇谈。他说辛亥革命使社会“散为无数面……”云云，正是和另一个历史唯心主义者、买办阶级代言人胡适所说的清朝统治是“社会的重心”，辛亥革命推翻清朝，使社会失掉了“重心”，

① 梁漱溟：《乡村建设理论》，第83—84页。

② 同上书，第84页。

是同一个意思。

同盟会解体以后，中国资产阶级的革命意志已大为消沉。从同盟会直接演变来的国民党和后来的中华革命党，在它们的纲领中没有关于农民土地问题的一个字。唯一的例外，是1908年章太炎在他一篇文章里讲到过土地问题。他说“田不自耕植者不得有”，“山林场圃不自树蓺者不得有……”[①]章太炎曾经是同盟会的重要理论家与宣传家之一，他的见解可以看作是中国资产阶级代表人的见解。不过他现在所讲的是一种更不着边际的空口号召，而其来源也是出自孙中山[②]，并没有新鲜的内容。

资产阶级政党的土地纲领到1924年有一个重要的发展。那时中国共产党早已成立，中国的革命已经进到新民主主义革命的历史阶段。

1923年夏季共产党决定同中国国民党合作，1924年1月国民党开第一次全国代表大会进行改组，国共合作在组织上完成。在《中国国民党第一次全国代表大会宣言》里，“平均地权”的纲领有了新的解释：“国民党之主张，则以为农民之缺乏田地，沦为佃户者，国家当给以土地，资其耕作……”也就在同年8月，孙中山在毛泽东当时所举办的农民运动讲习所的讲演中提出了有名的“耕者有其田”的口号。孙中山并且亲自在国民党第一次代表大会的闭幕词中把以前的办法否定了，明确指出国民党的“办法不完全”，是以往失败的重要原因之一。

中国资产阶级政党这个土地纲领的发展，是和中国共产党的主张分不开的。1923年，中国共产党人便提出了“耕地农有”的口号。用广东话的习惯说，就是“耕者有其田”。当时共产党人主张“耕地农有”，国民党人反对“耕地农有”。双方争执时，国民党里面只有孙中山表示同意这个口号。关于这段历史，以及“平均地权”“耕地农有”两个口号的实际意义，当时参与其事的瞿秋白，有明确记载和引人入胜的分析。他说：从前孙中山的“平均地权”，很有代表农村资产阶级利益的成分在内；平均地权的主要意思，在于抑制城市商埠里的新式地主及房主，剥夺他们的地值——所谓地值征收法的

① 章太炎：《章氏丛书》，《代议然否论》。

② 据《章氏丛书·检论》七，《定版籍》节里记载，在同盟会时期，章与孙中山详细讨论过土地问题。孙中山当时提出“不躬耕者不得有露田……”，“不稼者不得有尺寸耕土”，而章太炎则还只说到“定赋”的问题，并表示佩服孙中山的见解。又章是黄以周的大弟子，最初似乎没有受到黄氏“限田”学说的影响。

施行，对于农村中小地主的利益侵犯得少，而对于城市里的地皮商人，简直是致命的打击。国民党的平均地权政策之主要意义，既然在于这一点，那么，去年孙科等要在广州市内先行实施地价征收税法，便丝毫无足怪异的了。可是到 1922 年及 1923 年光景，农村中的农地问题（Agrarian question）已经是新的方式开始了，佃农要求田地了！谭平山与谢英伯在广州争执“耕地农有”的历史，是很有意义的。当时孙中山也同意于“耕地农有”的口号——这是农民群众之迫切的要求。现在湖南的农民亦已经提起田地问题。向来中国人否认中国有农地问题，这是不对的。如今“平均地权”不够了，要“耕地农有”！所谓耕地农有，就是谁耕田（佃农），谁便享有这些田地。固然这一口号并非社会主义的，亦并非“土地国有”！但是，这一口号很像俄国社会革命党之所谓“土地公有”（Socialization）——就是要土地属于农村公社，是小资产阶级式的口号。中国的“耕地农有”实际上比社会革命党的“公有主义”还明显些，还革命些，少含有反动复古主义的成分；这一口号是直接行向土地国有的第一步。[①] 这段记载和分析以往没有受到重视。另外在孙中山自己的讲演里，也叙述了“耕者有其田”，是根据俄国革命的经验提出的。他说，“现在俄国改良农业政治之后，便推翻一般大地主，把全国的田土都分到一般农民，让耕者有其田。耕者有了田，只对于国家纳税，另外便没有地主来收租钱，这是一种最公平的办法。我们现在革命，要仿效俄国这种公平办法，也要耕者有其田，才算是彻底的革命。如果耕者没有田地，每年还要〈纳〉田租，那还是不彻底的革命”[②]。俄国革命的经验或俄国的“公平办法”，就是马克思主义理论在俄国革命中的实践。而这种理论为中国共产党人所接受并传播以后，充满了革命气概的孙中山也希望把它在中国加以实践。“耕者有其

---

① 瞿秋白:《中国革命中之争论问题》。在这段引文前面，还有如下一段叙述:“第三次大会的党纲，是我起草的。……当时谭平山同志与国民党谢英伯的‘耕地农有’之争，已经过去；我在争论时虽然很赞成‘耕地农有’，或广东文法的‘耕者有其田’的口号，然而起草党纲时，我屡经思索，始终不敢写上去，而平山同志也没有提起。这可见当时大家都在无意之中恐怕认清了农村中的阶级分化，会使农民的阶级斗争过于激烈，或是根本不承认中国有土地问题。”“第三次大会时的党纲草案，在现在看起来简直是不值一笑，很幼稚的；但是，大家应当知道（不但我起草人自己）：这党纲草案的最严重的错误，就是没有切实的、勇敢的解决农地问题。我直到五卅之后的北京十月的扩大会议，才首先坚决赞成‘耕地农有’的主张。这是因为我受着实际的革命时势及群众的教训了。”

②《孙中山选集》，人民出版社 1981 年版，第 937 页。

田”的口号便是这样产生的。它自从为孙中山所提倡所宣传之后，便成为广大革命群众家喻户晓的口号了。

孙中山这位资产阶级小资产阶级的革命家，中国伟大的民主主义者，虽受到一定历史条件的限制，却不为自己狭隘的阶级利益所拘束，不故步自封，愿意接受革命的真理，站在革命的前列。孙中山使自己的土地纲领在中国无产阶级政党的领导和帮助之下得到了发展，便是重要的证明。只有那些孙中山的叛徒坚持反革命反人民立场，当孙中山去世不久，而他们自己认为已经大权在握的时候，便把孙中山亲手规定的“耕者有其田”的政策彻底出卖了。中国封建土地制度在他们统治的地区原封不动地保留了下来。

旧民主主义的革命从开始到终结，中国资产阶级及其政党的革命活动从开始到终结，始终没有能解决中国土地问题。资产阶级在土地问题上表现得十分软弱无力。但是中国资产阶级毕竟按照它自己的性格提出了反对封建土地制度的历史要求；并且如在辛亥革命时那样，号召农民群众进行了革命斗争。同盟会往后，中国资产阶级的政党在土地问题上所作的宣传号召，对于动摇封建土地制度有显著的影响，有他们重要的口舌之功。资产阶级在反对封建土地制度上起过一定作用，正因为这样，梁漱溟绝口不敢提到资产阶级对土地问题的积极态度，不敢提到资产阶级的土地纲领，并从消极的方面解释孙中山的三民主义。梁漱溟说：“三民主义既可从《大学》《中庸》来训释，而以孙中山继孔子（如戴季陶）；又可以从《资本论》来训释，而化孙中山为马克思（如甘乃光等）。高呼要破除宗法社会观念，打倒封建社会思想，而在三民主义总理遗教里面正不少发见。……中国的现社会原来是‘集古今中外之大成’的大杂烩；所以孙中山先生的三民主义、五权宪法亦就是‘集古今中外之大成’的大杂烩。孙先生领导的国民党是几十年来中国民族自救运动唯一大集团，又安得不离奇复杂，包罗万有？”[①] 梁漱溟对三民主义中的“平均地权”的思想，是竭力地把它抹煞掉。中国资产阶级在某些行动上赞成废除封建土地制度，它的态度尽管是极为软弱的。梁漱溟在理论上不承认有封建土地制度，反对废除封建土地制度，他的态度却是极为坚决的。这便是两者一个鲜明的对照，是两者的本质差别。

要确切了解梁漱溟思想的本质，除了前面已经讲过的，我们还须进一步

---

① 梁漱溟：《中国民族自救运动之最后觉悟》，第191—192页。

说明梁漱溟是在怎样的历史条件下来宣传中国没有封建土地制度的“理论”的。

中国资产阶级领导旧民主主义革命，有几十年的活动。农民同地主阶级在土地问题上进行斗争更长达两千年以上。这些都不是梁漱溟否认中国有封建土地制度的直接背景。在中国历史上真正废除地主阶级的土地私有制，把土地从封建剥削者手里转移到农民手里，把地主的这一私有财产变为农民的财产，是在20世纪20年代以后开始的，即在中国共产党领导中国革命以后开始的。中国共产党在历史舞台上出现时，中国资产阶级民主主义性质的革命还没有完成。因此中国共产党不得不在一成立，便以争取民族独立和把农民在封建土地制度枷锁下解放出来，作为自己无可旁贷的职责。从1925年至1927年第一次国内革命战争以后约三十年，共产党一直领导中国人民，特别是广大农民群众，为土地制度的民主改革而奋斗。三十年间，帝国主义、地主阶级要求继续维持封建土地所有制，共产党领导广大农民群众要求彻底废除封建土地所有制斗争的炽烈，空前未有。梁漱溟正是在这样的时候，提出了中国没有封建土地制度的“理论”的。

土地问题在第一次国内革命战争一开始，就表现为最紧迫最突出的问题。农民运动和革命的武装斗争同时迅速展开。1925年以前，广东海丰一带的农民最早在共产党的影响下建立起农会组织，提出“防止地主吊田，以免农民生活不安”的要求。1926年初，广东一省的农民协会有60万会员，开始要求分配土地。两湖农民运动更发展为全国革命势力的中心。毛泽东在《湖南农民运动考察报告》中写道：“目前农民运动的兴起是一个极大的问题。很短的时间内，将有几万万农民从中国中部、南部和北部各省起来，其势如暴风骤雨，迅猛异常，无论什么大的力量都将压抑不住。他们将冲决一切束缚他们的罗网，朝着解放的路上迅跑。一切帝国主义、军阀、贪官污吏、土豪劣绅，都将被他们葬入坟墓。”[①] 农民运动从政治上打倒地主势力，到经济上没收地主土地，它使农村的阶级关系发生了深刻的变化，农村的社会面貌为之改观。

农民土地问题是此刻革命同反革命斗争的焦点。革命派和反革命派对农民运动，对土地问题，有两个不同的立场，有两种理论，是针锋相对的。毛泽东当时总结这个情形说：农民运动“乃是广大的农民群众起来完成他们的

---

①《毛泽东选集》第1卷，第12—13页。

历史使命，乃是乡村的民主势力起来打翻乡村的封建势力。宗法封建性的土豪劣绅，不法地主阶级，是几千年专制政治的基础，帝国主义、军阀、贪官污吏的墙脚。打翻这个封建势力，乃是国民革命的真正目标。孙中山先生致力国民革命凡四十年，所要做而没有做到的事，农民在几个月内做到了。这是四十年乃至几千年未曾成就过的奇勋。这是好得很。完全没有什么'糟'，完全不是什么'糟得很'。'糟得很'，明明是站在地主利益方面打击农民起来的理论，明明是地主阶级企图保存封建旧秩序，阻碍建设民主新秩序的理论，明明是反革命的理论。每个革命的同志，都不应该跟着瞎说。你若是一个确定了革命观点的人，而且是跑到乡村里去看过一遍的，你必定觉到一种从来未有的痛快。无数万成群的奴隶——农民，在那里打翻他们的吃人的仇敌。农民的举动，完全是对的，他们的举动好得很！'好得很'是农民及其他革命派的理论"①。

第一次国内革命战争在帝国主义封建主义的联合进攻和蒋介石国民党右派叛变的情况下遭受了失败，农民要求土地的斗争受到了挫折，但是翻天覆地的农民运动，在极大的规模上打击了帝国主义封建主义在农村的统治势力。它们时刻感到了土地革命的威胁。

特别是在1927年至1937年的第二次国内革命战争中，土地问题的斗争更加激烈。土地革命，是这个时期革命的主要形式，也是它的主要内容。中国共产党领导力量的加强，是土地革命运动能够开展的最根本的条件之一。在共产党的领导下，广州人民首先于1927年11月英勇起义，组织了工农民主政府，立即宣布一切土地收归国有，完全归农民耕种。广州起义失败不久，毛泽东、朱德所在的井冈山革命根据地成立了湘赣边区工农政府，湖南、湖北、河南等地区的工农政权也相继建立。1929年更以江西瑞金为中心成立民主中央政府。从此在中国社会上出现了两种不同的土地制度，两个土地状况完全不同的区域。一个是革命势力统治下废除了封建土地制度的革命根据地；另一个是在蒋介石反革命集团统治下保护封建土地制度的继续半封建半殖民地社会的区域。

蒋介石国民党区域里，地主剥削阶级不但全部继承着封建土地制度的一切黑暗、剥削和压迫，并且进一步从农民手中夺田。蒋介石反动政府在所谓

①《毛泽东选集》第1卷，第15—16页。

“收复”区，极力鼓励地主从农民手中抢夺土地。1932年蒋介石发布了一个所谓《剿匪区内各省农村土地处理条例》，便是这方面的措施。在国民党原来统治的区域里，当然照旧是“富豪劣绅，田连阡陌”。国民党反革命国家机器的全部负担，都加在农民身上。连蒋介石也被迫承认“这种现象已成各省通病，不特为地方财用枯窘之源，亦为农村破产，民生憔悴之主因”①。

国民党政府帮助地主向农民进攻，必然使地主阶级，特别是同国民党政权有直接联系的地主更加猖狂。据1935年四川十县新旧地主的调查统计：关于川东区重庆土地百分率的总和比较，计新兴地主所占土地为90%，旧地主所占土地为8%，可见旧地主的急剧没落和新地主的盛大膨胀。至于户数比较，新兴地主占31%，旧地主占69%，足见新地主以30%之户数而占田在90%以上，旧地主以70%之户数而占田反不及10%。……新兴地主中，以军阀、官僚之户数最少，而占地最多，常以1.8%之户数，而占30.9%之土地。②国民党政府1930年造出过一个土地法，规定“中国国民领域之土地属于中国国民全体”，但承认“其经人民依法取得所有权者，为私有土地”，而以“按价值抽税，涨价归公，为限制土地私有的实际办法”。不用说“国民全体”所有与“土地私有”是如何含混不清和自相矛盾，就是对这么一个不值钱的土地法，直到1935年国民党政府才公布一个所谓《土地施行法》，当然只是一纸空文，从来也没有“施行”过。国民党政府之所以这样做，只是要提供一点宣传资料，来阻止日益蔓延的土地革命，和缓一些它们统治下的土地问题极度紧张的局势。

在国民党政府帮着地主从农民手中抢夺土地的同时，在革命根据地里，中国共产党正领导农民从地主手中收回土地分配给农民。革命根据地里不但继承了第一次国内革命战争时期农民土地政策的传统，并且大大发展了这个传统，把“耕者有其田”的纲领彻底付诸实行了。

我们无须在这里叙述革命根据地农民取得土地的斗争经过，只举出若干文献，看革命根据地是怎样把“耕者有其田”的纲领具体化的。一、《湘赣边区工农政府土地法》，公布于1928年12月，它是历史上中国人民自己第一个废除封建土地制度的详尽法典。其中规定：“（一）没收一切土地归苏维埃政

---

①民国二十三年十一月十七日上海《申报》。

②吴济生：《新都见闻录》，第112—113页。

府所有，用下列三种方式分配之：（1）分配农民个别耕种；（2）分配农民共同耕种；（3）由苏维埃政府组织模范农场耕种。以上三种方法，以第一种为主体。遇特别情形，或苏维埃政府有力时，兼用二三两种。（二）一切土地经苏维埃政府没收分配后，禁止买卖。（三）分配土地之后，除老幼疾病没有耕种能力及服公众勤务者外，其余的人均须强制劳动。（四）分配土地的数量标准：（1）以人口为标准，男女老幼平均分配。（2）以劳动力为标准，能劳动者比不能劳动者多分土地一倍。以上两个标准以第一个为主体。有特殊情形的地方得适用第二个标准。……”二、《兴国县土地法》，公布于1929年4月，最前面的三条是：“（一）没收一切公共土地及地主阶级的土地归兴国工农兵代表会议政府所有，分给无田地及少田地的农民耕种使用。（二）一切公共土地及地主阶级的土地经工农兵政府没收分配以后，禁止买卖。（三）分配土地的数量标准：（1）以人口为标准，男女老幼平均分配。（2）以劳动力为标准，能劳动者比不能劳动者多分土地一倍。以上两个标准，以第一个为主体。有特殊情形的地方得适用第二个标准。……”和前面一个土地法相比，把“没收一切土地”改成了“没收一切公共土地及地主阶级的土地”，这是一个原则的改正。可见中国人民关于土地革命方面的经验，是在飞快地增加起来，土地革命运动在迅速向前推进着。三、瑞金民主中央政府的《怎样分析农村阶级》；四、《关于土地斗争中一些问题的决定》，均为1933年公布。两个文件中对中国农村各阶级作了科学的分析，它们是关于中国社会各阶级状况的唯物主义观点的详细总结。

在中国共产党领导农民从地主手中收回土地的条件下，革命根据地的广大农民都分得了自己应得的土地，封建土地制度被彻底摧毁了，农民打碎了几千年来地主阶级加在自己身上的枷锁，真正得到了解放。农民从政治到经济，来了一个大翻身。

两个地区，两种土地制度，一开始便势不两立。中国人民要求实行土地改革，蒋介石国民党用战争来反对土地改革。民主的土地制度与封建的土地制度，革命与反革命，两者的斗争是你死我活的斗争。

正是在如此紧张的关头，梁漱溟连续发表了他的《中国民族自救运动之最后觉悟》（作于1929—1931年）、《乡村建设理论》（作于1932—1936年）两部大谈其中国没有封建土地制度的著作。当时革命与反革命的生死斗争，在梁漱溟的著作中得到了清楚的反映。他一方面毫无根据地不承认中国有封建土地制度，想这样来抵挡农民对土地的要求，反对革命；另一方面又清楚地承认中国有农民运动，企图用地主阶级的“乡村建设”来“代替”共产党领导的农民运动。他说：关于“共产党的问题，此刻在政府以及好多人的意思，都以为这个问题也是地方不靖的问题，认为能树立起地方上保卫的力量就可以防止了共产党。诚然，共产党杀人放火，其为害亦与土匪差不多；但实际上这个问题不是这么简单。这确是中国社会的大问题，单讲求地方保卫不足以解决。那末，这个问题如何解决呢？我们的回答：自某一意义上来看，共产党的作为，实是中国的一种农民运动。农民运动为中国今日必定要有的，谁若忽视农民运动，便是不识时务；要想消除共产党的农民运动，必须另有一种农民运动起来替代才可以。我们的乡村组织除了一面从地方保卫上抵御共产党外，还有一面就是我们这种运动实为中国农民运动的正轨，可以替代共产党”[①]。既从“理论”上取消土地改革，又从实际上抵抗农民的革命斗争，双管齐下，面面俱到。当他舌敝唇焦，说什么中国农民早已从封建土地制度下“解放”了，农村“没有”阶级对立，农村是“整个性”的，“斗争于中国乡村内部就等于斗争于家庭之内”[②]等等，教别人不要向地主阶级作斗争时，恰恰就是他死硬地站在地主阶级立场上对农民、对革命群众进行坚决的阶级斗争。他否认中国有封建土地制度的“理论”，不是提出了其他什么要求，只是极尖锐地提出了帝国主义、地主阶级维持中国封建土地制度的要求。所谓斗争于乡村之内“就等于斗争于家庭之内”这种调子的惊恐，反映了反革命阵营对农民土地革命斗争感到的慌乱和惊恐。

抗日战争和第三次国内革命战争时期，梁漱溟的这种中国没有封建土地制度的谬论，一直在继续散播着。抗日战争时期没有直接废除封建土地制度的革命运动。抗战一经结束，以蒋介石反革命集团为代表的，在抗战期间发了国难财，保存了军事力量的大地主大资产阶级，立刻发动对解放区的武装进攻。代替了日本侵略者地位的美国帝国主义支持和指挥着蒋介石进行反革命战争。地主阶级与农民阶级的矛盾日益紧张起来，广大地区的农民就必然迫切地要求解决土地问题。

中国共产党在1947年提出的《中国土地法大纲》，是满足农民对土地的

---

① 梁漱溟：《乡村建设理论》，第279—280页。

② 同上书，第282页。

要求，进一步发展全国性土地改革运动的坚决措施。大纲全文十六条，前面的四条是："第一条，废除封建性及半封建性剥削的土地制度，实行耕者有其田的土地制度。第二条，废除一切地主的土地所有权。第三条，废除一切祠堂、庙宇、寺院、学校、机关及团体的土地所有权。第四条，废除一切乡村中在土地制度改革以前的债务。"中国共产党中央又同时发布《关于公布中国土地法大纲的决议》，再一次明确阐述了中国工人阶级、中国共产党必须领导农民废除封建土地制度的基本理由和目的。决议的全文说：中国土地制度极不合理。就一般情形来说，乡村人口不到10%的地主富农占有70%—80%的土地，残酷剥削农民。而占乡村人口90%以上的雇农、贫农、中农及其他人民，却总共只有20%—30%的土地，终年劳动不得温饱。这种严重情况，是我们民族被侵略、被压迫、穷困及落后的根源，是我们国家民主化、工业化、独立、统一及富强的基本障碍。为了改变这种情况，必须根据农民的要求，消灭封建及半封建剥削的土地制度，实行耕者有其田的制度。二十年来，特别是最近两年以来，中国农民在中国共产党的领导之下，实行土地改革已有巨大的成绩及经验。今年9月，中国共产党召集了全国土地会议，在这个会议上详细地研究了中国土地制度的情况，土地改革的经验，制定了《中国土地法大纲》，作为向各地民主政府、各地农民大会、农民代表会及其委员会的建议，中国共产党中央委员会完全同意这个《中国土地法大纲》，并予以公布。希望各地民主政府、各地农民大会、农民代表会及其委员会，对于这个建议，加以讨论及采纳，并订出适合于当地情况的具体办法，展开及贯彻全国的土地改革运动，完成中国革命的基本任务。[①] 中国共产党领导农民所进行的土地改革运动，是此时革命与反革命斗争的基本内容之一，也是中国革命取得全面胜利的决定关键。此后土地改革运动的新发展，便是《中华人民共和国土地改革法》。这是中国最后的一个土地改革法，它是在革命胜利以后颁发的，具有很丰富的意义。第一，是已往几个不同历史时期革命土地法的继承和发展，是中国人民三十年来废除封建土地制度革命斗争的总结。第二，充分表现出了由中国共产党所集中起来的、中国人民继续完成全部废除封建土地制度这一根本任务的意志和决心。第三，标志着中国社会封建的半封建的性质最后结束的来到。第四，说明中国人民取得了革命的基本胜利，帝国主义、封建

---

①《新华日报》1947年12月28日。

主义、官僚资本主义和它们的总代表蒋介石反革命集团则遭到了彻底的失败。

中华人民共和国成立以后，梁漱溟还赶紧出版了他的“首尾历时九年”才告完成的《中国文化要义》一书（还特别加上一个“三十八年双十节”的“自记”）。上面连篇累牍、不厌其烦地发挥他的中国没有封建土地制度的“理论”。梁漱溟此时是继续向革命挑战，同时也是表示对覆亡的帝国主义封建主义阶级统治恋恋然不忍割弃。

事情就是这样：自第一次国内革命战争失败起，到中国革命取得全国胜利止，蒋介石国民党反动派代表帝国主义、封建主义用反革命国家机器来维护封建土地制度，反对土地制度的民主改革。在同一个时期，梁漱溟则适应帝国主义封建主义需要，用历史唯心主义理论，来维护封建土地制度，反对土地制度的民主改革。两者的做法和作用不同，自有界线。从性质上看，它们又没有什么殊异。

封建土地制度——当我们现在提到这个问题时，已经不牵涉人们实际的生活。在中国大陆，封建土地制度全部成了历史研究的对象。[①] 土地改革运动至1952年已在全国范围内基本上完成。据1952年8月以前的材料估计：在全国土地改革运动中，约有三万万本来无地和少地的农民分得了约七万万亩土地。经过土地改革，获得经济利益的农民约占农业人口的60%—70%。土地改革以前，农民每年向地主交纳地租的粮食达三千万吨以上，土地改革后农民已不再为地主劳动。[②] 几千年来的地主阶级从此永远消灭了。农民由地主阶级的牛马奴仆变成了农村的统治者，由土地的奴仆变成了土地的主人。历史唯物主义告诉我们：当社会的物质生产力发展到一定程度时，便和它们向来在其中发展的那些现存生产关系，或不过是现存生产关系在法律上的表现的财产关系发生矛盾。于是这些关系便由生产力发展的形式变成了束缚生产力的桎梏。那时社会革命时代就到来了。随着经济基础的变更，全部庞大的上层建筑物也就会或迟或速地发生变动。中国长期存在的，农民同地主在土地所有制关系上的根本社会矛盾，现在已经得到解决。中国封建土地制度这

---

①据台湾的资料，国民党在台湾也被迫实行了土地改革。1953年以后开始执行“耕者有其田”。其办法是有偿征收地主耕地，再由能够缴纳地价的农民承领耕种。地主应得的地价和农民应缴的地价，分别在十年内偿付完毕。这虽然是不彻底的，毕竟也是一种改革，说明要灭亡的东西，不管怎么挣扎，迟早总免不了灭亡的。

② 廖鲁言：《三年来土地改革运动的伟大胜利》，《人民日报》1952年9月28日。

种束缚生产力的桎梏，被彻底打碎了。中国人民实现了把土地由地主私有变为农民私有的“社会革命”。它是六万万人口的国度里所进行的翻天覆地的革命。这个大革命的胜利，是中国工人阶级及其政党——中国共产党三十年来领导中国农民所取得的历史性胜利，是马克思列宁主义关于农民土地问题的理论在中国的胜利。现在所有的事实都指明：农村生产关系的变革，大大促进了新生产力的成长。广大农民得到土地以后，积极改善经营，整个农业生产得到迅速的恢复和发展，然后进一步迈向集体化。正是在这个基础上，树立起了我国的社会主义工业化和发展社会主义农业的宏伟规模。

全部中国封建土地制度的存在、发展和消灭的过程，集中地说明了这样一个基本的事实：农民要求从封建土地制度的束缚下解放出来，进行了长期的斗争。每一次较大的农民运动，都打击了封建统治，多少推动了社会生产力的发展。但农民并不能使自己解除封建土地制度的束缚，中国历史上的每一次农民运动都是以失败而告终。农民革命这种失败的规律，是由农民本身的阶级地位所决定的。农民要获得革命的胜利，要从封建土地制度下解放出来，就非有城市先进阶级力量领导不可。城市的先进的阶级一个是资产阶级，一个是工人阶级。中国的资产阶级是在半殖民地半封建社会的土壤上生长起来的。它的力量很微弱，和帝国主义封建势力都有联系。因此，它对外不能领导农民进行彻底的反对帝国主义的斗争；对内不能领导农民彻底反对封建势力，帮助农民获得土地。中国全部半殖民地半封建制的历史，全部资产阶级及其政党的革命活动，充分说明了这一点。只有中国工人阶级是唯一能够领导农民彻底废除中国封建土地制度，使农民摆脱长期的封建剥削和压迫的力量。有了工人阶级的领导，废除中国的封建土地制度便由理想变成了现实。

对前面所说到的梁漱溟在中国封建土地制度问题上所表现出来的思想观点，还可以指出如下的特征：一，他公开站在封建统治阶级一边“立言”，毫不掩饰剥削者的本来面目。原因是近三十年内，中国革命的风暴一次比一次猛烈，反革命的统治朝不保夕。它们的代言人只好像“鹿死不择荫”的样子，不暇掩饰做作。二，竭力宣传唯心主义历史观点，歪曲中国的历史。梁漱溟认为历史的根本是“意欲”，“中国文化是以意欲自为调和，持中为其根本精神的”[①]。马克思主义的科学历史观点，被他曲解为“经济唯物史观”的“机

① 梁漱溟：《东西文化及其哲学》，第55页。

械性”。因此他认为中国历史只是偶然地“循环于一治一乱”，毫无客观规律可言。尽管梁漱溟承认“自己的学力，根本不够来阐明全部中国历史的”[①]，但是为了替封建剥削阶级辩护，他仍作出了有关中国历史的种种武断的结论。他自然也努力歪曲中国社会的现实生活。三，集中反对马克思主义的阶级和阶级斗争学说。梁漱溟宣称：三十年来，他同中国共产党“所以一切所见不合，亦就始终围绕着一个中心问题——中国社会的阶级问题”[②]。否认中国有封建土地制度，有农民和地主两个阶级的对立，是他反对马克思主义阶级斗争学说的一个方面；否认中国有资本主义，有工人阶级和资产阶级的对立，是另一个方面。他全部的所谓“乡村建设理论”便是以中国社会没有阶级为前提，来和马克思主义相对立的。现代一切没落阶级的代言人，都怀着极大的仇恨心来攻击马克思主义的阶级和阶级斗争学说，那是可以理解的。因为这个学说从根本上动摇了剥削阶级的统治地位，鼓舞着全世界的无产阶级为推翻资本主义、走向社会主义和最后消灭阶级而进行斗争，它是无产阶级手中最有力的武器。

① 梁漱溟：《中国文化要义》，第161页。

② 梁漱溟：《两年来我有那些转变？》，《光明日报》1951年10月5日。

评尚钺同志为《明清社会经济形态的研究》一书所写的序言①

上海人民出版社去年三月间出版的《明清社会经济形态的研究》一书上有尚钺同志写的一篇“序言”。作者在“序言”中认为有关中国封建社会的长期性、十九世纪中叶中国仍是小农业与家庭手工业相结合的社会经济结构和鸦片战争是中国近代历史的起点等，这些在学术界已成定论了的看法，是不正确的，明白否定了这些看法。这是历史研究中一个值得注意的问题。因为它直接涉及马克思主义关于中国历史的若干基本问题的论断，涉及中国革命斗争的一些重要问题。我觉得有必要提出来加以讨论，以求得认识的一致。

中国历史有许多特点。这些特点经过科学的观点考察、研究以后，表现得极为显著。

无数的文物和史籍证明，中国历史上有很长的封建社会时期。至少自秦汉至十九世纪中期的社会生产中，人们对于生产资料的占有关系，主要是地主占有土地，剥削压迫农民。社会生活中最根本的矛盾是农民和地主在土地所有权上的矛盾。十九世纪外国资本主义侵入后，旧的社会经济发生了重大变化，但是地主占有土地和集中土地的情况并没有改变。近年来全国土地改革运动的材料足以充分证明这一点。据一九五二年的资料，约有三万万本来无地和少地的农民，经过土地改革，分得了约七万万亩土地，获得经济利益的农民约占农业人口的百分之六十到七十。长期以来，诗人所描写的社会生产中的“男耕女织”，即小农业和家庭手工业相结合的社会经济结构，一直是中国封建经济的突出特点。一八四〇年中英鸦片战争以后，中国开始由一个古代的独立的封建社会，逐步地改变为一个半殖民地半封建社会。所谓半殖民地半封建的基本内容，是外国资本主义在中国社会生活中，从经济基础到上层建

① 原载《历史研究》1958年第1期，题为《关于尚钺同志为〈明清社会经济形态的研究〉一书所写的序言》。后收入《中国近代史诸问题》（人民出版社1965年版）、《中国近代史问题》（人民出版社1978年第2版）时改为现题。——编者注

筑，各方面占有控制地位，原来的封建社会遭到了破坏。虽然外国资本主义是一种外部力量，但是它侵入中国内部以后成了阻碍中国社会发展的一种最恶毒的势力。这种势力只是在鸦片战争以后才形成的。鸦片战争以前，中国和西方资本主义国家有通商交往，也有过早期的冲突，但是那时外国绝没有在中国建立起这种半殖民地的控制。鸦片战争固然不像一把快刀，将中国历史这束乱麻一刀斩为两段，但是也决不能抹煞这以前和以后的根本区别。这就是我们把鸦片战争看作中国近代历史起点的根本原因。我们通常所说的中国近代史，也就是指的从鸦片战争开始的中国半殖民地半封建制度的历史。

自马克思本人起，包括毛泽东同志在内的经典作家们根据上述事实，对中国历史作了许多重要的、科学的论断。在这些论断中有：（一）封建制度在中国历史上经历的时间很长，在封建制度下社会发展很迟缓，甚至呈现某种停滞的状态。马克思在《贸易还是鸦片》《中国事件》等专门论述中国问题的文章中，指出中国社会不管时事如何变迁，却仍停滞不前；在《资本论》中叙述《分工与手工制造业》时，也表示出同样的意思。毛泽东同志在《中国革命和中国共产党》《新民主主义论》等著作中，更一再说到中国封建制度延续的时间很长，陷在发展滞缓的状态中。（二）小农业和家庭手工业结合的自然经济是中国封建社会经济结构的特点，直到鸦片战争以后的一个时期里，这种社会经济结构仍在发生某些作用。一八五八年、一八五九年马克思写的《贸易与条约》《对华贸易》等专论中，指出“当前”的中国社会经济结构是小农业与家庭手工业相结合。一八五八年马克思《给恩格斯的信》和《资本论》上《关于商人资本的历史考察》中有同样的叙述。一八九二年恩格斯《给达尼爱松的信》、一八九四年《给佐尔的信》也都连续讲到中国小农经济的这个特点。毛泽东同志在《中国革命和中国共产党》中指出：中国封建时代的自然经济，是农民不但生产自己需要的农产品，而且也生产自己需要的大部分手工业品。（三）一八四〇年中英鸦片战争是中国半殖民地半封建制度的起点。马克思几次讲到太平天国革命时，都认为它是鸦片战争的产物，在《中国事件》中着重指出，对于这个国家，“鸦片不曾发生催眠的作用，而倒发生了惊醒的作用，这是很矛盾的”。全部毛泽东同志的著作，凡是论及中国近代历史的地方，有的是直接指出中国半殖民地半封建制度是从鸦片战争开始的，有的则是以此为背景来叙述事件的发展。这些马克思主义的著名观点，为研究中国近代历史的人所熟知。

当然，马克思主义的经典作家也谆谆告诫人们，马克思主义不是教条，是行动的指南。恩格斯更具体地指出："我们的历史观首先是个进行研究工作的指南，而不是一种用以按黑格尔学派方式构造体系的手段。"[①]我们坚持运用马克思主义来研究中国历史，不是说人们研究问题可以不从客观事实出发，而去从理论、从个别的结论出发；我们是说要拿马克思主义作为向导，进行创造性的研究。那种随便列举几条材料、生搬硬套马克思主义公式或者食古不化、不根据具体情况作具体分析的做法，都是和马克思主义的研究背道而驰的。上述马克思主义经典作家们对中国历史的论断，却不是只涉及个别具体问题的个别词句，而是马克思主义解释中国历史的根本观点。这些观点，第一，不仅如上文叙述过的，它是以大量的材料、最基本的事实为基础的，有充分根据。还有第二，有关近代中国的社会性质、阶级矛盾和革命力量等一系列的中国革命的基本问题，正是依据这些历史观点来分析、认识和确定的。中国革命的全部实践，检验了这些观点的正确性，证明了它们合乎历史发展的实际。

因此我们研究中国历史，尤其是研究中国近代史，应该以这些观点作为指针，来深入研究，提出问题和解决问题。离开这些观点，就必然要违反历史的客观存在，并使许多中国革命实践已经解决了的问题无法得到合理的解释，以致错误百出。尚钺同志为了树立起他自己的关于中国历史的见解，拒绝以这些观点作为研究的指针，直截了当推翻了这些观点。他在"序言"中写道："关于明清两代社会性质的讨论，是中国历史上的一个大问题。这个问题的解决，不仅将影响到史学界对中国历史的某些传统看法，如中国封建社会长期性或中国社会停滞论，乃至中国社会一直到一八四〇年外国资本主义侵入以后，中国社会基础还是小农业与家庭手工业相结合的自然经济等等，而且也将影响到中国近代史究竟以什么时期作为起点的问题。因为，不拘从社会经济的发展上，或从上层建筑的意识形态发展线索上，以及从中国社会内部的主要矛盾和主要矛盾方面的继续和发展上，以一八四〇年外国资本主义侵入的时间划一个分界线，都是不很妥当的，而且有着斩断历史发展线索的毛病。"这段话是很清楚地说明两件事：一，这里的所谓"史学界"的"某些传统看法"，完全不是别的，正是前面举出的马克思主义关于中国历史的一些根本论

①《马克思恩格斯文选》（两卷集）第2卷，第487页。

断，是从马克思本人起的经典作家们多次申述过的论断。二，这些论断无论是从基础和上层建筑来查考，都证明其不正确，是斩断了历史的发展，不能成立。马克思主义指出的中国封建制度的长期性，小农业与家庭手工业相结合的社会经济结构和从鸦片战争起中国开始进入半殖民地半封建时期，这几点是互有关联的。尚钺同志所要树立的关于中国历史的奇异见解，是要极力夸张明末清初中国社会生产中的资本主义关系或资本主义萌芽，把中国资本主义的历史大大提前，改变明清之际的社会性质。为了这个目的，就不仅要否定鸦片战争是近代中国历史的开始，也必须一并否定中国封建社会的长期性和在明清以后，特别是在鸦片战争以后，中国还存在着小农业与家庭手工业相结合的社会经济结构这个特点。

这里要指出：当尚钺同志明白否定马克思主义关于中国历史的根本观点时，是和他表示在进行中国封建社会内部的资本主义萌芽的研究这件事联系在一起的。我们指出他推翻了马克思主义观点，却不是认为资本主义萌芽问题不需要或不可以研究。事情完全不是这样。

研究资本主义关系在中国封建制度内部、在鸦片战争以前究竟处于何种状态，产生了哪些作用等等，是个很有意义的题目。商品生产在中国出现很早。进入封建社会以后商品经济有了发展。毛泽东同志说："中国封建社会内的商品经济的发展，已经孕育着资本主义的萌芽，如果没有外国资本主义的影响，中国也将缓慢地发展到资本主义社会。"① 这是完全正确的。研究这个问题，至少有下列意义：（一）有助于用中国的实际材料，具体阐明马克思主义的历史发展观点，说明封建制度必然发展为资本主义制度的一般规律。目前我国抱有资产阶级观点的历史研究者，仍在用各种方法歪曲历史发展的规律，为资本主义制度招魂。譬如雷海宗之流，否认五种生产方式的存在，就是这样一个例子。（二）可以揭示出中国历史的全貌和特点。历史唯物主义的一般规律，表现在不同的国度里会各有特色，中国社会经济生活中的特点尤其显著。（三）直接驳斥帝国主义及其代理人散播的所谓中国如果没有外国资本主义"开发"，社会就要永远停滞下去等关于中国历史发展的谬论。一九五三年《红楼梦》的讨论中强调这个问题以来，报刊上发表了不少有关的论著。虽然在解释史料、判断萌芽大小、时间早晚等方面分歧很大，而收集材料、进

① 《毛泽东选集》第2卷，第626页。

行初步研究，却有其成绩。如果讲到缺点，我以为主要的是我们有些研究中国资本主义萌芽的人，把古代历史加以现代化了。所有这些作者的一个特点，就是把资本主义因素和资本主义以前的因素混淆在一起，并把现代资本主义的诸范畴和特征搬用到在封建主义内部孕育着的资本主义早期阶段。同时从现有的论著中还可以看出，许多研究者的目的不明。他们只是这样那样证明在中国封建社会内部有资本主义关系，而不是着重研究这种关系在当时的社会生活中起了什么作用、有何特点等等。证明封建社会内部有资本主义关系，显然只是研究的开始，不是研究的最终目的。这些缺点要在研究中注意克服，也是可以克服的。

尚钺同志在"序言"中提出的问题，根本不是这些。他的研究对象本来是封建社会内部的资本主义萌芽，而他所作的结论则改变了封建社会的性质。因此，"序言"上一面推翻了马克思主义关于中国历史的根本观点，一面又提出了作者自己的与马克思主义相对立的主张，并对中国近代历史作出了一系列的新奇解释，直接牵涉到中国革命斗争的一些重要问题。

让我们先看看"序言"作者否定了鸦片战争是近代中国历史的起点以后，他自己的关于近代史起点的答案是怎样的吧！尽管猛然看起来这个答案有点含糊其词，并且自相矛盾，但是在作者一而再、再而三地论述过之后，他的基本主张仍然是很明确的。

一种回答，是明末清初开始了中国资产阶级民主革命的时代。作者写道：太平天国"本身所具有的特点，如天朝田亩制度，平等和平均观念的发挥，以及政治和军事组织及其内容，如果不与明清之际的市民斗争及其参加农民斗争的现象联系起来，特别是不把它作为李自成领导的农民起义所建立的政治制度与政策的一个发展来看，就无法解决。同时，如果不把太平天国的政治制度与政治理想，作为从明末清初经济思想上的均田、政治思想上的民主政治，和社会思想上的平等平均的观念（由地主与农民平等、男女平等、追求个性解放、反对儒释道封建宗教的束缚）等等反封建特权及反封建大地产斗争在意识形态上的反映的继续和发展，并将它在人民大众的革命纲领和实践行动中具体化，也是无法理解的"。再写道："实质上太平天国所提出的政治制度和政治理想，与产生于明清之际一直到太平天国时始终不停、继续发展着的社会矛盾之上的新的社会思想与社会理论，乃至社会问题，如市民运动，特别是其中的资产者与无产者的斗争，在苏州开始以阶级的集团的形式出现，以及民主的和民族的思想的发展，都有着不可分割的联系。”

这两段话的要点是：（一）明清之际的时代，基本上就是鸦片战争以后的时代。这个时代特有的社会矛盾是“产生于明清之际一直到太平天国时始终不停”地发展着。（二）鸦片战争以后的旧民主主义革命时期的太平天国革命运动，实际上就是明末农民革命运动。它们不可分割地联系在一起。“序言”作者既否定了鸦片战争是近代中国历史的起点，又从社会经济、革命运动、上层建筑等方面把明末清初和旧民主主义革命时期的太平天国直接联系起来，他是主张明末清初的时代，就是中国资产阶级民主主义革命的时代，这是很明显的。再一种回答，明末清初是资本主义占优势的封建社会。“序言”上写着：“明清之际的中国社会显然还未达到质变的程度，所以仍然是封建社会。”“我们肯定明清之际中国社会仍然是封建社会。而封建社会内部，也有它发展不同的阶段。”同时，那上面又写着，中国的资本主义萌芽在“十六世纪前期开始”，“到十六世纪中叶以后，渐渐发展成比较有力的社会势力”（在《中国资本主义关系发生及演变的初步研究》上，作者又说：“特别是明末三五十年间，中国社会已在开始起着本质的变化。”明末三五十年是十六世纪末、十七世纪初，比“十六世纪前期”晚几十年）。“在十六世纪以前，中国社会虽然基本上还是自然经济占统治地位，但是由于商品经济有了某些发展，在中国东南沿海商品经济比较发展的地区，如苏、松、杭的三角地区等城市手工业中已经稀疏地出现了资本主义萌芽。”再又写着：“自明代中叶以后，中国封建社会已经是解体过程中的封建社会，不再是什么自然经济整体的‘完整的封建社会’，或‘原封未动的封建社会’。就是说，封建的生产关系已经逐渐变成了社会生产力发展的严重阻碍，封建制度已经愈益成为要被推翻的东西了。……这就是在一八四〇年随着外国资本主义的侵入，引起了旧民主主义革命的开始，到一八五一年太平天国运动展开的反封建的民主的和民族的革命运动的历史事变的关键。”这是明白地说，中国资本主义萌芽开始于十六世纪以前，这种资本主义关系的向前发展，到十六世纪末十七世纪初，资本主义萌芽已经变成了资本主义优势，中国从此再也不是什么“完整的封建社会”，而是资本主义占优势的封建社会了。因之，明清之际的这种变化，就成了后来历史事变的决定关键——主要是“反封建的、民主的”革命运动的关键。

稍微分析一下这两种说法，就立刻可以看出还有第三种回答：明末清初由封建社会变成了资本主义社会。这个回答从作者的思想逻辑上表现得很清楚。要是果真作者不认为明清之际的中国社会达到了质变的程度，那么“序言”上几乎用全部篇幅论述的下列各点就全都是无法解释的和无的放矢的：（一）一再肯定了明末清初的社会变化是近代中国“历史事变的关键”；明末三五十年间“中国社会已在开始起着本质的变化”，又一再声明这种变化“未达到质变的程度”，无论如何这两个断语不是同义语，是针锋相对的意思。究竟以哪个为准呢？不会是都对又都不对吧！（二）指摘以鸦片战争作为一个标志划分历史时期的不当，则正是认为明清之际已经开始了资本主义社会，要从此划分历史才是适当的。这完全推翻了明清之际仍是封建社会的论点，声明显然是一句空话而已，并无真实的内容。（三）只有认为明末清初的社会变化相当于鸦片战争以后的社会变化，才需要从社会经济、革命运动、思想意识形态等各方面把明末清初和太平天国直接联系起来，虽然这种联系并无根据。要是果然认为明清的变化与后者不同，那时还是封建社会，这种直接联系就成了毫无意义的事体。（四）特别是马克思主义著作中指出中国封建社会的长期性，指出小农业和家庭手工业相结合的社会经济结构这个特点，指出鸦片战争以后，中国由一个封建社会逐渐改变为一个半殖民地半封建社会，这丝毫不排除鸦片战争以前，中国封建社会内部孕育着资本主义萌芽，中国封建社会有不同的发展阶段，有它的前期和后期这个事实。这两者完全是一致的，并不矛盾。唯有认为明清之际发生了从封建社会进到资本主义社会的变化，鸦片战争以前有的不是资本主义萌芽，而是资本主义占统治地位的社会制度，才需要根本推翻马克思主义关于中国历史的观点。事情非常明显：或者是承认马克思主义的观点，正确地肯定鸦片战争以前中国社会内部已经有资本主义关系的发生；或者是否定马克思主义观点，认为从明清之际开始了资本主义制度。二者必居其一。“序言”上否定了马克思主义的观点，正是拒绝了前者，肯定了后者，这是很清楚的。举此四端，“序言”上声明承认明清之际仍是封建社会云云，其虚假而没有内容，该是何等明显！

这几种说法，尽管表面上有分歧，但是有一个根本之点，贯穿着所有这些说法。那就是主张明清之际开始了中国从封建制度到资本主义制度的变化，明末清初是近代历史事变的关键、是中国近代历史的起点；而不是鸦片战争是近代历史事变的关键、是中国近代历史的起点。不管我们赞成还是反对这个主张，必须承认这就是尚钺同志否定了马克思主义观点以后的正面主张。所以我说“序言”上的答案，乍看起来虽然有矛盾，实际上仍是很一致、很明确的。然而作者在叙述中又没有公然地、直截了当地宣布自己的结论。叙述中表现为吞吞吐吐，表现出一种欲语还羞，“脉脉此情谁诉”的神情。这不是别的，乃是充分暴露了作者的根据薄弱，逻辑上、论据上处处混乱，自相矛盾；并且对于所以要作某些声明的原意，正是欲盖弥彰！

“序言”上还写着：作者的意图很简单，是根据“毛泽东同志的指示”来进行研究的。这表示作者认为自己的答案并不违反马克思主义，有理论“指示”作为根据。只需核对一下原文，就可以识破这是似是而非的。毛泽东同志所说的中国封建社会内部存在着资本主义萌芽，没有外国的影响，也将发展到资本主义社会这段话只有两层意思。一是没有外国资本主义侵入，中国也是会走到资本主义社会去的；一是在封建社会内部孕育着的，还只是资本主义萌芽。此外再没有别的意思。在这段话里绝对找不出仿佛鸦片战争以前的某个时期里，中国已经有了资本主义制度这个意思，而可以成为断定明清之际开始了资本主义制度的根据。

无论从事实、从理论上讲，既然尚钺同志否定马克思主义的观点的主张都是站不住脚、不正确的，如是，他在有关中国近代历史的一系列重要问题的解释上，就必然要违反事实、牵强附会；或者说，他在下面一系列重要问题的解释上，既然违反历史事实，就必定要得出否定马克思主义观点的结论。

这些问题中首先是近代中国历史是不是半殖民地半封建制度历史的问题。前面指出过，我们通常说的中国近代史是指的一八四〇年以后的半殖民地半封建制度的历史。半殖民地半封建主要是外国资本主义在中国的控制。“序言”上主张明清之际就开始了中国近代历史，但是谁也不会相信，从那时起，就有了外国资本主义控制中国这个事实。这样，作者就只能认为中国近代史不是半殖民地半封建制度的历史；或是认为起先是资本主义、后来是半殖民地半封建；再或者认为半殖民地半封建是指本国资本主义的发展，不是指外国资本主义的控制。无论哪样解释，总之和我们的理解是根本不同的。第二是近代中国社会矛盾的性质问题。“序言”上写着“不拘从社会经济的发展上，或从上层建筑的意识形态发展线索上，以及从中国社会内部的主要矛盾和主要矛盾方面的继续和发展上，以一八四〇年外国资本主义侵入的时间划一个分界线，都是不很妥当的”。又写着：不阐明一八四〇年以前资本主义萌芽、发展、演进的过程，“就不可能了解一八四〇年的鸦片战争中，东南沿海一带中国人民自发的反侵略斗争之成为资产阶级性的民主的和民族的旧民主主义革命开始的历史原因和物质基础”。这两段话里的“中国社会内部的主要矛盾”“东南沿海一带中国人民自发的反侵略斗争之成为资产阶级性”的革命等，是一些恍兮惚兮、含糊混乱的概念。中国人民与帝国主义、封建势力的矛盾，都是中国社会生活中的矛盾，没有哪一种是中国社会“外部”的矛盾。鸦片战争则是有清政府在内的反侵略战争，不是只有“东南沿海一带人民”参加的其他什么战争。并且有外国侵略就有反抗，不是要有资本主义萌芽才有反抗。这两段话的中心意思是：从明末清初起，直至鸦片战争以后，中国社会的“主要矛盾和主要矛盾方面”是资本主义和封建主义的矛盾，封建势力是矛盾的主要方面。这和大家的认识又是根本不相同的。毛泽东同志指出，帝国主义国家的资产阶级和本国的地主阶级“二者互相勾结以压迫中国人民，而以帝国主义的民族压迫为最大的压迫，因而帝国主义是中国人民的第一个和最凶恶的敌人”①。又指出：“帝国主义处在形成半殖民地这种矛盾的主要地位，压迫中国人民，中国则由独立国变为半殖民地。”②要是照“序言”上的说法，帝国主义与中国民族的矛盾，即令不是若有若无、不关痛痒，也只是在近代历史的半路上加进去的。中国人民的反帝国主义斗争，只有次等的重要性。第三是中国资产阶级在历史上的地位和作用的问题。我们说，中国资本主义发生和发展的过程，就是中国资产阶级和无产阶级发生发展的过程。由于我国民族资本主义发生于外国资本主义侵入之后，所以民族资产阶级有两面性。他们的力量很软弱，不能领导资产阶级的民主革命取得胜利。“序言”上断定早在清朝初年已经有“资产者与无产者的斗争，在苏州开始以阶级的集团的形式出现”。毛泽东同志论及中国无产阶级的特点时指出：“中国无产阶级的发生和发展，不但是伴随中国民族资产阶级的发生和发展而来，而且是伴随帝国主义在中国直接地经营企业而来。所以，中国无产阶级的很大一部分较之中国资产阶级的年龄和资格更老些，因而它的社会力量和社会基础也更广大些。”③这完全合乎历史的实际。“序言”作者在《中国资本主义关系发生及演变的初步研究》中反驳道：“在雍正年间，至少在中国江南苏杭三角

①《毛泽东选集》第2卷，第633页。

②《毛泽东选集》第1卷，第324页。

③《毛泽东选集》第2卷，第627页。

地区，资产阶级和无产阶级已在形成中，而且随着两个阶级的形成，也出现了这种新的阶级矛盾和斗争。……如果认为近代无产阶级只有在大机器工业出现之后才会出现，就未免切断资产阶级和无产阶级发展的历史，因而就不可避免地要得出中国无产阶级产生于外国资本主义的侵入的错误结论。……我们不能以‘有大机器就有无产阶级；没有大机器就没有无产阶级’的形式主义公式，来简单地概括中国社会的复杂和变化多端的发展历史。”[①] 这除了肯定中国资本主义的发生、发展是在明清之际，是认为中国资产阶级资格很老，不是那么软弱无力。这是不认为中国资产阶级是在半殖民地的条件下成长起来的，不是一开始就和外国资本主义有联系。第四是太平天国运动的性质问题。“序言”上不仅断定太平天国运动就是李自成运动的继续，而且一再说它们的性质都是和所谓“市民斗争”“市民运动”相联系的。虽然没有直接肯定这种运动就是资产阶级革命运动，但是却从反面否定了李自成起义和太平天国运动是不同时代的农民战争。从事实上和理论上都无法证明这一点。

诸如此类的问题和谬误，都发生于一个根源：否定马克思主义关于中国历史的根本观点，大大提前和“创造”了中国资本主义的历史。“认清中国社会的性质，就是说，认清中国的国情，乃是认清一切革命问题的基本的根据”[②]。尚钺同志对“国情”的认识与马克思主义的根本观点绝然迥异，因此对中国革命的基本问题的看法，也必定要和马克思主义的根本观点分道扬镳、愈去愈远。其源不清，其流必浊，此乃理之所当然，势之所必至啊！

翻开尚钺同志的其他作品，我们可以知道，“序言”上的主张并不是孤立的。在作者本人看来这还很是合乎逻辑。他早在《中国资本主义关系发生及演变的初步研究》上充分发挥过这些论点，“序言”只是更加集中、更加明确起来了。在《中国资本主义关系发生及演变的初步研究》这本书里虽然没有公然宣布马克思主义关于中国历史的若干基本论断是不适用的，而事实上却是全部推翻了马克思主义的观点。书上的论述不止涉及鸦片战争以后中国历史上的一些根本问题，也涉及这以前的许多重要问题，很值得仔细加以研究。我现在只从这本书上照页码顺序摘录若干段，看和“序言”有什么联系。

---

①《中国资本主义关系发生及演变的初步研究》，三联书店 1956 年版，第 277—278 页。

②《毛泽东选集》第 2 卷，第 633 页。

六七页："不拘在经济上、政治上，以及社会矛盾和斗争的内容与形式上，我们都可以看见明代，特别是明末三五十年间，中国封建社会已在开始起着本质的变化。"八九页："所以在商品经济统治的地区，如工商业城市附近，水陆交通便利的地方，特别是资本主义因素萌芽比较增长的苏、松、嘉、湖、杭一带及东南沿海地区，由于自然经济与中农的衰落，农民向两极分化的程度很大，工役制就逐渐为资本主义制所排挤。"九一页："从这种经营方式上，我们可以看到这个经营地主，已在把农业生产上，不论是主业和副业的生产物，都在当作商品，更正确一点说，当作占有剩余价值的手段来生产，而不是当作自己的消费品来生产。在这里，我们就明显地看见，资本主义制度及经营方式的存在。因为，这种现象，只有由封建生产方式到资本主义生产方式过渡的国家或社会才会有的现象。"一一五——一六页："资本主义生产方式萌芽，就我们所涉及到史料说，在明代如果还是集中在东南沿海地区，到清中叶则已经遍及于各地；如果在明代还只限于丝织业、陶瓷业、煤矿和东南的商业性农业等等，到清代中叶，则差不多遍及于各行业各地区。……因此，我们认为在农业上，农民和地主的关系，在工商业繁盛的地带，基本上已是契约的关系，在矿业、纺织业、陶瓷业、制茶业等等，就其结构来说，已经是资本主义的经营。它们与巨大机器工业的区别，只在它们的技术不发展，工人的工资低得仅能维持最起码的生活。但是它们都是资本主义的经营，是没有疑问的。"一一八页："到清代……由于大量的农民被排挤出农村流向城市，而城市工商业由于统治阶级的剥削、限制不能发展，无力容纳，因之就再度形成以农民反对封建特权及大地产（"序言"上也有"反封建特权及反封建大地产斗争……"的话）为主体的新的中国社会危机，即第二次中国封建社会大危机。"一一九页："从上述的雇佣上万人、上千人或数十百人的手工业工厂相当普遍存在说，从商业资本组织家庭手工业的普遍现象说，这些已经具有一定社会性质的生产事业，除了技术比较不发展的情况以外，一切资本主义生产方式所需要的物质条件都具备着。不仅如此，而且就它们的规模和结构来说，如果没有强大政治上的压力和阻碍，转化为巨大的机器工业的物质基础是存在的。"一四一——一四三页："所有这些现象都说明了中国社会，从经济观点看，已是资本主义的'所谓原始积累'时期。……在这个场合，中国社会便不可避免地又走上了大革命的道路。……明末和清代中叶中国封建社会的两次危机和大革命，不拘从形式和内容上看，都证明了马克思和恩格斯论断的正确。……在清代前期的生产事业中……封建制向资本主义制转化的要求和斗争十分剧烈，但却长期没有完成这个转化过程。这虽然由于生产事业内部，正确一点说，中国社会内部所保留的落后残余的影响，但主要的却是清朝落后的统治助长着这些落后残余影响作用的延长，阻碍了社会的发展。……因之，中国的生产事业拖着浓厚的封建尾巴，走上世界历史舞台时，已经在外国的资本主义高压之下，无力抗衡了。”不必再抄录下去，归纳一下是：一、明末三五十年间，中国社会发生了由封建社会变为资本主义社会的本质变化。二、至清代前期，中国已是一个资本主义工业高度发展的国家。雇佣上万人、上千人、数十百人的手工工场相当普遍存在。与后来拥有巨大机器工业的先进的资本主义国家相比，只是技术条件上有差别。三、农业方面，经营地主的生产是资本主义的农业生产，封建的租佃关系是资本主义的契约关系，地主集中土地和农民失掉土地的分化是农民变成资产阶级和无产阶级的两极分化。凡是农村中的反封建，都不是反封建，是反资本主义。四、中国革命的反封建任务不是反封建土地所有制，而是反封建特权及大地产。五、李自成运动是近代反封建特权及大地产的第一次大革命，嘉庆年间的白莲教、天理教起事，是这种性质的第二次大革命。六、明清之际，是资本主义的原始积累时期，又是封建社会向资本主义社会过渡的阶段。七、清代前期，中国社会内部只剩下封建的落后残余影响。太平天国时期，中国的生产事业只是拖着浓厚的封建尾巴！书上这许多论断，早已彻底、全部、干净地推翻了马克思主义关于中国历史的根本观点。“序言”中明确提出否定马克思主义根本观点，不过是这些论断的必不可少的画龙点睛之笔。

十六世纪末、十七世纪初年以后的中国历史，经过尚钺同志的描绘，是一个工业相当发达农村资本主义势力很强大的近代国家的历史。同一个时代里，即使在欧洲，也只有资本主义最先进的英国或者差堪媲美，这当然是一幅很壮丽的图景。但可惜这只是出于想象，而不是历史的本来面目。

历史研究最怕碰见主观性、片面性和表面性这些致命的敌人。尚钺同志否定马克思主义观点，对中国近代历史作出许多新奇的论断，是和他的非常主观片面地理解历史事件，甚至任意歪曲历史的反科学态度与随手抓来一些表面现象作为根据或任意解释材料的不科学的研究方法是分不开的。在此不准备详细讨论这方面的问题，只举几个例子证明这一点。

曲解历史事件的例子：反鸦片战争是清政府参与的有广大人民加入的中

国民族反侵略战争，为人所共知。鸦片战争是表明从此中国历史上出现了中国人民反对帝国主义、封建主义，把中国变为一个独立、富强国家的路线，同帝国主义、封建主义把中国变为殖民地的路线这两条道路的斗争。正是在这个意义上我们说鸦片战争是旧民主主义革命的开始。如前面提到过的，尚钺同志曲解了这个战争的性质。他说："不阐明一八四〇年以前，封建社会胞胎内部孕育的资本主义萌芽的发生、发展和演进的过程，及其到一八四〇年以前，所达到的水平，就不可能了解一八四〇年的鸦片战争中，东南沿海一带中国人民自发的反侵略斗争之成为资产阶级性的民主的和民族的旧民主主义革命开始的历史原因和物质基础。"这就是说，不是反鸦片战争成为中国旧民主主义的革命开始，而是"东南沿海一带中国人民"自发的斗争才是旧民主主义革命的开始。这是为什么呢？是作者为了硬要把鸦片战争和"一八四〇年以前，封建社会胞胎内部孕育的资本主义萌芽的发生、发展和演进的过程，及其到一八四〇年以前，所达到的水平"直接联系起来，也就是要把鸦片战争和这以前的"市民斗争""市民运动"直接联系起来。不管是道光皇帝、林则徐，还是清政府的几万兵勇，显然都和"市民"毫不相干，就只有在"东南沿海一带中国人民"身上打主意。如是，中国民族反侵略战争的性质，就仿佛变成了"市民"反封建的性质。尖锐的民族矛盾不见了。这是明显的歪曲历史。其次，就那时"市民"的作用来说，东南沿海自发参加反侵略斗争的主力并不是"市民"群众。如三元里、新安、镇海、升平社学等各次著名的斗争中，参加的多是农民群众，领导的是有爱国心的地方士绅。相反的在禁烟过程中，那些与走私贩毒吸毒生意有联系的市民群众和流氓帮会，一直是一种破坏势力。他们在广州反对林则徐禁烟，并在云南、湖南、江西等地结队成群公开打着旗子，兜售烟土，破坏禁烟措施。他们的活动成了清政府中妥协投降分子的有力借口。可是这些人一到"序言"作者的眼里都摇身一变，成了体现资本主义因素的先进人物。不科学的研究方法的例子：马克思在《政治经济学批判》"序言"上所写的关于基础与上层建筑变革的著名观点中告诉我们，在考察这些变革时，必须时刻把经济生产条件方面所发生的那些可用自然科学精确眼光指明出来的物质变革，与人们的意识形态分别开来。"正如我们评判一个人时不能以他对于自己的揣度为根据一样，我们评判这样一个变革时代时也不能以它的意识为根据"。尚钺同志相反。他在文章里一再强调要"把太平天国的政治制度与政治理想，作为从明末清初经济思想上的均田、政治思想上的民主政治，和社会思想上的平等平均的观念（由地主与农民的平等、男女平等、追求个性解放、反对儒释道封建宗教的束缚）等等反封建特权及反封建大地产斗争在意识形态上的反映的继续和发展”来看待。这正是要以意识形态作根据来判定明末清初的时代，就是太平天国革命的时代。不仅如此，在这里还是把一些不属于明末清初特有的意识指为这个时代特有的意识。“均田”在北魏、隋、唐就在某些地区施行过（虽然实际上只是“均赋”），不限于是一种经济“思想”。所谓政治上的民主思想历代都可找到某种材料，最早的要算是孟子“民贵君轻”的思想。据孙中山自己说，他的民权主义思想是受了孟子思想的影响。这些显然都是随手抓来的浮泛材料、表面现象。又列宁在《什么是“人民之友”以及他们如何攻击社会民主主义者？》上说过这样一段话：“不言而喻，家庭手工制大生产就是资本主义工业形式，这里已具备资本主义工业的一切标志：商品经济已达到高度的发展，生产资料集中在个人手中，工人大众遭到剥夺，他们没有自己的生产资料，因而只好把劳动用在别人的生产资料上，他们不是为自己做工，而是为资本家做工。显然，按手工业的组织说，这是纯粹的资本主义；同大机器工业相比，它的特点就是技术不发达（主要是因为工资低得不成样子），工人保有一小块土地。”① 列宁这一段话是分析一八八三年俄国《司法要闻》上的一个统计材料时说的，是讲的一八六一年俄国废除农奴制，作了有利于资本主义的改革以后二十几年的情况。尚钺同志不加分别把它搬来套在清代前期的社会生产上，作出结论说：清代前期上万人、上千人的手工工场普遍存在，“就其结构来说，已经是资本主义的经营。它们与巨大机器工业的区别，只在它们的技术不发展，工人的工资低得仅能维持最起码的生活。但是它们是资本主义的经营，是没有疑问的”。这样十七世纪末、十八世纪初的中国，就变成了十九世纪八十年代的俄国，中国的资本主义就这么大大发展起来了。任意解释材料的例子：苏州《奉各宪永禁机匠叫歇碑记》是说明早期的手工业工人和工场主的矛盾和斗争的材料，被作者解释成了近代“资产阶级和无产阶级两个阶级对立的存在”。云南采铜业和四川制盐业都是封建性很大的一种特殊形式的作业，被作者解释成了上万人、上千人的资本主义的工场手工业。这些

①《什么是“人民之友”以及他们如何攻击社会民主主义者？》，人民出版社 1960 年版，第 71—72 页。

材料本来很有价值，经过这么任意解释反而湮没了原有价值。

正因为尚钺同志的“序言”和书上的主要观点并不是作了认真的研究而后提出的，其主要的论据，都和他研究问题的主观性、片面性和表面性结合在一起，所以他的主张、他的论据就必然是站不稳、靠不住的。尚钺同志的否定马克思主义关于中国历史的根本观点，大大提前中国资本主义历史的主张，照我看来，一点也不是什么新鲜货色。他的这一套主张实际上是翻开了二十几年以前的一本陈账。

二十年以前，那时中国正处在两个革命高潮之间。先从国外起，很快发展到国内，形成了一股研究讨论中国社会经济生活和中国历史的风气。一九三〇年以后马吉亚尔的《中国农村经济研究》《中国经济大纲》和沙发诺夫的《中国社会发展史》等先后被当作“世界名著”译成中文出版，风行一时。一九三一年起国内以《读书杂志》为中心有过一场关于中国历史和中国社会史的争论。往后又有自称为“中国社会史专攻刊物”的《食货》半月刊和新生命书店出版的一些有关中国历史和中国社会史的作品，继续传布他们的主张。其中以《读书杂志》的影响为最大。参加讨论的，有诚心企图用马克思主义观点探讨中国社会历史的人，有不少的托派分子和黄色文人。后面这类人的作品涉及的范围很广，他们要论证的主要问题却只是这样两个：一是把中国社会历史特殊化的问题，所谓“亚细亚生产方式”是这个问题的中心。一是把中国封建社会半封建社会资本主义化的问题。如马吉亚尔在论述“帝国主义侵入前的中国社会结构之特征”时写道：“土地在这里并不是血族的世袭财产，与封建主的一代传授一代不同；土地自由买卖，其所有权的交替，完全和在资本主义之下一样。当然，在中国存在着大农业，但没有封建的所有权。在那里存在着专靠地租生活的阶级。虽然这些地租纯粹以自然物交纳，但不是基于统治权利之封建的地租；这是‘资本主义的’高利贷的地租……”[①] 又如陶希圣、李立中等人主张秦汉至鸦片战争以前的中国，是“商业资本主义社会”“前资本主义社会”；任曙、严灵峰等则宣传中国农村早已是资本主义的农村，中国封建经济早已崩溃而成为“残余的力量”等等。这次争论，是当时一场尖锐复杂的斗争。经过争论，有许多荒唐错误的观点得到了澄清，特别是第二次国内革命战争——土地革命的实践，证明了把中国资本主义化的

---

①《中国经济大纲》，第416页。

一切论点是毫无根据的。现在尚钺同志的主张是把我们引回到二十多年前的争论中去了。虽然他采用的材料、问题的提法等有所区别，而问题的实质却并无二致。我相信尚钺同志是想到过要把他自己的主张同陶希圣等人的主张划一条界线的。《中国资本主义关系的发生及演变的初步研究》这本书上写的“作者的话”里特别痛斥陶希圣之流，就表明他意识到了这一点。但是作者怎么想过是一回事，黑字印在白纸上摆在读者面前的又是一回事。正如作者根据自己的看法来决定写什么和不写什么一样，读者只能根据作品来决定接受哪些和反对哪些。这即使和作者设想过的事情不尽相吻合，那又有什么办法呢！

也还要指出：如果认为尚钺同志提出的问题，仅仅限于否定马克思主义关于中国历史的根本观点，提前了中国资本主义的历史，就尚不尽然。“序言”上还涉及改变或歪曲马克思主义某些基本原理的问题。例如遵照马克思主义，每个经济基础有适合于它的上层建筑。随着基础的变更，上层建筑或迟或速也要发生变更。新的基础形成以后，就会随着产生适合于新基础的新上层建筑。尚钺同志断定：明末清初封建的基础已经发生了本质的变化，这以后的封建经济只是个“尾巴”和残余影响，可是明清之际以后的上层建筑，仍不是资本主义势力的统治而是封建落后势力的统治。因之革命斗争不是反封建的基础，而是“反封建特权”，即反封建的上层建筑。照此说来，每一个基础不一定会有相适应的上层建筑，或者基础改变了，上层建筑如直接联系基础的统治势力、政权性质等，不一定就要改变，或可以长期不改变。如是，马克思主义关于基础与上层建筑的理论就最少是成了不大正确、不大适用的东西。再例如遵照马克思主义，生产关系的变更，由旧生产关系进到新生产关系的过程，通常是表现为用暴力或经过阶级斗争推翻旧生产关系，奠定新的生产关系。马克思说“强力是每一个旧社会在怀孕着新社会时的产婆”。尚钺同志主张明末清初由旧生产关系进到了新生产关系，其主要的内容是说那时资本主义经济和上层建筑如何如何，而没有能够证明那时也经过了代表新生力的资产阶级的社会革命。即令如作者那样，把李自成这种在中国历史上重复过无数次的、很快失败了的农民战争，解释为“市民运动”或反封建的大革命，但是毕竟也不能断定从此推翻了旧的生产关系，确立了新的生产关系。我们知道世界许多国家由封建制度进到资本主义制度，是经历着不同的道路。英国、法国走的是经过资产阶级革命，推翻封建制度的古典道路；美国则没有经过封建制度进入了资本主义；德国又走的是用改良办法进入资本主义的所谓“普鲁士道路”；俄国、日本也都是经过改良主义进入资本主义的。其中美国没有经过封建制度，姑不具论。像德国、俄国和日本的改良主义，绝不能说是没有经过推翻旧生产关系的过程，或没有经过阶级斗争。一八五〇年以后的德国农业改革和德意志再统一运动、一八六一年俄国废除农奴制、一八六八年日本的明治维新运动等，不但是表示出新制度战胜了旧制度，并且也是复杂的阶级斗争的结局。试问明末清初几时有过这种改良运动呢？所以照尚钺同志的说法，马克思主义关于阶级斗争和革命的学说，也就不无问题，至少是不好理解。

附带说到一下，在这里，我发觉尚钺同志的主张倒是提出来了封建社会进到资本主义社会的标志是什么——这样一个值得研究的题目。要确定封建社会进到了资本主义社会，是只根据经济成分来区分呢，还是要依据在一定经济基础上所发生的阶级斗争和反映阶级力量对比的政权性质的变化来划分？从封建社会进到资本主义社会和从资本主义进到社会主义的根本不同之处，是资本主义为社会主义准备了物质条件，但是在资本主义社会内部没有社会主义的生产资料所有制，而在封建社会内部则早就存在着资本主义的生产关系。以英国为例，早在十六世纪资本主义的所有制已经占有很大的比重，但是直到十七世纪资产阶级革命，并参加掌握政权以后，英国才是一个资本主义国家。所以资产阶级革命，夺取政权，其作用在于保护和发展资本主义经济，而不在于“创造”这种经济。斯大林分析资产阶级革命与社会主义革命的区别时说：“资产阶级革命底基本任务就是夺取政权，并使这政权适合于现有的资产阶级的经济，而无产阶级革命底基本任务，却是要在夺取政权以后来建设新的社会主义的经济。”[①]这个道理是很清楚的。因此，要区分封建社会和资本主义社会的界线，仅从经济成分着眼是不行的；而建立起保护资本主义利益的资产阶级的政权，则是推翻旧的制度，建立起新的制度的一种根本的标志。中国历史上没有资本主义社会，也没有建立过代表民族资产阶级利益的政权。但是一八四〇年鸦片战争失败，清朝政府与外国签订了一系列的有利于外国资本主义侵入中国的条约以后，这个政权的性质即开始发生变化，中国从此丧失了作为一个独立国的地位。以后这个政权更日益加深地成了帝国主义封

①《列宁主义问题》，人民出版社 1950 年版，第 178 页。

建主义统治中国的工具。因为如此，我们才把鸦片战争看作中国开始进入半殖民地半封建社会的一个标志。如果只看中外贸易关系，第一次鸦片战争显然没有立刻引起大的变化。尚钺同志的论述中没有直接指出以什么作为封建社会进入资本主义社会的标志问题，不过按照他的分期主张，实际上是以经济成分变化作为标志的。大家不妨讨论一下，弄清楚这件事，对于研究中国封建社会内部的资本主义萌芽也许有点好处。

如上所述，这篇“序言”虽小，那上面提出的问题确实蛮多，并且是历史研究中的大问题。

没有人怀疑马克思主义将不断向前发展，也没有人怀疑学术研究中要有百家争鸣、百花齐放。问题在于这种争鸣、这种拒绝马克思主义、标新立异的做法，到底有几分道理、有多少根据？我的意见是：（一）前述马克思主义关于中国历史的根本论断是正确的，经过时间的考验，这些论断愈益增加了光辉。（二）中国近代历史，即半殖民地半封建制度的历史要从一八四〇年鸦片战争算起。明清之际，中国封建社会内部的资本主义因素有了增长，但此时仍是封建社会，并不是中国资本主义或半殖民地半封建的起点。（三）尚钺同志提出的推翻马克思主义关于中国历史的根本论断，大大提前中国资本主义历史的主张，违反科学、违反中国历史的客观过程，是不能成立的。这种主张不仅几乎涉及中国近代历史上的所有的重要问题，而且还反映出来了近来某些研究者的一种思想倾向。因此，我觉得历史学家们特别是研究中国近代史的人，有必要注意一下这个问题，不要等闲视之。

我自己在这方面知识浅陋，马克思主义水平很低。本文目的在于提出问题。看法可能有不少错误，愿意得到尚钺同志和读者的指正。

论康熙①

凡是有便于杰出人物发挥其才能的社会条件的时候和地方，总会有杰出人物出现。

——普列汉诺夫

东方和西方在17、18世纪里出现过几位著名君主。如果他们活动于同一个时间里是偶然巧合，而在某一个国家出现，必然是由于那里有适合于这些人物发挥才能的社会条件。

清朝的玄烨——康熙帝是当时著名的君主之一。康熙是清朝第二个皇帝，自1662至1722年，君临天下六十一年。封建文人描写讴歌的康熙—乾隆“升平盛世”是这时开创的，有清二百余年的统治也是这六十几年里最后奠定的。他与法国波旁王朝的路易十四（1661—1715）和俄国罗曼诺夫王朝的彼得大帝（1682—1725）正是同时，也同样引起人们的重视。

资产阶级保守思想和反动思想的宣传者一致赞扬康熙，推崇备至。白晋的《康熙帝传》，白克好司、濮兰德的《清宫秘录》，西本白川的《康熙大帝》等都属于这一类。他们有的把康熙时代比作欧洲文艺复兴时代，有的美化康熙的修明治绩，颂扬他在战争中和围猎中的英勇机智，他的渊博的学识以及“爱民如子的仁爱胸怀”等等。中国腐朽的资产阶级思想的鼓吹者钱穆、萧一山等人的历史撰述也都赞扬康熙，不过他们不限于重复外国人的观点，而是加上些复古主义思想，赞美康熙是和汉文帝、唐太宗先后媲美的圣人。资产阶级革命派的评论则根本相反。康熙是被他们一笔骂倒的。同盟会时代的资产阶级评论家一致把康熙看作十足的专制暴君，以至比秦始皇、路易十四有过之而无不及。《民报》十三号《法国革命史论》上就是把康熙比作路易十四

---

① 原载《历史研究》1961年第3期。后收入《中国近代史诸问题》，人民出版社1965年版；《中国近代史问题》，人民出版社1978年第2版；《刘大年史学论文选集》，人民出版社1987年版。——编者注

的。《史论》作者写道：

> 路易一代雄主，战胜攻取，杀敌之余，威行其下。尝曰："国家朕也。"盖惟枭雄怪杰，思据一国而长有之。蠢蠢黔首，至不足畏。……吾尝以为路易十四之世，与清康熙最相类。康熙内平三藩，外著噶尔丹之役，武绩之相类也。路易十四，己不知文学，惟宠被知名之士，结其欢心。玄烨号称能文，而偶作诗歌，令人气绝。至若《字典》《韵府》，拉杂失伦，自谓旷代伟编，适弥见其浅陋耳。然其用心，则欲举一世之聪明才力，埋没于断烂时艺之间，正路易十四之俦也。而一时文人学士，坠溺陷穽，剗廉灭耻，忘其天职，习为谀颂之词，隐销敌忾之气，又复东西今古，若验符节。虽然，以言其后，何其舛驰与！法自路易十四薨后，学界之生面一变，哲人如星，周布四围，吐耀以烛万物。而法国长夜之境，终由微曙而达光明。反观己国，伤已。非无一二睿智特达之流，作为文辞，仅及言志，未尝敢明辨夷夏，指责朝政也。然且首斩藁街，身投绝塞，焚书之祸，烈于秦火，讲学之党，填于黄河，摘瓜抱蔓，为痛靡涯焉。

著名的同盟会理论家和宣传家章太炎所写的《不加赋难》《哀清史》《驳康有为政见书》等一系列文章，都持有相同观点。日本后藤末雄的《康熙大帝与路易十四》里也拿康熙与路易十四相比，认为"从康熙帝之爱好学问与艺术观之，则其与路易十四无有二致"[①]。不过他的主要意思不是贬抑康熙，而是讽喻路易十四对中国的勃勃野心和他遭到的失败。中国和外国资产阶级作家的评论唱着迥然不同的调子，是由于他们不可能遵循，并且也没有一个客观的标准。他们无非是各自按照自己的需要，舞文弄墨，褒贬是非。就是反满革命派的作者从政治斗争的需要出发，对封建思想采取了批判的态度——这在当时是必须的和有进步意义的——但与历史唯物主义观点也是远不相合的。我们必须拨开资产阶级思想的重重云雾，批判地看待以往的各种评论，才能正确对待事实，还康熙其人以本来面目。

① 《人文月刊》第7卷，第6期。

一、康熙统治时期的历史地位问题

康熙统治下中国的历史地位，实际上也是整个清代前期的历史地位。历史不是由帝王将相决定的，历史是由人民群众、物质资料生产者决定的。但是帝王将相的活动可以在一定范围里对物质资料生产、生产力水平起促进或阻碍作用。因此，只有根据他们的行动在这方面产生的实际结果判定这个人物应当肯定还是应当否定。其他标准是没有的。康熙和清代前期的统治是提高了生产力水平和促进了社会经济发展，还是与此相反；是推动了历史前进的车轮，还是阻碍了历史的前进，这是需要首先回答的最主要的问题。

资产阶级不可能正确解决这个问题。近几年我们出版的若干历史书在这个问题上也表现出了一些陈旧的观点。那些历史书上把清政府的统治看作外国对中国的征服；认为清初的统治破坏了中国社会生产力，阻滞了社会经济的发展；并且发动残酷的征服战争，狂热扩张领土，如此等等。许多方面都讲了，就是没有讲到清初的统治起过什么进步作用，有哪些历史功绩。显然，这是对康熙统治的历史地位采取否定的态度，是不承认它的进步作用的。尚钺同志主编的《中国历史纲要》和他写的研究中国资本主义发生的论著里就在这方面讲得很多。照这样叙述清代前期的历史，并不能让人们正确理解当时国内的阶级斗争和中国反对外国侵略的斗争。革命的实践大踏步前进了，而在这个问题上仍然只是简单重复许多年前的观点，说明我们的认识往往要落在实际斗争的后面。

康熙统治下的中国历史地位，照我想和上面那些评论应当是不同的。康熙在国内和对国外的斗争中都为中国历史留下了值得重视的篇页。在国内，康熙统治期间，中国形成了一个疆域辽阔、民族众多、相当坚强统一的封建国家；封建的经济文化在这个条件下，发展到了一个新的顶点。

中国广大版图的边疆地区在清代前期得到了进一步的稳定，而这主要是在康熙时期完成的。康熙亲政不久，吴三桂等“三藩”的反清势力割据着西南数省。郑成功留下的抗清力量尚驻守于台湾。清政府还没有在西藏、新疆、漠北地区建立起巩固的权力。康熙为削平割据分立，统一地主阶级国家的权力，稳定中国的广大版图，从事了一系列的斗争。1681 年平定“三藩”，统一西南各省。1683 年降服郑克塽，统一台湾地区。1690 至 1697 年，三次击败噶尔丹，统一漠北地区。1720 年进军西藏，驱逐准噶尔势力，重新统一西藏地区。1722 年进军乌鲁木齐。后来至 1759 年最后戡定新疆。统一国内的同时，1689 年康熙与俄国在平等的基础上订立了《尼布楚条约》，划定东北边界。从此我国疆域，东至库页岛、台湾，南达南海南沙群岛，西跨葱岭，西北至巴尔喀什湖，北连西伯利亚。清代以前的封建王朝，从来没有在这样广袤的版图上长期有效地统一过。

疆域辽阔、国家统一是合乎人民根本利益的。中国境内各民族在经济、文化上的悠久联系，进一步在政治上加强起来，这是发展的必然结局。由于政治上的统一，减少了某些民族的统治阶级为争权夺利、煽动民族情绪而发动战争的机会。政治上的统一，多少打破了些封建割据和人为的障碍，某些少数民族地区的生产、生活状况因此有所改进。全国的封建经济因此获得发展。各族人民之间的团结合作，又是共同抵御外国侵入的重要条件。把康熙统一全国说成是扩张领土，或对其他民族的征服，那只会符合于资产阶级地方民族主义观点或是容易陷入那种观点的泥坑里。清朝建立的统治，和明朝一样是中国地主阶级的统治。满族是中国的一个民族，和汉族相比，只是一个人口少、经济落后的民族。清朝政权的性质绝不是由满族人做皇帝规定的，而是由地主阶级掌握政权规定的。满洲贵族占有特殊地位，并不改变清政权是地主阶级对农民阶级的专政这种实质。后来从鸦片战争到辛亥革命，满洲贵族的特殊地位并没有改变，而清政府却由地主阶级专政的工具变成了外国资产阶级奴役中国人民的工具。如果只看满族的特殊地位，抛开外国资产阶级的侵入，就怎么也无法理解这种实质的变化。把清政权的统治看作是外国对中国的征服，这并非从阶级分析出发，而是从汉族与非汉族出发，那只会符合于资产阶级大汉族主义观点，或者是容易陷入这种观点的泥坑里。

非常明显，康熙和清代前期的统治，使中国境内以汉族为主体的各民族的团结在它的漫长过程里达到了一个新的境地。列宁告诉我们："反对一切民族压迫是绝对正确的。拥护一切民族发展，拥护一般'民族文化'是绝对不正确的。""无产阶级不能赞同任何巩固民族主义的做法，相反地，它赞同一切帮助消除民族差别，打破民族壁垒的东西，赞同一切促使各民族之间的联系日益紧密和促使各民族溶合的东西。”[①] 列宁在这里讲的是对待“一切”和“任何”民族关系的问题，并非只限于某个具体问题。我们应当把它看作无产阶级对待民族关系的一个根本观点。对于一个多民族国家的历史上的民族关系，一方面应该看到占统治地位的民族对其他民族的民族压迫和民族歧视——即通过民族形式表现出来的阶级压迫和阶级歧视；另一方面又应该看到不同的民族在统一国家中发生的互相接近，互相促进。忽视前者是错误的，不承认后者同样是错误的。满洲贵族在全国建立起统治特权是和用暴力实行民族压迫分不开的。反对这种压迫的斗争是必要的正当的。但是清政权在全国的统治既经确立，满族与国内其他各民族的壁垒，首先是汉族与满族的壁垒便日趋破坏，彼此间的差别便得以开始减少，逐渐消除。这是一个充满阶级斗争的过程，也是一个不可抗拒的和日益加速的过程。它对中国历史的发展具有深刻而长远的影响。必须承认这是康熙和清代前期的统治带来的一项重要的贡献。

全国政治上的统一，人民生活相对安定，为社会生产力恢复发展提供了条件。康熙后期到乾隆中叶，封建经济出现了繁荣景象。

和历史上每逢经过最残暴的统治和严重战争，社会经济遭到破坏的情形一样，清初经过了一个逐渐恢复的过程。这并不是清初的统治阻碍了中国社会经济的发展。1618年和1628年，先后开始的满洲部落与明王朝的战争，和全国农民大起义反对封建统治的战争，至1662年交叉进行了四十多年。明末统治者的搜刮是异常残酷的。社会生产因此遭受极大的破坏。长江流域各省和两广的富庶地区一变而为萧瑟荒凉。照当时的人形容是“沃壤鞠为茂草”，“庐舍尽付灰烬”。清政权入关前二十年左右至康熙继位前的这三十多年里，全国人口锐减。土地荒芜，人口减少，标志着封建经济的下降。康熙的统治不是加剧了这种趋势，而是采取措施扭转了这种趋势。废止“圈田令”以缓和土地集中的矛盾，兴修水利、奖励垦植、蠲免赋税、节省开支、提倡节约等等，都是康熙恢复社会经济的重要措施。康熙年间，屡兴黄河大工，岁费三百余万两。1671年再订劝垦章程。1677年起，陆续兴修南方水利工程。1662至1705年零星蠲免钱粮九千余万两。1712年规定各省分别免钱粮一年，“免业主七分，佃户三分”。诸如此类，有流于形式的，也有产生部分实效的。据

① 《列宁全集》第20卷，第18—19页。

《清实录》《大清会典》等书记载，1661年全国田亩总数是五百四十九万三千余顷，人丁一千九百余万口。至1724年全国有土地六百八十三万七千余顷，人丁二千五百余万口。即田亩增加了一百三十四万四千余顷，人丁增加了六百余万。[①]康熙中期以后国库充裕。每岁计收地丁、盐课、关税共三千四百余万两，支出二千七百余万两。四十八年以后户部库存银由原先的一二千万两增至五千余万两。五十四年因太仓贮粮有余，以陈粟四百三十余万散给官兵。所有田亩加多，人口增长，库有余银，物资比较丰富，都是农业、手工业发展的结果，都是表示社会经济的繁荣活跃。自康熙六十一年到乾隆六年，只有短短二十年，人口一跃而为一万万四千三百余万，乾隆末年更激增至三万万以上。康熙以来一定程度上的休养生息，就是这些好似从地底下呼唤上来的人口的来源。

当然这里讲生产力水平提高，社会经济呈现繁荣景象，只是就封建社会本身而言。谁要设想那里有什么理想的王国，会是其愚不可及也。残酷的阶级剥削、压迫，农民无止境的贫困生活，是和封建社会难舍难分的。后面还有机会着重讲到这一点。

阶级斗争、生产斗争的新形势，给封建文化的繁荣造就了所需要的环境。顺治至嘉庆年间，出了不少人材。把汤斌、李光地之流的理学家除外，深有造诣的思想家、科学家、经学家、史学家、文学家可以举出四五十人。在这四五十人里，方以智等三人是康熙即位以后、亲政以前死去的。曹雪芹、戴震、纪昀、段玉裁、章学诚、王念孙、王引之等十几人是雍正、乾隆时出生的。其他二三十人都活动在康熙当政的时期里。其中包括王锡阐、梅文鼎、黄宗羲、顾炎武、王夫之、唐甄、颜元、阎若璩、万斯同、李塨、惠栋、全祖望等等。他们是封建文化的一批闪耀光芒的群星。就是后来由戴、段、二王达到全盛的乾嘉考据学派，和以前的发展也有不可分割的联系，康熙的提倡文学、优容文人，有直接影响。如他请梅文鼎指正“律吕正义”的错误；方苞牵连入戴名世狱，特准获释；顾炎武等拒绝征召，置之不问。关于纂修明史，他主张要有“公论”，不敢轻定是非，允许文人讲些历史真实等等。一定的文化是一定社会的政治和经济在观念形态上的反映。康熙时代一些多才多艺的人物正是从不同的角度在观念形态上反映出了那个特定时期里的封建经

① 《清实录》《大清会典》等书记载的人丁数字很有出入，此处据《清实录》。

济和封建政治，尽管他们的观点有各种分歧和对立。就是康熙本人的态度也是从统治者的立场出发，反映了那时政治、经济生活的状况和需要。

对国外，康熙统治期间，中国以一个统一繁盛的国家屹立于亚洲东部，这使正在把触角伸向中国的西方早期殖民势力受到遏制，并且对亚洲邻近国家抵制西方侵略势力也有其影响。

16、17世纪，正是欧洲资本主义原始积累时期。马克思说："美洲金银产地的发现，土著居民的剿灭、奴役和他们在矿坑中的活埋，对东印度开始进行的征服和劫掠，把非洲变为一个商业性黑人猎夺场所的转化：这一切都标志着资本主义生产时代的曙光。这些牧歌式的过程，也就是原始积累的主要的要素。"① 中国自1516年第一批葡萄牙人到达起，开始遭受西方早期殖民主义势力的侵扰。从那以后，先是葡萄牙、西班牙、荷兰，接着是法国、英国，凭着大炮、商品、传教士几种武器，使它们的势力愈来愈多地渗入中国。封建国家在对外关系上面临一种新的局面，碰到了资本主义这个素不相识的新的对手。能不能抵抗西方资本主义势力，敢不敢和这种势力作斗争，成了对地主统治阶级的严重考验。

明政权的衰败统治，无力抵御外患，早期殖民势力得以猖獗一时。在康熙统治下中国扭转了那种不利的局势。

明朝末年，西方殖民势力开始蚕食中国领土，耶稣会有一定影响，甚至外国的武装力量也直接卷入中国的内战。1557年葡萄牙占据澳门。1603年、1622年荷兰两次占领澎湖。1624年荷兰占领台湾南部地区。1626年西班牙侵入台湾。1635年英国冒险家第一次到达中国海面。外国教会势力自1583年利玛窦进入中国后日渐滋长。崇祯末年教传十三省，有教徒十五六万人。南明许多人都依靠教会和传教士的帮助维持反清斗争的残局。朱由榔（教名许多默）一家，包括皇太后（教名亚纳）、皇后（教名赫肋纳）、太子慈恒（教名公司当定）全入教受洗。拥护朱由榔起兵的广西巡抚瞿式耜、两广总督丁魁楚均为耶教信徒。永历四年朱由榔并派教士卜弥格至罗马向教皇请求援助。早在天启年间，葡萄牙就派武官各尔迭、代尔加波带领本国兵丁四百余人从澳门北上援助明军抵御清军，因受阻未达目的地。永历元年，教士毕方济领洋兵三百在桂林与清军作战。顺治时期，清军与郑成功作战也有荷兰兵船参

---

①《资本论》第1卷，人民出版社1963年版，第828页。

加。形势是很明显的：明王朝的统治如果苟延残喘继续下去或者清初的统治很孱弱，早期殖民势力的渗入必定更深更广，直接破坏中国的社会生活。康熙在全国建立的统治权有力地阻止了这种形势的发展，在一个相当时间里西方殖民势力被迫敛迹，不敢轻易尝试。

同西方这个素昧平生的敌手打交道，康熙不止是有力量的，态度也是坚决的。与教皇格勒门第十一的斗争表明了这一点。

罗马教皇格勒门第十一在康熙四十四年、五十九年两次派使节来华要求禁止中国教徒崇拜祖先。这种宗教的繁文缛节背后隐藏着对中国内部生活的干涉。康熙一开始就坚持耶稣会传教士必须遵守中国政令习俗。否则不许在中国留住。有些传教士企图抗拒。康熙毫不妥协，断然加以处置。第一次来使多罗解至澳门，囚死狱中。第二次使臣嘉乐驱逐出境。在这个过程中有些教士被监禁，严审，有的几乎判处死刑。最后下令禁止天主教在中国流传。陈垣辑释的《康熙与罗马使节关系文书影印本》汇集了这方面的可贵材料，从中可以看出康熙对传教士反复开导而又反对外人干涉中国内政的坚决态度。康熙在这里绝不是像教会的辩护士说的，是专制帝王找到了“表演绝对权威的机会”①，发泄个人意气。耶稣会士活动的危害已经引起人们的耽忧。一些地主阶级知识分子的议论反映了这种忧虑，要求有以防范。直接与耶稣会士斗争的杨光先，和稍后一点的全祖望写的作品里都表现得很突出。无论康熙主观上是如何看待外国干涉的，其本质是反映了人们抵制外患的要求，是对早期殖民主义的斗争。此后一百多年里，中国从这一道防线上堵住了欧洲资本主义势力的渗入。雍正、乾隆各朝对天主教或严或宽，但禁令终未撤销。直到鸦片战争英国大炮摧毁了这个禁令，情势才完全改变。耶稣会的性质和耶稣会士在中国起的恶毒作用，现在已经看得十分清楚。恩格斯说：“每个统治阶级都利用与自己相适合的宗教：占有土地的贵族利用天主教的耶稣会派或新教的正统派，自由的和急进的资产者则利用唯理主义。”②天主教耶稣会士东来，归根到底是为欧洲资本主义原始积累所推动，是为早期殖民主义服务的。16世纪的海上霸权掌握在葡萄牙、西班牙人手里。那时来中国的耶稣会士主要是葡、西殖民势力的工具。一些当事人的报告、回忆录和后人根据教会

---

① 裴化行著，王昌社译：《利玛窦司铎和当代中国社会》第2册，第261页。

②《费尔巴哈与德国古典哲学的终结》，人民出版社1965年版，第48页。

档案写出的作品，很可以帮助我们了解个中真相。康熙时期，葡、西两国势力已经衰落，法国在路易十四的专制统治下，利用荷兰在与英国斗争中的削弱以及英国在斯图亚特王朝复辟期中暂时的低沉，在17世纪后半期取得西欧的统治地位，并极力追求世界霸权。法国船只乘风破浪，航行于世界各大洋，在印度、北美等地掠夺殖民地。路易十四对天主教耶稣会不惜与全欧洲为敌加以卵翼、支持。来到中国的传教士都是由法国政府精心选择，直接派遣的。其中少数人来到中国以后曾为清政府所聘用，这丝毫也没有改变他们作为早期殖民主义者的爪牙的性质。他们的任务是要辅翼路易十四的“圣业”，实现其所谓雄图大略。法国传教士白晋写给路易十四的题为《康熙帝传》的报告里对这些情节都有叙述。应当说，康熙与西方的斗争，直接对手虽是教皇格勒门第十一，而真正的对手却是那位欧洲霸主路易十四。

中国作为一个统一繁盛的大国，它的政治动向必然要对亚洲邻近国家产生影响。上面引的白晋的报告里也讲到康熙“现在不但在其国内享有绝对的尊严……而且在亚洲各地负有赫赫的盛誉，受到邻近各国人民的尊敬和颂仰”。他甚至幻想只要这位皇帝改信天主教，就会导致广大中国人民改信天主教；“并进而促使向来就崇拜中国文化，追随中国风习的亚洲各国人民，也竞相仿效而皈依天主教”①。康熙的活动，中国的文化风习既然受到邻近国家人民的注意，中国反对西方的斗争必然更有影响。后来事实的发展也是这样的：早期殖民势力在中国遭受打击，延缓了它对若干邻近国家发动进攻的岁月。与中国相隔遥远，关系较少的亚洲国家有的在16、17世纪就沦入了西方殖民地的地位，离中国较近而又关系密切的亚洲国家直到19世纪才受到西方资本主义的侵袭。

综观前面所述，如何看待康熙统治时期的中国历史地位，实际上也是整个清代前期的历史地位的问题，摆在我们面前的结论只能是：第一，在当时阶级斗争的推动下，康熙的统治促进了中国封建经济的发展，他的进一步统一全国，抵制西方早期殖民势力的斗争，都是富有进步意义的。因此，第二，康熙统治时期和整个清代前期的历史车轮是向前进的，是应当充分肯定的；采取否定态度是与事实相违反的陈旧的观点。

自然，当我们作出这样的论断时，只是举出了基本的事实根据，并未阐

① 白晋著，后藤末雄译：《康熙帝传》，日本东京生活社版，第239页。

明由此可能产生的一些重要问题。举例说：既然康熙的统治和清代前期的历史地位应当肯定，那么贯穿整个清代历史上的以汉族为主体，反对清朝统治的民族斗争又该怎么解释？也就是说反满的民族斗争是有革命性还是没有革命性呢？既然康熙的对外斗争具有早期反殖民主义性质，那么清代前期的闭关政策又该怎么解释？即所谓闭关自守到底是有利于中国的前进还是阻碍了中国的前进呢？正确说明这些问题，将支持我们肯定康熙统治时期历史地位的论断。

关于反满民族斗争的性质，应当作具体分析。马克思主义著作上从来没有把一切民族运动看作是进步的运动，马克思主义要求用阶级原则作为理解民族问题的历史依据。民族斗争在不同的时代服务于不同的阶级利益，具有不同的色彩。一切民族斗争，说到底，是一个阶级斗争的问题。民族感情从来也不是离开阶级斗争而独立存在的东西。列宁驳米海诺夫斯基的所谓唯物主义没有消除"民族自尊和民族恶感的魔鬼"这个反马克思主义论点时指出："这种断语只是证明批评者全然不懂得如下一件事实：工商业资产阶级很实际的利益是这种恶感底主要基础，而把民族情感当作独立因素来说，就不过是抹煞问题实质而已。"①

全部清代历史上的反满运动，是和当时的阶级矛盾、阶级斗争形势紧相联系的。在封建社会里农民阶级与地主阶级的矛盾是根本的矛盾。农民、地主两个阶级始终处于互相对抗的地位，进行着不间断的斗争。斗争的方式和规模是多种多样的。猛烈爆发的时候表现为"不是战斗，就是死亡，不是血战，就是毁灭"。很多的时候又是表现为分散隐蔽，此伏彼起，潜行默运。地主阶级内部的矛盾也是封建社会深刻的矛盾。地主阶级内部的矛盾要受地主与农民的阶级矛盾的约制，但某些时候也可以表现得非常突出，非常尖锐，互拼你死我活。封建社会内部这种阶级斗争形势的变化和发展，决定着清代反满运动性质的变化和发展。清政权入关使地主阶级内部的矛盾，即反满派地主与拥满地主的争夺成为非常突出的矛盾。地主阶级中的一派勾结满族势力打败农民起义以后，阶级斗争的形势陡然一变。地主阶级两派间的战争压倒了全国范围内农民反对地主的战争。反满派地主斗争的特点是它在表面上和反对民族压迫的斗争是一致的。这个斗争从清初入关进入高潮到清政府统一台

---

①《列宁全集》第 1 卷，第 135 页。译文照《列宁文选》（两卷集）第 1 卷，第 113 页。

湾以后趋向低落。但是反满派地主的反抗并未从此停止。反抗的一种形式是一部分地主知识分子利用儒家学说，特别是发挥“夷夏之防”的种族大义宣传反满思想。反抗的另一种形式是一部分人操纵民间秘密结社武装起事。长期流行的“反清复明”口号就是发源于这里。反满运动这时主要地是从属于地主阶级内部的斗争的。18 世纪末、19 世纪初，中国封建社会在清政府统治下再度走向衰落。封建社会的根本矛盾——农民与地主阶级的矛盾重新尖锐化。嘉庆年间白莲教暴动是一个标志。鸦片战争以后太平天国农民战争更发展到了一个新的顶点。“反满”这面旗帜从此成了农民战争号召群众的旗帜。20 世纪开头至辛亥革命，历史进到了资产阶级发动革命、走向高潮的时期。过去农民自发、分散的斗争已经让位于资产阶级领导的民主革命。资产阶级革命派提倡民族、民权、民生三大主义，实际上反复宣传和发挥得最有声色的是以反满为目标的民族主义。反满与否，是资产阶级革命派与改良派斗争的焦点，也是革命与反革命的分界线。非常明显，伴随着农民战争、资产阶级革命的反满斗争是有革命性的，是进步的运动。因为这些斗争打击了封建统治和力求推翻封建统治，推动了历史的前进。在这以前，当地主阶级把它们的内部矛盾变为国内的民族斗争，或者说在民族矛盾的旗帜下进行统治阶级内部斗争的时候，反满运动就不是一种革命运动。因为地主阶级的反满斗争不是什么打击封建统治、推翻封建统治的问题，而是谁来做皇帝，哪一派地主阶级当权以维护封建统治，压迫农民的问题。如果这种斗争还有它的意义，那就是反抗的一方为了削弱处于统治地位的一方，在一定范围里揭露了封建社会内部的矛盾，揭露了农民与地主阶级的阶级对立。并且正是由于反满这个现实斗争，有些人不自觉地要在思想上走得更远，表现得更为激进；从他们之中产生了唯物主义倾向的哲学思想和民主主义倾向的政治思想。反满派的斗争一直博得了人们的某种同情，是因为他们站在反抗压迫的一面，反抗了地主阶级当权势力的压迫。人们常常拿那些地主阶级反满派思想家高喊的夷夏之辨一类议论来证明他们的思想反映的是某种与阶级无关的民族矛盾，未免有点似是而非。马克思早就指出过，我们评判某个时代不能以它的意识形态为根据，就像我们评判某个人的时候不能以他对自己的揣度为根据一样。恰巧相反，对于那种意识形态必须从物质生活的矛盾中，从社会生产力和生产关系现存的冲突中去寻求解释，即从阶级、阶级斗争中去寻求解释。人们不去指出反满派那些思想和斗争的阶级属性，实际上就掩盖了民族矛盾的阶级斗争的实质。至少客观上是如此。

因此，事情并不是这样的逻辑关系：肯定了康熙的统治和清代前期的历史地位，就应当一律否定清代历史上的反满运动；或者是相反，反满运动既有革命性，康熙的统治、清代前期的历史就是倒退的，应一概否定之。

关于“闭关政策”，也不能笼统地讲它是否有利于中国前进。对外闭关如果是指清朝的统治使中国照旧保持封建经济的落后状态，孤立于正在兴起的资本主义世界之外，当然事实就是如此。但通常讲闭关自守，主要是指清政府对西方采取了排斥的态度，是一种指责。其实正是这一点上它具有积极的意义。清朝统治初期，中国本不是一个对外闭关的国家。第一，对外通商口岸是开放的。最初三四十年里，清政府没有巩固控制闽粤沿海地区，禁止人民入海。统一台湾以后，1685 年开海禁，设闽、粤、江、浙四关，定澳门、漳州、宁波、云台山为对外贸易港口。1757 年起才限令广州一口通商。如果以这为所谓闭关时期的起点，到 1842 年鸦片战争结束，只有八十几年。前面四口通商的时期却占七十多年。第二，准许外人进入内地。那时欧洲人进入中国的有俄国商队和留学生，有为数不少的西欧各国的传教士。后来清政府的态度一反从前，显然是欧洲殖民势力长期在海上活动，并日渐增长的结果。马克思指出中国人厌恶外国人的态度说：“自从远古以来，中国人就是用这样态度看待一切从海上来到他们国家的外国人的，中国沿海好像曾经受到过海盗式冒险家所骚扰，他们把一切从海上来的外国人和海盗式的冒险家等量齐观，不是全无理由的。”[①] 清朝统治者自然也惧怕外国人支持国内的反对势力，要防范臣民与外人接触。但这主要是它的统治势力日渐衰落以后的事。

有人以为是所谓闭关政策妨害了中国吸收西方先进的科学技术知识，那是想当然的说法。欧洲传教士进入中国，带来了些天文、历算、地理方面的知识。中国人开始打开眼界，认识世界。过去把中国以外的世界传说大都当作荒唐无稽，这种观念有了改变。早期传教士带来的科学技术知识主要的就是如此。康熙以后的传教士没有带来更多的东西，特别是没有带来当时自然科学方面的进步的科学思想。哥白尼、布鲁诺、培根、伽里略、凯卜勒、维哈等人的著作传教士都拒绝介绍或很少介绍。耶稣会士讲的是由经院哲学支配的科学。其目的是为神学服务的。利玛窦、阳玛诺等在讲解地球、天文知

① 《马克思恩格斯论中国》，人民出版社 1963 年版，第 58 页。

识的时候都乘机宣传地狱天堂之说。耶稣会士利用科学知识开辟中国传教门路，也利用自然科学论证其反动的天主教义。对外闭关并不就是造成中国科学技术相对落后的原因。相反的，对于一个处在封建时代的国家，西方资本主义物质文化和精神文化的输入，如马克思、恩格斯在《共产党宣言》上所说的，只能是西方资产阶级按照自己的面貌用恐怖的方法改造世界，其他结局是没有的。蒋廷黻之流的买办资产阶级代言人在这个问题上散播过许多荒谬论点，现在是彻底清除的时候了。

二、康熙统治时期的社会经济特点问题

论证康熙统治时期的历史是应当肯定的，只是讲了一个主要问题。康熙是处在资本主义因素普遍存在、中国社会发生显著变化的时期，还是处在封建经济牢固统治的时期；他提高的是地主阶级国家，还是其他什么国家，这是评论康熙必须回答的另一个主要的问题。只有把康熙放在一定的社会背景里去考察，才能说明这位历史人物所起的作用的范围和他对当时社会经济给予的影响。

封建土地所有制在清代前期是占统治地位的所有制，封建经济在清代前期是占统治地位的经济。现在不需要就这个问题来详细论证。问题是在于封建社会内部的资本主义萌芽在清代前期究竟大到了何种程度。尚钺同志写的《中国资本主义关系发生及演变的初步研究》里断定资本主义关系在清代前期普遍存在，使中国社会起了“本质”的变化。而其他作者则不同意那种论断。争论尽管可以继续下去，基本事实总归是那样。

粗略描述一下康熙时期的情况：商品经济是这时社会生活的一个重要组成部分。商品经济的发展，无疑地使封建经济内部的资本主义萌芽发展到了更高的水平。独立手工业的分工细密，技术卓越，城市人口密集，交通运输频繁活跃，都超过前代。中国在清代形成幅员空前广阔、政治统一的封建国家，本身就是社会经济进一步发展的重要标志。一个经济力量低下、技术薄弱的国家机关很难在这么辽阔的活动范围里有效地发挥作用。只是因为封建经济还处于牢固的统治地位，使那些商品生产和独立手工业还没有能够迅速滋长起资本主义因素，大踏步推动中国社会走向蜕变。换句话说，商品经济、

独立的手工业虽有相当高的水平，封建土地制度和自然经济的势力却更加强大得多。封建经济是一株参天老树，资本主义因素则还只是大树覆盖下的一棵幼苗。

封建经济统治下的社会阶级，主要是地主和农民两个对立的阶级。商业、独立手工业、交通运输业的发展，小手工业主、作坊师匠、手工业与交通运输工人等都相应增加，并且他们的不同利益必然表现为不同的矛盾趋向。但是这些成员主要是封建压迫、封建统治的对象。他们和农民一样，在地主阶级政权里根本没有立锥之地。康熙当政的几十年里，下过无数次诏令，发表过许多宣扬唯心主义哲学思想的议论。把这些都归结起来，只是一个基本内容：他的统治是只保护地主阶级的利益的，是不保护其他阶级的利益的，他控制的国家只是地主阶级专政的机器，不是其他阶级专政的机器。

明末大学士钱士升和康熙都直接讲到过他们的国家代表谁的利益的问题，可以把这些话引来比较一下。钱士升的话是在崇祯九年为驳斥武生李琎请令江南富家报名助饷而讲的，原文是：

> 比者借端幸进，实繁有徒。而李琎者，乃倡为缙绅豪右报名输官，欲行手实籍没之法。此皆衰世乱政，而敢陈于圣人之前，小人无忌惮一至于此！且所恶于富者，兼并小民耳。郡邑之有富家，亦贫民衣食之源也。以兵荒之故，归罪富家，而籍没之，此秦始皇所不行于巴清，汉武帝所不行于卜式者也。此议一倡，亡命无赖之徒，相率而与富家为难，大乱自此始矣。[1]

康熙的话是在这以后八十年为责备张伯行“苛刻富民”而发，内容是：

> 张伯行为巡抚时，每苛刻富民。如富民家堆积米粟，张伯行必勒行贱卖，否则治罪。此事虽穷民一时感激，要非正道。亦只为米价翔贵，欲自掩饰耳。地方多殷实之家，是最好事。彼家资皆从贸易积聚，并非为官贪婪所致，何必刻剥之，以取悦穷民乎！……又赈荒一事，苟非地方官实心奉行，往往生事。盖聚饥寒之人于一乡，

① 《明季北略》卷一二。

势必争夺。明时流贼，亦以散粮而起，此不可不慎也。……朕于天下事无不洞悉。然知之而即发，亦非大体。总之，为政以中正诚敬为本，中正则能公，诚敬则能去私。朕日读性理诸书，见得道理如此。[①]

简直可以说，康熙与钱士升表达的地主阶级当权派的观点和他们实行的政策毫无二致。照康熙的看法，地主富商是社会栋梁，国之根本。有了他们，贫民才有寄托，国家才能安定。因此要严格保护地主富商的财产不受侵犯。不能允许牺牲一点富民利益，来让贫苦群众得到些好处。虽然他深信自己为减轻“小民”痛苦做过某些事情，并且对自己统治地位的巩固具有信心，但是仍然警惕农民起来进行反抗斗争。特别对于明末的农民起义深深引为教训。一个开国君主和一个亡国学士唱着同样的调子，这不表示别的，正是表示明末清初封建王朝虽有更替，封建统治的国家实质并没有改变。康熙建立统治权的阶级基础，本质上就是明王朝建立统治权的阶级基础，没有新的内容，新的基础。唯一的区别，是钱士升正值明末农民起义高潮，他的话更多反映了地主阶级对农民革命风暴的恐惧神情；而康熙是在那里从容论道，并且把问题提到唯心主义哲学的理论高度，为地主阶级的利益说教。

康熙时期的经济政策，仍然是传统的重本抑末政策。农业和家庭手工业受到重视，独立手工业和商业的地位低下。打击旧地主势力，兴修水利，奖励蚕桑纺织，体现了康熙发展农业和家庭手工业的政策。独立手工业中的采矿业往往遭受禁止。唯有采铜由于鼓铸钱币的需要，限制较少。在一个时期里，对外贸易受到奖励。其目的在于进口，不在于出口。姜宸英的《一统志海防总论》上说，那时“商舶交于四省……缓耳雕脚之伦，贯领横裙之众，莫不累译款贡叩关，蒲伏请命下吏。凡藏山隐谷、方物环宝可效之珍，毕至阙下，输积于内府”[②]。剥去粉饰的词句，可以知道，进口除了为征收关税，还是为输入方物环宝，满足贵族奢侈生活的需要。中国起初输出的大部分是茶叶大黄等物，丝绸等手工业品出口有限制，铜铁等制造品出口更有严格限制。不论手工业和商业，在国内很活跃，而从清政府对外贸易政策上表现出来的却是一幅消极、保守的图景。与同一个时期里欧洲的工场手工业迅速集中于

① 康熙朝《清实录》卷二六六，第516页。

②《姜先生全集》，《湛园未定稿》卷一，第12页。

英国，其他国家则采取新的关税政策加以抵制，并开办自己的大工业，展开激烈竞争的局势，恰好成为鲜明的对照。康熙统治的时期，加速了封建经济的发展，但是并没有突破封建经济的关口，为资本主义关系增长创造新的条件。

既然康熙所加强的只是地主阶级国家，地主的势力必定要继续伸张。旧有的大地主富商也不会都被削弱，必定要有不同的变化。《啸亭续录》、钮琇《觚剩》等书对当时的大地主富商并有记载。北京祝氏，宛平查氏、盛氏，怀柔郝氏，江南泰兴季氏，山西平阳亢氏等最著盛名。大地主富商的生活，无不豪华排场，穷奢极欲。有的“膏腴万顷，一日之餐，费至十余万”。有的“屋宇至千余间，园亭环丽，游十日未竟”；“家有女乐三部，悉称音姿妙选。……一妓之费，千金具焉”。广大农民和其他劳动群众则因遭受残酷的封建剥削、压迫，生活极端困苦。一面是地主阶级日趋富有，一面是农民日益贫困，这就是当时社会生活的鲜明画面。

讲到康熙时代的人民生活，还应当多说几句。资产阶级学者每论及“康乾之治”，照例粉饰一番。封建统治的重重黑暗与贫穷，在他们的笔下跑得无影无踪了。乾隆统治之世，封建朝代周期性的各种矛盾正迅速加剧，社会生活江河日下，在此不去涉及。康熙统治下的极盛之世，劳动人民的处境实在也很悲惨。有些当代的思想家、著作家对社会阶级矛盾、人民艰难困苦的生活有很尖锐的评论。一一列举是不可能的，下面请读读唐甄《潜书》里的几段吧！

唐子曰：天地之道故平，平则万物各得其所。及其不平也，此厚则彼薄，此乐则彼忧。为高台者必有洿池，为安乘者必有茧足。王公之家，一宴之味，费上农一岁之获，犹食之而不甘。吴西之民，非凶岁为䴸粥，杂以荍秆之灰，无食者见之，以为是天下之美味也。(《大命篇》)

夫盗不尽人，寇不尽世，而民之毒于贪吏者，无所逃于天地之间。是以数十年来，富室空虚，中产沦亡。穷民无所为赖，妻去其夫，子离其父，常叹其生之不犬马若也。(《富民篇》)

> 清兴五十余年矣！四海之内，日益困穷，农空、工空、市空、仕空。谷贱而艰于食，布帛贱而艰于衣。舟转市集而货折赀，居官者去官而无以为家，是四空也。金钱所以通有无也，中产之家，尝旬日不睹一金，不见缗钱。无以通之，故农民冻馁，百货皆死。丰年如凶，良贾无算。行于都市，列肆焜耀，冠服华膴；入其家室，朝则熄无烟，寒则蜎体不申。吴中之民，多鬻男女于远方；男之美者为优，恶者为奴，女之美者为妾，恶者为婢，遍满海内矣！穷困如是，虽年谷屡丰，而无生之乐。(《存言篇》)

唐甄的评述，可以看作康熙统治下的“升平盛世”的写真。资产阶级学者却把那里说成不只是地主阶级的，而且也是所有人的极乐世界，不啻一片梦呓。

道理很简单，康熙为了加强多民族的统一的国家，提高地主阶级的地位，发展封建的经济文化，都只有依靠剥削广大的农民来进行，只有把这些活动建筑在广大农民和手工业者深受压迫、剥削的基础之上。不这样是不可能的。新的剥削阶级没有出现，也没有新的可供剥削的阶级。唯有广大农民和手工业者的辛勤劳动，他们的从事物质财富的生产，是清代前期封建国家比以往更为强大的基石。康熙之所以杰出，不在他是否大大减轻了农民遭受的压迫剥削。在封建社会里农民的遭受剥削是难于减轻的。康熙的杰出，是他的剥削压迫农民，不是使社会生产力走向了衰落，而是在农民与地主的不间断的阶级斗争的支配下，顺应阶级斗争造成的局势，对社会生产力发展，历史的前进，做了一些好事；并且在这方面接近了他能够到达的顶点。综观上面所讲的，对于康熙所处的时代和他提高的是什么样的国家，结论是很明显的：第一，康熙是处于中国封建经济占统治地位的旧的时代，不是资本主义因素普遍存在的时代。第二，康熙所提高的只是地主阶级国家，他的统治是封建统治，没有为资本主义降临创造条件，开辟道路。

三、个人与环境

接着前面的叙述，现在必须进一步追问：促使康熙从事那些斗争和活动，并且取得成就的最后起决定作用的东西是什么？是康熙个人的才能、性格、个人特点？还是社会条件和环境，即阶级矛盾、阶级斗争、人民群众的推动？下面试拿康熙和彼得加以比较，来说明这个问题。

《民报》上把康熙当作路易十四，不论从哪方面说，都有点比拟不伦。无论是看做了有益于历史前进的事，还是看个人才能，康熙与彼得均相仿佛。封建文人的记载称赞康熙好学敏求，通晓多种语文和自然科学知识，勤于政事，宽于御下和崇尚节俭等等，都有相当根据。很有意思的是康熙晚年对自己的一生作的评论。他当然要为封建统治者辩护，并对自己的勤劳俭约加以夸张，但也反映出了一些他的个人特点和性格。他说：

> 历观史册……如朕在位之久者甚少。朕临御至二十年时，不敢逆料至三十年，三十年时，不敢逆料至四十年。今已六十一年矣。……念自御极以来，虽不敢自谓能移风易俗，家给人足，上拟三代明圣之主；而欲致海宇升平，人民乐业，孜孜汲汲，小心敬慎，夙夜不遑，未尝少懈。数十年来，殚心竭力，有如一日，此岂仅劳苦二字所能该括耶！前代帝王，或享年不永，史论概以为酒色所致。此皆书生好为讥评，虽纯全尽美之君，亦必抉摘瑕疵。朕今为前代帝王剖白言之：盖由天下事繁，不胜劳惫之所致也。诸葛亮云，鞠躬尽瘁，死而后已。为人臣者，惟诸葛亮能如此耳。若帝王仔肩甚重，无可旁诿，岂臣下所可比拟……
>
> 朕自幼读书，于古今道理，粗能通晓。又年力盛时，能弯十五力弓，发十三把箭，用兵临戎之事，皆所优为。然平生未尝妄杀一人。平定三藩，扫清漠北，皆出一心运筹。户部帑金，非用师赈饥，未敢妄费，谓此皆小民脂膏故也。所有巡狩行宫，不施采绘，每岁所费，不过一二万金。较之河工岁费三百余万，尚不及百分之一。……[①]

康熙与彼得，都意志坚毅，肯有作为。他们都为提高、巩固地主商人的国家做过许多事情。康熙和彼得都在很年轻的时候就表现出了非凡的才能。他们取得权力的手段甚至是戏剧性地相似。康熙十六岁指挥“布库戏”小儿擒

① 康熙朝《清实录》卷三〇〇，第8页。

权臣鳌拜，实际掌握权力。彼得十七岁靠他训练的“娃娃兵”夺取政权，幽禁索非亚。他们走的道路远近有别，但都是走着一条具有坚忍一贯、发奋为雄特色的道路。自然，康熙毕竟不是彼得。斯大林说：“彼得大帝接触了西方较发达的国家以后，就狂热地建立工厂来供应军队和加强国防，这也就是想跳出落后圈子的一种独特的尝试。”[①]康熙始终没有使中国越过封建国家雷池一步，始终没有表现出某种使中国跳出落后状态的独特尝试。并且从那以后，旧中国与旧俄国在近代工业和科学水平上，在将近两个世纪里一直保持相当距离。

看来好奇怪！康熙在把中国建立为一个相当坚强统一的国家、发展封建的经济文化上能够取得迈越历代“创业英雄”的成就，却不能像彼得在俄国那样，为中国进入近代国家多少作一点贡献，原因在哪里呢？在个人的才能性格上自然是无法解释的，任何改造环境的政治的经济的斗争，重要人物都必须具有一定的才能。至于在这种斗争中是像康熙那样颁发些劝勉农桑的御制诗文之类，还是像彼得那样发布些建立军事工厂指示之类，并不需要有不同的才能性格才能做到；这不同于要求像达·芬奇一样的天才画家改行成为像莎士比亚一样的戏剧作家那样，要在才智、性格方面发生困难。中国距欧洲遥远，康熙没有较多地与西方进步的国家接触当然很重要，但绝不是主要的。归根结蒂，关键在于当时的社会经济条件，即在于当时生产力与生产关系矛盾或适合的状况，在于这种状况造成的阶级斗争形势，而不是其他什么东西。

彼得和康熙面临的社会条件、阶级斗争各有特点。他们都是忙于打扫自己门前雪，对社会生活、阶级斗争提出来的摆在面前的任务给了某种解决。

康熙的统治，如前面所说，是建筑在封建经济基础上的。清初和明朝统治的区别，是在于它们代表的新旧地主势力有区别。清初旧日的大地主、大商人，特别是其中的当权派遭受明末农民战争的打击，破产没落。接踵而起的反明拥满的地主经历尚短，新兴者居多。清朝的统治起初就是受到这些新兴地主的支持而建立起来的。康熙和以后一个时期里，清政府也一直采取打击一部分旧地主，扶植一批新地主的政策。康熙时期，阶级斗争中的两种倾向表明，封建的生产力与生产关系在经过一场矛盾的剧烈爆发以后，即经过明

①《斯大林全集》第11卷，第215页。

末农民大革命给予地主阶级严重的打击以后，又走向新的暂时的适合。阶级斗争的一种倾向，是农民与地主的根本矛盾暂时趋向缓和。农民与地主在土地问题上的紧张关系，由于旧的地主没落，明朝皇庄制度的消灭，废止明藩王土地以后出现大量的“更名田”和清政府被迫停止“圈田令”等等而局部减轻。地主阶级的国家政权采取的轻徭薄赋等措施，直接间接地对农民多少有点好处。农民遭受大起义失败未久，不可能很快发动新的巨大的斗争。这些因素，决定农民与地主的阶级斗争转向分散的隐蔽的形式，表面上保持比较低的姿态。农业生产荒废，人民生活极其困苦，分散的群众的反抗斗争不断发生等，又都是对清朝统治的威胁。地主阶级的国家，既要加强统治全国的能力，也要满足地主更多剥削农民的需要。这就必须恢复、发展社会生产力，改进社会经济状况，保持全国范围内政治上、经济上更密切的联系。阶级斗争的再一种倾向，是地主阶级内部新旧地主势力之间争夺统治权的矛盾在打垮农民起义以后非常突出了。清政府在大部分地区建立统治权以后，以拥明反满相号召的和既反明又反满的不同地主集团，在南方各地对抗了四十年。敌对的政权消灭以后，旧的地主反对势力秘密的反满宣传和反抗活动在政治上仍然是清政府的隐患。地主阶级内部新旧地主势力之间的斗争，同样也是提出了如何使社会经济生活发展得比前代更高些和在全国范围加强地主国家统治权力的问题。因为只有实际证明这个统治是既合乎需要而又是比前代远为强有力的，清政府才能取得地主阶级更广泛的支持。还有，农民与地主的斗争暂时分散隐蔽一些，也使地主阶级当权势力有可能不单靠镇压手段来维持并发展它的统治利益。康熙的活动，就是顺应这种形势，对社会生活、阶级斗争提到议事日程上来的问题，提供出解决途径，满足了一定的需要。而彼得在俄国碰到的情况则与此有别。彼得时期的俄国是只有某些资本主义成分的封建国家。只有在 18 世纪最后若干年份里手工工场才有增加，开始影响到封建的、农奴制的基础。单讲资本主义因素发达的程度，彼得时代的俄国与同一个时间里的中国似乎是相差不多的。但俄国是一个欧洲国家。在政治上、经济上俄国都与欧洲国家紧密地联系在一起。由封建制度进到资本主义的过程，不可避免地要受到资本主义策源地西欧的直接影响。特别是 17 世纪以后西欧展开的资本主义工业的激烈竞争，正引起欧洲各国内部新的阶级斗争，引起各国统治阶级之间的剧烈的政治与军事斗争。甘愿削弱本国地主商人的地位，对竞争袖手旁观，还是掌握自己的命运、急起直追？问题就是这样摆在俄国统治者的面前。彼得正是顺应这种形势，来从事自己的活动的。社会经济条件、阶级斗争形势给康熙与彼得的安排是如此不同，因而产生的要求和他们能够执行的任务也就有别。康熙之所以不是彼得，不如彼得，最后根源是在这里。

生产力与生产关系矛盾或适合的状况造成的阶级斗争有它的客观规律，是不以人们的意志为转移的。

普列汉诺夫在《论个人在历史上的作用》里有许多非常精辟的分析。他在本文起首引过的那句话以后接着写道："每一个真正显出了本领的杰出人物，即每一个成了社会力量的杰出人物，都是社会关系的产物。既然如此，就不难了解，为什么杰出人物，正如我们所说过的，只能改变当时事变的个别外貌，却不能改变当时事变的一般趋势。他们自己只是由于这种趋势才出现的。没有这种趋势，他们永远也跨不过由可能进到现实的门阶。"[①]这对于说明康熙与彼得的不同也完全适用。

当然，如果谁以为从此就应当得出结论：杰出人物对社会命运并不产生重要的影响，那就极其荒谬了。当生产关系与生产力基本相适合的时候，人物不论具有怎样的特点，也不能改变现存的生产关系。可是一个人物的活动，究竟在什么程度上满足生产力与生产关系矛盾或适合而引起的社会需要或者是阻碍这种满足，则要由个人特点来决定。如果认为各个事变的局部状况、特点都要由一般法则来决定，与重要历史人物无关，丝毫不会因为历史人物的改变而有所改变，那只会得出宿命论的结论。中国在17世纪后半期，封建生产关系与生产力基本上相适应。假定福临不是盛年死去，大概也会执行康熙后来担负的那些任务。但是照他那懦怯、无所作为甚至消极厌世的性格特点，清代的统一强盛将难于达到后来的境地。假定康熙更英明一点，当然也可以采取一些措施在促进中国封建经济的活动中多作一点贡献。比如由利用南怀仁等铸造洋炮技术进而兴办新型军事工业，由招致传教士进讲自然科学进而招致技术人员讲求某些工艺制造等，在当时这都有现实的可能。改造客观环境不但必须有人们的干预，改变是不会自行发生的，而且改造客观环境的斗争特别表现出人的主观能动性。杰出人物也就是最能帮助改造环境的人物。杰出人物愈富有才能，其活动可能对历史进程产生愈大的影响。历史唯

---

①《论个人在历史上的作用》，人民出版社1965年版，第33页。

物主义者不是机械唯物论者，是辩证唯物论者。历史唯物主义观点不同于历史唯心主义观点的是：个人的才能性格只有在当时当地社会关系容许的范围里才成为社会发展的活动力量，不是在任何条件下都能成为社会发展的活动力量。正是依照这个观点，我们说康熙这位封建君主，是在历史前进中起了正面作用的人物。这就是说，我们对于康熙的作用和功绩，不是放在人民群众的决定性作用和阶级斗争的约制之外去考察的，而是把后面这一些作为出发点去考察的。环境与个人的关系怎么摆，不是其他什么问题，是历史唯物主义与历史唯心主义划分界线的问题。

最后，康熙这个人物可以归结如下：他顺应环境的支配，即在人民群众斗争的推动下，对历史前进作出了贡献，因此，他在封建帝王里是一个杰出的、了不起的人物。但是与人民群众的地位和作用相比，他又显得是极渺小、极其微弱的，在那些历史性贡献里，他的个人作用到底只占十分微小的分量。他的果断勤敏的性格、充沛的精力，把他引向实际斗争；他的地主阶级总头子的立场，狭窄的社会生活、思想平庸、事事知足，又使他在斗争中畏首畏尾，停滞不前。他有时像一个伟人，他又更多的是一个庸人。他一面是向前的、进取的；另一面又是消极的、非常保守的、反动的。封建社会是矛盾的集合体，封建统治者里面的杰出人物也必然是矛盾重重的人物。很明显，对这个人物，像同盟会时期资产阶级反满派那样把他说得那么罪大恶极，一无足取，是违反历史的；像封建主义反动思想的宣传者那样把他当作圣人去赞美讴歌，当然更是违反历史的。两者都需要反对，后面那种观点尤其需要反对。一切旧时代的人物，在历史唯物主义观点看来，永远也不适合用拉斐尔式的画像的夸张笔法，把他们描绘成一些脚穿厚底靴、头上绕着灵光圈的人物。那样描写，所有绘画的真实性就通通消失了，更何况是对于帝王将相。

马克思、恩格斯在《德意志意识形态》中指出："人创造环境，同样环境也创造人。"对康熙的地位、环境和他活动结局的论述，又一次证明这个原理是正确的。需要补充一句，那就是我们应当从历史发展的观点来理解这个原理，而不是把它看作历史循环论的某种公式。

亚洲历史评价

回答日本历史学者的问题①

一九六三年十二月，日本历史教育工作者协会大阪支部集会欢迎中国学术代表团。我在那个会上就历史和历史教学中的若干问题，作了一次发言，同日本历史学者商讨。这个稿子是根据那次发言记录整理出来的。因为那是一次即席讲话，并且是回答问题，范围有一定的限制。这个稿子里面谈到的问题，大体上保持原来提问的顺序。有些属于介绍工作情况的段落，为避免零散，一概删去了。日本《历史地理教育》杂志一九六四年二月号上刊载过那个讲话记录草稿，现在粗加整理，发表出来，目的是希望把我的意思表达得确切一些，并得到大家的指正。

问题一：参加今天集会的许多是历史教学工作者，请谈谈对日本的历史教育工作的想法。

中国和日本是东方两个文化发达得很早的国家。中日两国在很久以前就有了密切的经济文化交往。我希望日本进步历史教学工作者能够对日本人民、日本年轻的一代进行中日两国长期的经济文化联系、人民友好往来的历史教育。美国帝国主义、日本反动派千方百计在破坏我们两国人民的友好关系。我们的工作因此具有更重要的意义。历史总要这样那样对现实产生影响。中日两国长期的经济文化联系、人民友好往来的历史，对我们的现实斗争一定会产生正面的影响。

历史是一门科学，是人民进行斗争的一种武器。日本进步的历史教学工作者用科学的历史观点教育年轻的一代，这是一项光荣的任务。

历史对我们不是可有可无的东西。今天的社会是有阶级的社会。今天的时代是世界人民革命空前高涨的时代。生活在今天，我们除了与自然斗争，还必

① 原载《人民日报》1965 年 3 月 2 日第 6 版。——编者注

须从事复杂的阶级斗争。我们需要解决摆在面前的各种各样的问题，我们需要有各种各样的斗争经验和知识。从什么地方吸取斗争的经验和知识呢？那就必须从两个方面吸取。一个方面必须从今天的实际生活中吸取。这是主要的。另一个方面必须从过去的历史经验中吸取。当然，人们没有历史知识或者历史经验差一些，也可以生活，也会要斗争。然而对要求革命的人民来说，必须有科学的历史知识，在斗争中才会更自觉，才更有利于最后解放自己。

古今中外的事实告诉我们，历史经常被人们从各种各样的角度加以解释。封建统治者、资产阶级都是剥削阶级。站在剥削阶级的立场上解释历史，必然要充满各种偏见。进步的历史学家应当站在人民群众的立场上，首先是站在工人阶级的立场上来看待历史。工人阶级是最革命的阶级，他们没有剥削阶级那种私利。我们站在工人阶级立场上，就能够用批判的眼光去解释历史，不为剥削阶级的偏见所蒙蔽；站在工人阶级立场上，我们对历史的看法就可以比较合乎历史的真实。我们所说的马克思主义的历史观点、科学的历史观点，就是这样的观点。

日本人民、日本年轻的一代正在通过日本进步的历史工作者接受历史教育。他们当然需要接受科学的历史教育。他们要用科学的历史知识武装自己的头脑，要利用这些知识来观察现实社会，观察历史。他们将因此更有力地推动日本历史的前进。谁肯在把科学的历史知识介绍给日本人民和日本年轻的一代这个工作中付出劳动、贡献力量，谁就将受到人民的称赞。我相信日本进步的历史工作者是不会辜负他们的期望的。

问题二：怎样讲授世界历史？讲授世界史的时候，中国史应该占据怎样的地位？

历史似乎还没有一种固定的讲法。不过无论讲世界史或者国别史，我以为都应当讲解最基本的历史内容。何谓历史的基本内容？人类最初处在原始共产主义社会中，从几千年以前进入了阶级社会。简单说，自从人类有了文明以后，历史就是阶级斗争的历史。因此，怎样讲授世界史或国别史的问题，实际上就是怎样讲世界或各个国家的阶级斗争的历史的问题。

讲历史的时候，不言而喻，必须讲各种具体的历史事实。可是一个历史学家的任务，并不只是要简单地记住人物、事件等等。历史学家有两个任务：一个任务是要准确地知道何时、何地发生了怎样的事件；另一个更重要的任务是要对那些历史人物、事件下某种判断，作出评价。这就是说，我们讲授历史的时候，说明何时、何地发生了什么事件的同时，必须着重说明那些事件是什么性质的，是哪个阶级与哪个阶级之间的斗争；说明那种斗争在历史当中起着怎样的作用，是进步的还是反动的，产生了什么影响，等等。人们学了好长时间的历史，仅仅一般地了解某人在某时做了某件事情，而完全不知道人物、事件的阶级内容，那不能算是懂得了科学的历史。

譬如说，历史上经常发生各种战争。作为历史学家，应当知道那些战争的过程，然而我们如果只是知道那些战争的具体经过，而对战争的性质、作用却不能作出正确的评价，那就谈不上理解了那些战争，谈不上从那些战争中获得了正确的历史知识。战争不是别的，它是阶级斗争的最尖锐的形式。所以，当我们叙述战争的时候，最重要的问题是清楚地说明这些战争所反映的阶级本质，清楚地说明当时阶级斗争的性质和内容。

科学的历史叙述当然还不止要求这一些。我们还必须进一步阐述阶级、阶级斗争的客观规律性。历史是千变万化的，阶级斗争是千态万状的，用科学的观点去考察，又是有客观规律可寻的。历史唯物主义与历史唯心主义的根本区别，就在于是否承认阶级斗争的客观规律性，是否承认历史发展的客观规律性。历史唯物主义承认历史发展的客观规律，这是科学的；历史唯心主义不承认历史发展的客观规律，那是反科学的。

阶级存在就有阶级斗争，帝国主义存在一天它的侵略本性就一天不会改变，帝国主义侵略到哪里，人民群众就要在哪里展开反帝国主义斗争，一切反动阶级反动势力是决不会自愿退出历史舞台的，历史的命运最后不是由反动统治者而是由人民群众决定的，资本主义制度是一定要消灭的，社会主义是一定要代替资本主义的，等等，这一切都是历史发展的客观规律。反动统治者不承认这是真理，但是他们终究不能改变历史前进的方向。站在进步立场上的人们掌握了这个客观真理，就能够去自觉地改造世界，推进历史的车轮。我们把历史发展规律的知识正确地告诉了人们，人们就会称赞我们是完成了讲授世界历史的任务。

讲世界史的要求是如此，讲中国史的要求当然也是如此。

至于说中国历史在世界历史上占着怎样的地位，我们必须采取科学的态度。中国史在世界史上占着一个适当的地位，我们既不要抬高它，也不要贬低它。事实是：一切国家的人民都创造着自己的文化，一切国家的文化都对世界历史有所贡献。中国历史上有过自己的优秀文化，中国在近代落后了，那是帝国主义的侵略造成的。中国人民现在已经赶跑帝国主义，开辟出了中国历史的一个崭新的伟大时代。即使这样，我们也没有必要过高地评价中国的历史。我们反对大国沙文主义。历史的本来面目是怎样就怎样，任何时候都不可以丑化历史，也不可以美化历史，因为那都是不科学的。

现在摆在我们面前的根本不是谁抬高了中国历史地位的问题，而是有人故意贬低中国历史、贬低整个东方历史在世界上的地位和作用的问题。西方资产阶级历史家和他们的追随者故意抹煞东方各国历史，抹煞中国历史中优秀的东西。照他们看来，唯有西方文明才配称为世界文明。他们把欧洲国家的历史当作世界历史的中心。一句话，就是所谓西欧中心论。我们承认欧洲是资本主义的摇篮。然而，资本主义在全部历史上只占很短暂的时间。计算一下，顶多二三百年吧！资本主义出现以前，西欧与世界其他地区的联系不多。资本主义没落、社会主义制度出现以后，西欧对世界其他地区的影响一天天在减少。单单凭二三百年资本主义的统治把西欧说成是全部世界史的中心，那岂不是一个十足的谎言！西欧中心论很明显的是欧洲资本主义侵略势力的产物，它反映了西方资产阶级一贯侵略东方的观点。西方资产阶级把整个东方都看成为一片没有文明的荒漠。东方世界的人民既然那么“落后”，他们受欧洲人统治也就是理所当然的了。您们看，资产阶级历史唯心主义就是这样歪曲历史去为资产阶级老爷服务的。我们要把科学的世界史知识告诉人民，必须批判那种资产阶级唯心主义历史观点。

西欧中心论不对，那么来他一个东方中心论，大概就可以了吧！我说不可以。讲授世界历史是不是一定要讲某个地区成为某个时期的中心，这个问题可以研究。世界历史在一定的时间里是有它的发展中心的。不过，它既不是固定在西方，也不会固定在东方。世界历史发展的中心应当是世界人民革命斗争的主要潮流所在的地方。哪里卷起了吸引世界的阶级斗争的风暴，哪里形成了改变世界面貌的人民革命的潮流，旧世界在哪里被推翻，新世界在哪里成长起来，世界历史的中心就是在哪里。现在世界上有两大历史潮流：一个是社会主义革命的潮流，一个是亚洲、非洲和拉丁美洲人民反帝国主义反殖民主义的潮流。亚非拉美人民的反帝国主义反殖民主义斗争正在唤起世界的注视，影响世界的各种力量的斗争。帝国主义的殖民体系在亚非拉美人民的斗争下，正在土崩瓦解，世界的面貌每一天都在发生改变。我们可以肯定地说：站在反帝国主义反殖民主义斗争前沿的亚洲、非洲和拉丁美洲是当代世界历史的一个中心。根据人民革命斗争的主要潮流去确定世界史的中心，才合乎阶级、阶级斗争的观点，合乎历史唯物主义观点。

问题三：古代史与近代史的比重如何安排才合理？教古代史如何为现实服务、为人民服务？

近代史知识和古代史知识都是人民所需要的。教历史既要讲近代史，也要讲古代史。自然我们不主张把两者平列起来，而主张“厚今薄古”。因为我们的目的是传播科学的历史知识，是要让人们利用这些科学的历史知识武装自己，然后去变革现实。古代历史和近代历史同我们生活的关系是各不相同的。近代史与我们当前的斗争往往联系很直接，古代史和今天的生活只有间接的联系。举出中国近代史的例子就可以说明这一点。

中国近代的历史是帝国主义侵略中国与中国人民反对帝国主义及其走狗的斗争的历史，是阶级斗争空前复杂的历史。中国目前进到了社会主义，但是那段历史距离今天只有十几年、几十年、百把年。阶级斗争在我们的社会里仍很复杂很尖锐。帝国主义至今还包围着中国。美帝国主义至今还霸占着中国领土台湾。被美帝国主义所豢养的蒋介石集团仍然妄想在中国再度建立起他们的黑暗统治。社会上存在的资本主义势力总是想要复辟，想要让社会主义向资本主义“和平演变”，如此等等。可以说，中国近代史的基本内容处处都和当前实际斗争直接有联系。讲好中国近代史，就是对我们的人民进行当前斗争问题的实际教育。为什么我们强调要“厚今”，道理就在这里。

古代史教学当然也可以为今天人民的斗争服务。问题只在于如何服务法。古代史教学要从人民现实斗争的需要出发确定教学目的。为什么研究古代史？我们是为了今天斗争的需要，不是为古代而研究古代。研究死人是为了活人，不是为了让死人统治活人。中国历史上有过孔子、秦始皇等大家都很熟悉的人物。我们今天也研究孔子和秦始皇。然而我们研究他们、研究他们那个时代的根本目的，应当是为了现在我们更好地进行反对封建主义、资本主义的斗争，为了彻底进行社会主义革命。现实斗争是我们研究古代的立脚点。对日本古代史、对世界古代史的研究，我想也可以是这样。

古代史教学如何为人民服务，还有一个重要的问题，就是要从人民的实际斗争需要出发，分析、批判对待古代文化遗产。像大家所知道的那样，每个古老的民族都有自己丰富的文化遗产。其中既有精华的部分，也有糟粕的部分。讲授古代历史，必须从人民当前斗争的利益出发，确定那些东西里面什么是应当称赞的，什么是应当反对的。来自劳动人民、反映劳动人民的利益和要求，促进劳动人民斗争和活动的东西，是我们要称赞、要肯定的东西。表现没落阶级的要求，不利于人民斗争的东西，是我们要否定、要反对的东西。要为今天人民的斗争服务，就决不能拿那些东西去充塞人们的头脑。

近代史和古代史比重的具体安排，我想应该根据具体情况去确定。中等学校与高等学校有区别，高等学校里非历史专业与历史专业有区别，历史系里的近代史与古代史专业还有区别。

“厚今薄古”是一条马克思主义的道理，是历史教学要为人民服务的一条道理。资产阶级学者不论主张“厚古”或是主张“厚今”，他们的出发点跟我们是根本不一样的。

问题四：如何评价历史人物？在日本现在的情形下，是否也可以对统治阶级中的某些人物作较好的评价？

评价历史人物没有一个现成的公式。假定有那样的公式，我想仍然是马克思主义的学说。我的意思是说，评价历史人物必须坚持阶级分析观点，对具体人物作具体分析，不能千篇一律地做抽象的论述。不这样，要得出正确的结论是不可能的。

处在日本现在的情况下，即处在资本主义社会里，人们对于历史上统治阶级里的某些人物可不可以作较好的评价呢？我认为马克思主义的历史观点所以是科学的，就是由于它既是合乎客观实际的，又是具有客观标准的。只要你是站在马克思主义的立场上，无论是处在社会主义制度下还是处在资本主义制度下，评价历史人物的标准应当是相同的。彼亦一是非，此亦一是非，是和封建主义的、资产阶级的历史学相伴随的东西。封建主义和资产阶级的历史学家是统治阶级的奴仆。他们必须为他们的主子辩护，根本没有什么客观的真理可言。

当然人们的认识是可以有改变的。人们对事物可以从没有正确认识到具有正确认识，从不了解事物的本质到发现事物的本质。关键就在斗争实践。跟着阶级斗争实践的前进，人们对历史、历史人物的认识必然要不断地深化。原来加以肯定的某些人物，后来变为需要加以否定了，或者是有些人物过去是缺少全面分析的，后来作出了全面的分析。我想这并不是什么前后标准不同的问题，而是研究者的阶级斗争实践、马克思主义水平的问题，是对客观标准的理解、运用的问题。

历史上统治阶级内部的人物是形形色色的。有的人起了非常反动的作用。封建暴君、卖国贼即属此类。对于那些独夫民贼，并不发生难于判断的问题。统治阶级中有些人既是剥削阶级的代表者，同时又在客观上起过某些进步的作用。评价这些人就要复杂得多。一个研究者是不是真正具有阶级斗争、阶级分析的观点，常常在评论这些人物的时候面临严峻的考验。

对历史上剥削阶级里某些人所起的进步作用是可以予以肯定的，因为那些人代表着历史上一定时期的动向，反映着人民群众的活动和要求。马克思主义主张批判地对待历史，而不主张否定历史。我们不应该无批判地肯定历史上的一切，只应该肯定那些有利于人民斗争的东西；同时，我们也不需要否定历史上的一切，只需要否定有害于人民斗争的东西。问题不在于能不能肯定剥削阶级里面某些人有过的贡献，问题在于你是把剥削阶级看作是历史的主体，还是把劳动人民看作历史的主体；你是把剥削阶级里某些人物的贡献看得比劳动人民更重要一些，还是认为只有劳动人民才是历史真正的创造者。剥削阶级里的人物，即使再了不起，和劳动人民相比是极其渺小的。

第一，剥削阶级里某些人的进步作用，是以劳动人民的生产活动为前提的；第二，剥削阶级里那些人所以能够起一些进步作用，只是由于受到了劳动人民反抗压迫、剥削的阶级斗争的制约；第三，剥削阶级里面某些人的进步作用紧密地和残酷的阶级压迫、阻滞历史前进交织在一起，历史始终是由人民群众的生产斗争与阶级斗争所推动的。

因此，剥削阶级里的人物离开了人民群众的斗争，就谈不上起任何进步作用的问题。历史的前进归根到底决定于人民群众。把统治阶级所起的作用和人民群众所起的作用清楚地加以区别，是我们评价统治阶级内部的人物的最重要的关键。

无论在哪种社会制度下，要是有人在评价历史人物的时候，把统治阶级里的某些人看作仿佛是历史的主宰，把人民群众看作不过是阿斗，我们就奉送他一个尊号：历史唯心主义者。历史唯心主义根本不可能把正确的历史观点教给群众，而只能给人民群众的斗争带来有害的影响。进步历史家的一个经常任务就是要和历史唯心主义作斗争，肃清他们散布的各种有害影响。

问题五：关于历史分期问题，中国是怎样认识的？中国学者对于近代和现代的分期似乎有两种不同意见，联系到当前未解放的日本的情形，应该怎样考虑近代和现代的划分？

历史需要分期分段去叙述，没有什么人反对。但是为什么要分期、如何分期，追究一下，问题不少。

不管谈论中国史分期还是谈论世界史分期，我们首先应该弄清楚历史分期究竟意味着什么。

马克思主义的历史学如前面所说，是把历史作为一个有规律可寻的客观发展过程来看待的。因此，我们谈论的历史分期只有一个含义，即按照历史的客观实际，表现出社会历史发展、变化的不同阶段间实质的区别，显示出那些发展阶段的特征、内在联系和发展趋势，最后把历史发展、阶级斗争的客观规律性正确反映出来。不研究历史发展阶段的实质区别，不研究阶级斗争形势的重大演变，单纯争论某个年代如何如何，那是舍本逐末，缘木求鱼。封建的历史学多半只是根据某个王朝的起讫把历史分成若干段落。资产阶级历史学也只限于表明某种文化起落，某些民族兴衰、人物进退之类。它们虽然也在分期，也在强调某些年月日的历史重要性，其实都只是抓住了些表面现象，一点都不涉及历史发展、阶级斗争的本质。

中国近代、现代史如何分期，至今并没有发生实质的争论。以前我们的办法是把鸦片战争到五四运动的历史叫作近代史，把五四运动到中华人民共和国成立以后的历史称为现代史。中华人民共和国成立以后，历史前进到了一个崭新的时代。十几年前的“现代”，已经很快为今天的“现代”所代替。时至今日，我们再用“近代”去概括鸦片战争至五四运动的历史，用“现代”概括五四直至中华人民共和国以后的历史，显然是非常不合理了。

其理由我以为是很明显的。鸦片战争以后到中华人民共和国成立为止的一百一十年历史当中，有两个共同之点：第一点，中国一直是一个半殖民地半封建社会。第二点，中国始终处在民主革命的时期。中国人民始终一贯的革命任务是打倒帝国主义和封建主义。最后一二十年里虽然增加了一个反对官僚资本主义的任务，但是官僚资本主义并不是一个与帝国主义封建势力无关的东西，而是依托于帝国主义封建势力，与帝国主义封建势力密切结合的。中国的革命性质、革命任务在五四运动以前和以后都没有改变。五四前后既然社会制度相同，革命任务、革命性质相同，我们就只能把它看作是同一个历史时代。

当然，我们必须懂得五四以前的民主革命是资产阶级领导的，属于旧民主主义，五四以后的民主革命是无产阶级领导的，属于新民主主义。两者存在很大的差别，领导阶级不同，发展的前途不同。不明乎此，就无法理解中国革命由失败到最后胜利的全部历史。

往下翻开五四运动至中华人民共和国成立与以后的历史，一眼就可以看出这两个时期是有根本区别的。中华人民共和国成立以前是半殖民地半封建制度，这以后是社会主义制度。中华人民共和国成立以前是民主革命时期，这以后是社会主义革命社会主义建设的时期。中华人民共和国成立以前，中国社会的主要矛盾是中国人民与帝国主义封建势力的矛盾；历史进入社会主义以后，工人阶级和资产阶级两个阶级的矛盾、社会主义和资本主义两条道路的矛盾成了国内的主要矛盾。社会制度、革命性质有根本的改变，阶级矛盾有重大的改变。至今仍然用“现代”这个概念去包括上述两个不同时期，就未免要发生分不清两种社会制度、两个革命历史阶段的问题。

然而，这两段历史又有一个极其重要的相同的地方，即它们的前进方向、进程，都是由中国共产党领导中国人民所进行的革命斗争所决定的。中国民主革命的彻底胜利，社会主义改造的胜利，都是由于一个根本条件：无产阶级政党——中国共产党的领导。这是必须注意的。以前我们把这两个时期一并称为中国现代史，主要也是根据这个理由。其实细想一下，那应当是了解中国民主革命历史特点的理由，而不是把民主革命与社会主义革命看作一个历史时代的理由。把中华人民共和国成立以前和以后的时代加以区别，丝毫也不妨害人们正确地了解中国革命的全部历史特点。

书本上有些沿用已久的历史学术语并非严格的科学术语。古代、中世纪、近代、现代等便属于这一类。近代、现代本系相对而言。我们需要根据社会经济形态、社会制度、革命性质、革命任务、阶级斗争形势的重大发展变化等称呼历史时代，来代替那些相对而含混的术语。中国自鸦片战争至中华人民共和国成立以前的历史时代，应当称为半殖民地半封建时代或民主革命时代。中华人民共和国成立以后的历史时代应当称为社会主义时代。中国要走完社会主义时代，进入共产主义，将还有很长一段道路。历史学上的近代、现代等称谓，我们不改变自然也可以，但我们的后人也一定要改变，因为我们的近代现代正在日积月累变成他们的古代和中世纪哩！

日本近代、现代史的分法自然跟中国的不同。每一个国家都有自己的历史条件、历史特点。每个国家虽然在大体上都遵循着从原始社会到共产主义的发展过程，但是它们绝不是一下子发生和完成的。一个国家进入了某个特定历史时代，并不表示其他国家也进入了同一时代。世界历史上比较早就发生了资本主义，而中国则直到十九世纪四十年代才进入半殖民地半封建社会。谁也没有办法证明它们在同一个时间里经历的是同样的社会制度。中国从二三千年前起就进入了封建时代，那时世界上许多地区有处在奴隶制下面的，也有处在原始社会的。我们绝对不能把中国的封建制和其他地区的奴隶制或原始社会看作同一个历史时代。现在中国是社会主义制度，日本是资本主义制度。虽然我们深信不疑，日本的历史必定要进入社会主义，并且这个日子已经不很遥远了，但是毕竟还没有成为现实。因此，我们不需要让中国历史上和日本历史上的资本主义阶段、社会主义阶段勉强求得一致，即使需要也办不到。现在日本的历史进到了什么时代，阶级斗争的性质是什么，我们就说是什么。重要的是指出历史阶段、阶级斗争的实质，不在于概念和名词。

这里我们只是讲国别史的分期。如果要谈世界史根据什么划分时代，我以为那是需要有统一标志的。世界上最早出现的新的社会制度，应当就是划分世界历史时代的客观标志。举例说，古代的希腊进入了奴隶制社会，那时美洲新大陆还远没有发现，处在蒙昧或野蛮的时代。我们却不能因为美洲还那么落后，而不说世界历史已经进入了奴隶制这个新的历史阶段。俄国伟大的十月革命以后，世界上诞生了第一个社会主义国家，工业发达的美国直到现在还在资本主义的锁链之下踯躅不前。但是我们仍然应该认为世界历史上的社会主义时代是俄国伟大的十月革命所开辟的，美国的资本主义早已是日薄西山，它只是代表世界历史的过去，不是代表历史的现在和未来。世界历史既有共同命运、共同规律，各国各地的历史又有自己的具体条件、具体特点，它们既是那么互相矛盾、彼此对峙着，又是那么和谐地统一在一个客观过程里面。

亚洲历史怎样评价？①

一、亚洲历史在西方资产阶级学者笔下被根本歪曲了

亚洲是世界文明的最古老的发祥地之一。亚洲人民称得起是世界上优秀的人民。无论古代和近代的世界先进文化里都有亚洲人民贡献的一份。近代的世界风暴许多次是从亚洲卷起的。亚洲历史在世界文明史上显然占有光辉的重要的篇章。丰富的记载和文物雄辩地说明了这一点。

然而，很长时间以来，亚洲历史并没有受到客观对待。数不清的西方资产阶级文人和他们的追随者任意贬低亚洲历史，千方百计歪曲亚洲历史。到目前为止，这种情形并没有多大改变。

西方出版的有关亚洲历史的读物不止汗牛充栋。要分别加以评论，那是很困难的。那些作品中自然也有内容比较充实，态度比较严谨的。但这种情形少而又少。整部亚洲历史，对于西方大多数历史编纂家与其说是科学研究的对象，不如说是“改造”、消灭的对象。他们并不抱有什么科学兴趣。他们生产历史著作和生产其他商品一样都是为了获取最多的利润。从那类作品上很难看出亚洲许多重要事变的真实面貌，更无法了解历史发展的客观趋向。西方资产阶级学者写的亚洲史、东方史、亚洲各国史等等，大部分是由两类叙述填塞起来的。第一类，亚洲自古迄今到处只有“野蛮”、“落后”、“不道德”和“不文明”。美国资产阶级评论家李普曼准确地说明过这一点：西方资产阶级对亚洲的概念，是“苏伊士以东是没有法律的野蛮人地区”②。第二类，亚洲

① 原载《人民日报》1965年7月8日、《历史研究》1965年第3期，《北京周报》英文版、日文版于同年11月第45期予以译载，《北京周报》德文版、法文版于次年3月第10期予以译载。——编者注

② 李普曼：《正在倒下的多米诺骨牌》，《纽约先驱论坛报》1965年4月23日。

的近代有了进步，有了文明，是由于西方的慷慨恩赐。美国前国务卿艾奇逊在美国“白皮书”上胡诌中国历史的时候说得很扼要：“19世纪中叶，西方突破了中国孤立的墙壁……这些外来者带来了进取性，带来了发展得盖世无双的西方技术，带来了为以往的侵入者所从来不曾带入中国的高度文化……”① 对中国历史这么看，对亚洲历史一样这么看。西方侵略亚洲？没有这回事，只有西方赐予亚洲以“文明”。后面一类叙述限于亚洲的近代。前面一类叙述有古代，也有近代。要说西方有关亚洲的历史著作没有显著特色，那是不公正的。凡属讲到亚洲的文化和人民生活无不极力加以诋毁；反之，对殖民主义统治亚洲造下的擢发难数的种种罪孽，无不极力加以洗刷、粉饰，把它们描写成仿佛田园诗式的或牧歌式的，这就是最大的特色。

某个英国人讲到印度历史的时候说过：“我们对于印度历史的写法，也许比我们所曾做过的任何其他事情更令人愤恨了。”西方殖民主义侵略亚洲、统治亚洲的记录中没有哪件事是不令人愤恨的。对于那种明目张胆消灭、篡改亚洲各国历史的行径自然也是一样。

亚洲的古代史离今天很远，也漫无边际。在这里我想只讨论近代亚洲的历史。对它到底如何评价，我们必须根据历史唯物主义观点分析这个领域的一切问题。

二、亚洲近代的历史有两个方面：有极其落后、黑暗的一面；有充满斗争、伟大光明的一面

亚洲近代历史上有各种场面各种斗争。而历史的主流却可以用一句话来概括：殖民主义、帝国主义侵入亚洲并把亚洲变为殖民地半殖民地的罪恶活动和亚洲人民反抗殖民主义帝国主义及其走狗的斗争的历史，就是亚洲的一部近代史。其他斗争无不受这两个对立面的斗争所支配，无不跟着它的发展形势而起伏转移。亚洲的历史在西方殖民主义侵入、统治之下，当然是极其黑暗，极其悲惨的。并且这种黑暗时代继续了不止一个世纪。亚洲的广大地区被殖民主义、帝国主义改变了地图的颜色。从顶西面的波斯、奥斯曼帝国

---

① 美国国务院1949年8月公布，《美国与中国的关系》，第4页。

起，经过阿富汗、巴基斯坦、印度，南抵缅甸、印度尼西亚、菲律宾，东到印度支那各国，中国与朝鲜这一系列文化悠久的国家和民族，被迫先后变成了葡萄牙、西班牙、荷兰、英国、法国、俄国、德国以及现在猖狂横行的美帝国主义的殖民地半殖民地。只有紧东面的日本例外。每个国家的内部四分五裂。领土被蚕食鲸吞，主权由外人掌握。主权的剥夺最后集中表现为物质财富的剥夺。下面举几个例子。

印度：美国作家布鲁克·亚当斯在《文明与衰退的规律》一书上说：印度的财富大量流入英国。“普拉西战役不久之后，孟加拉掠夺物开始抵达伦敦，并且好像即刻就发生了影响。……普拉西之战是在1757年，其后接踵而至的变化之迅速可能从来不曾有过可与比拟的。在1760年，飞梭出现了；在炼铁上，煤开始代替木料了；在1764年，哈格理佛士发明了纺织机；在1776年，克罗顿设计了纺棉机；在1785年，卡特赖特取得了机械织机的专利权；而在1768年，瓦特完成了蒸汽机。……虽然这些机器对时代的加速运动有所贡献，但它们并不是这运动加速的原因。发明本身是被动的。……它们等待着已经积累的力量有了充分的储备后才发生作用。”布鲁克的结论是：“自开天辟地以来，从来不曾有过投资能像从印度掠夺物中所获得的那样大的利润。”

印度尼西亚遭受东印度公司搜刮，17世纪前期至19世纪前期共流入荷兰约八亿荷盾的财富。1830—1870年印度尼西亚实行“强迫种植制度”，四十年内往荷兰流入约八亿荷盾的财富。20世纪初，宗主国的掠夺激增，这时印度尼西亚一年之内就要流往荷兰八亿荷盾的财富。

帝国主义从中国抢劫、勒索去的物质财富难以数计。1842年、1860年、1895年、1901年四次战争赔款即达关银七亿一千余万两。1895年甲午战争一次赔款二亿三千万两。当时中国的国库收入不过每年七千多万两。1901年《辛丑条约》一次赔款四亿五千万两。中国当时的人口是四亿，每人需要分担一两多银子。外国在华企业利润，最高一年近两亿元，最低一年几千万元。帝国主义对华贷款1865—1948年总额达三十亿一千九百五十万美元。利息高得难以想象。1895—1913年，英、法、德、俄、日分别和联合贷给中国五笔款项，共七千七百八十二万英镑。外国资本家每借给中国一百元，获纯利一百六十一元。

亚当吃了苹果，罪就落到了人类身上。与亚洲沦为殖民地半殖民地紧相结合的，是历史上空前黑暗的统治。殖民主义者及其走狗的统治，其残酷、恐怖比古代罗马远有过之而无不及。亚洲成亿的人口被屠杀。许多土著居民被整部剿灭。世界上最富丽精工的宫殿陵庙等建筑被夷为一片废墟。历史记录、艺术珍品都付之一炬。生产凋敝，工业农业十分落后，社会发展停滞不前。英国的印度总督本丁克在1834年的报告中叙述英国机器工业破坏印度社会生活的情形说："悲惨景况在商业史上是无与伦比的。棉织工人的白骨使印度平原都白成一片了。"其实这不过是殖民主义者承认的他们多如恒河沙数的罪行中小小的一端。莽莽亚洲大地，在近代，哪里不是布满了殖民主义者绞杀的亚洲人民的白骨！

亚洲历史的这一面，非常刺眼地摆在每个人的面前。不充分揭露、如实叙述，是不对的。想要掩饰、回避，更是不能允许的。

然而，那种极端黑暗与衰败，并不就等于近代、现代的整个亚洲。近几个世纪的亚洲历史，同时存在着充满战斗、充满活力的伟大光明的一面。亚洲人民这时绝不是以一个无关轻重的配角身份站立在历史舞台的侧面，他们是以全剧主角之一的身份活跃在舞台的正面和中间。轻视这一面是不对的，采取否定态度更是错误的。

近代的亚洲首先是世界人民反殖民主义斗争的最广大的战场。

葡萄牙、西班牙、荷兰最初侵入亚洲的时候，也就是亚洲人民开始进行反殖民主义战斗的时候。往后，殖民主义的进攻愈猖獗，人民的反抗斗争就愈高涨。亚洲各国的历史都是一部长长的人民反殖民主义斗争的大事记或大事年表。人民反对外国侵略压迫和反对本国封建统治的暴动起义，几个世纪里实际上很少间断过。

以前亚洲各国人民的斗争是孤立进行的。19世纪以后彼此开始有一些关联，亚洲从此连续出现了几次民族解放斗争的高涨时期。第一次这种高涨形成于19世纪中叶。这时大规模的斗争有波斯的巴勃教派起义（1844—1852），中国的太平天国革命（1851—1864），印度人民的革命起义（1857—1859）。亚洲其他地区一些反抗运动也先后爆发。马克思当时就指出过：印度军队的起义是和伟大的亚洲各民族所表现的对英国权威的普遍仇恨分不开的。孟加拉军队的造反无疑是与波斯和中国的战争密切相联的。19世纪末年，亚洲出现了民族解放斗争的第二次高涨，波斯马尔康汗领导的民族主义运动（1890—1891），波斯人民反对烟草专卖的暴动（1891）；印度阿萨密、曼尼波尔地区的人民起义（1891），提拉克领导的民族主义运动（1895—1897）；越南黄花探领导的反法起义（1891—1898）；朝鲜的东学党起义（1893—1895）；奥斯曼帝国人民的反抗斗争，早期的“少年土耳其”运动（1894年以后）；菲律宾推翻西班牙统治的革命（1896—1898）；中国孙中山领导的革命活动(1895年以后)，义和团运动（1899—1901）等等，构成了这次高涨的主要内容。参加这些斗争的有广大劳动人民，有资产阶级政治势力，把斗争锋芒指向帝国主义是它们的共同之点。1905年以后，接着又出现第三次民族解放斗争高涨的时期。波斯革命（1905—1911）、印度国民大会“极端派”的反英斗争（1905—1908）、土耳其革命（1908—1909）和中国推翻清王朝的辛亥革命（1911—1912）都发生在这个时候。列宁评论这次高涨的意义说，这是几万万被压迫的、沉睡在中世纪停滞状态中的人民醒悟过来，要求新的生活，为争取人的初步权利，为争取民主而进行的斗争，是“亚洲的觉醒”。

亚洲人民这时的反殖民主义斗争，不只蔓延的地区非常辽阔，并且卷入战斗的人口最多，斗争最激烈，高潮一个挨着一个。因此我们说近代的亚洲成了世界人民反殖民主义斗争的最广大的战场。人民的斗争前赴后继，轰轰烈烈。它可以比作突破死沉沉气压的雷霆闪电，也可以比作红日跃上东方以前放射出的耀眼光芒。亚洲历史的这一个方面，我们是必须大书而特书的。非洲、拉丁美洲这时也是世界范围内反殖民主义斗争的重要战场。埃及、苏丹等地的人民斗争惊动世界，它们与亚洲的人民斗争处处遥相呼应。

当然那些暴动、起义和革命大多数是很快就失败了的。但是这丝毫也不减少它们的意义。殖民主义、帝国主义的疯狂进攻要求亚洲人民回答这样一个问题：敢不敢斗争，敢不敢与侵略者较量，把它打倒？亚洲人民的回答是：敢于斗争，敢于革命，相信自己事业的正义性，相信自己的力量和智慧一定能够战胜侵略者。殖民主义的“权威”受到藐视，革命意志得到发扬。人民的每一次斗争都为下一次斗争开辟出道路。殖民主义、帝国主义把亚洲变成一座殖民秩序的城堡，人民的每次斗争都使这个域堡大大增加了裂口，直到最后彻底垮掉。人民群众就是在这样一次又一次的斗争中不断觉醒、壮大起来的，一切反动统治者就是在这样一次又一次的斗争下被最后赶出历史舞台的。因此，即使每一次人民斗争都遭到失败，甚至革命者被斩尽杀绝，他们也还是胜利了。这就是那些起义、革命的不可磨灭的地方。

现代的亚洲又是世界两大历史潮流汇集的地区。

第二次世界大战以后，亚洲、非洲、拉丁美洲人民革命斗争的历史大发展、大前进，亚非拉美这时成了世界各种矛盾的集中地区。帝国主义在这些地区的统治更加削弱，人民的革命风暴在这些地区层出不穷，如火如荼地兴起。亚非拉美地区的民族民主革命运动，同国际社会主义革命运动一起，形成了现代世界的两大历史潮流。

世界历史的这两大潮流在亚洲更是汇集在一起，激荡冲决，使世界上再也没有什么力量可以阻止亚洲昂首阔步地向前走去。第二次世界大战以后，亚洲和非洲五十多个国家宣布独立。亚洲宣布独立的近十个国家里，有印度尼西亚、印度、巴基斯坦这样一些幅员广大、人口众多，并且受殖民主义统治了几个世纪的国家。第二次世界大战以后，亚洲有中国、越南、朝鲜三个国家走上了社会主义道路。对亚洲历史、对世界历史这都是划时代的变化。亚洲的日本、印度尼西亚等国工人阶级政党领导的人民革命运动也以一种崭新的面貌出现，而为举世所瞩目。它们或者有了飞跃发展，或者在奋斗前进。民族民主革命运动、国际社会主义革命运动两个历史潮流汇集在一起，使亚洲的历史达到了一个新的转折点，殖民主义长期奴役的亚洲，正在变成独立的亚洲、人民的亚洲。这是一个非常深刻的历史性变化。

亚洲在第二次世界大战以后所发生的一系列变化里，中国人民取得民主革命的胜利，中国历史进入社会主义时代，无疑地又是具有头等重要性的历史事件。它不只影响亚洲，也深深地影响全世界。第一，中国革命从根本上改变了世界革命人民与世界反革命之间、社会主义阵营与帝国主义阵营之间力量的对比。中国在近一个世纪里一直是帝国主义倾销商品、输出资本、掠夺众多的人力物力的重要场所。殖民地半殖民地中国的存在，对于帝国主义维持世界殖民体系绝不是无足轻重的。它是帝国主义控制下的巨大的后备力量和取之不尽的实力来源。中国革命的胜利，使帝国主义的统治一下子垮掉了半边天。昨天的帝国主义大后方，今天变成了反帝国主义斗争的根据地和最前线。一切都翻转过来了。中国面积接近一个欧洲。中国人口超过一个欧洲。世界革命营垒的力量显然因此超过了世界反革命营垒的力量。俄国伟大的十月社会主义革命第一次冲破国际资本主义锁链，使人类历史实现了从资本主义到社会主义的转变。中国革命的胜利则大大扩展了十月革命的阵地，使帝国主义在世界的全线崩溃提前到来了。第二，中国民主革命的胜利和中国历史进入社会主义，为世界殖民地半殖民地国度里的革命树立了一个光辉的典型。中国民主革命从最初的预备起，前后进行了一百一十年。前八十年里是农民战争和资产阶级领导的革命。它们都是失败的。那些斗争都没有能够阻止中国沦入殖民地半殖民地的黑暗世界。后面的三十年局势截然不同了。这时领导革命的是中国无产阶级政党——中国共产党。经过三十年的斗争，中国人民彻底推翻了帝国主义、封建主义和官僚资本主义的统治，建立了中华人民共和国。中国人民民主革命所取得的辉煌的胜利，使亚洲历史上所有的资产阶级民主主义运动，包括日本的明治维新、土耳其的基马尔革命、印度的甘地主义运动等，相形之下，无不哑然失声，黯然失色。这是只有在革命的无产阶级的领导下才能办得到的。中国人民战胜帝国主义及其走狗，建立中华人民共和国的道路，是许多殖民地半殖民地国家里的人民争取民族独立和人民民主革命彻底胜利所需要走的道路。俄国十月社会主义革命是压迫民族、即帝国主义国家里的革命的典型。中国革命则是被压迫民族、即殖民地半殖民地国家里的革命的典型。在我们观察第二次世界大战以后亚洲历史变化的时候，对于中国革命经历的道路和它的影响，是需要充分估计的。因为它远不止具有东方或亚洲的意义，而是具有全世界的意义。

亚洲人民打击殖民主义，推动历史前进，帝国主义和一切反动派并非坐在那里袖手旁观。反动统治阶级从来也不是一个旁观者。第二次世界大战以后，帝国主义在亚洲——还有在非洲、拉丁美洲并没有放弃殖民主义，而是在继续顽固地推行殖民主义。美国帝国主义表现得最突出、最狡猾、最疯狂。美国帝国主义和一切殖民主义者在世界人民强大的斗争面前被迫要改变一些直接的殖民统治的旧方式，采取了一些新的方式，推行新的殖民主义。那些方式，包括扶植傀儡政权，实行殖民控制；组织军事集团，建立军事基地；利用经济“援助”、经济“开发”榨取财富；精神渗透，文化侵略；制造颠覆活动，策划军事政变；直接的武装干涉，大规模武装侵略——如以前美国武装侵略朝鲜，目前美国武装侵略越南、老挝那样，等等。其中有老殖民主义统治方式的继续，有新形势下面变的新花招。第二次世界大战以后，美国帝国主义成了世界反革命的宪兵，当然也成了亚洲反革命的宪兵。总之，帝国主义还没有最后死亡，亚洲人民的反帝斗争还没有过去。亚洲这个地区，过去是、现在仍然是反帝国主义斗争的烽火连天的前线。亚洲现代的历史，比以往任何时候都显得又复杂又简单。一面，民族民主革命运动、国际社会主义革命运动两大历史潮流汇集的冲击；一面，美国帝国主义、一切新老殖民主义的垂死挣扎，绝望的反扑。亚洲成了现代世界搏斗的一个焦点。两个对立面的斗争，它的发展和解决，不仅关系着亚洲地区人民的命运，而且关系到全世界人民的命运。亚洲现代的历史绝不是一个局部性的问题，而是一个世界历史全局性的问题。人们谈论世界现代史，要想回避两大历史潮流，那不会讲出什么实在的东西。谈论亚洲现代史，要想不涉及两大潮流在这个地区的激荡、革命与反革命的关系世界历史全局的无情搏斗，干脆就讲不出任何东西。

从上面的叙述中应当作出什么判断呢？我们的判断是这样：西方殖民主义侵入以后，世界实际上存在着两个亚洲。其一，殖民主义、帝国主义统治下的黑暗、落后的亚洲；又其一，伟大的、战斗的、充满光明的亚洲。它们同时存在，而又尖锐对立。西方资产阶级和在他们那种思想支配下写出的作品，关于这两个方面都很少有真实之处。他们用极力夸张亚洲落后的办法，去掩盖、粉饰殖民主义对亚洲实行空前黑暗统治的一面；他们用同样的办法，极力抹煞人民群众的斗争，贬低人民推动历史前进的一面。亚洲历史中黑暗的东西被他们根本篡改了；亚洲历史上光明的东西则被他们根本抛弃了。现在，揭开那些伪造和歪曲，摆在我们面前的亚洲历史，是既有奴役、黑暗和耻辱，又有战斗、光明、伟大的前进。历史撕下面纱，透露出了一些真相。时间越前进，两个亚洲的对立和它们的发展趋势就表现得越明显。现在历史是处在这样的过程中：殖民主义者已经快要进入死亡的黑地狱，亚洲人民则正在大踏步穿过胜利的凯旋门。虽然贯穿着这个过程的斗争仍是严重的、激烈的，其结局却是一目了然的。

至于亚洲人民在文化、精神领域的卓越创造；亚洲国家的封建社会内部已经孕育着资本主义萌芽，没有西方资本主义侵入，也将缓慢地发展到资本主义社会等等，这里我们还没有论及。

与亚洲历史命运相同的还有非洲、拉丁美洲的历史。非洲、拉丁美洲无论过去和现在都是与亚洲并肩前进的。那里的历史同样应当重新予以评价。

对于亚洲、非洲、拉丁美洲历史的这种认识当然并不是什么人都会接受的。有两种根本对立的历史观点。一种是历史唯物主义观点，一种是资产阶级唯心主义观点。“普鲁士的历史编纂学家”、西方史学界赫赫有名的“大师”利奥波尔德·封·兰克明确说过：“历史就是国王的科学。”历史唯物主义观点，恰好与之针锋相对，认定人民群众是历史的创造者，历史前进的方向，归根到底不是由统治阶级决定的，而是由人民群众来决定的。古往今来的事实，证明合乎历史客观实际的，不是历史唯心主义的观点，而是历史唯物主义的观点。

三、亚洲的历史地位被贬低，其根源来自殖民主义者的存在，来自他们对亚洲的剥削和压迫

一切陈旧的历史书都是反映统治者、征服者观点的历史书。统治者为了对付人民必须采取各种办法。改写历史、消灭历史是普遍采取的一种办法。和过去的征服者相比，殖民主义者消灭殖民地的历史要更加彻底一些。非洲、拉丁美洲的历史几乎全部消灭了。亚洲的历史消灭了一半，歪曲了一半。

消灭、歪曲亚非拉美的历史，反过来就是拿欧洲历史压倒一切历史，代替一切历史。说欧洲一向是天堂，也就是为了说亚洲和其他地区一向是地狱。西方资产阶级总是拒绝承认欧洲——现在再加上一个北美——以外的历史可以列入世界文明的历史。西方资产阶级历史学奉行一条金科玉律：欧洲中心主义或西欧中心主义。虽然那种“理论”早已陈腐发臭，现在却还在到处传播，并多少有些市场。随手举美国海斯等人写的《近世世界史》做个例子。照那上面说：“自古昔希腊罗马时起，迄于今日，任人类史剧之主角者，为欧洲之白人。吾人所称之近代文明，皆起于五大洲中最小之欧洲。平民首先胆敢夺取专制君主之政权，民族习知爱国主义；发明家利用自然力以推进钢铁之机器，转移人类之舟车；弹药开始为战争致命之武器；科学家以望远镜考察天体，又发现化学、物理、生物、医药等学之秘密；公立学校及自动印机学术玄奥，公之于世。凡此种种，皆起源于欧洲。”下面接着就是攻击“远东不进步之黄种”人，“以及愚昧之非洲黑人”等等。[①] 西方历史学那种荒唐理论表现在教学实践上，就是干脆把亚洲历史排斥在世界史之外。根据查斯特·包特斯《大使的报告》一书记载：美国学校讲所谓“世界史”是从埃及和美索不达米亚开始，经过克里特岛转到希腊，穿过罗马，然后在法国和英国结束。学生被要求记住“世界史”上一百个最重要的日期。其中关于亚洲的日期只有一个，而这一个还是美国人皮雷“开放”日本的一八五七年。西方资产阶

①Hayes and Moon：《近世世界史》，第591—592页。

级对世界历史的这种看法，仿佛是某种寓言故事里蚂蚁对世界的看法。蚂蚁认为自己是统治世界的，只有它是世界之主。任何人在蚂蚁看来都是微不足道的。历史唯心主义在这里走到了它的顶点。

欧洲或西欧的历史在一个很长的时间里一直被说成是世界历史的中心，这不是别的产物，而是地道的西方资本主义侵略势力的产物。那种观点只是强烈地反映了西方殖民主义一贯侵略东方，一贯追求奴役亚非拉美人民的观点。古代罗马帝国把德国人、法国人指为“劣等民族”“野蛮人”，并由此得出结论：德国人、法国人应该永远服从“优等民族”，即罗马帝国的统治。西方殖民主义就是这样看待亚洲和看待非洲、拉丁美洲的。西方殖民主义把亚洲看成为一片没有“真正的文明”，没有历史的荒漠，看作不过是他们倾销商品、掠夺原料和廉价劳动力的殖民地。欧洲中心主义的历史观点，就是赤裸裸地反映了殖民主义者的这种观点。根据这种论点，由西方殖民主义者统治亚洲，统治一切“落后”地区就是天然合理的了。资产阶级历史学就是这样为它那个阶级服务的。那些历史家即使没有意识到这一点，问题的实质终归就是如此。

社会存在决定社会意识。一切陈腐的观念最后总是要为雄辩的事实所推翻的，无非时间有迟早之别。亚非拉美人民改造世界的斗争，不断地震撼得地球发抖。人们把自己封闭在密室里也无法逃脱它的震荡。西方资产阶级面对这个事实，什么欧洲中心主义、西欧中心主义，都只有加速完蛋。现在一些西方学者纷纷议论要用“开明”态度对待亚洲历史。英国伦敦大学东方学非洲学系 1956 年召开的一次名为“亚洲人民的历史写法”的会议，曾经热心讨论是否应当用“开明”态度写亚洲历史的问题。意大利出版的《东方与西方》杂志 1961 年第 2 期上刊载日本作者写的题为《何物横陈于东西方之间？》的一篇文章，强调“重写世界史的必要性”。不论他们抱着何种观点，看来事情很明显：西方这个上帝在克里奥女神面前已经大大丧失其权威了。

欧洲中心主义需要反对，这当然毫不意味着主张对欧洲历史的轻视。那样做是让人们从这一个反科学的极端走到另一个反科学的极端。

欧洲历史享有它固定的地位。16 世纪尼德兰的资产阶级革命，17 世纪英国的资产阶级革命，特别是 18 世纪末法国的资产阶级革命，替欧洲历史增添了极大的光辉。尤其是法国资产阶级革命给资产阶级做了很多事情。整个 19 世纪可以说都是在法国革命的标志下度过的。欧洲资本主义上升和欧洲资产阶级革命的时代，是世界历史的一个飞跃前进的时代。这是毫无疑义的。但是欧洲资产阶级一经取得政权，很快摇身一变，成了一个支持一切落后东西的阶级。欧洲无产阶级革命运动和东方民族民主革命运动兴起以后，欧洲资产阶级就愈来愈变成了一个坚持落后、野蛮、特权、奴隶制度的反动透顶的阶级。欧洲历史后来所以还是先进的，是由于先进的欧洲无产阶级登上了历史舞台。他们根本违反资产阶级的愿望，高举起了社会主义革命的旗帜，继续引导历史前进。亚洲无产阶级对先进的欧洲无产阶级应当是永远感谢的。欧洲中心主义者极力鼓吹欧洲的先进，但是从许多人大谈其“基督教文明”之类来看，他们实际上一点也不真正懂得欧洲的先进到底在哪里。这就是资产阶级之所以为资产阶级。

历史作为科学研究的对象，有它的客观发展过程，也有它的客观规律性。不是历史家愿意把事情说成什么样子，它就会成为什么样子。无法想象谁可以按照自己的主观愿望“改造”历史。客观评价亚洲历史，目的在于恢复它被丑化、被歪曲了的本来面目，而不是要对它的本来面目进行美化和粉饰。研究任何地区、任何时代的历史，我们都主张坚持历史唯物主义，反对历史唯心主义。评价亚洲历史当然也是这样。要额外增加点什么、减少点什么都是徒劳的，都是违反科学的历史观点。资产阶级历史唯心主义者才会认为历史是可以任人改造，可以不放在科学基础上的。中国有个叫作胡适的买办资产阶级代言人说过：历史好比一个年轻的姑娘，可以任意涂脂抹粉。德国写过《西方的没落》一书的斯宾格勒说过：“一个历史研究者同真正的科学的关系越是疏远，他的历史学反而就更为出色。”胡适、斯宾格勒之流的荒谬议论，无非是表明他们抱着资产阶级唯心主义世界观，根本无力理解历史发展的客观性质，而要随心所欲地去歪曲历史。

历史万象纷呈。社会生产力的发展与阶级斗争，统治者的压迫与人民群众的反抗，历史上遗留下来的落后的、黑暗的东西与代表历史前进方向的先进的、光明的东西，这一切，紧密地交织在一起，又黑白分明，又迷蒙混沌。历史家的重要职责就是要对这些问题作出准确判断，把它们的地位摆正当和把它们的相互关系摆对头。根据这个要求论述亚洲的历史，我们认为必须：一、阐明这个地区长期而激烈的阶级矛盾、阶级斗争的世界意义；二、把人民群众摆在历史上正面的地位；三、肯定这个地区一切代表历史前进方向的新生的、光明的东西；四、不懈地批判和清除西方殖民主义和他们的追随者对亚洲历史的一切歪曲和伪造。亚洲历史长期被描写得又黑暗又狭窄。人们从资产阶级唯心主义的死胡同里走出来，猛一抬头，展现在眼前的是多么广阔的新天地啊！亚洲历史是世界历史的一部分。科学地评价亚洲历史应当是为了让世界人民正确了解世界历史、了解现状。世界各地被压迫人民正在赴汤蹈火，从事改造现实、改造世界的斗争。他们需要了解各地人民斗争的现状，也需要有世界历史的科学观点。恢复亚洲历史的本来面目，将帮助人们进一步摆脱殖民主义的精神奴役，进一步解放思想。因此，我想可以这样说：如何看待亚洲近代、现代的历史，当然也还有如何看待非洲、拉丁美洲的历史，实际上不只是一个对历史采取什么态度的问题，同时，也是一个对现实斗争采取什么态度的问题。

（本文是为参加1965年5月在卡拉奇举行的巴基斯坦第十五届历史年会写的，摘要在那次会议上宣读过）

中国近代史研究与学风

介绍辛亥革命运动中的君主立宪派[①]

“堡垒是最容易从内部夺取的”——这是“联共（布）党史”结束语所指出的重要教训之一。只需稍微熟悉一下君主立宪派的历史，就会发现中国革命的敌人，也向来懂得这一点，而且还很熟练。

一九〇五年以后，反动黑暗的满清政府，想拿“准备立宪”作为诺言，来和缓一下已经十分迫近的革命危机。使一部分对满清专制落后不满而又对革命害怕的人们，起来要求把“君主立宪政体”赶快见诸实行。他们建立各种组织，到处宣传号召，在一定社会阶层里形成一个小小运动。而参加这个运动的人们在政治上也就单独成为一个派别——君主立宪派。身为大资产阶级与“开明”地主新式官僚代表的张謇、汤寿潜、熊希龄、伍廷芳、汤化龙、谭延闿等等，就是这个派别前后出名的领袖人物。

比立宪派更早形成的，还有两个政党性质的团体，一个是领导革命的同盟会，另一个就是反对革命的保皇党。立宪派与两党不同，一开始就以“中间”面貌出现。他们反对同盟会，也拒绝与保皇党公开合作。特别是在“实行立宪政体”这个中心问题上，同盟会认为要“共和立宪”，即先用革命手段推翻满清，然后实行民主宪政。立宪派坚决反对，说这是“太阿倒持”，未免过左。与此同时，保皇党认为只能“以开明专制为立宪制之预备”，因为“人民程度未及格”的缘故。立宪派也不赞成，说这将“隐忍终古”，又未免太右。因此，他们自己就作出结论：“要之政体不一，而欲求有利无弊，首推立宪君主之制”——此外附加一点：立即实行。可是，满清政府却衰弱得连这么一个温和政策也不敢坚决采取。自一九〇六年下诏“仿行宪政”后，直到一九一一年各地争路风潮已起，还在一味敷衍搪塞，使立宪派在各种热诚努力之后，大失所望，不得不考虑要改变方式，来继续维持它们这个阶级的统治利益。

---

① 原载《人民日报》1949 年 10 月 10 日第 6 版。——编者注

同年十月十日，同盟会影响下的新军在武昌起义，很快形成一个起义群众向清朝统治武装进攻的汹涌浪潮。但起义领导上的许多缺点，又从各方面迅速暴露出来，于是，君主立宪派们所要重新采取的方式就找到了。

武昌起义的第四天，君主立宪派首领之一，湖北咨议局长汤化龙首先变成了武汉军政府的民政部长，十月二十二日湖南咨议局长谭延闿又变成了湘军都督，不久四川的咨议局长蒲殿俊、浙江的汤寿潜也相继取得都督名号，一时君主立宪派的许多重要角色都挂起“革命”旗帜，并自称一向就是“拥护”革命的“中心人物”，开始把他们的一只脚插在革命阵营中。

就在汤化龙参加“革命”的同一天，立宪派另外一位重要首领张謇急忙从湖北赶到南京，往见满清“将军”铁良，要他马上派援兵赴鄂，同时，向清室奏请“速颁决行宪法之论”，铁良不肯做主，二十五日张謇往见两江总督张人骏，说“武昌地据上游，若敌顺流而下，安庆又有应之者，江宁危矣”。张人骏不听，张謇又于第二天跑到苏州找江苏巡抚程德全，重申他的“请速颁宪法开国会之议”，程德全同意，张立刻同另外两位立宪派分子雷奋、杨廷栋替程德全起草奏折。到十一月一日江苏咨议局又直接致电清政府：“请宣布立宪开国会。”把他们的另一只脚仍然站在满清朝廷里。

到十一月中，各地起义、独立还在继续发展，满清中央政府在帝国主义——特别是英美帝国主义的驻华代表朱尔典等严厉督责下，只得重新起用“隐居”在彰德的袁世凯，由他组织内阁，正式向民军提出“一、下罪己诏，二、实行立宪，三、开除党禁，四、皇族不问国政”四个条件求和。派唐绍仪为代表到汉口谈判。朱尔典更训令汉口英领事出来介绍和议。而清政府的封疆大吏与战地指挥官们，在起义军面前也都莫展一筹，相率逃走。君主立宪派遂一面进一步强调“共和”的完全必要，劝告清室马上退位。十一月间张謇单独致清内阁一信说：“今共和主义之号召甫及一月，而全国风靡……惟北方少数官吏恋一身之私计，忘全国之大危，尚保持君主立宪耳，然，此种谬论，全国非之。”好像已经完全忘记了，只有他们自己，才是“此种谬论”的坚决倡导者与执行人。同月十四日，张謇、汤寿潜、赵凤昌等更致电张家口商会转内外蒙古，要它们也“赞成共和”。同一天，张謇又干脆拒绝清政府委他做什么“宣慰使”“农工商大臣”的拉拢。其他立宪派分子则从上海跑到汉口，又从汉口跑到南京。选举了黄兴为“大元帅”，还准备选举孙中山为“大总统”。

但同时，另外一面，立宪派把满清政府放到一边，开始了秘密和袁世凯谈判如何私相授受总统的问题。在张謇给袁世凯的许多秘密电报中有一个是这样说的："甲日满退，乙日拥公，东南诸方，一切通过……愿公奋其英略，旦夕之间，戡定大局，为人民无疆之休，亦即公声名俱泰无穷之利。"

在北方当时的立宪派首领杨度更拉着同盟会内叛卖分子汪精卫于十一月十五日在北京打出"国事匡济会"的名义，让汪暗中从同盟会内部为袁世凯效力。这时袁世凯还装腔作势，也确实没有把握就答应下来，张謇接到的许多袁世凯回电中，其一有云："凯衰病断无非分之想……在北不易言共和，犹之在南不易言君主……困难万分。"但立宪派并不怕这些困难，还是一直为袁世凯努力下去。

这就是君主立宪派从武昌起义到南京政府成立期间活动的主要手段。领导起义的同盟会，对此不但没有提起警惕，加以揭穿，而且还通过他们去和袁世凯打交涉，让他们的阴谋更得到了发展。等到十二月二十五日孙中山从美国回抵上海，一九一二年一月一日组成南京政府，立宪派已在假革命面具掩盖下，把自己的势力培植得非常牢固，成为同盟会在南京政府中所不可战胜的反对派了。

南京政府除孙中山与黎元洪分任正副总统外，国务院的阵容是：陆军黄兴，教育蔡元培，海军黄钟英——同盟会。实业张謇，交通汤寿潜，司法伍廷芳——立宪派。外交王宠惠，内务程德全，财政陈锦涛——官僚政客，不属两党，但又分别与两党有联系。很明显，这是一个同盟会与君主立宪派的临时联合政府。同盟会表面上有兵权，但实际上它没有多少可靠的武装。立宪派表面上没有财权，但是实际上它有足以影响政府前途的财力。最初同盟会会内定张謇为财政总长，想借重他筹划一笔经费。孙中山回到上海时曾经宣布，他是两袖清风，一钱不名，只有经过黄兴向张謇再三要求，才由张出具"保证书"向日本三井洋行借得三十万银元的政府开办费。正在这时，张謇发表了一个《对于南京新政府财政之意见书》，说每年有八千万两这个惊人数目的款额无处可筹，因此，他"不能担任财政"。这是立宪派作为反对派的第一着。

南京政府正式成立后，立宪派在名义上担任了几个"总长"，但是，他们从来不出席国务会议，更谈不到执行任何职务。这是他们作为反对派的再一着。

政府可靠武装既很少，就委任许多实力不大名义不小的杂色军队，由陆军部负责军饷，弄得孙中山与黄兴被形容为“罗掘俱穷”。黄兴几次恳求张謇：“望公有以助我。”张表示无能为力。后来孙、黄竟向日本人抵押汉冶萍公司去直接借款，张謇说他“忝任实业，对此负有全责”，又坚持反对。孙中山、黄兴、胡汉民等再三解释，他提出辞职不干。孙中山竭诚挽留，并说“时危拂衣，想非所忍”，但他坚决拂衣而去。这是他们作为反对派的又一着。

原属同盟会而只单纯反满的章太炎等，在孙中山回国前后，就提出“革命军起，革命党销”。立宪派中张謇等也曾向孙中山提议“销除党名”。现在张謇与章太炎、程德全、赵凤昌等组成“统一党”，实行用新的组织在政府内外与同盟会对抗。这是立宪派作为南京政府反对派的再又一着。

君主立宪派这许多反对活动，不但与它们拥戴袁世凯的阴谋分不开，而且与帝国主义瓦解南京政府的政策也完全一致。当孙中山还对美政府存有幻想，由王宠惠以外交总长资格两次请求美政府对南京政府加以承认时，美政府一概不理，反同英国一起，在中国国内制造出“非袁则亡”“非袁莫属”“非袁则不承认”的空气，对南京政府施以压力。在上述情形下，孙中山只好以落得“共和”两个字的空名，经过“南北议和”形式，发誓把政权向袁世凯交出去。到一月中旬南方立宪派伍廷芳与唐绍仪之间的公开交涉，及北方立宪派杨度与汪精卫之间的秘密交涉，把满清退位，孙中山也辞去临时大总统，由袁世凯继任的方案谈判成熟。这时，张謇就在上海赶紧起草一个满清退位“诏书”，电达袁世凯替清廷宣布，最重要的一段是：“袁世凯前经咨政院选举为总理大臣，当兹新旧代谢之际，宜有南北统一之方，即由袁世凯以全权组织临时共和政府，与民军协商统一办法。”

这不仅用清室名义给了袁世凯一个接收南北两政权的公开把柄，而且也明白规定了袁世凯政权的性质不是起义政府的继续，而是满清统治的一脉相承。君主立宪派们把所有这些重要过程一步步完成之后，孙中山遂被迫于满清退位的次日——二月十三日宣布辞职，由帝国主义与封建势力的集中代表袁世凯坐上了临时大总统的位子。

原来君主立宪派附和起义，冒牌革命，又半路拆伙，让起义阵营垮台，这样翻云覆雨，就为的是把政权从革命派手里拿过来，再交到反革命派手里去。袁世凯夺取总统地位成功后，君主立宪派参加“革命”的任务也就胜利完成了。

到了一九一三年，原来同盟会中一部分人发动“二次革命”，立宪派把所有“中间”“革命”“联合”的幌子一律抛到九霄云外，由熊希龄、张謇、孙宝琦出来与保皇党梁启超打成一片，组织所谓“第一流人才内阁”，把袁世凯的统治暂时稳定下来。再过几天，跟在美帝国主义论客古德诺后面，君主立宪派中的杨度、严复等联合几个同盟会叛徒发起“筹安会”，从一九一六年八月到同年十一月的三个月中，就把一个“今大总统袁世凯”变成了“中华帝国皇帝”。这就是君主立宪派的大功告成。

没有疑问，只有由于领导革命的中国资产阶级的软弱，同盟会缺乏群众力量的基础，君主立宪派才能够发生作用。现在，历史早已走进一个新的阶段，革命的一切主客观条件，已经无法相提并论了，但是这一段历史教训，却仍然值得我们温习和警惕。

一八七四年美国与日本合作进攻台湾的经过[①]

我在拙作《美国侵华简史》里面，叙述“美国追随或通过别国向中国侵略”时，讲到了一八七四年美国曾与日本合作向台湾武装进攻。但有少数读者对这一历史事实表示怀疑，他们以某些资产阶级历史学家的著作为根据，以为事实并非如此。关于这一点，我在后来出版的《美国侵华史》里已经有了一些补充，因限于篇幅，说明还不充分。现在我对这段历史，再就现有材料作一个简要的叙述，这将可以使大家更多地知道：美国这个侵略者，从来就十分险猞狡猾，极容易使一些近于天真的人们受其欺骗的。

——作　者

一、这次美、日进攻台湾的简单经过

从一八五四年美国海军司令皮雷（Matthew C.Perry）建议由美国政府占领台湾起，美国就开始了对台湾这块中国领土的侵略活动。一八六八年，美国政府借口“罗佛（Rover）号事件”发动的武装进攻，更可以看作是企图军事占领台湾的一种试探。但每一次得到的结果都是失败。

一八六二年美国人李仙得（C.W.Legendre）开始任美国驻厦门领事，这是一个“刁悍异常”的家伙。他在职期间，利用自己的身份屡次到台湾活动[②]，对当地情况相当熟悉。在一八六八年美国进攻台湾的侵略军中，李仙得又“担任重要的角色，并被认为有丰富的军事经验”[③]，这就使他更有资格成为美国从事继续侵略台湾的活动人物。一八七一年有琉球船只破于台湾海面，水手

① 原载《新建设》1951 年第 5 卷第 3 期。——编者注

②1874 年美国外交文件（U.S.Foreign Relations 1874），第 328—329 页。

③ 德涅特：《美国人在东亚》，第 440 页。

若干人被当地居民杀害（因为那里地方偏僻，人民还很不开化）。美国于是以为有机可乘，第二年——一八七二年十一月，由李仙得携带着大批有关台湾的材料，包括台湾内陆、沿海地图，居民情况的表格，照片等等到了日本①，经过美国驻日公使德龙（C.E.Delong）、平安（J.A.Bingham）两人先后与日本秘密接洽，决定由李仙得以所谓“个人”资格出面，与日本合作重新进攻台湾。

一八七四年四月，美、日侵略军组织就绪。日本以陆军中将西乡从道领兵，动员海陆军约三千人，和相当数量的后勤人员，于五月七日（清三月二十二日）在台湾东南岸的琅璠社寮港登陆。当地群众利用他们的原始组织与武器起来坚决抵抗。侵略军所到之处，抢杀居民，焚毁草屋。但在战斗中他们却讨不到便宜，只得集结龟山地区，准备长期盘踞。清政府在接到这个消息以后，不能置之不理，一面令船政大臣沈葆桢（不久以后调为办理台湾等处海防兼理各国事务大臣）赴台湾巡视，又调淮军六千前往增防，一面由李鸿章等与日使柳原前光辩论敷衍，总理事务衙门也向美国驻北京公使卫廉士（卫三畏 Samuel Wells Wllliams）提出抗议。台湾本地群众更用游击战不断袭击敌人。拖到同年七八月间，气候炎热，侵略军中忽然瘟疫流行，日军不少病死，美国人也有“病危而归”②的。清政府更有派福建巡抚王凯泰领兵二万往援台湾的拟议。日本相当着急起来，派大久保利通来中国议和，容闳这时也代表清廷往华盛顿与美国政府直接交涉。美国一看情势不利，也就由驻天律副领事毕得格（W.N.Pethick）出面“调停”——在这以前，他是经常散布日本“增兵”消息和制造战争谣言的。紧接着，美新任驻华公使艾忻敏也匆匆经过日本来中国，暗中进行打击中国、袒护日本的活动。清政府早就觉得这件事“明是和局”，从无抵抗决心。现在乐得有人调停，就答应订立《台事专约三款》，赔款五十万两了事。

这一年十二月间，侵略军最后从台湾撤退，美、日合作的军事行动，到这时才告一结束。

---

① 美国外交文件，第 328—329 页。

②《同治朝筹办夷务始末》卷九八，第 1 页。

二、美国参加的规模

直到不久以前，差不多所有的历史著述上，在讲到这件事的时候，对于美国方面，多是指出一个李仙得或其他一两个人的活动。因此，也就说不上什么规模。

现在，让我分条举出美国参加这次军事行动的项目，然后用具体材料加以说明。

（一）有大批军事指挥人员

在这一项下面，包括海军与陆军军官、军事技术（测绘）人员等。其中有名的如：

李仙得：他的职位有各种称呼，从这些称呼和简短的材料中，可以知道他在这次事件里是一个什么角色。（1）美国许多官方文件中说，他是日本“军事顾问”[①]。（2）李鸿章四月廿八日（清三月十三日）给总理衙门“论日本派兵赴台湾”信件中说：“美人李让礼即李仙得，上年偕副岛种臣来华，即欲怂恿构兵。李让礼现充东洋大官，赫总税务司谓为日本主谋。与此间所闻无异。”[②]（3）清政府四月廿七日（清三月十二日）上海探信中说：“日本派柄川宫总督其事，李仙得参议。”[③]

康兹（A.Kautz）：美国军舰蒙诸加赛号（Monocay）司令。据美国厦门领事恒德森（Henderson）六月一日给国务院的报告中记载，他公开带领着美国军舰，随同日本一起在瑯璚湾地区停泊[④]，为日军声援。

日格赛尔（Cassel）：美国海军副司令，指挥日本海军。（1）上引恒德森的报告及与此有关的美国政府其他文件上，都有这一记载。（2）八月某日沈葆桢对清政府的奏折说，八月廿日（清七月初九日）“有在倭营之美国人日格

① 美国外交文件，第 328—329、348—350 页等。

②《李文忠公全书》，译署函稿，卷二，第 24 页。

③ 同上书，第 25 页。

④ 美国外交文件，第 311 页。

赛尔者，带倭人六七名到郡”，利用机会，在中国兵营进行侦察活动。[①]

华森（Wasson）：美国陆军副司令，指挥日本陆军。

其他美国指挥人员：（1）六月一日（清四月十七日）李鸿章对总理衙门“条覆三事”：“现日本带船带兵头目多用美国武官，宜先解散其党，否则中国兵船内亦可暂用英法人以相抵制。”[②]（2）前引恒德森报告：日本巡洋舰纳兴（Nashin）号、运输舰夏夫脱保（Shaftbury）号、炮舰华兴（Woushin）号和其他六艘日舰，也“几乎全部由美国公民指挥”。

（二）有军舰和装运军队的“商船”

前面举出的蒙诺加赛号，就是美国有军舰参加的例子。关于“商船”，（1）前引清政府上海探信：“……花旗公司船名‘牛也克’（‘New York’）装三千人，言为日本雇装兵丁前往。共去五个船只，两只兵船由日本而去，一只兵船日本派驻烟台调去，两只商船，西人之船雇去。但四五千之人，有多无少。”（2）五月十日（清三月廿五日）李鸿章与总署“论日本图攻台湾”：“……不独日本悖义失好，即美国人帮助带兵，雇与商船装载弁兵军装，均属违背万国公法；且与美约第一款相助调处之意不符。尊处晤美使时，似可就各处探报及各国文函先与辩论。若美国遵照公法撤回李让礼等，严禁商船不准应雇装载弁兵，计日本兵船无多，其谋当渐寝息。此为第一要义。”[③]日本的战斗部队一共只有三千人，就数量说，一只美国“牛也克”号，就可以完成全部的运输任务。

（三）有大批军火

在这一项里面，包括着美国卖给日本的弹药和兵船。（1）一八七三年初，清政府接到前一年十二月十五日（清同治十一年十一月初四日）从美国寄来的“密函”：“日本在美国定购林明敦后门枪子八千万，在纽约地方装兵船二

①《同治朝筹办夷务始末》卷九七，第1—2页。

②李鸿章前书，卷二，第28页。

③同上书，第24页。

只，云与高丽构兵，并宣言中国兵助高丽。”[①]这时正是李仙得到达日本，由美国公使与日本秘密接洽的时候，美国与日本对于台湾与朝鲜同时都有野心，不过由他们自己扬言“与高丽构兵”，很可能是声东击西，第一个目标正是台湾。（2）另据某一私人著作上叙述这段事说，“李鸿章先闻日本购买大批军火于美，有舰甲船二”[②]，可能也就是根据前面的一项材料；如果不是，而材料又没有错误，那么，从美国来的军火就更多一些。（3）李鸿章在与总署“论购办西洋枪弹船炮”函中说：“蕞尔日本，略效西人皮毛，亦敢睥睨上国，实逼处此，所恃多几件后门枪炮，两个小铁甲船耳。”[③]更进一步指明了日本正是凭借着这些军火，才敢于同美国一起冒险的。

（四）可能运有一批美国雇佣兵

不久以前，苏联某位历史学者，在有关这个问题的论述中，曾指出美国参加了“一些雇佣兵”的事实。现在我们可以见到的：（1）六月二十三日恒德森给国务院的另一个报告中曾说到“日格赛尔、华森及其他参加出征的美国公民”[④]。在“其他”项下，可以包括不少的人进去。（2）五月 × 日清闽浙总督兼福建巡抚李鹤年向清政府报告情况时有“探得三月二十二、二十三等日，有日本火轮船两号，驶至瑯璚社寮港停泊，人数八九百名，先遣洋人二十余名至柴城番界踩看扎营地势各等情”[⑤]。这二十余名“洋人”当然不是日本军队，直到现在，也没有发现其他外国参与此事。（3）只有五月十三日（清三月二十八日）的一则东洋电报上提到：“日本实已购定英商轮船二只，在长崎装兵；并托人在沪添购轮船，沪上洋人无赖者，多搭船往长崎投效。”[⑥]如果“英商”不是“美商”之误，这可以说明英国也赞成美日侵略计划。那些纷纷“投效”的无赖“洋人”们，可能也还有别的国籍，不过在台湾最先登陆的，

---

① 李鸿章前书，卷一，第 43 页。

② 按：此后四年，清驻日公使何如璋向清政府报告中有：日本“议由英厂购船，以费细始来一号，名为铁甲，实铁皮耳”。这则是另一回事。

③ 李鸿章前书，卷二，第 49 页。

④ 美国外交文件，第 324—325 页。

⑤《同治朝筹办夷务始末》卷九三，42 页。

⑥ 李鸿章前书，第 28 页。

据这些情况来判断，有美国雇佣兵在内，是可以相信的。

在满清政府中一贯主张投降外交，为人所痛恨的卖国贼——如李鸿章之流，这一次也提出了防止事态扩大，除了与日本折冲，还要用外交手腕加以抵制，并强调与美国政府直接交涉“为第一要义”，这不是别的，就是由于上述种种事实，被人看到十分明显，才使他们不得不这样做的。

当时美国无论就哪一方面说，都不是一个强国，在这以前，每一次照例是追随在英、法等国后面，均沾侵略中国的利益。这一次居然拿出了自己的人力物力，还成为中国直接交涉的对手，总够得上一定的规模了吧！

三、美国政府的两面手段

但是到底由于力量的限制，就在这一次，美国也没有抛弃他的老一套方法，即使用狡猾的两面手段，来掩盖自己的侵略面目；虽然这种掩盖早已被中国人民揭穿了。

最初日本因师出无名，实际上也没有什么胜利把握，在军事行动布置停当以后，日政府曾派员往长崎告知西乡从道可以暂缓发动。西乡回答说：“朝令夕改，令人无所从命。若畏清国异议，则目臣为亡命流贼可已，何患无辞以对。”[①]日本说大事宣称，对台湾用兵，不是日本的本心。在清政府探听到的军事消息中也有“日本打生番（按：这是中外反动统治者污蔑某些少数民族的称呼），实则轻举妄动。但实情是因旧藩部属武士，新近内乱，不惬国家。请征高丽不允，恐再作乱，姑使之往打生番，不计胜败，是驱若辈以从事而已。乃国家调停安插之苦衷”[②]。这表示日本的欺骗宣传，已经浸入了清政府的内部。

美国侵略者这时与日本所处的地位是完全相同的，因此所采用的手段，也就和日本一模一样。不过讲到这一点，美国要比日本有经验得多。他向来在与中国发生冲突时，总是把自己伪装成“中立”，甚至“同情”中国的样子。这次也不例外，一开头美国就由驻日公使平安对日本政府来一个公开“劝

① 王芸生：《六十年来中国与日本》卷一，第60页。

② 李鸿章前书，第25页。

告”：“贵邦无端率军舰兵卒侵入华境，彼必以为寇边。我船舶人民苟为贵国所佣役，彼又必以我为应援。我与华人亦曾结约，岂敢独有私于贵国，而结怨邻邦？凡属美国所有，愿一切收还。”[①] 看这番做作，好像是铁面无私了。直到最后，美驻华公使艾忻敏还是以同样的方法“诚恳”地对清政府讲：“美国驻东洋公使平安，素为本国伯理玺天德（即大总统）所信重，为称兵台湾一事，屡向东洋解劝，并禁止美国人船赴台帮助。信致美国朝廷，深以平安所办为是，令仍设法拦阻。我与平安是一样意思，日本太政府外务省均知道的……”[②] 这是说，美国政府不但没有与日本合作，并且有“令”给平安，要他“拦阻”日本“称兵台湾”。看这位公使的口气，显然还在教训中国人民，我的话全是千真万确，愚蠢的中国人！你们可不要有丝毫愤疑呵！

真实的事情怎样呢？原来和美政府人员表面上所做所说的恰恰相反。美国政府对他的驻日公使“令”是有的，但内容却不是要“拦阻”日本，而是要他们与日本讨论合作的条件。美国人德涅特（Tyler Dednett）在他的《美国人在东亚》（Americana in Eastern Asia）一书上面，对这一事实有所叙述。据他说，李仙得初到日本之后，美国驻日公使“德龙介绍李仙得与日本当局相识，日本当局认李仙得在计划中的对华谈判和出征台湾中为可贵的助手。李仙得向日本报告，中国政府在琉球水手遇害的台湾区城，并未行使主权，并向日本保证：只需小规模的远征军，就很容易在台湾登陆。如基地一经建立以后，要把他们重新逐出，便十分困难了。日本聘请李仙得为计划中的来华外交团参议。同意如果日本与台湾作战，聘李为日军的将军；并用如果日本永久占领台湾，以李为该岛总督向李仙得引诱”[③]。这段叙述基本上是对的。试问以一个公使资格向驻在国政府“介绍”一个本国人去做占领别国领土的“总督”，这没有本国政府的“令”怎么可行呢？这不是合作，不是讲条件又是什么呢？至于所谓日本对李仙得“引诱”云云，那只是美国资产阶级为自己辩护的词句，和美国公使们愚弄清政府的话一样，完全相信不得。

到一八七三年，美、日侵略军远没有组织好。这一年的十月间，德龙已辞去原来的职务，于是美国政府就以那位“素为本国伯理玺天德所信重”的

① 王芸生前书。

② 李鸿章前书，第 55 页。

③ 德涅特前书，第 440 页。

平安为新任驻日公使，继续与日本接洽共同进攻台湾的事，这才于一八七四年春天将侵略军组织就绪。这一年十一月二日美国代理国务卿卡特瓦尔德为了替李仙得辩护，给上海美总领事西华（Geoorge F.Seward）的一项指示上明白地写着："李仙得自一八七二年在日本服役，其性质未明确（？），据称系'军事顾问'。在派遣组织征台湾的部队时，曾经由平安的努力。"[①] 如果还有人企图说，德龙向日本"介绍"李仙得与美国国务院无关，那么深为美总统"信重"的平安公使的继续"努力"，就根本推翻了那种天真的想法。美国侵略者和日本合作进攻台湾的两面手段，这难道还不明显吗？

侵略军从日本一出发，美国人的真面目就暴露出来了。这时美政府又马上变换一套手法，在公开的一面，强调李仙得之流是"个人"行动，说他们没有违法，可以"自由"。如四月间美署理驻华公使卫廉士答复清政府提出的质问时说："目前双方无敌对行动，因此，此等人员亦未有如中国所责难的行为……"[②] 七月三十一日卫廉士又按照他自己的"解释"方法，指示西华："（美国公民）的从征，虽然引起事态的复杂，但他们确有加入的自由。至于是否违背中立法和条约权利，则有待于敌对双方的行动与宣言。"[③] 企图用这些言词来混淆视听，为美国政府推卸责任。与此同时，就是在背后坚持强硬态度，表明美国政府的政策，是要鼓励那些冒险分子继续干下去。例如七月间，卫廉士报告国务院，说他答复清政府的措辞中有：李仙得之流"全系个人冒险，在这种情况下，政府对他们的生死不加注意"。国务卿费西（HG-miltan Fish）就严厉责备卫廉士："你的答复，超出于国务院所能同意的情况之外。"[④] 八月二十六日，费西又指示西华："政府不企图对美国公民不违法的个人事业（？）与商业（？）冒险加以限制。"[⑤] 这就是美国真实的一面。

日本方面，在事情交涉过程中，就正式承认了"西华系奉日本朝廷命出兵"。美国则拼死抵赖，直到现在，从未公开承认过李仙得等一批人的行动，是以美国政府为背景的。其阴险狡猾的程度，显然超过了日本侵略者。

这里顺便说一下，是不是美国流氓们在"法律"上有进攻台湾的"自由"

---

① 美国外交文件，第348—350页。

② 同上，第254—257页。

③ 同上，第341—342页。

④ 同上，第301页。

⑤ 同上，第332—334页。

以及还要等待什么“行动与宣言”呢？这原是美国政府为自己侵略立场辩护的一种无聊借口，是用不着证明的。但是我们还不妨举出法国此时所采取的态度——这个现实例子来对照一下。还在一八六七年（同治六年），法国人日意格被清政府聘请到福建琉球办理船政[1]，沈葆桢到台湾巡视的时候，也被邀请前往。但法国驻北京公使却在军事吃紧时，向清政府提出了反对意见，说是“照公法应不准帮助”[2]。请看！法、美两国所说的那是“公法”，可是在中国方面，一个原来与军事无关的外籍人员，也违反了规定，“不准帮助”；在日本方面，大批美国现役军人的参加，倒完全有了“自由”。可见侵略者们的“公法”，不过是信口雌黄，只需为自己的利益服务，另外是不必有什么标准的。美国所以要那么借口，只是充分证明其做贼心虚就是了。

四、李仙得被捕问题

那么，李仙得为什么又一度为美国方面所拘捕呢？

这可以说是一件偶然的，因而也必出乎美国政府意外的事。只需看一下事情的经过就可以明白。

李仙得是八月六日在厦门被恒德森所拘捕的，但恒德森在这样做以前，并未奉有国务院或其他方面的训令[3]，只能解释为他本人在当时不利情况下，所用以应付中国的一种权宜手段。同月十六日李仙得被送往上海，他本人与日本方面都提出了“抗议”。两天之后，即八月十八日，上海总领事西华迅速释放了他；并在大久保来讲和时，又以“顾问”名义一同来到北京，挑唆日本代表团向清政府无礼争闹，坚持台湾东海岸地区“不是”中国的领土。清政府向艾忻敏交涉：“望贵使见李仙得时，严为训诫，勿令从中播弄。”艾忻敏却无耻地答复：“李仙得本法国人，寄居美国（！？）。若带兵赴台，显悖和约，美国自可拿办，因彼尚在局外徘徊（？），不得不暂释放。然李仙得久充

---

①《沈文肃公政书》卷四，第 9 页。

② 李鸿章前书，朋僚函稿，卷一四，第 11 页。

③ 莫尔斯：《中国国际关系史》（H.B.More: The Internation of Relation of the China Empire）第 2 卷，第 273 页。

东洋大官，参赞军事，外间多议其主谋，我亦不敢保他是好人了。”[①]既承认“显悖和约”，还是要“暂时释放”（？），足见美政府从来就没有打算给李仙得有那种限制。

十一月二日卡特瓦尔德给西华一件指示，为了拘捕李仙得的问题，对美国在华的“领事官员”们——其中首先当然是西华与恒德森——大加训斥，说是：目前“美国领事官员们，似将充任审判人，但对于李仙得，则迄无明确的犯罪证据（？）……即使顾问、帮助、鼓动等亦称为罪证，但系在国外施行，当超出在华领事馆的法律之外……据上述种种理由与事实，国务院势必得出如下的结论，即李仙得的被捕，毫无法律根据，当然不能得到国务院的同意。倘若由他国执行拘捕，恰成为美国有力行动的根据”[②]。这除了为李仙得——也是为美国国务院开脱罪证，就是从正面说明了：即使作为应付中国的手段，国务院也根本反对逮捕李仙得。并且表示美国政府当时正在企图寻找借口，作进一步侵略中国的行动。

不过日本已经不愿继续干下去了，美国这时绝不可能单独玩出什么花样，所以在释放李仙得以后，美国政府也只得随风转舵，寻找机会下台。

但是，在某些资产阶级历史学家的所谓“权威”著作上，却把李仙得的被捕与释放，都说成是美国政府严守“中立”的缘故。如此说：起初美国政府并不限制美国人替日本服役……但最后因为中国反对日本出兵台湾……厦门领事拘捕李仙得，并把他送往上海，后来在上海释放了。因为“在中立法下，领事们的起诉，看来必然会失败的”；同时撤销了日格赛尔的假期。或是说，“当远征军的真实性质一切明白以后，美国政府请求美国人脱离远征军并把美船退还船主。中国沿海一带大为骚动起来。美国厦门领事将李仙得逮捕，送往上海”。[③]这显然掩盖了事实真相，或是歪曲了事实。

五、美、日合作进攻台湾的目的

当美国和日本军事行动才开始的时候，李鹤年向清政府奏报敌情，对台

① 李鸿章前书，卷二，第54页。

② 美国外交文件，第348—350页。

③ 德涅特前书，第442—443页。

湾被侵略的情况也作了一些分析，他说："查台湾一岛，周袤三千余里，孤屿环瀛，土壤肥沃，禾稻不粪而长，物产繁滋，矿、煤、樟脑、水藤、糖、蔗靡不充余。其生番所居内山，未辟境地尚什之七，其内材木连山，传闻五金、晶玉之矿，矿油、煤油之井，遍地皆有，物产饶富，更胜于已辟之地。且内外山地俱宜栽茶。自西洋各国通商以来，无不涎贪其地。……"[①]这一段话指明了若干外国侵略者，不断进攻台湾的基本目的，就是"涎贪"那块肥美的土地，和那里的丰富物质资源。美国与日本也不例外，但他们还各有自己的具体目的：日本方面，是想取得台湾做根据地，然后进攻中国沿海，首先是进攻福建。当时日本诸侯的议论有"以今日之形势论，宜先出师，取清之一省，而置根据于亚东大陆之上。内以增日本之势力，外以昭勇武于宇内""夫清国沿海诸地，关系日本国防者，惟福州为最，取而代之，于国防有莫大之利益""故我之入手第一著……先取台湾福建两地，以去日本之外患"[②]云云。美国方面，则是鉴于已往的失败，知道自己现在没有单独占领台湾的可能，再加上些别的原因，诸如这时日本已经接受了一些西洋资本主义文化，而力量却还十分薄弱，很可以接受美国的"援助"，为美国所利用；在地理条件上，日本也是美国从太平洋彼岸来中国的一块踏脚石等等，使得美国要侵入中国，最好就是利用日本为自己开辟道路。而卖力支持日本占领台湾及中国的其他某些地区，乃是实现自己目标的第一个步骤。前面所引的美国人德涅特在叙述李仙得与日本成立合作条件之后，曾紧接着指出："德龙对日本如此安排，十分满意。在他看来，这种安排可能使日本进一步地与中国分离，避免日本发生内战；并使台湾以及可能使朝鲜'置于对西方列强表示同情的国家的国旗之下'。"[③]德龙这种露骨的表示，就正是美国这次行动的具体目的。

对于掠夺台湾的物质财富，美国当然决不放弃。大久保来中国时，西华向清政府提出过一项建议，原文没有见到，只见清政府内部讨论这个建议时所说的话有"用西法开矿，大泄后山精华"，"西华条约流弊太甚，多不可行"，德国领事安纳克比西华"语较平正，亦颇有喧宾夺主之意"等等。[④]关于美国对台湾有什么样的权利上的希望，从这些议论里人们可以想见一个大概了。

①《同治朝筹办义务始末》卷九三，第43页。

②王芸生前书，第57—58页。

③德涅特前书，第440页。

④李鸿章前书，第45—46页。

这次美国进攻台湾的结局，比已往是不同的。由于它对日本卖力支持，使得清政府不但在西方列强面前要可耻地屈服，就是对一个“蕞尔日本”，也第一次要道歉赔款，美、日侵略者的野心从此越发增大了。特别是美国用无耻的“调处”方法，逼迫清政府在《台事专约三款》上把琉球水手写作“日本属民”，成了后来日本吞并琉球的口实，这个后果对于中国就更严重了。

现在我们知道，一八七四年美、日合作进攻台湾，正是美国与日本合作，或美国利用日本侵略中国的开始。到了将近八十年后的今天，无论全世界的形势与中国的形势，都发生了翻天覆地的变化，万恶的美国侵略者，却还在玩弄利用日本侵略中国、侵略亚洲的故智——与日本成立了片面和约，实行武装日本，恢复日本侵略势力。虽然它的继续失败是注定了的，但已往的事实教训着中国人民，现在还得提高警惕，必须坚决与美国利用日本及其他的侵略阴谋继续斗争下去，直到这些阴谋被彻底粉碎为止。

（前面所引美国外交文件、中国国际关系史、美国人在东亚三书的材料，是由沈志放、丁名楠两位同志供给的）

历史研究所第三所的研究工作①

这是作者在中国科学院历史研究所第三所②学习总路线的报告会上的一个发言提纲。对于我所目前的工作计划、工作方法等方面的情况，在这里作了一些介绍，现照《科学通报》编者的提议发表出来，请同志们指正。

——作　者

一、近代史研究服务于国家的总任务

社会科学研究工作的基本方针是将马克思列宁主义的普遍真理与中国革命的具体实践相结合。其他门类的社会科学研究是这样，历史科学研究也必须是这样。

党在过渡时期的总路线是要把我国建设成为一个伟大的社会主义国家，使生产资料的社会主义所有制成为我国社会的唯一经济基础。总路线的实施是要改变根深蒂固的陈旧的生产关系，即将资本主义的和小商品生产的生产关系，而代之以新的社会主义的生产关系；以求发展新的生产力，提高人民的物质、文化生活的水平。因此，总路线的实施是我国历史上空前深刻的革命，它要消灭生产资料的一切私人占有制，这对于全国人民的生活和思想都要产生重大的影响。它比民主革命的影响要广泛得多，深刻得多。要使这个革命胜利完成，势必需要经过长期的极复杂极尖锐的阶级斗争。思想斗争在这个阶级斗争中占有重要的地位，进行社会主义教育，即在人们头脑中以社

① 原载《科学通报》1954年8月号。由何成钧译自《真理报》1954年7月2日。——编者注

② 中国科学院为加强对我国历史的研究工作，决定于1954年起成立历史研究所第一所（研究魏晋南北朝以前的古代史）和历史研究所第二所（研究自隋唐到鸦片战争这时期的历史），并将原来的近代史所改为历史研究所第三所。——原编者

会主义思想代替资本主义思想的教育，也势必需要长期的，甚至更长期的斗争。

历史科学是阶级斗争的科学，乃是思想斗争的武器，它是属于上层建筑范围的。基础与上层建筑的关系，正如斯大林说的："上层建筑是由基础产生的……而基础之所以创立自己的上层建筑，也就是为了要使上层建筑替它服务，要使上层建筑积极帮助它形成起来和巩固起来，要使上层建筑为消灭已经过时的旧基础及其旧上层建筑而斗争。"因此，历史科学的研究一定要为总路线服务，它将同所有的阶级斗争的科学一起，成为实现总路线的思想斗争过程中一个不可缺少的部分。

历史科学的内容是极其丰富的、多方面的，它为总路线服务的作用也会是极其丰富的、多方面的。但作为社会主义思想教育的一个部分，我们可以说，历史科学的基本任务就是通过具体的历史事实，来阐明马克思列宁主义关于社会发展的客观规律，宣传社会主义和共产主义是历史发展的必然前途；即用历史发展的规律性知识去武装人民群众，自觉地为社会主义、共产主义的实现而斗争。特别是我们研究的对象是近代史和现代史，近代、现代史与总路线的关系更加密切。我国现在的社会主义革命即社会主义改造是中国近代、现代历史发展的必然结果，而目前的阶级斗争也正是过去长期的阶级斗争的继续。凡是我们要研究的近代史、现代史中的一切主要问题，都可以直接与总路线相联系。例如关于共产党的领导作用是保证总路线彻底实现的关键问题，如果要系统地说明这个问题，就不仅要研究马克思列宁主义关于党的学说，而且特别需要研究中国共产党的历史。再例如要完成资本主义工商业的改造，对全国人民进行教育，就有必要全面地来研究中国资产阶级在近代、现代历史上的地位和作用，研究中国资本主义发展的历史。总之，阐明中国近代、现代史中一些重要方面的具体法则，都大大地有助于社会主义建设和社会主义改造的胜利完成。从事近代史、现代史研究的人们在这方面有很大的责任。

二、我们应做的工作很多，要和所外同志分工合作

那么，说得详细一点，我们需要做些什么和怎样去做呢？

在近代史和现代史的研究上，是有很多工作需要做的。近几年来全国史学工作者对近代史和现代史的研究已经开始重视，不少的人正在从事这方面的研究，而且也做出了一定的成绩。但是我们过去做的工作毕竟还很有限，今后还有许多工作需要我们去做，主要的大约可以分为以下几项：（1）对近代中国经济、政治、军事、文化史需要分别集中力量进行研究。这是毛主席在十多年前就对我们历史工作者提出的任务，我们一直没有认真去完成，今后必须在这方面作更大的努力。（2）对党史进行系统的研究。（3）对国内各兄弟民族的近代历史进行研究。（4）对亚洲近代历史进行研究。（5）对近代、现代的国际关系史，特别是要对帝国主义侵略中国的历史，进行研究。同时，也要重视对中苏友谊历史的研究。（6）对马克思、恩格斯、列宁、斯大林关于中国近代、现代史的理论要作专门研究；对毛主席关于中国历史，特别是近代、现代史的理论要作专门研究；对苏联历史学中关于近代、现代史研究的先进经验和理论，特别是关于东方近代、现代史的理论著作应有专门研究。（7）编著适用的系统的近代、现代史教科书。（8）应对近代、现代史资料进行有计划的搜集和整理。（9）目前历史科学工作的干部很少，必须有计划地大力培养，这是一项非常重要的工作。

以上说明我们的工作范围很广，可做的事情很多，同时责任也很重大。当然这些工作不是一时能做到的，更不是科学院的个别研究单位的人所能做到的，这需要我们全国史学工作者的长期努力。

我所在科学院的历史研究部门的分工中，是研究近代、现代史的。但我们的力量极为有限，第一是人少，全国研究近代史的队伍有一定的数量，而我们只是其中极少的一部分；第二是我们的马克思列宁主义的理论水平不高。要规定我们今后相当时间内的工作任务，就必须从这个实际情况出发。在现有条件下，以下几个方面的工作是我们可以努力去做的：（1）认真地进行马克思列宁主义的理论准备——系统地学习马克思列宁主义的理论，学习毛主席的著作。（2）直接研究一些最迫切需要研究的题目——我们现在执行的计划中所规定的有关近百年来中国的阶级关系、政治史、国际关系史等方面的一些专题研究，大体上是合乎需要的。（3）长期培养干部——一方面提高现有工作人员的水平，一方面积极培养新生力量，这个工作需要认真地有计划地进行。（4）组织所外研究力量，扩大研究队伍。（5）有计划地搜集和整理近代、现代史料。

根据上述任务，我所的1954年计划和五年计划基本上是正确的，我们应该切实执行。

前面说过，我所只是全国研究近代、现代史的队伍中极其小的一部分，大多数人是分布在各种不同的工作岗位上。其中最多数分布在高等学校和一些中等学校中，也有一部分是分布在党和政府的文化、宣传、教育及其他部门之中。他们有着各种不同的从事研究工作的便利条件，也有不同的要求。显而易见，不论是单靠哪一部分人都不能完全做好上面所讲的那许多方面的大量的工作。因此，我所需要注意同所外研究力量保持密切的联系，需要经常采取一些步骤来便于大家互相配合，分工合作，使一些主要的研究工作能够比较有计划地去进行。过去我们在这方面是做得很不够的。当然过去也做了一些与所外联系的工作，如处理大量的机关团体和个人的来信，临时编写文章、看稿件、兼课等等均是，并且曾因此而影响了工作计划的正常进行；但这些工作既不是主动去做的，也不是有计划地去做的。这种状况应有所改变。就目前情形看，我们可以采取的和所外联系、合作的办法，大致有：（1）和某些单位共同商订研究题目，彼此分工，互相配合。（2）组织学术讨论会和其他学术活动，与所外互通声气。（3）随时交换、借用资料，互通有无。（4）请党和政府宣传教育部门中的一部分研究近代、现代史的同志用不同方式参加我所工作，最好有些人能固定为兼任的研究人员。及时向所外介绍我们的工作计划，工作进行的情况等，便于大家了解，取得联系。（5）临时性的具体任务上的合作。这些工作，有的早就在做，但做得不好，有的则做得很少。今后要求所内同志认真努力去做；同时，也要求所外同志给我们以大力的支持，因为我所的力量确是十分单薄的。

无论以上所说需要做的和可能做的，我们都必须树立长期努力的思想，不能希望百事俱举，要逐步实现；但是也不能一味等待将来，必须克服困难，限期完成一些工作。一方面要防止盲目冒进，另一方面也必须反对保守等待。

三、目前我所工作中存在的问题和解决这些问题的方法

为了要更好地完成我们的任务，目前所内工作中有以下几个问题，需要首先得到解决。

第一个是如何有效地进行马克思列宁主义理论学习的问题。

我们学习马克思列宁主义理论是要学习它的立场、观点、方法来研究中国历史。我们的全部责任不是只读马克思列宁主义的理论书就算了事，而是还必须掌握大量的历史材料，应用马克思主义的观点去加以研究。因此就有人提出了理论与材料到底哪个重要的问题。认为材料更重要的人说，不掌握材料，就无法应用理论去研究；认为理论更重要的人说，没有理论，就不能正确地使用材料，去从事真正的科学研究。我们认为这两种意见都只强调了一个方面，都有一部分道理，但又都是不完全的，因此整个地说来也都是不对的。历史学作为一门科学来说，必须是丰富的实际材料与高度的理论综合紧密地结合在一起。历史发展的规律是通过无数的具体事实表现出来的，研究历史首先必须详细地占有历史资料。另一方面，历史研究的任务绝不是把许多事件罗列在一起，或作一些表面的叙述。它必须研究历史发展的具体规律，必须通过许多极其复杂的表面现象，去深入地探求其内部的联系，发现其内部的规律，阐明这些规律的客观性质。这就需要进行巨大的理论综合与分析，把许多具体事实提高到理论上来加以说明。马克思主义的经典作家关于历史科学方面的著作就是最好的范例。对于这个问题的正确的全面的认识应该是：学习理论是为处理中国历史的实际材料；掌握材料是为从其中总结出新的规律性知识，即做出合乎中国需要，合乎中国历史实际的理论性创造；所以学习理论和掌握材料是一个问题的不可分割的两个方面，两者必须予以同样的重视，而任何重此轻彼的看法都是片面的，因而也都是不正确的。我们反对轻视理论学习的态度，同时也反对空口讲“理论”，不认真掌握材料的态度。在今天我们还必须认真地搜集材料，在这方面须付出大量的劳动，这确乎比空洞的“理论”要切实有用一些。事实上，不掌握大量材料，就决不能进行创造性的研究。但是，仅有材料，究竟还不是科学研究，还得在理论的综合与分析上逐步提高，以求得出科学的结论。

学习理论和材料的时间，自然不能平均分配。学习理论是为了拿到大量材料中去应用，在处理材料的过程中也随时需要读理论书。拿花费时间的多少来断定哪个更重要的看法也是不对的。

有人提出了学习马克思列宁主义的方法问题，我们说学习马克思主义不可能依靠“秘诀”获得成功。要找一个千篇一律，对每一个人都完全适用的方法，是不会有的。但在这里，有以下几点是值得注意的：（1）要有决心，并进行艰苦的劳动。(2)要掌握和熟悉大量的马克思列宁主义文献，特别是经典著作。(3)将学习得来的马克思列宁主义的观点在具体问题上加以运用，也就是毛主席经常教导我们的要“有的放矢”，特别对具体情况要进行具体分析。马克思列宁主义是科学，如果我们熟悉文献的目的，不是为了学习其观点去分析具体问题，而是滥引其词句，这就把科学变成了教条。我们必须随时反对以教条主义者的态度来学习马克思列宁主义。

第二个是认真举办学术讨论会的问题。

这个问题的实质是要求经过批评与自我批评，来有效地提高我们的工作水平。只有创造性地讨论，自由地批评，科学才能够发展；反之，如果放弃了争论，取消了批评，任何科学都是不可能发展，不可能进步的。马克思主义老早就指出了这个真理，这是大家都熟悉的。尤其是我们学习马克思列宁主义，学了多少，运用得对不对，只有从批评、争论中才能看得出来，也只有经过批评与自我批评才能提高。如果我们要学马克思主义而又不要批评的精神，这就抛弃了马克思主义的灵魂。有了批评与自我批评，就可以使我们学习马克思列宁主义的速度加快，也就有了真正的学术空气。

本来进行批评与自我批评有各种各样的方式，而学术讨论会则应当是一种重要的方式。一提起学术讨论会，有的同志总是容易想到开大会，宣读论文。其实那只是讨论会的一种，而且单纯依靠开大会，往往流于形式。讨论的目的，是要真正就不同的意思展开争论，去发现矛盾，深入地弄清楚问题的性质。因之讨论会的规模不妨有大有小，方式不妨灵活一些。可以有各组召开的会，也可以有所内召开的会，还可以有和所外联合起来召开的会。形式不拘，以能深入讨论问题为目的。当然不能设想，所有的问题一经讨论，便能迎刃而解，相反地，可能有许多问题虽然讨论过了，仍然得不到解决。但这并不减少讨论会的作用。只要经过一番争论，就有可能为解决这些问题开辟新的途径。

讨论会的内容也可以是多样的。例如有关历史科学的理论问题，重大的历史事件和历史人物，苏联历史科学研究的新的成果，国内新出版的重要历史著作，所内同志写的比较重要的论文等等，都可以按照实际的需要列为讨论题目。今年所内准备讨论中国民族形成问题和中国近代史分期问题。这两个问题牵涉的范围都很广，而且也都提出了较为系统的意见，有了讨论的基础。今年各组的计划中也都有学术讨论会一项，必须坚持执行这些计划。对于这些讨论会，要求做到有准备，有中心，有不同意见的争论。要下定决心，把学术讨论会开好。

第三个是培养干部问题。

培养干部在我们所内是一个重要问题，不但研究人员、编辑人员需要培养，其他各方面的工作人员也同样需要培养。培养的方法可以有所不同，但绝没有厚此而薄彼的道理。这里仅就研究、编辑人员的培养问题作一些说明。

我所领导上对培养干部都算比较重视的，但具体的办法不多。目前实行的办法有：（1）制订理论学习计划，自学理论；（2）分配一定的具体工作，在工作实习中锻炼；（3）开始注意讲解一些有关的业务知识和学习俄文；（4）在工作中给予一些指导和帮助。但大家不满意这种情况。很多青年同志认为自己的理论水平很低，材料不熟，方法不会，因此除了要求有计划的学习外，还要求在业务上得到更有效的指导。这包括：指定题目；帮助制订提纲；指出看哪些理论书，从哪里去搜集材料；指出在这个题目中应该注意哪些问题，应该发现哪些问题，在工作中可能碰到些什么困难，这些困难如何解决以及随时帮助解决理论上的问题等等。

照这些情况看来，我们对于培养干部不是没有采取措施，但由于办法不多，问题并未认真解决；而过去领导上没有在这方面及时总结经验也是原因之一。从我所目前的实际情况出发，今后在培养干部方面，可以采取以下的一些办法：（1）系统地学习理论——首先是按全院研究人员的学习计划去学习，同时，也还可以有个人的理论学习计划，如学习《毛泽东选集》等。社会科学各所每星期可以有 12 小时的学习，时间是可以分配过来的。（2）结合个人的研究，讲一些具体的工作经验和方法。（3）帮助青年同志修改文章——主要的应该对青年同志的文章多提意见，由他们自己来修改，但最后也可以帮助他们修改，这对青年同志是有帮助的。（4）在工作中给以具体指导，希望能够逐步做到：讲述一些与工作直接有关的理论；介绍一些资料的情况；介绍有关这个题目的各方面的研究情况；及时指出在工作中应该注意的地方。依我们的人力条件，这一些在目前不可能做得很好，还只能做多少算多少，但要争取多做一些。（5）组织外文学习，首先是俄文学习，使现在的学习坚持下去。（6）在院部统一领导下拟定本所研究生和研究实习员的学习计划。

要做好培养干部的工作，青年同志必须尊重年纪大一些的同志，有时也应该帮助老科学家做工作。在一定的时间内，帮助他们做一些具体工作，当助手，这对青年同志不仅是有益的，可以从实际工作中得到锻炼，而且也是应当的。这是一种互相帮助的同志式的关系。但同时老科学家也必须把培养年轻一代作为自己的巨大责任之一，在这方面给予更多的关心和支付一定的时间。

培养干部的要求或标准是什么呢？有这样几点是我们应该共同遵守的：（1）努力用马克思列宁主义的观点来进行历史科学的研究，不论我们的水平高低，必须尝试这样做。（2）有创造精神，在作品中提供一些新东西。这包括：研究一个新的题目，对旧题目提出新的见解，或是提供新的材料等。（3）具有严格认真的实事求是的态度，即科学研究工作所要求的正确态度。总之，我们培养干部的标准，是努力用马克思列宁主义的观点进行创造性的科学研究。在实践中，每个人的程度可能有高有低，但必须培养这种风气，努力这样做。

关于培养干部，还有几个认识上的问题需要解决。（1）学习社会科学的干部必须提高政治觉悟的问题。社会科学是有阶级性、党性的科学，只有政治觉悟程度愈高，才愈能深刻地掌握阶级斗争的规律知识。不可能一个政治觉悟程度很低的人，却是一个在马克思主义的历史科学上造诣很高的人。马克思主义的特点是决不能只停留在口头上，而是必须实践。这就不仅要求我们应不断提高阅读理论书籍、掌握材料、掌握外国文的水平，还应提高政治觉悟的水平；要求我们口讲和行动一致。对青年同志尤其应该这样要求，我们必须自觉地逐步地把自己锻炼成为一个有高度政治觉悟的具有一定马克思列宁主义理论水平的科学战士。（2）科学研究的长期性、艰苦性的问题。科学研究是要探求未知的真理，发现和解决学术上的新问题，找出客观事物的尚未被人发现的新规律，提高现有的学术水平。因此，决不应该希望在短时期内能够轻易地获得成就。马克思说科学研究上没有平安大路可走。任何急躁、侥幸的心理都是不了解科学研究的性质。我们必须正视这个问题。当然，这也并不是说我们永远不会做出成绩来，而是要我们更加不疲倦地不畏艰险地辛勤工作。只要坚持下去，就有成绩。（3）科学研究的独立性、创造性问题。这包括：第一，对学术问题可以和应该提出自己独立的见解；第二，必须摆脱依赖，只有凭自己的努力，才能在科学研究上有所成就，这当然并不等于不要指导，而是说主要的还该靠自己的创造性的劳动。

第四个是关于集体研究的问题。

如何进一步开展集体研究，在我们所内各个组都是一个重要问题，但各组情况不同，存在的问题也不相同。例如现代史组、通史组、史料编辑组，就都各有其不同的情况，存在各不相同的问题，在今后也必须个别地加以解决。以下只从近代史三个组的情况作一分析。

近代史三个组在过去的集体研究中也有着不同的方式，大致说来，第一组采取三个步骤：（1）一般地广泛地阅读材料，草拟提纲；（2）以提纲章节为中心，深入搜集材料，写成独立性的文章；（3）以各篇文章为基础，统一改写成书（这一步还没有到进行的时候，因此也还只是计划）。第二组已经确定的有两个步骤：（1）开始时即深入搜集材料，以问题为中心写成长编或文章；（2）在深入材料的基础上拟定提纲。以后如何做，还没有确定。第三组有五个步骤：（1）普遍阅读材料，求得对研究范围有一般的了解；（2）分工草拟提纲，提出讨论；（3）根据修订后的提纲分工写初稿；（4）初稿完成经讨论修改后，由一人总写；（5）最后共同讨论，反复修改。

分析一下各组的情况，各组有相同的地方，也有不同的地方。相同的大致有：（1）以一个研究题目为中心，各人分担一部分工作，分工合作，这是集体工作的基本方法，是相同的；（2）有一定的步骤，有提纲；（3）有不少的商量讨论，能够集中大家的意见。不同的有：（1）步骤的多少不同；（2）开始的要求不同，有的一开始就要求深入，有的是要求先画轮廓；（3）整理材料的办法不同，一种是依照提纲为中心整理材料，另一种是依照材料提出的问题为中心而整理材料。此外，每人分担题目的大小不同，组与组的做法不同，一个组的前后做法不同，一个人前后分担题目的大小也不同。

这些相同与不同，都是根据各组题目的性质，资料的情况，人力的不同等条件而产生的，其中有些是好的，有些是值得研究的，集中起来，可以归结为以下几点经验：（1）集体工作的原则必须遵守，方式可以灵活。（2）从搜集材料到整理材料，每人都应动手，不应当把搜集材料和写作分开，这是培养干部锻炼写作能力和进行初步研究的方法之一。（3）分担工作范围的大小，可以因题目而异，因人而异；但分担工作的范围，一般应该大一些，这样才能发挥独立研究能力，并使广泛的基础与深入钻研相结合；当然题目太大也是不合适的，因为我们多数人还未具备能单独研究一个大题目的本领。（4）一个大题目的完成，最后一定要有一二人来负责总写，其作用除了统一，还在于提高。这个责任应该由研究这个题目的领导人来担负。

如果这些为大家所同意，希望在今后部署工作中加以实践，并随时总结经验。这个问题是关系每个人的问题，是关系到工作的质量以至工作成败的问题，更希望大家在这方面加倍努力，创造一些比今天更好的经验出来。

关于集体研究，还有下面两个问题需要说明。第一，对于集体研究工作，必须在思想上加以重视，但决不能对每个人死板要求，从而限制了创造性。我们所以要进行集体研究，就是为了要更好地发挥我们的创造性。第二，完成计划的时间问题。这个问题必须分开来说，我们对于已经为上级批准的计划，必须在实践中严格遵守。但由于我们对制订科学研究计划还缺乏经验，在必要时加以改变也应该是可以的，而尤其重要的是保证工作的质量。如果我们在规定时间内表面上看来完成了计划，然而粗制滥造，质量低劣，这就在根本上违背了计划，因此我们不必过分地从时间上来着眼，而是要把我们每一分钟的时间都切切实实地勤勤恳恳地为完成计划而努力，这才是我们对待计划的正确态度。

以上谈的，主要是研究工作方面，特别是近代史三个组的问题。关于史料编辑工作方面的几个组，其中编辑地震资料的一组，他们的工作直接为国家建设服务，有着特别重大的意义，在工作中得到有关方面的领导和协助，只要按照他们的指示和要求做去，在规定时间内完成这些任务，就是尽了我们的职责。其他两个组也可以按照既定的计划和办法做去，在工作实践中积累经验，逐步提高，就可以把我们的工作做得好一些。

台湾一千七百年的历史①

台湾是中国的一省。台湾地方的有记载的历史，始终是中国历史的一个组成部分。

近代考古学的成就，提供了台湾早期的历史知识。远在新石器时代，它就和中国大陆有了文化联系。纪元前几个世纪产生的中国古代文献里，有关于台湾的种种传说。第一次正式记录台湾历史的，是三国（公元三世纪中期）吴人沈莹的《临海水土志》。往后史不绝书，至今已有一千七百年。

公元二三〇年，吴国卫温、诸葛直率众万人，浮海至台湾。据现在所知道的材料，这是汉族人最早的大规模到达台湾的一次，也是中国人民利用先进的文化知识开发台湾的开始。在这次汉族人到达台湾以前，那里居住着后来称为高山族的一部分人民。

六世纪末建立起的隋朝，统一了中国历史上南北朝的局面。六〇七年，隋炀帝派朱宽、何蛮到台湾“求访异俗”。三年以后，又派陈棱、张镇州率众万余人，从广东出发，经高华屿、鼊屿到台湾。《隋书》上记载台湾的物产气候说：本地“宜稻、粱、禾、黍、麻豆、赤豆、胡豆、黑豆等。木有枫、栝、樟、松、楩、楠、杉、梓、竹、藤、果、药，同于江表。风土气候，与岭南相类”。中国人民是在继续从事开发台湾的活动，而且积累了关于当地的丰富的生产知识。

台湾和大陆经济生活的联系，自东汉末年往后大抵没有间断过。孙吴、东晋、宋、齐、梁各朝，都有活跃的海上贸易。台湾在大量的海上贸易中有一定的地位。《隋书·陈棱传》说：陈棱等人初到台湾，当地居民看见船舰，都去做生意，说明台湾与大陆早有通商贸易的习惯。在台北，考古学者发现一种属于三国时代的指掌型古砖。《隋书》上说：当地的风俗，人死以后“浴其尸，以布帛裹之”。台南也很早就发现有唐、宋时代的瓦瓶、古钱等器物。这

① 原载《人民日报》1955 年 10 月 25 日第 3 版。——编者注

些布帛、器物，自然是汉族人输入台湾的。

南宋以后，汉族人定居于台湾的增多了。十二世纪初期，中国的政治中心由中原移到江南，对台湾的开发在客观上起了促进的作用。同时，由于大陆大部分地区连年遭受战争破坏，社会生活动荡不安，中国北部居民也有流入台湾的。因定居的汉族人口增加，台湾与大陆的交通日见频繁。中国政府首先对交通要冲的澎湖实施了有效的行政管理。南宋人赵汝适所作《诸蕃志》说："泉（州）有海岛，曰澎湖，隶晋江县。"元人汪大渊《岛夷志略》和明人笔记引用的泉州地方志中，也说南宋时澎湖归晋江县管辖，居民有争讼，"取决于晋江县"。这说明最晚自十二世纪起，澎湖已正式属中国政府管理，成为中国行政区域的一部分。

元朝政府于十三世纪后期更在澎湖设立巡检司。中国在台湾附近的岛屿上设立专门的行政机构，自此开始。

十六世纪中叶往后，统治中国的明朝政权的实力已趋向衰落。从元代开始的海上侵扰，现在成了中国边境上新的外患。日本之外，西方殖民主义者陆续到东方来活动。中国台湾和大陆的某些港口，成了他们抢占、掠夺的对象。台湾和大陆上的人民，此时要进行各种各样的反抗外国侵略势力的斗争。一五六三年以后，有反对日本侵扰台湾的斗争；一六〇三至一六二四年，有两次反对荷兰侵占澎湖的斗争；一六二四至一六六一年，有反对荷兰占领台湾南部的斗争；一六二六至一六四二年，还有反对西班牙占领台湾北部的斗争。其中反对荷兰的斗争时间最久，斗争也最激烈。台湾人民和大陆人民一起，在历次斗争中都取得了胜利。

在那长期的、复杂的斗争过程中，汉族人以海上民间武装力量为中心，建立起了台湾本岛上的最早的政权。福建南安人郑芝龙于一六二五年为台湾首领，反抗荷兰对台湾的侵略。汉族人早期建立的台湾地区的政权，在不同的情形下反抗了外国侵略势力，推动了当地生产事业的发展。

移居台湾的汉族人口，此时在迅速增加。大约自一六二四到一六四四年的二十年间，闽、粤一带的汉族人民，到台湾去的有二万五千户。一六四四年时，台湾有汉族人口约三万户，共十万人左右。大量的汉族人民移居台湾，对那里的开发有决定性的贡献。

郑成功（郑芝龙的儿子）进入台湾，成为这个地区历史发展的一个新的起点。他一开始就同盘踞在台湾，不断寇掠闽粤的荷兰侵略势力作了积极的斗争。郑成功在台湾人民中有很高的威信，人们把他看作是自己的解放者。一六六一年，郑成功亲率大军二万五千人进入台湾，规复荷兰占领的区域。荷兰殖民军挣扎抵抗，结果死伤士兵一千六百余人，于一六六二年二月向郑成功投降。

郑成功一面整顿政治，训练士卒，肃清侵略者的残余势力；同时奖励农业，兴办学校，努力于经济开发和文化的发展。一六六二年，郑成功病死，他的儿子郑经、孙子郑克塽继续统治台湾共达二十三年。郑成功是中国历史上著名的爱国英雄，他驱除了在台湾的外国侵略势力，一直受到中国人民的崇敬。

有特别重要意义的，是郑氏政权努力改进高山族的农业生产和发展高山族人民文化生活的措施。郑成功自始即认真保护高山族人的利益。他对高山族人和汉族人，完全同样看待。军队垦荒时，政府颁布严格的禁令，“不准混侵土民及百姓现耕物业”。高山族此时还不知道牛耕，不知道利用犁、锄、钩、镰一类的农具。禾稻成熟后，要逐穗采拔。郑氏户官杨英创议：每一高山族村社发熟牛一头，铁犁、铁耙各一副，派有经验的农民到各社传授牛耕和使用先进农具的方法。一部分高山族人接受了汉族农民的生产技术以后，生活得到了改善。同时，在文化上，郑氏政权也鼓励高山族儿童入学受教育。汉族人传播的文化知识，空前地提高了高山族人的文化生活水平。

但是台湾毕竟是个很小的地区，它一旦断绝了与大陆的联系，便处于完全孤立的地位，不可能长久支持下去。一六八三年，台湾又回到清朝政府统一的政权之下了。

台湾处于统一的全国政权的统治下，对于当地和全国的经济、文化发展，均有积极的作用。在鸦片战争以前，它使台湾免受外力的干扰；而确保台湾也有助于沿海各省和平生活环境的稳固。清朝的统一，促进了台湾经济、文化的迅速发展。台湾人民和全国人民在政治、经济、文化生活等各方面息息相关，成为一个不可分割的整体。

在清政府统治下，台湾土地大量开发，手工业、商业兴起，经济生活呈现出繁荣景象。据一八一一年统计，台湾人口已增加至二百万三千八百六十一人。这些增加的人口，绝大多数是大陆上迁移到台湾的劳动人民，主要是农民。汉族农民和高山族人是台湾这个地区社会财富的直接生产者。

高山族的社会生活，现在有了进一步的变化和发展。一部分高山族人使用犁耙等农具耕作，与汉族人相同。生产工具中并有牛车。有了原始的家庭手工业，妇女能用木机织毛布、麻布。雍正年间（一七二三——七三五）的统计，每年向清政府缴纳丁口税的高山族，有大社五十九个，小社一百二十余个。各社最少有男丁四五十人，最多的有七八百人。大部分高山族村社的政治、经济和文化生活，是进一步地和汉族人联结在一起了。

英国在一八四〇年发动鸦片战争，外国资本主义开始侵入中国。从此中国历史上出现了中国人民反对帝国主义、封建主义，把中国变为独立富强国家的路线同帝国主义、封建主义把中国变为殖民地的路线的尖锐斗争。台湾在这两条路线的生死斗争中，一直占有重要的地位。因为它和东南沿海的其他省份一样，与外国资本主义侵略势力接触较早，直接受到的灾害较深，人民始终处在斗争的前线。

鸦片战争中和以后，英、美、日、法各国连续武装侵略台湾，推翻了清政府对台湾的“乱自内生，鲜有外至”的看法。特别是一八七四年以后，美国、日本和法国的军事进攻，使清政府明白认识到了台湾在国防上的重要性，开始以防止侵略者强占台湾为治台的目标。

中法战争结束，福建巡抚刘铭传建议清政府加强台湾防务。清政府于一八八五年十月决定建台湾为一省，以刘铭传为巡抚，在彰化境内设立省城。到一八九四年中日战争前夕，台湾省共有三府、一直隶州、六厅、十一县，共三百二十万人。

建省前后，经沈葆桢、刘铭传等人创议，在国防、工业、文化建设等方面采取了许多重要措施。一八七四年起，在安平、旗后、基隆、淡水、澎湖修筑炮台，设置新式大炮，派兵驻守。一八七四年以后，陆续架设水陆电线一千五百余里。一八七五年开始用机器开采基隆煤矿。一八七七年起，先后修筑台北至基隆、台北至新竹的铁路，成为中国最早的铁路之一。一八七七年设新学堂，教授算学、理化、史地、测绘等学科，以后又设电报学堂。一八八五年兴建机器局，一八八六年又开办炮弹制造厂、火药局、水雷营等等。此时台湾不仅在国防上是一个重要的省份，在经济、文化上也是一个先进的省份。

一八九五年四月十七日是台湾历史上一个黑暗的日子。这一天，清政府因在中日战争中遭到军事上的失败，被迫派卖国贼李鸿章为代表，在美国政府阴谋、诈骗、威胁之下，同日本缔结了屈辱的《马关条约》。《马关条约》中规定清政府割让台湾全岛及所有附属各岛屿。日本侵略者从此便拿着这一纸条约，作为他们强占中国领土台湾的根据。

其时环绕着割台问题，全国人民和清朝统治集团之间形成了尖锐的对立。割台凶耗传到台湾时，台湾同胞“若午夜暴闻轰雷……奔走相告，聚哭于市中，夜以继日，哭声达于四野”[①]，表现了不可抑止的悲愤。正在北京会试的台湾举人，联合上书都察院力争。全台绅民直接打电报给清政府，坚决反对割地议和。清政府一概置之不理。台北市于《马关条约》签字的第二天鸣锣罢市，愤怒抗议清政府的卖国罪行。全台同胞人人抱定“桑梓之地，义与存亡”的决心。群众“愿投效杀贼者，日有千数百人”[②]，“一律预备与倭人决一死战，不愿将全台归与倭人，众志成城，有死无二”[③]。大陆人民，同样是人人感到“痛心疾首，呼天无路”[④]，对清政府的卖国恨入骨髓。当时在上海出版的《申报》以“论台民义愤亦足以震慑远人”为题，直言“我君可欺，而我民不可欺；我官可玩，而我民不可玩”！明确指出人民抵抗路线和统治者投降路线的根本差别。广大人民的呼声，在当时进步知识分子的言论中也得到清楚的反映。康有为、梁启超等发动著名的“公车上书”，反对割台，主张迁都抗战。

尽管清政府交割台湾，人民则始终坚决抵抗，一致拥护台南守将刘永福领导抗日。台湾人民为保卫祖国的领土，不怕流血牺牲，百战不屈，抗击日寇达五个月之久。在这个时间内，日寇遭受了台湾人民的严重打击，被毙伤总人数多至三万二千三百余人，侵台主力军近卫师团被歼灭的将近半数。台湾人民这一段可歌可泣的抗日历史，绝不因为援竭而败减损其价值。

直到一九四五年抗日战争胜利，日本帝国主义在我国的台湾省实行了五十年的殖民统治。其主要内容是残暴的殖民统治秩序，是敲骨沥髓的殖民剥削。英勇不屈的台湾人民为归回祖国的怀抱，为反对日本侵略者的压迫、榨取、奴役，对日本统治进行了整整半世纪之久的顽强斗争。半个世纪中，台湾各地人民举行的抗日武装起义，几乎不曾有一天中断。其中影响最大的，有一八九六年青年工人柯铁领导的台中起义，一八九九年简大狮、卢永春等在台北的起义，一九〇七年的北埔起义，一九一二年的林屺埔起义、土库起

① 江山渊：《丘逢甲传》。

② 唐维卿：《中丞电奏稿》。

③《申报》1895年5月15日。

④《申报》1895年5月26日。

义，一九一三年同盟会员罗福星组织的苗栗起义，一九一五年的西来庵起义，一九三〇年高山族同胞发动的雾社起义等等。这个事实，表现出了中国人民坚决反对侵略、要求解放的百折不回的意志。

一九三七年全国抗日民族解放战争爆发。一九四一年十二月九日，当时的中国政府正式对日宣战，声明“所有一切条约、协定、合同有涉及中日间之关系者，一律废止”。这项声明，是全国人民包括台湾人民在内进行了长期斗争，根本否认《马关条约》和一切中日不平等条约，坚决要求收复台湾等中国领土所产生的效果。

根据长期的、全部的历史事实，抗日战争期间的重要国际协定，重新肯定了台湾是中国领土不可分割的一部分。一九四三年十二月一日，中、英、美三国政府共同签署的《开罗宣言》中规定：“三国之宗旨在……使日本窃取于中国之领土，例如满洲、台湾、澎湖列岛等，归还中国。”一九四五年七月二十六日中、英、美三国共同签署，后来又有苏联参加的《波茨坦公告》中再次规定：“《开罗宣言》之条件必将实施，而日本之主权必将限于本州、北海道、九州、四国及吾人所决定之其他小岛之内。”

日本战败，于一九四五年八月十四日宣布无条件投降。九月二日日本代表在投降书上签字，降书第一款规定：日本接受“波茨坦公告中的各条款”。中国当时的政府于同年十月二十五日在台北公会堂举行台湾省受降仪式，出席观礼的有美国总统杜鲁门的代表等数百人。中国受降主官陈仪于受降后即席发表广播演说：“从今天起，台湾及澎湖列岛正式重入中国版图，所有一切土地、人民、政事皆已置于中国政府主权之下。此一极富有历史意义之事实，本人特向全国同胞及全世界报告周知。”[①] 台湾归还中国了；台湾人民艰苦斗争五十年，牺牲了五十万以上的生命，终于摆脱了日本帝国主义的奴役，重新回到祖国的怀抱中来了！

台湾归还中国后，中国即进行政治、军事上的管理，恢复了在台湾的主权。对日作战期间的同盟国政府，也在它们后来历次发表的声明中，明确承认了这个事实。一九五〇年一月五日，美国总统杜鲁门在关于台湾的声明中说：《开罗宣言》的目的，是使日本所窃取于中国领土，如台湾，归还中国。美国是一九四五年七月二十六日《波茨坦公告》的签字国。《波茨坦公告》称：《开

---

① 重庆《大公报》1945年10月28日。

罗宣言》条款应即执行。日本投降时，亦曾接受此宣言的规定。……过去四年来，美国及其他盟国亦承认中国对该岛行使主权。[①]一九五〇年二月九日，美国国务院就台湾问题对美国众议院外交委员会的公开答复中说：自从驻在台湾的日军向中国投降以后，台湾就由中国管理。“它已包括在中国之内，成为一省。……参加对日作战的各盟国对这些步骤并未质疑。美国政府对这些步骤也未质疑。因为这些步骤，明显地符合于开罗所作的并在波茨坦重予确认的诺言。换句话说，包括美国在内的各盟国在过去四年中，已认为台湾是中国的一部分。”[②]一九四九年十一月二十一日，英国外交部次官梅休在英国下院说：“是根据《开罗宣言》，中国当局在日本投降的时候，对该岛加以控制，并在此后一直行使着对该岛的控制。”[③]一九五四年八月二十五日，英国外交部发言人承认：“《开罗宣言》说，台湾应归还中国政府，这一点已经做到了。”[④]台湾归还了中国，中国恢复了对台湾的主权，台湾人民获得了反抗日本侵略者的彻底胜利。从一九四五年起，这个重要的历史事件，便大书而特书，载在近代中国人民反抗外国侵略的辉煌史册上。

国民党反动政府接收台湾以后，台湾人民并没有得到他们所梦寐向往的自由、平等、幸福的生活环境。日本投降不久，一贯抱有侵占台湾野心的美国帝国主义迅速通过其走狗国民党卖国政府把自己的势力从政治、军事、经济、文化等各方面大规模地侵入了台湾。在很短的时间内，美国就控制了台湾的军事基地和经济命脉，实际上代替了日本在台湾的统治。一九四六年，美国便通过《中美商约》取得在台湾“自由经营各种企业”的特权。一九四八年美国和蒋贼卖国集团签订了一项“共同开发台湾”协定，大规模地掠夺当地的石油、钨、铝、锑、铜、黄金、硫磺等各种重要资源和一部分农产品。在美、蒋残酷压榨下，台湾人民过着极端贫困的生活。蒋贼向人民征收的苛捐杂税，一九四九年税收额为伪币五千三百多万元，一九五三年增加为十九亿八千多万元，四年间增加了三十六倍多。一九四九年美帝国主义及其走狗被中国人民从大陆上赶出去以后，美国力图阻止中国人民解放台湾。一九五〇年六月，美国发动侵略朝鲜的战争，美总统杜鲁门发表武装干涉台湾声明之

①1950年1月5日合众社华盛顿电。

② 丹纳特、端奈合编：《美国对外关系文件》第12卷，第497页。

③1949年12月30日英国新闻处伦敦电。

④1954年8月25日法新社伦敦电。

后，美国更一直用武装保护它的走狗蒋介石卖国集团继续盘踞台湾。

英勇不屈的台湾人民，在不同的历史时期经过了无数次的反对外国侵略势力的斗争，现在还要同美帝国主义及其走狗作最后的搏斗，他们所受的灾难是极其深重的。但是台湾人民反对美帝国主义及其走狗的斗争，在全国人民的共同努力下，必定获得胜利。一千七百年的事实证明：台湾是中国的领土，台湾人民、台湾的社会生活从来就是和全国人民、全国的社会生活不可分割地联系在一起的。目前全国人民正在积极参加解放台湾的神圣斗争，美帝国主义及其走狗在那里的统治决不能长期苟存下去。中国人民要完成统一自己祖国的领土主权的事业，台湾人民要回到祖国的怀抱中来，这是任何力量都阻止不了的，是必定要实现的！

提倡艰苦劳动的学风[①]

哲学社会科学大跃进，我以为首先要坚决贯彻陈伯达同志倡议的“厚今薄古、边干边学”。这个倡议指明了从什么地方跃起和跃向何处的问题，也指出了依靠什么力量和如何跃法的问题。应该多做些宣传，使之深入人心。

要做到“厚今薄古、边干边学”，有很多具体工作要做，例如制订规划，培养干部，组织力量等等都是。这里我认为有两点需要强调一下。一点是哲学社会科学工作者应该继续进行自我思想改造，来个思想大跃进。近几年来，多数社会科学工作者的政治思想不断有所提高，但是同飞跃前进的国家建设事业相比，有些人的思想还是远远落后的。科学研究到底为谁服务的问题，在这些人思想上没有认真解决。口头上是为人民服务，行动上是为自己的名利服务。安排工作时，有专业知识的人强调要照顾个人兴趣，青年人则首先要求把自己培养成某种专家。国家的需要，个人专长、个人兴趣同国家需要相结合的原则，往往被忽视。在他们身上，个人同集体的矛盾很大。在研究工作中，许多规模较大的工作，必须依靠集体力量才能完成。所以，个人主义同集体的矛盾是跃进的绊脚石。要大跃进，就必须反掉这种把个人名利、兴趣摆在第一位的腐朽思想，努力使自己的思想赶上客观形势。研究工作同其他工作一样，各有特点。那种片面强调特点、墨守成规、保守不前的想法，也是大跃进的障碍。在工作方法上，要用新鲜活泼的、创造的精神，来代替落后、保守的思想。

再一点，需要强调一下学风问题。“厚今薄古”是研究方向，也是学风。过去好像有一种风气，在研究者本人是言必称三代，别人也以为只有那些能从线装书上找出几条不常见的材料的人，才是有学问，是专家。目前哲学社会科学研究中的生气不足，同这种风气是密切相关的。前人有句话：知古不知今，是谓陆沉。很多人都“陆沉”了，生气从何来呢？就历史这门科学说，

---

① 原载《人民日报》1958 年 3 月 18 日第 7 版。——编者注

今天有些历史学家未必真正承认近百年史，特别是五四运动以来历史，中华人民共和国历史是科学研究的对象。照他们的观点看来，搞近代、现代史的人，不过是在搞政治，说不上是在研究科学。其实从来没有同政治无关的历史，古往今来的历史著作，没有一本不是反映当时的政治观点的。历史书本是政治教科书。持有这种观点的人，表面上是重视科学，实际上是想逃避现实政治，并且是表示他们缺少科学地理解现代历史的能力。我是在历史研究所第三所工作的。历史三所的分工是研究中国近代现代史。我们欢迎大家来参加这方面的研究工作，促成近代现代史研究的大跃进。学术界有许多人勤勤恳恳工作，但是也有人不那么振作，不肯刻苦钻研。现在，各条生产战线上的工人农民都提出了豪迈的口号，要苦战若干年，改变生产的面貌。我们需要有刻苦劳动的学风，需要有工人农民那样的革命干劲。

有了正确方向，思想认识提高了，再加上干劲，我们就一定会跳得高，跃得远。

历史研究应当厚今薄古
——需要着重研究“五四”运动以后的历史①

报刊上正在讨论哲学社会科学研究中应当厚今薄古，还是应当厚古薄今的问题。学术研究应当厚今薄古，这个道理对于具有革命观点的人并不那么难于理解。问题在于如何“厚”法。

着重研究中国近代现代史，特别是着重研究“五四”运动以后的历史，中华人民共和国的历史，这是历史研究中厚今的主要内容。

为什么要“厚”“五四”以后的历史呢？我以为这是因为：一、“五四”以后的历史和今天的生活息息相关。“五四”以来，阻碍中国社会历史发展的帝国主义、封建主义和官僚资本主义虽然已被推翻，但是封建势力和官僚资本主义的残余势力还未完全肃清，中国人民与帝国主义反革命之间的斗争并未结束。资本主义所有制已经改变，但是资本主义的残余势力，包括资产阶级

---

①原载《人民日报》1958年7月5日第7版，题为《需要着重研究“五四”运动以后的历史》；后载《历史研究》1958年第5期，正题为现题，原题则列为副题。另《人民日报》原载文与《历史研究》所载文内容大致相同，唯所提解决问题的方法在行文上略有不同，现抄录如下，以资对照：一、通过各项具体工作把分散的人力组织起来。例如组织人力，编写分量较大的中国现代史、中华人民共和国史和有关的专门著作，有系统地整理“五四”以来的报刊和其他重要资料，调查访问各地区、各时期的重要事件和有关人物，有计划地举办学术会议等。二、因地制宜，设置现代史和党史的研究据点，如果能办到，可以提请有关部门考虑建立全国性的现代史和党史研究的中心。三、“五四”以后的历史需要研究的题目很多，涉及的范围很广，应由有关的单位随时根据需要，拟制选题计划，供研究者参考选择。我以为当前最重要的是要着重研究毛泽东同志的著作、中国共产党的建设、中国工人阶级、马克思主义思想与资产阶级思想的斗争、社会主义改造和社会主义建设等这些根本性和关键性的问题。实际生活中提出的许多问题，如右派进攻时所表现出来的资产阶级的民主自由思想、资产阶级民族主义等，都和现代历史有关，也应从历史角度来分别加以研究。四、要做好出版、评论工作。这包括积极准备条件、创办现代史刊物，现有历史刊物和登载历史稿件的高等学校学报及其他综合性刊物要适当分工，有些刊物可以着重登载现代史的文章，形成自己的重点和特色。专门的历史刊物，争取每期都有一定的篇幅刊载现代史的文章。要加强报刊上有关这方面的作品的评论，有一定成绩的及时给以鼓励支持。——编者注

思想，还影响着人们的日常生活。工人阶级和农民的地位、作用都起了变化，而历史赋予他们的建设社会主义的使命，却只是刚刚开始。研究这段历史，目的是要帮助人们从昨天的活动中吸取经验，来从事今天社会主义建设的实践。二、“五四”以后的历史，是中国历史上真正伟大的时代。从“五四”起，中国工人阶级走上了政治舞台。在这以前的中国社会历史，约八十年间是沿着半封建半殖民地的下降线发展的，在这以后，开始改变为沿上升线发展，最后进到了社会主义社会。这个时期里，有最复杂的阶级矛盾，有火热的革命斗争，有生动活泼的马克思列宁主义思想的创造。有许多在中国是新的东西，有一些在世界上也是新的东西，很值得研究，需要进行科学的研究和总结。三、要科学地了解中国的古代，也必须着重研究中国的近代和现代。这是马克思主义告诉我们的方法。这些理由虽然很简单，它确实说明“厚”“五四”以后的历史有极大的重要性。在这个问题上，大家的看法未必都一致，举出来尚有必要。

过去几年中，有不少同志已经开始注重研究“五四”以后的历史，在整理史料、编写讲义、进行初步研究和培养干部等方面有显著成绩。然而这个工作仍远远地落后于革命的实际，落后于需要。统计《历史研究》《历史教学》等四个刊物上发表的文章，刊载现代史文章最多的是《历史教学》，但也只占百分之二十五；最少的如《历史研究》只占百分之十点八。《文史哲》上则没有一篇现代史的文章。并且那些文章也多半是资料性质和纪念性的，真正作了相当研究，有一定科学水平的更是寥寥可数。这有力地说明现代史的研究是太薄弱了。

毫无疑问，研究“五四”以后的历史，要比搞古代史困难许多。有的同志认为这些困难表现在：一、“五四”至今不过三十多年，时间短，从事这方面的学术研究的人少，专家更少，力量不足，水平不高。本来高等学校的革命史或现代史教师是研究的主力，近来其中有不少人改教社会主义教育课程，人力更为减少。二、和现实生活联系密切，不易贯彻百家争鸣。有点新见解，怕被批评为修正主义；没有新见解，则被批评为教条主义。吃力而又容易碰钉子，厚今变成了“怕今”。三、材料不好找。有的已经散失，有的尚未发表，有的零散没有整理。没有新材料研究不出什么新名堂。四、条件差，主要是没有时间。因为专业研究的人很少，高等学校教师的任务是教课，很少有时间做研究。如此等等。

照我的想法，这些都有一定的道理，但是只有一面的道理。要加强“五四”以后历史的研究，确实需要有关部门在人力、环境、材料和条件等方面采取一些措施，加以支持。然而这些困难，首先是要由学术界本身，要研究者本人来努力克服，并且这些困难也未尝不可以逐渐克服。

从事“厚今”的人今天已不在少数。一九五七年全国高等学校有现代史和革命史教师一千四百人，加上各级党校和中等学校里教授革命史或党史的教员，再加上少数专业研究机构的研究人员，有一支万人以上的庞大队伍。和搞古代史的人数相比，有过之而无不及。虽然近来有些人改教社会主义教育课程，不是有系统地讲历史，但是所涉及的问题，多半和党史或革命史有关，而且与实际结合更加紧密，他们仍有可能或多或少做一些有关党史或现代史研究的工作。即使其中多数人目前水平还不高，只要认真边干边学，就可能逐步提高自己的水平。看来现代史研究的队伍是不患寡，而患边干边学时刻苦钻研的劲头不足。资料缺乏是一个不容忽视的客观情况。注意搜集整理资料是十分重要的。但是只要组织人力去做，有些基本资料还不难搜集整理出来。例如中国现代史资料丛刊、中国近代工业史资料、中国近代农业史资料等，就是做得很好的工作。中国科学院历史研究所第三所南京史料整理处收藏有关现代史方面的档案百余万宗，百分之九十五以上经过初步整理可供研究利用。整理资料主要靠研究者自己动手，一味想等着别人整理好资料以后自己去研究，那会像缘木求鱼一样没有效果。至于说有些党的文献一时不易找到，这并不是一种特殊现象。但其实有些未经发表的材料即使找到了，也未必可以利用。并且近来这方面的情况已有改变。《毛泽东选集》和已经发表的大批党的文件，如各种决议指示等，是我们研究党史、研究现代历史的基本文件。历史研究要靠对最大量、最普遍的材料进行分析，作出结论，而不是依靠掌握某些孤本秘籍，来标新立异。这是我们和资产阶级观点的根本分歧之一，是马克思主义研究的特色。陈伯达同志研究中国现代史的著作是很好的典型。《四大家族》《人民公敌蒋介石》等书上面所引用的材料，也无非是从一般报刊、书籍上选择出来的材料，但是谁也不能否认这些著作是思想性很强、科学性很高的著作。所以资料困难，并不足以构成“怕今”的理由，相反地应该推动我们加紧工作。历史研究需要百花齐放、百家争鸣，这是无人怀疑的。目前学术研究中自由辩论的空气还不浓厚，需要提倡各种不同意见的讨论，要鼓励敢于发表意见，敢于大胆创造、大胆批评的勇气。现代史的研究当然也不例外。如果因为现代史和当前生活关系密切，遭受批评的机会较多，这也并没有什么可怕。这只会推动研究工作的不断深入。“百家争鸣”本来就包含着两个意思：自由研究和自由批评。没有别人批评错误思想、错误作风的自由，只有发表创见的自由，那就会是有鸣无争，会是只有孤鹜而无落霞，那就不成其为“争鸣”，不成其为“落霞与孤鹜齐飞”。我们要有鸣有争，要边鸣边争。有人耽心在现代史的研究讨论中，容易把学术问题和政治问题混在一起。这两件事当然有联系，但它是有区别的。要区分这两件事，创造自由研究的环境，这主要靠学术界能够正确地进行学术批评。总之，人力、资料、条件等方面困难是有的，要看如何对待。研究者不要灭自己之威风，不能被这些困难吓倒。

更重要的是我们必须看到，研究“五四”以后的历史比搞古代史还有些有利的条件。首先这方面的研究有领导机关的重视和支持。就党史而言，我们党的中央历来把加强党史学习，作为加强马克思列宁主义教育的有效方法。以往高等学校、各级党校和一些中等学校里普遍设有党史或革命史课程，就足以表明这一点。又由于这段历史研究得很少，有广阔的园地可以垦植。甚至只要认真去整理材料，就可以见出成效。特别是这个工作因为和现实生活密切有关，多少有点价值，立刻就在群众中发生有利的影响。举个例子：一本有参考价值的有关现代史的作品，往往要销行几万册，乃至几十万册。一本书有那么多的人阅读，影响可谓不小。这说明作者负有极大的责任，同时，这对作者也是极大的鼓励。

上述看法要是大致不错，这表明我们不但需要加强“五四”以后历史的研究，而且我们也完全有可能来加强这方面的研究。事情在于要有办法，有措施。集思才能广益，靠大家来出主意。我想可以采取下面一些办法：

要通过各项具体工作，把分散的人力组织起来。这些工作有：一、编写分量较大的作品。至今还没有一部较详尽的现代史，没有中华人民共和国史和有关的专史。这些工作可以组织人力集中来做，也可以几个单位同时都做。题目相同的书同时写几本，有百家争鸣、互相补充、互相改正的好处。二、搜集整理史料。“五四”以来的报刊和其他出版物浩如烟海。分量既大，材料又分散，只有制订统一计划，分工合作，方能在较短时间内整理出较多合用的资料。三、调查访问。这是搜集活史料的主要方法。两千年前，司马迁写《史记》就采用了这个方法。今天我们要访问的人成千上万，要调查的事指不胜屈，还必须抓紧时间。光凭少数人的活动收效难宏，必须把许多“司马迁”组织起来去做。四、有计划地举办学术会议，也是组织力量、推动研究的一种办法。

要因地制宜，设置现代史和党史的研究据点。如果能办到，可以提请有关部门考虑，建立全国性的现代史和党史研究中心。科学院历史研究所第三所目前的情形，只是个很小的研究据点，它可以在现代史研究的分工中，担负一定的具体工作。

要有关单位及时拟制选题计划，供研究者参考选择。“五四”以后的历史需要研究的题目很多，涉及的范围很广。问题大小不一，难易各殊。但主要的，不外乎下列各方面：一、马克思列宁主义理论与中国革命实践相结合的研究。这包括马克思、恩格斯、列宁、斯大林有关中国革命的著作的研究，毛泽东同志著作的研究等。二、中国共产党党史的研究。三、中国现代史或中华人民共和国史重要问题的综合研究。如“五四”运动、第一次国内革命战争、第二次国内革命战争、抗日战争、第三次国内革命战争、一九四九至一九五二年的经济恢复、一九五三年以后的经济建设和社会主义改造、抗美援朝运动等。四、中国现代民主政治的研究。如一九二七到一九四九年解放区的政治生活、人民民主专政、中华人民共和国宪法、统一战线等。五、中国革命武装斗争发展历史的研究。如中国人民解放军成长的历史、各地区人民武装斗争的历史等。六、土地改革的研究。如第二次国内革命战争时期、第三次国内革命战争时期、中国人民革命胜利后的土地改革、土地改革的历史意义等。七、中国共产党领导中国人民革命运动的研究。如工人运动、农民运动、小资产阶级和资产阶级的民主运动等。八、中国新文化发展的研究。如“五四”以后的新文化、一九二七至一九四九年在反动势力统治下的新文化运动、解放区的文化教育、中华人民共和国的文化教育等。九、现代中国思想史的研究。如各种思想斗争发展演变的历史、现代资产阶级反动思想批判、国外反动思想批判等。十、少数民族历史的研究。如各少数民族的社会经济状况、各少数民族人民所进行的革命斗争、中国人民革命胜利后各族人民的团结与经济文化发展等。十一、中国资本主义和民族资产阶级的研究。十二、帝国主义侵略中国的研究。如帝国主义侵略中国的综合研究，各帝国主义侵略中国的分别研究，帝国主义侵犯中国主权、操纵中国经济、对中国进行文化侵略的各种专题研究等。十三、封建势力和官僚资本主义反动统治的研究。

如北洋军阀、各地的反动统治势力、国民党的反动统治等。十四、国际关系方面的研究。如俄国十月社会主义革命对中国革命的影响、苏联和世界各国人民对中国革命的援助、苏联和世界各国人民与中国人民的友好关系，中国人民革命对世界的贡献，如抗日战争对世界反法西斯战争胜利的贡献、中华人民共和国对保卫世界和平民主的贡献等。十五、现代史学史的研究。如马克思主义历史学与资产阶级唯心主义历史学斗争的历史、中国现代资产阶级反动历史学批判等。

拟制选题计划时，应根据需要和条件，就上述各方面的问题加以选择。我以为当前最重要的，是要着重研究毛泽东同志的著作、中国共产党的建设、统一战线、武装斗争、工人阶级、马克思主义思想与资产阶级思想的斗争、社会主义改造和社会主义建设等这些根本性和关键性的问题。实际生活中提出的许多问题，如右派进攻时所表现出来的资产阶级的民主自由思想、资产阶级民族主义等，都和现代历史有关，也应从历史角度来分别加以研究。

要做好出版评论工作。这里想到的有：一、积极准备条件，创办现代史刊物。研究和刊物是有互相促进作用的。二、现有历史刊物和登载历史稿件的高等学校学报及其他综合性刊物要适当分工。有些刊物可以着重登载现代史的文章，形成自己的重点和特色。三、专门的历史刊物，争取每期都有一定的篇幅刊载现代史的文章。四、加强报刊上有关这方面的作品的评论，有一定成绩的及时给以鼓励支持。

其他办法还很多。有了办法，再推定负责的单位，分别实行。经过一个时候的努力，目前的状况一定可以改变。

当然，不是凡属研究"五四"以后的历史，就必然是厚今，否则就必然是厚古。问题还看你怎样去研究。假使搞这段历史的人，照样是发思古之幽情，为研究而研究，那就使有现实性的问题变成了古董，无厚今之可言。因此，研究"五四"以后的历史，仍必须贯彻联系实际生活、从当前需要出发的原则，不能够脱离或修改这个原则。

这里是存在着认识上的分歧的。学术界在学术和生活的关系问题上，亦即学术和政治的关系问题上，过去是、现在仍然是有两种观点，有两杆衡量事物的尺子。一种是资产阶级观点。照这种观点，学术生就只是象牙之塔里的东西，是最清高、最有独立性的。合乎此者就叫作学术，搞的人就叫作有学问，是专家；反乎此者就不能叫作学术，只是搞政治，是既不清高，又无独立性。再一种是马克思主义观点。照这种观点，一定的文化是一定社会的政治和经济在观念形态上的反映。所谓学术、学理或社会历史学说，都是反映着一定的政治和经济，又直接间接为一定的政治和经济服务。古今中外的学术著作证明马克思主义观点是颠扑不破的真理，而资产阶级观点则极端虚伪。孔子的《春秋》被尊为“经”，当然是典型的学术了，但是孔子作《春秋》而“乱臣贼子惧”，足见其内容并不那么“独立”，并未脱离政治。司马光修《资治通鉴》有明确的政治目的，他在《进书表》上说得很清楚，这部书是按照封建主义观点，“专取关国家盛衰，系民生休戚，善可为法，恶可为戒者”编辑而成的。马士的《中华帝国对外关系史》是一部为帝国主义侵略中国说教的书。蒋廷黻、胡适之流讲中国近代、现代史的“学术著作”，其目的是为买办阶级出卖民族利益辩护。古今中外从来没有与政治无关的历史书，历史书没有不反映当时的政治观点的，只有直接和间接的区别。比较有系统的重要的历史书一向是政治教科书。问题是在于反映某一种政治观点的历史书比较合乎历史、合乎科学，而反映另一种政治观点的则不合历史、不合科学，乃至是根本反历史、反科学的。资产阶级对待学术研究的观点、衡量学术著作的尺子和它对待其他事物的观点一样，是反映了这个阶级认识客观世界的严重局限性，反映了剥削阶级的实质。时至今天，我们还让这种错误思想闭塞住头脑，束缚住手脚，那是太无道理了。研究近代现代史的人，在这个问题上必须彻底揭穿资产阶级的虚伪观点，树立起马克思主义观点。我们甘心情愿没有资产阶级的学术，我们只需要有马克思主义的学术。

目前有关“五四”以后历史的研究，确是有困难、也确是有办法。只要我们大家行动起来，就一定能够逐渐克服困难，来一番大跃进，促成这个事业的发展。

我自己对这段历史知道得很少。今后愿意努力，做个小学生从头学起。

戊戌变法六十年[①]

戊戌变法过去整六十年。中国在这个短时间内，经历了资产阶级民主革命和无产阶级社会主义革命两个步骤。变法所提出的问题，那些活动的阶级、人物和思想，在今天看来真是恍如隔世。但是，变法维新作为中国民族觉醒过程中的重要一环，是有长久意义的。

从戊戌变法往前数六十年，中国正在开展轰轰烈烈的禁烟斗争，是中英鸦片战争前夕。鸦片战争、太平天国农民革命、英法联军的侵略、中法战争、中日甲午战争等一系列的重大事变，都发生在这个时间里。各次事变证明，这时中国仍只有农民是推动历史的力量，农民是反封建斗争的发动者，又是反侵略斗争的主力。代表大地主、大官僚和满清贵族统治的清朝政府，害怕人民，不敢坚决抵抗外国的侵略，使中国每次对外战争都遭失败。帝国主义强迫这个政府订立大批不平等条约来奴役中国人民，地主统治势力也逐步和外国相结合，变成侵略者的工具。在这个六十年的后期，一方面是英、美、法、俄、德、日等帝国主义的侵略，把中国变成了一个半殖民地半封建社会，一方面是中国出现了资本主义这种新的生产方式。特别是中日战争后的再一次割地狂潮，使中国面临着瓜分危险，而民族工业又正显露其活力。挽救民族危亡，发展资本主义，成了社会生活提出的两个最根本、最迫切的问题。

这时农民斗争的第一个高潮已经过去，农民斗争的再起和资产阶级的革命潮流还在后面。中国工人阶级当时处在早期，是一个自在的阶级。于是，寻求这两个问题的答案的责任，不得不暂时地由资产阶级维新派这个不成熟的力量承担起来。中国资产阶级发动政治运动便从戊戌变法开始。

"变法维新"，是资产阶级维新派对这两个问题所提出的回答。变法本是一个陈旧口号，当它和资产阶级的要求相结合，加进了比较完备的资本主义内容以后，就有了新的意义。在这以前，有许多人宣传变法，要求保护工商

---

① 原载《人民日报》1958年9月29日第7版。——编者注

业，要求国家独立，要求清政府作某些民主改革。这些思想和代表官僚买办利益的洋务派的主张之间还没有很明确的界线。维新派与此有别，他们要求发展工商业，并主张改变封建专制政体。照康有为的话说是“上体太尊而下情不达”，“小变不可，必当全变”。康有为在“统筹全局”折里代表维新派宣布的纲领共有三条：统筹全局以图变法，大誓群臣以定国是，开制度局以定宪法。一为通盘改革行政机构，二为依靠皇帝的权力推行新政，三为改变专制政体，并使维新派参与政权。这显然不是别的纲领，是一个资产阶级的政治纲领。维新派站在历史潮流的前端，在中国扮演着第一个资产阶级政治代表的角色。

群众性的活动和自上而下的改良活动相结合，是维新运动的一个特点。1895 年康有为发起的一千三百余人联名要求“拒和、迁都、变法”的“公车上书”是这个运动的第一声。公车上书以后维新派影响散布全国。各地学会学堂林立，报纸刊物大兴，议论蜂起。宣传变法、讲求新学走出少数人的圈子，变成一个群众性运动。欧榘甲描述当时举国士民，“家家言时务，人人谈西学”。梁启超记载湖南省的各府州县多设立学校学会，许多英气沉毅、年岁较轻的士人都参加活动，“无科第、无官阶，声名未显者而其数不可胜计”。但是维新派的活动也仅仅限于利用学会报刊进行宣传号召，希望得到清政府中某些中央大员和地方督抚的赞助来推行他们的政治改革主张。这就清楚地表明了维新运动的改良主义性质。严重的民族危机、维新运动的浪潮必然要在清政府内部引起尖锐的反应。所谓帝党后党之争，主要的绝不是什么宫廷琐事的纷争，而是民族危机、阶级斗争所引起的统治集团内部的分裂与斗争。光绪和少数拥护他的大臣，要求摆脱以那拉氏为代表的极端顽固派的压制，倾向于改革现状。维新派的活动因而得到帝党的重视，康有为和他的同志在政府中取得了接近皇帝、“参行新政”的权力。维新运动和光绪结合起来。1898 年 6 月 11 日到 9 月 21 日通过皇帝“谕旨”发布的包括废除八股，奖励民办工业，奖励科学发明，允许言论自由，准备召开国会，实行宪政等等一系列的改革法令，使自下而上的带有群众性的变法要求，终于变为自上而下进行改革的实际行动。

为什么资产阶级维新派发动的运动，只能是一个改良主义的运动呢？分析一下中国资本主义产生和中国资产阶级的特点就可以明白。

中国资本主义是在半殖民地半封建社会里产生的。资本主义的发生和资产阶级的形成有两条道路：一条是由“官商合办”进至商办，若干地主官僚顺着这条道路变为资本家或兼有资本家的身份。一条是少数手工工场主或中小商人开设工厂，由小资产阶级发展为资产阶级。第一条道路在资本主义发生初期占有优势，第二条道路主要是华侨中有些力量。1895 年以后，中国资产阶级开始出现两个不同的小派别。孙中山、杨衢云的兴中会是其中的一派。它的成员是小资产阶级知识分子、城市小资产阶级和华侨资本家。这些人同封建势力的联系很少，有较强的革命性。维新派则是从地主官僚转化来的资产阶级的代表者。这一派的成员主要是半封建半资本主义的知识分子，国内新式企业的创办者，不满现状的中小官吏和地方绅士。康有为、谭嗣同、梁启超、严复等都是出身封建家庭，受儒家教育，又涉猎过一些西方资产阶级社会学说和自然科学的知识分子。他们是当时倾心向西方学习的半封建半资本主义知识分子的代表人物。维新派中有些人本身又是各种新式企业的创办者。谭嗣同、唐才常、刘淞芙等在湖南开办采矿、内河轮船、湘粤铁路等企业。康广仁早年经商，在上海创设大同译书局。宋育仁是重庆玻璃、煤矿公司主持者和成都人力车创行人。刘古愚在陕西开设机器轧花厂等企业。张謇是一个实业家。梁启超和澳门等处资本家的关系也很密切。1895 至 1898 年先后多次向都察院上书的都是有“举人”功名的知识分子，强学会、保国会的参加者全是士大夫和地主官僚子弟。这些人不是当权派，又要求发展资本主义，和封建势力有矛盾，但是他们的地位很软弱，和封建势力有千丝万缕的联系，没有革命要求。因此这种势力在试图解决民族独立问题和中国资本主义发展问题时，就不能设想可以采取革命的方法，而只能选择在他们看来是最可行的改良主义道路。

这一点是很清楚的：维新运动并不因为是一个改良运动而减弱了它的爱国主义性质。维新志士们宣传中最重要的一个内容是反复申述亡国危机，痛恨地主阶级当权派卖国媚外。谭嗣同上欧阳忠鹄书，痛斥清政府把中国拖向亡国灭种的深渊：“中国之生死命脉惟恐不尽授之于人。非惟国也，将合含生之类，无一人一家之不亡……中国不变法以期振作，使外洋入而代为变之，则养生送死之利权一操之外人，可使四百兆黄种之民，胥为白种之奴役，即胥化为日本之虾夷，美利坚之红皮土番，印度、阿非利加之黑奴！”康有为在保国会讲演亡国惨祸，指出：“二月以来，失地失权之事已二十见。来日方长，何以卒岁？缅甸、安南、印度、波兰吾将为其续矣。……香港隶英人，至今尚无科第，人以买办为至荣。英人之窭贫者皆可为大班，吾华人百万之富，道府之衔，红蓝之顶，乃多为其一洋行之买办。立侍其侧，仰视颜色，呜呼哀哉！及今不自强，恐吾四万万人他日之至荣者不过如此也。”维新人士的这类言论，是在一定程度上表达了广大人民群众反对帝国主义侵略、反对封建统治的要求，是有利于激发群众爱国热情的。“救亡图存”的口号虽含有救地主资产阶级之亡和救中国之亡两种意思，在当时仍是一个爱国的口号。正是这种情形，使资产阶级的代言人能够标榜自己仿佛不是代表某一个阶级发言，而是代表着整个受苦难的中国人民。

然而维新派到底只是提出了解决民族独立问题、中国走资本主义道路问题的远大目标，根本没有解决依靠什么力量来实现这个目标的问题。这决定他们的运动只能以失败而告终，不会有别的前途。

资产阶级当然是一个新的力量。维新派的出现，表明中国资产阶级已开始走上政治舞台，单纯由农民推动历史发展的时代已成过去。但事实证明，不论是反封建或反帝国主义的广大力量是在农民群众之中，资产阶级离开农民就要一事无成。这时各地农民斗争正趋向活跃，从斗争中开始提出比较明确的反帝口号更是农民新觉醒的标志。维新派不敢正视这个事实。维新派的活动不但和农民群众的斗争各不相谋，而且是正面对立的。他们感到农民斗争对统治阶级的威胁，患着革命恐惧症。康有为深感“陈涉辍耕于陇上，石勒倚啸于东门……揭竿斩木，已可忧危”。因此，他们把自己的运动看作具有缓和国内阶级矛盾，抵制农民革命的意义。反之，维新派不止对封建势力是妥协的，对帝国主义也是妥协的。他们的爱国思想并没有发展为反帝思想。照维新派的观点，问题不在于外国的侵略，而在中国不自强。因之他们不愿意把自己的运动当作反帝国主义运动，甚至幻想中国可以依靠某个帝国主义的支持完成自强改造的事业。英国、日本玩弄的阴谋诡计也加深了维新派依赖帝国主义的幻想。敌视农民，向帝国主义寻求支持，就是维新派的路线。这种得不到人民群众支持的政治活动当然是经不起反动势力的一击的。那拉氏代表的顽固派一经发动反攻，变法维新便像一场春梦迅速破灭。康梁出亡，谭嗣同等六君子被杀，连光绪本人也不免做阶下囚的命运。正如维新诗人黄遵宪所咏叹的，“五洲变法皆流血，先累维新案尽翻”。一个月之内禁止了全部新政，恢复全部旧制。

变法维新失败，宣布了改良主义的破产。在一年多以后发生的以农民为主体的义和团运动才真正阻止了帝国主义瓜分中国，并给予封建势力严重的打击。农民群众的革命斗争完成了资产阶级改良派所无法完成的历史任务。

维新运动作为一场政治斗争，只是昙花一现，早成过去，作为一个资产阶级思想启蒙运动，在近六十年社会生活中却有相当的影响。维新派为了从文化思想战线上击败封建顽固势力，按照他们的需要，吸取西方资产阶级的政治社会学说来和封建文化代言人展开激烈论战。在两派思想的斗争中封建主义文化思想遭受到空前打击。康有为的《新学伪经考》《孔子改制考》《礼运注》，谭嗣同的《仁学》，梁启超的《变法通议》和严复翻译的《天演论》等著作第一次冲决封建网罗，从根本上动摇了历史上被当作封建政治的宪法看待的儒家经典，使资产阶级“民权”思想开始广泛传播。这是思想上的一个大解放。封建主义文化思想统治中国几千年，知识分子的头脑受着重重束缚，要排除这些束缚，提出一套与封建主义文化思想基本上相对立而能够启发群众觉醒的主张，其困难是可以想见的。但是封建主义、神秘主义的大门既经打开，哪怕只是打开很小一道门缝，便再也无法关闭，以阻止人们走出来追求资产阶级民主主义的理想，乃至进一步追求无产阶级社会主义的理想。在这以后，中国有过几次思想解放斗争的高潮，这种高潮每次都是伴随着当时的经济政治生活变革出现的，反过来又推动经济政治的发展。1905 年以后同盟会和改良派的论战，是资产阶级的思想再解放运动。这次论战中，资产阶级革命思想战胜改良主义，准备了辛亥革命。俄国十月革命以后马克思主义传入中国，中国先进分子找到了马克思列宁主义这个革命武器，它的重要意义无法和资产阶级的思想解放斗争相比。经过“五四”运动，中国共产党的成立，中国革命由旧民主主义进入新民主主义，最后走上胜利的道路。今天正在进行的思想战线上的社会主义革命和亿万劳动群众的思想大解放运动，更是中国有史以来未曾有过的思想解放高潮。每天出现的大量新事物表明，这次思想解放高潮正在彻底改变中国人民长期被奴役的精神面貌，促进中国社会迅速由社会主义向共产主义前进。这些一次又一次的思想解放斗争，是在不同的历史背景、不同的指导思想下发生的，和维新思想并无直接联系，不是一种性质。但是六十年前的资产阶级思想启蒙运动第一次突破封建主义文化思想这道严重难关，打开脑筋重新认识世界，这就为后来人们在新的社会生活条件下不断接受新的思想，扫除了一种困难，给了一种启发。在这一点上，维新派是有功绩的。

六十年只是历史的短短一瞥。目前提在我们面前的根本问题，再也不是民族独立和发展资本主义，而是如何多快好省地建设社会主义，加速向共产主义前进的问题。形成维新派的那种社会阶级力量也早被历史埋葬，不为人们所注意。康有为以非凡的想象力描述过的“大同之世，天下为公，无有阶级，一切平等”的“极乐世界”，在六十年前只是一种空想，而今天正在成为现实，这该是多么大的变化。处在东方，并曾经以它的古老文化影响过世界的中国，进步如此神速，指明进入“极乐世界”之日已不在远。任何阻挡这种前进的反动势力，都是要被历史的巨轮所粉碎的。

义和团运动说明了什么？①

太平天国、义和团和辛亥革命是中国旧民主主义时期三次革命高潮的顶点。义和团处在前后两个高潮的中间。以反封建为主的太平天国农民战争在三十多年前失败了，资产阶级的辛亥革命还在十年之后。义和团恰当其时，挺身而出，以反帝国主义为己任，这是它的鲜明特色。

单讲活动的全盛时期，义和团算是很短促的。但是，它的重要性，它的爱国热忱，它的赴汤蹈火的斗争精神，不愧为中国民族觉醒的代表，反侵略斗争的先河。从义和团运动的规模来说，它是长时间以来彼伏此起，蔓延全国的反洋教斗争的一个总汇合。如果两年前的戊戌变法是民族觉醒过程中的一步，那么义和团就是一座巍然高耸的里程碑了。

为什么本来赤手空拳，揭竿而起，最后悲壮失败的义和团，能够这么勇敢无畏，做出惊天动地的事业来呢？

看看中国社会当时的主要矛盾，就知道义和团是帝国主义侵略加深，民族灾难空前严重的产物。义和团运动爆发的时候，半个多世纪的外国侵略已经把中国社会最后地推入了半封建半殖民地的深渊。帝国主义瓜分中国的危险迫在眉睫。英、法、日本先后发动四次侵略战争，强迫中国大量割地赔款。英、美等十九国同中国订有最惠国待遇条约和其他不平等条约。外国通商口岸遍布于内地十六省和东北、西藏、台湾的四十五个城市。英、美等七国在中国的十四个商埠占有租界。沿海六个主要港口是外国军事基地。全国三四千公里的铁路都是外国强求建筑、借款修筑或擅自修筑的。全国内河行驶的轮船绝大部分是外国的。海关收入全部抵押给了外国，所有海关税务司都由外国人担任。中国政府所欠英、俄等国各种债款达四亿五千一百多万两，国库全年的收入只有八千多万两，外债永远也还不清。中国的广大区域，北起黑龙江，南至云南、两广，分别为俄、英、德、法、日诸国各自划为势力范围。

---

① 原载《人民日报》1960年8月30日第7版。——编者注

美国在“门户开放”口号下到处攫取利益。再加上代表帝国主义利益的天主教、基督教近四十个教区、六十多个教会散布各地；约三千个外国传教士活动于全国大部分城镇和乡村里，为非作恶。人民群众在日常生活中时刻都感到帝国主义的压力，不能自由呼吸。要中国人民甘心长此生活下去，不起来进行斗争，不反抗侵略，这是不可能的。义和团正是由这个矛盾产生的，是这个矛盾的剧烈爆发。义和团运动是一个反帝国主义侵略的爱国运动，义和团进行的战争是反对帝国主义的、革命的、进步的战争。

义和团斗争是由农民群众发起的，是又一次农民革命，参加的基本群众首先是农民，其次是手工业者、城市贫民、散兵游勇、小商贩和水陆运输工人等。运动的主要领导人物是教门首领（朱洪灯）、游方僧人（本明和尚）、下级军官（李来中）、船夫（张德成）、游勇（曹福田）、江湖艺人（黄莲圣母）等。中国旧式农民战争历来就是由这些人出头露面的。当时，资产阶级的政治团体有兴中会、维新派两个派别。兴中会的成员是小资产阶级知识分子、城市小资产阶级和华侨资本家。维新派的成员是半封建半资本主义知识分子、新式企业的创办者、不满现状的中小官吏和地方士绅。拿资产阶级政治团体的成员与义和团对照一下，后者的农民战争本色显得格外突出。神秘主义，浓厚的宗教色彩，更是农民战争的特色。恩格斯说：“任何反对封建制度的斗争，在当时都必然要披上宗教的外衣，即首先必然要针对着教会。”高举着“灭洋”旗子的义和团当然比单纯的反封建斗争要复杂些。农民以外的其他阶层的分子卷进反对“洋人”的洪流里，推波助澜，煽动群众排外心理的一面。他们之中包括害怕新思想、新事物的守旧士绅，与教会有矛盾的中小地主等等。但这些分子一开始就是作为农民的异己势力出现的，体现运动本质的只是农民群众。

人们不禁要问：建立起兴中会、发动过戊戌变法、走上了政治舞台的资产阶级，难道不是反对帝国主义的力量吗？事实是当时资产阶级至少主观上并没有反对帝国主义的要求，而是相反，扮演了反对义和团的角色。当义和团在北京进入高潮时，维新派的自立军崛起长江一带，兴中会准备在广东举行反清起义。但是，自立军、兴中会都不承认义和团的正义性，都辱骂义和团是应当剿除的“奸民”和“贼匪”。自立军、兴中会又都分头与英、日帝国主义相结纳，幻想在帝国主义支持下通过某些地方封建势力来达到自己的目的。资产阶级表现出了宁肯信任帝国主义、封建势力，也不敢信任革命群众。

因此，义和团运动的一个显著特点是它的自发性，没有资产阶级参与，依靠农民，也只有从农民和其他劳动群众中才产生出了这股巨大的反帝国主义的威力。

与帝国主义根本相对立，基本力量来源于广大人民群众，这就是义和团的本来面目。正是因为如此，义和团就遭到了一切反动派的痛恨，遭到了各式各样资产阶级辩护士的曲解和诬蔑，并且这些曲解、诬蔑也恰恰就是集中在上述两个主要的方面。

中外资产阶级历史家明目张胆地否认帝国主义侵略，否认义和团的正义性、进步性。在他们许多臭气熏腾的议论中，有说义和团毫无建设性，是“狂热和反动”的。有说义和团是起源于基督教徒与非教徒宗教信仰冲突的。有的说这是中国传统的排外心理和愚民“自信有鬼神保佑”的结果。有的说外国的侵略、义和团反侵略应该各打五十板，义和团只是自然而然发生的，是中西文化冲突的结果，“对中国和西洋都不能加以责难”。美国的马士、赖德烈、施达格、费纳克、克莱德，跟在美国人屁股后面的蒋廷黻、萧一山等，就是这一套荒谬议论的传播者。他们不愿意承认战争有正义的与非正义的两种性质，更不敢承认帝国主义与殖民地半殖民地间的战争在帝国主义一面是侵略的、非正义的，在殖民地半殖民地人民一面是革命的、正义的。他们的目的是要掩盖帝国主义的侵略面目，抹煞殖民地半殖民地人民和帝国主义侵略者的矛盾，缓和反殖民主义斗争。

更加普遍的是这些人都竭力美化资产阶级，抹煞农民的革命作用。有代表性的是梁启超的议论。梁启超自己把改良主义的戊戌变法叫作是历史的“原动力”，而义和团则被认为是“一种奇特的病态”，以至是“反动力”的极端。直到前几年还有个叫作《清宫秘史》的电影也是这种观点。电影里把义和团描写得乱糟糟，把改良主义者打扮得非常进步。一批外国人，包括法国杜巴比艾，日本矢野仁一、白柳秀湖、高桑驹吉、洼田文三、小竹文夫、宫崎市定等，又都异口同声说义和团是在清政府的支持下发生的。因为清政府想转移群众的反抗目标，守旧派的排外感情日益反映到政府的对外方针中来，“其结果产生了义和团事件”。这是完全错误的。义和团本是那些以“反清复明”为宗旨的秘密结社的一种。清政府也一开始就认定它是五斗米道、拜上帝会式的反叛者，坚决加以镇压。仅仅是由于群众势力很快压倒了统治势力，先是山东、河北农村，然后是天津、北京都成了义和团的天下，清政府才逐步地暂时地承认义和团的合法。义和团的压力使清政府不得不表面上对帝国主义表示强硬，甚至向各国宣战。清朝统治集团与帝国主义固然也有矛盾，但是这绝不足以影响它敌视农民、投靠帝国主义的根本立场。在义和团的强大压力下，北京政府与东南地方实力派之间呈现出表面上的分裂，实际上是完全一致的。西太后为要躲开群众的打击锋芒，采取暂时赞助义和团的欺骗办法，南方为了博得帝国主义欢心，始终反对义和团，与列强维持着“友好”关系。另一方面，义和团的“扶清灭洋”的口号也并没有使农民和封建统治者的矛盾真正缓和下来。他们在杀“二毛子”的名义下，杀了许多朝廷的大员，抢了许多大官的住宅，还声言要清查宫廷，其势汹汹，谁也禁阻不得。西太后在流亡途中有一次对怀来知县吴永说：“当乱起时，人人都说拳匪是义民，怎样的忠勇，怎样的有纪律，有法术，描影画态，千真万确，教人不能不信。后来又说京外人心怎样的一伙儿向着他们，又说满汉各军都已与他们打通一气了，因此更不敢轻说剿办。后来……我瞧着不像个事，心下早明白，他们是不中用靠不住的，但那时他们势头也大了，人数也多了，宫内宫外，纷纷扰扰，满眼看去，都是一起儿头上包着红布，进的进，出的出，也认不定谁是匪，谁不是匪，一些也没有考究。这时太监们连着护卫的兵士，却真正同他们混在一起了。……这时我一个人已作不得十分主意，所以闹到如此田地。我若不是多方委曲，一面稍稍地迁就他们，稳住了众心，一方又大段地制住他们，使他们对着我还有几分瞻顾，那时纸老虎穿破了，更不知道闹出什么大乱子，连皇帝都担着很大的危险。他们一会子甚至说：‘宫里也有二毛子，须要查验。’……你想这样胡闹，还讲什么上下规矩么？”从西太后这段自述中可以看出义和团是一个多么巨大的力量，它随时都可以越出轨道，把清朝的统治打翻在地。它表明只要有正确的领导，就能够做出一番惊天动地的事业来。正是这个力量，不但粉碎了帝国主义瓜分中国的迷梦，也把中国的软弱的资产阶级吓破了胆。义和团大大地推动了当时资产阶级的革命运动，但是资产阶级革命派一点不敢运用农民的力量，并且极力避开它，使自己同群众隔离开来，以便向西方的资产阶级表示，他们的革命是“文明的”。中国的资产阶级历史家对于义和团的诬蔑无非是历史斗争的反映。这个阶级在外面害怕帝国主义，在内部害怕农民革命势力的发展，所以他们的历史家就采取了外国资产阶级历史家的观点，对农民的革命斗争加以诬蔑，并且把这种诬蔑写进了他们的历史著作里面。

义和团运动是二十世纪殖民地半殖民地人民大规模反帝斗争的开始。这个运动过去六十年了，但是反对帝国主义的斗争迄今仍旧是世界一切被压迫人民的艰巨的任务，所以历史家对于义和团运动的评论也必然是以他们对目前世界斗争的现实的立场为依据。这里依据是一个争论的场所。继续廓清国内外资产阶级历史家对于义和团运动的歪曲，也不能不是中国马克思列宁主义历史家的任务。义和团运动当然带有自发的农民斗争的纯朴的性质，但是我们应当从这个运动看到农民群众的革命积极性。民族问题实质上是农民问题。只有正确地把农民群众领导起来，反帝斗争才会是彻底的。殖民地半殖民地资产阶级固然在一定程度上具有革命性，工人阶级应当尽量加以利用；但是，这些资产阶级是有两面性的，他们害怕群众甚于害怕帝国主义，一到革命斗争尖锐化的时候，他们就会结纳帝国主义而反对工农群众了。列宁在一九二〇年共产国际第二次代表大会的报告中曾经指出："剥削国家和殖民地国家的资产阶级已经有相当亲密的关系，所以被压迫国家的资产阶级往往甚至可以说在大多数的场合下，都是一方面支持民族运动，一方面又同帝国主义资产阶级妥协，也就是同他们一起来反对一切革命运动和革命阶级。"历史证明了列宁的观点。当时与剥削国家有相当亲密的关系的殖民地国家的资产阶级，有的已经由于国内民族运动的高涨，从帝国主义资产阶级获得了某种独立国家的权力，来对付其他革命阶级。义和团运动时的兴中会、维新派就是殖民地半殖民地中资产阶级具有两面性的例证。因此，如果把殖民地资产阶级的运动看作民族解放运动的主流，单纯地拍手称赞，或者大力支持，而对广大革命群众的反帝斗争却是默不作声，或者厌恶鄙视，那就在事实上采取了资产阶级观点，违背了列宁的观点。

义和团反帝斗争揭出了一个历史规律，这就是帝国主义侵略一定引起殖民地半殖民地人民的革命。不论在开始的时候所采取的形式是多么简陋，这个革命是不可避免的。帝国主义哪怕横行一时，最终只有人民群众才是历史的决定力量。一切被压迫民族的反帝国主义的正义斗争，不管道路多么曲折，必定会获得最后胜利，帝国主义最后必定要灭亡的。问题在于人们敢不敢同帝国主义斗争，是依靠软弱的资产阶级，还是依靠人民群众自己。不只义和团时期是这样，就是六十年后的今天也还是这样。

义和团运动说明了什么？就是说明了这一历史规律的客观存在和它今天仍然是有效的这个问题。

我们要熟悉中国近代史[①]

二十年前，毛泽东同志在《改造我们的学习》和其他著作里就一再号召我们，要研究马克思列宁主义理论，要研究中国的历史，要研究中国的现状。他坚决斥责对中国历史漆黑一团的现象。毛泽东同志指出："学习我们的历史遗产，用马克思主义的方法给以批判的总结，是我们学习的另一任务。……从孔夫子到孙中山，我们应当给以总结，承继这一份珍贵的遗产。"[②]中国近代史是学习、研究历史必然碰到的一个课题。这里说的近代，是指从鸦片战争到一九四九年中华人民共和国成立的我国民主革命时期。整个这个时期充满了激烈的阶级斗争，它和当前生活的联系最为密切。中国有句老话："执柯伐柯，其则不远。"熟悉我国的近代，对我们的关系可以说就是这样。

中国近代史的基本内容在毛泽东同志的著作里有最深刻的说明。毛泽东同志在《中国革命和中国共产党》里指出："自从一八四〇年的鸦片战争以后，中国一步一步地变成了一个半殖民地半封建的社会。""帝国主义和中国封建主义相结合，把中国变为半殖民地和殖民地的过程，也就是中国人民反抗帝国主义及其走狗的过程。"[③]在这里，两种过程就是两个对立面的斗争和发展。一面是帝国主义和封建主义加在我们头上的无穷无尽的民族压迫、阶级压迫，一面是中国人民不屈不挠地英勇地反抗帝国主义及其走狗的革命斗争。这是中国近代史两个主要的方面。为了不忘记我们的民族苦难、阶级苦难，激发我们的民族自尊心和革命斗志，为了发扬爱国主义，坚持革命斗争的光荣传统，并从中汲取斗争的经验，我以为学习、研究近代史首先应当熟悉这两个方面。并且要懂得它的实质，提高到理论上来认识。

近代的中华民族是一个灾难深重的民族。近代的中国农民阶级、工人阶级是苦难重重的阶级。从英国发动鸦片战争到美国被赶出中国大陆，帝国主义统

---

①原载《人民日报》1961年2月21日第7版。——编者注

②《毛泽东选集》第2卷，第533—534页。

③同上书，第626、632页。

治了中国一个世纪还多。帝国主义在这个时间里把中国由一个独立国变成了殖民地半殖民地。中国民族工业只有极其微弱的发展。农村里百分之七八十的土地归地主富农所有。工人农民终年劳动不得温饱。工人农民根本没有政治权利。他们无法生活下去被迫起来反抗，就遭到帝国主义及其走狗最野蛮的屠杀。太平天国时有个外国刽子手就承认，中外反动派屠杀中国人民的残暴行为，即使在古代罗马的史书上也不曾见过。而这类的事实，在中国近代史上是到处都可以找到的。俄国诗人涅克拉索夫形容十九世纪的俄罗斯是：又贫穷又富饶，又强大又软弱。中国的情形几乎是同十九世纪的俄罗斯一模一样。残酷的民族压迫和剥削，残酷的阶级压迫和剥削，就是近代中国贫穷、软弱的根源。

凡此一切，虽然只是中国近代史上黑暗的一面，却是不应当忘记的一面，民主革命胜利了，我们的斗争并没有完结。俄国十月革命胜利以后，列宁在一篇文章里写道："历史上从来没有过一种革命，在取得胜利以后就可万事大吉，高枕无忧。谁认为有这样的革命，谁就不仅不是革命者，而且是工人阶级的死敌。这样的革命从来没有过，甚至次等的革命，即只把政权从一个有产者少数转到另一个有产者少数手中的资产阶级革命，也不是这样的革命。"[①] 目前在我们面前摆着的，就有许多艰巨的任务。反对地主阶级分子、资产阶级分子企图复辟的阶级斗争并没有结束。帝国主义首先是美国帝国主义的包围、进攻，迫使我们要进行严重的反帝国主义斗争。我们要按照党的总路线把中国建设成为一个具有高度发展的现代工业、现代农业和现代科学文化的社会主义国家。我们要为实现共产主义的宏伟目标而奋斗。现在二十几岁的人一般都没有经过民主革命阶段的斗争锻炼，抗日战争和第三次国内革命战争对他们已经是陌生的。再年轻些的人对民主革命时期的历史就知道得更少了。十几年来我们又是生活在和平环境里。资产阶级思想有滋长的沃壤，艰苦生活容易忘掉。《以革命的名义》电影里有句话讲得很深刻：要想想过去，忘掉了就是意味着背叛。不要忘记过去，最重要的就是不要忘记帝国主义、封建主义加在我们头上的民族压迫、阶级压迫，不要忘记我们民族的苦难、阶级的苦难。

近代中国是一个处在长期革命斗争中的国家。我国人民是无愧于六亿人口、五千年文明古国的英雄人民。在《中国的民主主义和民粹主义》一文里，列宁指出：中国人民"不仅会为自己历来的奴隶地位而痛心，不仅会向往自

---

①《列宁全集》第29卷，第47页。

由和平等，而且会同中国历来的压迫者作斗争”[①]。从鸦片战争到中华人民共和国成立，中国人民为了自己的自由和解放，同帝国主义及其走狗斗争了整整一百一十年。革命战争很少间断过。全国规模的反对外国侵略的战争进行了二十五年，全国规模的国内革命战争进行了三十年。平均每两年就爆发一场革命战争。中国人民的顽强斗争，使帝国主义不能实现其灭亡中国的迷梦，也不能保持它们的走狗的反革命王朝有比较稳定的统治。帝国主义走狗清朝政府经过太平天国、义和团的打击，最后为辛亥革命推翻了。代替它的北洋军阀政府只有短促的十六年的寿命。美帝国主义全力支持、集中国历史上黑暗反动之大成的蒋介石反革命统治，也只在风雨飘摇中维持了二十二年就被消灭了。完全如列宁所说，中国人民是善于同压迫者作斗争的，是真正伟大的人民。

大家知道得很清楚，所有那些斗争并非都是一帆风顺的。这些斗争都经历过严重的困难，都是付出了巨大的代价才取得胜利的。中国人民却从来没有为任何困难所吓倒。他们一向抱着革命的乐观主义和必胜信心。他们在凶恶的民族敌人、阶级敌人面前一贯地表现了高度的革命英雄主义气概和革命大无畏的精神。三元里的农民用农具做武器与英国侵略军相搏斗。义和团群众以血肉之躯抵挡住外国军队的进攻。红军经过雪山草地，吃尽千辛万苦，完成了举世闻名的二万五千里长征。八路军、新四军在敌人后方的八年抗战，是在敌军反复“扫荡”中坚持下来的。中国人民解放军是用小米加步枪同武装到牙齿的敌人作战取得胜利的。每次斗争总有大批优秀人物、志士仁人从群众中涌现出来。中国近代史简直是一部长长的革命英雄传和一部长长的革命烈士传。而这许多先进人物、英雄烈士当然不是偶然出现的，他们是尖锐的阶级斗争、巨大的历史潮流推动产生的。恩格斯在评论拉萨尔的一个剧本的时候说过：“主要的人物事实上代表了一定的阶级和倾向，因而也代表了当时一定的思想。他们行动的动机不是从琐碎的个人欲望里，而是从那把他们浮在上面的历史潮流里吸取来的。”[②]反对帝国主义反对封建主义，就是把近代中国的革命英雄、先进人物浮到面上来的历史潮流。他们站在不同的阶级立场上进行着不同的斗争。反对帝国主义及其走狗，把贫困落后的中国变为一个富强的中国，则是他们共同的要求。千千万万的人在斗争中牺牲了，他们的牺牲又唤醒了愈来愈多的群众

①《列宁全集》第 18 卷，第 152 页。

②《马克思恩格斯列宁斯大林论文艺》，人民文学出版社 1953 年出版，第 12 页。

去进行斗争。群众的革命英雄主义又保证他们在战斗中踏着英勇牺牲的同志们的鲜血前进。帝国主义及其走狗在中国一百一十年的统治就是这样被推翻的。中国的民主主义革命是这样才取得胜利的。爱国主义必须发扬，革命传统必须保持，近代史是这方面一部最生动、最深刻的教材。

革命的中国人民在反对帝国主义及其走狗的艰苦曲折的斗争中，受到了极大的锻炼，积累了广泛的经验。特别是人民民主革命时期的许多经验，不但有历史意义，并且有现实意义，不但在中国有意义，并且有世界意义。把所有各种斗争经验概括起来，最重要的就是一条：中国革命没有工人阶级、没有中国共产党的领导就要失败，有了工人阶级、有了中国共产党的领导才取得了最后胜利。太平天国到辛亥革命，农民战争到资产阶级小资产阶级领导的斗争，历次都给了革命敌人严重的打击，历次又都以失败而告终。五四运动以后，工人阶级走上了政治舞台，局势为之一变。经过三十年斗争，全国人民终于在中国共产党和毛泽东同志的领导下，铲除了帝国主义和封建主义这两座压在中华民族、中国农民阶级、工人阶级头上的大山。从此以后，我国历史走上了社会主义革命和社会主义建设的崭新行程。有中国共产党的领导，就有了胜利前进的保证，这是琳琅满目的我国革命经验宝库里最根本、最重要的一条。近代中国历史反复考验、反复证明了这条真理。努力建设社会主义的人们应当格外熟悉这条真理。

当然，中国近代历史的内容是极其丰富的，它与今天我们生活的联系，远不止上面讲的两个方面。近代中国历史就是近代中国的国情。毛泽东同志的著作处处是从对中国国情、对中国近代历史的马克思列宁主义分析出发的。毛泽东同志的著作从过去出版的《毛泽东选集》三卷到不久以前出版的第四卷，是对我国民主革命时期的全面总结。学习毛泽东同志的著作，研究和阐发把马克思列宁主义的普遍真理与中国革命的具体实践相结合的毛泽东思想，必须熟悉中国近代的历史。近代史是全部中国历史的一个组成部分。在帝国主义侵略的条件下，中国社会内部产生了新的阶级，原有的阶级的面貌也发生了新的变化。中国资本主义是在这时出现的。中国工人阶级是这时成长起来的。各阶级在不同时间里的地位，各阶级相互间的关系，阶级斗争的发展，都极其错综复杂。而这些斗争、这些发展，自然又是遵循着一定的逻辑，有其客观规律的。毛泽东同志在论述中国人民反对帝国主义斗争的经验的时候指出："帝国主义者的逻辑和人民的逻辑是这样的不同。捣乱，失败，再捣乱，再失败，直至灭亡——

这就是帝国主义和世界上一切反动派对待人民事业的逻辑，他们决不会违背这个逻辑的。这是一条马克思主义的定律。……斗争，失败，再斗争，再失败，再斗争，直到胜利——这就是人民的逻辑，他们也是决不会违背这个逻辑的。这是马克思主义的又一条定律。”① 正确阐明中国近代史的这个马克思主义的定律，是正确阐明全部中国历史发展规律的一个很重要的部分。还有，今天的中国是昨天的中国的一个发展。今天的社会主义革命、社会主义建设中，有许多问题、许多斗争是昨天的继续。为什么我们必须遵循党所制定的总路线来从事社会主义建设，而不是走其他途径去从事社会主义建设，为什么某些事物是眼前的状况，而不是另外一种状况，都有其发展过程，有其历史的因缘。人们不去深刻了解今天便罢，要深刻了解今天，正确地选择前进的道路，就必须从中国历史的发展中来考察，就必须懂得过去，懂得我国的近代。总而言之，为了今天，为了向前看，无论从哪方面讲，熟悉中国近代史，对我们是很需要的。

正因为它有现实的意义，毛泽东同志在号召我们学习中国历史的时候着重指出：“特别重要的是中国共产党的历史和鸦片战争以来的中国近百年史，真正懂得的很少。近百年的经济史，近百年的政治史，近百年的军事史，近百年的文化史，简直还没有人认真动手去研究。”应当对近百年的中国史，“先作经济史、政治史、军事史、文化史几个部门的分析的研究，然后才有可能作综合的研究”。② 毛泽东同志提出的这个任务，现在我们必须很好地担当起来。我们只要摒除资产阶级世界观的束缚，用无产阶级世界观去进行深入、系统的研究，就可以在中国近代史这个领域里为丰富马克思列宁主义理论，为我国的学术文化发展、发愤图强事业作出有益的贡献。

直到今天，我国民主革命的历史结束了才十二年光景。在如此短暂的时间里，中国人民在党的领导下所取得的各方面的成就是无与伦比的。陆游在一首诗里写过两句话：“天开地辟逢千载，雷动风行遍九州。”只有目前我们真正是在经历着我国历史上这样一个从未有过的伟大时刻。愈是在这个时候，愈应当记住我国近代史上苦难的阶级、革命的人民，熟悉我国革命的经验，熟悉我国近代的整个历史。因为这样会百倍地增加人们为把我国从一个一穷二白的国家变为富强的社会主义国家而斗争的力量，更加踔厉奋发地前进。

---

①《毛泽东选集》第 4 卷，第 1486—1487 页。

②《毛泽东选集》第 3 卷，第 798、802 页。

中国历史学的思考

新中国的历史科学[①]

中国人有重视历史研究的传统。三千多年前的周文王就说过："殷鉴不远，在夏后之世。"照这句话的意思，历史可以当作一面镜子，从里面看到现实事物的正面或反面的影子。封建王朝一般都设有专门的职官编纂历史。历史这门学问，在中国文化、科学中一直占有重要的地位。

中华人民共和国成立后的十几年里，历史科学有了一个崭新的发展。目前我们已经有了一支庞大的历史科学工作的队伍。全国科学研究机构和高等学校里的历史教学、研究工作者多至二万余人。中国科学院现在设有历史研究所、近代史研究所、考古研究所、民族研究所和自然科学史研究室等专门研究单位。许多省和内蒙古自治区、新疆维吾尔自治区，也都设有历史考古的研究机构。各地的高等学校都设有历史系或历史教研室。全国有中国史学会，省、市有分会。我国历史学界的重要学术活动，是通过这些研究机构和学会的密切合作来进行的。

社会主义革命和社会主义建设要求中国历史工作者对人类历史进行广泛的研究。古代的和现代的，中国的和外国的历史都是我们探讨的对象。其中关于中国和世界的近代、现代史，中国封建社会史，中国少数民族史和若干理论问题的研究，是近几年来成绩显著的几个方面。

我们说的中国近代史，是指中国半殖民地半封建时期，即从一八四〇年鸦片战争到一九四九年中华人民共和国成立的历史。帝国主义在这一百余年里对中国发动了上十次的侵略战争；二十多个国家与中国订立不平等条约；八九个国家在中国驻扎军队，占有租界、租借地和划分势力范围；帝国主义采用军事、政治、经济等各种侵略手段，把中国由一个独立国变成了殖民地半殖民地。中国人民为了自己的自由和解放，反对帝国主义及其走狗的斗争从来没有间断过；中国人民与所有的帝国主义侵略者打过仗，在几十年的时

---

①该文是1962年2月在巴基斯坦历史学会第十二届年会上作的报告。原载《历史研究》1962年第2期。——编者注

间里，连续推翻了帝国主义走狗清朝政府、北洋军阀政府和蒋介石的反革命统治。我们着重研究了这一时期帝国主义对中国的侵略活动。这方面的研究成果帮助人们更加深刻地认识到帝国主义的侵略本质和近代中国贫困落后的根源。我们同时也着重研究了百余年来中国人民不断地反抗帝国主义和封建主义的革命运动。这个方面的研究，使得通过历史科学进行爱国主义教育的内容更加丰富。在整个近代中国的发展中，充满了复杂的思想斗争。中国近代思想史的研究一直受到重视。

现代中国和世界的历史，特别是中国共产党的历史和中华人民共和国成立以来的历史，社会主义国家历史和民族运动正在高涨的亚洲、非洲、拉丁美洲各国的历史，在中国人民中引起了极大的注意。这些，是中国历史科学最新的领域。许多研究者在这些领域中正努力从事自己的工作。

中国封建时期的土地所有制，长期统一的国家和连绵不断的农民战争，都是重要的研究题目。土地所有制存在着很复杂的情况。封建国家和皇族往往占有大量的土地。从公元前几个世纪起，土地就可以自由买卖。究竟是封建的土地国有制还是地主土地所有制占支配地位，这是中国历史学者正在热烈争论的问题。从秦朝（公元前二二一—前二〇六年）以来，大部分时间里中国是一个统一的国家。为什么能够长期保持统一的状态？统一国家在中国封建历史的发展中起着什么作用？不少研究者在探讨这些问题。封建时代的连绵不断的农民战争，显得非常突出。秦朝的陈胜、吴广，东汉（公元二五—二二〇年）末年的黄巾，唐朝（六一八—九〇七年）末年的王仙芝、黄巢，元朝（一二八〇—一三六八年）的朱元璋和明朝（一三六八—一六四四年）的张献忠、李自成等农民大起义，每一次都席卷全国。这方面的研究正在进一步展开。此外，许多研究者以很大的兴趣研究了高度发展的封建文化，在社会思想史、文学艺术史、科学技术史等方面取得了更多的成绩。

中国是一个多民族的国家，各民族在历史上都有它的贡献。新中国历史学家改变了过去不重视少数民族历史研究的状况，展开了这个方面的工作。这是与新中国根本废除了民族压迫制度，实现了民族平等相联系的。近几年来，我们深入到五十几个少数民族地区，搜集到了极为丰富的社会、历史资料。这些资料说明，解放以前，我国各少数民族地区的社会发展，大部分和汉族地区的社会发展水平基本相同或比较接近。一部分少数民族地区的社会，还处在前资本主义社会的发展阶段。藏族、傣族等少数民族地区还保留着农奴制度，凉山彝族地区还保留着奴隶制度。几个人口很少的民族则还处于原始公社末期或存有原始公社的残余。这些资料也记述了解放以来各民族地区的政治、经济、文化等各方面的巨大发展变化。研究这些少数民族的历史可以揭示出中国这个多民族国家的历史全貌，而且对于社会发展史的研究也有重要意义。

各个领域里具体问题的研究，都涉及重要的理论问题。中国历史分期问题吸引了许多研究者的注意。中国历史经过了奴隶社会和封建社会，这是为中国学者和许多外国学者所承认的。但是中国在什么时候从奴隶社会过渡到封建社会，它的标志是什么，这就有各种不同的意见。有的主张这种过渡是西周（公元前十二世纪）开始的，有的主张是在春秋（公元前八—前五世纪）、战国（公元前五—前三世纪）之交，也有人认为是在魏晋时代（三—五世纪）。伟大的十月社会主义革命的胜利和中国共产主义运动的兴起，使近代中国从鸦片战争以来的历史划分为旧民主主义革命和新民主主义革命两个时期。新民主主义革命发展的各个阶段是非常清楚的，但在旧民主主义革命时期里如何划分不同的阶段，看法就不一样。科学地划分历史阶段，可以从复杂的历史事实中找到一条线索，根据历史本身的逻辑来说明它的发展过程。历史人物的评价，帝王将相和人民群众在历史上的作用，也是重要的理论问题。中国封建社会里，一方面有杰出的帝王将相，如秦始皇（公元前二五九—前二一〇年）、汉武帝（公元前一五六—前八七年）、唐太宗（五九九—六四九年）、武则天（六二四—七〇五年）、王安石（一〇二一—一〇八六年）、岳飞（一一〇三—一一四二年）、康熙帝（一六五四—一七二二年）等，他们起过积极的作用，另一方面又充满了人民群众的反抗斗争。如何评价这些帝王将相和人民群众的活动，常常引起争论。我们需要阐明人民群众作为历史主体的作用，也需要对帝王将相的活动作全面的具体的分析。只有这样，才更能说明历史的客观实际。关于中国历史发展中的普遍规律和特殊规律问题，更是值得注意的。我们承认历史发展的规律性。我们认为中国历史的发展表现了人类社会历史的共同规律，也有它自己的特殊规律。找出这些特殊规律将有助于人们对世界历史的认识。我们对这些理论问题的研究是建筑在大量材料的基础上的，研究这些理论问题，使许多具体的历史问题得到正确的解决。

考古工作也是历史研究的一个重要组成部分。十多年来，考古发掘取得丰富的收获。举世闻名、它的年代相当于巴基斯坦旧石器时代“索安文化”的周口店中国猿人的遗址，解放后随即恢复了已经中断很久的发掘工作。在黄河、长江流域，东南沿海以及东北、西北、西南等地，新发现旧石器时代遗址二百多处，新石器时代遗址三千处以上，其中有一百处以上已作了科学的发掘。过去，有的外国考古学者曾经根据他们所了解的几个孤立的新石器时代遗址，对中国的古代文化作了一些推论。现在看来，这些论断是不符合实际的。河南安阳的殷墟遗址，过去曾以发现甲骨文著名于世。解放以来，这里有许多重要的新发现。骨器、铜器作坊的发掘和以人殉葬现象的存在清楚地说明了奴隶社会的生活背景。中国封建时代的大量遗迹和遗物的发掘调查，为历史研究提供了丰富的新材料。

研究工作的展开，使历史书刊出版工作发展起来。全国性的历史刊物有《历史研究》、《历史教学》、《近代史资料》和《考古学报》。北京、上海、广州、武汉等地有综合性的哲学社会科学期刊。许多高等学校的学报都登载历史的论文。一些从事中国通史、中国近代史、中国思想史、国际关系史的研究者分别出版了自己的著作。其他断代史和专门史的著作也陆续出版。这些著作一般都印数很多。郭沫若、陈伯达、胡乔木、范文澜、翦伯赞、胡绳、吕振羽、侯外庐等人的著作流行最广。古代典籍的整理、出版也做了大量的工作。由公元前二世纪到十八世纪的历史家以纪传体编写的包括著名史学家司马迁〔公元前一四五—前八六（？）年〕的《史记》在内的二十四部历史著作《二十四史》和宋司马光（一〇一九—一〇八六年）历时十九年完成、起于公元前五世纪到十世纪的编年体历史巨著《资治通鉴》等，都经过缜密的校勘整理重印。前者共三千一百五十三卷，后者共二百九十四卷。十一世纪初年编纂的《册府元龟》和十五世纪初年编成的《永乐大典》等卷帙浩繁的大书，也陆续影印出版。《册府元龟》全书共一千卷，约九百多万字，是中国最早的史料汇编之一。《永乐大典》全书二万二千九百三十七卷，装成一万一千零九十五册，是世界上最大最早的百科全书。后者极大部分毁于一九〇〇年帝国主义的劫火，现在出版的二百零二册，占残存于世的百分之九十以上。我们还翻译了大量的十九世纪以来和当代的外国重要的历史著作。

这里还应该讲到，我们在有关中国与巴基斯坦文化交流的历史方面也进行了一些工作。公元七世纪中国著名僧人玄奘写的游历巴基斯坦等地的《大唐西域记》，正在重新校注。考古发掘中新发现了与巴基斯坦古代文化有关的器物。新疆维吾尔自治区和田地区发现的二至三世纪的遗址里出土的有当时巴基斯坦通行的佉卢文木简。新疆维吾尔自治区库车、吐鲁番等地发现的佛教雕塑，其风格与巴基斯坦的犍驮罗佛教石刻相近。新的材料又一次证明中国与巴基斯坦的文化交流早在一千七八百年前就很活跃。

从上述这些工作中，可以看出，新中国的历史科学进步是很快的。过去，人们对于中国历史的了解，主要是汉族的封建时代的历史，对世界史和亚洲史研究得很少。现在，这种了解已经根本改变了。近几年来，我们的研究成果足以向人们说明：中国历史乃是从原始社会直到社会主义社会的完整的发展过程，是中国各民族人民共同缔造的历史，世界史、亚洲史的研究已经受到重视。过去，人们对于中国历史和世界史的研究，往往只是搜集一些片断的事实，描写历史过程的个别方面。现在，我们的研究是把历史看作是有客观规律可寻的统一的发展过程。这就有可能对历史的真面目求得科学的理解，使历史这门科学在现实生活中发挥它的思想力量。

我国的历史科学工作是在马克思主义的指导下进行的。对马克思主义经典著作和毛泽东著作的学习，使我们有可能不断提高历史科学的水平。“百花齐放，百家争鸣”是我们党和国家指导文学艺术工作、科学研究工作的政策。这个政策为我国历史科学的繁荣发展，开辟了广阔的道路。国外有些人怀疑中国历史研究者是否有学术自由。这种怀疑是没有根据的。经常阅读中国报刊的人，一定可以看到这样一种现象，就是各式各样的争论在那里发展着，许多争论长期没有取得意见一致，许多新的争论在继续兴起。可以想象，有些争论未必真有什么重大的意义，这是很难避免的。但是应当看到，百家争鸣、自由讨论是极有意义的，只有经这种讨论，人们才能继续向真理接近。我国历史研究工作在一些重要领域中取得的成就，证明这个政策是完全正确的。

当然，新中国历史科学的成就，还不能使我们感到满意。有些工作还刚刚开始或只是建立了初步的基础。若干重要问题的研究，还有待于进一步深入。新的研究领域，需要不断去开辟。目前我国的社会主义建设事业正在飞跃地向前发展，人民群众迫切要求更多地了解他们热爱的祖国的历史，了解这个日益觉醒的世界的历史。我们的工作，还不能完全适应这个需要。我们要继续努力赶上这个需要，并取得成就。

历史研究对于促进文化交流，加强各国人民之间的相互了解和友谊，有重要的作用。中国历史工作者愿意和各国历史学家一起，在这方面作出自己的贡献。

十五年来中国的历史研究工作①

中华人民共和国诞生马上就要十五周年了。我想在这里讲一点十五年来中国的历史研究工作的情况。要叙述这个题目的一切有关的方面那是困难的。我只想扼要地介绍一下在这个时间里我们主要研究了哪些方面的问题、我们经历过的道路，并且说一说我们认为今后应当着重去做的一些工作。

一

新中国的历史研究者把自己的工作看作是社会主义革命思想战线的一个组成部分。我们对各方面的问题的研究，都是为了一个目的：在历史科学战线上进行兴无灭资的斗争，通过历史研究加强马克思主义、社会主义思想的阵地，消灭资产阶级思想的阵地。

现在先讲一讲十五年来我们着重研究的几个方面。在这些方面的研究中我们的成绩是显著的。

一、中国共产党领导的民主革命历史经验的研究：中国共产党领导中国人民进行反对帝国主义、反对封建主义、反对官僚资本主义的民主革命斗争进行了将近三十年。这是中国社会发生翻天覆地变化的日子。在我们的研究中这段历史占有特别重要的地位。

我们的许多学术机构经常订有研究中国共产党党史、研究中国民主革命历史的各种专题计划。高等学校里一直设有党史或革命史的课程。党史和革命史著作，出版的数量一天天在增多。某些重要的革命文献和党史资料也正在编辑和整理。一些革命的参加者写出了或者正在撰写革命回忆录。不少高

---

①此文为1964年北京科学讨论会期间中外历史学者举行会见时，作者在那次会上介绍中国历史研究工作情况的一个讲稿。初次发表时，作者作了一些补充。原载《中国近代史诸问题》，人民出版社1965年版；《中国近代史问题》，人民出版社1978年第2版。——编者注

等学校师生和研究工作人员到工厂、农村和革命根据地进行实地调查，编写出了工厂史、村史、地方革命史及其他调查报告。举出这一些，可以看出我们对中国共产党领导的民主革命时期的历史是从多方面进行研究的。

研究中国共产党领导的人民革命斗争的历史是和学习毛泽东同志的著作、研究毛泽东思想密切相联的。毛泽东同志在长期的领导人民的革命斗争中，始终坚持正确的革命路线，坚持马克思列宁主义和中国革命实践结合的原则。他坚决反对一切右的和“左”的机会主义错误，坚决依靠和发动最广大的人民群众。中国革命因此才获得了彻底的胜利。中国革命的胜利，是马克思列宁主义的胜利，是创造性地发展了马克思列宁主义的毛泽东思想的胜利。科学地叙述中国人民革命运动发展的历史，也就是对毛泽东思想的阐述。

中国民主革命的历史经验里面，最重要、最根本的是中国共产党的领导、武装斗争、统一战线。毛泽东同志不止一次讲到过这个问题。他指出：一个用马克思列宁主义武装起来的、联系人民群众的党，一个由这样的党领导的军队，一个由这样的党领导的各革命阶级和各革命派别的统一战线，这是中国人民战胜帝国主义封建主义的三个法宝。中国历史工作者在阐述这些经验方面已经做了一些工作。我们还需要做更多的工作。

二、帝国主义侵华史的研究：从帝国主义侵略中国的头一天起，中国人民就进行了反对外国侵略的斗争。但是，中国人民对于帝国主义的本质有科学的认识，是中国共产党成立以后的事情。中国共产党第一次提出了打倒帝国主义的口号。中国进步的历史研究者，也从那个时候起，用马克思主义作指导，展开了对帝国主义侵华史的研究。新中国成立后，这方面的研究工作更加受到重视，研究逐步深入了。

这里我们可以指出几点：第一，从过去主要是研究英日等帝国主义的侵略进到了着重研究美国帝国主义对中国的侵略。美帝国主义自从一八四〇年伙同英国进行侵略中国的鸦片战争起，就以侵略者的身份出现在中国近代历史舞台上。美国跟其他帝国主义一起，强迫中国订立一系列不平等条约，把它的侵略势力一步一步渗透到各个部门。中国好多次革命运动，都是为美国和其他帝国主义所破坏的。第二次世界大战以后，美国出枪出钱，全力支持蒋介石反动派打内战，妄想独霸中国，变中国为美国的殖民地。美国至今还霸占着我国的领土台湾。新中国的历史科学工作者，写出了许多专著和论文，从各个方面揭露了美帝国主义是中国人民最凶恶的敌人的真面目。

其次，我们从过去侧重对政治事件、外交活动的研究，进到注意研究帝国主义对中国的经济文化侵略。帝国主义侵略中国的方式是多种多样的。外交谈判、武力恫吓、发动侵略战争、扶植代理人、从革命内部进行颠覆破坏、办工厂、设银行、修铁路、开矿、传教、办报纸、立学校、开医院、办“慈善”事业、吸引留学生以至“经济合作”“经济援助”等等，都是帝国主义侵略中国的方式。帝国主义无论采取哪种方式，都是为了一个目的：把中国变为附属国和殖民地。研究帝国主义对中国进行经济文化侵略的历史，将让人们更清楚地认识帝国主义的本质。

还有更重要的一点，我们从过去主要是揭露帝国主义对中国的侵略，进到了着重研究我国人民反帝斗争的光荣历史。帝国主义把中国变为半殖民地的过程，也就是中国人民反对帝国主义及其走狗的斗争的过程。中国共产党成立以后，中国人民的反帝斗争从此走上了一个新的历史时期。中国人民在中国共产党的领导下第一仗打败了帝国主义的走狗封建军阀，第二仗打败了帝国主义的又一名走狗蒋介石在二万五千里长征路上对中国红军的拦阻，第三仗打败了日本帝国主义，第四仗最后地结束了美国和一切帝国主义及其走狗对中国的统治。毛泽东同志说帝国主义是纸老虎，一切反动派都是纸老虎。研究中国人民反帝斗争的历史，充分证明毛泽东同志这个论断是科学的、正确的。

三、中国资本主义和资产阶级的研究：资本主义是中国近代新出现的生产方式，资产阶级是中国近代新产生的阶级。不对中国资本主义和资产阶级进行研究，就不可能对中国近代史上的许多重要问题作出科学的说明。

新中国的历史科学工作者，对中国资本主义和中国资产阶级的研究，取得了显著的成绩。中国近代工业史资料、中国近代手工业史资料、中国近代经济统计资料、一些地区性的和一些重要企业的专题资料陆续出版。这方面的专题研究已经逐渐开展起来，取得了研究成果。

对于中国资本主义的历史，我们着重研究了它的发生、发展的社会条件。中国资本主义一出现，就受到了帝国主义侵略势力的阻碍。帝国主义的政客和御用文人，在这个问题上散布了许多荒谬言论。美国前国务卿艾奇逊和哈佛大学教授费正清等人的言论是有代表性的。他们说帝国主义根本没有给中国带来灾难，反而是带来了“文明和进步”，促进了中国的“现代化”。历史的实际与他们这些人的谎言完全相反。帝国主义侵入中国的目的，绝不是要把中国变成一个资本主义国家，而是要把中国变成它们的半殖民地和殖民地。帝国主义控制了中国的经济命脉。中国的民族资本始终没有建立起自己的重工业。中国的民族资本在轻工业方面有些发展，但这些工业也都无法摆脱外国资本的控制，它们被迫要依赖于外国资本。一些人曾经想借助外国资本，来扩大自己的企业，结果证明那只是一种幻想。

对于中国资产阶级的研究，我们着重探讨了在半殖民地半封建的社会条件下，资产阶级的构成以及他们的社会地位和作用问题。中国的历史科学工作者，在自己的研究中，根据具体事实，阐明了中国资产阶级一开始就出现买办资产阶级和民族资产阶级两个不同的部分。买办资产阶级是由帝国主义一手培养的。它历来是中国革命的敌人。民族资产阶级是一个软弱的阶级。一方面它与帝国主义封建势力有矛盾，另一方面它与帝国主义、封建势力又有各种联系。它的革命性是很不彻底的。中国是一个殖民地半殖民地国家。在殖民地半殖民地国家里区别买办资产阶级和民族资产阶级两个不同的部分，并且掌握它们不同的性格，对于分清革命的敌人和朋友，保证人民革命的彻底胜利，具有极其重要的意义。

四、中国封建社会时期农民战争史的研究：中国封建制度延续的时间很长。农民战争和农民起义在整个封建时代的历史上很少间断过。研究中国封建时代历史的一个根本内容就是要研究农民战争和农民起义。

我们对农民战争史的研究，涉及的范围很广，探讨的问题很多。封建社会中农民战争的历史地位和作用问题是新中国的历史工作者集中研究、讨论的问题。人们用丰富的历史事实，说明了在我国历史上，一个个庞大的封建王朝，如何被农民战争所打倒。农民革命一次比一次卷起更大的风暴。农民革命虽然没有推翻封建制度，但是新的统治者不得不被迫作出某些让步，改变旧的压迫和剥削方式。封建社会的生产力得到迂回曲折的发展。中国的封建社会就这样一步一步地前进了。封建时代农民战争的研究，充分论证了历史唯物主义的一个基本原理，那就是劳动人民是历史的主人。在阶级社会里，只有革命阶级的阶级斗争，才是推动历史发展的真正动力。

农民战争研究的成果总结在有关的专门著作里面和各次讨论的论文集里面。

与研究农民战争史相联系，许多历史科学工作者，还研究和讨论了中国封建社会的发展阶段问题、封建土地所有制形式问题以及封建时代某些上层建筑问题，等等。

五、少数民族史的研究：一部中国历史，是由我国各族人民共同缔造的。旧的史书上多半是记载汉族的活动。大部分少数民族没有留下多少历史资料。不研究少数民族的历史，就无法对中国历史有全面的和正确的了解。

十几年来，我国史学界对少数民族史的研究，做了大量的工作。我们对几十个少数民族，进行了社会历史调查。调查包括那些没有自己的文字，人们对它们的历史知道得很少的民族。调查中收集到的历史资料是非常丰富的。莫尔根写过一本叫作《古代社会》的书。我们收集到的资料可以写出若干本新的"古代社会"。这些资料正在整理之中。我们对历史上的许多民族的文献资料进行了清理和汇集。其中柔然资料、突厥资料、吐蕃资料、南诏资料等等已经分别出版。在这个基础上我们写出了一批少数民族史专著。已经出版的有维吾尔族、匈奴、鲜卑、突厥、契丹、满族等专著。

少数民族史的研究，让我们在一些重要问题上有了更深刻的认识。这些问题是：

（一）马克思主义揭露的人类社会发展的客观规律是放之四海而皆准的。我国的少数民族很多，它们的社会经济状况很不相同。根据调查，这些少数民族正处于社会发展的各个不同阶段。但是，它们又毫无例外地在遵循着人类历史发展的共同规律前进。只是有的前进得快一些，有的慢一些。现在它们都进到了社会主义社会。

（二）我国各族人民在长期共同的生产斗争和阶级斗争中，凝结成了血肉不可分的统一体。历史事实说明我国各族之间的经济文化联系是历史悠久的，不可分割的。各族人民在长期的相互交往中，彼此影响，共同提高。祖国丰富灿烂的优秀遗产，是各族人民共同创造的。

（三）近一百多年里中国人民反对帝国主义的斗争，进一步把各族人民的命运紧密联系起来了。各族人民的生活条件、斗争条件不同，但是它们都为战胜帝国主义作出了自己的贡献。

少数民族历史的研究对我们是有现实意义的。帝国主义和他们的追随者，挑拨中国各民族的团结，煽动中国的少数民族从祖国分裂出去。帝国主义的"学者"，极力夸大我国各族之间的差异，为它们的侵略活动制造根据。中国古代的吐蕃、女真、契丹、蒙古等族的历史甚至被某些作者从中国历史上一笔勾销。中国历史科学工作者在自己的研究中，阐明历史真相，揭穿了那些别有用心的人对历史的伪造。

六、不同类型的历史人物的研究：按照历史唯物主义观点对历史人物作出正确评价，恢复他们的本来面目，向广大群众进行科学历史观点的教育，这是我们的一项重要任务。

我国史学界十几年来，对不同类型的历史人物进行了广泛的研究。那些人物里有民族英雄、农民革命领袖，有帝王将相、反动统治者的头子，有资产阶级不同派别的代表，有不同时代的思想家、文学家和科学家。那些人物里包括孔子、屈原、秦始皇、陈胜、吴广、汉武帝、司马迁、王充、曹操、唐太宗、李白、杜甫、岳飞、文天祥、史可法、张献忠、李自成、王夫之、顾炎武、康熙、乾隆、曹雪芹、洪秀全、杨秀清、叶赫那拉氏、曾国藩、康有为、谭嗣同、孙中山、黄兴等等。

如大家所知，评价历史人物，往往是容易引起争论的。有些人物的评价，已经取得比较一致的意见，有的还正在继续讨论。通过这些讨论，表明要对一个历史人物作出正确判断，并不是一件很容易的事情。我们不是为研究历史人物而研究历史人物。我们的研究是为今天人民的需要服务的。要做到这一点，我们就必须坚持无产阶级的革命观点，对历史人物进行阶级分析，并把他们的活动放在一定的阶级关系和阶级斗争的形势中去考察。不这样，要得出正确的认识是不可能的。

让我们举出两个富有教育意义的例子。

一个是武训和电影《武训传》讨论的例子。那次讨论展开于一九五一年。武训是一个小丑。他一生的“事业”是到处向人磕头求乞，把骗取来的钱财兴办“义学”，宣扬封建文化。许多人因此对他歌功颂德。武训所处的十九世纪中叶，正是中国人民反对外国侵略者和反对本国封建统治者的革命高涨时期。他的活动对封建统治丝毫没有触犯，相反的，它是反对人民革命，保护封建势力的。过去歌颂武训的人有各种各样的出发点。其中有些人是从封建统治者的立场出发的，更多的人自觉或不自觉地和资产阶级反动的改良主义思想联系在一起。后面那种观点在新中国还有它的影响。武训和电影《武训传》的讨论使那种错误思想得到了澄清。不少历史研究者第一次懂得了历史唯物主义观点的具体运用，懂得了人民革命斗争与资产阶级改良主义的根本区别。研究历史，必须坚持阶级斗争、人民革命的思想，批判和打击资产阶级改良主义的反动思想。这两者是不容混淆的。

再一个是李秀成评价的例子。这个讨论目前正在进行。李秀成是十九世纪中期太平天国农民革命的重要将领。他在那次农民革命战争的后期与国内外敌人进行斗争，多次立下过战功。太平天国首都遭清军围攻失陷的时候，李秀成被俘，在敌人囚笼里写了一个《自述》。其中不仅有许多谄谀敌人、辱骂自己的言辞，并且提出了十条招降太平军余部，向敌人缴械投降的建议。没有等到《自述》写完，敌人就把他处死了。十多年来，我们的近代史著作上一直是把李秀成当作一个农民革命英雄来加以肯定的。理由是说他并非真心投降，他是为了保存革命实力，“伪降”迷惑敌人；或者指出他是对敌人投降了，丧失了革命气节，但认为那只是一个重大的污点。这次讨论让人们辨别出来所有过去那些解说都是错误的，都是违反无产阶级的革命观点的。一个革命者在敌人面前是否大义凛然，坚持革命气节，是一个根本立场问题，不是任何其他问题。革命的英雄人物在敌人面前只能富贵不淫，威武不屈。不少农民革命英雄就是这样树立起自己的鲜明形象的。变节者、叛徒与革命英雄是两种截然相反的品格，对一个人的评价是不能把这两者统一在一起的。李秀成投降变节是为他的《自述》所肯定了的，那么，对他的评定只能是变节者也就是肯定了的。目前的讨论将使很多人又一次受到教育。研究历史人物必须从无产阶级的原则立场出发，确定什么东西是不应当称赞或歌颂的，什么东西是应当反对的。革命英雄必须受到赞美，叛徒、变节者必须受到唾弃。把一个可耻的变节者当作英雄人物来加以颂扬，只会败坏革命人民的战斗意志，是我们应当反对的。

二

上面讲的是十五年来，新中国的历史学者着重研究的几个方面。现在来谈谈我们是怎样进行工作的，也就是我们所走的道路的问题。

第一，坚持用马克思列宁主义、毛泽东思想为指导。

新中国的历史科学，能够在较短的时间里取得成就有各种原因。最根本的一条是在于坚持用马克思列宁主义、毛泽东思想为指导。

中国革命的胜利为马克思主义历史科学在我国的发展开辟了广阔的道路。《马克思恩格斯全集》《列宁全集》《斯大林全集》分别出了中文版本。《毛泽东选集》已经出到第四卷。我们的历史学者认真学习马克思列宁主义著作，找到了他们所需要的理论武器。十几年来历史学工作者的队伍的状况也发生了深刻变化。年轻的历史工作者，在党的培育下，已经大批地成长起来。不少旧的历史学者的学术思想也有了改变。这一些，使得我国的历史科学，进入了一个新的发展阶段。

在历史研究中，坚持以马克思列宁主义毛泽东思想为指导，最根本的内容，就是要坚持阶级斗争的观点和阶级分析的方法。毛泽东同志对这个问题作过很好的说明："阶级斗争，一些阶级胜利了，一些阶级消灭了。这就是历史，这就是几千年的文明史。拿这个观点解释历史的就叫作历史的唯物主义，站在这个观点的反面的是历史的唯心主义。"要不要用阶级斗争的观点解释历史，过去是、现在仍然是历史唯物主义和历史唯心主义存在尖锐斗争的问题。在我国，也还有人不赞成用阶级斗争的观点研究历史。他们说，阶级分析的方法对现代生活是适用的，但不适用于古代史的研究。当然抱有这种观点的人是越来越少了。在这个问题上，我们和唯心主义者在国际范围内的斗争会是更尖锐的，长期的。资产阶级历史学家，他们害怕历史唯物主义阶级斗争学说的革命性质，他们对这个理论深恶痛绝。有些人在与现实斗争无关的问题上，可以空谈历史发展规律，空讲阶级斗争。但是一旦接触当前阶级斗争的实际，他们就把阶级分析观点抛到了九霄云外。还有些人，他们一般地也承认应当用阶级观点来研究历史，但是，又总想用些什么别的东西给马克思主义的阶级观点作点"补充"。例如什么"全人类的观点"之类。说穿了，他们所要的只是资产阶级唯心观点。我们认为马克思主义关于阶级斗争的理论，是唯一能够科学地解释历史现象、历史发展的理论。一切拒绝阶级斗争理论的历史学观点，不管它千变万化，都不可能揭示历史的本质，不可能是科学的。我们要坚持用马克思列宁主义、毛泽东思想来指导历史研究，必须严肃地同形形色色的历史唯心主义划清界限。

在历史研究中坚持马克思主义，还必须坚持理论联系实际，反对为学术而学术、为研究而研究。资产阶级标榜的"为学术而学术"，那完全是骗人的鬼话。我们必须坚持理论联系实际的原则，坚持我们的研究工作要从当前斗争的实际出发。

第二，批判封建的、资产阶级的历史观点。

中国封建的历史学常常是把历史写成帝王家谱。历史的发展，被看作只是王朝的兴衰。人们根本不可能从那些史书上了解历史的本质和历史的客观过程。中国沦为半殖民地半封建社会以后，各色各样的外国资产阶级历史学的流派像潮水一样向中国涌来。它们真是五花八门，应有尽有。外国资产阶级历史观点对旧中国史学界发生过显著影响的有特纳所代表的美国的边疆学派，鲁宾孙和他的学生桑戴克、海士、蒙等人所代表的美国哥伦比亚学派，兰克所代表的德国学派，特莱乞克所代表的普鲁士学派，德国斯宾格勒和英国汤因比所代表的文化形态学派等等。近几十年里，英美日本等国出现了一批所谓汉学家。他们专门研究中国的历史和文化。其中一些人如法国的沙畹、伯希和、马伯乐，英国的斯坦因，瑞典的安特生，日本的藤田丰八、桑原骘藏、内藤虎次郎、滨田耕作、加藤繁，美国的卫三畏、马士、麦克纳、德涅特、赖德烈、魏特夫、拉铁摩尔等等，都对中国资产阶级历史学有过一些影响。无论是充满封建气味的“土货”还是从外国贩运来的资产阶级的“洋货”，它们的影响都不会是一下子能够彻底肃清的。

面对这种情况，新中国历史工作者必须在自己的研究工作中，经常对封建的和各种资产阶级的历史观点进行批判，清除他们散播的毒素。资产阶级历史学的基本观点是抹煞阶级斗争，鼓吹阶级调和，否认历史发展规律，宣传历史唯心主义。这是我们经常碰到的反历史、反科学的思想。我们同资产阶级思想的斗争中，集中批判的是这样几种观点：一、民族虚无主义观点。它的内容是盲目崇拜西方资产阶级文化，丑化和抹煞自己祖国的历史。二、洋奴买办观点。这种观点千方百计为帝国主义的侵略，特别是为美帝国主义的侵略辩护。他们把近代中国的贫困落后，归罪于人民的愚昧无知。这是一种十分反动的观点。三、轻视人民群众的观点。那就是夸大历史上统治阶级的作用，否认劳动人民是历史的主人。

社会主义社会是一个很长的历史阶段。社会主义社会里存在着阶级和阶级斗争，存在着社会主义和资本主义两条道路的斗争。思想战线上的革命是一个长期的任务。我国历史学界批判封建的和资产阶级的历史学观点，包括历史学领域里的现代修正主义这个新的资产阶级流派的历史观点，一样是一个长期的任务。马克思主义历史学不同资产阶级历史学进行坚决的斗争，一定会倒退、变质。马克思主义历史科学必须永远高举起批判的旗帜，高举起战斗的旗帜。这样，我们就能够不断获得新的力量，不断前进。

第三，历史科学工作者必须参加当前实际斗争，不断改造自己的世界观。

历史学是一门阶级性很强的科学。马克思主义的历史科学是无产阶级世界观对社会历史的解释。因此马克思主义的历史工作者应当是无产阶级思想的代言人。很难设想，一个历史工作者的世界观是非无产阶级的，而他做的研究工作倒是马克思主义的。客观世界总是在不断地变化之中。世界人民的革命斗争是在不断地前进。历史科学工作者要想掌握马克思主义，要使自己的研究工作符合当前革命斗争的需要，使自己的主观世界能够反映客观世界的变化，就必须不断改造自己的世界观。国外有些人对中国知识分子的思想改造极力加以污蔑。其实那些人并不反对改造思想，他们只是反对把非无产阶级思想改造为无产阶级思想，他们要求把无产阶级思想改造为适合资产阶级利益的思想。

世界观的改造，需要一个长期的过程。我国历史工作者自觉地改造世界观，是通过多方面来进行的。认真学习马克思列宁主义，坚持对资产阶级学术思想进行批判和斗争，都是重要的方面。而最主要、最根本的是必须投身到当前的阶级斗争的实践中去，投身到工业、农业等生产斗争的实践中去。这是因为在实际的阶级斗争中，阶级对立十分尖锐，阶级分野一清二楚，不同阶级的不同观点、态度非常分明。你是不是真正站在无产阶级立场上，是不是能够和资产阶级划清界限，实际斗争是最严格的考验的场所，因此，也是改造我们的世界观最好的场所。这又是因为知识分子根本缺乏工农业生产的实际知识。他们对劳动人民很不熟悉。他们缺少劳动人民的真正感情。放下知识分子的架子，老老实实地当一个小学生，向工农群众学习，参加实际的生产劳动，就能懂得劳动人民的智慧，深刻体会到历史是劳动人民创造的。

我国广大历史工作者十几年来，积极参加了土地改革、抗美援朝、三反五反、反右派斗争等一系列群众性阶级斗争。目前，我国的城市和农村中，正在开展一次深刻的群众性的社会主义教育运动。许多人正在这个运动中受到新的教育。

第四，贯彻“百家争鸣”的方针。

在马克思列宁主义思想指导下实行“百家争鸣”，是促进我国科学发展的方针。“百家争鸣”方针的主要内容，是在科学研究中提倡独立思考；鼓励各种不同学术见解之间的相互辩论、相互批评，既容许批评的自由，又容许反批评的自由；对于错误的意见，不是压服，而是说服，以理服人。

“百家争鸣”的方针有力地推动了我国历史科学的发展。史学界的学术讨论非常活跃，呈现一片欣欣向荣的气象。我们讨论了许多重要问题。这些问题包括中国奴隶制和封建制的分界问题，我国封建社会的发展阶段问题，近代史分期问题，中国封建社会的农民战争问题，封建土地所有制的形式问题，汉民族形成问题，中国资本主义萌芽和资本主义发展的问题等等。目前正在讨论的有历史人物评价问题、马克思主义的历史主义和阶级观点的问题以及其他一些问题。对这些问题的讨论，扩大了我们的研究领域，提出了许多新的问题，开拓了研究者的视野。

“百家争鸣”政策，绝不是像有些人一厢情愿地理解的那样，是所谓资产阶级的自由化。我们的“百家争鸣”既是在马克思主义思想指导之下进行的，又是为了发展马克思主义的。马克思主义是科学真理。真理总是在同谬误作斗争中间发展起来的。我国马克思主义历史科学在这十几年中蓬勃发展的事实，是对这个政策一切歪曲和曲解的最有力的回答。

某些朋友问起我们对学术自由的看法。我们这样答复：如果是披着学术外衣，实际上进行反对社会主义的勾当，那么，希望在我国找到这种“学术自由”，那是注定要落空的。我们是主张学术自由的。我们主张的是探讨真理的自由，是坚持真理的自由，是批评错误意见的自由。对于错误的东西，我们是要进行批评的。这种批评，是摆事实、讲道理，采取实事求是的科学态度。批评了，你不服，可以进行辩论。正因为在我国有着学术上自由探讨、互相辩论的生动活泼的气氛，我们也就既能够防止思想僵化，又能使马克思主义历史科学在斗争中得到发展。

三

十五年来，我国的历史科学工作者，做了不少工作。从当前我国人民和世界人民革命斗争的需要来看，等待我们去做的工作还很多。古今中外的历史，我们都需要研究。实际斗争的发展，不断向我们提出新的问题。中国和世界的昨天和前天，我们要重视。我们更要强调研究中国和世界的今天。下面这样一些领域是我们今后要着重去进行工作的：

一、中国民主革命的历史、中国社会主义革命和社会主义建设的历史。

中国的革命和建设的经验是极为丰富的。研究和总结这些经验，对于帮助我们的实践，教育我们的后代，都是十分需要的。这些经验中，有不少东西具有普遍意义。世界各国革命的人民，以兄弟般的关怀和极大的兴趣注视着中国的经验。从武装斗争、土地改革、统一战线、党的建设、革命根据地的建设、军队建设、农村政策、工商业政策到文化教育政策、知识分子政策等等都需要我们以毛泽东思想为指导，分门别类地作深入的、系统的研究。

中华人民共和国成立以来的历史，是我们工作中的一个崭新的领域。中华人民共和国时代是我国社会主义革命和社会主义建设的伟大时代。它比民主革命引起的变化深刻得多，它的斗争也复杂得多，它的经验更加具有现实意义。这是一个我们必须用更大的力量来从头研究的领域。

二、世界人民革命斗争的历史，特别是亚洲、非洲、拉丁美洲各国民族解放运动的历史。

亚洲、非洲、拉丁美洲的广大地区，是当代世界各种矛盾集中的地区，是目前直接打击帝国主义的世界革命风暴的主要地区。这些地区的民族民主运动，同国际社会主义革命运动，是当代的两大历史潮流。中国的历史科学工作者需要着重研究这些地区人民革命的历史，着重研究这些地区民族资产阶级发生、发展的历史，工人运动的历史，农民革命斗争的历史。我们需要向广大中国人民介绍他们英勇的革命业绩，让我国人民虚心学习他们的经验，坚决支持他们的革命行动。我们把这些地区人民的解放事业，看作是对我们的一种最可靠的支援。

三、社会主义国家的历史、国际共产主义运动的历史、马克思主义发展的历史。

从列宁创立的世界上第一个社会主义国家开始，今天世界上已经有了一个从欧洲、亚洲到拉丁美洲的社会主义阵营。社会主义国家的历史，既给我们提供了正面的经验，也给我们提供了反面的经验。坚持无产阶级专政，坚持把社会主义革命进行到底的社会主义国家，目前都在欣欣向荣，迅速发展。无产阶级政党和社会主义国家发生的蜕化变质，又使各国的无产阶级革命战士从中吸取到极其深刻的教训。无论正面的和反面的经验，我们都需要认真地加以研究，把它们变为我们革命和建设的宝贵财富。

一百多年来国际共产主义运动和马克思主义发展的历史，始终贯穿着两条路线、两种思潮的斗争。从世界上有工人运动以来，资产阶级总是力求在思想上侵蚀工人阶级。混在工人阶级队伍里的资产阶级代表力图使工人运动服从资产阶级的根本利益，削弱和抵制各国人民的革命斗争。他们不是用右的形式表现出来，就是用“左”的形式表现出来。国际共产主义运动的历史和马克思主义发展史，就是不断地同这种右的或“左”的资产阶级代言人进行斗争的历史。当前的世界范围里反对修正马克思列宁主义的资产阶级思潮的斗争，提出了一系列新的问题。我们研究社会主义国家的历史、国际共产主义运动的历史和马克思主义发展的历史，具有极为重大的意义。它将帮助世界各地的革命人民更有效地去从事自己的斗争，加速革命发展的进程。

各位朋友！这里我讲的是新中国历史研究工作的简略回顾与前瞻。过去我们向世界进步的历史研究者学习了许多东西，今后我们还需要学习更多的东西。希望朋友们批评指教。

当代的历史课题[①]

> 全会决定，鉴于中央在二中全会以来的工作进展顺利，全国范围的大规模的揭批林彪、“四人帮”的群众运动已经基本上胜利完成，全党工作的着重点应该从一九七九年转移到社会主义现代化建设上来。
>
> ——中国共产党第十一届中央委员会第三次全体会议公报

具有重大历史意义的中国共产党十一届三中全会发出了全国八亿人民震撼大地的声音：向我国社会主义建设的新高潮四个现代化进军。

中国需要现代化，必定走上现代化，这是历史的规律，民族的愿望。三中全会各项英明果断的决策，都是指向这个当代历史课题的。高度觉醒了的中国人民，一定会同心同德，奋发努力，使社会主义祖国现代化在我们这一代人手里实现。

建国以后，随着我国社会主义改造的完成，我国工农业生产、科学文化事业都出现了突飞猛进的局面，在极短的时间里，就取得了辉煌的成就。这除了证明社会主义制度优越性，证明中国人民有志气，有智慧，有能力，能够攀登现代科学文化高峰外，毫无疑问，这还突出证明，人民要求充分发展社会生产力，要求彻底改变历史上由帝国主义、封建主义统治所造成的极端贫困落后面貌，迅速把我国建设成为一个现代化社会主义强国的强烈愿望和决心。毛泽东同志在生前多次提出的要把工作中心转到经济方面和技术革命方面来的指示，周恩来同志根据毛主席的指示制订的实现我国社会主义四个现代化的方针、计划，都集中反映了这个人民的愿望和决心。我们干社会主义，废除资本主义的生产资料私有制，实行社会主义的生产资料的公有制，巩固无产阶级专政，如果与充分发展社会生产力，实现四个现代化，繁荣社会主

---

① 原载《光明日报》1978 年 12 月 28 日第 2 版。——编者注

义祖国，提高人民生活水平，最后消灭三个差别无关，那么，我们革命的意义又在哪里呢？恰恰就在这个根本问题上，林彪、“四人帮”同毛主席的革命路线针锋相对，推行一条反革命修正主义路线。他们为了篡党夺权，打倒从中央到地方的一大批执行毛主席革命路线的老干部，乱中取胜，便整天批判所谓“唯生产力论”，煽动停工停产，造成在若干年里，国民经济停滞不前，最后陷于崩溃的边缘。他们明目张胆地抛出一个反动透顶的“宁要——不要”公式，即只要他们夺得政权，宁肯让全中国人变成文盲，变成野蛮人，宁肯不要工农业生产，宁肯倒退到封建专制主义、倒退到半殖民地半封建社会去，也不要发展生产。他们狂叫：“四个现代化实现之日，就是资本主义在全国复辟之时”，极力把中国拉向倒退。正因为如此，全国人民与林彪、“四人帮”的斗争就愈演愈烈，终于爆发了伟大的“四五”运动。从这场伟大的斗争中，我们可以看出一个显著特点，即林彪、“四人帮”惯于施展阴谋诡计，翻手为云，覆手为雨，但有一点从不改变，即始终把矛头对准周恩来同志；广大人民反对林彪、“四人帮”，斗争形式各种各样，但也有一点始终不变，即强烈关心和怀念周恩来同志。如何解释这个现象呢？周恩来同志是伟大的马克思主义者和伟大的无产阶级革命家，他一辈子为党为人民，忠心耿耿，他建立的伟绩丰功，他具有的胆略才能被全民景仰，为举世所公认。这一切，他必然使敌人胆战心惊，务必去之而后快；但这绝不是事情的全部。大家知道，周恩来同志是党的实现社会主义现代化方针、计划的制定者和坚决执行者，是实现四个现代化的中流砥柱。他的安危，直接关系着四个现代化的成败。因此，“四人帮”反对周总理，就要千方百计反对四个现代化，人民群众为了实现四个现代化，就坚决捍卫周总理。周总理在世的时候，人们时刻关心他的安危；去世以后，人们沉痛地悼念他，最后形成了以天安门斗争为中心的伟大革命群众运动的高潮。从这个特点可以看出，人民群众与“四人帮”之间的殊死斗争，在很大程度上正是坚持四个现代化与反对四个现代化的斗争。正如丙辰清明节，革命群众在悼念周总理的诗歌里所咏颂的：

功高才高德更高，万古师表绝代豪。
无私恩来泽华夏，强国宏图遗我曹。
天夺国魂天可恨，谁损英明谁逆潮。
金迹丰碑花圈拥，大业有望看明朝。

广大群众如此歌颂和拥护周总理，是同他们衷心憧憬和向往完成祖国现代化的大业密切联系在一起的。一切伟大的历史人物，之所以受到人民群众永久的敬仰、爱戴，必定是因为他的思想、行动带来了本阶级解放的实际利益，他对本阶级、本民族最忠实、最有作为，与民族同命运，与人民群众共呼吸。对无产阶级革命导师马克思、恩格斯、列宁、斯大林、毛泽东同志在世界无产阶级心目中的地位应当如此看待；对周恩来同志、朱德同志在中国人民心目中的崇高地位也应当如此看待。不然的话，我们就不能从物质基础上了解人民崇敬领袖人物的思想感情来自何处。人民群众同林彪、“四人帮”的斗争，在很大程度上就是要求实现四个现代化和反对实现四个现代化的斗争。林彪、“四人帮”窃取的党和国家的权力那么大，骑在人民头上发号施令，仿佛今日之域中，就是他们的天下，而华国锋同志、党中央只一道解决他们的命令，他们那些昨天的庞然大物，真正是一朝覆亡，顷刻瓦解，简直没有挣扎的余地。因为人民的意志是不能违抗的，历史的潮流是无法阻挡的。另一方面，人民群众一下子改变了“四五”斗争前那种忧郁悲愤的状态，几亿人自发走上街头，汇集成了历史上从未有过的人民的狂欢节。恩格斯说：探究那些隐藏在历史人物的背后，并且“构成历史的真正的最后动力的动力，那末应当注意的，与其说是个别人物，即使是非常杰出的人物的动机，不如说是使广大群众、使整个整个的民族、以及在每一民族中间又使整个整个阶级行动起来的动机；而且也不是短暂的爆发和转瞬即逝的火光，而是持久的、引起伟大历史变迁的行动”①。华国锋同志、党中央决定粉碎“四人帮”，就是这样一种来自广大人民群众、整个民族、整个阶级行动的动机，而那个行动，正是引起伟大历史变迁——在目前，就是必定要实现社会主义建设现代化这个伟大历史变迁的行动。林彪、“四人帮”千方百计想控制、利用人民群众的力量，他们反对周恩来同志，反对四个现代化，结果是人民最后决定了他们的命运。我国无产阶级专政、社会主义建设现代化的崭新一页，就从此展开了。

党中央、华国锋同志在打倒“四人帮”以后的短短两年里，领导全国人民在阶级斗争、生产斗争、科学实验的各个领域所取得的巨大的辉煌的成就，举世钦仰，刚刚签订《中日和平友好条约》，又实现了中美关系正常化；现在，

---

①《马克思恩格斯选集》第4卷，第245页。

三中全会又作出了战略性的决策，从明年起，把全党工作重点转移到社会主义现代化建设上来，即转移到当代历史主题上来。这正如宋代著名诗人陆游的两句诗所说，“天开地辟逢千载，雷动风行遍九州”。举国上下，亿众一心，必将以雷动之威，风行之速，开辟四个现代化的锦绣前程。我们广大史学工作者，需要加倍努力，提高马克思列宁主义、毛泽东思想的理论水平，用自己最优异的研究成果，为社会主义的新长征加大马力，增添精神的燃料。

历史是伟大的教师
——纪念抗日战争胜利三十七周年[①]

中国抗日民族解放战争，是中华民族的壮举，惊天动地的伟业。抗日战争取得伟大胜利，转眼三十七年了。今天我们纪念它，后代人也将永远纪念它。抗日战争不但在中国历史上有极大的重要性，在日本历史上同样有极大的重要性。前些天，日本《每日新闻》刊登一篇文章，题目叫作《由教科书想到的：历史是伟大的教师》，很见作者眼光。中日两个国家、两国人民，都可以而且完全应该从中日战争的历史学到非常重要的东西。

日本帝国主义发动的这场全面侵略中国的战争，是近代帝国主义侵华史上给中华民族造成的灾难最深重的侵略战争。日本出动陆军一百万，超过第一次鸦片战争以后的一百年间英、法、德、俄、日、美历次侵略中国战争兵力的八九倍；时间持续八年，接近于一百年里外国大举侵华战争时间的总和。中国幅员辽阔的国土一半被占领，富庶地区绝大部分被占领；两千万中国人牺牲于战争炮火之中。日本军国主义者抱着一举把中国彻底变为他们独占的殖民地的狂妄野心，一再高叫“三个月灭亡中国”，“六个月灭亡中国”。一些屈服于侵略者的压力、丧失民族自信心的中国人，特别是国民党的上层当权人物，也认为中国“抗战必亡”，“再战必亡”。然而战争的结局，不是中国灭亡了，而是日本无条件投降。中日两个国家、两国人民可以从历史这位伟大的教师学习到很多的东西，而最主要的内容，却是中国民族如何觉醒起来，和日本应当在什么道路上前进的问题。

半殖民地半封建的经济军事落后的中国，最后战胜了资本主义的军事强国日本，基本根据就是一条：中国民族觉醒起来了。日本从 1874 年第一次武装侵入台湾开始要求中国赔款；1894 至 1895 年发动甲午战争，强迫清朝政府订立《马关条约》，割去中国领土台湾和澎湖列岛；1900 年参加八国联军，

---

① 原载《光明日报》1982 年 8 月 14 日。——编者注

镇压义和团运动，清政府赔款共四亿五千万两；1915 年提出“二十一条”，攫走大批中国政治、经济权利；1931 年制造“九一八”事变，占领中国东北，成立伪“满洲国”；在长达六十年的时间中，不间断地对中国进行武装侵略、政治压迫，而每一次无不如愿以偿，那是怎么回事呢？因为那时中国人民还没有把自己的力量真正组织起来，内部分裂涣散，日本与之打交道的清朝政府、北洋军阀、蒋介石政权是地主阶级或地主阶级与买办资产阶级的联合专政，是帝国主义镇压中国革命人民的工具。蒋介石的“先安内，后攘外”，对日本的侵略采取不抵抗主义，概括出来了他们的政治态度，对待外国侵略的公式。抗日战争以前六十年间，日本帝国主义对中国侵略之所以处处得逞，胃口越来越大，正是和中国反动统治阶级的投降卖国、压制民族觉醒联系在一起的。抗日战争不同了，从鸦片战争起，无数革命先烈、志士仁人，用鲜血灌溉我们民族复兴精神，已经作了近一百年的努力；日本军国主义也帮了忙，他们的野蛮政策，激发起各阶级、阶层大多数人的爱国心，不愿做亡国奴。中国共产党的领导、推动，国共实现第二次合作，全国团结抗日的局面形成，中国民族空前觉醒了。毛泽东当时就着重指出：中国“有了资产阶级和无产阶级，有了已经觉悟或正在觉悟的广大人民，有了共产党，有了政治上进步的军队即共产党领导的中国红军，有了数十年革命的传统经验，特别是中国共产党成立以来的十七年的经验。这些经验，教育了中国的人民，教育了中国的政党，今天恰好作了团结抗日的基础”。共产党领导的八路军、新四军，越往后越在战场上发挥着主导的作用。日本这时碰到的，再也不是从前那些动辄跪倒在侵略者面前的对手了。屹立在他们面前的是燃烧着彻底抗战决心怒火的团结的四亿多中国人民。日本拥有现代装备的一百万大军，可以在战场上取得一个个胜利，但是不能挫折中国民族的抗战意志，最后是中国的伟大胜利，日本的彻底失败。历史在这里告诉我们：中华民族觉醒了，它的不可估量的巨大力量就发挥出来了，中国共产党是这种力量的领导者、鼓舞者。人民长期受压迫、受奴役，精神抑郁，如今振奋起来了。前代人牺牲奋斗办不到的事，如今可以办到了。我们的国家、我们的民族在中国共产党领导下，人民不断自我觉醒，努力奋斗，就可以战胜种种严重祸患和困难，前途光辉灿烂。

世界第一流经济、军事强国日本，最后彻底地败在积弱的中国和同盟国手下，主要原因是：它进行的是侵略的非正义战争，是违反世界历史潮流和违背日本人民的根本利益的。明治维新以后，日本实行资本主义的改革。自那以后不久，统治阶级就驱使人民在追求“世界一等强国”“东洋霸主”的道路上拼命奔驰，从战争走向战争，从扩张走向扩张，毫不停息。在世界近代史上，这种情形，大概只有沙皇俄国可以与之相比。日本军国主义确实也一度实现过自己的梦想。他们除了占领广阔的中国领土，1941 年偷袭珍珠港，接着侵入菲律宾、泰国、马来西亚、新加坡、印度尼西亚、缅甸、新几内亚等地，“赫赫武功”，不可一世。然而曾几何时，军国主义者就从宝塔顶上直线跌落下来了，他们在给中国和亚洲其他国家蒙上黑暗、制造血腥灾难的同时，也就在给本国蒙上黑暗，制造血腥灾难。据日方统计，1931 年到 1945 年，日军死亡约二百三十万人，国内人民因遭受空袭等战争灾害而死亡的至少七八十万人，许多城市变成瓦砾场，国土被美军占领，日本差一点成了美国的附庸国。正像日本历史学家里面有人指出的：19 世纪末叶，在东亚的一角，像彗星那样登上舞台的唯一的近代帝国主义国家大日本帝国，从 1895 年开始把中国领土台湾变成殖民地以来，经历了半个世纪，又像彗星那样消失了。所谓“世界五大强国，三大强国之一”，等于黄粱一梦，这就是从牺牲邻国而连续膨胀起来的日本帝国的最后下场。伟大的教师——历史，在这里大声告诉人们：帝国主义的崩溃，人类迈向社会主义，是世界历史前进的主流。日本民族、日本国民用牺牲中国和其他亚洲国家人民的生存利益，来发展自己的利益，此路绝对行不通。与世界反帝国主义的力量站在一起，走独立、民主、和平的道路，是日本蓬勃发展、繁荣富强的唯一道路。

然而人们对待历史，并不像学生接受老师的教育，总是从正面一一模仿那样的简单。不是的。只要历史的教训不合乎某些人的利益需要，他们就力图篡改事实，以便忘掉它，并从反面去加以模仿。日本文部省修改教科书，把日本“侵略”中国，改成他们所谓没有“价值含义”的字眼，做的就是这项工作。

日本帝国主义侵略中国，铁案何止如山！孟轲说过一句话：暴虐的统治者造下罪孽，“名之曰幽厉，虽孝子慈孙，百世不能改也”。日本帝国主义侵略中国的事实，不论过多少世代，是谁也无法修改掉的。不过那些侵略者不再名之曰“幽厉”，而是叫作法西斯！中日战争的性质早有定论，文部省为什么忽然要修改教科书了呢？日本历史的演变，一般认为其特点，常常不是人民群众从下边起来，一举推翻陷入绝境的旧制度、旧社会，而是由统治阶级的一部分或中间阶级自上而下地改革，压制自下而上的革命，逐步过渡到新制度、新社会。旧势力的相当一部分常常在新社会中生存、保持下来，奴隶制转向封建制是这样，封建制转向资本主义是这样，第二次世界大战以后，在美国军队占领下，实行非军国主义化和民主改革也是这样。美国垄断资产阶级非常害怕日本人民力量壮大，害怕日本发生所谓“共产革命”，特意对旧势力加以扶植利用。日本大资产阶级受到保护，有些被“整肃”的战犯不久又东山再起，并重新掌握政治权力。战后三十多年来，日本的旧势力看来是在照着三部曲跳舞。最初是宣称要以“和平国家”重生，然后是当经济大国，再后是第三部，准备重新成为“军事大国”，也就是说要吹起复活军国主义的号角了。文部省所以忽然修改教科书，答案可能就在这第三部曲里头。坚决支持文部省篡改侵略历史的某些显要人士，所列举的理由是：“日本在‘进入’外国的当时，并没有使用‘侵略’一词。如果把‘进入’说成是侵略，就是歪曲事实。孩子们就会说：祖先们干了坏事，不尊重他们了。”或者说：日本“进入”中国，是当时环境的“需要”。他们的意思是不会叫人误解的，第一，日本军队闯进外国，不管怎么侵犯别国的领土主权，干出与希特勒、墨索里尼侵略别国毫无二致的暴行，只要不用“侵略”一词，例如叫作“进入”之类，就是无可非议的，就不应当受到责难。过去既然可以那样“进入”，今后当然也可以比着葫芦画瓢，照样办理。第二，不能说“祖先们干了坏事”，实际等于说，日本军国主义侵略中国，是干的“好事”！这正是坚持修改教科书的人所要说的话，所要模仿的行动。何者为好事，何者为坏事，军国主义鼓吹者与中日两国人民的立场、观点是针锋相对的。第三，“进入”中国，是日本环境的“需要”，恕我直言，这是赤裸裸的帝国主义侵略者的理论，是强盗逻辑。修改教科书的事，在中国、日本和亚洲引起如此强烈的反应，虽然人们关心的问题，重点不在于用什么词，而在于当权势力中某些人将把日本引向何处去！

不错，历史在一定的情况下可以重演。世界史上不乏那种先例。鼓吹复活日本军国主义的人们，或者就是因此投下赌注的。他们在这里，正如前面我举出的《每日新闻》评论家的文章所说，一定是学生时代过分地“死记硬背”，因而没有学会观察历史的能力。从中日战争结束到今天，无论中国、日本和世界都发生了历史巨变。首先是中国继战胜日本帝国主义之后，在共产党的领导下，全国人民经过三年多的解放战争，最后推翻帝国主义、封建主义、官僚资本主义的统治，取得了民主革命的伟大胜利，建立了中华人民共和国。

中国人民从此站起来了，成了自己国家的主人；然后我们成功地实现了从新民主主义到社会主义的伟大转变。占世界人口近四分之一的中国进入历史上崭新的社会主义社会，这是中国、也是东方历史的大飞跃。世界社会主义与资本主义力量的对比，从此根本改变。三十三年来，经过抗美援朝，援越抗美，反对苏联霸权主义，经过“文化大革命”十年的大动荡，打倒“四人帮”等对外对内一系列斗争的严重考验，社会主义制度在中国最后牢固地站稳了脚跟。我们的各民族空前团结，人民生活朝气蓬勃，社会主义的工业、农业、科学、国防都建立起了迈向现代化的基础。我们说：落后挨打的中国一去不复返了，人们都知道这绝不是空谈。日本在第二次世界大战以后，变化也极其显著。农地改革，神道与国家分离，废止天皇神格化等等，使军国主义的经济政治基础受到严重的削弱。人民的民主要求、民主运动不止一次出现高涨。1960年群众反对美国总统艾森豪威尔访日。艾森豪威尔乘飞机在东京上空打转，最后不敢降落而离去。日本人民有理由对自己的力量感到自豪。和这种要求自由民主的思想相一致的，是广大群众、知识分子对中日战争认识的彻底转变。以在科学上富有勇敢精神闻名的历史家井上清教授，在他著的《战后日本史》上写道：“战后的历史，只有从全盘否定‘大东亚战争’出发，只有探求如何建立不让军国主义和帝国主义在日本再度横行的立足点，把这种立足点建立在何处——只有树立这种观点，才能获得正确的理解。”“正是为了不让死者白死，不让全国人民的牺牲完全成为浪费，而使这些牺牲成为在现代从事生活、劳动的动力，才必须全盘否定这个战争，不让这种战争重演；幸而生存的，还有思考、活动能力的人，不是应该竭尽全力来揭露帝国主义者和军国主义者吗？”这绝不只是表达少数人的看法，而是道出了日本广大劳动群众、知识分子的心声。亚洲其他国家的情形也和过去不同了，过去那些沦为殖民地半殖民地的国家都在发展。它们将有助于日本走独立、民主、和平、繁荣的道路，而对于复活军国主义是重大的阻力。条件环境改变了，事物发展的方向也就改变了。面对今日的现实，试问什么英雄好汉，有那种本领来重演日本军国主义侵略中国、称霸东亚的历史呢？

平等互利，睦邻友好，应当永远是中日两国关系、两国人民交往的旗帜。我们反对日本文部省篡改历史，日本有人暗示此举似乎是中国要唤起人民对日本的民族仇恨，这种看法是错误的。国家就像个人的关系一样，牢固的友谊要建筑在事实的基础上，我们反对掩饰军国主义侵略中国的事实，正是要维护中日两国关系、两国人民世世代代友好下去的旗帜。

无产阶级胸怀辽阔，在国家民族的关系问题上，比资产阶级看得远为透彻。我们反对资产阶级民族主义，不承认有脱离阶级内容的民族仇恨。前几年我们同日本历史学者讨论过中国昔贤讲过的“国无常仇”的问题，当时我指出：一个国家、民族的统治阶级压迫、侵略另一个国家、民族，或者公然灭人之国；或者强占领土，订立不平等条约，变后者为附庸、殖民地半殖民地，民族恶感、民族仇恨随之而起；第二次世界大战结束以前，中国与日本的关系就是如此。侵略、压迫存在一天，民族仇恨就存在一天，对中国被压迫阶级、人民群众来说，是国有常仇的。阶级斗争的客观形势变换了，仇与非仇的位置也就跟着变换。中国与日本当前的关系可以作为代表。中国革命的胜利改变了中国人民的地位，正义伸张了，国家、民族遭受侵略、凌辱的历史，已经随时光一起永远逝去。中日两国人民的根本利益，要求确立中日两国正常、睦邻、友好的关系，而且这样的关系到底确立下来了。国无常仇，这时从中国人民说来意义一新。中日两国关系长远的未来，即使有支流，有停滞，迂回曲折，终究要无可阻挡地顺应新的历史潮流行进下去。我对当时讲的这一些，现在只需要增加一点：日本的旧势力逆潮流而动，某一天使中日正常关系严重倒退，是可能的。但那也只具有暂时性。历史的未来是属于人民的，中日关系的未来是属于中日两国人民的。中国民族、日本民族都是生命力顽强的优秀的民族；中国人民、日本人民都是智慧勇敢的人民。两国人民经过历史这位伟大教师强有力的教育和洗礼，毫无疑问，他们将充分学会如何把自己的命运掌握在自己手里。

谈学历史[①]

中央人民广播电台重新举办讲历史故事节目，广大听众同志对这个安排一定感到高兴。

讲历史故事其实也就是讲历史，收听历史故事也就是学历史。在今天，我国人民的根本任务之一，是进行四个现代化建设，关键是科学技术要能够上去。讲历史，都是讲过去了的事情。这不是脱离四个现代化建设的需要，与今天的实际没有联系吗？只要仔细想一下，就知道情况并非这样。我们的国家是伟大的社会主义国家。我们是在社会主义制度下开展“四化”建设。自然科学、物质文明与思想指导、精神文明的工作必须同时大力去抓。有些根本性的问题，我们不能指靠自然科学、技术知识提供指导，而需要由社会科学、历史事实来加以说明，指出方向。

说得具体一点，人类历史发展的基本规律，是由低级到高级，由原始社会经过私有制，再进到社会主义、共产主义社会。我们的社会主义新中国，正是以往历史合乎规律地发展的结果。如果几千年、几百年以前，历史还不能教人们看出中国为什么必然走社会主义道路，那么，从上一个世纪四十年代起，到中华人民共和国诞生以前的历史，就把这一点大声地向世人宣告了。那时中国向何处去，有三个前途，三种选择。帝国主义力求把中国最后变为殖民地；民族资产阶级要求变中国为一个独立的资本主义国家；无产阶级、中国共产党领导全国人民争取经过新民主主义革命进入社会主义社会。一百一十年激烈斗争的结果，帝国主义最后彻底失败了，民族资产阶级的努力也没有能成功，中国大踏步走上了社会主义道路。只有社会主义才能救中国，这就是历史所作的结论。帝国主义长期侵略、奴役中国，留下了某些极不光彩的“遗产”。他们的子孙至今还想抱住那些“遗产”不放，例如，英国抱住香港，美国抱住台湾等，但历史的支配权毕竟不在他们手里了。我们熟悉了历史，就

① 本文系作者在中央人民广播电台历史故事节目的讲话稿。原载《光明日报》1983年11月16日第3版。——编者注

可以更深刻地认识社会主义是使落后的中国进到富强、昌盛中国的唯一道路，认识它最终将走上理想的共产主义社会美好境地。这不正是我们现代化建设的前进目标吗？

再说，实现四个现代化，需要党的坚强领导，更需要十亿人民发扬爱国主义精神，同心同德，艰苦奋斗。一部中国历史，蕴藏着深厚的爱国主义传统。到了近代，少数人受到帝国主义、买办资产阶级的毒害，丧失民族自尊心、自信心和爱国观念。中国民主革命、反帝反封建斗争的彻底胜利，历史进入社会主义，群众的爱国主义觉悟空前提高了，但并不等于问题从此便一劳永逸地解决了。青年一代和年长的一代在逐渐更替。生活环境条件改变了，旧思想可以在新的条件下以不同的形式出现，污染人们的灵魂，腐蚀、败坏爱国主义思想。国家是阶级统治的工具，又是随着历史发展而变化发展的。我们今天讲爱国主义，是讲爱各族人民共同组成、共同享有的、由历史发展所铸造的伟大社会主义祖国。热爱祖国与在四个现代化建设中，最积极地贡献自己的聪明智慧，勇于自我牺牲，对每个人来说，就是一件事，不是两件事。也就是说，我们讲的爱国主义，与热爱社会主义完全统一在一起，是不可分的。不久以前，我陪同一个来访的非洲国家议会代表团参观访问。临别的时候，一位议员郑重其事地说，他到过不少国家，但没有一个国家像中国这样文化悠久而又从来不曾中断；这样幅员广大，人口众多，而又统一集中，秩序井然。这实在了不起，恐怕举世无匹。最后他说："可以推想，中国历史上必定产生过某位非凡的大圣人，是他造就了这一切。你是研究历史的，可不可以告诉我，这位伟大的圣人叫什么名字？"我回答说，感谢你的美意。中国历史上的确有这么一位大圣人，他的名字就叫"人民群众"。当然这种回答过于简单，需要加以解释。我举出这件事，只是想说明，外国朋友的谈话，表明我们伟大的祖国，在一切抱客观态度的人看来，确实可爱。这里面自然也包括对社会主义制度的评价。古人说，温故而知新。了解历史，对于我们也可以说是温故而创新，创热爱社会主义祖国之新，创四个现代化之新。

我想也应该说一下，对于历史与现实的联系，我们绝不可以过于狭隘地看待。历史包括古今中外。它是人们取得生活、斗争经验，取得科学文化知识，取得聪明智慧的源泉之一。学习历史，使人们可以用古往今来的社会生活、政治经济等各方面的知识充实自己的头脑。例如许多青年朋友爱好文学，这当然是高尚有益的事。但是如果缺少必要的历史知识，不用说对于古代人的作品难于理解，就是现代人的作品，如毛主席《沁园春》词一类，恐怕读起来也只能囫囵吞枣，难以真正欣赏。那上面说的秦皇汉武、唐宗宋祖、成吉思汗，都是中国历史上的著名人物，可是他们究竟怎样略输文采，稍逊风骚，只识弯弓射大雕呢？所以从需要来说，学习历史，不存在年轻年长的界线或其他什么区分。现实生活的需要是广阔、灵活、多样的，历史知识对于满足人们现实生活的需要，也是广阔、灵活、多样的。

总之，历史故事值得讲，值得听，历史需要学习。同志们坚持下去，必有收获。

异化与历史①

异化问题的讨论涉及面很广，和历史研究有直接关系。它的关系是什么，胡乔木同志《关于人道主义和异化问题》的文章，第一次把这个问题彻底讲清楚了。那就是到底什么是人类社会历史前进的动力？是生产力的发展，还是人性和人的异化？

马克思主义的历史唯物主义发现，人类历史前进的动力，是生产力的发展，生产力与生产关系的矛盾，在阶级社会是表现这种矛盾的阶级斗争。唯心主义关于历史动力的学说各种各样，不过在我国学术界，以前至少还没有人明确地从人性、人的异化立论，来解释全部历史。近来关于异化问题的讨论中，一些文章的作者，或者肯定社会主义要发生异化，或者认为异化是被马克思改造成的“辩证唯物主义和历史唯物主义的基本范畴之一”，或者简单明了，提出“人—非人（假人）—人”的公式，把人类历史概括为人性、人的异化和复归的历史。照这些论述，明白无疑地是认为人类历史前进的动力，是离开特定社会关系、社会条件的人性，人的本质和人的异化。人性问题，是中国和西方哲学中一个古老的题目。孔子、孟轲、荀卿、黑格尔都谈过人性的善恶问题，但是都没有直接和历史动力联系起来，加以发挥。近来关于异化问题的讨论，确实是提出了一种新的观点，它应该称作“异化史观”，这种史观有两点十分突出：第一，它讲历史动力，但并不以人类全部历史为研究对象，而只是以社会主义制度的历史为对象，即所要研究解决的，不是人类社会的过去，而是人类社会的现在和未来。第二，它并不广泛搜罗史料，考证辩论，主要只是就马克思的著作考证辩论。这两个特点又是紧密地结合在一起的。

“异化史观”的主张者说，人的异化不止在私有制、资本主义社会存在，社会主义制度下照样发生，这是以马克思讲异化的著作为根据的。可是马克

① 原载《瞭望》1984 年第 8 期。——编者注

思无论在什么地方也没有给这种说法提供根据。马克思从来没有超越私有制、雇佣劳动，没有超越资本主义剥削压迫来讲异化问题。《1844年经济学哲学手稿》的《异化劳动》《共产主义》等章节，白纸黑字摆在那里，而这正是马克思集中讲异化劳动的地方。异化论的主张者认为，按照人性、人的异化、人的复归叙述历史，是合乎辩证法的，而且是马克思主义“唯物主义”辩证法。如果说，对人类历史过程的这种描述，是辩证法的十足的形式主义的套用，那么，关于唯物主义就连一点影子都没有，完全只是它的反面。谁也看不见马克思在什么地方把异化改造成为唯物论辩证法，看见的只是这些作者明白地把生产力、生产力与生产关系的矛盾同人性、人的异化等同起来，明白地把自己的唯心论说成是唯物论。他们又认为，马克思在《哥达纲领批判》里指出社会主义是还存在资产阶级权利的社会。资产阶级权利既然存在，异化也就会存在。这方面的表现，就是社会主义国家所有制企业的劳动者仍然不直接掌握生产资料，劳动者与生产资料相分离，似乎同资本主义一样，后者对前者照旧是一种“异己的力量”。可是他们没有道理地撇开了一个决定性的事实——社会主义实行的生产资料公有制，与共产主义本质上是相连的，与资本主义则是根本对立的。劳动生产者同生产资料是否直接结合，关键是在劳动生产者与生产资料两者中间，是否存在一个占有生产资料的剥削者。也就在《哥达纲领批判》中和在其他的论述中，马克思明明白白地说，在社会主义制度下，生产者、工人是以集体的“共同占有”的方式占有生产资料的。把社会主义制度下的劳动者对生产资料的“共同占有”，同资本主义社会劳动者与生产资料相分离相提并论、混为一谈，根本违反马克思的学说，也根本违反我国现实生活的实际。

到底什么是人类历史前进的动力？要说明这个问题，最有力量的是历史事实。因为社会主义制度和奴隶制、封建制、资本主义制度一样，都不是什么人性，或人的天性，或人道主义的产物，而是生产力发展、生产力与生产关系的矛盾、阶级斗争的产物。要是抽象的人性、人的天性能够支配历史，已经在世界文明史上存在了长达数千年，至今还受到资产阶级拼命维护的残酷的人剥削人、人压迫人的社会制度，就根本不会在世界上出现，再大的天才哲学家也就无从发明异化这个概念，来纠缠一些人的头脑了。只要生产力的发展在人类生活中是不可阻挡的，资本主义灭亡、社会主义诞生并且向更高阶段发展就是不可阻挡的。历史不能从人性得到解释，相反地人性必须由历史来解释。用人性、人的异化解释历史，就像神学史观中用善和恶解释历史，儒家学说中用君子和小人解释历史一样，没有、也不可能说明任何问题，它只是换一个“高深”的方法，表示我们的认识确实经历了一场“复归”，从少壮又“复归”到了童年的某个时候。

中国学术界讨论历史前进的动力问题这不是第一次，但真正深入的讨论这是第一次。人道主义世界观、“异化史观”的宣传，涉及哲学、历史、文学等学科的基本理论，更直接关系到社会主义的现实生活，社会主义历史发展的前途。对那种宣传，从理论上实践上作出马克思主义的回答，具有广泛的必要性。胡乔木同志的《关于人道主义和异化问题》文章的重要意义，就是对这个问题及时地作了切实的、全面系统的马克思主义的回答和论述。

鄙弃抱残守缺，勇敢坚持真理
——在史学界第四次代表大会上的讲话①

新的时代在向历史科学发出新的召唤。干什么都必须掌握相当的信息量。研讨如何改进历史研究工作，响应时代召唤，信息更加重要。一些情况人所共知，在我多半尚属新闻。列举几条，并提出一点想法，来进行讨论。

信息和讨论一

一个信息，是我们的出版界，繁花百卉，齐放并茂，为从来所未有。其中历史书刊名目众多，指不胜屈。不要说阅读所有那些文章和著作，编个目录恐怕一年就要一厚本。然而专门的、学术性的历史书，出版却很困难。这个现象不少地方存在。当然并非一概不能出，有需要推荐的，有要提供费用补贴的。另一方面，社会上又有埋怨，认为可读的历史书难于找到。研究人员由于自己辛苦经营的成果不能与读者见面，对于出版编辑历史书的同行，有时也感到失望。怎样看待这个情况？

本文第二、第三部分，在大会的头一天和闭幕会上讲过，第一部分有稿子，会上没有讲历史书出版困难，这首先要考虑我们工作中可能存在的缺点。各种历史书刊一拥而上，水平自然不会一样。阳春白雪、下里巴人，各有各的爱好者。竞争并存，事物的自然状态不可违反。落后的东西总要被淘汰。过分滥竽的书刊，在竞争中被挤掉，应该看作好事。这是就一般情况而言。有价值的、专门的学术著作如果到处碰壁，退而藏之名山，那就不在自然淘汰之列了。现在人们议论众多的是，学术著作出版不了，而形形色色的色情下流读物却一路绿灯，充满书肆。5 月 30 日《文汇月报》报道说，上海图书市场上，平均每天约有 2 种“外国畅销书”译本露面，印数通常在 10 万册以

---

① 原载《世界历史》1988 年第 6 期。——编者注

上，有的甚至高达50万册。它们主要靠以色情描写吸引青少年读者。《中山大学学报》《文汇报》《北京日报》曾相继刊载文章，谴责“黄色浊流”。6月间举行的全国人大常委会上，有关同志发言，说根据调查，这些坏书绝大部分是国家出版社印出的。以前是私人偷偷摸摸出，现在变成了挂着堂皇招牌的国家出版社公开出。在这个事实面前，人们当然感到愤懑，要求追究责任者。学术著作出版难，我们知道，抱怨编辑同志是不公正的。他们有“创收”任务，有承包定额。他们也守着一本难念的经。专门著作发行量很小，不补贴不亏本的有如凤毛麟角。少出少赔，多出加大创收定额差距。他们不能不想出对策，保持业务齿轮的运转。有书待出的朋友应该感谢编者，他们一直保持了那种运转。

从这里我们自然要想到，中国的社会经济生活，目前在走向有计划的商品经济，商品交换的规律起而作用于社会的经济活动，这是必然的，合乎常轨。但是绝对没有根据可以认为，既然按照商品经济的规律办事，那么，一切就都要在“利”的天平上权衡一切事物的价值，就都要由金钱作为检验标准，计算“含金量”。如果那样看，不止是误解而已。魏晋时代的成公绥、鲁褒先后写过《钱神论》，反对拜金主义。须知那个时代的知识分子决不会反对私有和商品交换，他们做梦也想不到未来世界将有社会主义制度。今天的西方资本主义社会，除了商品交换的法则，知识、信仰、道德、法律、责任、信誉、尊严、人格等，也都是社会价值体系的构成要素。金钱就是一切，金钱主宰或代替一切的社会是无法生存下去的。《文汇报》今年6月17日刊登一篇题为《全面看待商品社会的驱动杠杆》的评论文章说：人类生活的需求是多样的，不能把金钱看成社会生活中唯一有效的驱动杠杆。人类的生活不仅需要商品——包括各种文化商品，而且需要知识、信仰、道德、法律，需要一个和谐的自然和社会环境。能否满足人类的这种多样化需求，体现着一个社会的文明程度。仅仅以金钱为驱动机制，必然会使社会失去平衡而出现病态。说我们处于发展商品经济的初期，现在社会上出现的某些情况是难以跨越的必然阶段的看法并不全面。我国的经济毕竟已有一定的社会化基础了，社会的文化、道德价值体系已成为一种存在的力量。我们是从有一定科技经济文化基础的社会转入商品经济社会的，既不同于以往从自然经济中的起步，也不同于资本的原始积累状态。我们应该充分利用社会主义制度的力量，包括精神文明建设的作用，防止社会在发展商品经济时的某些失调。过去我们曾相信过“精神万能”，今天有些人又觉得“精神无能”而“金钱万能”，这两种极端倾向，都不符合社会发展本身规律。精神的作用在任何一个社会条件下都是存在的。任何时候，物质和精神的需求总是相生相伴的。一个没有信仰、没有精神支柱的社会，本身就不可能作为社会而存在下去。我是赞同评论者的看法的，关心这个问题的同志不妨读一读那篇文章。历史学专门著作出版难，本属平常事件。而且任何时候我们也没有理由以为只要多出历史书就对头了。那样其实完全不对头。现在我们讨论的是如何认识社会主义商品经济与社会主义精神文明建设的关系问题。历史研究者有责任关心我国社会主义的精神文明建设。我们要不懈地努力来促进这种建设。

信息和讨论二

《人民日报》最近刊登报道，说“读书无用论”盛行，呼吁人们加以重视。读书无用论里面，“历史无用论”名列榜首。今年大学历史系毕业的学生，一些人分配不出去，原来从事本门专业的人，有改行了的，有的正准备改行。历史无用论不但见诸理论，也见诸实践了。

对于历史无用论我们要分析。发表这类议论的人，未必都否定历史知识和认识的一切价值。所谓历史无用，多半指它与现实生活隔离，不能给人们带来切身效益。每一门科学各有自己的对象和任务。历史学不能像经济、法学等去满足社会生活的需要，就像经济学、法学等不能代替历史学来满足社会生活的需要一样。它们研究的对象、任务不同。它们与现实生活密切相联，并无二致。中国的和外国的历史学者中都有人认为，人们所以需要历史知识，是因为它们是一种“群体记忆”。我认为此说有理。但是，我们进一步问：人们为什么需要这种“群体记忆”呢？从根本上说，是为了现在，是为了知道自己从哪里来的和怎样来的，是为了从现在到将来的发展。历史学研究的事实是过去的，它提供给人们的认识，则应当是与现实生活相关，是为了解答社会实践中某些重大问题的。这是历史学的性质和任务的突出特点。去年我们广播的一部电视片，题目叫《让历史告诉未来》，就是这样看待历史与现实关系的特点的。如果历史研究根本不能解答现实生活的重要问题，它大概早就被人所忘怀，不会到今天还引起各式各样的议论和争论了。当然这种解答有着不同的层次。要排去片面性，要保持多样性。一刀切，就会走向不要历史的极端。梁启超主张“为研究而研究”，中国人可以理解，现代一些西方人很难理解。我们不止一次碰到西方历史学界的朋友发问：中国似乎有一些人专门对故纸堆里的问题感兴趣，目的是什么？这说明他们了解历史学的天然性格。

历史研究对社会现实不是可有可无，而是能够在社会现实生活中发挥重要作用的，这个道理需要从原则上说明，但不应该停留在原则上。最新的“历史无用论”是由当前社会生活中的某些现象感触而发的。我们主张历史有用，也要联系现实生活去作出解释。在这方面，每个人都能够有所主张。我说几点，看有不有些可取的地方。

第一，近十年来，我们的改革开放，极大地改变了中国社会生产力发展滞缓，国家穷困的面貌，有目共睹。中国的出路在于革命，这是当代历史的结论。但是显然我们也碰到了新的难题。物价上涨快了，社会财富分配不公，贪污腐败成风，精神领域里理想文化萎缩。这一些，成了众人关心的问题。不解决，势必影响改革开放和整个社会主义事业的前进。我们没有理由认为，这些困难、消极、腐朽的东西，都是必然要发生的，无可避免的，少了一件也不行。倘若那样，我们就不存在总结经验、完善政策等等的必要，而只需听天由命就行了，那是历史宿命论。但是我们分析这些现象的时候，必须充分估量历史的原因，看到历史的遗留。中国没有经过独立的资本主义发展阶段，经济落后，封建文化传统、社会生活中的封建关系根子很深，它们在当前生活中不能不这样那样发生影响。近代、现代历史一面充满了光明和赢余，一面又留下了包袱，亏了账。其中也包括“文化大革命”那样的亏账。我们因此必须同时担负起双重的建设任务：要在经济、物质领域建设中国自己的东西，也要在精神文化领域建设中国自己的新的东西。历史因素中有正面，有负面。全面了解过去，才能全面了解现状，得出正确的看法。

第二，中国的社会主义时代转眼就要满四十周年了。孔子说三十而立，四十而不惑。社会主义的历史早就立起来，成为中国历史发展的一个有机组合部分。它由以前的历史阶段孕育而来，也孕育着今后新的发展阶段。我们的初级阶段社会主义制度不管如何不完善，许多现象远不能令人满意，但它已经使中国人民永远摆脱了半殖民地时代。中华民族由被侵略、不独立，变成独立于世界民族之林了。社会主义所有制的确立，改变了广大劳动者深受剥削压迫，过着牛马奴隶生活的地位。现代工业农业、现代科学技术上所取得的成就，已经为新的前进开辟出了广阔前景。形象一点说，新中国与旧中国相比，发生了翻天覆地的变化。历史上一切重大的革命和进步变革，短期内可以出现反复，以至遭到否定。但历史的运动终究会使那些革命、变革充分肯定下来，人们终究要把它们看作历史的光荣遗产加以接受；并且按照自己的需要，自居于那些遗产的合法继承者。英国历史上的“光荣革命”今年届满三百周年。现在英国朝野政党都在把那场斗争作为自己的胜利，加以庆祝，因为在那场斗争中，英国击败西班牙“无敌舰队”，开始树立海上霸权，为资本主义发展打开了道路。明年是法国资产阶级大革命二百周年。那场革命以后，法国历史上经历了君主与共和复辟与反复辟的长期斗争。历史学界对于那次革命中的一些重要人物、事件也一直争论不休。丹东的“宽容政策”，罗伯斯庇尔的“雅各宾专政”等，仁者见仁，智者见智，毁誉相异。就连怎样评价毙命于断头台上的路易十六，也存在观点的尖锐对立。但这都无关宏旨。法国大革命的伟大历史功绩，不但终于被法国人民所承认、所接受下来了，也被世界各国人民所广泛承认并接受下来了。报纸最近报道，目前已经有一百多个国家和联合国等国际组织在筹备纪念活动，盛况空前。一百多年以前，马克思就指出法国的革命和英国资产阶级革命一样，不仅是欧洲的革命，也是世界的革命。今天世界规模的纪念活动，雄辩地说明人们对于伟大历史事件的认识，最终是受理智支配的。这种理智支配又升华为道德观念、是非标准，构成精神力量中的重要元素。中国近代历史上的辛亥革命、五四运动也大体如此。我国社会主义制度的确立，比法国大革命、辛亥革命所引起的社会生活变革，不知广泛多少，深刻多少。社会主义制度除了作为物质的力量，也已经作为精神的力量，与中国人民的生活紧密联结在一起。不管你高兴不高兴，它是客观存在。四十而不惑，中国社会主义历史的四十年，足以让人们的理智作出判断，消除关于这个制度的生命力的疑惑了。随着时间的行进，人们将对社会主义时代在中国全部历史上的地位得出新的积极认识。这是无可置疑的。

第三，在近代、也还有在现代，中国各族人民经受起了最严重的考验。他们经受过外国多次把侵略战争强加到头上，面临亡国灭种危险的考验；经受过本国统治者不间断的残暴血腥屠杀镇压的考验；也经受过自己的队伍犯错误，遭受严重曲折牺牲的考验。他们不止善于悲叹落后，也没有停留在痛苦呻吟上。他们不靠神仙皇帝，也不相信救世主。他们再接再厉，终于战胜敌人，克服自己身上的缺点，取得了前进。中国人民经受各种严峻考验，然后自己掌握起了自己的命运，这种顽强奋斗精神，是我国各族人民最宝贵的财富，其价值无与伦比。历史从来不是笔直向前的，司机驾驶汽车，方向盘一会儿搬向左，一会儿搬向右，最后仍趋向一个目标。历史运动离不开人的意志，又到处违反人的意志。东凹进去一截，西凸出来一块，并不奇怪。多余的短期行为膨胀，会为另外的短期行为所抵消，空缺了的事物，总要为适当的事物所填补。违反人民利益需要的东西，不会为人民所长久容忍下去。丑恶的现象，出现的困难，也将为社会的运动所洗涤所克服。回顾近代、现代历史，回顾中华民族的宝贵传统，我们有充分理由满怀信心，在实现全民族当前的任务中，有所作为，取得成就。

第四，中国社会主义时代是中国历史有机的一部分，也是世界历史有机的一部分。认识中国社会主义的现实和前途，同认识世界的现实和前途密切相连。研究世界史，首先是研究世界近、现代史，对我们有特别重要的意义。从资本主义原始积累时代起，世界便逐渐联结为一个整体，愈来愈不可分割。中国的社会主义不是离开中国历史和文化的大道凭空产生的，也不是离开世界发展的总方向、环境、条件而孤立、偶然出现的。它的根据和前途包含在中国全部历史运动的过程里，也包含在世界全部历史运动的过程里。过去这样，将来也这样。人们只需看看这样一个基本事实，世界历史与中国社会主义有多么密切的联系，就了如指掌了：这个事实就是，我国的社会主义不但是在与世界资本主义的相当长期交往与反复斗争中，选定了这条道路的，也是世界资本主义势力竭尽全力加以阻止，最后归于彻底失败，而后建立起来，昂首前进的。以前我们探讨中国现实，往往只注重本国历史，而不那么注重世界历史，使自己的眼界受到限制。资本主义表现出还有很强的生命力，这为大家所看到了。看不到这个事实，就不能说明世界的现在和未来。资本主义完整体系的崩溃，从七十年以前俄国开始，如今扩大到了地球上的广大地区，这似乎为不少人所淡忘了。不重视这个事实，更不足以了解现在和未来。世界一切事物有产生就有消亡。必然要消亡的东西不可阻止，就像它的必然产生不可阻止一样。奴隶制、封建制的灭亡，给资本主义灭亡提供了历史的证据。社会主义在地球上出现和存在，给资本主义最终走向消亡提供了现实的铁的证据。它们两家谁战胜谁，复杂的斗争正在进行，充当裁判的是社会生产力。但意识形态并非站在那里袖手旁观。西方的一些历史学者、未来学家，正在纷纷总结20世纪，预测21世纪。他们中不缺乏好的见解，好的分析。但他们中一些人强调现状，而不重视发展变化；强调稳定性，而撇开各国发展的不平衡性；强调科学技术，而无视社会矛盾、社会运动；强调资本主义，而故意冷漠社会主义。那些总结和预测有可以参考的，更有带着浓烈意识形态偏见的。我们的世界史研究，在这方面可以做出卓有成效的工作，来回答、解释社会主义现实生活中人们关心的问题。

历史与现实生活，中间没有一道不可渗透的隔离层，而又是两个范围不同的问题。谁也不会认为社会生活中事无巨细，一律可以直接简单从历史去作出解释。荒诞与儿戏不是学术研究。重大问题的解释，必须建立在严格的事实基础上。在事实上随心所欲，就容易或者形成对历史的歪曲，或者形成对现实的辩解、粉饰。不论哪一种，都只会使历史研究失去科学价值，这是我们讨论历史与现实首先需要注意的。

信息和讨论三

关于历史学有用与没有用，从事历史研究和教学的人们，容易找到共识。怎样看待马克思主义在历史学上的作用，那就公说公有理，婆说婆有理了。马克思主义历史学在中国诞生、成长已经60—70年。不久以前我接到一位研究者的来信，说如今在有些人眼里，马克思主义不但不应说是指导思想，甚至与西方各式各样学说平起平坐的资格也够不上，言下期期以为不可。我自己也看到某个学术动态刊物上说，当今世界最先进的历史学说，是斯宾格勒、汤因比的文化形态说。中国史学界抱住马克思主义不放，简直落后了一个世纪。谈论了一些时候的“史学危机”，涉及的也是同一个问题。世界上各种各样的历史学派彼伏此起，它们都不存在危机，唯独马克思主义历史学似乎人命危浅，朝不虑夕。这说明症结不在历史学本身，而在历史研究要以马克思主义为指导这种主张的有效性到底如何。“有效论”与“无效论”过去争论不休，今后依然会争论不休。我的看法可以归纳为几个字：鄙弃抱残守缺，勇敢坚持真理。也就是说，不只要讨论是否有效问题，更要讨论如何去有效的问题。

汉代以后的儒学传统中，讲“家法”“师法”，讲门户宗派，生活在封建时代的人们不得不那样。但那也毕竟太落后了。抱残守缺与科学无缘，直接违反马克思主义。鄙弃抱残守缺，要求我们加强把马克思主义作为研究对象的观念，不只研究、分析它的个别论点，也研究、分析它的重要观点和原理。重要观点和原理还要研究、分析，这岂不是改变了以马克思主义为指导的地位，而把它与其他学派去同等看待了吗？如何解释社会历史，各种学说并存，马克思主义也峙立于其中，这是生活中的现实。客观地看待它，正有助于客观地研究它。自然和社会的运动没有完结，人的认识就不会完结。最近有的物理学家提出，自然界在已经为人所知的重力、电磁力、强核子力与弱核子力以外，可能还存在第五自然力。如果属实，那将修正牛顿理论。另一派科学家则持完全否定态度。它反映一个事实：人对世界至今仍所知有限。马克思或其他任何人绝对没有把真理说完。被认为说完了真理的大概只有上帝，而那却是神学，并非科学。马克思主义著作上即使很重要的论点，也并非铁板钉钉，不再松动了。例如列宁的《帝国主义是资本主义的最高阶段》一书指出帝国主义的五个特征，在 20 世纪前期无疑是正确的。现在时间过去了七十年，资本主义发生了极大变化。机械地用五个特征来概括今天的帝国主义，就显得或者不够，或者不全吻合。去年底，苏联评论家鲍文在一篇谈话中说，20 世纪后半期资本主义学会了许多东西，资产阶级改良主义和社会改良主义占了优势。帝国主义就其本性来说仍然是侵略的，但方式有了改变。① 这看来接近当前的实际。我们的研究一要毫无顾惜地放弃确实过时了的论点；二要用新的基本事实检验马克思主义创始人著作的结论，把它们只作为出发点，而不是作为终结点。马克思主义的指导地位，取决于它的科学性，而不取决于它是否是各种学派中的一派。

与此同时，也要求我们加强勇于依据事实，明辨学术是非，捍卫真理的观念。这本来不成为问题，而事实上又往往不然。科学为什么有力量？因为它告诉人们的事物符合客观实际。违反科学必定遭受惩罚。某个人如果不相信万有引力，从泰山舍身跳下去，必定遭受惩罚摔死。信不信由你。马克思著作中一些基本原理，已经由实践证明了它们是科学真理。科学的历史研究不能模糊对社会主义历史运动方向和长远目标的认识。科学的历史研究最基

---

① 苏联《世界经济和国际关系》1987 年第 12 期。

本的社会功能、思想力量，在于它是把对于社会主义历史运动方向和长远目标的认识建筑在人类社会全部历史运动客观法则的牢固基础上的。社会主义到共产主义的长远过程中，将如何不断地变换自己的具体内容和形式外貌，以及将出现怎样的盘旋曲折，是我们所无法知道的。但这只说明马克思指出的科学真理，要根据新的事实不断加以丰富。人类社会历史运动的大方向无可改变，就像天体运行学说上的日心说无可改变一样。从落后到进步、新制度代替旧制度，是以往全部历史运动的客观法则，未来历史也将遵循这个法则。社会主义需要不断再认识。社会主义再认识与在“社会主义再认识”旗号下，怀疑、否定科学真理，是完全不同的两回事。在这里，必须辨别真理和假理。是真理，我们理所当然地要加以捍卫，使它保持光辉。是真理，而不加以捍卫，那又何贵乎科学研究呢？“直笔”在中国历史学上一向称为优良传统。在捍卫真理的问题上，应当振笔直书。对的，就坚持，提倡；错的，就反对，批评。旗帜要鲜明。不要像韩愈《送李愿归盘谷序》上讲的“足将进而趑趄，口将言而嗫嚅”；要像《孟子》上讲的，“虽千万人吾往矣”。战场上有勇者和懦夫，在对待真理的态度上，马克思主义的历史研究只应是勇者。办不到这一点，很难称得起科学研究。古往今来中国和外国，许多志士仁人为追求和捍卫真理而献出了鲜血和生命。他们是真正的强者，勇者，他们是足以垂诸不朽的时代精英，济世津梁。勇敢捍卫真理，辨明真理和伪理，只有依靠深入的科学研究和依靠充分发扬学术民主。学术讨论争鸣中缺少了充分民主，那会造成一面倒，以至万马齐喑。学术民主问题，集中到一点：真理面前人人平等。真理属于所有人，谁也无法垄断。旧式样的垄断不行，新式样的垄断也不行。自由讨论就是自由讨论，它不能变为单行道。不论自称马克思主义的与非马克思主义的，真理在谁手里，我们就站在谁一边。

一切科学都要前进。凡复古主义、保守主义，到头来无不归于没落、消失；凡有生命力的东西总要伴随人们的生产实践和社会实践的发展而发展。我是相信未来的，历史是属于马克思主义的。历史学也是这样。

中葡新关系十年[①]

中葡两国政府1979年2月8日在巴黎签署建交联合公报。这是中葡关系的新起点。葡萄牙罗卡角巍峨的石碑上，刻着大诗人卡蒙斯这样的雄奇诗句："地尽于此，海始于斯。"我觉得那两句诗很可以借来形容中葡两国间几个世纪的交往。巴黎建交，旧的关系尽于此，新的关系始于斯。现在，这种新关系的第一个十年已经届满。

十年来，中葡新关系是在阳光和煦、百木争荣的气候中发展的。1984年、1985年两国元首进行互访，对增进两国政治关系、推动双边友好合作，有重要意义。中国人大代表团与葡萄牙共和国议会代表团，于1987年、1988年互相访问，密切了两国议会和人民间的友好联系。双方文艺、教育、体育、新闻、广播电视、科学技术、出版、文化界团组来往频繁，文化交流连绵不断，双边贸易额稳步上升。两国新关系充满了生命力，这在各个方面都有所显示。

旧的中葡关系中遗留下了一个问题，那就是澳门问题。新关系建立并不断得到发展，解决这个历史遗留问题的时机，臻于完全成熟了。1986年至1987年，两国政府就澳门问题举行四轮会谈，达成协议。1987年4月两国总理在北京签署关于澳门问题的联合声明，举世瞩目。根据法律和惯例，事关国家利益的重大协议，必须由各自的立法机关批准，方能生效。中国人大常委会于1987年6月批准了声明。葡萄牙议会同年12月也就批准联合声明进行辩论，一致通过。去年1月15日双方互换批准书，有关的法律手续至此全部办理完毕，庄严郑重。联合声明中规定，自互换批准书之日起，澳门进入过渡时期。中国于1999年12月20日对澳门恢复行使主权。一国两制，五十年不变。这是中葡两国关系史上的头等大事。中国古人写历史看重"书法"。现在我们应该大书特书：中葡合作创建伟绩，两国友好长展鸿篇。

西方人到中国，马可·波罗以后，葡萄牙人是来得最早的。但是中国人在

---

① 原载《人民日报》1989年2月7日第3版。——编者注

长时间里对那个国家的文化说不上太多的了解。葡萄牙东面毗连西班牙，西冲大洋。虽然地处欧洲边陲，它的文化一向是欧洲主体文化的一部分。里斯本摩尔人留下的圣若热古堡、波尔图博尔沙宫精心设计的阿拉伯大厅，受到人们的注意，却不影响这个国家的欧洲文化的鲜明性格。但这是从文化渊源、宗教信仰等来说的。文化的核心是人们的思想倾向、价值观念。葡萄牙历史上不缺少与文化事业和思想有关的知名人物。例如航海家麦哲伦领导的航行环绕地球一周，第一次证明地圆说，对科学发展建立了伟大功绩。不过在历史上塑造了葡萄牙文化思想、价值观念的并非麦哲伦等人。在这方面作出了独特贡献的，是路易斯·瓦斯·德·卡蒙斯那位生前基本上是默默无闻的杰出诗人。

卡蒙斯自大学出来以后从军，先后生活于印度等东方国家十七年。回到葡萄牙以后靠微薄的退伍军人年金养老，然而卡蒙斯死后不久，他的文学创作的价值被人发现了。卡蒙斯的《卢济塔尼亚人之歌》和其他诗作，越来越受到人们的称赞。《卢济塔尼亚人之歌》以实有人物航海家瓦斯科·达·伽马远航印度为线索，穿插希腊神话中诸神对人间的干预，歌颂葡萄牙人民的聪明才智、勇敢精神。他的诗作也揭露贵族和宫廷的腐败，不顾宗教教义，肯定人对现实生活的创造和享受。民族主义、人文主义这种双重思想构成他的作品的强烈特色。古典的艺术手法、语言特点和思想特色紧密结合在一起。那些作品因此被后人列入文艺复兴时期杰出的人文主义作品之林，赞扬传颂至今。如果但丁、莎士比亚、塞万提斯对意大利、英国和西班牙各自具有极大的重要性，卡蒙斯对葡萄牙也是一样。1880年葡萄牙政府重新为卡蒙斯举行葬礼，把他的遗体安置在里斯本一个著名的修道院里。卡蒙斯去世的日子最后被定为国庆日，国家给予它的伟大人物的敬礼不能比这更崇高了。葡萄牙文化的主要思想内涵、价值观念如何，人们从这里不难窥见个梗概。

现在的葡萄牙国家政权，是各阶层人民经过艰苦斗争，推翻了萨拉查、卡埃塔诺四十多年的法西斯统治以后建立起来的。他们强调非殖民化和民主进程，他们正在民主化的道路上前进。他们为这方面所取得的成就而感到自豪。这当然是文化思想、价值观念的重要表现。葡萄牙的现代文化，也并非前人思想观念的单纯复制、投影，近代、现代生活，孕育、形成了现代的民族、民主意识。历史固然不可分割，葡萄牙的现代人才是这个国家现代文化的体现者。知道它的过去和现在，对于我们增进了解，广泛开展交流，吸收其中之所长，都是需要的。

1987 年 12 月，我作为中国人大代表团的一员访问葡萄牙将近一周。那里山川壮丽，人物俊彦。里斯本主教堂、不远的贝纳宫与现代科学文化设施并峙兼美。赫尔曼 · 沃克《战争风云》中描写的伊斯图里尔以及卡斯卡伊斯等海滨胜地，景色宜人，信非虚美。葡第一副议长曼努埃尔 · 阿基亚尔女士、安东尼奥 · 莫塔议员、议会公共关系局局长皮雷斯先生陪同代表团访问。我们的话题很广，有时谈起纯粹书本子上的事，他们知识渊博，谈吐有根有据。

中国《明实录》上称葡萄牙为“佛郎机”或“蒲都利加”。张维华的《明史欧洲四国传注释》说“佛郎机为明朝人对于葡萄牙人与西班牙人之称呼”，但认为这是回族商人根据自己习惯翻译而成，殊不足以取信。我偶然问起皮雷斯先生和阿基亚尔女士：中国古书上称葡萄牙为“佛郎机”，从葡萄牙文献上看，不知有何根据。皮雷斯先生略加思索后说，佛郎机可能是指的一个教派。这个教派名佛郎西斯科（FRANCISCO）。它创始于西班牙，15、16 世纪在西葡两国势力极盛。众多的教徒对内对外都要强调自己教派的名字，中国人可能以为这就是他们国家的名称了。阿基亚尔女士表示很同意。她特别补充说，印度果阿人也称葡萄牙为佛郎西斯。他们两位的回答，使我不觉想起中国一句俗语：“听君一席话，胜读十年书。”几百年来其说不一的一个疑案，我认为他们的谈话把它解决了。明朝人其所以对西葡两国人使用同一称呼，也从这里得到了可靠解释。至于“蒲都利加”又是怎么来的，在葡第二大城市波尔图访问中，那里的朋友很自豪地告诉我们：先有波尔图（PORTO），后有葡萄牙（PORTUGAL）。两个名称中前面四个字母相同。波尔图的意思是港口，后来的波图加尔即葡萄牙，显然是由古老的港口城市演变而来。传到远方的中国，就成为“蒲都利加”，相当接近现在的称呼了。这次访问，对我来说，葡萄牙的人文景物，都变得具体生动了。它再也不是《明实录》上的“佛郎机”或“蒲都利加”。

巴黎协定开辟的中葡新关系，就要跨进第二个十年了。过去十年政治、经济、文化等领域的合作，给双方带来了实在的利益和荣誉，各自有充分理由感到满意。澳门问题联合声明签署以来，澳门社会稳定，经济形势很好，事实证明那是一个好的声明，反映了人心之所向。“天时不如地利，地利不如人和”。人和即友谊与合作。坚持这一条，日后必将给双方带来新的利益，新的荣誉。我们热烈地迎接中葡新关系第二个十年的光临。

日本当局为什么在侵华战争性质问题上倒退？

——历史学家刘大年二十日在人大常委会会议上的发言①

这个问题，是正在举行的日本国会里提出的，我觉得我们也有必要来讲一讲。

2月14日到2月18日，日本首相竹下登和内阁法制局长在回答在野党质询中，接二连三，为裕仁天皇开脱战争责任，为日本侵略中国的战争辩解。法制局长说，不论从国内法还是从国际法看，裕仁天皇都没有战争责任。竹下登说："上次大战是不是侵略，应由后世历史学家作评价。"当在野党再一次质询说"前首相中曾根曾承认上次战争是侵略，竹下首相对此有何见解"时，竹下登回答说：关于侵略战争有多种学说，以哪一种学说为准，难以确定。然后又重复一遍，"上次战争是不是侵略战争，应由后世史学家来评价"。

日本当局这种一而再、再而三地为侵略战争辩解，是发生在世界舆论密切关注这个问题的时候。英国舆论界和新西兰外交界人士等严厉谴责日本军国主义所犯的战争罪过。南朝鲜、日本国内不少的舆论也发表了批评文章。共同社报道，2月24日日本将有100个场所举行反天皇集会。中国人民经历了八年艰苦的抗日民族解放战争，牺牲人数多达2000万以上，财产损失约1000亿美元。我们关心这个问题是理所当然的。

关于裕仁天皇是否负有战争责任，这在中国人看来本来不成其为问题，因此学术界也很少提出来谈论。如果一定要说他在法律上不负任何责任，这是欺人之谈，没有人会信以为真。整个战争期间各次御前会议和当事人的记录，历历可查。每逢关键时刻，总要由御前会议作出决定。单凭这一点，就足以充分说明到底有无战争责任了。

关于战争的性质是否是侵略战争要由后世历史家来评价的问题，不知竹下先生所说的"后世"有没有特定的界线或特殊含义。日本国内大部分的历史

---

① 原载《人民日报》1989年2月21日第1版；后收入《抗日战争时代》，中央文献出版社1996年版。——编者注

学者以及世界各地的历史家对那场战争的性质早就作出了一致的评价。这样的事实多得无法列举，我只举出日本刚刚出版的一部有分量的书为例。这部书叫作《日中战争与日中关系——卢沟桥事变50周年日中学术讨论会记录》。

编著者是京都大学名誉教授井上清、东京大学名誉教授与亚细亚大学校长卫藤沈吉。书里面收入中日双方学者的论文近20篇。日本方面提供论文的篇数居多。讨论会最后由日本学术界享有声誉的历史家远山茂树教授作总结。他说："这次讨论会对以七七事变为开端的中日全面战争的意义更加明确了。这个意义的核心是，日本发动了全面侵华战争。这场战争以中国取得民族解放战争的胜利和日本的彻底失败而告结束。对于这一点，讨论会没有任何的暧昧。"又说：认识日本侵略中国，不是从七七事变开始，要上溯到1931年、1872年。"从教科书事件看，日本需要对那场战争的性质进行再认识。只有这样，才有利于探讨从1945年至今天的中日关系"。日本的报纸、电台等舆论媒介对这次会议有不少报道。竹下登先生坚持主张对战争的性质要由后世历史学家来评价。卢沟桥事变50周年中日学术讨论会的全部纪录和日本著名学者所作的讨论总结，就是对战争性质所作的评价。从时间上看，那场战争已经过去40多年。当代历史家已经是它的后世，或"准后世"了，还要等到哪个"后世"去评价呢？事实是再明显不过的，那就是，第一，开脱战争责任毫无意义，反而表现出提出这种开脱是缺少正视事实的勇气。第二，日本对中国进行的战争是日本军国主义侵略中国的战争，这个性质是谁也改变不了的。

日本的中学历史教科书，经过反复斗争，有的已经把"侵略"写进去了，改变了原来所谓的"进入"说法。中曾根前首相正式明确认为，那场战争的性质是侵略战争。国家间的交往需要言而有信。中日友好是两国人民的根本利益所在。中日友好关系的维持和发展，需要多栽花，不栽刺。中国是礼仪之邦，中日两国间订有和平友好条约。日本当局接二连三表示，日本在第二次世界大战中的行为未必能说是侵略战争。在战争性质问题上往后倒退，这究竟是为了什么？

编写一部全面系统的抗日战争史①

中国学术界研究抗日战争史，近年来出版了大量论著。但全面叙述那段重要历史的系统著作仍感寥寥。前几年我在卢沟桥纪念馆举行的抗日战争学术讨论会上提过一个建议，主张集中力量写出一部比现有水平再高一些的抗日战争史的著作，同时编一部基本的资料书。著作要充分吸收中国、日本和世界各地研究这段历史的成果，在科学上具有权威性代表性；资料书则要依据档案等原始材料，反映历史的主要过程。一部新水平的书，一部较为扼要完整的资料，可以推进科学研究工作，更可以满足现实生活的需要。写出一本全面的抗日战争史，是社会上不少人关心的事。去年2月，我在一次会议的发言中引述了《日中战争与日中关系》一书的基本论点。我说，它是一部有分量的书，强调指出了日本对中国进行的战争是日本军国主义侵略中国的战争，这个性质是谁也改变不了的。发言在《人民日报》上刊出以后，引起了国内外的反响，我接到国内外大批热情洋溢表示赞同的来信，不少信上并提出各种建议和要求，写书便是一些来信的建议之一。一位居住巴黎、谦称"愚侨"的陈庆怡（字强先）先生的来信，详细讲述了他对抗日战争过去快半个世纪的今天人们应该做些什么的看法。关于写书，他说"日本侵华战争性质的问题，原是不争之论。只不过日本自知罪恶深重，妄图掩耳盗铃，不肯承认而已。最好由中国邀集日本及战时遭受其侵略之害各国认识公道之历史学家，共撰一部《日本对外侵略史》，并请日本政府高明详列有关侵略之各种学说，同样邀集各国之国际法家，逐说论列，作为附录。战争半个世纪之后，足为公论，不宜再往后世推托"。陈先生的主张是值得重视的。题目、办法可以斟酌，而这项工作需要动手来做。尽管往后人们会多次写这样的书，而我们现在来写有现在的适当条件和必要性，"不宜再往后世推托"，这个话讲出了许多人的共同看法。抗日战争的内容特别丰富，在中国近代历史上占有特殊重

① 此文是作者为《中日学者对谈录》中文版写的序言摘要，原载《人民日报》1990年3月5日。全文载《近代史研究》1990年第2期。——编者注

要性。我们的研究要有具体项目，而又必须从更加广阔的范围来看待这个工作，不能把眼光局限在某个具体项目上。抗日战争一周年的时候，毛泽东说，“这个战争，在东方历史上是空前的，在世界历史上也将是伟大的”。怎么空前，怎么伟大，那时只是一个概说，一种展望。五十多年以后的今天，我们可以把它说得全面、实在了。第一，抗日战争是中国近代历史的一个根本转折。抗日战争的胜利准备了新中国与旧中国的决战，加速了中国走向社会主义。在那以前，每一次革命斗争、爱国运动各有功绩，却没有任何一次足以比得上抗日战争推进历史车轮的显赫功绩。第二，抗日战争是全民族的战争，它的胜利是在中华民族空前觉醒下取得的。这些觉醒了的爱国力量，有今天台湾海峡两岸的中国人和他们的先辈，有海外一切关怀祖国命运的炎黄子孙。研究抗日战争的历史，就是研究他们共同斗争的历史，研究中华民族各族人民空前觉醒的、爱国主义的历史。第三，抗日战争不止在中国历史上有极大重要性，在日本历史上也有极大重要性。中日两国都在这次战争中和战后发生了极大变化。中日两个国家、两国人民都可以而且完全应该从中日战争中学到非常重要的东西。睦邻友好、共同发展前进的道路，是中日两国关系中唯一应该遵循的道路。这是那场严酷战争给予人们的根本教训。第四，抗日战争是第二次世界大战的重要组成部分。有了中国抗日，才有第二次世界大战和世界反法西斯战争在亚洲和东方的胜利。论述世界反法西斯战争，忽视以至撇开中国抗日战争，就好像闭着一只眼睛看世界，不能见其全局。这不止涉及如何看待中国在世界反法西斯战争中的地位，也涉及如何理解第二次世界大战以后全球，特别是东方发生的一系列历史巨变。抗日战争的所有这些方面，在不同程度上与当前的社会生活保持着这样那样的联系。全面深入研究它们，更多地了解这段未久的过去，我们将能更好地辨认历史前进方向，正确地分析、看待现在和未来。因此，今天不是要考虑这种研究是否差不多了，而是要讨论如何真正有计划地展开这方面的工作。

学习中国近现代史，为了创造未来[①]

理论部编辑同志提出一个问题：当前开展近现代史教育的意义是什么？这个问题可以从不同的方面来回答。依我想，它的首要意义，可以说，在于认识中国社会主义制度是建立在中国近代历史发展的根据之上的，认识中国今天走在社会主义道路上是合理的。

在旧中国，在整个半殖民地半封建社会时代，中国人民经过无数次的斗争，要求国家独立，要求发展民族资本主义，由于帝国主义封建势力的反动，始终无法实现。其中也有几次机会，戊戌变法是一次机会，辛亥革命是一次机会，1925年至1927年大革命是一次机会，抗日战争胜利是又一次机会，但那些机会都被帝国主义封建主义和与它们相结合的势力打消了，夺走了，各族人民的斗争终于落了空。中国的出路在哪里？发展民族资本主义的道路走不通，就只有走向社会主义。别无选择，实逼处此。中国的社会主义就是这样出现的。这是中国社会历史发展的更大特点。

我们在社会主义制度下取得了重要的成就。有人说，中国不过是“武装有核牙齿的没落帝国”。核牙齿有一点，说没落则是蓄意贬损。新中国民族独立，国家统一，人民民主，42年里国民生产总值平均年增长率为7.37%，居于世界前列；1979年至1989年平均增长率达12%，远超过主要资本主义国家。11亿人口解决了温饱问题，小康水平有望。这是了不起的前进！我们对中国近代史的研究越深入，就越能够深刻认识到中国走上社会主义道路和我们坚持社会主义，是来自历史的不可避免性和现实的充足合理性。

中国的社会主义制度是中国历史的选择，这很容易理解。当我们这样说的时候，并没有忘记社会主义在中国出现，同时也是和时代环境、世界历史的运动密切相联的。自从俄国十月革命，第一个社会主义国家诞生，世界就在两个潮流中行进，一个是资本主义潮流，一个是社会主义潮流。社会主义

① 此文未注明写作时间，根据内容推断，应写于1991年。原题为《创造未来》。——编者注

是人类社会发展中，从低级到高级的迟早要发生的一种走向。中国社会主义的由来和存在，从时代环境来看，就是反映了社会主义的巨大潮流，反映了世界历史的最新走向。我们应该重视这个背景和走向。

有人大概马上会说，苏联已经瓦解了，成为过去了，再拿俄国十月革命作为世界历史发展的阶段来看待还有什么意义呢？再讲从世界社会主义潮流来认识中国现实，也还有什么意义呢？这是缺少对事实进行分析。

俄国是一个欧洲大国，由它带头一举突破世界资本主义体系，绝非出于偶然。它表明世界历史上存在走向社会主义的强大潮流。苏联瓦解是社会主义的一个挫折，但挫折只能说明事物发展过程不会一往直前，而会有高低起伏，并不说明事物有无长远前途。俄国社会主义革命是人类社会发展的一个大跃进，这个看法迄今没有需要改变的地方。十月革命以前的俄国，生产一直落后于欧洲列强。1913年，俄国工业产值在欧洲排列第四位，落后于英法德三国，更不必说与美国相比。经过十月革命，到第二次世界大战前夕，苏联实现了工业化，工业生产跃居欧洲第一位，世界第二位。社会主义制度给它带来了迅猛前进。正因为这样，苏联才能在第二次世界大战中成了打败德国法西斯的主要支柱。也就是为什么罗斯福、丘吉尔作为盟国主要领导人，他们都反复强调苏联在战争中的特殊重要性。《丘吉尔回忆录》和罗斯福的有关文献俱在，历历可案。50至60年代苏联的工业增长速度仍快过美国，苏联并且成了与美国相匹敌，势不相下的又一个超级大国，以致美国要竭尽全力与它相对抗。这是苏联的成就，也是世界社会主义制度发展的成就。这些情况说明，苏联在历史上的存在，仍然是可以作为世界历史行程的根据之一来看待的。

社会主义是科学，同科学无缘的体制与路线失败不足为怪。那种体制与路线失败了，与社会主义制度有无先进性是完全不同的两回事。不能因为苏联不行了，就推论出社会主义革命不是人类历史发展的一个大飞跃，就推论出社会主义制度没有优越性了，就不能再次掀起高潮，并且有朝一日最后胜过资本主义了。事物要从多方面观察，社会主义世界中发生的问题，不只有消极的一面，也有引起人们重新认识的积极一面。一切都在变革中，一切都只有暂时性，只有矛盾是永久的，不变的。历史朝你所不希望的方向走。僵死的东西不会再有生命力。社会主义也要变革，要革新。革新了的社会主义一定能够保持旺盛的生命力。我们正在建设的有中国特色的社会主义，就是在这方面所作的探索。旧的社会主义遭到破坏了，人们将热烈拥护新的社会主义。

发展不平衡规律是人类历史的一个普遍规律，不平衡中有资本主义的不平衡，社会主义的不平衡，更有资本主义与社会主义的不平衡。资本主义的生产仍占世界生产的重要部分，从总体上说不是对社会主义的抵消，而是对社会主义的接近。它每前进一步，就是向社会主义又接近一步。这说明，人类历史上私有制道路还没有最后走完，还有待于最后走完。社会主义在革新、调整，资本主义同样也在变革、调整。法国企业家米歇尔·阿尔贝尔已经在用《资本主义对资本主义》的书名出版著作。他在书中把资本主义分成两大潮流，一是盎格鲁撒克逊人的"新美国"式，一是德国、北欧等国家的"莱茵河沿岸"式。不过，他故意忽略了还有一社会主义潮流。苏联解体的影响之一，是局势改变；不同条件、形式的资本主义之间的矛盾抗争，不可避免地要突出起来。我们可以有根据地说，21世纪是社会主义、资本主义各自调整和变革的世纪，同时，也将是世界社会主义与资本主义相互关系上重大变革、调整、可能见出胜负高低的世纪。

历史是一面镜子，从它里面能够照见事物下面和反面的影子。为了变革现实，创造未来，我们要学习中国近现代历史，也要切实分析世界社会主义潮流，分析世界资本主义潮流。

驳永野茂门①

《抗日战争研究》编者按：日本新内阁法务相永野茂门（已辞职）公开发表否认日本侵略战争性质和南京大屠杀事件的谈话后，本刊记者访问了本刊编委，请他们就此发表意见。这些编委是：中国抗日战争史学会会长、中国社会科学院近代史研究所名誉所长刘大年，中国史学会会长、中国人民大学教授戴逸，首都师范大学名誉校长、中国史学会副会长、中国世界近现代史研究会会长齐世荣，中华文化学会会长、中国社会科学院近代史研究所研究员丁守和，中国社会科学院近代史研究所所长、研究员张海鹏。以下是他们的谈话。

刘大年：

日本法务相永野茂门5月3日在接受记者采访时，就日本侵华战争的性质与南京大屠杀等问题发表谈话说，"把那场战争说成是侵略战争是错误的。说发动那场战争的目的是侵略，那是不对的。当时日本真心是解放殖民地，建立大东亚共荣圈。我认为所谓南京大屠杀是捏造出来的"，等等。对永野茂门的谬论必须加以驳斥。日本军国主义过去发动的侵华战争使中华民族遭受了空前深重的灾难。南京大屠杀是日本军国主义犯下的严重罪行之一。国际社会、中国、日本和世界公正的历史学家对日本侵华战争的侵略性质和南京大屠杀的历史事实早有定论。永野的谬论受到了国际社会的强烈批判，这是理所当然的。韩国报纸认为永野的发言是企图复活日本军国主义的亡灵，《东亚日报》在一篇文章中指出，永野发言表现出"军国主义的意识还存在于日本某些当权者的头脑中"。香港《新晚报》也发表了题为《日本新法相大放厥词》的报道。这些评论指出了永野谬论的实质所在。

1874年，日本派兵侵犯台湾，这是它侵略中国领土的开端。正好一百年

---

① 原载《抗日战争研究》1994年第2期。此处仅选作者的谈话内容。——编者注

以前，即1894年，日本发动了大规模侵略中国的甲午战争，先占辽东，后割我国领土台湾。1931年，它发动“九一八”事变，占领我国东三省，建立起殖民统治。1937年，从“七七”事变起，日本出动不止百万大军，对中国进行连续八年的侵略战争。在这八年里，日军造成中国人死亡两千万，财产损失不可数计。日军大屠杀的遗址、白骨坑至今仍保存多处，惨不忍睹。所有这一切都是铁案如山，难道是永野或其他什么人一句话就能把它们否认掉的吗?

据说永野在日本侵华战争中曾“出征中国”，战后进入日本自卫队，当过陆上幕僚长。他在自民党宪法调查会上曾发言说，“有一种错误的大东亚战争史观，有必要展开不站在单方面立场的讨论”。所谓“不站在单方面立场”，就是说要翻日本侵华战争的案，洗刷日本军国主义的罪行。不，不是要洗刷罪行，而是要彻底颠倒历史，将侵略战争美化为解放殖民地，指望有朝一日重温旧梦。如果这只是永野个人信口雌黄，倒也没有什么大不了，问题是它是与以前的文部大臣藤尾正行、国土厅长官奥野诚亮等人的言论一脉相连的，而且表现得越来越公然直言不讳，重复日本帝国主义建立大东亚共荣圈的叫嚣，这才是值得重视的。

中日两国人民是要世代友好下去的。中日两国的历史学家是能够正确对待历史的。正确对待历史是中日两国发展友好关系的重要基础。我们一贯主张历史不能修改，我们也一贯主张以向前看的态度对待那段历史。现在应该做的是以史为鉴，共同发展面向未来的友好合作关系。这是符合中华民族利益的，也是符合日本民族的利益的。

历史学的变迁①

历史学的变迁反映历史的变迁。中国马克思主义历史学来自中国近代历史的变迁。马克思主义作为一种思想方法论出现在西方，中国马克思主义历史学扎根成长的深厚土壤则只是中国的。它已经成为中国近代、当代主流文化不可分割的一部分。

翦伯赞翦老是中国马克思主义历史学创始一代的学者之一。我们纪念前代一切在思想理论学术文化上有成就、有贡献的人，都是要研究分析他们所达到的新的认识，肯定和接受他们的成就，让那些新的认识、成就与今天接起轨来。纪念翦伯赞同志也是这样。

翦伯赞在中国马克思主义历史学上的贡献，与他们那一代人基本相同；同时，也有表现突出的地方。我说的“基本相同”，不是认为他们涉及的领域广狭，解决或者提出过的问题多寡等全都一样，也不是认为他们的著作分量没有差异，或者他们彼此间不存在分歧、争论等等。基本相同，是说他们都以中国历史为根据，从无可争辩的事实出发，讲解马克思主义原理，论证了马克思主义创始人发现的人类社会发展的规律性过程，大致也是中国社会历史发展的过程。中国人接受、掌握马克思主义有多种途径。历史学是基础科学，从基础科学来了解历史唯物主义的世界观、认识论，这过去是、今天仍然是中国人接受和掌握马克思主义的重要途径之一。基本相同，也是说他们经过不同角度的研究，共同勾画出了今天我们所了解的中国历史的一个轮廓。这是一个揭开重重迷雾、大体上显露出了历史真实面目的轮廓。他们在这方面各人都贡献了自己的份额，结果是相同的。

我认为翦伯赞的贡献同时有表现突出的地方，不是指抗日战争时期他的《桃花扇底看南朝》一类引人注目的论著，也不是指他关于少数民族的研究。我是指他在50年代末、60年代前期为坚持马克思主义历史学的科学性所进行

---

① 此文系1998年4月14日作者在“翦伯赞先生诞辰百年纪念学术研讨会”上的发言。原载《北京大学学报》（哲学社会科学版）1998年第4期。——编者注

的斗争。当时“左”的政治路线直接影响学术界。历史研究、教学中教条主义、简单化、公式化流行，马克思主义遭到严重破坏。陈伯达、康生等人推波助澜。翦伯赞《关于打破王朝体系问题》《对处理若干历史问题的初步意见》等一系列文章、讲话陆续发表。它们联系实际，与非马克思主义、假马克思主义辩论，尖锐批评错误观点，旗帜鲜明。其中讲到马克思主义历史学要坚持阶级观点，也要有历史主义。有人攻击说，翦伯赞用资产阶级历史主义对抗马克思主义阶级观点，制造政治诬陷。翦伯赞对抗了陈伯达、康生等鼓吹宣传的破坏马克思主义科学理论的假马克思主义，确系事实。那种假马克思主义与“左”的政治路线是分不开的，对抗它，实际上也就是抵抗它背后的“左”的政治路线。如果当时还看不出这方面的意义，现在可以看出，那是一次有代表性的双重意义的抗争。一是思想理论上坚持马克思主义科学，反对破坏马克思主义科学的抗争；二是政治上坚持实事求是，抵制“左”的错误路线的抗争。它表面上只是个人或少数人支持的行动，实际上它反映的是相当范围众多人的认识、愿望和要求。从今天来看，它的政治意义远重于思想理论意义。

与此相关的是，翦伯赞的文章中把阶级分析与历史主义联系在一起提出以后，引起连绵甚久的讨论和争论。我以为，从马克思主义出发，阶级分析与历史主义既相一致又相区别。相一致是阶级观点与历史主义可以肯定为是内在地统一在一起的，没有超越历史的社会阶级。相区别是它们是两个概念。概念不同，含义也就不同。阶级观点与历史主义又不总是关联在一起相提并论的，不是缺少一个另一个就不存在了。黑格尔在《小逻辑》上讲科学概念必须分析同中之异，异中之同。这是一个学术问题，人们有兴趣不妨继续讨论。

翦伯赞等老一辈马克思主义历史学者，做了他们最大限度的可能和需要做的工作。现在，中国马克思主义历史前景怎样，这是一些研究者常常讨论辩难的问题。中国马克思主义历史学的前景，不用说，取决于马克思主义本身的前景。

那么，如何看待马克思主义的前景呢？我想应该牢记，马克思主义是建立在近代社会生产力基础之上的，是资本主义生产力与生产关系存在、资本主义制度存在的产物。资本主义这个人类历史上的特殊阶段没有走完它的行程，马克思主义这个伟大的认识科学，就依然是人们认识社会、认识社会历史走向的科学思想体系。

资本主义必然为更高阶段的社会所代替的马克思主义原理，人所共知。在这方面，我们需要找到新的观察事物的角度，更新知识。如果跟以往那样，只从资本主义内部对抗的一面，主要地只凭尚未充分现代化的资本主义的情况去论述这个问题，就难免令人感到陈旧，就容易被人用高度发达了的、采用最新科学技术手段装备起来的现代资本主义的种种变化来加以否定。因此，对于马克思主义前景怎样的问题，我们必须从资本主义生产力与生产关系的全面内容，根据当代资本主义最新的现实来进行探讨，得出认识。

美国报刊中近来有一些关于马克思主义的评论，它们有反映当今资本主义世界人们一般情绪的，有抒发对资本主义生产力与生产关系最新状况、关系看法的，很可以引起我们的思考。美国费索出版公司印刷的新版本《共产党宣言》两万册，决定今年 5 月 1 日在纽约、伦敦同时发行。为什么重新出版这本书，公司总裁科林 · 鲁宾逊说："人们对于这一千年存在一种焦虑不安的心情。人们认为事情不会就这样继续下去，市场不可能永远欣欣向荣。马克思对于易于受到冲击并出现痉挛的资本主义制度的描述迎合了这种情绪。"美联社的评论是：今天出版这本书是"试图使马克思和恩格斯成为激进的最新时尚"。两者的说法，都是反映出，在美国，人们也并不相信资本主义会永远存在下去，想知道马克思主义能够给他们提供什么答案。

《华盛顿邮报》今年 3 月 31 日刊载的詹姆斯 · 格拉斯曼《卡尔 · 马克思无形的手》一文说：在苏联和一些东方国家试行的那种马克思主义，确实不复存在了，但是马克思的影响力依旧相当大。事实上，包括美国在内的西方各国的政治制度都是极其恭维马克思的。他说：

马克思的革命主张首先是：至今一切社会的历史都是阶级斗争的历史，而目前的、也是最后的阶级斗争是在"两大敌对阵营……（即）资产阶级和无产阶级"之间展开的；第二是：在控制着一切、但最终必将消亡的国家体制之下的集体主义是社会的最好组织形式。

即便是在美国，我们也依旧按照马克思的划分办法把我们自己划归某一阶级。在 1996 年的一项调查中，45% 的美国人自称"劳动阶级"（即无产阶级），45% 的人自称是"中产阶级"（即资产阶级）。

在《共产党宣言》中马克思把“征收高额累进税”——也就是美国今天实行的这种所得税——作为无产阶级取得统治地位、“夺取……资产阶级的全部资本，把一切生产工具集中在国家手里”的第二号药方，这不是偶然的。

他开出的头号药方是取消私有制。这种思想也依然存在。政府常常征用私人土地或者实行使土地大大贬值的各种限制。

马克思的思想在集体主义和国家控制这方面的影响最大，也最不为人们所注意。一个证据是：直到不久前，人们还确信由政府管理的养老金制度——称为“社会保障”制度——应当为所有美国人提供退休金。

马克思的影响依然存在的另一个例证是认为政府应当——通过税收、规章和补贴——掌管经济决定的看法。在欧洲、特别是在亚洲，此类政策大行其道。

归纳一下这几段话，它的要点是：（一）阶级、阶级分析与美国现实情况相符合。（二）关于消灭私有制，美国政府对私有土地在实施限制。（三）无产阶级夺取资本家的全部资本的问题，美国今天就在实施高额累进税制。（四）人们确信政府应当为全体美国人提供社会保障。（五）国家应当掌握社会经济，这种政策在欧洲、亚洲正在施行。

《华盛顿邮报》文章的作者是美国事业研究所研究员。可以想见，那个研究所不是宣传马克思主义的地方。我们用不着对文章的论点一一评说，我们应当注意的是《马克思无形的手》的中心是在说明什么。它的中心很明白，是在说明高度现代化了的资本主义社会如何出现了或存在着社会主义的成分或者人们希望出现这种成分，是说明人们如何认为出现和存在或者希望出现这种成分是必要的和合理的，乃至不可避免的。文章言之有物，并非虚构，是严肃认真的。我们不用自作多情，怀疑它是否在用社会主义给资本主义涂脂抹粉之类，因为那等于公然贬低资本主义、颂扬社会主义，过于荒诞。这里只有一个问题，作者对于现代资本主义中何以会出现和存在的社会主义成分，把它归结为马克思主义的“影响”，那是找错了原因。原本属于无产阶级世界观的马克思主义无法从主观上“影响”资产阶级建立自己的统治秩序。根本事实是，这种秩序完全是由社会生产力与生产关系、经济基础与上层建筑相互关系的客观运动所造成的。马克思主义集中到一点，就是揭示出了这种客观运动及其演变过程。只要科学技术革新，生产力的迅速发展是不可阻挡的，资本主义社会出现和存在一些社会主义成分就是不可阻挡的。什么东西不符合提高生产力，不符合资本主义生产、市场竞争的需要，人们就不会长期接受，就迟早要求改变。这种情形，如果在缺少充分现代化的资本主义阶段还不明显，不容易一眼就看出来，在今天，在现阶段的资本主义下，这种情形就显得突出，开始为众人所觉察、所认知了。由此可见，高度发展了的用最新科学技术装备起来的现代资本主义不是证明马克思主义的陈旧过时，相反，它是证明马克思主义揭示的资本主义最终必定要通向社会主义；并且越是现代化，将越发加速这个过程。《马克思无形的手》认真分析马克思主义，重视它的"影响"，联系到《共产党宣言》出版新版等，看来不是偶然的。美国出版言论界的这种情况，无疑地可以促使人们去重视了解马克思主义。它提醒我们，必须从资本主义生产力与生产关系的全面内容，根据当代资本主义最新现实，理解、论述马克思主义，破除拘虚之见，来回答人们感到困惑的问题。

把我上面的话结束一下：那就是马克思主义的科学地位没有改变，中国历史学要以马克思主义为指导也应该不会改变。但应该是一回事，实际做起来又是一回事。如果有人问：你认为目前我们的历史研究中主要问题是什么，我想说四个字：理论不足。这涉及如何对待马克思主义理论的问题与如何对待理论与社会实践的关系问题。马克思主义深刻思想的源泉来自社会实践。我们要抛弃宗派主义、教条主义，我们要联系实际，敢于和善于坚持马克思主义思想体系。翦伯赞等老一辈马克思主义历史学者所做的开辟性、创造性的工作已经结束了。他们那种开辟性、创造性精神应当成为一种传统，由后来者继承发扬下去。

开头我们就说，历史学的变迁反映历史的变迁。难道中国马克思主义历史学就不会变迁吗？人类历史一天没有完结，人对世界的认识就一天不会完结。社会历史是从低级到高级发展的，中国马克思主义历史学也是从低级到高级发展变迁的。对于这一点，不会有人怀疑。

前辈和同辈人物怀念与研究

毛主席指引我们研究中国近代史①

中国近代史的研究，作为一门科学，是伟大领袖和导师毛主席开辟的。恩格斯说，马克思逝世对于世界无产阶级、对于历史科学，都是不可估量的损失，这个话非常深刻。毛主席逝世对中国人民、对国际无产阶级、对历史科学同样是不可估量的损失。在纪念毛主席逝世一周年的日子里，我们史学工作者对他老人家格外怀念。

中国在鸦片战争以后，由于外国资产阶级的侵入，原来的封建社会沦为半殖民地半封建社会。一方面是帝国主义及其走狗封建势力残酷的压迫、剥削；一方面是工人、农民、广大人民群众再接再厉的革命运动。两个营垒、两条道路，阶级斗争空前复杂，空前激烈。一般所说的中国近代史，就是指鸦片战争以后人民反帝反封建，进行民主革命斗争的历史。

无产阶级与资产阶级对于如何看待这段历史，长时间里，存在着两种态度、两条路线的对立。这里有资产阶级重古轻今的学风问题，更有反对还是坚持以马克思列宁主义、毛泽东思想为指导的问题。毛主席的有关指示，是我们逐步解决这些问题的有力武器。

重古轻今是中国资产阶级学术思想的顽症，它也侵袭到了党的队伍里面。

早在一九四〇年毛主席就发出了要重视中国近代史研究的指示。那年秋天，范文澜同志在延安党中央机关讲演经学史。毛主席听过讲演以后，特地写信向范文澜同志指出：目前大地主大资产阶级的文化反动十分猖獗，思想斗争的第一个任务就是反对这种反动。讲经学史，要对近代一些代表人物进行批判。对廖平、康有为、梁启超、叶德辉、章炳麟、吴虞等人，要分别分析、批判他们错误的反动的东西。越对这些“近人”有所批判，越能在学术界发生影响。范文澜同志领会到毛主席指示的深刻意义，从此开始研究中国近代

---

① 原载《光明日报》1977年9月15日第3版。——编者注

史。范著《中国近代史》一书没有写完，而且现在看来也有若干不完善的地方。但应当把这本书看作是试图用马克思主义观点系统地阐述近代中国历史的开山之作，至今人们还受到它的益处。而这部书就是在毛主席直接关怀下写出来的。一九四一年，《改造我们的学习》发表，突出讲了研究中国近代史的必要。毛主席说："特别重要的是中国共产党的历史和鸦片战争以来的中国近百年史，真正懂得的很少。近百年的经济史，近百年的政治史，近百年的军事史，近百年的文化史，简直还没有人认真动手去研究。""对于近百年的中国史，应聚集人材，分工合作地去做，克服无组织的状态。应先作经济史、政治史、军事史、文化史几个部门的分析的研究，然后才有可能作综合的研究。"[①] 凡学习近代史的人，无不受到这两段话的鞭策和激励。以后，毛主席不间断地关怀近代史的研究工作，对有关的论著亲自阅读、指点。"文化大革命"前不久和"文化大革命"中间，毛主席进一步指示我们：学历史，主要学近代史。现在有文字记载的历史才三千多年，要是到一万年该怎么讲呢？学近代史，要重视村史、家史、厂史、社史。用讲村史、家史、厂史、社史的方法教育青年群众，是普遍可行的。一九六八年夏天，毛主席派人告诉范文澜同志：中国需要一部通史，要从古代写到人民共和国成立，要着重讲近代史。毛主席上面这一系列指示，使资产阶级重古轻今的学术思想得到很大克服，促进了研究近代史和党史的风气，正确地解决了研究历史的方向问题。

坚持还是反对用马克思列宁主义研究近代中国历史，在这个问题上，无产阶级与地主、资产阶级斗争非常激烈。抗日战争以前，在国民党、蒋介石对共产党的反革命文化"围剿"中，一批反动政客、国民党走卒如胡适、蒋廷黻、梁漱溟、陈恭禄等人，在讲文化、讲历史的幌子下面，疯狂进行反共反人民的宣传。他们公然否认帝国主义侵略中国，否认地主阶级剥削、压迫人民，极力美化清朝政府、北洋军阀和蒋介石的反革命统治，百般诬蔑人民群众的革命斗争。整个中国近代史被他们搅得漆黑一团。革命与反革命、正义与非正义、倒退与前进、光明与黑暗，一切都被搞颠倒了。地主、资产阶级在近代史问题上的反动宣传，集中到一点：大讲历史唯心主义，反对马克思列宁主义。他们用笔杀人，杀人不见血。毛主席坚持马克思列宁主义普遍真理和革命具体实践相结合的原则，对中国近代社会、经济、政治、军事、文

①《毛泽东选集》第3卷，第798、802页。

化全面加以总结，制订了指导中国人民革命取得胜利的伟大理论，推进了马克思列宁主义科学的发展，其中就包括历史学这个部分。什么叫中国近代史？照毛主席简明、精辟的归纳，“帝国主义侵略中国，反对中国独立，反对中国发展资本主义的历史，就是中国的近代史。历来中国革命的失败，都是被帝国主义绞杀的，无数革命的先烈，为此而抱终天之恨”①，“帝国主义和中国封建主义相结合，把中国变为半殖民地和殖民地的过程，也就是中国人民反抗帝国主义及其走狗的过程”②。在这里，毛主席讲阶级、阶级斗争；讲人民群众的反抗，人民创造历史；讲中国革命的历史过程、中国革命的任务。集中到一点：大讲马克思列宁主义，彻底破除历史唯心主义。地主、资产阶级把历史真相掩盖起来，毛主席的理论恢复了历史的本来面貌。就这样，毛主席给我们具体地解决了把近代史研究建立在马克思列宁主义理论基础上的问题。中国近代史的研究工作，从此面目为之一新。

清人王夫之讲过“所贵乎史者，述往以为来者师也”。意思是说，人们学习历史，是要找出历史前进的规律性知识，指导自己的行动。中国近代史，告诉我们哪些规律性知识呢？

毛主席把近代中国革命科学地分为旧民主主义与新民主主义两个时期。它的全部进程，简短地说，有三个高潮，四个大仗。三个高潮是：第一个高潮，太平天国革命；第二个高潮，义和团运动；第三个高潮，辛亥革命。它们是农民阶级、资产阶级发动的革命，也就是旧民主主义革命，前后奋斗八十年，都失败了。四个大仗是：第一仗，打败帝国主义走狗北洋军阀；第二仗，打败蒋介石对红军的“围剿”与堵截；第三仗，打败日本帝国主义；第四仗，最后打败蒋介石，结束了美国和一切帝国主义在中国的统治。一共奋斗了三十年，取得了民主革命的完全胜利。这就是新民主主义革命。中国共产党领导民主革命的三十年，也就是毛主席领导我们党同党内右的和“左”的机会主义路线进行尖锐、复杂的斗争，战胜陈独秀、瞿秋白、李立三、罗章龙、王明、张国焘的机会主义路线，推倒三座大山，在全国建立起人民自己的政权的三十年。机会主义者把革命引向绝路，毛主席的领导又使革命绝处逢生，走上坦途。从鸦片战争到中华人民共和国成立以前这一百一十年的历史证明，

---

① 毛泽东：《新民主主义论》，《毛泽东选集》第2卷，第679页。

② 毛泽东：《中国革命和中国共产党》，《毛泽东选集》第2卷，第632页。

在帝国主义侵略、压迫下的中国，没有无产阶级的领导，革命就失败，有了无产阶级、中国共产党、毛主席的领导，有了马克思列宁主义、毛泽东思想的指引，革命就走向胜利，中国人民就能够战胜国内外一切凶恶的敌人。这就是历史的结论，这就是中国近代史告诉我们的规律性知识。它是颠扑不破的科学真理。

历史反复检验过的客观真理的光辉，昭示着中国人民前进的道路。什么人背弃毛主席的革命路线，就不可避免遭到失败，任何时候只要坚持毛主席的革命路线，我们的事业就一定能胜利。生动的事实就摆在面前：在我们党同王张江姚“四人帮”反党集团的斗争中，“四人帮”疯狂地破坏毛主席的无产阶级革命路线，他们就彻底孤立，可耻地失败了；以华国锋同志为首的党中央坚持毛主席的革命路线，党就胜利了，无产阶级就胜利了，人民就胜利了。党和人民的胜利，是因为党和人民掌握着历史前进的规律，站在科学真理的一边。“四人帮”在近代史研究中的破坏、放毒，问题多得惊人。集中一下，一曰篡改一切，二曰打倒一切。华主席指出：“我们党的第十一次路线斗争，从思想理论上来说，就是围绕着坚持还是篡改无产阶级专政下继续革命的理论来展开的。这是这次路线斗争的一个重要特点。”这个重要特点在近代史领域的反映，就是“四人帮”全面篡改毛主席关于中国近代社会、历史的根本理论，包括革命对象、革命任务、革命动力、革命性质等各项规定。照他们的宣传，地主阶级并非革命的对象，属于地主阶级政治、思想流派的法家是最先进的革命者，地主阶级由革命对象变成了革命动力。太平天国运动，不是农民革外国侵略者和本国地主阶级的命，而是推动资产阶级的尊法反儒斗争，辛亥革命由资产阶级领导的旧民主主义革命的高潮，一变而为近代儒法斗争的又一个高潮。资产阶级革命派革封建主义的命，不是向西方资产阶级寻找思想武器，而是向地主阶级的法家寻找思想武器。不管地主阶级抵抗派、资产阶级改良派、资产阶级革命派，一律强迫戴上法家的帽子。林则徐、龚自珍、魏源、康有为、梁启超、严复、谭嗣同、章炳麟、邹容、秋瑾等人，谁也逃不掉这个厄运。于是资产阶级民主革命的历史，一个早晨变成了儒法斗争的历史。打倒一切，主要是打倒资产阶级革命中的正面人物。江青公然胡说八道：孙中山是牛鬼蛇神。被毛主席誉为“伟大的革命先行者”的孙中山尚且在打倒之列，近代史上除了农民革命之外，什么东西也不再剩下了。革命与反革命、前进与倒退、光明与黑暗，又一次被颠倒了过去。与四十年前胡适、蒋廷黻、梁漱溟、陈恭禄等反共反人民的宣传对照一下，除了出现一些新名词，内容同样荒谬、反动，充满极端的历史唯心主义。这是近代史研究中一次无比的大破坏、大倒退。“四人帮”篡改毛主席关于近代中国社会、历史的理论，就是为了篡改毛主席无产阶级专政下继续革命的理论。他们颠倒民主革命时期的敌我关系，就是为了颠倒社会主义革命历史阶段的敌我关系，打倒无产阶级，其矛头指向敬爱的周总理。他们的罪恶目的是颠覆无产阶级专政，复辟资本主义。

篡改历史，表现了剥削阶级欺诈、虚伪的特性。打倒历史上的一切，和马克思主义从来不相干。马克思主义认为对历史遗产应当批判地继承。毛主席著作里一再讲过这个问题。一九五三年秋天，毛主席在讲到一位旧学者的工作时指示说：我们要让他写书，写出来给大家看。不是为了要他讲真理，而是让他讲假理。他想将历史一切打倒，就可以引起不赞成一切打倒的人和他争论。不破不立，批判了假理，就能使真理进一步发扬光大。

三十多年来，近代史研究这条战线，在毛主席的指引下取得了显著成绩，但还有大量的工作需要赶快去做。我们要肃清“四人帮”在这个领域散布的种种流毒，要继续研究民主革命时期的历史，也要有计划地研究社会主义革命时期的历史。华主席在党的第十一次代表大会上号召我们，要高举毛主席的伟大旗帜，团结战斗，把我国社会主义事业和国际无产阶级革命事业推向前进。我们应当响应这个号召，努力推进整个哲学社会科学的研究工作，推进近代史的研究工作。

毛主席开辟的无产阶级革命事业，给我们确定了通向共产主义的康庄大道。马克思、恩格斯说：“共产党人可以用一句话把自己的理论概括起来：消灭私有制。”①毛泽东思想指引下的近代史研究，和哲学社会科学的其他领域一样，都是批判资产阶级，批判“四人帮”和形形色色的修正主义，宣传马克思列宁主义，宣传毛泽东思想，宣传共产主义的一个战斗阵地。毛主席与世长辞了，我们把毛主席留下的宝贵、丰富的遗产继承下来，发扬下去，努力奋斗，私有制必将彻底消灭，英特纳雄耐尔一定要实现。

①《马克思恩格斯选集》第1卷，第265页。

范文澜与历史研究工作[①]

一

范文澜同志去世十年了。他的著作《中国通史简编》《中国近代史》一直广为流传，大家很熟悉。全国解放以前和以后，他发表在报刊上的论述历史问题的文章不少，过去没有集中过。《范文澜历史论文选集》汇集了这些文章，它是范老历史著作的一个组成部分。

就历史学领域讲，郭沫若、范文澜可以并称为我们的开国一代的两位大师。他们都比较早地应用马克思主义研究历史，都精通中国丰富的文化遗产。毛泽东制定的指导中国革命的一系列马克思列宁主义理论给研究中国历史打开了宽广的道路。郭沫若、范文澜的许多工作都是在毛泽东的直接关怀、指示下进行的，毛泽东对他们的贡献都有重要评论。当然，郭老学术活动的领域要广泛得多，因而影响也更大。

《中国通史简编》是第一部运用马克思主义观点系统地叙述中国历史的著作。中国封建时代编纂的正史汗牛充栋，绝大部分记载帝王将相的活动。资产阶级文人如夏曾佑、刘师培最早采用“新”体裁写的通史形式上前进了，也远说不上科学著作。晚近的如钱穆的《国史大纲》一类，除了浓厚的封建臭味，还加进了许多资产阶级反人民的货色。《中国通史简编》与一切旧史书有何不同？后来著者自己介绍说：第一，书中肯定历史的主人是劳动人民，旧类型史书以帝王将相作为主人的观点被否定了。第二，按照一般社会发展规律，划分中国历史的段落。旧史书写尧舜禹汤文武所处的时代都是一个样，是完

① 原载《近代史研究》1979年第1期；《范文澜历史论文选集》，中国社会科学院1979年版。后收入《刘大年史学论文选集》，人民出版社1987年版。原题为《范文澜同志的科学成就》，后改为现题。——编者注

全静止的。有的“颂古非今”，什么都是古的好，思想更是反动。试用一般的社会发展原则到具体的中国历史，这和旧史书当然不一样。第三，中国封建社会长期延续，但三千年来绝不是没有发展，本书把封建社会分为三个时期，说明它的发展过程。第四，书上写阶级斗争，着重讲腐化残暴的统治阶级如何压迫农民，和农民如何被迫起义。对于外来的民族侵入，也着重写了民族英雄和人民群众的英勇抵抗。农民起义和反抗外族侵略，说明中国人民确有反对压迫、反对侵略、敢于斗争的伟大传统。第五，注意收集生产斗争的材料，古代的科学发明以及有关农业、手工业的知识写得不少。著者的叙述完全合乎实际情况。对于中国通史的写作，无疑地这是一个革命性的前进。《中国通史简编》一问世，在国民党统治区就遭受严禁。国民党发出通令：范书宣传阶级斗争，混淆视听，可恨可恶，务必取缔。当禁止不住以后，少数反动文人又跳出来滥施攻击、漫骂。反动派显然估计到了它的作用。1949年进入北京，范文澜重新修订旧作。“绪言”中除了检查以前的缺点、错误，列举出“劳动人民是历史的主人”“阶级斗争论是研究历史的基本线索”等九个问题，加以论述。这可以看作范老对中国历史的进一步的系统见解。《中国通史简编》累计印数达好几百万册，在将近四十年的时间里，成了我们一部主要的历史读物，决定性的因素，就在于它本身的成就。可惜修订本只出到五代为止，宋以后的部分没有来得及亲自完成。

《中国近代史》（只出了上册）是一部研究这段历史的开创性著作。如果我们说，范文澜试图用科学观点对中国古代史作了一番概述，又用科学观点对系统地研究中国近代史开了一个头，大概不为过分。在范文澜的著作以前，讲述近代中国历史的出版物，有非常反动的，也有起了革命作用的。大地主大资产阶级从事反动文化宣传的如蒋廷黻等人的作品，极力赞美帝国主义的侵略，赞美封建阶级的统治，咒骂人民革命斗争，咒骂中国共产党。那些作品自封为“部定大学用书”“大学丛书”，霸占着高等学校的讲坛。一些与“官方”出版物相对立的近代史，如中国现代史研究会编的《中国现代革命运动史》（上册）、李平心等人的著作，对历史有比较客观的叙述，受到读者的重视。但它们或者内容单薄，或者方面局限，都不足以构成一部有分量的近代通史。范著《中国近代史》除了发端宏大，资料新颖，在思想内容上具有显著的特色。从卷首和目录中，我们可以看到这样一系列的标题，例如“旧民主主义革命时代——鸦片战争至五四运动”“半殖民地半封建社会的形成及中国人民旧式的反抗运动”“统治阶级对鸦片战争的态度——妥协，投降，抵抗三大派”“中国人民与统治阶级所走的不同路线”“中国人民的英勇反抗斗争”“参加维新运动的派系”“各阶级对义和团的态度”“人民的继续反抗”“帝国主义者认识了中国人民”等等。那些标题所体现的具体内容，第一次非常鲜明地向读者强调指出了近代中国半殖民地半封建的时代特征，指出了人民与统治阶级所走的不同道路，以及人民群众创造历史的伟大力量这样一些根本事实。因此，它不但给读者提供了正确的历史知识，而且也显著影响到后来的近代史研究工作。不少同志认为自己曾受到它的启发，得益匪浅。书上的缺点自然可以举出一些。阶级分析中，次要的情节讲得多，对中国社会各阶级相互关系演变的过程、关键讲得不突出。由于写作条件限制造成的若干史实错误，后来才陆续有所修订。大部分篇幅记述重大的政治事件，缺少社会生活、经济文化的内容。但这些都只占次要的地位，小疵大醇，缺点并不掩盖它的大辂椎轮、前驱先路的重大功绩。

现在编进《范文澜历史论文选集》里的文章，有三个重点。一、讲近代史。二、论述中国历史研究中的理论问题。如汉民族的形成，中国奴隶制与封建制的划分，中国近代史分期等。三、以经学为中心的关于中国文化、思想史的述评。这些文章，有对《中国通史简编》和《中国近代史》的资料、论点的补充，也有著者以往研究成果的总结。讲经学问题的几篇，钩玄提要，自成一说。要用马克思主义观点总结中国文化遗产，有效地批判和总结孔学，这是必定要受到注意的问题。

二

马克思主义的历史科学，要求研究者忠诚于无产阶级革命事业，满腔热情和敢于坚持真理。这里有立场、观点问题，也有态度、学风问题。范老对党的事业满怀责任感，在研究工作中既重视革命性，也重视科学性，坚守革命的学风。这和他所取得的成就是不能分离的。

历史研究的革命性，首先在于深刻揭露旧社会、旧事物的必然灭亡，说明新社会、新事物必然胜利，服务于无产阶级的革命斗争。《中国通史简编》《中国近代史》高度表现了这种批判性、战斗性，文集中的许多论文也同样表现了这种批判性、战斗性。它们的主题，包括颂扬解放区正在开展的农民土地运动，批判《武训传》，批判胡适，宣传党关于学术工作的“百家争鸣”政策，反对厚古薄今的资产阶级学风等等。当时政治斗争、思想理论斗争中的重大问题，生动地呈现在作者的笔下。不少文章，如《研究中国三千年历史的钥匙》《历史研究必须厚今薄古》等，论点精锐，发挥透辟。讲研究历史要厚今薄古的文章中说：厚今薄古是中国历史学的传统。我国封建时代三部最大的历史书《春秋》《史记》《资治通鉴》都厚今，都着重讲政治。孔子作《春秋》，从鲁隐公元年写到哀公十四年。隔了一年，哀公十六年，孔子就死了。按公羊家的说法，春秋分三世，所见世相当于孔子和他父亲的年代，可以说是当时的现代史。孔子作《春秋》，“乱臣贼子惧”，就是因为怕它在政治上的诛伐。司马迁的《史记》从五帝一直写到汉武帝。《史记》的《今上本纪》早已失传，但在《平准书》《封禅书》中对汉武帝提出批评，这不就是谈政治吗？司马光的《资治通鉴》比《春秋》《史记》差一点，没有写宋朝的历史，但也写到五代。看书名就知道他写书的目的是为朝廷讲封建的政治学。封建阶级是这样，资产阶级也是这样。明显地反映出当时政治生活的历史著作，毕竟是史学的正常形态，是史学的主流。毛泽东指示，这篇文章讲的道理很重要，研究历史的人应该注意。脱离当前的政治斗争，避开实际生活，为研究而研究，是范文澜所坚决反对的。

历史研究的科学性，就是坚持以马克思主义理论为指导，坚持阶级斗争、阶级分析的观点。这在《中国通史简编》等著作里是首尾贯彻的。除此以外，范文澜对科学性的重视，还表现为客观地对待材料、实事求是和高度的自我批评精神。旧本《中国通史简编》本属草创。读者越多，他越觉得必须迅速改正书上存在的缺点错误。1950年起，从头改写全书，并发表自我检讨的文章，希望引起大家的批评。检讨文章中指出：对于整个封建时代的历史和个别历史人物，都应该采取马克思主义的历史分析的态度。无分析地一律抹煞和一律颂扬，都是主观主义的非历史主义的表现。旧本《中国通史简编》就有这种非历史主义的缺点。例如秦始皇、刘邦、李世民、赵匡胤、朱元璋都是封建统治者，残酷剥削、压迫人民，但他们在历史上都有过贡献。只讲前一面，对后一面缺少说明，就不合乎历史。有些地方因为“借古说今”，也损坏了实事求是的历史观点。借吴蜀联合拒魏来类比抗日民族统一战线，借孙权来类比国民党反动派破坏统一战线，把孙权描写成了几乎是全部黑暗的人物。借武则天来斥责特务统治，着重写了特务的残暴，甚至把宫廷私事也写了出来，意在使读者增加对特务统治的鄙视。这都是由于片面的“反封建”和“借古说今”的非历史主义观点的错误。《中国通史简编》修订本第一册在1954年出版，《历史研究》等刊物发表的评论中，肯定了修订本的前进，又指出不少新的缺点和存在的问题。对所有那些批评，范文澜始终抱着严肃认真的态度对待，也不轻率改变自己的观点。勇于自我批评，又勇于接受别人的批评，实事求是，表现了一个马克思主义者纠正错误，坚持真理，不疲倦地推进科学研究的态度。

旧本《中国通史简编》借古说今，是从革命的愿望出发，斥责国民党、蒋介石，以激发人民的爱国、革命义愤。即使这样，作为科学研究，也是极不足取的。站在无产阶级的立场上看待剥削阶级的行为，应当有革命义愤。科学的历史著作可以鼓舞人民的革命斗志，振奋人心。但是义愤不能推进科学。真正鼓舞人心只能依靠马克思主义，即依靠科学真理。舍此别无捷径。马克思主义要求我们分析社会历史，不能离开时间、地点、条件。借古人古事说今人今事，任意作历史类比，就违反了科学地观察社会历史的根本要求。马克思的《路易·波拿巴的雾月十八日》是一部讲现代史的讽刺作品，其中有巧妙的暗示，却没有任何历史类比。波拿巴恢复帝制，建立起独裁统治，当时一些人把他比作古罗马的独裁者恺撒。马克思极力反对这种肤浅的历史比拟，指出古代阶级斗争同现代阶级斗争在物质经济条件方面有根本的区别，由这些斗争产生的政治人物也就有根本的区别，不能拿他们相比，应该扫除那种恺撒主义的童蒙词句。事实上历史类比并不能使人得到启发。吴蜀魏军阀混战与抗日民族统一战线风马牛不相及。无论怎么描写孙权，读者也难以想到蒋介石消极抗日、积极反共。《中国近代史》上讲鸦片战争时道光的“求降难”，参加过抗日战争的人知道那是骂蒋介石，现在青年人就干脆读不懂。任意类比不能起好的作用，反而对历史研究造成破坏性影响。它使人辨别不清楚历史唯物主义与唯心主义的界线，怀疑马克思主义历史学的科学性。因为它不是把唯物主义应用于历史，与我们要求通过具体事实阐明马克思发现的伟大的历史运动规律毫不相干。同时，用类比来表示革命性，必然让人觉得历史科学是一种太廉价的商品。事实却相反。恩格斯说：“即使只是在一个单独的历史实例上发展唯物主义的观点，也是一项要求多年冷静钻研的科学工作，因为很明显，在这里只说空话是无济于事的，只有靠大量的、批判地审查过的、充分地掌握了的历史资料，才能解决这样的任务。”[①] 所以范文澜检讨中特地指出非历史主义的危害，这是十分重要的。他通过生动的事实给我们上了一堂历史唯物主义的课程，崇高的革命热情和严格的科学要求相结合，极有教育意义。至于不久以前猖獗一时，造成了历史学大倒退的“四人帮”影射史学，那完全是另一种性质的问题，是不能仅仅用非历史主义去说明的。他们借称颂秦始皇严重丑化无产阶级的领袖，借鼓吹吕后、武则天替江青做女皇开路，借批孔攻击、打倒无产阶级革命家。黑白颠倒，荒谬绝伦。他们的问题，是利用历史制造反革命舆论，篡党夺权的问题。对于“四人帮”的影射史学，我们主要应当从政治上去批判揭露，把他们的阴谋诡计暴露在光天化日下面，与全国人民共诛之，共讨之。

社会科学是阶级斗争的科学。坚守马克思主义的学风，总难免遭到别有用心的人反对、攻击。范文澜就因此曾被人扣上一顶顶大帽子，而每一顶帽子都大得吓人。一顶帽子：“亲美派”。全国解放不久，苏联要介绍、翻译些中国历史著作。《中国近代史》自然最有资格入选。但主持翻译的苏联历史学者打开一看，书上不但大书特书英法美日等国对中国的疯狂侵略，也振笔直书沙皇俄国对中国的疯狂侵略，大吃一惊。照他们一些人的奇怪逻辑，揭露沙俄就等于反对苏联。反对苏联，当然就是亲美派了。于是，不由分说，断定《中国近代史》是亲美派写的。书上叙述道：第二次鸦片战争时，沙俄夺取黑龙江以北、外兴安岭以南六十多万平方公里的中国领土，划乌苏里江以东约四十万平方公里的中国领土为两国“共管”，还装作公正保护者，充当《北京条约》的中间人，勒索满清的酬谢。“英国发明对待满清的方法是‘华人难与说理，惟临之以威，可以惟我所欲为’。沙俄利用英国采取这个强盗式的袭击方法，自己表示中立态度，使满清政府不能不向沙俄实行那些它本来不愿意实行的让步。英俄是侵略中国的两大主角，外交上沙俄却常占优势”[②]。写出这个客观事实，使他们感到恼火。后来实在由于抓不到范文澜是“亲美派”的证据，《中国近代史》出版了俄译本，但上面那些沙俄凶恶侵略中国的重要段落被任意抹掉了。再一顶帽子：“保皇党”。50年代末，历史研究者在讨论中，有“打倒帝王将相，打倒王朝体系”的说法。范文澜坚决赞成批判

---

① 《马克思恩格斯全集》第13卷，第527页。

② 范文澜：《中国近代史》，人民出版社1953年版，第184页。

旧思想、旧观点；同时，也指出笼统地讲“打倒”，像他以前检讨过的把秦始皇、刘邦、李世民、赵匡胤、朱元璋等封建统治者一概否定，做法太简单了，应当作具体分析。在一个场合讲了要“保”一些帝主将相的问题。“文化大革命”一开始，假马克思主义者陈伯达，立即抓住这个把柄，一口断定范文澜是“保皇党”，必欲置之死地而后快。在一次重要的会议上，陈伯达逼迫范老作检讨，并且当众连声叫嚷：“保皇党！保皇党！”一不做，二不休。林彪、陈伯达、“四人帮”很快又把“保皇党”推而广之，用它来压制一切反对他们的群众。那顶臭帽子一时满天飞。这里也保皇派，那里也保皇派！不久毛泽东同志亲自出来干预，对范文澜同志说：“有人要打倒你，我不打倒你。”陈伯达、“四人帮”整垮范老的恶毒阴谋才没有得逞。

反对者篡改历史，强安罪名，从反面说明了一个事实：范老的研究工作是重视革命性、科学性以及二者的统一的。马克思说，在科学的入口处，正像在地狱的入口处一样，必须根绝一切犹豫；任何怯懦都无济于事。范老在地狱的入口处没有表示出怯懦，相当勇敢。

三

回顾一下，我们知道，范文澜早就讲授历史，但并非开始就用马克思主义讲授历史。1931年，他出版一本论述中国历史书的著作，绪言中引许慎、江永、吴太澂、王国维等人关于“史”字的解说，论证史书的由来；广泛评述《春秋》《史记》以下的史书及其作者，而没有一句话讲到社会历史的阶级内容。[1]足见直到这时，他对马克思主义理论还不熟悉，治学没有脱离汉学家的道路。但在政治上，范文澜的进步是比较早的。1926年起，他就受到党组织的帮助。他同情无产阶级革命事业，拥护党的领导，反对国民党、蒋介石的卖国独裁统治。1935至1936年间，他写出一本书名《大丈夫》的通俗读物，宣传爱国思想。序言全部抄录古书上的文字，暗中对国民党、蒋介石痛加斥责、鞭挞。抗日战争爆发，年龄四十多岁了的范文澜，毅然脱下大学教授的长褂，穿起军装，成了一名游击队战士。政治思想的不断前进，使他的学术

① 范文澜：《正史考略》，绪言。

思想终于大踏步地迈上了马克思主义的康庄大道。

长期研究、讲授中国传统文化，对于形成范文澜后来著作的民族风格，有决定的意义。

周恩来同志在《学习毛泽东》那篇重要文章中，讲到读旧书的问题举范文澜为例说：五四运动时，他就专门研究汉学，学习旧的。但是范文澜同志一旦脑子通了，对编写中国历史就有帮助，就可以运用自如。[①] 事情确实如此。抗日战争以前，范老相继出版《正史考略》《群经概论》《文心雕龙注》《水经注写景文抄》等书。从历史、经学到文学评论，都在钻研、整理之列。那些著作的内容，不外乎清代朴学家们反复搜求、讨论的内容。清代朴学家的工作，据梁启超的分类，有儒家典籍笺释、史料搜补鉴别、辨伪书、辑佚书、校勘、文字训诂、方志类书编纂、丛书校刊等十多项。[②] 范围包括经学、史学、文学思想史的资料。所有这些工作，归结起来，就是一项工作：搜集、鉴别、解释、整理历史资料。范文澜先在这方面下了很深的功夫，一旦接受马克思主义指导，那些史料知识就充分发挥出了它的作用。从《中国通史简编》等著作上我们可以看出：第一，资料丰富，方面广泛。毛泽东同志很重视这一点，指出《中国通史简编》资料多，让人愿意看下去。"文化大革命"中，他特地派人告诉范老，说中国需要一部通史，要他照自己的观点、体系，把《中国通史简编》写完，一直写到中华人民共和国成立以前。第二，训诂依照故传，解说严谨，没有那种望文生义的东西。学术思想的斗争、文学作品评价、文学流派变迁等，或博采旧闻，或结合中国的传统理论如刘勰《文心雕龙》、钟嵘《诗品》等加以评述，都比较深入。第三，文字锻炼纯熟，有着中国古代卓越史家"文史兼通"的优点。在《中国通史简编》里化古代汉语为现代汉语，驱遣自如。"庾信文章老更成"，后期有些文字写得更为出色。毛泽东说：我们这个民族有数千年的历史，有它的特点，有它的许多珍贵品，我们不应当割断历史。"马克思主义必须和我国的具体特点相结合并通过一定的民族形式才能实现"[③]。范文澜就因为熟谙传统文化，比较好地把马克思主义和我国的民族特点结合起来，造就了自己著作的个性，具有独特的风格。

---

①《人民日报》1978年10月9日。

② 梁启超：《中国近三百年学术史》，第176页以下。

③《毛泽东选集》第2卷，第534页。

但同样显著的是，长期在中国封建文化中兜圈子，使范文澜的学术研究没有能够完全摆脱旧的、封建传统思想的束缚。

史料解释因为强调要有依据，只相信汉儒，不采取后人的研究。范老声明："《诗》多采毛亨、郑玄说。"毛诗包括毛序、毛传。毛序历来是一个引起争论的问题。其源流兴废，《四库全书总目》上有扼要评述。范老相信毛序对《诗》篇主旨的说明，早见于《群经概论》上面，列有种种证据。[①] 到了写《中国通史简编》，这个见解也没有改变。

比史料上尊信汉儒更重要的，还有历史观点上受浙东学派的束缚。范文澜生长于浙江绍兴，早年向往章炳麟等人的学问，又长期走着清代朴学家的治学路径，这都可以与浙东学派接上渊源。浙东学派，包括黄宗羲（余姚）、万斯同（宁波）、全祖望（宁波）、章学诚（绍兴）等著名的思想家、历史家。清末的章炳麟也被列入这个学派里面。[②] 熟知"夷夏之防"，抱着不同程度的反满观念，大概要算这个学派的思想特征。黄宗羲多次参加抗清斗争，著《宋元学案》《明儒学案》，开中国学术思想史研究的先河（又著《明史案》二百四十卷，已亡失）。万斯同师事黄宗羲，不接受清廷史馆职位，独力撰成《明史稿》。全祖望治文献学，讲述明末节烈遗事，尝说"史臣不立节烈传，所当立传者何人？"据说晚清改革家受他暗示的不少。章学诚著《文史通义》，其中讲到浙东学术，认为浙东贵专家，浙西尚博雅。"浙东之学，言性命者必究于史，此其所以卓也"[③]。章炳麟受全祖望、章学诚影响很深，究心明清间的掌故，鼓吹排满，提倡种族革命论，这是大家都知道的。除了浙东学派的思想熏陶，也还有讲学的师承关系。范文澜受业于自称只信奉"毛爷爷"（指毛亨）的讲学家黄侃和经学名师刘师培；黄侃则受业于章炳麟。刘师培不算浙东学派，但他在一段时间里反满思想同章炳麟一样激烈。他们参与创办《国粹学报》，进行排满复汉宣传。浙东学派的历史观点对范文澜的影响，明显地反映在《中国近代史》等作品上。《中国近代史》没有着重叙述社会各阶级相

---

① 范文澜：《群经概论》，第 146—147 页。

② 梁启超《清代学术概论》说："炳麟少受学于俞樾，然，固浙东人也。"又，章太炎指导、支伟成编辑的《清代朴学大师列传》也说：章太炎"惟生居浙东，颇究心明清掌故"。按：章太炎余杭人。余杭属浙西，把他归入浙东，只能认为从学术流派上说是如此。章太炎自己讲到清代学术流派的时候说，"代嬗之际，知明代日事者，自以浙人为多"，不分浙东浙西。

③ 章学诚：《文史通义》第 5 卷，第 5 篇。

互关系演变的过程、关键，一个主要原因，是把批判、揭露满族统治者摆到了首要的地位上。

整个清代，抱有反满观念的不限于浙东学派那些人。但他们结合儒家传统思想，通过学术、理论的形式发表议论，更加深入人心。中国是一个多民族的伟大国家。中国的历史是在阶级矛盾、国内民族矛盾的不断激烈冲突和斗争中发展、前进的。封建阶级、资产阶级站在它们的地位来认识那些矛盾和斗争，看不出一点光明、前进，以为只有黑暗、倒退，带有极大的表面性。对那些思想需要认真地清理。其中不只有如何看待清朝统治的问题，也有如何看待以前若干朝代（如西夏、辽、金、元）统治的问题。实际上，封建阶级的历史家，面对现实有时也要改变一点古老的传统。例如关于所谓“正统”，元朝史家处理辽、宋、金历史，决定“各为一史”，各予正统，至少形式上不同于只承认汉族政权为“正统”的观点。我们处在社会主义革命时代，讲述中华人民共和国各族人民自古迄今的全部历史，毫无疑问，必须彻底抛弃封建主义的观点，彻底抛弃资产阶级的观点。我们不是在孔子的时代，或脱脱、阿鲁图的时代，或黄宗羲、万斯同的时代，或章炳麟等人的时代写历史，是在今天讲我们社会主义祖国的全部历史，试问，在我国各族人民的历史关系上，如果只是一味地重复前人讲的那一些，又从哪里体现出我们的无产阶级立场、马克思主义观点呢？不少问题应当重新认识，不少习以为常的观念应当在科学面前重新加以检验。这就全凭马克思主义，这就需要辩证法。我们没有理由要求前人对所有那些问题都制出现成的答案。范文澜已经在历史研究中作出了自己的重大贡献。指出他没有完全摆脱封建传统思想的束缚，只是对事情作客观的说明。科学事业没有可以由一人一时去完成的。问题在于后来者善于承袭前人的遗产，加以发扬光大。这是只有采取科学态度才能做到的。

四

革命的历史家，必然是革命理论的积极宣传家，无产阶级科学文化事业的推进者。范文澜怀着深厚的革命感情，学习、宣传毛泽东思想，执行毛泽东的指示，做了不少工作。他特别注意阐述毛泽东关于马克思列宁主义的普遍原理必须和中国革命的具体实践相结合的思想，阐述、执行毛泽东关于历史研究要联系革命实际、要采取百家争鸣方针等问题的指示。

理论必须结合实际的问题，范文澜用自己的语言讲：学习马克思主义理论要求“神似”，最要不得的是“貌似”。学习马克思主义处理问题的立场、观点、方法，使变化无穷的实际问题获得正确解决，这才是活生生的马克思主义，才是学习马克思主义得其神似。貌似是不管具体实际，把书本上的马克思主义词句当作灵丹圣药，把某些抽象的公式不问时间、地点、条件，千篇一律地加以套用，那是伪马克思主义，是教条主义。他结合历史研究者的情形，批评教条主义说：我们知识界有些人，你说他是教条主义，实在有点冤枉，你说他不是教条主义，他也确实像个教条主义。我们教历史课，明明自己有心得，有见解，却不敢讲出来，宁愿拿一本心以为非的书，按照它那种说法去讲，只有所谓“权威”，没有“我”了。这样的“谦虚谨慎”是有害的。我们应该把“我”大大恢复起来，对经典著作也好，对所谓“权威”的说法也好，用“我”来批判它们。以客观存在为准绳，合理的接受，不合理的放弃。尽管批判错了，毫无关系，错误是可以改正的。上述那些话是在1958年发表的《历史研究中的几个问题》一文里面讲的。那些话把毛泽东《改造我们的学习》《整顿党的作风》等著作中的思想从某一点来加以发挥，表现出了一个革命著作家的严格的科学态度和战斗精神。

研究历史，毛泽东多次讲要重视近代史研究。范文澜努力执行了这个指示。1940年秋天，毛泽东在写给范文澜的一封信上说：目前大地主大资产阶级的文化反动十分猖獗，思想斗争的第一个任务就是反对这种反动。讲经学史，要对近代一些代表人物进行批判。对廖平、康有为、梁启超、叶德辉、章炳麟、吴虞等人，要分别分析、批判他们错误的反动的东西。越对这些“近人”有所批判，越能在学术界发生影响。范老讲，他以前主要搞古董，毛主席的指示使他下决心研究近代史。1958年写的《历史研究必须厚今薄古》，是进一步从学术观点上论述这个问题，批判资产阶级思想。

今天摆在学术界面前的，仍然是要加强近代、现代史研究工作，提高马克思主义水平，写出本门科学的基本著作。范著《中国近代史》刊行以来，我们取得了不少新的成就，有目共睹。但是从客观需要和展望前景来说，已有的工作显然太落后了。不少题目还没有人认真动手去做。三十多年前，毛泽东就号召我们对中国近百年的经济史、政治史、军事史、文化史进行分门别类的研究，然后作综合的研究；至今学术界还没有写出分析研究的专著，欠着一笔账。我自己能力十分薄弱，在专业研究部门工作，首先就没有把工作做好。“四人帮”横行，中国近代史研究遭到空前大破坏，发生大倒退。一方面，“四人帮”迫使近代史的科学研究长期停顿；另一方面，他们篡改毛泽东关于中国近代社会、近代历史的根本理论，鼓吹所谓“儒法斗争继续到现在，影响到将来”，使一部中国近代史布满乌烟瘴气。有的同志议论，新近出版的近代史读物，重复劳动多，新增加的东西少，说来说去，总是一个简单公式：“两个过程，三个高潮，八大事件”，陈陈相因，了无新制，缺少专题研究的艰苦功夫。所有这些，集中说明一个问题：近代史研究工作，要打开新的局面，要进行新的长征，要产生新的成果，博大精深，琳琅满目。这是革命斗争前进的需要。

科学上的不同学派应当自由辩论，范文澜向来是坚决拥护的。1953年秋天，史学界筹办《历史研究》杂志，毛泽东指示，要采取百家争鸣的方针。范文澜在《〈百家争鸣〉和史学》一文中，表示深信实行双百方针，将使我国文艺和科学绚烂多彩地发展起来。尽人皆知，范文澜与郭沫若关于中国封建制度始于何时，主张不同。全国解放不久，他们在刊物上进行过讨论。往后两人的著作都分别为自己的观点辩护，谁也没有在基本上改变。但他们共同领导史学界的活动，彼此推重，并没有因为学术见解不同，而丝毫存在宗派之争，门户之见。范老在毛泽东思想指引下开拓了中国近代史的研究，长期担任中国科学院近代史研究所的所长，对于鸦片战争到五四运动以前中国阶级斗争的阶段如何划分，几次发表文章，主张分为四个时期。当我们一些人准备写一部近代史，并提出按照太平天国、义和团运动、辛亥革命三次高潮分期的时候，他完全赞同我们照自己的看法去写，认为没有必要统一于一种说法。坚持自己的学术观点同时又严格执行党的百家争鸣方针，在这方面，范老和郭老一样，足称模范。

学术研究怎样才能有效地争鸣，范文澜有很好的见解。他认为凡以学有专长而“争鸣”就好，以长于教条而“争鸣”就坏。照教条写出的文章，无非是马曰列云，东抄抄，西扯扯，终日言，如不言。那种情形，鸣则鸣矣，争则争矣，不过只能叫作“潦岁蛙鸣”，和“百家争鸣”不可同日而语。学有专长的争鸣并非易事。研究者必须学习马克思主义理论，掌握丰富资料，深入钻研。谁能对大小问题不疲倦地下苦功夫，谁就有可能经过数年而一鸣，或毕一生而一鸣，或师徒相传而一鸣，或集体合力而一鸣。一个研究工作者，竭毕生精力不一定能鸣出几次好声，可是整个史学界积累起许多人切实的鸣声，也就赫赫有生气了。范文澜这些看法极见精彩，使人受到鼓舞，精益求精地去治学。打倒“四人帮”，“百家争鸣”的方针和其他政策又一起回来了。学术界一片活跃。出版《范文澜历史论文选集》，将有助于推动我们鸣出更多更大的好声。

郭沫若、范文澜分别以他们的优异成就，在中国马克思主义历史学的发展史上树立起了自己的纪念碑，尽管它们的形式和内容各有不同。忠实地贯彻毛泽东关于马克思主义的普遍真理必须和中国具体革命实践相结合的思想，以客观存在为准绳，不以个别词句为依归，鲜明地表现在范老的科学研究和革命行动之中。范文澜的科学成就的获得，有其他条件，归根到底，这是最根本的一条。何谓马克思主义的历史学家，何谓坚持马克思列宁主义，范老的科学成就和执行党的政策的具体实践，对于我们具有榜样的意义。

宋庆龄——历史上一个放射光辉的名字①

马克思评论美国总统林肯时说，这个人只有当他死后，全世界才发现他是一位英雄。林肯的情况，确实如此。宋庆龄同志却不同。她在政治舞台上独立活动不久，世界很快地认识到她是现代中国一位了不起的英雄人物。长时间里，她一直受到人民群众、国内外进步人士广泛的尊敬，享有极高的声誉。外国的评论，说她作为政治家，极其纯洁高尚，像荷花一样出污泥而不染；或者说她是“中国圣女贞德”，是中国完美崇高的人物之一。唯一的例外是台湾某些人的评论，他们说她“从来没有参加过革命”。这完全对。他们所说的“革命”，不是别的，正是蒋介石、国民党右派的反革命。宋庆龄是始终坚决反对的，确实从来没有参加过。宋庆龄把自己的一生同伟大的中国人民解放事业紧密结合在一起，勇敢奋斗，六十余年如是，丰功伟绩，高风亮节，她给中国人民增添了光荣，给中国历史增添了光荣。

宋庆龄作为一个伟大的历史人物，有自己显著的特点。那就是：她独特的历史地位是和伟大的革命先行者孙中山先生的事业联系在一起的，同时又是在完全独立地同反对孙中山的敌人进行最英勇、顽强的斗争中确立起来的。

辛亥革命后不久到孙中山逝世是宋庆龄进行革命斗争的第一个时期。这时她主要是直接协助孙中山进行革命活动。孙中山反对袁世凯，反对北洋军阀的统治，提出联俄联共扶助农工的三大政策，改组国民党，实现第一次国共合作等一系列的斗争，宋庆龄或是参与谋议，或是协助执行，无不亲身经历其事。在最关键、危险的场合，她充分表现出了自己极其坚定而又机智勇敢的优秀品质。

孙中山去世到中华人民共和国成立以前是宋庆龄进行革命斗争的第二个时期。她坚定地站在中国革命人民一边，对内反抗法西斯白色恐怖，对外反抗日、美帝国主义的侵略，再接再厉。她这时做的第一件事，是坚决举起被

---

①1981年未刊稿。——编者注

蒋介石、汪精卫等反革命家砍倒了的孙中山的革命旗帜，捍卫它的革命原则，特别是宣传和阐发孙中山的三大政策。毛泽东把孙中山的三民主义分为旧三民主义和新三民主义。什么是新三民主义？扼要地说，就是三大政策的三民主义。宋庆龄对这个问题的阐述是特别重要的。针对蒋介石、汪精卫篡改歪曲孙中山的革命原则和政策，为他们背叛革命的反动行为辩解，她反复指出："孙中山曾明确地说明，他的三大政策是实行三民主义的唯一方法"，现在有人说政策必须按照时代的需要而改变，这种说法就算有一部分道理，但是政策决不应改变到如此地步，以至成为相反的政策，使革命政党丧失了革命性，变为虽然扯起革命旗帜而实际上却是拥护旧社会制度的机关；孙中山领导的国民党恰恰是为了改变这种制度才建立起来的。又说：孙中山为了铸造一个适合的革命工具，在革命的基础上改组了国民党，制订了三大政策的行动纲领来加强三民主义，那些所谓国民党的领袖、如出一辙的小政客们，相信他们能够违背孙中山的三大政策，依赖新军国主义去取得成就，其实只会成为以阴谋与叛变得逞一时的新督军府的附庸。"我个人的路线是明确的。我深信三大政策是革命的思想与方法的基本部分"，因此我得出结论：在与国内军阀及外国帝国主义的斗争中，只有正确地运用三大政策所产生的革命力量，国民党人才能获得真正的成功，国民党冒牌领袖们所领导的反动势力危害了三大政策，如果今天孙中山活着，他一定和国民党内部革命的一翼站在一起。这些话是她 1927 年 7、8 月间讲的，分别发表在当时的国内外报刊上。同样的论述，也见于抗日战争时期《中国是不可征服的》《关于国共合作的声明》《在重庆对记者发表的谈话》等一系列声明、谈话里。三大政策的核心是接受中国共产党的帮助，与共产党合作。用孙中山的话来说，"国民党正在堕落中死亡，因此要救活它就需要新血液"。宋庆龄始终强调三大政策，就是始终强调走孙中山与共产党合作的革命道路，认定这是唯一正确的道路。宋庆龄是孙中山从事革命斗争最亲密最信任的助手、伴侣和同志，对孙中山的革命学说理解最深刻，因此，她对三民主义、三大政策的理解是很正确的，最有权威的。正是她的解释，把孙中山学说的精华发挥出来了；也使蒋介石、汪精卫背叛革命，然后又把自己打扮成孙中山信徒的样子的丑恶面目迅速、彻底暴露于世。

她这时做的再一件事，是利用一切机会，揭露蒋介石、国民党的反革命统治，唤醒人们起来斗争。1927 年"四一二"政变，接着是汪蒋合流，国民党统治区笼罩在法西斯白色恐怖下面。孙中山在世时很多高喊革命以至自称左派的人，如今纷纷投到反革命阵营去了。外国当时就有人评论说，在中国革命遭到破坏的时候，如下现象是最离奇的现象之一：将军们和演说家完全垮掉了，有的屈膝投降，有的落荒而逃，有的缄默不语，“而唯一的一位过去压不垮现在仍然不会压垮的革命家就是孙逸仙柔弱的遗孀”。情形确实是这样。而对着那种险恶的形势，宋庆龄丝毫不退缩，丝毫不气馁。她利用一切机会揭露国民党反动派，多次发表声明、谈话，指名道姓地痛斥蒋介石等人，指出他们投降帝国主义封建势力，叛卖革命，成了民族罪人。她坚信国民党反动派的反人民政策必然失败，孙中山的革命原则和政策终将胜利。有关这方面的声明、谈话、宣言，使敌人十分恼恨、恐慌，现在读起来还令人神往。蒋介石派心腹干将来游说，威胁利诱，说什么国民党政府也是有“进步”的，譬如在南京修起了大马路等。她这样回答：“我觉得除了看见你们妄肆屠杀几十百万将来可以代替腐败官僚的革命青年以外，没有什么了；除了穷苦绝望的人民以外，没有什么了；除了军阀争权自私自利的战争以外，没有什么了；除了横征暴敛苛取于民以外，没有什么了。老实说，你们什么都没有，只有反革命的活动罢了。”蒋介石的心腹威胁她，往后不要再发表宣言。她的回答是：“使我不说话的唯一办法，只有枪毙我，或者监禁我。”然后向对方挑战说：假如你们既不敢枪毙我，也不敢监禁我，“这简直就是你们承认了你们所受的指责并不冤枉”。她明确表示，与蒋介石的反革命统治没有“和平”相处的余地，对那种埋葬在坟墓里的和平一点也不存幻想。抗日战争前，她集合起革命文豪鲁迅、国民党开明的教育家蔡元培、进步人士杨杏佛等人，建立“中国民权保障同盟”，要求释放被捕的共产党人，争取公民集会、结社等权利；抗日战争以后，组织国际性的“保卫中国同盟”，募集人力物力援助八路军、新四军等；这些活动，都是与蒋介石的反动统治针锋相对的。她一字一句写下的《中国民权保障同盟的任务》《告中国人民》等文告，透彻揭露法西斯统治，实际上是声讨蒋介石的檄文。那个时候，宋庆龄赤手空拳，而所做的工作却是富有意义、最重要的工作。有些是任何人也代替不了的。在共产党活动消息被封锁的漆黑的国民党统治区，她犹如指点政治方向的一盏明灯，人们从那里看到前途的一线光明和希望，也增加斗争的勇气。

中华人民共和国成立以后是宋庆龄进行革命斗争的第三个时期。三十二年来，她一直是我们国家的卓越领导人之一。她拥护中国共产党的领导，拥护我们党的马克思主义方针、政策，在我国社会主义革命、社会主义建设中作出了多方面的、极其光辉的贡献。直到生命的最后一息，她仍旧在为台湾归回祖国怀抱，实现社会主义现代化建设，增进全民族的兴旺、发达而奋力工作。

中国历史，在宋庆龄从事革命斗争的三个时期里，经历了民主革命与社会主义两个不同时代。宋庆龄波澜壮阔的一生中，竟有三十年以上是为坚持社会主义而斗争的。一个资产阶级民主主义追求者，何以会转而坚持走社会主义道路呢？中国这个半殖民地半封建的国度，社会矛盾尖锐复杂，前进的过程极尽艰难曲折。孙中山以前，不同阶级的爱国分子、志士仁人，为了民族独立、国家富强，提出各种主张，进行各种努力，流血牺牲，但都失败了。孙中山和他的同志胜过前人，他们借助欧美资产阶级民主主义的武器，奋起打倒帝国主义统治中国的工具清朝政府，这是一个胜利。但是帝国主义的压迫、掠夺照旧，去掉一个清朝皇帝，又生出袁世凯等一批大小军阀，大小皇帝。孙中山和他的同志（其中就有宋庆龄）进行一系列斗争，又都失败了。由资产阶级领导，走欧美资本主义的老路来实现中国的独立富强，显然行不通了。出路在哪里？列宁领导的俄国十月革命，随之建立的社会主义国家打开了世人的眼界。聪明的孙中山就在这个背景下毅然改组国民党，提出了三大政策。孙中山的社会主义是主观社会主义。但三大政策却是从客观上反映出了中国新的历史潮流之所向。历史唯物主义认为，每个时代的主要人物是一定的阶级和倾向的代表，因此也是他们那个时代的一定思想的代表。他们的动机不是从琐碎的个人欲望中得来的，而是从他们所处的历史潮流中得来的。孙中山、宋庆龄都属于近代中国革命的主要人物。他们阅历广泛，观察敏锐，熟谙世界大势。他们的转变前进，反映的正是中国必将迈向社会主义的伟大历史潮流。宋庆龄是这样，一切彻底的民主主义革命者也是这样。只有社会主义才能救中国。他们那一代人以自己的切身经历，经过反复检验，把这个科学真理昭示在世人面前。

孙中山、宋庆龄都是伟大人物，他们当然各有自己的特点。譬如他们的出身是不一样的。孙中山长期同情和景仰马克思主义，他愤恨国民党的腐败，甚至说，必要时就解散国民党，他本人去参加共产党，但毕竟没有成为现实。宋庆龄亲自参加了社会主义革命和社会主义建设，而且成为伟大的中国共产党党员。但孙中山、宋庆龄有一个极大的共同点：他们热爱人民，力求不脱离人民，努力为人民谋利益，把自己置身于人民之中，看到人民的力量是伟大的，深信依靠人民就有光明前途。宋庆龄在她的著作里，多次讲过这方面的问题。她在《为抗议违反孙中山的革命原则和政策的声明》一文中非常仔细地讲了这个问题。她说：孙中山很穷，到十五岁才有鞋子穿。他住在多山的地区，在那里，小孩子赤足行路是件很苦的事。在他和他的兄弟没有成人以前，他的家住在一间茅屋里，几几乎仅仅不致挨饿。他幼年吃的最贱的食物，他没有米饭吃，因为米饭太贵了。他的主要食物是白薯。又说：我清楚地记得，一九二四年七月广东全省第一次农民大会在广州开会，这是我们第一次看到必然成为中国新力量的中国人民来参加革命。这些农民来自广东各县，许多人赤着脚走了好些里路来到广州。他们衣衫褴褛，有的还带着箩筐和扁担。我深深地受了感动。孙中山也很受感动。我们回到家里之后，他对我说："这是革命成功的起点。"宋庆龄写这一些，有的是讲孙中山的情况，而主要的却是讲她自己的思想感情。植根于苦难的中国人中间，把人民看成是中国革命的基本力量，这就是他们成为伟大的革命者，而且能跟着历史潮流不断前进的根本原因。孙中山、宋庆龄作为一个家庭的两个成员，都成为中国革命事业中作出卓越贡献的大革命家，这在中国历史上是奇迹，在世界历史上恐怕也是奇迹。伟大的中国人民、中国革命，产生伟大的领袖人物。孙中山、宋庆龄，他们的伟大，是来源于中国人民、中国革命的伟大。

马克思评论林肯时说，这个人只有去世以后，世界才认识到他是位英雄。前面我讲过，宋庆龄的情况和林肯不一样。但是又应该说，也有某些相同的地方。宋庆龄这位革命家，只有在去世之后，人们才认识到她是一个更加完全、出类拔萃的伟大的历史人物。她生命的最后日子，仍然以加入中国共产党为终身的荣耀和归宿，这时我们才知道，她早已从一个爱国主义、民主主义者转变为一个坚决的国际主义、共产主义战士。她病重之前提出，死后一定要和已经逝世的伴随她五十多年的女工"李妈"（李燕娥女士）一起，葬在上海平民的墓地里，这是何等崇高的共产主义风格！她形态柔弱，骨头硬过钢铁；在敌人面前威猛如狮子，在人民面前仁煦如慈母；她庄谨持重，却始终不屈不挠地迈向自己的宏伟目标；一向沉默寡言，敌人的威胁却总是使她以更响亮的声音作出回答；她不因为人民的了解不多而灰心丧气，也不因为事业胜利、人民的热烈拥护而冲昏头脑；她谦虚地、朴实地进行自己每一项有意义的工作，而不知自吹自擂为何物；自己道德高尚，地位尊崇，习惯于平等待人，绝不以领袖自居；她没有做作，没有权谋，没有虚荣；时时接近很高的权位，但从来不希求或者贪恋权位；一辈子忠实于孙中山的革命精神，奋斗不懈，却不要求或者拒绝分享伟人的荣誉；一面春和秋洁，一面冬严夏烈；一面芳兰馥芷，一面孤松寒柏。这一切，真实地、和谐地、自然地统一在她的一生之中。她确实是一位达到了伟大境地，而仍然保持着朴实、优秀品质的罕有人物。国内外舆论之所以广泛赞扬，给以高度评价，部分地是由于她所处的社会地位，更多地是由于认识到了她完美的精神境界，优异的革命操守和品德。

伟大的革命先驱者孙中山死了。他的事业由中国共产党人、宋庆龄以及一切彻底的民主主义革命者继承下来了，孙中山没有死。宋庆龄同志去世了。她的事业由中国人民继续下来，她继续活在中国人民和世界进步人士的心里，宋庆龄没有死。在中国历史上宋庆龄这个名字将永久是一个放射光辉的名字。

学习郭沫若①

郭沫若同志是我国杰出的无产阶级文化战士，是社会主义时期我国科学、文化战线上卓越的领导人。我们纪念他的诞辰九十周年，心情是激动的。由于他是我国马克思主义历史科学的创始人、引导者，过去我们总是学习他。现在纪念他，表达我们的追怀和崇敬，最重要的也还是学习他。

郭沫若的一生，是革命的不断前进的一生。学术上的贡献和成就，包括哲学、文学、历史学等许多方面。古代史、考古学、金文、甲骨文的知识，仿佛这个领域的一部百科全书。我们要向他学习的东西是很多的。那么在今天，学习郭老，最主要的内容应当是哪些呢？我想举出两点，与各位一同研究讨论。

第一，我们要学习郭沫若坚持以马克思主义为指导，充满创造精神地研究中国历史。中国最先提出应用马克思主义研究历史的有李大钊同志。他写的《史学要论》和其他论著，至今看来仍然是很可贵的。那些论著主要是介绍历史唯物主义观点，而不是应用历史唯物主义研究中国历史的专门著作。郭老《中国古代社会研究》是这种著作的第一部。《青铜时代》《十批判书》《奴隶制时代》等，都属于同类著述，而且在科学性上后来居上。我们特别应该看到，郭老坚持和提倡用马克思主义研究历史，绝不止于写出了大家知道的一系列作品。他的历史、考古研究工作，是与致力于介绍、宣传马克思主义经典著作同时进行的。1924 年 4 月，他开始翻译河上肇的《社会组织与社会革命》。这部书是日本早期马克思主义经济学名著。其中有些地方并不符合马克思的本来意旨，郭沫若有所了解。但是他强调，翻译这部书，是他一生中的一个转换期。也就是说，从这时起，他成了一个马克思主义的坚定信仰者。1925 年，郭沫若决定过翻译《资本论》，因出版商不肯接受，未能实现。1927 年冬天以后，以他为首的后期创造社，集中宣传、阐发马克思主义，掀起很

① 原载《近代史研究》1983 年第 1 期；后收入《刘大年史学论文选集》，人民出版社 1987 年版。——编者注

大的回响。郭老叙述当时的情形说："辩证唯物论的阐发与高扬，使它成为中国思想界的主流，后期创造社的几位朋友的努力，是有不能抹煞的业绩的。"创造社贡献了光荣业绩的"朋友"，是指成仿吾、李初梨、彭康、朱镜我、冯乃超、李铁生这些革命思想理论战线上披荆斩棘的老战士。其中成仿吾同志实际主持这时创造社的活动，艰苦奋斗。他们在自己的刊物《文化批判》上发表的阐发辩证唯物论和历史唯物论的文章，令人耳目一新。鲁迅这样说过："有一件事要感谢创造社的，是他们'挤'我看了几种科学底文艺论，明白了先前的文学史家们说了一大堆，还是纠缠不清的疑问。……以救正我——还因我而及于别人——的只信进化论的偏颇。"[①] 鲁迅的评论，也可以看出创造社宣传马克思主义的功绩。他所说的"科学的文艺论"，自然是指马克思主义著作。1928 年，郭沫若又从头攻读《资本论》，有人反对说，"文学家何必搞这个"。他坚持钻研下去。不久以后，翻译出版了《政治经济学批判》和《德意志意识形态》。

中国悠久的历史学传统，产生过一些卓越的历史家。其中司马迁在封建时代的历史学上是最有创造性的。在创造性这一点上，不妨把郭沫若同司马迁相比！或者说郭沫若是无产阶级的司马迁，社会主义的司马迁。当然类比总是容易引起争论的，不会什么都一样。且不说他们历史观点的差别如何，司马迁受到汉武帝的迫害，大约只活了 42 岁，非自然地死去，郭老就享有遐龄。司马迁因为敢于直言，到三国时还受到统治者的切齿愤恨，郭老生荣死哀，众人景仰。郭沫若后半辈子生活在社会主义制度下面，这有关系，更主要的，是他一辈子不忽不怠，奋力坚持马克思主义，给人民做了好事，同时也使自己流传竹帛。

第二，我们要学习郭沫若研究历史十分重视联系革命实际，合理地回答现实生活中提出的问题。马克思的名言：哲学家们只是用不同的方式解释世界，而问题在于改变世界。马克思主义是为改造现实世界而存在的。失去了与现实的联系，就失去了它的灵魂，徒存躯壳。至于马克思主义的历史研究怎样联系现实，恩格斯再三讲过，马克思有两个重大发现：一是历史运动、发展的规律；一是剩余价值学说。现代科学社会主义就是建立在这两个重要根据之上的。恩格斯的话告诉我们，以马克思主义为指导研究历史，阐发历史运

---

① 鲁迅：《三闲集》。

动、前进的客观规律，是与说明资本主义必然灭亡，社会主义必然出现这个无产阶级革命的最大现实内在地、天然地联系在一起的。封建的、资产阶级的唯心主义历史观点，或者牵强附会把历史硬拉到现实生活中来，或者按照现实生活的某种剪影，倒转过去摹写历史，都只能极大地破坏历史研究。马克思主义历史科学要坚决反对历史唯心主义。

郭沫若的一些主要著作，在联系实际方面是成功的。大革命失败，共产党领导武装斗争深入农村，中国向何处去？一些知识分子急切寻求答案。《中国古代社会研究》在这个时候出现了。那是一部纯学术的古代史研究著作，没有片言只字涉及现实。但著者明白地说过，他写这部著作、从事这方面研究，是为着寻求中国历史发展规律，回答现实斗争中人们的疑问。中国守旧势力总是用“国情不同”，来反对马克思主义历史唯物论。“要使这种新思想真正得到广泛的接受，必须熟练地善于使用这种方法，而使它中国化。使得一般的，尤其是有成见的中国人，要感觉着这并不是外来的异物，而是泛应曲当的真理，在中国的传统思想中已经有着它的根蒂，中国历史的发展也正是循着那样的规律而来。因而我的工作便主要地倾向到历史唯物论这一部门来了。我主要是想用辩证唯物论来研究中国思想的发展，中国社会的发展，自然也就是中国历史的发展。反过来说，我也正是想就中国的思想，中国的社会，中国的历史，来考验辩证唯物论的适应度”[①]。“考验”的结果，中国确凿无疑地存在过奴隶制时代。由此也就可以推及中国历史与马克思发现的人类历史的规律是共同的。它从原始共产社会、奴隶制度而来，最后要进入社会主义、共产主义。虽然后面这种制度怎样具体实现，当时无法预见，但是方向明确。研究的是古代史，却正是对中国往何处去的一个回答；而且这个答案又是同国内正在进行的中国社会史论战中的正确主张相联系的。这部论著出来后，思想界一时为之风靡，原因就在这里。《甲申三百年祭》的情形也是这样。抗日战争后期，全国注意的中心问题，一是如何取得抗战胜利，二是胜利以后中国会是个什么样子。它运用阶级分析观点，论述明王朝所以灭亡，是由于它的反人民和极端腐朽的统治；李自成领导的农民战争一举推翻了那个腐朽政权，但是胜利冲昏头脑，又使自己彻底失败了。作者研究的是三百年前中国封建时代一场大规模的阶级斗争，但却成了现实生活一面晶亮的镜子。国民

① 《革命春秋》，第311—312页。

党报纸加以诋毁攻击，毛泽东同志把这部论著规定为整风文件。这最好不过地说明它与现实联系的广度。郭沫若早年驰名的诗篇《凤凰涅槃》，被认为是对旧世界、旧中国的灭亡和新世界、新中国诞生的壮丽宣告。这个看法，也可以用来评价《甲申三百年祭》。不过前者是表现为诗人的浪漫和灵感，后者是表现为历史家敏锐的科学预见、历史眼光。应用马克思主义研究历史，从不同角度联系现实，与郭老差不多同时的一些老一辈马克思主义历史家，都是这样做的。他们因此取得了不同程度的成就，也形成了共同的时代特色。

郭沫若发表研究中国古代史的著作，是半个世纪以前的往事。中国跨进社会主义，一转眼已经三十年以上。共产党领导全国人民取得的成就辉煌伟大，也有过相当的曲折。我们是处在一个新的历史时期。党的第十二次代表大会提出，当前时代的任务，是全面开创社会主义现代化建设的新局面。这无疑需要加强祖国历史特别是近代历史的教育，这些教育要联系当前实际。现在摆在我们面前的，是要以马克思主义为指导，全面深入研究中国和世界的历史，特别是中国和世界近、现代的历史，直接间接地、科学合理地回答一些与现实生活有关的带普遍性的问题。这是建设我国社会主义的需要，也是发展我国马克思主义历史科学的需要。如果郭沫若和老一辈马克思主义历史学家所联系的实际，主要是争取中国民主革命胜利的问题，那么，今天我们所要联系的实际，就主要是加强社会主义前途教育，建设有中国特色的社会主义的问题。我们应当立足于这个实际，满足它的需要，从而开创出中国马克思主义历史学的新局面，表现出新的时代特色。有没有别的路子可以选择呢？回头走史料学代替历史学的老路，是在科学面前倒退，不会有什么作为。看不见现实世界的发展变化，教条式地对待马克思主义，只会把它变成僵死的、人们不需要的东西。中国古人也懂得“惟陈言之务去”，“六经责我开生面”。说这些话的人是很有抱负、有思想的。但是他们因为跳不出封建主义的圈子，无法客观地对待现实斗争，也就不能从本质上去陈言、开生面。马克思主义把人变聪明了。郭沫若的榜样是极富教育意义的。

当我们讲学习郭老，肯定他对中国马克思主义史学的重大贡献的时候，并没有认为他的论著里绝无率尔随意的地方，也没有认为他的所有论点都准确表现了马克思主义，或者每一项研究工作都达到了不再需要前进的顶点。科学上也不可能有那种顶点。老一辈的马克思主义历史学家，很多时间并不生活在书斋里，实际上他们缺少必要的环境、条件去更系统地研究马克思主义理论。中国历史资料浩如烟海，任何人也难于说自己网罗无遗，毫厘无误，因此后来的研究者，对他提出的某些论点、事件、人物、资料等商榷、改正，不但是有益的，而且是必不可缺少的。问题是要仔细加以区别，何者为主流，哪是占首位的。只有这样，才能去粗取精，去伪存真，接受郭老留下的丰富遗产。

郭沫若对中国历史的研究重点在古代史，但中国封建制、半殖民地半封建制的历史，都在他的视野之内。他没有出版过近代史研究的专门著作，叙述这段历史的有《少年时代》以下的四卷自传。它们情文并茂，声光灿然。因此人们说那是传记文学的杰作，其实不如说那是中国近代一段重要历史秉笔直书的实录。其中有风云激荡的伟大场面，有各样历史人物小说式的细节描写，有对个人、事件识见宏远的评论。某些关键的事变、事件，《革命春秋》《洪波曲》上的记载是独一无二的。马克思主义的阶级分析观点，在一些叙述和评论中，表现得非常鲜明。例如《请看今日之蒋介石》，不但把反革命的政变内幕活灵活现地揭发、暴露在世人面前，在讲到蒋介石政变的阶级基础的地方，使人不禁联想到马克思《路易·波拿巴的雾月十八日》里，关于拿破仑第三政变的社会基础的阶级分析。又如抗日战争一周年时，郭老在武汉发起爱国献金运动，他叙述那种“献金狂潮”的情形说：献金总人数，多至一百万以上。献金的什么人都有，擦皮鞋的小孩、黄包车夫、码头工人、家庭女佣人、洗澡堂擦背工人、茶楼酒馆的堂倌等等，是主要人物，甚至于连叫花子也有。他们不仅献一次两次，甚至献十次二十次，时时都在献，天天都在献。那一百多万元的数目，主要是靠着这些贫穷的爱国者，一角两角、一分两分地凑积起来的。有钱的人自然也有献金的，为数断不会有贫穷人多，所捐献的总和恐怕也赶不上贫苦群众。“总之这是一次出于自发性的极其盛大的民意表现。我敢于这样说：那几座献金台，作为民意机关的价值，实在是远远超出乎那个二百名参政员所构成的所谓国民参政会之上！”关于献金账目的报告，出有专书。“谁有这本书的，我希望不要轻视了它，不要以为只是一些市井小民的零碎账目而任意把它扔掉。我希望把它当成一部大有神圣意味的圣经贤传看待——不，这样还说得太菲薄了。认真说，假如今天谁还保存着这本书，我倒要奉劝他，把它当成国宝，子子孙孙永保用”[①]。请看，这把广大

①《洪波曲》，第93—94页。

劳动群众反对日本帝国主义侵略，热爱祖国的感人肺腑的伟大精神，和人民群众创造历史的科学真理，叙述得何等真切动人，何等形象而有说服力！郭老关于近代史的叙述议论，散见于各处，远不止自传上讲的那些。学术界正在大力整理研究郭沫若全部著作，将要拿出各自的成果。但对他那样浩繁的著述，作出系统的研究、科学评价，时间太仓猝了恐怕是办不到的。《郭沫若全集》不久将陆续出版。这是一个推动力。应设想，我们的研究者，从现在就开始有计划地工作，到郭老诞辰一百周年的时候，出版一部或几部比较全面的、与郭老学术水平相称的专集、专著，那对于学习郭沫若，对于历史研究工作，都将是很好的贡献。我热烈地希望，那时候，我们能够这样来纪念中国马克思主义历史学的开创者、我国的这位文化伟人。

郭沫若与哲学①

《郭沫若全集》分为文学、历史、考古三编，分门别类，一目了然。对郭沫若的研究，分别按照文学、历史、考古几个领域去进行，或者分为文学、历史两大部类去进行，会是很自然的。不过文学、历史、考古并不是郭老学术著作、学术思想的全部。最近上海蔡尚思同志主编的《中国现代思想史资料简编》一书里面收集的郭老的著述，有《我们的文化》《中国古代社会研究·自序》《十批判书·后记》等若干篇。那部资料书题目叫作《思想史资料》，把郭老的这些论著收进去，显然不是从文学、历史的角度去看待，而是从思想史、哲学史的角度去看待的。编者自有他的道理。我主张制订郭沫若研究计划时，要考虑列进哲学思想方面的研究项目。

郭老没有系统的哲学著作，但是他的著作可以说处处都和哲学分不开。从《中国古代社会研究》开始，他的历史著作就表现了鲜明的哲学观点，而且几十年一以贯之。他研究、评论的许多人物，特别是关于孔墨以下的周秦诸子，都是围绕着那些人物的政治、哲学思想进行的。他的不少著作，在一定程度上又是与腐朽、倒退的哲学思想进行斗争的产物。那些哲学思想称为所谓新儒学、新道学、新理学等等。文学创作不同于历史研究，它与哲学的联系怎样，我不敢妄加议论。但郭老的文学创作要受他的哲学思想支配，是毫无疑义的。

那么，郭沫若哲学思想的中心内容是什么？他本人是说得非常明确的。《中国古代社会研究》自序上说："谈'国故'的夫子们哟！你们除饱读戴东原、王念孙、章学诚之外，也应该知道还有马克思、恩格斯的著作，没有辩证唯物论的观念，连'国故'都不好让你们轻谈。"《青铜时代》和《十批判书》的后记里更加强调地说："在科学方法之外，我也接近了近代的文学、哲学和社会科学。尤其辩证唯物论给了我精神上的启蒙，我从学习着使用这个

---

① 原载《人民日报》1983年6月13日第5版；后收入《刘大年史学论文选集》，人民出版社1987年版。——编者注

钥匙，才认真把人生和学问上的无门关参破了。我才认真明白了做人和做学问的意义。”这当然是说，马克思主义的辩证唯物主义与历史唯物主义，是他的哲学思想的核心。从目录上看，郭老几乎没有写什么文章专门讨论马克思主义理论，但是他研究的许多具体问题，考证一事一物的文章，很少不是和自己的哲学观点直接相联系的。甲骨文的研究，如他自己所说，是想通过一些已识未识的甲骨文字阐述，去了解殷代的生产方式、生产关系和意识形态。石鼓文的研究，是要确定和它有亲缘关系的《诗经》的真实性和大致年代。他认为如果石鼓文的年代推迟了，《诗经》里面一些诗的时代，势必推迟好几百年，在古代史研究上引起很大混乱。《卜辞通纂》《两周金文辞大系》《青铜时代》里面的多种考证，也都是著者一贯的历史哲学的注脚。因此，他认为画地为牢，为考据而考据，毫无意义。为了历史观点立论准确，一器一字的考证也不可轻视。也就是说，他在历史、考古、甲骨文、金文领域里想弄清楚的每物每事，都是同他的哲学思想浑然一体、不可分割的。

事实就是这样：郭沫若在学术上所以远远超过前人和同时代一些最有才能的学者如王国维等人，首先是他在哲学思想上远远超越他们，站在科学的尖端。他所以成为中国马克思主义历史学的开创者，就是因为他最早把马克思主义哲学原理用来从事中国历史研究的实践，而且一举在榛芜纷挐的中国古代社会上取得了真正的突破。他的高明首先高明在哲学上，成就首先成就在哲学思想指导上。这是我们必须充分了解到的。郭沫若是业绩卓越、足以传之不朽的文学家、历史和考古学家，而首先是一位思想家、哲学家。古今中外的大历史家必定同时是思想家、哲学家，郭沫若就是其中之一。

一切学问要认识事物的本质，都离不开理论思维，一切学问都要受一定的哲学思想支配。恩格斯说，没有理论思维，就会连两件自然的事实也连不起来，或者连二者之间的联系都无法理解。在这里，唯一的问题是思维得正确与否。拒绝马克思主义哲学的人，并不拒绝哲学。郭沫若著作中多次涉及的王国维、胡适就是例子。王国维对殷代历史有重大发现，郭老公正地评价他留下的知识，好像一座崔巍的楼阁。但是王国维信奉唯心主义的叔本华哲学，拒绝接受历史唯物主义，徒然失去了本来可以得到的科学上的真正光荣。胡适是杜威实用主义哲学的信徒，他极力用实用主义来反对马克思主义。学术上除了提倡白话文著有功绩，其他没有留下多少有价值的遗产。在科学研究上要确实有所贡献，就必须重视理论思维，像恩格斯说的那样，接受一种建立在通晓思维历史和成就的基础上的哲学思想的指导。否则就大有局限，或者岁月蹉跎，永远也达不到郭老所说的把人生学问上的无门关参破的境界。自觉地接受和坚持马克思主义哲学的指导，努力在实践中融会贯通，这是郭老学术研究上的一条不是奥秘的最大奥秘。谁决心追求真理，谁将可以从这里获得深刻的教益。

说到郭沫若远高于王国维，对这个问题还应该作一点申述。二十几年前，康生在一篇讲话中，抓住王国维的某个考证失误，攻其一点，不及其余。那是形而上学。王国维考史、谈艺著作中的精深独到之处，自有千秋，不是一两条材料就可以抹煞否定的。但是与郭沫若的研究相比，他的短绌就暴露出来了。

王国维关于殷周历史最重要的发现，见于他的《女字说》《殷卜辞中所见先公先王考》《殷周制度论》等考辨文字。《女字说》根据《曲礼》的记载，说古代女子到了结婚的年龄是要取字的。周代彝器上关于“某母”的文字，如“鱼母”“客母”“良母”“狸母”等等多至十余条。著者认定：这些“某母”是女子的字号。女子的字称“某母”，和男子的字称“某父”是一样的。古代女子与男子地位平等。男子取字“某父”几千年来长期流行，不过后来许多人把“父”改为“甫”了。女子字“某母”则从来不为人所知。《女字说》确实是一项重要发现，但全文内容也就到此为止了。郭沫若《释祖妣》一文，称赞《女字说》参破了三千年来的秘密，其启发来自王氏，是显而易见的。但郭文不是简单停留在“祖妣”含义的考释上。它列举金文、甲骨文中考妣、祖妣连文的变化，以及卜辞中“多父”“多妣”的记载，指出殷代还流行着亚血族婚姻制度，也就是兄弟共多妻、姊妹共多夫的制度。因为孩子们都是多父多母的，所以称父都叫“某父”，称母都叫“某母”。不过殷人的习惯是祖妣相对，男叫“某祖”，女叫“某妣”；周人是父母相对，男叫“某父”，女叫“某母”。周初有了变化，多父多母还没有尽行废止，母权与父权交替大概在殷周之际。这样，《女字说》只是认识到古代女子和男子一样是有字号的，《释祖妣》则由此进到了对社会婚姻制度、历史阶段的认识。《殷卜辞中所见先公先王考》，从卜辞里面剔发出殷代王统世系，证明并改正了《史记·殷本纪》和《帝王世纪》等书上的记载。这是空前的创获。对于它的意义，著作却只是说，它可以“使世人知殷墟遗物之有裨于经史二学者，有如斯也”。也就是说，有裨于儒家经典，如此而已。郭沫若论及这个问题时指出：殷代三十一帝十七世，兄弟互相继承的过半数以上，其所以这样，是氏族社会的一种表现。在这里，王著的发现是史料学上的，郭著通过史料，指出了历史的实质。《殷周制度论》认为“中国政治与文化之变革，莫剧于殷周之际”，立子立嫡、宗法制度和同姓不婚，都开始于周初。此论初出，学术界一时为之轰动。王文所说的变化，实际并不涉及新旧社会制度。而且著者一再强调，这是“周公制作之本意”，“此制实自周公定之”，仍带有迷信旧说的性质。郭老最初曾极力推崇，后来改变了看法。在《古代研究的自我批判》中，他指出王文没有摆脱儒家所谓周公制礼作乐的旧式观念，把它作为重要依据是大有问题的。

甲骨文、金文研究，在王国维的全部学术中，无疑地是最见功力的部分之一。甲骨文中，有奚奴臣仆等字；有频繁剧烈的战争；有多次杀人的记录，杀人规模之大，一次达二千六百余人；有祭祀用人作牺牲的；有奴仆作贱役和从事畜牧的，等等。王国维在这方面考辨发明的是字形、字义、人名、地名，某事某物的时间，若干具体制度如“先妣特祭”之类。《殷周制度论》是他研究甲骨文的基本总结，此外再也没有什么概括，没有新的论点了。郭沫若研究甲骨文，一开始就提出了他与这门学问的“二大宗师”罗振玉、王国维不同。他的出发点，是要从那些新出土的先民遗物中去观察古代社会的真实情形，“以破除后人的粉饰——阶级的粉饰”。他由此提出殷代是氏族社会末期，阶级对立已经萌芽，奴隶开始用于生产劳动了。这个结论是很谨慎，甚至是有点保守的，后来许多新材料证明殷代已经进入奴隶制社会，事实昭然，他本人并为此写成《奴隶制时代》一书，对殷代奴隶制度作了充分的肯定。但早期那个谨慎的结论，却第一次揭开儒家大加粉饰过的殷代社会的面纱，把它的真相暴露出来，使人们从此对中国古代历史开始有了科学的认识。王国维做过不少创造性的研究，对中国古代社会的科学认识仿佛只隔着一层纸了，实际上隔着的是他再也无力凿穿的一道墙。学术研究工作，后来者胜过前人，本是常理。但胜过有数量上的，有本质上的，有局部的，有全体的。郭沫若达到的是质的飞跃，全体的革新。这就是郭老同他的甲骨文、金文研究的先驱者大不一样的地方。

以上这些叙述，集中到一点：郭沫若、王国维在学术上达到的境界不同是来自哲学指导思想的不同。可举的事实不止这些，有待于专家们仔细研究。有人说，做到王国维也可以存在三百年，那只是从史料学上着眼，并非从真正的科学成就上提出要求。何况做到王国维，也决非侥幸可至，一蹴而就。王国维三十岁以前，在哲学上耗费的心血是不少的。他刻苦钻研过康德的《纯粹理性批判》、叔本华的《意志及表象之世界》和其他哲学著作。第一次读《纯粹理性批判》，很多内容几乎完全不能理解。他并不灰心，前后几年，硬着头皮读了四遍，后来才放弃了。三十岁的时候，他说："余疲于哲学有日矣。哲学上之说，大都可爱者不可信，可信者不可爱。余知真理，而余又爱其谬误。"自相矛盾，难以克服，以后才着重转治历史考古。他虽然不接受好的哲学思想指导，却并非没有理论思维能力。他的考证文字，要言不烦，迥然有异于繁琐主义，有异于无谓的炫耀博学一流。当然，仅仅从哲学上来说明郭沫若与王国维的区别，还不是事情的全部。他们在甲骨文研究中做出重要成绩的时间，相隔不过短短六七年，但他们属于两个不同时代的人物。郭沫若是新世界的追求者。王国维生于1877年，虽然很早就学习西方自然科学和哲学，政治上却是一个抱住旧时代不放的人物。1907年他写《三十自序》，说"今日之哲学界，自赫尔德曼以后，未有敢立一家系统者也"。对马克思主义的辩证唯物主义与历史唯物主义，没有只字道及。陈元晖同志的《王国维与叔本华哲学》一书上，分析王国维最后所以自杀而死，一是有为封建王朝殉葬的因素，二是笃信叔本华哲学的悲观主义。试问一个人的生命都要受到他那个没落时代、那种坏哲学的支配，即使才能再高，在科学上又怎么能够真正开创新局面呢？

马克思主义哲学的指导，谁都了解，那丝毫也不意味着各种学术问题会因此自然而然迎刃而解。谁也没有说过，某个人只要自己认为接受马克思主义哲学指导了，他的研究结果就一定是准确无误的。辩证法可以使人聪明，许多其他因素又可使人愚蠢到去反对辩证法。学术问题上，彼此都以马克思主义为指导从事研究，结论相反，或者大有出入，这是常事。某些西方学者据此发出一种责难，说一些马克思主义者在重要的学术问题上互相矛盾，这证明马克思主义是不灵光的。这种责难未免太欠高明了。其实不同学术见解的争论，正是对西方一些人把马克思主义歪曲为似乎是某种宗教而不是科学的有力反驳。宗教教条才是不许触动的，必须众口一词地背诵。科学，包括马克思主义本身，都要在不断的矛盾斗争和实践中前进。

郭沫若作为学术思想领域一个历史时代的重要代表人物，他的言论著述，在主要内容上，反映着我们民族所处的急剧转变的时代和前进的动向，表现出了他那个时代惊心动魄的搏斗、波澜壮阔的行程。但他也并不是一下子就接受马克思主义哲学的，思想上必然要表现出早期马克思主义研究者、传播者不可避免的陈旧痕迹。我们要的是对事物的客观规律性的认识，合乎科学的结论，而不是这以外的其他什么。科学的结论只能从事物的本来状况中得出。我们应当面对矛盾，不可回避矛盾。辩证法不承认任何纯粹的、一成不变的东西。纯而又纯了，一成不变了，客观世界的运动、人的认识也就完结了。郭沫若的哲学思想，自然也不是某种纯而又纯、一成不变的东西。如果是那样，事情就会变得无血无肉，变得不可理解了。它与马克思主义哲学符合到什么程度，涉及的范围多广，影响多大，有什么特点等等，这一些，都只有由郭沫若哲学思想研究来作出回答。当代历史和哲学的研究，社会主义文化建设，需要这个方面的回答。

杨秀峰《历史动力学说之检讨》重印记①

《历史动力学说之检讨》是杨秀峰（字秀林）同志早年的一篇学术著作，1935年发表在《师大月刊》第二十六期上。即使很注意搜集近现代历史、哲学论著的人，多半也没有见过这篇著作。时间虽然过去相当久了，它的学术意义仍然值得提起。特此重印出来，介绍给读者。

30年代中期，中国学术界、理论界中，马克思主义与反马克思主义、历史唯物论与唯心论，正在进行激烈的斗争。形形色色的资产阶级唯心主义历史说教，凭借传统的和政治上的势力，在大学的讲坛上喋喋不休。马克思主义的历史研究已经写出成功的著作，但是还没有人对资产阶级唯心论作系统的分析批判。杨秀峰同志的《历史动力学说之检讨》，就是在这种情况下问世的。

《检讨》共分五个部分：一、为什么研究历史动力；二、关于历史动力学说的分类；三、神学史观，精神或心理史观，以及唯物史观；四、各派历史动力学说的总批判；五、结论。文章高瞻远瞩，论及的代表性人物、著作、流派众多，包罗古今中外。资料准确，论断明快有力。

关于史观的分类，文章中指出：《历史学是什么》一书的作者贝恩海姆和美国“新”史学家巴恩斯的分类法，是代表许多学者的意见的。贝恩海姆分为五类，巴恩斯分为八类，其实都不足取。

从各种历史观点的实质加以区分，它们可以概括地分作三类。那就是神学史观、精神或心理史观和唯物史观。16世纪以前欧洲的历史论述，基本上处在基督教神学史观的支配下面。按照那种观点，一切人都只是上帝的奴仆。整个世界分为天堂和地狱两界，善和恶两类。历史便是这种人类善恶相战、登天入地的说明书。在美国，直到20世纪30年代，还有些大学不许讲“进化论”，不许说人是猴子变来的。中国历史书上，古代的“天命”“玄鸟生商”

---

①原载《近代史研究》1984年第3期；后收入《刘大年史学论文选集》，人民出版社1987年版。——编者注

之类不消说，后来长时间里，也统统是政治的流水账掺杂些“神”的显现。16世纪起，西方自然科学趋向发达，宗教的权威逐渐衰退，人文主义、精神或心理史观兴起。从18世纪到20世纪二三十年代，从合理主义、法国唯物论到现代综合史观，一种学说接着一种学说出现。它们的基本特点，是拿精神或心理要素来解释历史。所用的词句，不管叫理性或人性，知识或思想，智能或精神，人格或时代精神，社会心理或集团心理等等，只是用语不同，本质上并没有多少差别。在中国，梁启超、何炳松的主张，都明显地属于心理史观一类，而且表现出不少矛盾。

文章着重论述的，是“唯物论史观”里面的“经济史观”。所谓“经济史观”，说法并不准确。文章里面解释说，这里是指“辩证法的唯物史观”。其要点是：“第一，社会的真实决定因子是物质动力——生产力，生产关系，生产方法。生产力的发展，必产生与之相适应的生产关系，那是社会经济构造——社会的基础决定力。第二，一定的生产关系，产生一定的社会制度。即一定的上部构造，依存于一定的社会经济——生产关系。由于生产力与生产关系之相适应或相冲突，就决定了全部社会之发展与变革。第三，政治是经济的集中表现，政治斗争，必须由经济矛盾中去求解释。第四，（唯物史观）并不把经济看成唯一的动力，否认其他的一切作用，认为政治和思想，也有反作用于社会经济，推进它或是阻碍它的进展。并且政治和思想也是相互的作用着。只是经济史观不把政治和思想看成和经济有同等作用，而看成经济是第一要义的。……第五，……人是社会进展中一个能动的因子。把客观可能性转成现实性的媒介的契机，是由人所给予的。人不是完全被动的，而是能动的。但是人非万能。其动的功效，是要被客观条件限制了的，没有绝对的自由。”简短的五条，讲出了马克思主义唯物论历史观点的一个大概。文字出于五十年以前，某些用语带有时间、环境的痕迹，那是自然的。全文最后的结论是：“解释历史，欲求得其规律性，唯心论是不能胜任的，它只能引导我们走到玄虚的境地。”唯物主义历史观比较后起，本身还存在不少需要充分阐明之点。“根据现在科学知识程度看来，它是比较最客观而容易使我们找得历史科学法则的历史解释”。

五十年以后的今天，马克思主义历史学理论研究，在国内国外都有了长足的进展。与此同时，资产阶级历史哲学的牌号也日益翻新，如相对主义、存在主义、结构主义、“新马克思主义”，等等，层出不穷。在世界范围内，历史学领域里，马克思主义与反马克思主义，历史唯物论与唯心论的斗争，和半个世纪以前一样激烈。这使许多同志痛感有加强历史学理论研究的必要。正是在这一点上，杨秀峰同志的《历史动力学说之检讨》，是值得我们注意，并加以效法的。不过我们是要从新的实际情况出发，站在新的水平上去效法。

现在大家知道的杨秀峰，是无产阶级的革命活动家、实践家，不以理论撰述、学术研究著称。这当然是由于他后来长时间里，主要不从事学术研究工作了。杨秀峰同志的生平，照我所知道的，有两个特点是最见光彩的。第一，共产主义道德品质高尚，在革命队伍里为人所公认。强烈关怀国家民族命运，全心全意为人民，贯穿于杨秀峰同志所有的活动中。不论是拿起笔在文化宣传战线上，还是拿起枪在缺衣少食、血火翻飞的战场，他总是不顾个人得失安危，一往直前，对人民利益精打细算，对自己一辈子最彻底地廉洁自守。就像一位领导同志所评论的，“‘文臣不爱钱，武臣不惜死’，他兼而有之”。当年事渐高的时候，党中央决定废除干部终身制，他率先奉行，毅然决然不做人大常委会副委员长候选人，不做中央顾问委员候选人，辞去全国政协副主席职务。中国政法学会名誉会长是他保留的唯一头衔。萦回于他胸臆中的，只有国家、人民的利害，而没有个人的上下荣枯。杨秀峰同志一向光明磊落，大公无私。处事对人，讲原则，不讲面子。在第三届全国人民代表大会上，他被选为最高人民法院院长，很重要的一条，是大家同声称赞他直方不阿，坚守正义。最高法院在封建时代也叫大理寺。宋朝的文学家、政治家王禹偁先做大理评事，后做大理判官。他写过一篇有名的《待漏院记》，批评盗弄权柄、私心滔滔的大官僚和那些“无毁无誉，旅进旅退，窃位而苟禄，备员而全身者”流，表示出自己忧国忧民的远大抱负。王禹偁后来被君主黜退，《宋史》说他“以直躬行道为己任”。杨秀峰就是一位抱负高尚宏远、“以直躬行道为己任”的最高法院领导者，人民的执法人。与旧时代所有“直道而行”的人物根本不同的是，他直的是无产阶级、人民之躬，行的是社会主义、共产主义之道。第二，始终以极高的革命热情，鞠躬尽瘁，对待人民的各项事业，功绩卓著。在革命战争年代和在社会主义建设中，杨秀峰每到一处，总是倾注全部心血，打开新的局面。从组织游击队，领导冀南行署、边区政府，到多年主管全国教育工作，都是这样。长期离开了学术研究，而一生又有更重要的成就，于是，大家今天看到的是一位众望所归的革命实行家，而忘记了五十年前青年们称誉的“红色教授”。如果一直在学术战线上工作下去，以他的博雅学识、明净如镜的头脑，肯定是一名精通多门科学的卓越的革命大学者。实际创造历史比写历史远为重要。革命给他带来的不是损失，而是更多的光荣。

一个全面成熟的革命者，作为思想家和作为实践家，两者是什么关系，以及哪个更重要，梅林的《马克思传》上，有一段话讲得非常透辟。那上面说，“无疑的，马克思之所以无比伟大，主要是因为思想的人和实践的人在他身上是密切地结合着的，而且是相辅相成的。同样无疑的是，在他身上，作为战士的一面是永远胜过作为思想家的一面的。在这方面，我们事业的所有伟大先驱者们，都有一致的看法”。拉萨尔论及马克思的时候说，只要实际行动的时机一到，他就会心甘情愿地搁下笔来，不再写他所知道的事了。这个看法多么正确！“在我们的时代，我们有着触目惊心的体会：那些用了三十年整至四十年的时间，来专心考究马克思著作中的每一个逗点的一本正经的研究者们，本来到了可以而且必须像马克思那样行动的历史时机，都只是像风信标那样，吱吱哑哑地绕轴自转”①。本来是从事马克思主义理论研究的杨秀峰，却不是那种花几十年的精力，去专门考究马克思主义著作中每一个逗点的人。他一旦来到“可以而且必须像马克思那样行动的历史时机”，就甘心情愿搁下笔，走上枪林弹雨的战场了。他之所以成为一位无产阶级革命家，这一点无疑是很重要的。他的态度，是坚定、鲜明的马克思主义的态度：真正的革命者，首先必须是战士、实践家。

1939至1940年，我在杨老领导下工作。那时他是抗日政权冀南行署主任。冀南平原上日军经常疯狂“扫荡”，碉堡星罗棋布，打仗行军频繁，工作极其紧张。在那种环境下，杨老仍然以身作则，学时事，学理论。我没有听他谈过历史，但听他谈过哲学、辩证法，内容好像就是《联共党史》第四章第二节。1973、1974年，不少老干部算是“解放”了，我去看他，一见面就谈学习，并嘱代购关于世界史的书籍。其好学深思，老而弥笃，于此可见。几十年来，在我的思想里，杨老如秋水之澄清，如岳石之峥嵘，他不只是通常说的领导人，而是一位从各方面以榜样教人的良师。

中国旧时代，统治者总是把有某种业绩的人，宣付史馆立传。一部廿四史中心是人物传记。其中相当部分有史料价值或文学价值，也有不少是糟粕，

① 梅林：《马克思传》，第4页。

什么价值也谈不上的。目前我们正在开展党史和革命史人物传记的研究、编写工作，这与旧史书的目的当然不同。我们要写的是革命先烈，英雄典范，国家、民族真正的先进分子。他们来自人民，来自被剥削阶级，怀抱浩然之气，献身于人民解放事业。他们像毛泽东同志所说的，不是为做官，而是要革命。他们把阶级、党的利益看得最高，把个人利益看得很小。他们告诉后辈人，社会主义新中国是怎么诞生的，它应该而且必定前进到何处去。但是他们谁也不是天生如此的，他们是在反抗阶级压迫、挽救民族危亡的反复搏斗中，千辛万苦磨炼出来的。革命陶冶了他们，人民哺育了他们。这一切，足以使他们被称作国之梁栋、民族精英而无愧。列宁说，俄国革命史是一部长长的烈士传、英雄传。中国革命史更是这样。杨秀峰同志毫无疑问，是中国无产阶级革命人物传中的一员。我主张将来写传记的同志，如实地叙述他投笔从戎以前的学术研究成就。对杨秀峰同志说来，文章只居末节，但传记里写上他的著作还是有益的。就作品观作者，读其文，可以想见其为人。何况他起初是用笔杆子进行战斗，而且始终同学术界、教育界保持着广泛联系。

华罗庚、夏鼐二同志追忆记①

华罗庚同志、夏鼐同志溘然与世长辞。它们都来得那么突然，在时间上又那么相近。

华罗庚、夏鼐这两个名字，在国内外学术界同行里面，自然没有人不熟悉。在国内群众中，只要提起他们，很多人马上可以告诉你，一个是当代杰出的数学家，一个是当代杰出的考古学家。这是两个熠熠然有光的名字。

照我的水平，对于他们两位所从事的学术研究，或者缺少起码知识，或者只有一知半解，没有什么话好说。但由于我们先后在中国科学院和后来的中国社会科学院工作，有许多共事的机会。在长期的相处中，彼此颇能了解，现在不能不有许多回想。

与华罗庚同志交往，开始于50年代初。1953年2月底，钱三强、张稼夫同志率领一个大型的中国科学院代表团访问苏联。团员里有所谓廿四教授，华罗庚同志和我都在其中。那是我头一次出国，华公知道我没有国外生活的经验，主动给介绍各种习俗、“规矩”。他说，中国前人讲，入境问俗，何况现在要“出洋”了。经过八九天火车长途跋涉，3月8号抵达莫斯科。第二天黎明，我还没有起床，房间电话铃响。一拿起话筒，就听见华说：刚才俄语广播，斯大林去世了。从火车上大家已经得悉斯大林病重，急于想知道究竟。赶紧通报这个消息，表现了一种关切的情感。我们的访问历时三个月。当进行到后半段和回到国内以后，华和我分别得到通知：苏联科学院决定授予我们两人斯大林奖金。华得奖的题目是《堆累素数论》，我是《美国侵华史》那本书。因为苏联不久废去斯大林奖金，给我们授奖的决定也就不了了之。华不止一次诙谐地说，我们差一点有“同榜之雅”。“文化革命”中我成为打倒对象。华虽不能正常工作，总算是受保护的。1971年重又见面，他说，看到报纸上通栏标题的批判文章，替你担心。又说，他与住在北太平庄同一座楼

---

①原载《光明日报》1985年6月27日；后收入《刘大年史学论文选集》，人民出版社1987年版。——编者注

的范文澜同志常常一起上街看大字报，揣摩形势，也谈到我的情况，应该有个了结。1975 年以来，我们都在人大常委会工作，谈话的次数多了。前年是中国科学院代表团访问苏联三十年。他提议当年代表团的成员聚会一次，其他同志也赞成。由于大家太忙，不容易约集在一起，没有能够实现。

华罗庚同志入党，宣布要“不负党员名”，他是说到做到了的。今年 2 月间全国人大常委开会期间，我们作过一次较长的谈话。我问他入党以来的生活，著作整理出版计划，在美国讲学的情况等。他说：自己拿教授、研究员最高级别的工资。入党以后，每月少领 20 元，以示与非党员有所区别。手边整理好了的数学手稿，堆有一尺多高。但我不能出全集。苏老（指人大常委、数学界前辈苏步青同志）是老前辈，他还没有出全集，我怎能出在他前面。国外不久前出版了一厚本我的数学著作。我国没有参加国际版税协定，人家出我们的书，送你一本，就算客气了。然后谈到夏鼐同志的近况。他说他在接受美国科学院授予院士的时候，曾向美方提出：美国科学院既然可以有中国籍院士，就不应只限于自然科学方面，也可以有社会科学方面的人。如果别的学科争议太多，考古学为什么不可以考虑？夏鼐就是适合的人选。现在美国科学院已经决定接纳夏为院士了。等老夏接受院士回来以后，建议社会科学院开个庆祝会。天天讲要重视知识分子，这也不失为一种表示。当时我说，夏鼐同志从事考古研究五十多年，按他的成就，完全值得开个会，热烈地庆祝。欧洲已经有几个国家授给他院士了，庆祝会不必用新得院士名义举行。华公表示赞成。他说开毕人大常委会之后要去河南一趟，等回京以后再约时间谈一次。但没有想到，这是我们的最后一次谈话。

夏鼐同志和我一直在同一个部门工作。一起编刊物，一起做科学院学部的工作，一起开学术讨论会，一起参加上面召集的种种会议，等等。不过关系密切，是在两次一同出国和“文化革命”后期从干校回到北京以后。1963 年，我们都作为中国科学代表团的成员访问日本。那时中国学者讲演，听众一般都很踊跃。唯独夏鼐同志的讲演，虽然内容专门，会场却是要买门票才能进去的。1965 年参加巴基斯坦历史学年会，他提供会议的论文篇幅甚长，巴几家大报或摘要或几乎全文刊登。几次与美国教授、其他人员不期而遇，他随时向我介绍情况，我们每次都能够因应得宜。“文化革命”中一起下放到河南息县干校，编在一个连队，同灶吃饭。两三个月以后，他由郭沫若同志找个理由，叫回北京了。在那段时间里，他佳兴不减平日。周围有几处农村集市，每到星期天，只要附近某处逢集，他总会赶去，不辞远近。我问他哪里来那么大的劲头，他说干什么都得走路，这也是锻炼。言外之意，是打算今后再参加田野考古一类的工作。“批林批孔”中，忽然有人抓住他文章中的某句话，硬扣上“反马克思主义”的帽子，纠缠不休。他不服气，拿着文章来找我，想要知道客观的看法。我说文章没有错，“反马克思主义”的帽子戴不到你头上。别人怎么说，由他去。大风大浪都过来了，这点事，怕什么。他办公的地方和我的住处相隔只有几百米。工作中有些问题、有些情况常找我商量，交换看法。几年前，我问他是不是考虑到了“收摊”即整理自己著作的问题。他说本来没有“摊”，也就没有什么要“收”的。当然也还是有一些计划想去实现。今年 3 月初考古学会开第五次年会，他派人打电话，希望我去参加。开幕式在北京大学举行。一见面，他就说：你给梅益（社会科学院党组第一书记）同志讲的华公的意见我知道了。华和你们都是好意，也不是为了我一个人。庆祝会要不要开，可以再考虑一下。总之是等等再说吧！听完他的开幕讲话，我提前出来了。往后再见过一面，但那已经是他躺在医院里的弥留之际。

夏鼐同志对党的事业、对人民的利益忠心耿耿。其为人也和易，很少疾言厉色。但他认为不对的事情，必定直言无隐。有些学习社会科学的年轻人忽视马克思主义理论钻研。经济改革中出现的不正之风，也影响到学术、教育单位。夏鼐同志不以为然。他在考古学会第五届年会的开幕讲话中，强调考古学要在马克思主义指导下，发扬实事求是的优良学风。他说，在学习马列主义方面，我们考古工作者包括他本人在内，不是学得太多，多得消化不了，而是太少。我们要学习马列主义，坚持实事求是，提高考古学的理论水平。他说，有位朋友建议，考古学会可以开办文物发展公司，赚些钱，大家分奖金，公家也可以节省开支。然而这是不足取的。关于科学研究和个人经济利益的关系，最好看看发现放射性元素镭的居里夫人的态度。居里夫妇经过考虑，拒绝申请镭的发现专利，因此也就抛弃了一笔财富。居里夫人认为，忘我的工作使他们没有闲暇、也没有兴趣去谋求物质上的利益。申请专利当然不违法，但作为一个考古工作者、科学工作者，我们应该在精神上达到更高的境界。这篇讲话的中心思想，是强调学术工作者要有献身精神，现实的针对性很鲜明。不久《光明日报》全文刊载了。这是夏鼐同志生前发表的最后一篇文章，也是他留给考古学者和学术界的遗言。

华罗庚、夏鼐两位同志，一个数学家，一个考古学家，从专业上看，简直找不到什么共同之点。实际上，他们共同的地方，远远地超过专业性的差异；而且正是那种共同性更需要人们加以重视。

华罗庚、夏鼐都是在旧时代受教育和在学术上崭然露头角的。但他们真正的发展和创造，是在社会主义的伟大时代里。社会主义事业的需要，使他们有了广阔的用武之地。华罗庚这时不但在数论研究上作出新的推进，写出一系列新的著作，而且创造性地把数学理论与生产实践结合起来，用数学来帮助社会主义经济建设。他的“优选法”“统筹法”就是这样提出和推广的。二十多年来，他走遍全国各省市和自治区，与广大工人、农民、科技工作者一道研究、讨论，使数学研究给经济直接带来效益。夏鼐最大量的考古发掘，也是这个时间里进行的。他的主要著作——从《考古论文集》所载的文章起，全部刊行于50年代至80年代。他主持和领导的一系列考古工作，如黄河水库等地区的调查发掘，都是社会主义建设的重要项目。他用很多精力参与的文物保护工作，使考古研究与社会主义文化建设、文化保护结合起来。社会主义与科学、科学家只有一致，相得益彰。“文化革命”那种插曲，仅仅是表示社会历史前进的道路难免迂回不平，而决非表示社会主义可以轻视科学，或不能促进科学。华罗庚、夏鼐又都是从民主主义、爱国主义者成为共产主义战士的。前几年我在一篇文章里讲过这样一段话：“文化革命”十年动乱，全面内战；“四人帮”打倒后，经过拨乱反正，社会主义又走上了蓬勃发展的轨道。就在这个时间里，一大批老一辈的民主主义者、老军人、著名科学家纷纷加入中国共产党，他们多半年届高龄，处于负责的和享有很高荣誉的地位。为什么这时还要加入共产党呢？道理很明显：他们以自己的丰富阅历、长期体验，确信共产主义是人类伟大、正义的事业，社会主义道路是唯一能够使中国走向繁荣富强的道路。爱国思想，追求真理的精神，决定他们要把自己献给这个伟大事业，并作为一生的归宿。这证明“文化革命”带来的严重挫折，不仅没有动摇社会主义，而是从反面考验了它的强大生命力。我这里说的一批科学家，其中就有华罗庚同志。夏鼐同志入党时间更早些。由民主主义者成为共产主义者，是一个很大的转变。按他们的情况来说，决非取决于一时的念头。

两位专业相距遥远的杰出学者，其所以存在这样的共性，显然无法从别的地方，而只能从中国社会生活、当前的时代潮流去寻求解释。中国这个由历史原因造成现代科学文化相对落后的国家，从来没有像今天这样，给科学事业得到更快更好的发展，提供了有利环境、条件和充分可能性。这种发展是历史前进的客观需要，没有什么力量可以横加阻止。华罗庚、夏鼐只是两个人，但他们不是与周围社会生活没有联系的孤立的两个人。中国热爱社会主义祖国，有理想、有作为的知识分子千千万万。这些知识分子产生于当前的社会关系、时代潮流，又参加到一个更广大得多的人群里，推动这种关系和潮流奔驰前去。华罗庚、夏鼐的共性，也正是这千千万万知识分子的共性。但他们是其中的杰出者，佼佼者。他们比大多数人造诣更高，作用更显著。他们的成就和行动，因此也就能够更集中、更显著地反映社会主义制度的优越性、必然性，反映我国广大知识分子的面貌与前进目标。这就是他们的共性远远胜过专业差异的意义所在。

树老易空，人老易松，据说近乎某种通例。华罗庚、夏鼐同志都拒绝遵行这个通例。他们都以高龄最顽强地对待事业，奋发不已，拼搏到最后一息。宋代哲学家朱熹著述讲学一生，直到“易箦”，仍在修改《大学章句》。前人传为美谈。华、夏两同志，一个死在讲堂上，一个毕命在工作台上。他们表现了先进的中国人、先进的中国知识分子至可宝贵的品质。他们是为追求科学真理，为中华民族的振兴宏业而忘我献身的。在顽强意志上他们足以媲美前人，在追求的高尚目标上自然不是前人所能计及的。后人将更有理由传之以为美谈。

一位平凡中见伟大的女性
——忆姜国仁[1]

我认识姜国仁同志是在一九四六年，那时我是校址设在河北邢台的北方大学工学院负责人，她在文教学院任教。但在很早以前我就和她有一点间接的联系。去年三月我写过一篇短文，那上面有这样一段叙述：“抗日战争爆发，爱国心使我决定奔赴延安。一九三八年夏天到长沙八路军驻湘通讯处，办理去延安的手续。当时湖南知识界尊而不名的‘徐先生’徐特立同志介绍办事处一位姓刘的中年同志与我谈话。在日机空袭警报频传下，我们先后作了两次长谈，也可以说是两次辩论。他用历史唯物主义原理，指出我所认为的‘国学’要点——《大学》上的正心诚意、治国平天下那一套的唯心主义实质，旁征博引，议论滔滔，叫人折服。后来从姜国仁同志——也就是这位‘刘’同志的夫人口里才知道，原来他就是当时是八路军驻湘通讯处主任兼新四军驻湘办事处主任王凌波。徐老、王凌波同志，他们是我最早的指路人。”我说很早以前与姜国仁同志有一点间接的联系，就是指这一段往事。一九四六年以后，经过一些变动，我们又一起在华北大学研究部工作，并同属于一个党支部，直到一九四九年进入北京为止。她回湖南工作以后，每次到北京来，总要见面谈一谈。前年六七月间湖南人民代表大会开会，我是湖南选出的全国人大代表，回去列席会议，接受监督。那时姜国仁同志住在医院里，我特地前往探望，作了一次长谈。她非常高兴。她同我爱人师力坤彼此熟悉。当她知道师同志不久前因病去世以后，不胜悼叹，并替我出主意，安排好今后生活。她准备再次来北京看看，并会见老朋友，我很赞成她的愿望，可惜没有能够实现。

姜国仁同志的一生主要是在中等学校从事教育工作。抗日战争以前就是一位教书多年，深受学生欢迎爱戴的中学国文教师。抗日战争和解放战争期

---

① 原载《湖南日报》1986年3月16日第3版。——编者注

间，她一直在中学和北方大学一个学院教中国语文。全国解放后，回到湖南，当中学和师范学校校长，也还是继续教国文，直到年过八旬。从她的经历来说，是不是很平凡呢？可以说是平凡的。

不少人认为中学教师没有什么了不起，太平常了。然而，姜国仁同志完全不这样认为。她在这平凡工作中贯穿着一种伟大的精神。她的一生，是把全部心血献给中等教育和语文教学的一生。她半个多世纪如一日，培养出一批又一批学生，对革命和社会主义建设事业卓有贡献。她从不计较名誉、地位，也不知什么是个人得失。论工作能力，论显赫的社会关系，她一样也不缺少。她喜欢旧体诗，是延安“怀安诗社”的成员，编印过诗集。她还和其他同志一起编过书，如《宁乡四髯合传》等。她和一些革命老前辈如林伯渠、谢觉哉过往密切，也认识毛泽东、刘少奇等最高领导人。如果她追求名誉地位几乎唾手可得。但她鄙视要这要那，把为人民服务当作口头禅，只热衷于谋求个人私利的人，而以孜孜不倦办好中等教育事业引为光荣和自豪。“文化大革命”中，她受到“四人帮”迫害。不许教书，只许参加体力劳动，如喂猪、种菜、编竹器等。她憎恨“四人帮”，但认为劳动是光荣，不是耻辱。不顾七十余高龄，自愿地从事一些力所能及的体力活，热爱劳动的感情洋溢于那时写的一些诗作中。这是一个只有胸怀远大，对社会主义前途充满信心，确实具有共产主义世界观的人才能做到的。她从不以老革命自居，对周围的同志体贴入微，关怀备至。最近，她的妹妹姜国芬同志，从她一九四九年三月的日记中摘抄几段给我。其中连续几天记叙着我的病情和她对我的关怀、照顾。例如怎样替我求医，如何请求组织上调师力坤同志照护我，以至看到我吐血不止，恐怕治愈没有希望，心中一阵酸痛，马上掉泪了。她对所有熟悉的同志，都饱含着深切的革命感情。综观她的事迹和崇高精神境界，伟大不伟大？我觉得应该说是伟大的。

前人记述人物，往往在末尾加上一段赞语。仿效一下，对于姜国仁同志，我想这样说：贤矣姜老，煦煦其仁，粉笔黑板，岁岁长征。少疆场百战英雄之赫赫，无刑场血火烈士之峥峥，而种桃栽李，以芳惠四邻，有砖有瓦，是榱是楹，崇楼叠阁，藉此经营。百年大计功不计，人看四两我千斤。何谓利动？何谓权争？涅不缁，磨不磷，昆岗无价，尧舜无名。爱国爱党，赤子之心，乐世乐道，盘石忠诚。追求真理，献此一生，堂堂正正，共产党人。

罗尔纲与太平天国研究①

北京太平天国研究会要出版一部专集祝贺罗尔纲同志85岁大寿和从事学术工作60年，要我写点东西。罗尔纲同志撰写的《太平天国史》也马上要付排，叫我拟篇序文。两件事都有意义，但我一时无法分头作出两篇文字。现在就合并办理，把想到的话说在一起。

刊印专集纪念学术界前辈人士，中国过去就有这种做法，如《蔡元培先生六十五寿辰纪念专刊》等便是。翻开现在的日文书目，我们常常看到某某先生《还历纪念》、某某先生《寿辰纪念》这种题目的学术论著。一般地说，那些某某先生、学者，必有可观成就，为学术界公论所赞许。倘若造诣平平，出纪念集，首先就难以搜罗到专家学者的文稿。即使编撰出来，"灾诸梨枣"了，也无人重视，难起积极作用。罗尔纲同志关于太平天国的研究，使他有资格排列在有可观成就的学者行列前面。用他的名义出专集，作者、读者都会相当踊跃，有助于促进学术研究工作。对于罗尔纲同志本人，自然也是最好的祝贺方式。

罗尔纲的书，我从什么时候读到的，已经记忆不起来了。我们的直接交往，是1954年他调到中国科学院近代史研究所工作以后。对他的治学经历，知道一个大概。他与萧一山、郭廷以和简又文，都属于开拓太平天国研究的一代人。萧一山以研究清史著称。30年代初，他从英国大不列颠博物院传回多种太平天国印书和其他文献，使这个领域的研究，在史料利用上面目一新。郭廷以长期研究中国近代史，40年代，他出版《太平天国史日志》两大册，相当深入细致，至今仍是研究者案头必备的工具书。简又文五六十年代撰成《太平天国全史》《太平天国典制通考》凡六大册，几百万字。后来他又同美国耶鲁大学合作，把以上两书改写为《太平天国革命运动》，用英文出版。在研究环境方面，萧、郭、简似乎不曾碰到过什么阻力，罗尔纲却没有那么幸

---

① 原载《近代史研究》1986年第6期，题为《太平天国史学一大家》；后收入《刘大年史学论文选集》，人民出版社1987年版，改为现题。——编者注

运。他毕业于中国公学以后，有四五年时间，是给他那位鼎鼎大名的老师胡适做助手。胡适对于思想倾向有一种特殊敏感性。在看到罗尔纲写的第一本书《太平天国史纲》以后，他愤愤然指责书上“专门表扬太平天国”为不当。照他看来，“太平天国之乱”使中国几十年来不曾恢复元气，是应该谴责的。他说什么做书不可赶时髦，此书就犯了赶时髦的毛病，自然就不足取了。这无疑是相当大的思想压力。罗尔纲在研究工作上成绩显著，从 1937 年至 1948 年，相继出版了 10 本书。尽管如此，他那时饱受歧视，工作无人看重。直到 1947 年，南京中央研究院才勉强给个研究员头衔。新中国成立，他的工作很快得到了应有评价。1951 年，南京成立太平天国史料编纂委员会，请罗尔纲同志参与主持。两年以后，文化部筹设太平天国纪念馆，请罗尔纲同志负责。1954 年春，周恩来同志指示从上海调顾颉刚先生来北京工作，我去上海洽办此事，路过南京。范文澜同志要我顺道去看罗尔纲同志，并写一封亲笔信由我带给他。信上说，您到我们这里来工作，是近代史研究所的光荣。这是一个很有分量的评价。1950 年到现在，罗尔纲已经出版和正在印行的书共 30 本。不难看出，唯有在这个时候，他才得到了研究太平天国最适合的环境和条件，使自己的学术研究达到和超过了开拓太平天国研究同时代人的境地。

罗尔纲同志在太平天国研究上的成就，详细的评价，要由专门家去作。学术问题不能凭粗枝大叶作出评断。我只能简单地说一说我印象最清晰的几点。

罗尔纲早在 1937 年就出版了一本首尾完整的《太平天国史纲》。《史纲》只有十来万字，却是比较系统地讲述那次农民革命运动的第一本书。太平天国在历史上起过伟大作用，相当长时间里人们对它缺乏正确认识。本世纪初，资产阶级革命派开始肯定太平天国的功绩。孙中山、黄兴、章太炎、邹容、陈天华等都赞扬洪秀全和太平天国，孙中山还嘱咐刘成禺撰写《太平天国战史》。他们肯定太平天国，但大多也认为太平天国是反满革命。1928 年出版的《清史稿》算是一部历史书。列传中篇幅不短的《洪秀全传》，是紧排列在吴三桂等三“逆藩”后面，作为“粤匪”加以贬斥的。萧一山、简又文的书前进了，也只一味强调太平天国是一场宗教革命或一场反满民族革命，极力反对农民革命说。《太平天国史纲》不同，它认为“太平天国革命的性质，是贫农的革命”，“含有民主主义的要求，并且参入了社会主义的主张”。这个看法，当然不能说是马克思主义的精确分析，但比之于同时其他研究者的认识，显著地高出一筹。它更加接近于历史的本质。在当时，这是难能可贵的。《史纲》如果是罗尔纲同志研究太平天国的起点，经过不断的积累、前进，新本《太平天国史》，就是它的集大成了。

《太平天国史》是罗尔纲同志精心结撰的新著。观点重加琢磨，材料丰富详细，洋洋百数十万言。发挥一己心得，汇聚众人成果。它不止在著者的研究工作中是带总结性的，在新中国的太平天国史研究中，也可以认为是带总结性的。大家都会高兴地看到这部新著的问世。

关于太平天国史料和史实考证，在罗尔纲的研究成就中最为引人注目。历史研究首先必须弄清楚事实和有关史料。不论事件大小，先要解决事实究竟如何，而后才能谈得上对它的认识如何。资产阶级学者常常宣称，马克思主义的研究者重观点，轻史料，移史就观。那类宣传出自偏见，识者早就为之齿冷了。考订史料和史实，在太平天国研究中尤其重要。太平天国本身的文献、档案被毁殆尽。后来从海外陆续传回一些，但数量有限。在这种情况下，研究者仍不得不主要利用清官方文书和私人笔录，旁采野史传闻。官方文书报告，捏造掩饰，本来不实，私人记录出自不同动机，伪撰、实录相去甚远。对它们不加考订，率尔作为依据，撇开观点不说，史实上也必定谬误百出。这种例子不胜枚举。罗尔纲同志研究太平天国，开始于考证张嘉祥的事迹，纠正张嘉祥早年与洪秀全有往来的谬说。从那以后，他倾注主要精力，对涉及太平天国的史料、人物、事件做一系列考证工作。解放以来，他出版的太平天国史论文集共10集，是以《辨伪集》《订谬集》《史事考》《史料考》《太平天国史丛考》等作为书名的。另外的《图释》《调查集》，也基本上是史料考证。在这10本书里，他对太平天国研究中许多重要问题，一一加以辨别订正。现在我们对那场农民革命运动一些重要史实，能够有比较准确的了解，在很大程度上要归功于这些考证所取得的成就。有些考证，近来研究者中有了新的看法。但新看法也还是由于罗尔纲同志的研究提供了讨论基础，然后取得进展的。

与史实、史料考证并行，是他大量搜集和系统地编纂太平天国资料。从建国初期在南京主持太平天国史料编纂工作开始，经过十多年努力，搜集有关资料1200万字。其中尤有价值的，编为《太平天国史料丛编简辑》6册，于60年代初出版。《简辑》绝大部分，是关于太平天国后期在江、浙地区施行的政治、经济、社会政策方面的资料，和太平军统治下农村生产、生活状况，地主阶级与太平军激烈斗争的资料。它们具体、生动记录了太平天国政权社会底层的状况，对于了解那场农民革命是不可缺少的。50年代末，他编成太平天国印书、文书、文物、艺术等集，《印书》影印本装订为20册，近年又有续编影印《印书》8种。最近他还在雄心勃勃，进行一项大型资料书中国近代史资料丛刊续编《太平天国》的编纂工作。不少新发现的太平天国文献、清官方记载和国外新出版的史料，都将在这个续编中提供给学术界。

中国近代史研究，在开国以来的30多年里，进展显著，太平天国这个领域的研究进展尤其显著。这种进展来自所有研究者的共同努力，而罗尔纲同志上述几个方面的成就，给这种发展做了打基础的切实工作。

尔纲同志为人治学，谦逊虚心，一贯保持着书生、学者本色。他不自满，不矫饰，勤奋敏捷，乐于帮助别人。他用功学习马克思主义著作，却从来不认为自己已通晓了多少马克思主义理论。早年常常对人说：我的马克思主义就是一本范文澜同志的《中国近代史》。翻遍近三十几年他出版的几十部书，你很难找到那上面像有些人生搬硬套、点缀上几句马曰列云之类的地方。善于克服自己所短，充分运用自己所擅长，在他是做得很好的。1955年，董必武同志倡议全国政协举办中国近代史讲座。太平天国一讲请罗尔纲同志担任。开讲前两天他赶来北京，拿讲稿向我征求意见。我看了以后想到前人的一个说法：著述要看用途如何，采取不同体裁。讲堂上面对听众，不能只述事实，要多所论说。他的讲稿史实详尽，而分析论说欠突出。那时手头恰巧有胡绳同志在高级党校讲太平天国史的一个提纲，约大几千字，纲举目张，观点明朗。他住在距近代史研究所不远的工商联楼上，我随即送去。他很高兴，参考胡绳同志的观点改写原稿。尽一日一夜之力，完成了一万字以上的新篇。后来出版的《太平天国史稿》增订本上的《序论》，就是以那篇讲稿为基础修订而成的。俗话说，人怕出名。出了名，就不敢放弃自己的东西，不肯吸收他人的新东西了。罗尔纲同志完全有异于此。对待学问新知，总是见贤思齐，从善如流。1959年我写《中国近代史研究中的几个问题》一文，他这时住在北京，我去请教关于太平天国早期参加人员的成分，查哪些资料较为可靠。他说：《金陵癸甲纪事略》《贼情汇纂》最早，记载也最详。大约三五天后，我还没有动手查那两本书，他派人送来了一份用稿纸连接起来的长长的资料表。表上填写着我想查找的人员情况材料，共50人。根据那个材料，我在文章中对太平天国早期参加者的出身成分作了一个分类，但没有说明资料来源。后来别的书上也大体采用那个分类，却不知道原来材料出于谁人之手。“言忠信，行笃敬”，“学而不厌，诲人不倦”，在他身上可以说是字字实在的。

罗老现在以耄耋高龄，仍然每日勤奋著述编纂不息。说他是太平天国史学一大家，是学术界公论所能够赞同的。这自然不是认为，他把太平天国中什么问题都研究到了，什么问题都解决了。那样的大家是不存在的。任何历史研究者，都不能超越个人主观力量、历史、资料、现实环境条件去取得成就。每个人的主观力量总又各有差异，是无法强求整齐一律的。一个研究者，只要在他所从事的领域，或者在思想理论上，或者在具体问题研究上，比同时代人做得更多，更有创造性、科学性，大体推不翻，驳不倒，后来者能够利用他开凿出的途径，拾级而上，去攀登新的高峰，那就足以称作大家，而不是谀词套语，乱安头衔。不虞之誉，有自尊心的学术工作者不会引以为荣。太平天国运动只有十几年，它也像整个历史长河中的所有重大事件一样，不知有多少细节真相，人们是永远不会了解了。任何研究者不可能也不应该提出这样的任务——恢复事件原来的样子。但是经过不断深入的科学研究，历史的基本面貌，事件的性质和意义，总是越来越为人们所认识清楚的。学术工作的功能也就在这里。与开拓太平天国这块园地的其他人不同，罗尔纲同志的研究工作，与社会主义新中国这个环境条件紧密地联结在一起。他不是任何别的大家，他是新中国最早的太平天国史学一大家。

吕振羽与中国古代史研究[①]

吕振羽同志是中国马克思主义历史学最早的开拓者之一。中国人应用马克思主义研究历史，写出专门著作的，按时间顺序排列，郭沫若最早，吕振羽居其次。郭著《中国古代社会研究》出版于1930年，吕著《史前期中国社会研究》出版于1934年，《殷周时代的中国社会》出版于1936年。早在20年代，李大钊就著《史学要论》介绍宣传马克思主义的历史唯物主义。李著可以看作从原理介绍、发挥到具体应用的一个中间环节，有它独特的地位，要单独评价。

和郭沫若一样，吕振羽最初也是集中于用马克思主义观点解说中国古代社会。乍看起来，古代跟现实斗争遥远，而这些著者并非遁身书斋的好古家，为什么都把视线贯注在那样很少受人重视的题目上？历史进入本世纪20年代，中国工人运动与马克思主义相结合所诞生的中国共产党，已经参与和独立地领导人民群众为推翻帝国主义、封建主义、买办资产阶级三座大山的统治，在第一线浴血奋战。马克思主义在中国生根长叶了。但这种根叶，还主要生长在政治思想理论、现实斗争里面。在学术思想尤其在历史学领域中，它谈不上扎根，更没有生长出枝叶。五四运动中坚持资产阶级改良主义的胡适，提出“多研究些问题，少谈些主义”，和号召“整理国故，再造文明”。在那以后，他和他的同道，把研究戴震、章学诚等，作为研究中国哲学、历史的样板。他们教人从“国故”中去寻找中国学术文化，实际也是寻找整个中国的出路。中国“国情不同”，成为他们反对科学历史理论的口头禅。他们著书立说，表面上讲的是“国故”、学术学理、象牙之塔，而实际要人们接受的，却是取消革命斗争的活生生的现实。马克思主义的学术工作，必须回答这样一个根本性问题：马克思主义创始人论述的人类社会历史发展的不同形态、前进阶段等，到底是否或在多大的程度上适用于观察中国历史？郭沫若《中

---

① 原载《光明日报》1986年11月5日，题为《吕振羽：开拓者的启示》；后收入《刘大年史学论文选集》，人民出版社1987年版，改为现题。——编者注

国古代社会研究》序言上说："谈'国故'的夫子们哟！你们除饱读戴东原、王念孙、章学诚之外，也应该知道还有马克思、恩格斯的著作，没有辩证唯物论的观念，连'国故'，都不好让你们轻谈。"吕振羽说：他想根据中国史料，按照恩格斯、摩尔根所揭示的古代社会发展的规律，作一次"冒险的尝试"。郭沫若、吕振羽都是想要回答马克思主义理论是否适用于认识中国社会历史这个问题来研究中国古代社会历史的，目的极其明确。在中国漫长封建时代的文献上，古代历史笼罩在神话传说迷雾中。盘古开天辟地，女娲补天，燧人氏钻木取火，有巢氏筑巢而居，"无怀氏之民，葛天氏之民"，它们究竟表示什么，前人无从索解，唯有付之不议不论。郭沫若、吕振羽最先应用历史唯物主义观点，对先秦以前的文献、近代发现的甲骨钟鼎等文字记录和有关实物加以研究，在人们面前忽然呈现出一个崭新天地：中国古代社会，最早是生产力极其低下的无阶级剥削压迫的原始共产主义世界。商代或殷周之际已经产生阶级、国家，进至奴隶与奴隶主对立的时代。过去长期不被理解的东西，现在可以理解了；一向视为无稽的记载，现在得到解释了。马克思、恩格斯的著作，尤其《家庭、私有制和国家的起源》上论述的社会形态、历史发展阶段，绝非仅仅存在于美洲、欧洲，也存在于世界文明发祥地之一的古代中国。某些以爱好文化自诩的人表示叹服。如日本西园寺公望就称赞郭沫若甲骨文研究的发现。反对的人，尽管声嘶力竭攻击，《中国古代社会研究》《殷周时代的中国社会》等，仍不胫而走。古代历史仅仅是中国历史的一部分，但它是居于原始和文明起源的部分。认识中国原始和文明起源的本质特征了，对于认识后来的历史就像高屋建瓴，不难顺流而下。古希腊神话中的狮身女怪斯芬克司，叫过路行人猜谜语。猜不着的人要被杀掉，谁猜着了可以得到一个王国。中国古代社会从文明以来一直隐秘着的谜底，现在由早期马克思主义历史学开拓者们，首先是郭沫若和吕振羽揭开了，再加上其他先辈们的努力，他们得了一个王国：马克思主义完全适合于解释中国社会历史形态及其发展的王国。起先看起来，不为人所重视的中国古代社会历史研究，表面上并没有和中国人民推翻三座大山的实际斗争直接地联系在一起，但它向人们有力地指出，中国社会历史从何处来，将要奔向何处去，昭然若揭。尽管数不清的具体问题还有待于研究，在认识上，现在就像《桃花源记》上所说的，"初极狭，才通人。复行数十步，豁然开朗"。与郭沫若、吕振羽等大致同时，还有另一派学者，也以研究中国古代历史受人注意。那就是顾颉刚代表的“古史辨”学派（《古史辨》1925年出第1册起，至1941年出第7册止。胡适在《古史辨》上发表过文章，他并非这个学派的代表者）。那一派人一反“尊经信古”传统，以“疑古”相矜尚。他们怀疑古代种种记载的可信性。他们从自己的研究中得出一种带理论性的概括，叫作“层累地造成的中国古史”。他们不是保守者，在史料研究和看问题的方法上，各有先进的地方。顾颉刚几度经营，写成的《秦汉的方士与儒生》，至今仍足以称作一部历史名著。然而，他们的理论和方法，并不足以识破中国古代社会历史的庐山真面，更不能在认识中国全部历史上豁然贯通。原因不在其他，就在他们运用的所谓“历史演进的方法”“西洋的科学的治史方法”，是庸俗进化论加上归纳法，而非马克思主义的理论与方法。他们之中，如顾颉刚剀切表示，“他人我不知，我自己决不反对唯物史观”。可惜他并不真正了解历史唯物主义，认为研究古史人物事迹等，“需用于唯物史观的甚少”。他与马克思主义打了一个照面，又失之交臂。顾颉刚等人的成就，于是也就一般限于“古书辨”，而没有成为名副其实的“古史辨”。我们评价吕振羽在中国古代社会历史研究上的贡献，注意一下与“古史辨”派的比较研究，再进而比较一下当时其他有关撰述的种种主张，就会更加深刻地了解到，科学理论思想指导，对于历史研究具有何等重要性。以前有人拿串钱的绳子与一堆散钱的关系，比喻理论与资料、经验的关系。中国传统的历史学，科学成分积累丰厚，但仍是一堆散钱。现在用历史唯物主义这根绳子把那些资料、科学成分贯串起来，不从形式上，而从内在关系上去观察，它们就呈现出客观的、一定的条理系统。人们对于中国历史，以前那种零散、表面的或者“分久必合，合久必分”的认识，从此就结束了。

评价、讨论吕振羽的学术思想、科学成就，和研究一切历史人物的思想、活动一样，是一个严肃的学术问题。我们要不溢美，不用后来的认识高度去要求前人。历史学方面，关于近、现代人物的讨论评价，常常见于书刊版面。它们中间自然不乏深入中肯的，但也有停留于片面颂扬，缺少分析批评的。出现后面这种情况有各种原因，一个重要原因是没有严格从学术研究上来对待人物，夹杂上了种种不相干的因素。所谓学术，并非不食人间烟火的东西，丝毫没有玄妙莫测的地方。但有一点，要坚持科学态度，实事求是。先进的中国人用马克思主义观察中国的命运，是时代潮流提出的要求。一旦时代潮流出现了，就不能从少数人的个人动机、智慧等去解释，而要从新的阶级力量、社会现实矛盾去解释。但没有先驱者、先进分子的活动，时代潮流又无从表现出来。唯物主义不把历史归结为个别人物的作用，又绝不低估个别或少数人物的作用。实践先于理论，革命实践问题的研究先于历史问题的研究，完全合乎逻辑。郭沫若、吕振羽关于中国古代社会历史的研究，就产生于那个时代背景下，又给那个时代的意识形态增添了鲜明色彩。联系整个时代潮流，研究分析他们个人的思想、活动，他们的创造、贡献将可以得到更适当的评价。后来者也只有从对他们的客观分析中才能得到更多的教益。

吕老的书我是30年代末期读到的。1951年以后的三十年间，我同他有不少工作联系。我们一起参加科学院哲学社会科学部工作，一起到民主德国出席国际东方学会议，一起由国家民委组织到内蒙古访问，一起在中央党校讲历史课，等等。这使我有许多机会向这位革命前辈学者请教。1954年，他编辑的《史学研究论文》（？）把我访问苏联后写的几篇介绍文章收在里面，反映了当时我们对情况的了解和一些共同看法。他的著作涉及面广，相当部分我粗略展阅过。实在地说，我真正印象深刻的，是《史前期中国社会研究》和《殷周时代的中国社会》那两部书。为什么？它们材料新奇，论述完美无缺，文字警醒动人吗？都不是。想来想去，主要是一条：开拓者的启示。它们和郭著《中国古代社会研究》以及其他先辈的有关著作一样，为应用马克思主义研究中国历史开辟了道路，间接指出了中国历史发展的社会主义前途。

古槐——我印象中的张孝骞大夫 ①

昨日采薪高枕眠，九旬惊是地行仙。
平生屡订岐黄传，每案精勘扁鹊篇。
名相名医同只手，爱人爱国重双肩。
秋前谁说龙槐老，古干添枝绿盎然。

上面这首诗，是 1985 年 9 月中旬我写给张孝骞先生的。题目叫《协和住院谨赠张孝骞老大夫》。题目下面注有几句话：张孝老 88 岁，两星期前动肺部手术，三日后即下地行走，步履轻捷，不减昔时。谈吐豁达乐观，境界高尚，令人为之神旺。老槐新绿，医院庭中景色如是，书此致祝云云。“名相名医”一语，是采用范仲淹的话。宋朝人编的《广事类赋》记载，范仲淹年轻的时候尝说，不为名相，当为名医，同是救人。诗句文字粗浅，意思可算切合。

张孝老被称为西医先驱，这当然是很恰当的评语。记得 50 年代前期，中国科学院筹备成立学部，不同学科的学部委员人选，先由有关单位推荐，经科学院党组讨论，统一提名。医学科学中张孝骞、林巧稚两位，从推荐到提名，众口一词，加以称许。那时张孝老 50 多岁，西医先驱的地位已经奠定了。在医学上的高度成就，来自他从青年时代起，一贯以极大毅力热切求知，专心致志。我认识张老的一位堂妹、早年的法国留学生张慕贞同志，她讲的一个故事可以作为这方面的例子。和那个时代的其他人一样，张孝老的婚姻是父母做主的。结婚所选定的日子，恰巧赶上在湘雅医学院毕业考试前夕。他遵命完成结婚的一切仪式，没有入洞房，告辞亲友，连夜回到学校，准备第二天应考功课。在那时此举并非容易，需要排除很大的阻力。这早年的故事，表现了一个热心科学、追求高尚理想的人坚毅不拔的精神。他一辈子可以说

① 原载《光明日报》1987 年 9 月 5 日第 2 版。——编者注

始终坚持着这种精神，老而弥笃。

1972年夏天，张老没有恢复正常上班。我有点毛病，想求他指教。张慕贞同志代为约定，某天下午一点半钟去他家里就诊。那是东城一所相当冷僻的院子。三间平房靠在院子西边一角。排列整齐、插满图书的书架，占据着房子的大部分空间。中间一张床，进门一只小桌两把椅子，表示它是卧室书房兼会客室。夏天下午一点多钟大家多半在休息，住室的窄隘拘束，更增加闷热。张老在那里接待病人，仔细从容，给人一种平静舒畅的感觉。我们的谈话还没有结束，又陆续到了两起预约的候诊者。他虽然没有上班，这时医治的病人可能还多于平时。打倒“四人帮”以后的1977年春节，中央机关在北京饭店举行联欢会，叶帅主持。我和张老坐在一个桌子上，谈起“文化大革命”中去他家里求诊的事。同席的林巧稚大夫赶快说：“医生是只认识人的身体内部，不认识人的面孔的。”确实是这样，张老见到前面那首诗以后给我的信上，有“医院识荆，得慰生平……”的话，不管处在怎样的景况下，从容而平静舒畅，认病不认人，这里面不只有一位临床医生的职业道德，显然有更丰富得多的东西。

张老那次在医院里的谈话，有些是对我说话的回答。内容大致是：医生的责任是治病，谈不上报答问题。我得到的治疗已经是够好的。人类不久会征服癌症，现在还没有做到。我相信我们医生的医术。他们（指做手术的医生）说给我切除干净了，那也可能。随它去，我不在乎！手术当然要做得好，自己还要锻炼。我想早些出院，早些回医院工作。我不在乎！一年多过去以后，去年十一月间，我在医院理疗室再次见到张老，向他问候健康。他说，现在看来麻烦了；马上又加一句：我不在乎！

张孝老去世了，他在医学上的杰出贡献和思想精神上的高尚境界，使自己保持着绿色盎然，就像古槐新枝一样。

陈寅恪：一个历史学家的地位[①]

中国近代是一个过渡时代。许多学术人物的思想也都带有明显的过渡性。中国封建传统文化继续坚持着固有的阵地，西方资本主义文化跟着大炮商品猛烈袭来。一些有成就的学术人物总要力争把中国传统和西方文化荟萃于一身。他们中间，差别很大，思想倾向迥异，而带有过渡时代的特征又总是一样。陈寅老的研究工作范围很广，不少属于专门之学，随手抓来，东鳞西爪，贸然解说，难免南辕北辙。如果从思想倾向来看，我以为陈氏的研究工作有几点是相当鲜明，不难指出来的。（一）他的著作、思想继承中国旧的传统，又表现了自己的时代风貌，不限于简单的继承。他因袭了不少中国封建文化传统的形式和内容，又具有明显的西方资本主义自由主义的倾向。后者与前者最初本来是对立的，在中国近代一些人物的思想里，往往又交织在一起。陈寅恪尝以士大夫思想自居，这是一面。实际他的著作中还表现有资本主义自由主义的一面。照陈氏自己说，一代学术，总有它的新材料、新问题，并形成这一代学术的新潮流。治学的人参与其中，叫作预流。“其未得预者，谓之未入流”。这是古今学术通义，非闭门造车的人所能解喻。看不到陈氏受到资本主义自由主义濡染的一面，就看不到他区别于前人的地方，和看不到他表现出的时代特色。（二）陈寅恪不多谈历史学理论，例如什么是历史、如何研究历史等等，但在他的著作中明白表示了这方面的观点。其中有中国讲了两千年的“实事求是”的传统，也不排除受到西方历史学理论的影响。他两度留学德国，那里是兰克历史学派形成的地方。兰克主张历史研究的唯一任务是说明“事实发生的真相”，对于记载下来的东西坚守不移，是历史学“不可动摇的法则”。这个学派以标榜客观主义著称，19世纪中叶以后，长时间里是西方历史学的主流。陈寅恪主张历史记载，不论官书与私家著作，关键在于不诬妄，不讳饰，详辨慎取，去求得事实真相。对于资料考证，不存在胶

①此文是作者在纪念陈寅恪先生学术讨论会上的致词，原载《光明日报》1988年6月29日第3版。——编者注

执墨守，一成不变的道理。研究者“唯偏蔽之是去，真理之是从”。我们不应当牵强附会从这些字面上讲真相、真理的话，就坐实认定它们与兰克学派一脉相通，但陈氏强调客观性是十分明显的。兰克一面号称客观主义，一面宣传神学史观。陈寅恪研究梵文、西藏语言、文字，研究蒙古史、中亚史，钻研佛教、道教典籍，许多地方涉及宗教和神话。他的方法是中国传统加近代西方考证学的，思想原则是理性主义的。陈氏关于隋唐史的论著，把那个领域的研究提高到了一个全新水平上。从《略论稿》《述论稿》等著作上看，他是善于运用近代民族学方法的。（三）历史学有多种社会功能，随着资产阶级爱国、革命运动兴起，中国历史撰述里强调民族观念、爱国主义，蔚然成风。陈寅恪早在20年代，就引述前人的思想，指出“国可亡而史不可灭”。对于中国近代国虽幸存，国史已经失去“正统”的状况，不胜其感叹。抗日战争期间，他一度被困在日军占领下的香港，反复阅读南宋人编纂的《建炎以来系年要录》。那上面记载着南宋偏安政权对外投降与抵抗的斗争。在他的心目中，历史学的功能之一，应当是唤醒人们强烈关心国家兴衰，民族精神振奋的。这里叙述的几点，换一个简单的说法，那就是：与传统文化并行的自由思想或自由主义；理性的客观性或客观主义；民族思想或爱国主义。这几点，我以为构成了陈寅恪著作主导的思想倾向。不必解释，所谓思想倾向，当然是从著者思想内容的整体和实质来说的。各项具体问题研究的状况，则要从具体的进展去作出评价。指出陈氏主导的思想倾向，这有两层意义：一层，从宏观、整体上了解他的研究工作成就。宏观舍弃了微观细节，比微观更容易接近问题的本质。再一层，勾画出粗的线条、轮廓，便于与前代人相比较，也与同时代人比较。陈氏的主导思想内容中，不乏同时其他学术人物所共有的东西，把那些内容连接在一起，并以大量考辨、实证的形式出现，在很大程度上，又只是陈氏独特的地方，独特的性格。上述主导思想倾向，加上独特风格，使陈寅恪先生成了中国近代历史学上一位重要的代表人物。

这里还要说明一下，客观环境条件与主体能动性的关系。历史研究者的学术思想与政治观点，联系密切和一致，或者联系松散和不一致，受环境变化状况所左右，也还要看主体的能动性如何。其中有开头先进，而后变为落后的，也有后进变为先进的。评价过渡时代学术思想界人物，这是决不可以忽略的。陈寅恪先生由不了解社会主义到毅然接受社会主义，正是社会生活不停顿地演变与他积极的主体能动性相结合的结果。这恐怕是无可争辩的。

历史的规律之一，淘汰落后。顺之者昌，逆之者殃。过去这样，现在也这样。在近代，在社会科学研究领域中，要有所创新，赶上时代潮流，那么，谙晓中国传统，吸收西方文化，就不能像孟子对待鱼与熊掌那样，如果"二者不可兼得，舍鱼而取熊掌"，势必屈居下游。中国传统、西方文化，又绝对不能笼统看待，必须认真分析。中国传统文化里，民主精华、封建糟粕杂陈。西方近代文化有先进的、新兴的，有过时的、腐朽没落的。人们在中国自己的传统和西方文化面前，始终存在一个客观谨慎、分析对待的问题。陈寅恪在写他的主要著作的时候，中国还谈不到什么现代化。今天，我们正在社会主义现代化建设的道路上行进。作为现代人，要求物质生活中享受现代科学技术的成果，也理所当然地要求对社会历史符合最新科学造诣水平的认识。如何进一步解决好中国传统和西方文化的关系，陈氏提供的经验、范例是十分值得重视的，其中另外一些东西又显得是旧时代的遗物。学术研究讨论的目的只有一个：发展科学，一切以事实为根据，一是一，二是二。陈寅恪先生怀抱高尚的志向，多才多艺，秉有大学问家的风范，但我们不应凭这些就给以过分的称誉。例如把作者一再申明、自认的某些繁琐冗长、其实际意义微小的考辨，冠上博大精深评语，加以推荐，未免太不切实际。从整体上看，他谈不上建立了一个体大思精的体系。但我们也不应因此而看不见他超过前人和同时代人的地方。人物被拔高到不符合实际的程度了，丝毫也不能使之增加光耀，而且相反，会给人以反对、否定的口实。违背事实的贬抑，只表示偏见和眼光狭窄，终究会站不住脚。评价陈寅恪在历史学上的地位，不论看法有何出入，一个前提已经肯定了，那就是我们尊敬这位近代杰出的有代表性的爱国主义历史学家，希望从他那里总结出新的东西，推进学术研究，丰富人们对历史的认识。学术讨论就是学术讨论，不要给这种讨论附加上其他东西。这个原则应当适用于评价古往今来一切历史人物。陈寅恪先生语重心长，号召历史研究者服从真理。分析、区别地对待他留下的丰厚遗产，不正是这位学术界老前辈对我们企予望之的，和欣然点头赞许的吗？

吴茂荪与孙中山研究学会[1]

对于吴茂荪同志，我久仰其名。同他的接触始于何时，已经记不清了。1982年起，我们住在木樨地同一座楼里，上下电梯见面，彼此打招呼。又都在六届人大常委会工作，并几次在一个小组讨论问题。但真正的共事，是在筹建孙中山研究学会及那以后。

孙中山研究一直是学术界重视的课题。关于建立一个研究孙中山的群众性团体，有的同志提出过，但未具体进行。1982年，中国国民党革命委员会准备在民革内部成立孙中山研究会，推进孙中山的思想、理论研究，加强同海内外爱国学者的联系；并提议聘请学术界一些人士担任顾问或特约研究员。这是一个很好的设想。对于民革中央的倡议，中央统战部给以支持。但是建议最好成立一个全国性的学术团体，由中国社会科学院近代史研究所牵头筹备，汲收民革中央有关同志参加，这样会更有利于孙中山研究。中共中央批准了这个建议。吴茂荪同志担任民革中央负责工作，自然是最初那个创议的参与和设计者之一。

当近代史研究所接手筹备以后，1983年冬成立了由中国社会科学院党组书记梅益、中央统战部副部长李定、民革中央副主席吴茂荪、全国政协副秘书长杨拯民、中国史学会主席团成员吴于廑和我参加的筹备工作领导小组。随后，这个小组举行过几次会议，对于团体名称、宗旨、任务、章程、理事会组成和最近几年的工作计划进行了较为详细的讨论。现在我查到小组会的记录，吴茂荪同志的发言保存完整。他说，中央统战部建议把孙中山研究会办成一个全国性的学术团体，这是正确的，研究孙中山主要靠学术界。民革中央可以、也应该尽力给予帮助。既然是研究会，就要搞研究，要注意保持学会的学术性。理事会成员绝大多数应是知名的学者。民革中央的同志不宜过多，有少数代表就可以了。会长、副会长应由在学术上有地位的同志担任。

---

[1] 原载《近代史研究》1989年第1期。——编者注

请胡绳同志任会长，刘大年同志任副会长，马璧先生可考虑做常务理事，总之，要比民革中央原来的设想更切合研究孙中山的需要。1984 年 1 月 16 日，在北京举行的纪念中国国民党第一次代表大会 60 周年学术讨论会开幕，同时宣告孙中山研究学会成立。吴茂荪同志的主张为大家所充分采纳。经过讨论，更加具体化了。学会理事会中，屈武、朱学范二老任顾问，理事有马璧、吴茂荪、贾亦斌，其他均为专业的近代现代史、文化思想史研究者。学会成立的消息和理事名单发表在《人民日报》上。

一个时期以来，各种各样的学会、研究会云蒸雾集。孙中山研究学会在国内外学术界可能比较为人所知。1985 年和 1986 年，它分别组织了两次国际学术讨论会。前一次会的主题为“孙中山研究述评”，目的在于了解国内外研究孙中山的状况，也是纪念孙中山逝世 60 周年。业经出版的《回顾与展望》一书，表现了那次讨论会的成果。第二次讨论会的主题为“孙中山及其时代”，是为了纪念孙中山诞辰 120 周年。讨论会的论文集不久即将问世。使我们深感遗憾的是，茂荪同志过早地离去，他没有能够参加亲自筹划过的两次学术界盛会。我们回顾孙中山研究学会取得的工作成绩时，是不应该忘记茂荪同志和他的贡献的。

题目中应有的内容，到这里就讲完了。现在回头来介绍我在解放战争初期偶然见到并保存下来的一本小册子，其中记述有抗日战争期间，老革命家、忠贞的共产党人王昆仑与蒋介石进行面对面斗争的动人故事，也有关于茂荪的简短载记。王、吴两位从事过共同的活动，值得一说。

小册子名叫《重庆的喜剧——国民党第六次全国代表大会的内情》。在揭露“汉奸、赃犯均被鼓励重用”的一节中，有如下大段文字：“三月十号（按：国民党六大 1945 年 5 月 5 日开幕，21 日结束，‘三月’当为‘五月’之误）这天上午，大会举行军事质询。中委王昆仑（按：王为候补中委）提出了三项质问：第一项是说，大会已经开了好几天，却对于怎样打败日本没有什么讨论。请问到底有没有抗战的决心？第二项是问当局有没有配合盟军反攻的计划？第三项是指出要‘明赏罚’，举方先觉为例。他说：‘方先觉同志起初是英勇地保卫衡阳（？），之后又发出通电，说了“来生再见”的豪语。当衡阳失守之后，大家满以为他一定是牺牲了，哪知敌寇忽然广播他投降的经过，并且还把他投降的经过拍成电影。社会一般人都传说他真的投降了。可是不久之后，他又是以“民族英雄”出现在陪都，且委之以军职！建议此次大会应对此事有明白态度。如果他的确是“民族英雄”，大会应为方同志辩白。’这一质问，这一检举汉奸的案件，总可以算是含糊不得的了吧；而且王昆仑的口气又何等委婉软弱，还侧重于给方先觉辩护。可是你猜结果怎么样呢？不一会，蒋介石到场了，他在骂过乔鹏书等不该检举某某之后，接着就故意问：‘刚才是谁在此地提出军事询问案的？’CC在台下大叫：‘是王昆仑！’他即破口大骂起来！他说：方军长功在党国（！），你污蔑（？）他，就是污蔑全国军人（！）。你身为中央委员，在家里却勾结共产党，你以为我不知道吗？你竟然在党的大会上替中共说话，你简直是中共的代表。中共是个什么东西？你这样做，何不早日退党？我知道现在有许多人见到中共有力量，准备将来摇身一变，当中共中委；所以现在处处留后步，处处替奸党说话。这种人简直无资格当中委！这个时候，王昆仑要想起来把话说个明白，蒋介石拍着桌子大叫：‘不许你说话！不许你说话！不许你说话！’一连三次，都被这样挡了下去。CC分子又乘风纵火，大叫把王昆仑拉出去枪毙。把王昆仑气得直发抖。散会后王昆仑向人表示，不愿意再出席受气了，以示抗议。”“不过蒋介石这种蛮横的行径，却也引起了很多人的不满。有的元老说：‘这种举动，完全是穷凶极恶，没有人性的表现。他这种准备内战的行动，是自掘坟墓。’另有些元老，写信给蒋介石：‘假如不改变作风，国民党全国代表大会这恐是最后一次了。’李（宗仁）白（崇禧）两人也表示愤慨，后来白氏还写了一封信给蒋介石，大意告诉他说，王氏在质询中并没有像他所想象的那样严重。白并向人表示，他本人及与桂系有关的三十多代表，将作王氏后盾，选王当中委。以至连陈诚亦觉得蒋氏讲得过火，这样一来，蒋介石发觉到自己处于不利的局面之中，于是才在十四日出席纪念周作报告时，自认‘说话失态’，要大家不在意。同时由张治中出面派黄少谷去见王昆仑（按：据王枫同志回忆，与王相见的是张治中本人，而非黄少谷。此事为她所目击），希望他能继续出席大会，以挽蒋氏面孔。这一幕才算过去。”今天读这两段文字，我们犹如身临其境，看到了革命先辈王昆仑同志是怎样勇敢机智地同蒋介石进行斗争，替革命人民伸张正义的。蒋介石说，他知道王“在家里勾结共产党”，显然没有拿到确切的证据。不然的话，这位“国民党中央委员”肯定早被枪毙，见马克思去了。

《喜剧》在“六大代表产生的经过”一节里，叙述竞选的种种活动，有一句“如吴茂荪的说帖……”。这说明茂荪在当时的政治活动中已经崭露头角了。在此以前，在周恩来同志指示和帮助下，由王昆仑、王炳南等组织的“中国民主革命同盟”即“小民革”已经存在，吴茂荪是“小民革”的成员、活跃分子。他的说帖现在没有见到。内容会反映出“小民革”的宗旨，可以无疑。

王昆仑、吴茂荪的背景情况，《喜剧》作者无从洞悉，文中对他们不免尚有微词，可以理解。但这更增强了记录的真实性，它使后人窥见了一些民主主义者、无产阶级革命家在特定条件下为人民事业奋斗的精彩片段。《重庆的喜剧》版权页上写着“中华民国三十五年三月”“现代史料社”出版。著者署名“王千秋”。这位王千秋是真名还是笔名，熟悉当时情况的人，也许会知道。

怀念黎澍同志①

黎澍同志从壮盛到晚年，长时间里与近代史研究所联系在一起。1954年近代史所设立学术委员会，他和胡绳、田家英等位受聘为学术委员。实际上，胡、田、黎三同志，不论在中宣部工作或在中央政治研究室工作，他们的看法、主张，对近代史所时常有所影响，与学术委员名义无关。1960年，他从中宣部来到近代史所，成为这个单位的负责成员之一。当时范文澜同志健在，黎澍又来此工作。国内一些老辈学者认为近代史所“站住了”；国外学术界也有人谈论重视近代史所的“动向”。作为一种评价，其中正有黎澍同志的学术造诣和贡献。

黎澍做事认真，思路灵活。他到近代史所来，头一件事是接办《历史研究》。尹达和我几年中各自忙于历史所、近代史所的行政事务，无法把精力投到刊物上去。1960年秋天，我们几次议论，觉得刊物内容越来越单薄，不像样子，难以向读者交代。要办好，必须有专人负责。黎澍是最理想的人选。恰恰这时黎澍找我征求意见，说他想走动走动，一是下乡，一是上山。我问上山指什么，他说到近代史研究所去。事情很快由中宣部决定，黎澍调任近代史所副所长和《历史研究》主编。刊物在他接手的头一期就耳目一新，往后几年一直保持较好的水平。多年办刊物、经验丰富这有关系，主要的是他思想灵活，善于出题目组稿，也肯下功夫改稿子，做事负责认真。

培养青年干部是研究所的基本任务之一。我在这方面说话不少，成效很差。黎澍对待青年热心，重视人才。他在近代史所分工管干部培养工作。1963、1964年，所里新添几十名大学毕业生。他给大家制订学习计划，开列书单，加以辅导。尽管那个读书计划执行时间不长，由“文化大革命”废止了，但它起了引导、启发作用。热心和善于启发，使青年们乐于同他讨论问题。有的同志在他的直接指导下取得了显著成绩。爱惜和重视人才，在黎澍的言谈

① 原载《近代史研究》1989年第2期。——编者注

中常有表示。《历史研究》编辑部接受沈元来工作，是大家知道的例子。沈元确有才能。我对一位同志说，《急就篇研究》我写不出来，你也写不出来，是实在的话。但沈元来到所里，就像投石入水，立刻激起一阵波浪，内外反对之声不绝于耳。后来发展为见诸文字批评。黎澍受到压力，没有动摇。才能和权力、旧俗、忌妒心理等等矛盾冲突，本来司空见惯。“德才兼备”的正确要求在那种不正常情况下又失去本意。爱惜人才，用得其宜，谈何容易。研究机构怎样培养干部，并没有一套行之有效的办法。黎澍提出了办法，更树立了一种精神。近代史研究所在这方面比以前有了改进，主要归功于他的努力。

学术研究工作要求发现问题，解决问题。写文章总要有点新内容新认识，关键在于理论思维。黎澍对此一直是强调的。50年代，某次同他谈起近代史所的工作，他说，你们那里恐怕是资料太多了，有的人写东西一味罗列史料，总提不高。他自己写文章常常有新看法，重视理论观点。这是同他力求掌握、熟悉马克思主义文献相联系的。60年代初，他主编了《马克思主义经典作家论历史科学》那本书。在近代史所工作期间，又对旧本重加厘订。关于这本书，“文化大革命”前夕，有人提出《论历史科学》大谈详细占有材料，坚持科学性等等，是严重的错误，必须加以批判。黎澍知道以后尤为激动，说批判去吧！不管怎么说，那上面都是马克思的话！现在人们不大提起这本书了。寻章摘句，教条主义只会把学术研究引入绝境，我们要坚决鄙弃、克服之。用马克思主义观点研究问题，当然要熟悉马克思主义文献。以为熟悉文献就等于教条主义，那就不对了。与几本同类的书相比，我觉得《论历史科学》最为平实，反映了编者对问题的认识高度。

勇于探索，不断革新自己的看法，是黎澍对学术研究的一个特点。“文化大革命”以后这点表现得尤其显著。1981年写的辛亥革命的文章叫作《再认识》。前几年出的书特地取名《再思录》。它们明白表示了作者革新自己观点的追求。舍弃陈说——不管是多么权威的陈说，探求新知，是科学研究本来的品格。凡是追求科学真理者总要保持这种品格。黎澍为此锲而不舍，直到最后。“烈士暮年，壮心不已”，那是一种难得的气概。

他的革新观点中，认为人民群众是历史创造者的说法不能成立，引起了学术界的讨论和争论。近几年我们住处虽然相邻，总是各人忙于手头的事，没有在一起讨论过这个问题。有的同志问我对此有何评论，我的看法是：第一，历史是人或人们创造的，这不能算作对问题的回答。因为一般谈历史，本来说的是人类社会的历史。古今中外从来没有人说它不是由人自己创造的。物以类聚，人以群分，问题在于他们究竟怎样创造了自己的历史。第二，现在争论的双方，都并非无懈可击。反驳文章指出了黎文若干弱点，但限于如何解释马克思主义著作等具体问题，没有能够对其核心部分展开相反论证。所以这种驳难，并不足以使对立面相形见绌，或者失去存在的理由。第三，人民群众是否历史的创造者，这样来进行争论，答案就只能直接归结为是或否，机械而单一。其实事实比这远为复杂。把问题改换为人民群众如何或怎样创造了历史，讨论就会掘进一层，增加深度和广度。“如何”或“怎样”的问题解决了，“是否”的问题也就切实解决了。第四，不少研究者不赞成黎文论点，而又不能有力地驳倒它，说明了这样一个事实：以前大家讲人民群众是历史创造者，是把它看作一个科学定论的。至于为什么，却很少认真思考。论证当然也有，现在看来，那些论证或者片面，或者不深入充分。相反的意见一经提出，始而愕然，继而僵持不下。僵局不会长久保持，分歧将推动各种不同观点的研究，彼此竞赛，最后的结果无论哪一方被肯定，哪一方被否定，或是出现第三种结论，都是科学上的前进。这个事实，正好指出了黎文新观点的意义。

黎澍同志是湖南醴陵人，醴陵近代以知名人士众多著称。抗日战争初期和60年代，他又在湖南工作和蹲过点。那里一些青年知识分子同他有交往。他的回忆录《早岁》就是在湖南人民出版社出版的。主办其事者为著名的鲁迅研究家朱正。韩愈评论柳宗元的时候说：“衡湘以南，为进士者，皆以子厚为师。其经承子厚口讲指画为文词者，悉有法度可观。”我没有去具体了解黎澍的研究工作使哪些衡湘青年受益而成为“进士”。但是我可以肯定，他的工作精神、治学和对待青年的态度、学术观点等，不只是与近代史研究所直接相关，也与全国学术界有关。在怀念这位革命老同志、老战友的时候，我把想到的这一些写出来，公之于学术界，同时，希望有更多的青年朋友，从逝者的成就中汲收有用成分而加速成为“进士”。

田家英与学术界 ①

田家英同志是我所认识的革命知识分子中的佼佼者、出类拔萃者之一。他对革命事业忠心耿耿；他身上找不出知识分子通常难免的小毛病；他才华出众，有很强的思想能力。就是这样一位革命者也葬身于“文化大革命”中了。“火炎昆岗，玉石俱焚”，熟悉他的同志何止为他个人痛惜！

田家英的主要工作和活动不在学术方面，这并非说他在学术工作上无所成就，没有贡献。他不只把自己的渊博知识、理论修养应用于实际工作，也积极参与学术研究，关心学术工作。就我同他接触的一些情况略加叙述，也许从中可以窥见一斑。

西柏坡讨论中美关系史

田家英这个名字，解放战争初期我就知道了。他的《民国以来大事年表》那时已经由延安传入华北解放区。同他头一次见面是1948年9月在建屏西柏坡村。1947年秋天，我利用养病时间写完了《美国侵华简史》初稿。一直搁在手里。1948年8月，北方大学从山西潞城经河北邢台再迁到正定与华北联大合并，组成华北大学。《简史》初稿也随即送请华北局审查。解放区出书没有什么规定，我和范文澜同志都觉得这个稿子仓促草出，送请上面审查一下很有必要。不久接到华北局宣传部长周扬同志回信，说稿子要请在中央宣传部工作的陈伯达看，已经转往中央机关驻地西柏坡，我可以自己去接头。艾思奇同志这时由中宣部临时派在华北大学兼职。他担任研究部副主任、党支部书记，我是副书记。艾思奇给陈伯达写了一封信，介绍我去当面听取意见。又附一张便条，请田家英同志给予帮助。正定县城到西柏坡一百二三十华里。

---

①原载董边、镡德山、曾自编《毛泽东和他的秘书田家英》，中央文献出版社1989年版。——编者注

我带了一个通讯员，骑马快行，第二天上午9点多钟即到达目的地。西柏坡村子很小，最详细的军用地图上也没有标识。村子北倚山岗，南对乱石河滩，一色矮墙土顶农家住舍。有些小院子看来是新盖的，农民不住在里面。我很快找到了陈伯达和田家英同住的小院子。他们似乎知道我要来访。陈伯达说，《简史》稿子田家英看过，他会讲需要如何修改。要我在那里先住下，工作和生活由田家英安排。家英派人引我到相距几百米的东柏坡村，与翻译家石盘住在一起，下午就开始工作。一连六天，先后访问王炳南、柯柏年等几位同志，想从他们那里搜集资料，不过并无所获。中间陆定一同志找去谈话一次，以示鼓励。家英一同前往。

《简史》稿缺乏原始资料。清末以前的部分还能利用《李鸿章集》《六十年来中国与日本》等书，越靠近现在的部分，越找不到第一手资料。叙述又有简单化和不确切的地方。家英对书稿的意见也集中在这两个方面。为了资料问题，他特地与主管档案的同志接洽，让我看了当时属于机密的赫尔利在延安与毛泽东谈话的记录。书上最初关于赫尔利来华的一段，就是根据那个记录叙述的，不过没有列举五条协议全文。后来修订，依据《中美关系白皮书》引上全文，其他照旧。稿子不久又由艾思奇看过一遍。最初出版的人民大学本和新华时事丛刊本载有范老主持修改的《前记》，那上面说，“本书原稿曾请几位同志审阅，得到很多指正……”这“几位同志”就是田家英、艾思奇两位。与陈伯达几次见面，他每次都发一些议论，如说做研究工作要多读理论书，多读资料书，文章要改十遍，靠自己改，等等，对于书稿本身没有讲什么话。

家英给我的观感是盛年英俊，气宇开朗。待人处事老成练达，富有才华而绝无锋芒。熟悉毛泽东著作和党的文献，谈论问题实事求是，不带教条气。进到北京以后，我们的接触增多。他最初给我的观感没有改变，而是更加充实了。

一起编写《中国史稿》近现代部分

1955年起，田家英与胡绳、黎澍同时担任近代史研究所学术委员，对开展近代史研究出过不少主意。其时，中国科学院已经成立三个历史研究所，经过酝酿，郭沫若同意主编一部中国通史，范文澜则继续写他的《中国通史简编》，各讲各的观点，推进历史学领域的百家争鸣。郭编通史后来定名为《中国史稿》，古代部分由历史所承担，分为一、二、三册，尹达负责组织编写；近代、现代分为第四、第五册，由我和家英主持编写。第五册从五四运动至中华人民共和国以前，即当时所说的现代史。家英负责第五册。他很快抓起来，一面着手编纂南京国民党留下的从北洋军阀到1949年以前的部分档案；一面开始组织写作班子。那时他住中南海静谷。我和近代史所南京史料整理处负责人王可风在他的住处讨论整理档案的计划，组织了史料整理处一批人投入编纂工作。

家英和我几次就《史稿》第四、五册应该写成怎样的书交换意见。我们得出的看法大体上是：今天要提供的是一部完整的新型的断代史，它必须不同于中国所有旧的断代史。旧的断代史以二十四史为代表，叙述一个朝代的兴亡起止，所谓一代有一代之史。旧断代史有一定的合理性，因为那些王朝确实在某种程度上表现了中国封建社会历史行程的段落和特点。现在我们要处理的历史与那个时代完全不同。如果把近代、现代照老章程分为一部晚清史和一部民国史，那会出现明显的问题。首先，无法让人切实地知道，近代社会各阶级怎么相继走上历史舞台，以后它们又怎么或者相继退出，或者进一步壮大了的；也无法让人切实地知道它们的内在联系和其中有怎么样的规律性。因为朝代起讫的形式掩盖和割裂了它们实际上的联系。其次，那样做，从朝代来说也是支离破碎的。“晚清”只是小半个朝代，“民国”又绝非一个政权，也就不成其为一个与过去朝代相同的独立朝代。所以一部完整的近现代史，必须是一部打破朝代，按照社会阶级关系演变发展去叙述的历史。同时，中国近代的革命运动与反动统治表现了历史运动两个方向的对立，并非表现历史分成了对立的两块，彼此无关。两个对立方向是同一历史过程的两面。没有反对革命的一面，就没有革命的一面。我们不能只讲革命的一面，不讲反革命的一面，我们不能跟旧的历史书那样，把反动统治阶级看作历史的主宰和灵魂，但这不等于只需简单地把一切都翻一个个，就算正确说明历史了。历史的两面和分作两块是不一样的。前者是而后者非。什么题目都可以写书，晚清史、民国史自然也可以写书，就看你的目的、要求如何，以及打算给读者什么样的历史观点、历史知识。还有，历史书应该讲基本事实，让人知道历史的基本内容。如果其他都讲了，就是没有讲主要的人和事，那样的书必定无人理睬，只有像前人说的拿去糊壁覆瓿。历史讲以往的事，要反对实用主义，各取所需；近代现代史和当前联系密切，又要注意不可脱离现实，等等。

《史稿》第五册写作班子先后十来人，是从各地区和部队借调来的，他们多为写作熟手。家英制订提纲，看过部分稿子，并参加了讨论修改。我也在写作组办公的沙滩中宣部大楼里参加过一两次讨论会。“文化大革命”开始前被迫停下来，终未成书。稿子也散落不知去向。不是发生那场大动乱，家英是会按照自己的思想、风格留下一部现代史著作的。现在我们看到的与写书有关的近代史研究所南京史料整理处即后来的中国第二历史档案馆出的《现代政治史资料选辑》若干辑，家英也有一套。他很珍视这套资料，并颇有兴致地翻阅了一部分资料；在重订《民国以来大事年表》一书时还使用了其中的一些材料。他对第二档案馆编辑这套资料的工作，甚为称赞。

在李秀成评价问题上的主张

李秀成评价问题，学术界早有不同说法，但没有展开争论。1963 年戚本禹写的《评李秀成自述》一文，带有明显的政治批判的调子，很快引起了学术界的注意。家英先后两次在这个问题上表示了自己的主张，话不多，但很重要。

第一次是 1963 年夏天《历史研究》编辑部接到戚本禹投来的稿子。编辑部有同志知道戚在中央办公厅工作，打电话问田家英是否知道这个稿子和有什么意见。家英知道此事，明确回答不要发表，并且说“这个人不好”。我和黎澍、尹达三人是常务编委。编辑部送稿子给我看，并转述了家英的主张。

如果我不提出相反意见，戚文肯定不会在《历史研究》上发表。那样，事情将和后来的情况有所不同。我看过戚稿以后马上作出一个判断：此件《历史研究》不发，其他报刊也肯定会发；别的报刊突然发表了，在近代史研究所工作的罗尔纲将处于挨批判的状态，非常被动。我主张《历史研究》发表戚文，罗尔纲也写一篇表态文章，作些说明，同时发表，争得主动。我先商得黎澍同意，也给罗尔纲写信，说明这样做的好处。经过短暂讨论，然后是戚、罗两文同时发表在《历史研究》1963 年第 4 期上。大约个把月以后，周扬在中宣部召开会议，要历史学界讨论戚本禹的文章。他的主要意思，是说太平天国农民战争是近代中国人民反帝反封建的先驱，论李秀成的功绩和他的最后表现，都应该作为农民革命英雄加以肯定。否定李秀成等于否定共产党领导革命斗争以前的反帝反封建的先驱者，这对学术研究、现实斗争都不足取。建议大家讨论一下，究竟如何看待。这个讨论会很快在近代史研究所举行了。侯外庐、翦伯赞、范文澜等先后发言，不赞成戚文全盘否定李秀成，不过谁也没有赞成伪降说，而认为需要具体分析事实。你一言，我一语，并无长篇大论。末了，决定由近代史所写篇文章，对戚文作出回答。这就是我执笔的由《历史研究》排出了校样的《李秀成评价问题》。

家英第二次对这个问题发表意见，是在这年的 11 月间。《评价》排出来以后，送给了周扬和主管理论工作的康生等人，也送给了田家英。大约 10 月底我在北京饭店的一个场合见到周扬，问他看到稿子没有。他说看到了，紧接着又加上一句："可以送给主席看看嘛！"这表示他认为稿子还说了一点道理。我对于送给主席看，觉得应该慎重。打电话同家英联系，想知道他的看法。他正准备赴外地工作，托我暂时照管一下《史稿》第五册的编写工作，相约面谈。这时他住中南海永福堂。房间宽大，四周排列一圈木制简易书架，中间仍很空旷。对于《评价》和周扬的主张，他讲了两点意见。第一，李秀成的评价不难讲清楚。他很愿意写一篇文章讲讲自己的看法。可惜没有时间，不能实现。赞成我在稿子上一面批评戚文，也一面批评伪降说的办法，认为只批评一面是不行的。第二，《评价》稿送给主席，这事很简单。他只需交给办公厅通讯员，马上就能送到。但要我和周扬再考虑一下，说"我怕给你们找麻烦"。并要我们研究好了告诉他一声。我回来以后决定稿子不送，也不发表。这两点意见中，第一点明白表示了不同意戚文的说法；第二点，对后来的思想理论斗争颇有关系。"文化大革命"中，《人民日报》刊载整版批判文章，通栏大标题叫作"周扬刘大年之流是叛徒的辩护士"。假使《评价》稿送给了主席，很可能招来一个驳斥的批语。那样情况就会更糟，将不限于周扬和我遭到一场口诛笔伐。从这里可以看出家英观察问题敏锐，处理事情稳练。他的人品尤其值得尊敬。

事情过去六七年以后，几次碰到同志们提问：你批评戚本禹的文章必有一番道理，到底怎么讲的？因事隔多时，没有留下多少记忆，无法回答。前年出史学论文《选集》，又有同志建议收入《评价》稿，留下一个供后来者研究的资料。我说已经没有底稿，而且最好让它永远湮没算了。谁知事出意外，去年9月忽然从旧书堆中发现一个《历史研究》排印稿，上面并注有“修改稿”字样，约16000字。这里摘录关于李秀成本身的几段如下：

> 李秀成不是太平天国早期领导集团的成员，但他是太平天国后期一位重要人物。
>
> 李秀成距今140年前出生在广西藤县一个贫苦农民家庭里。28岁以前一直在家乡过着种地帮工的劳苦生活。1851年太平天国在金田起义。李秀成全家受到农民革命火炬的吸引，烧毁破旧的庐舍，破釜沉舟地投入太平军。从这时起，李秀成个人的命运与这次农民革命的命运血肉般地凝合在一起，同国内外的敌人进行真刀真枪的斗争成了他的生活的基本内容。李秀成在太平天国从普通士兵渐次擢升而至军事统帅，在各种不同的情况下为农民革命的事业斗争了14年。1864年7月19日太平天国首都天京失陷，他保护幼主冲出城外，未能远逃。7月22日落入清军手中，开始经受新的考验。据当时目睹其状的曾国藩幕僚赵烈文记述，李秀成被解入清营时，曾国荃“置刀锥于前，欲细割之。……叱勇割其臂股，皆流血，忠酋殊不动”。他在刀锥的威胁下，没有屈服，也无所畏惧。当夜赵烈文问以“汝今计安出”，他回答说：“死耳。顾至江右者皆旧部，得以尺书散遣之，免戕贼彼此之命，则瞑目无憾。”他被关入敌人的囚笼，并受到汉奸刽子手曾国藩的讯问以后，着手写《自述》。这篇《自述》里面包含着一个革命者应有的豪言壮语和光辉的思想，同时也有不少谄谀敌人、丧失革命大节的卑污言辞，甚至提出了“收齐”太平军余部向敌人缴械的建议。但是卑躬奉承并不能换到敌人的仁慈。《自述》写到第九天，还来不及煞尾，曾国藩便对他下了毒手。他在生命的最后时刻，又恢复了固有的英雄气概。他写下绝命词，表其尽忠革命之意，然后引颈就戮。这就是李秀成的一生。
>
> 农民革命领袖要受到农民阶级局限性的约制，可以对统治者抱有幻想，但并不是每个人都必然要抱有某种幻想。就李秀成而言，统治者施加的鬼蜮伎俩——曾国藩对他的恶毒欺骗大为加深了他本来就存在的幻想。这是特别值得注意的。曾国藩的欺骗，第一是从

李秀成的态度变化中得到了证明。由前面引述的赵烈文的日记可以看出，李秀成刚一落到敌人手里，就有希望他的部众免遭屠戮的想法。但是起先在曾国荃面前的表现和后来在曾国藩面前的表现很不相同的。最初曾国荃用刀锥碎割威胁他，李秀成丝毫不为所动，并且对刽子手加以轻蔑和嘲笑。曾国藩和他谈话以后开始写《自述》，态度就变得软了些；越往后，这种软化在《自述》里就表现得越明显，曾国藩究竟对他讲了些什么，现在没有这方面的记载。《自述》的最后部分有“昨夜深惠厚情，死而足愿，欢乐归阴”等字句。李秀成得知他将被处死以后，还说了“中堂厚德，铭感不忘，今生已误，来生愿图报”的话。如果不是曾国藩口头答应不杀他的部众这一类要求，那么对一个杀身仇人要这么感恩戴德、欢乐归阴，是不可理解的。第二是从曾国藩的活动中得到了证明。李秀成落入清营不久，曾国藩就决定要在南京杀害他。7月29日，即李秀成被俘的第七天，曾国藩在给他儿子的信里就说：“伪忠王曾亲讯一次，拟即在此杀之。”赵烈文8月3日日记写道：“晚至中堂处久谈，拟即将李秀成正法，不俟旨，以问余。余答言：‘生擒已十余日，众目共睹，且经中堂录供，当无人复疑，而此贼甚狡，不宜使入都。与中堂意同。’”8月5日，赵烈文又写道：“中堂具奏……李秀成先行正法各情。”可是一直到8月6日即李秀成被害的前一天晚上曾国藩与他谈话，还是绝口不露杀害之意，反而面告李秀成，他“连日正踟蹰此事，俟定见后再相复”。曾国藩就这样故示宽大之意，来欺骗李秀成，软化他以死报国的决心，加深他依靠统治者来保护太平天国部众的幻想。李秀成在曾国荃的刀锥碎割下，表现出是一只落在陷阱里的威猛的狮子；在曾国藩甜言温语的诱惑下，变成了一个受害的可怜虫。统治阶级长期奉为神圣的曾国藩这个刽子手是多么奸诈，多么毒辣！

李秀成是一个有错误、有污点的农民革命英雄，但仍然是一个农民革命英雄。李秀成的错误在他光辉的一生里是一个重大曲折，但是他对革命立下的巨大功勋和最后仍然尽忠于太平天国而死足以压倒那个曲折。

康生见到这个稿子，起初不表态。后来他开口了，说是折中主义，莫明其妙。“文化大革命”中传出的毛泽东关于李秀成《自述》的批语：“白纸黑字，铁证如山，晚节不终，不足为训”，至今没有见到正式文献上加以刊载。传说此事属实，现在的问题是，家英何以没有看到这个批语，不用说周扬毫无所知了。

对于李秀成的是非功过，我在1964年以后写的文稿中已经另作论述。这里摘录未发表的《评价》稿，是为了知道田家英的主张，并非表示我又回到那个放弃了的看法上去。家英认为问题不难说清楚，他愿意写文章，这说明他不同意戚文，同时，对《评价》稿也感到并不满足。

参加筹备近现代史学术讨论会

近现代史学术讨论会从1964年春天开始筹备，同年6月在北京民族饭店举行。中心是开展社会调查，推动近现代史研究。家英积极参加筹备，并准备在会上作一个关于加强现代史研究的报告。但开会前两个星期他出差去外地，而且地点经常变换，从这个省市到那个省市。每换一个地点，我们都电话联系。散会那天下午他赶回北京，晚上向与会者讲了两个钟头的话。因为租用的会场已经满期，讲话地点临时安排在民族文化宫西头地下室。他和周扬的讲话，当时都根据录音整理出了打印稿，“文化大革命”中作为批判的靶子使用过。最近查遍档案，已经没有留下一点踪影。有的同志能够回忆起某些内容，但残缺不成片断，无法详其精髓了。1966年5月我又去过那个地下室一次，在那里，康生主持、张春桥宣布一项决定：所有刊物，只要当天没有发行的，一律要刊载姚文元的《评三家村》，不照办者自己负责。疾言厉色，杀气腾腾，会场为一种邪恶气氛所笼罩。我是替代黎澍去参加会议的。当时，我脑子里闪过田家英讲话的情景，但不容许思索下去。

1964年春节前不久，家英和我还发起过一个小的集会，祝范文澜同志70寿辰。参加的有王冶秋、黎澍等七八人。每人掏人民币5元，在四川饭店聚餐一次。谈话中，家英讲，他正在收集当代名人书信手迹。不是要一般书信，只要写给他的亲笔信，而且是要毛笔写的。毛主席、朱总司令、其他领导人、名人，写给他的毛笔信都有了，但没有范老的信。他想最近写信给范老讲点什么，希望得到一封毛笔回信。学术界其他知名人士的信他也打算收集一些。那次集会没有人作学术讲演，也没有发表什么文字。但那是田家英参与的学术界的一次集会，表明他与学术界保持着密切的联系。

中国革命队伍里的知识分子，才能出众者不知凡几。他们的建树有异，原因自然非止一端。一个人的优秀杰出，并不取决于他的才能禀赋，而取决于他的志向理想，坚强意志，不断追求新的境界。我说田家英是革命知识分子中的出类拔萃者，主要是指的后面这个方面。1948 年我们在西柏坡头一次见面，他住的两间小屋空空荡荡，工作案右侧土墙上贴的一条毛边纸大字条幅引起了我的注意。条幅上写的是王国维《人间词话》讲成大事业、大学问者要经过三种境界的那段话："昨夜西风凋碧树，独上高楼，望尽天涯路，此第一境也。衣带渐宽终不悔，为伊消得人憔悴，此第二境也。众里寻他千百度，蓦然回首，那人正在灯火阑珊处，此第三境也。"王国维那段话别人也有引用的，各人欣赏的角度、切合程度不会一样。田家英那时引用它，自然是表示他强调一个革命者要有恢宏抱负和坚强的意志、奋力追求精神。他自己的思想境界与风格也从这里得到了体现。愈到后来，他愈加淬砺奋发，为人为学，峣然矗立，足以称为革命知识分子中的一位典范人物。王国维说的"众里寻他千百度"，是辛弃疾某词中的一句话。回忆家英，我不禁反复吟味这句话，觉得他尽管在学术上没有留下很多著述，却是一位值得千百度寻找的人物。

侯外庐与马克思主义历史学①

侯外庐同志自1934年刊行《中国古代社会与老子》一书起，发轫了他的历史研究工作。无论从着手的时间和往后所取得的重要成就来看，他都应当排列在中国马克思主义历史学先驱者的行列里面，而且是这个行列里特色显著的一员。

我最先读到的侯老著作是《中国近世思想学说史》。其时抗日战争结束不久，我正准备研究近代史。解放初期，和外庐同志在北京开始认识，但无个人间交往。1953年秋冬，中国科学院决定增设两个历史研究所，我参加筹备的具体工作。到1954年2月，历史第二所的副所长人选还没有确定下来。胡乔木同志负责中宣部常务，一个晚上我去中南海来福堂他的住处汇报情况，恰逢黎澍同志也在那里。乔木当即口授、由黎澍笔录给西北局一个电报，调西北大学校长侯外庐担任历史第二所副所长。大约十来天以后，我接到外庐同志一封长信，说他欣然奉命来京，询问两个历史所筹备情况，并提出自己的建议。从那以后我们就在一起工作，至今三十四五年了。侯老的学术研究范围很广，我所知有限，试说一点认识，同各位研究讨论。

同中国所有最早的马克思主义历史学者一样，侯外庐首先注重于根据中国实际材料，检验和探讨马克思主义著作上关于人类社会历史发展阶段的叙述，确认中国古代存在奴隶社会，和奴隶制向封建制及其以后阶段的演变。他和同时代的研究者们得出一个共同结论：中国历史和世界历史都是遵循同样的客观规律向前变化发展的。他们研究古代，又都一致地着眼于认识当前"中国社会已经走到了什么阶段"，解决中国向何处去的问题。至于奴隶社会起止的时间，中国奴隶制、封建制历史与欧洲或其他地区的历史，哪些接近，哪些迥殊，他们觉得这些问题虽然需要解决，但与世界历史共同规律相比，则

---

① 原载《历史研究》1988年第1期；又载西北大学思想文化研究所、中国社会科学院历史文化研究所中国思想史研究室主编的《纪念侯外庐文集》，陕西人民教育出版社1991年版。——编者注

次要得多。看法不同，就无妨各人讲各人的。

侯外庐的主要研究方向，一为中国古代社会史，一为中国思想史，著作宏富。古代史的论述集结在《中国古代社会史论》《中国封建社会史论》两部书里面；中国思想史的论述，与杜国庠、赵纪彬、邱汉生等合作，最后编辑整理成《中国思想通史》，凡5卷6册；又与邱汉生、张岂之主编《宋明理学史》，共合四百数十万言。再把和这几部著作内容相近、书名不同的《中国古代社会史》《中国近世思想学说史》和即将与读者见面的《侯外庐史学论文选集》等加在一起，全部当在500万言以上。那些论著，30年代末和40年代初以后陆续问世。在此以前，郭沫若、吕振羽、杜国庠等人，已经在中国古代社会史、思想史这两大领域建筑起了马克思主义研究的阵地。外庐同志那些数量可观的著作，则用富有特色或特点的成果使这个阵地得到了继续加强和扩大。这些特点，是把研究内容与方法结合在一起的。

侯外庐历史研究的头一个特点，是突出基本理论，重视理论探讨。早在1939年发表于《中苏文化》上的《社会史导论》，和40年代前期相继发表的《中国古典社会史论》《苏联历史学界诸论争解答》中，这个特点就鲜明地呈现出来了。它们的内容为关于社会发展史指导规律的问题、关于亚细亚古代社会法则的问题和关于亚细亚生产方法适用于古代中国的问题。《解答》自序中说，这本书是关于历史发展规律的研究，和哲学、经济学的范畴有密切关系，试图结合具体材料来说明中国历史唯物主义基本原理中的生产方式、生产力和生产关系学说。《社会史导论》和《解答》中，不同意《联共党史》上斯大林关于生产方式是体现着生产力与生产关系“两者在物质资料生产过程中的统一”那个提法，认为它不符合《资本论》第2卷《生产资本的职能》一节里关于“不论生产的社会形式如何，劳动者和生产资料始终是生产的因素”的界说。“特殊的（历史上一定的）生产资料和特殊的（历史上一定的）劳动者（力）二者的特殊结合方式”，才是生产方式的准确定义。在基本理论问题的研究阐述中，有两个理论观点贯串于外庐同志大部分著作里面，那就是亚细亚生产方式和封建土地国有说。1946年写的《中国古代社会史》自序中说：“我个人在这一门科学的探究之中，有15年的经验。一则是步着王国维、郭沫若先生的后尘，二则是继亚细亚生产方法论战的统绪，更在这两方面要求一个统一的说明。”在另一个地方又说，郭沫若曾把他的《中国古代社会研究》看作恩格斯《家庭、私有制和国家的起源》的续编，“而我在古史研究中，则比较注重做马克思关于亚细亚生产方式的‘理论延长工作’”。其结论是马克思所说的“古典的古代”与“亚细亚的古代”都是奴隶社会。它们不存在顺序的先后，但各自走着特异道路。“古典的古代”是革命路径，“亚细亚的古代”则是改良的路径。前者即所谓“正常发育的文明小孩”，后者为“早熟的文明小孩”。封建土地国有说，是根据马克思讲到过土地私有权的缺乏，“可以作为了解‘全东方’世界的关键”的论述提出来的。中国自秦以来，皇权垄断土地，是封建的中央集权主义的经济基础。地主阶级对土地只有“占有权”，农民对土地只有“使用权”，封建帝王的土地所有权，即封建土地国家所有制形式。他近年写《韧的追求》，总结自己一生学术研究，亚细亚生产方式探讨和封建土地国有说，仍摆在突出的位置上。

论述马克思主义基本理论，必然要广泛涉及马克思主义文献。侯外庐的著作上应用马克思主义论点来具体分析历史问题的地方很多，时发精到可喜之论。这与他早年从事《资本论》翻译分不开，更主要的是表现了他重视历史研究的思想性和理论性，不少创见与直接引用马克思主义的论点联系在一起。

侯外庐研究历史的再一个特点，是经济基础与社会思想的“完整平行”研究。《中国古代社会与老子》那本最初的历史小书，就注意到了社会史与思想史的彼此联结。30年代末至40年代中期，著者连续发表社会史研究的著作；40年代初，又开始致力于研究中国思想史。1944至1946年，《中国古代思想学说史》《中国近世思想学说史》相继刊行。1946年又出版《中国古代社会史》。50年代至70年代，仍交替印行中国古代社会史与思想史这两方面的著作。社会经济基础与社会思想在著者的研究中，确实是有计划“完整平行”地进行的。

历史囊括人类社会生活的一切。为什么要把社会史与思想史放在同等的地位上研究，外庐同志在《中国古代思想学说史自序》上说，此书为《中国古典社会史论》姊妹篇。历史与思想相互一贯自成体系，研究中国思想史当以中国社会史为基础。后来又多次讲这个问题，强调他自从事历史研究以来，“一向等量齐观重视社会史与思想史的地位，夙志完成的《中国思想通史》，便包括着完整的、平行的社会史研究计划。……各历史时期主要思潮的研究，都有该时期社会研究相互印证”。《中国思想通史》各卷都有社会史研究作为基础，唯独第4卷叙述宋明理学与反理学思潮，缺少这个部分，未能弥补，铸成了遗憾的一环。他认为把社会史与思想史如此紧密地结合起来进行论述，在自己是第一次，“在并世学者的同类著作中或者也是较早的实践”。所谓“各历史时期主要思潮的研究，都有该时期社会史研究相互印证”，这就是说，坚持把社会思潮的研究建筑在唯物主义基础上。政治理论、社会学说、逻辑思想和哲学思想，都是思想史研究的范围。它们与基础的关系远近不同。一概简单地去相互印证，或主观随意加以解释，可能成为机械唯物论，那当然应该抛弃。但思想史和整个历史的研究一样，离开了对社会经济基础的认识、了解，那就意味着离开了科学基础，只能在旧的轨道上兜圈子。重视社会史或社会经济的研究，在历史研究中具有加强唯物论的普遍意义。郭沫若先写《中国古代社会研究》，然后写《十批判书》，社会史与思想史研究并重。但他主要限于古代。《中国古代社会史论》、《中国封建社会史论》与《中国思想史论》则把两者延续下来，思想史一直延续到了近代。

侯外庐历史研究的又一个特点，是创新与“决疑”。中国奴隶制与封建制从何划分界线，《中国封建社会史论》不同意西周封建说或春秋战国之交说，也不赞成魏晋封建论，而自创新解。他认为中国封建制的出现和形成，应在战国中期至秦汉之际。自商鞅变法，至秦始皇废除分封诸侯制度、实行土地私有和买卖、叔孙通制礼、萧何订法律等，表示封建制度完成了法典化。《中国思想通史》上对孔子以下的不少人物及其思想，每有不同于其他研究家的评论。郭沫若认为“仁”是孔子思想体系的核心。《十批判书》解释“仁”是“牺牲自己以为大众服务的精神”，是“一种平等的观念，把天子与庶人都扯平了起来”。侯书则认为“立于礼”是孔子思想的核心。“礼”在孔子的时代，具体指西周遗制，即一种过时了的古旧宗教仪式。孔子的“礼”“仁”观，都交织着主观上对旧制度的相对“正义感”，与客观上对新陈代谢的悲剧感的矛盾，交织着主观历史理想和客观历史动向认识的矛盾。郭说、侯说两相比较，侯说显得于义为长。董仲舒改造儒术，在政治和思想史上占据何种地位，汉代人就评论不一。司马迁只说他“名为明于《春秋》”，传公羊学。稍后，刘向、刘歆、刘龚父子祖孙四世自相争鸣。董仲舒认为“天人相与”，天人合一。章太炎站在古文经学立场上，说董仲舒是“神人大巫”。以前我们高等学校的教材评价董为“伟大政治家”。“天人相与”，天人合一，在近来的美学研究中，又有看作最高优美境界的。侯著上说，董仲舒的《公羊春秋》学，把儒家以道德情操为基础的正名主义加以庸俗化，把阴阳家的五行说加以唯理化，把秦汉王朝更替归结为奉天承运的天道之必然等等。董仲舒的思想是为适应封建专制主义而创立的颇具中世纪神学色彩的儒学。他的学说与汉武帝为实现大一统相呼应，但我们不能因为肯定汉武帝的历史功绩，就以简单的推理来肯定董仲舒的思想。这是应当坚持的。柳宗元与韩愈一同为“古文”运动创导者。韩愈坚决反佛，柳宗元深信天台佛学。他说“儒者韩退之责予不斥浮图”，其实浮图往往与《易》《论语》符合，不违异孔子的道理。前人研究柳宗元，没有对他作为唯物论思想家去评价的。范文澜《中国通史》说韩愈、柳宗元都是思想分成两截，半截唯物，半截唯心。侯书特别强调中唐参加政治改革的人，在哲学思想上表现出以无神论对抗汉以来神学天命论的，只有柳宗元、刘禹锡两人的无神论观，获得了唯物主义的理论基础。柳宗元在中国唯物主义和无神论发展史上占据着重要地位。这一点，千载未被人识。朱熹理学的解说评判，前人写的书汗牛充栋。《中国思想通史》上力破陈说，新解迭出，要点是朱熹的理学采取了佛学华严宗的思辨形式，它的自然观和社会观相对称。这种对称用思辨魔术先把自然秩序伦理化，然后以那种神化了的自然秩序，来证实现实社会秩序的合理性。朱熹的人性论借天命为媒介，把无人身的“理”化为“性”，演出“道心”主宰“人心”，天理克服人欲，精神控制肉体的僧侣主义命题，最后演出现实社会的“圣”即“理”的结论。他的格物致知，形式上是为了“穷理”，而内容则是三纲五常的伦理实践。朱熹思想体系中的“理”就像马克思批判蒲鲁东的唯心史观所揭露的那样，历史的运动只存在于“纯粹理性”的运动中，它也可以叫作“无人身的理性”。宋元以来一切反动统治者都要供奉“朱子”，依赖“理学”来巩固政权，这就容易说明了。《宋明理学史》上关于朱熹的讨论，不像原先那样偏重理论性，而是偏重知识性了。序言上仍指出，宋明理学，“从政治上看，它是思想史上的浊流”，从孔子起，凡非儒家学说，一概视为“异端”。“攻乎异端，斯害也已”。《中国思想史》第 2 卷以下，打破传统研究对象，论述了一批异端思想家、无神论者、唯物论者。这些论述着重于异端思想与正宗儒学的斗争，表彰中国思想史上的唯物论的光辉传统。这使从王充直到明代泰州学派、“异端之尤”的李贽、生活于明末清初近 300 年不为世所知的唯物主义哲学家方以智等人，都在思想史上获得了他们一定的地位。中国思想史因之境界一宽，长涛滚动，异峰突起。

求新与决疑，对每个学问家的要求都是一样的，而每个人提供的东西又是不一样的。科学研究的唯一任务，在于给人们认识世界增添新的知识，疑难解决了，新知识也就增加了。外庐同志的著作在这方面究竟提供了哪些重要东西，有待于大家去研究。我在这里只是随手捡出一些事例，而且也没有能够细说。

侯外庐研究工作的又一个特点，是以马克思主义理论为基础，自成一个学派。他的生平我粗有所知，最初见到《韧的追求》，只当作一般回忆录，未甚措意。近来再读，觉得它的价值主要是著者对自己在学术研究中逐渐形成的一个学派所作的客观而系统的叙述。所谓学派，通常指学术观点基本相近，一同讲学、研究、编纂，有的还加上师生传授从事学术活动的人们和流派。各人对马克思主义创始人的著作和历史材料的认识、解释不一样，表现出来的学术见解，必然有同有异。《中国思想通史》相当部分是集体著作，研究撰稿者的学术观点，在一定范围内，或者相近，或者相同。他们之中，有老一辈马克思主义学者杜国庠，有核心人物赵纪彬、邱汉生，有用"诸青"为笔名的若干位青年同志。《追求》上叙述那个学派的观点是：（一）按照中国社会发展史的阶段，叙述各个社会的思想发展；（二）根据亚细亚生产方式的理论，分析中国古代的"早熟"文明；（三）从封建土地国有制，认识中国封建思想定于一尊的经济基础；（四）从地主阶级不同的矛盾利害，寻求说明不同阶级对立思想的矛盾斗争原因；（五）发掘中国思想史上唯物主义和反正宗儒学的"异端"思想的优良传统；（六）强调以法典作为论证奴隶制与封建制分界的标志。书上列举所有这些之后总结说："以上几点，是我们经过几十年长期研究得到的。如果说，上述观点和方法足以构成作为一个学派的体系，那么，我们就应该把这个体系比较完整地叙述出来。"侯外庐的研究工作，以马克思主义理论为基础，自成一个学派，他已经这样明确地指出来了。《中国思想通史》撰述和参与讨论的人，当然不可能在所有的问题上划然一律。在思想史研究上基本一致的，在社会史研究上就未必一致。例如杨向奎、白寿彝、杨荣国诸位，或者不持秦汉封建论，或者拒认封建土地国有说，其他参加者在主张上也会这样那样各有出入。他们无非就是某些方面贡献自己研究之所长。《中国思想通史》能够显示出它的特色，也正在于"众家之长得以荟萃"。

马克思主义的学派绝不同于宗派主义之类。《中国思想通史》编写者间，最初文字不分你我，谁也没有一丝分切成绩的想法。他们抱着一个宏愿：力求合璧和光，在一切旧学问家们最以为"固若金汤"的城池面前，一展马克思主义科学方法论的雄风。他们的“知识产权”观念十分不发达。侯外庐在与郭沫若、范文澜、翦伯赞、吕振羽等见解有所出入的马克思主义历史学者论学、交往中，始终推重和敬佩对方，而辩论学术问题又坚持己见。《追求》上的《翦伯赞的风格》一节，披沥肺腑，热忱扑人脑际，与我所知道的翦老为人治学，没有一句话不实在，把它独立出来，是一篇纪念翦老的出色文字。其中叙述说：“我和伯赞在中国古代史分期、古代生产方式、封建社会土地制度等一系列问题上分歧很大，这是众所周知的。”“范文澜《中国通史简编》出版前的几年间，关于古史分期问题，我心目中辩难的主要实力目标是翦伯赞。……每每论及此题，我心中的叙述对象，不由自主地会假想为翦伯赞，当然，也有与翦伯赞引为同调的吕振羽。”由此看来，我们说，这个学派的学风，在知识权益问题上——共产主义的风格，在学术讨论中——百家争鸣的模范，大概不算溢美。

《韧的追求》一书写于80年代初期，表现了一个无产阶级著作家的特征：坚信自己追求的事业的正义性、先进性，他不像某些人轻易地改变自己的思想信仰，而去趋附于看上去似乎更有前途的思潮，从而博得读者的喝彩。这是侯外庐创首一个学派、治学活动的立脚点，也是他一生奋斗、取得成就的立脚点。

侯外庐五六十年里对中国古代社会史、中国思想史两个领域研究、裁纂的几百万字著作，不可能一一在上述几个特点中指陈出来。扼要列举这些特点，使我们易于了解这位著作家怎样用自己的工作继续加强和扩大了中国马克思主义历史学阵地，并成为中国这门学问中一位先进者。当然，这些特点中的若干问题，学术界争论分歧，看法相去甚远。我们接收哪些，不能囫囵吞枣，需要分析。

突出理论研究、探讨，和探讨所得出的结论成熟与否，是不同的两回事。前者无可怀疑，后者对不对就有两种可能性。《中国古代社会史论》以下那些著作，很大部分最初撰稿于40年代国民党统治区域里，以后陆续改订，主要是扩充研究范围、增加篇章。虽然《追求》上说，那些著作的理论体系是“经过几十年长期研究得到的”，实际它们的基本内容在40年代已经确立下来了。在国民党统治区域，到了那个时候，旧的历史学依然高踞于大学讲台上面，马克思主义史学的著作、讲授，处在受排斥、压制的“非法”地位，研究阐述历史唯物主义学说原理，应用它来进一步说明中国历史上的奴隶制状况等等，成为马克思主义历史学扩展阵地，对抗、削弱封建的资产阶级的历史学之所必需。从确立指导思想来看，马克思主义基本原理的研究，就在今天也没有减少它的重要意义，何况在四五十年前的旧中国！所以外庐同志历史研究工作中突出基本理论的特点，是应当受到格外重视的。但是这并不等于说，我们就一定要根据亚细亚生产方式和马克思讲的东方土地问题的话，来研究、认识中国的奴隶社会和封建土地制度。人类历史发展既有共同规律，但各个国家民族的历史文化面貌各殊，多姿多态。古代东方不同于西方，就像今天东方的中国不同于东方的日本、印度一样。中国古代思想中的“人唯求旧，器唯求新”、儒家学说成为统治思想、封建阶级中的豪族地主与庶族地主区分等等，我们不去考究马克思主义文献中的个别论点、词句，依照历史唯物主义基本原理，也一样能够深入说明。那些个别论点、词句，与中国的实际很难说有多少真正的联系。所谓亚细亚生产方式，国际范围的争论混战，几起几落。东方没有土地私有的问题，所指何时何地，人异其词。这个事实说明，那些观点、概念，从历史研究来看，在理论和在实际应用上，究竟有何种意义，这本身就应当认真思考。恩格斯说他的战斗是在书斋里进行的。书斋里的战斗与书斋气，有时候难以区分，但又需要加以区分。

决疑与创新中的某些问题，也值得说到一下。科学研究工作不能像五柳先生那样，“好读书，不求甚解”。决疑与“甚解”意思相当。“甚”过了头，难免流于凿空。这里举《中国思想通史》第1卷上《老子》一段话的诠释为例。《老子》十一章：“三十辐共一毂，当其无，有车之用。埏埴以为器，当其无，有器之用。凿户牖以为室，当其无，有室之用。故有之以为利，无之以为用。”前人的解释，“有”指实物，“无”指空虚。解说仅止于此，谁也不知道说的什么。外庐同志说，他翻译《资本论》以后，豁然开朗读懂了这段文字。据他诠释：车、器、室都是劳动生产物，都具有使用价值。那么，何以“当其无”才能表现它们有用呢？“有”和“无”在此不能从生产物的物理属性去说明，而应该理解为时间概念。所谓“无”，指生产力低下，车、器、室一切产品不属于个人的历史阶段，也就是“非私有”时代。其时人们共同生产，共同占有，那些器物，用政治经济学术语说，只有使用价值，故曰“无之以为用”。所谓“有”，是“无”的历史阶段的对立物，是生产品属于个人，也就是“私有”的时代。车、器、室那些劳动生产物，这时可以变成商品，具有交换价值，表现出交换利益的关系，故曰“有之以为利”。照这个解释，再又作出一个判断：老子是中国古代发现商品价值概念的第一人，就像西方古代亚里士多德是发现商品价值的第一人一样。李约瑟博士很早接受这个“决疑”，写进了他的《中国科学技术史》第二卷。几年以前，李约瑟说，他为接受那样解释老子的话，曾受到不少批评。“但我仍然认为侯外庐是对的”。我初读《中国思想通史》关于《老子》这段论述，感到新颖。但又觉得把“无”释为“非私有”，凭空加进一个“历史阶段”，未免过多“增字解经”之嫌。再说《老子》全文讲“有”“无”的地方不少，都很难同社会制度联系起来。何以一讲到车、器、室就发生了“私有”与“非私有”的历史阶段的变化呢？我自己“甚解”不了，最后找出高亨《老子注译》参阅对勘。《注译》先注释“当其无，有车之用”说，“无，指车的空处，有，指车的实体”。这与前人注解无异。然后他把那一整段话翻译成现代语言：“三十根辐条凑集为一个毂，还需要很多零件才凑集成车，可是，在那车箱的空处才有车的功用。人用泥土制成陶器，在那器的空处，才有器的功用。人凿窑洞，开门窗，制成房屋。在那房屋的空处，才有屋的功用。所以器物有实体，就成为它的条件，器物的空处，才成为它的功用。”读过这段译文，意思已经完全明白了。《注译》最后分析其内容说：“这一章是老子朴素的辩证观点，老子认为器物的实体和空处是矛盾对立，相反相成的。两面备俱，才成为有用的器物。举出车、器、室三个例子。一般人的观念，总以为器物的功用在于它的实体，忽视了器物的空处，这便流于片面。老子于本章既提出了有，又强调了无，这就比较全面了。”如何看待《老子》，侯说与高说分歧，属于不同学派的分歧。这里不掺进去比长量短。“三十辐为一毂……”这个千古难题，确实被今人参破了。我以为参破的是高说而非侯说，外庐同志深于哲学，晓谙辩证法。《老子》上那个难题，他本来是能够解决的。可惜他选择使用的武器不对路，没有选择哲学，而选择了政治经济学。

侯外庐同志晚年总结一生学术工作，除了讲成绩和心得体会外，也作自我批评，讲了若干欠缺和不足。它们详见于《韧的追求》，不必重复。他特别引用王夫之的话，强调不愿意“强天下必从其独见”。学术公器，唯百家争鸣，乃能有进。在面对案头外庐同志的著作讲个人认识的时候，这也正是我所要说的话。

50年代末、60年代初，历史教学研究者中，有把郭沫若、范文澜、吕振羽、翦伯赞或侯外庐叫作“四大家族”的；有称郭、范、侯、翦、吕为“五老”的，如今“五老”都不在世了。我想可以说，这大概宣告了中国最早一代马克思主义历史研究者活动的终结。他们那一代人为推动时代前进，付出了辛勤劳动。他们做完了时代交给的答卷。他们是应当受到我们尊敬的。世界历史潮流不断发展前进。马克思主义历史学必须跟上时代步伐，不断发展前进。这要求我们做好许多工作。了解先驱者们的成就，吸收他们留下的遗产，是那些工作中的一个部分。只要以往事证明马克思主义历史学与中国革命实践相结合，是表现出了巨大生命力的，那么，现在和今后，按照新的条件，坚持这种结合的马克思主义历史学就是长青的。先驱者们的工作不会一旦遭到白眼而速朽。

我与外庐同志担任过两个历史所的行政职务和科学院哲学社会科学部的工作。近来几次碰到有同志谈起“五老”的时候说，在那一辈人中你是最年轻的；或说，你们那一辈人如何如何。我必须郑重说明：我同侯老或其他诸老，根本不是一辈人，在工作的任何一点上，绝对不应当把我同他们放在一起谈论。侯老和其他诸老，是我的长辈、领导者和指引者，我是他们的后辈、被领导者和小学生。若非时代造化，使我受到诸老教育、启迪，对于世界和历史的了解，我不知道能否有一天终于凿开混茫。后来学得了一点东西，那是受赐于伟大的革命时代，也是受赐于外庐同志在内的马克思主义历史学的诸位先驱。

他们做出了榜样①

《历史研究》今年第1期上载有我写的一篇文章，题目叫《侯外庐与马克思主义历史学》。我在文章里说，五六十年代学术界称为“五老”的郭沫若、范文澜、翦伯赞、吕振羽、侯外庐诸位老辈都不在世了，这大概宣告了中国最早一代马克思主义历史研究者活动的终结。近来报刊上不时见到关于“五老”的分析、个案的研究、评论，这有需要，集中起来，对他们作综合、系统的研究、评论，可能更有需要。他们讲的是中国历史，他们所要处理、并且得到了正确处理的是关于中国传统文化与西方文化以及它们之间的关系。要全面了解最早一代的马克思主义历史学，我以为最好跨进到中西文化及其关系的层面上来给予评价。

中国传统文化，当然是说的中国民族文化。马克思主义与传统文化的结合，意味着前者的民族化。马克思主义崛起于西方。产生它的社会背景、思想源流也只在西方。中国传统文化无论内容和形式，都与马克思主义很少相像的地方。因此，人们很自然地想到，在中国传统文化面前，马克思主义是地道的“外来异物”。中国“国情特殊”论者主要就是强调这一点。在历史学领域里，马克思主义研究者第一次科学地解答了这个问题。从郭沫若《中国古代社会研究》起，他们给我国历史学划分出了一个崭新的时代。马克思主义古典文献上论述的社会形态、社会历史发展阶段，不仅仅存在于欧洲、美洲，也基本上存在于中国历史发展的过程里。他们的研究切实证明了这个重大事实。中国社会历史从何处来，将要走向何处去，在人们面前一下子豁然开朗了。马克思主义之所以能够应用于研究中国历史，根据在哪里？根据不在中国历史之外，只在中国历史运动之中。甲骨钟鼎文字和先秦以下浩如烟海的文献记录、表现的中国社会制度、历史演变，有什么样子，马克思主义才能

---

①此篇系1988年11月29日在纪念侯外庐同志学术讨论会上的讲话。原载西北大学思想文化研究所、中国社会科学院历史文化研究所中国思想史研究室主编的《纪念侯外庐文集》，陕西人民教育出版社1991年版。——编者注

够讲出什么样子。马克思主义的应用，改变了的是主体对客体的认识，而不是改变了客体的存在。反对者指责说，马克思主义的研究是“削足适履”“移史就观”，这显然不正确。尽管如此，它还是不能否认这样的应用并非脱离了中国历史的基本事实，而只是依据科学观点来重新认识那些事实。巧妇难为无米之炊，科学不能靠杜撰虚构成立。马克思主义产生于西方，它一旦与中国内在根据相结合以后，就成了中国文化的重要组成部分。在中国历史学里面，它再也不是“外来异物”，而与中国文化熔铸为一体了。恩格斯说，每个国家运用马克思主义，必须穿起本民族的服装。这里借用服装来形容民族化，马克思主义历史学所做的工作，成绩斐然。

在历史学领域——事情当然早已远远超过历史学领域，我们说，马克思主义把西方先进思想与中国传统文化相结合，实现民族化了，不以为然的，大有人在。关键在于他们不去从发展变化的观点看待中国文化。和一切社会现象一样，传统文化绝非离开整个历史运动而傲然独立的怪影。它必然要跟着历史的新陈代谢而代谢，跟着历史发展演变而演变。照永久固定的观点看待中国文化，事情就会变成完全不可理解。例如，最近台湾有知名人士提出“用中国文化统一中国”，乍一看显得相当有理，并且人们也可以相信，这是从中国民族立场提出问题的。但是矛盾和疑问也是非常明显的。“中国文化”这个提法，不把中国的马克思主义思想学说包括在里面，意思明白，不止于弦外之音。在古代，如果说，中国文化的主要部分指两千年来汉文化中的孔子教义、儒家学说，这大概没有好反驳的。中国文化不能只有古代，没有近代。近代中国文化的主要部分是什么？不管人们赞成与否，这样一个事实却无法否认：三民主义与中国传统文化相结合的马克思主义占着近代中国文化主导的位置。孙中山在《民报》发刊词上第一次提出“三民主义”，开宗明义说：“余维欧美之进化，凡以三大主义，曰民族，曰民权，曰民生。”在同盟会革命方略上又说：“虽经纬万端，要其一贯之精神为自由平等博爱。”欧美进化的三大主义和作为法国大革命旗帜的“自由平等博爱”，都是西方文化，后来又都成了中国文化的一部分。40年代的重庆，一些人试图照儒家文化形象摹写三民主义，抹煞孙中山的学说取自西方，孙科有力地反驳了那种臆说。孙中山采择西方“三大主义”建立自己的学说，和中国另外一些先进分子接受马克思主义建立自己的学说，先后只差十年多一点。从它们的酝酿过程来看，几乎是同时的。固定地看待中国文化，三民主义、中国的马克思主义思想学说，统统排除在中国文化外面了，试问这如何讲得通？事实上，即使在古代中国，统治整个封建社会的孔子教义、儒家思想，从来就不单纯。它一直处在不断演变的过程中。且不说汉代以后儒学里面怎样渗加进去了佛、道的内容，我们只需看看从孔子讲“六艺”，到董仲舒调和阴阳家言，讲“天人合一”，再到朱熹专讲“四书”，宣扬性理，就知道后来的儒学与最初的孔学有多么大的不同，可以说面目全非了。一定的思想文化产生于一定的社会经济基础。孔学是小农经济的产物。两千年封建社会里小农经济多少有些缓慢的移动。儒学为了适应不同的时代生活，表现一直保持着它的框架，实际上不得不缓慢而又显著地改变自己的内容和形式。中国到了近代，资本主义产生，封建的经济生活发生动摇，反儒学运动也就一个接连一个兴起。五四运动高喊“打倒孔家店”，最后宣告了儒学统治的结束。把思想文化作为整个历史的一部分，承认历史发展、丰富了，民族文化也必然跟着前进、丰富，那么，依照中国文化来解决中国问题一类的提法，就会变得顺理成章，对立、争论也就可以找到解决途径了。马克思主义原理已经融合到中国民族文化里面，并且为我们的民族文化增添了新的巨大活力。毛泽东说，从孔子到孙中山都要总结。这是从历史发展看中国文化的，是正确的。只要不割断历史，我们就会承认孔子、孙中山、与中国传统相结合了的马克思主义，是中国不同历史时代的文化主流。

中国自从进入近代，与西方政治、经济、文化全面接触起，怎样看待中国传统文化与西方文化以及它们两者的关系，长时间里争论不息。旧的回答刚刚过去，新的问题又被提出来，或者旧话重提。目前这种争论正在进入新的一轮。它是在中国社会主义时代条件下出现的，而且不止在一个阵地上展开。《河殇》争论是其中一个例子。新一轮争论反映了中国和西方社会生活、社会矛盾的新形势，传递了大量新的信息。中西文化的差异一天强烈存在，中西文化的结合就不会一步到位，争论和讨论就不会停止。郭沫若以及最早一代马克思主义历史研究者，他们在中西文化及其关系上提出供我们思考的，说到最后，不外乎两条：第一条，批判地继承传统文化；第二条，批判地对待西方文化，汲收其中一切先进的东西。在今天，我以为，第一条我们应该坚持，第二条应该同样坚持。所以这么讲，并非无的放矢。崇儒尊孔、新儒学和儒学第三次复兴的声浪，在国外和国内可以感到洋洋乎盈耳。五四运动因为响起了“打倒孔家店”，而被批判为丢掉了中国文化，以至与义和团、红卫兵共举。倒转过来，主张全盘西化者也不乏其人。一些陈旧学说在西方老家早被遗忘了，无人问津，在中国又翻腾出来作为最新思想推荐给读者。这两种情况都存在于当前的思想文化论说中。我们有理由正视它们，没有理由回避它们。那两种看法截然相反，所指出的事情又正相同，即拒绝或部分拒绝马克思主义历史学在中西文化上所表现出的原则观点，是明白无误的。

对于传统文化，没有人想一笔抹煞孔子和孔学。如果孔学只有不合理的一面，那就必须认为以往绝大部分的历史都是不合理地存在的。人们的智力不会相信如此。就历史学来说，西汉今文经学中所包含的“大一统”、三世进化观和《礼运》大同理想等很有气魄、视野开阔的思想，至今尚没有得到充分的研究。但这不等于我们认为可以搬用孔学体系来认识和处理现实生活。不去用批判态度对待孔学为代表的古代文化，除了表示倒转历史车轮，难以表示别的什么。孔学保守、封闭带来的危害，近代的中国人、外国人不知讲过多少。严复大声疾呼：中国严重落后，根源在于教化学术乖离，“六经五子亦皆责有难辞”。日本人远藤隆吉说，孔子是“支那祸本”。他们的严厉批评，在今天仍然值得引起注意。重新认识和研究传统的文化，才能产生新的文化。对于西方文化，要和对待任何事物一样，实事求是。马克思主义诞生于距今一个多世纪以前。世界发生了翻天覆地的变化。社会主义矗立在地球上，资本主义仍表现出顽强的生命力。马克思主义古典文献上的一些论点过时了，那丝毫也不足为怪。我们是从事科学探讨，决不能变成儒家经生的抱残守缺。马克思主义产生于资本主义生产关系出现以后，这种关系在世界范围以内还没有成为过去。西方世界的社会历史学说不断翻新，如果讲复兴，讲超越，从个别认识上看应该这样说，从总的观点看就不能这样说。在世界范围内，现在没有任何一种社会历史学说，足以取代马克思主义的科学体系。它过去是、现在仍然是最先进的科学社会历史学说。马克思主义历史学只有凭借这个学说，并随时汲取世界一切先进的认识成果，来使自己不断获得前进。汲收“一切先进”的成果，是说我们的认识道路是永远敞开的，永远不会有“封顶”的日子。中国古人说，“非知之艰，行之维艰”。学问上的科学、正确认识，贵在实践，贵在坚持。郭沫若等最早一代马克思主义历史研究者，在他们所处的特定条件下和在他们所能够达到的水平上，实践和坚持上面两条，是做出了榜样的，是值得效法的。这就是为什么我认为，我们应该在如何处理中西文化的层面上，来对他们的开创性贡献给以评价。

继承以往，开拓未来
——在郭沫若诞辰一百周年纪念学术讨论会上的发言①

中国社会发展史的研究是从郭沫若开始的。郭老的学术研究成果值得继承和发扬的不止一端，他关于中国社会发展史的研究，是我们应当特别加以重视的，需要继承和发扬。

对于历史研究者来说，无人不熟悉《中国古代社会研究》、《青铜时代》、《十批判书》和《奴隶制时代》等著作。郭沫若在那些著作中从各方面对中国古代社会历史进行了研究。考古学的、文献学的、音韵学的、因明学的手段，他都充分地使用了，搜索了一切能够搜索到的资料。那些著作不算一部完整、系统的中国古代社会发展史或中国社会发展史。作者本人也志不在此。有人建议他对自己已有的研究成果通盘改写，加以系统化、通俗化，他没有那样做。但是事实上，郭沫若全部中国古代社会的研究，集中起来，不是别的，正是关于中国社会发展阶段的广泛研究，是一部中国早期社会发展史。在郭沫若以前，许多人如章太炎、梁启超、夏曾佑、刘师培等，先后主张用近代观点研究中国历史，阐发进化论。但是他们谁也没有想到要研究社会发展史，没有想到要从不同的社会发展阶段来认识中国的过去，观察现在和未来。《中国古代社会研究》第一次刷新了中国历史的面目。中国历史上有奴隶制社会，在奴隶制以前是氏族社会，在那以后是封建社会，这个事实摆在人们面前了。《青铜时代》、《十批判书》和《奴隶制时代》写出的时间较晚，那时研究、讨论中国古代社会发展阶段的已经诸家并起。但在郭沫若自己，那几部著作仍然是中国社会发展史这个主题的深入和展开。

大家知道，中国古代社会发展史研究的意义是双重的。头一重，它使我们认识了中国的过去。恩格斯评论摩尔根的《古代社会》说，那种对北美印第安人的研究找到了一把解开古代欧洲文明社会哑谜的钥匙。郭沫若的研究

---

① 原载《近代史研究》1993 年第 1 期。——编者注

也近乎那样，它成了解开中国古代文明哑谜的钥匙。人类要知道自己的来历，那是一个不可缺少的环节。又一重，它为人们认识中国现状和将要走向哪里去，提供了历史发展观的基础知识。历史唯物主义指明，人类社会是由低级到高级发展，大体上由原始社会向奴隶制、封建制、资本主义、社会主义前进的——尽管这种前进不会是单线的，一成不变的。俄国十月革命使社会主义在人类生活中成了现实。它是世界历史行程的一座伟大指示碑。过去指示现在和未来，中国的未来也将走向社会主义。这种制度将要怎样实现，当时无法预见，但方向明确。那时正在展开的中国社会史论战，所要解决的也就是这样的问题。郭沫若对于中国早期社会发展史的研究推进了科学，从总体上是难以被推翻的。这就是我们主张要继承这遗产的理由。

中国社会发展史的研究从郭沫若开始到现在，过了半个多世纪。在这个领域里，有许多问题尚待深入下去。我们要继承以往，继续研究中华民族与其他民族发展的共性问题，更要开拓未来，研究中国社会发展史的个性或特殊性问题。过去我们对后者的研究如果做了一些工作，今后则应该更加重视。

什么是中国社会发展史的个性或特殊性，那要从研究中去解决。从现象上看有几点很明显。第一，中国有文字可考的历史可以上溯到近4000年。远古的情形我们了解得很少，至少从奴隶社会往后，中国的社会发展是自成一个类型的。中国奴隶制阶段不同于希腊罗马，封建制不同于西欧。中国封建社会的经济基础，是前人所说的“男耕女织”，也就是农业和家庭手工业相结合的自然经济。土地很早就可以自由买卖。地主集中土地，农民失掉土地。社会上对立的阶级主要是地主与农民两个阶级。中国封建经济发展充分，生产力水平可观，而又偏偏在进入资本主义阶段时遇到了难产，没有蜕变出独立的资本主义。第二，历史上，中国与欧洲各国长久分立的状况不同，大部分时间里是一个统一的国家。短期分裂，然后又归于统一。孙中山讲“民权主义”的时候强调讲过这个问题。他说，中国的各省和属地，在清朝260多年中，都是统属于清朝政府之下；推到明朝的时候，各省也很统一；再推到元朝的时候，不但是统一中国的版图，而且几乎统一欧亚两洲；推到宋朝的时候，各省也是很统一的，到了南渡以后，南方各省也是统一的；更向上推到唐朝、汉朝，中国各省没有不是统一的。由此便知中国的各省，在历史上向来都是统一的，而且统一之时就是治，不统一之时就是乱的。孙中山所说是事实。这种长期大统一的过程中，有过多次的改朝换代，也有过不同民族的统治。但社会结构上总没有出现新的突破。可以说，这在历史上是仅有的。第三，中国内部各民族地区的发展很不平衡。长时间里汉族居住地区保持发展的领先地位。直到新中国初期，少数民族地区有的处在原始社会末期，有的处在奴隶制时代。交叉重叠，移动迟缓。这种“多结构性”并存，也许并非中国社会发展所独有的，但那参差不齐的结构在同一块版图上长久地并存，而又齐头并进，这种奇异格局至少是很突出的。第四，与俄国十月革命的历史条件不同，中国的社会主义制度是建立在中国近代历史发展的特定根据之上的。在旧中国，在整个半殖民地半封建时代，中国人民经过无数次的斗争，要求国家独立，要求发展民族资本主义，由于帝国主义封建主义势力的压迫反对，始终无法实现。其中也有几次机会，戊戌变法是一次机会，辛亥革命是一次机会，1925至1927年大革命是一次机会，抗日战争胜利是又一次机会，但那些机会都被帝国主义封建主义和与它们相结合的势力打消了，夺走了，各族人民的斗争终于落了空。中国的出路在哪里？发展民族资本主义的道路走不通，就只有走向社会主义。别无选择，实逼处此。这是中国社会历史发展的更大特点。诸如此类的情况，都是表现了中国社会发展的特殊性。深入研究每种制度、每个时代的具体情况，其特点会更加突出。

科学上的问题从来都是具体的，特殊的。一切科学研究都要从具体、特殊的问题入手。要准确了解中国社会发展史的特殊性，必然要遇到不少困难。克服那些困难以后，我们对中国社会发展史的认识，就建立在牢固的科学基础上了。

当然，这里有需要解释的问题。例如，有人会要说，苏联已经瓦解了，成为过去了，再拿俄国十月革命作为世界历史发展的阶段来看，还有什么意义呢？对这个问题的回答是：要具体分析俄国十月革命和苏联的历史。俄国是一个欧洲大国，由它带头一举突破世界资本主义体系，绝非偶然，表明世界历史上存在走向社会主义的强大潮流。苏联瓦解是社会主义的一个挫折，但它并不能否定俄国社会主义革命是人类社会发展的一个大跃进。十月革命以前的俄国，生产一直落后于欧洲列强。1913年，俄国工业产值在欧洲排第四位，落后于英法德三国，当然更落在美国后面。经过十月革命，到第二次世界大战前夕，苏联实现了工业化，工业生产居欧洲第一位，世界第二位。社会主义制度给它带来了迅猛前进。正因为如此，苏联才成了在第二次世界大战中打败德国法西斯的主要支柱。50至60年代，苏联的工业增长速度仍然快过美国，苏联并且成了与美国势不相下的又一个超级大国，以至美国要竭尽全力与它相对抗。后来发展停滞，发生困难，这是缺少技术创造、缺少改革造成的。末了被破坏，走上了歧路。社会主义是科学，与科学无缘的体制与路线的失败，不足为怪。不能因为苏联不行了，就推论出社会主义革命不是人类历史的一个大飞跃，就推论出社会主义制度没有先进性了。这些情况说明，苏联在历史上的存在，仍然是可以作为世界历史行程的根据来看待的。

再例如，强调研究中国社会发展史的个性或特殊性，是不是就不需要讲哲学指导思想了？对这个问题的回答是：科学研究，无论自然科学研究和社会科学研究，都不可能离开一定的指导思想。爱因斯坦的名言："科学若没有认识论——这实在是不能想象的——它就是迷惘而纷乱的。"有些研究者喜欢宣称自己自由思想，不信奉任何哲学认识论。其实那很不真实。那不过是表示他不信奉某种认识论，而要去信奉另外的认识论。历史唯物主义的哲学指导思想，使郭沫若对中国古代社会的研究得出了中国社会历史与世界其他民族社会历史发展的共性的认识，同样地，历史唯物主义的哲学指导，也可以适用于我们研究中国社会发展的特殊性，并从中得出新的认识。假定研究特殊性的结果，否定了原先指出过的共性、共同规律，我们就痛快地承认事实，毫不可惜那些被否定的东西。但这是假设。现有的认识不支持这种假设。重大的科学理论，并不是孤立地存在的。个别现象与理论相矛盾，不会就改变整个理论，推翻某种共同规律。所以，在这里，不是要不要哲学指导思想的问题，而是要怎样的哲学指导思想的问题。

又例如，强调研究中国社会发展史的特殊性，是不是就与讲中国社会发展的社会主义的前途无关了？对这个问题的回答是：社会主义在中国是一个现实，我们必须从中国社会发展上讲出它的来龙去脉。不同国家民族在不同时期受环境条件影响，变化无定，彼此不能类比。比利时学者恩斯特·曼德尔论述社会发展的变化时说：社会除了直线进步以外，还有跳跃式进步。经济发展可能引向死胡同，或者引向长达数世纪的停滞。如果马克思主义不承认正在进步的社会以外还有正在显著地退化的社会，那么，马克思主义便不是辩证法了。发展不平衡的规律是人类历史的一个普遍规律。无论在地球上任何地方，都没有直线进步的发展。他早在60年代就提出，现在是否应该大胆预言："虽然俄罗斯是在大生产资料社会化的基础上实行计划经济的第一个国家，但是将来也不是最先在俄国看到一个完成的社会主义社会，看到阶级、商品、货币和国家的消亡?”[①] 曼德尔的话显示了辩证法的预见。一个进步的社会，同时也可以变成退化的社会，反过来也是一样。先进变落后，落后变先进，世界历史处在经常的发展变动中。我们讲中国的社会主义前途，要从世界历史上社会经济形态有序更替的大趋势、大方向来认识，更要从中国自己的社会发展行程、特定的内外环境条件来认识。不是别国没有经过的中国就不能经过，别国不存在的中国就不能存在；或者凡是别国经过了的中国就一定要经过，别国存在的中国就一定要存在。世界各国的历史没有这样依样画葫芦的，没有这样照抄他人的文章，一抄到底的。中国社会以前由独立变为退化，如今又由退化变为进步了。所以，强调研究中国社会发展史的特殊性，不是要不要讲中国历史发展的社会主义前途问题，而是怎样讲中国历史发展的社会主义前途问题。

说到这里，还应该指出，我们不能把中国社会发展史的特殊性的研究，看作只是对于了解中国历史有意义。那样看，肯定太狭窄了。中华民族不论从哪方面说，都是一个对世界有影响的民族。它的社会发展本身就自成体系，有相当的代表性。对这个体系的了解，毫无疑问，会给我们认识人类社会发展增加新的内容，给科学输进新的成分。在纪念郭沫若的时候，我想说，中国社会发展史、中国社会发展的特殊性的研究，应当是在新的基础上引起学术界的兴趣的项目之一。

---

① 曼德尔著，廉佩直译:《论马克思主义经济学》上卷，商务印书馆 1964 年版，第 83—84 页。

郭沫若关于《历史研究》的六封信①

1986年，我写的《〈历史研究〉的光荣》一文，对刊物的缘起作过叙述，其中讲到陈伯达召集的中共中央中国历史问题研究委员会第一次会议的情况，系出于回忆，没有文字依据。前两年，找到了那次会议的记录，是中宣部办公室1953年11月5日印发中央书记处及中宣部各负责人的。会议时间为9月21日，而非10月，出席会议的有郭沫若、胡绳，而非郭、胡没有出席。列席者尚有黎澍、佟冬。记录是黎澍整理的，文字简短。讲刊物的只有一句话："关于历史刊物，现在有几个刊物，考虑一下，准备出一个史学界的刊物。"编委会召集人、编者等，记录中概未提及。

郭沫若写给我的信和其他手迹，有一些是与办刊物有关的。"文革"中那些信函、手迹被收缴走了，后来"专案组"退还了一部分，但已残缺不全，有的把受信人"刘大年"几个字也挖掉了，以表示敌忾。现在我手中能够找出来的郭老写的与《历史研究》有关的信和手迹还存六件。在纪念刊物创办四十周年的时候，把它们发表出来，大家可以从中看到郭老对这个刊物是如何热情关怀的，也可以了解刊物创办初期的一些情况，会感到十分亲切。

这些信上只有月日，没有年份。从信的内容可以知道，它们都写于1954年，也就是四十年前。

1月3日，致刘大年、尹达：

刘大年、尹达同志：发刊词昨晚起了初稿，今早看了第二遍。写得不大好，特别在尾巴上想不出更响亮的语句来结束。请您们尽量地删改、润色。如不可用，就只好请您们另起炉灶了。

1月4日，致刘大年：

---

① 原载《历史研究》1994年第1期。——编者注

刘大年同志：发刊词末尾一小节，如无大改动，请将“促进高潮”四字，改为“各尽所能”。

以前我讲过了，《历史研究》发刊词是郭沫若亲自写的，写些什么，我和尹达在郭老家里有所讨论。这两封信使我们知道了发刊词写作的确切时间，也知道了它是作者充满激情，一挥而就的，他还注意了字斟句酌，使文章神完气足。这时大概创刊号正准备发稿。

1月7日，致刘大年、尹达：

刘大年、尹达同志：这是陈公培同志开的名字，供您们参考。

这两行字是批在陈公培提供的一个资料上转来的。那个资料上列有可以考虑参加刊物编辑工作的人员的名单，又并排写着“史学研究”“历史研究”两个刊名。刊物叫什么，显然1月初尚未确定。郭老书写了“历史研究”四个字，这才定下来。关于这个名称后来还有一个小故事。1955年春天，苏联驻华大使、哲学家尤金访问中国科学院，潘梓年和我同他谈话。在谈到《历史研究》时，他表示对刊物名称颇有疑问。理由是“研究”一般表示学问高深，所以苏联科学院的历史刊物叫《历史问题》。他说你们叫“研究”，把自己提得太高了。他提出的疑问让人觉得苏联“老大哥”希望别人什么事都跟他们一样才对。我们只好作些解释，说明在中国文字中，“研究”并没有高深的意思。

11月3日，致刘大年：

刘大年同志：上海李平心先生去年寄我的一篇东西《居延汉简奴隶考》（似稿又似信），内容颇好。凡关于汉简出处，我已仔细据《汉书》校正了一遍。所引别的书籍，可能亦有误记处，我就没有工夫仔细校对了。这稿子，我觉得《历史研究》里面可以选用。另外有一篇《伊尹、迟任、老彭新考》，我觉得太牵强了，不好。

12月14日，致刘大年：

刘大年同志：感冒大体上好了，还有点咳嗽，体温不稳定，有时高过三十七度。汪篯同志的报告看了。浦江清先生和杨向奎先生的文章都跳着看了一遍。浦文是费了大工夫的,我认为可以发表。(作为一个单行本印行，也是办法。) 这是一个很麻烦的问题，提供出来可让学者们继续研究。杨文，问题比较多，断定《周礼》“无论如何不是王莽‘时代’的伪造”，很难使人信服。《周礼》和《左传》，是刘歆利用了大批的原始资料而加以改编，也窜杂了己见，大体上是可以成为定论的。

刊物早期很注意请编委和其他专家审稿。这两封信，前一封是郭老向编辑部介绍文稿，后一封是对编辑部送审稿件的回复。他对来稿或者详细核对资料，或者郑重给以评价，倾注的心血不少。评价别人的论著自然离不开自己的学术观点。12 月 14 日的信上，认为刘歆伪造《左传》《周礼》，那是他早年同意今文经学的学术观点使然。1937 年他写的《驳〈说儒〉》强调过这个观点，认为古文是刘歆捣的鬼，1943 年的《述吴起》也涉及这个问题。现代学者的研究，证明刘逢禄、魏源、康有为等今文学家断言刘歆伪造古文的说法是站不住脚的。郭老如果在今天谈论这个问题，大概也会改变自己的看法。这封信上又提到“汪篯同志的报告”，报告内容为何，现在回忆不起来了。汪篯为北大历史系教授，以前做过陈寅恪先生的助手，师生情谊甚厚。中国科学院决定成立两个历史研究所时，第二所所长最初拟请这时任广州中山大学教授的陈寅恪担任，商请汪篯先往广州候视。陈以体弱畏寒，不能来北京居住，没有就任。汪回京后曾有口头报告。但此为上一年底 1954 年 1 月的事，不会在将近一年以后才提出书面报告。这封信末尾又有“在廿号左右召开一次编委会，我同意”一行字。那时编委 20 人，除远在外地的陈寅恪、杜国庠等人外，开会一般都能参加。每次会议郭老都亲自主持。

9 月 30 日，致陈寅恪：

寅恪先生大鉴：学友杜守素先生来京，获悉尊体健康，并蒙慨允担任中国科学院社会科学学部委员，曷胜欣幸！学部乃科学院指导全国科学研究工作与学术活动之机构，事务不多，不致影响研究工作。目前正积极筹备，详情将由守素兄返粤时面达。尊著二稿已在《历史研究》上先后发表，想已达览。《历史研究》编辑工作缺点颇多，质量亦未能尽满人意，尚祈随时指教，以期有所改进。尊处于学术研究工作中有何需要，亦望随时赐示，本院定当设法置备。

专此，著祺！

此函是由我起草，经郭老修改、书就，然后发出的。郭在信稿右首写着："信稿略有润色，已书就，望交杜守素同志转。"在我起草的底稿上，关于《历史研究》本身的只有一句话："对《历史研究》的编辑工作如有指正意见，望便中示知。"郭老援笔改为："《历史研究》编辑工作缺点颇多，质量亦未能尽满人意。尚祈随时指教，以期有所改进。"这当然不是客套一番，而是他确实不满意于刊物的质量和编辑工作。他在以一个负责人的身份作自我批评。

郭沫若这些信件，是他留给《历史研究》的财富。光大它所体现的精神，对于遵行刊物创办宗旨，发扬传统，保持自己的代表性，应该是很有益的。

郭老这六封信，除了致陈寅恪一函，五封信中有三封是写给刘大年的，另两封写给刘大年、尹达的信的开头，也是把刘大年的名字写在前面。虽然它们讲的都是《历史研究》的事，怎么没有把尹达摆在主编的位置上呢？原来正副主编是直到创刊号快要付印的时候，才由郭沫若召集范文澜、陈垣、尹达、刘大年共五人举行的一次会议上确定的。在那以前，郭老心目中一直以为我就是主编。开会头天晚上，我去找范文澜同志，告知第二天会议内容。我提出刊物主编由尹达担任，我做副主编。理由是古代史时间长，稿子多，近代史时间短，稿子少，尹达是搞古代史的，做主编适合。范老完全赞成。其实我思想上主要考虑的是郭、范对古代史分期意见不同，刊物要百家争鸣，不同的意见进行讨论，难免涉及郭、范关系。尹达和郭老在一个所工作，他担任主编，处理这方面的问题，可以避免引起别的议论。但这个考虑不好说出来，后来证明也是不必要的。第二天上午，在文津街科学院院长办公室开会。最后一项议程是我提出请决定正副主编。郭老立即断然说："主编当然是你啰！"我把头一天对范说的话讲了一遍。谁知郭老毫无思想准备，他顿时怫然作色，提高嗓门说："那我就不管了！你们自己去解决吧！"陈垣老不表态，范老说了一句："还是尹达同志当主编吧！"于是就散会了。郭老当然并不是对尹达有什么看法。尹是 1953 年冬由北大调至科学院的，我则原先就在科学院工作，一开始就参加了筹备成立两个历史研究所和刊物的工作。郭当时对我们熟悉的程度不同，实情如此。这就是为什么郭沫若关于《历史研究》的信或者写给我，或者把我的名字放在前面的原因了。

光大范文澜的科学业绩①

范文澜同志是中国第一代马克思主义历史学大师之一。他诞生于1893年，逝世于1969年。从他诞生到现在的整整一百年里，中国历史经历了翻天覆地的变化，现在正在新的航道上扬帆猛进。

1893年是中日甲午战争前夕。中国在甲午战争中一败涂地，被进一步抛进殖民地半殖民地深渊，民族危亡迫在眉睫。1893年以后的几年、十几年、二十几年间，中国资产阶级改良运动、资产阶级革命运动相继兴起，又接连遭受失败。也就在这个时间里，中国开始出现了一代新人，一个新的社会群体。他们的出生或稍早或稍晚于1893年，他们都是受到拯救民族命运的驱迫、召唤，在同一个时代环境下摸索救国救民的真理，逐步走上历史舞台的。这一代新人，这个新的社会群体的首要代表人物就是毛泽东。他们来自不同的社会阶级、阶层，他们个人的经历、活动的范围各种各样。但他们有一个基本共同点：那就是都最后选择了用马克思主义来观察、认识中国的社会现实，寻觅中国振起的前途，其中也包括重新观察、认识中国的历史。范文澜就是这一代新人、这个群体中的一分子。他大部分时间在书斋里进行战斗，但也不止于在书斋里进行战斗。

范老的科学成就，我在《范文澜历史论文选集》序言里讲过自己的看法，这里不去重复。范老的著作《中国通史简编》《中国近代史》上册是与一切旧史书大不相同的两部书。我们用不着说什么它们切断众流，或者开辟出了新大陆，但它们确实都是开创性的著作。前一部书试图用科学观点对整个中国古代历史作了一番概述，它的印数累计达数百万册，成了一代又一代读者必备的历史读物。后一部书用新的历史观点给系统地研究中国近代史开了一个头，它的某些看法长期影响到学术界。它们的问世，过去了四十多年、五十年，至今提起中国最早的马克思主义的中国通史和近代史著作，人们仍然要

① 原载《近代史研究》1994年第1期。——编者注

首先举出这两书。这种情形，近乎绝无仅有。

四五十年前的中国，马克思主义历史学尚处在开辟时期。《中国通史简编》等著作本属草创。它们存在这样那样的缺陷或不足，自不可免。学术研究后来居上，我们不可以苛求于前人。重要的是范文澜同志的学术成就，和其他前辈马克思主义历史学家一起，使马克思主义的科学在中国历史学领域生了根，开花结了果。传统悠久的中国历史学从此进入了一个崭新的阶段。范老的成就，是值得我们这些后来的学习者、研究者认真继承下来，并加以发扬光大的，就像对中国第一代马克思主义历史学大师们的所有成就，都值得发扬光大一样。

光大范文澜同志的科学成就，首先当然是要重视他如何应用马克思主义研究历史。范文澜1926年第一次加入中国共产党，1927年在北京会见中国共产主义运动的先驱李大钊。他接触马克思主义著作应该开始于这个时候。他和郭沫若、吕振羽一样，最初是用马克思主义观点解说中国古代史。1940年在延安发表的《关于中国古代历史阶段的商榷》，就属于这方面的论著。同一年，开始撰写《中国通史简编》，把他所理解的马克思主义著作上关于人类社会历史发展的阶段，阶级分析、阶级斗争，人民群众创造历史的思想，贯彻到了全书里面。封建社会农民反抗封建统治的起义，地主与农民两个阶级之间的斗争，地位突出，脉络连贯。在读者面前，中国历史的面貌陡然为之一新。《通史简编》一问世，国民党当局就加以严禁，说它宣传阶级斗争，混淆视听。指出它鲜明地讲了阶级斗争，这是不错的。阶级对抗，自然不是任何时代条件下都是历史运动的枢轴。中共中央《关于建国以来若干历史问题的决议》上就批判了在社会主义制度下提出“以阶级斗争为纲”的重大错误。因为社会主义的主要目标是发展生产力，而非其他。现在我们谈论的是对私有制社会历史本质的认识。谁都知道，对于从奴隶制到资本主义社会的历史，要不要作阶级分析，承认不承认那里贯穿着阶级对立、阶级斗争，这是历史唯心论与历史唯物论一直斗争着的焦点。例子不胜枚举。50年代，美国历史学家史·耶·莫里森大声疾呼：我们需要有一部用健康的、保守党立场写的美利坚合众国的历史。他写的美国通史鼓吹所谓“一致性理论”，否认美国历史上存在基本的阶级矛盾和阶级斗争。照那种观点，范著《中国通史简编》显然是不健康的，乃至不可救药的。但是照马克思主义历史唯物主义来看，它可能更接近历史真实，更接近于科学。

关于人民群众是历史创造者的说法，据说最早见于《通史简编》和范老的论文。我没有查考，不知是否如此。前几年里，学术界对这个问题展开了讨论和争论。一派赞成，一派否定。我在怀念黎澍同志的文章中，简单讲过一点对这个问题的想法。我以为，说历史是人或人们创造的，这不能算作对问题的回答。因为一般谈历史，本来说的是人类社会的历史。古往今来从来没有人说历史不是由人自己创造的，只有宗教神学才说上帝创造人，神创造人类历史。物以类聚，人以群分，问题在于他们究竟怎样创造了自己的历史。单就人民群众是否历史的创造者，这样来进行争论，答案就只能直接归结为是或否，机械而单一。其实事实比这远为复杂。把问题改换为人民群众如何或怎样创造了历史，讨论就会掘进一层，增加深度和广度。“如何”或“怎样”的问题解决了，“是否”的问题也就切实解决了。两种不同意见的争论，说明了这样一个事实：以前大家讲人民群众是历史的创造者，是把它看作一个科学定论的。至于为什么，则认真思考不够，或者思考、研究了，但欠深人，欠充分。相反的意见一经提出，便相持不下。我觉得这个问题应该继续讨论和争论下去，来提高我们的理论水平。某大科学家说过，科学上提出一个问题有时比解决一个问题更重要。如果我们面前争论的问题确实来自《通史简编》和范文，那也可以看作它的一个功绩。

第二，范文澜同志强调研究近代史，深刻认识近代中国，在今天，这仍然是一个重要的课题。不能说加深对那段历史的研究，现在已经没有意义了。我们的国情教育、爱国主义教育，要讲近代历史，自不必说，若干报纸刊物的文章、学术著作上，也从相反方面郑重提出了这个问题。

中国近代史的基调或主旋律是什么？不但中国研究学习近代史的人一般都了解，西方学者也能够了解。费正清晚年写的《观察中国》一书里说：革命的兴衰曲折并没有使中国人放弃他们的目的。“革命是中国历史的基调，美国人要了解这一点，必须首先要懂得中国的历史”。“革命是中国历史的基调”，真可谓一语破的。革命，当然就是反对侵略中国的帝国主义，反对统治中国的封建主义，把它们的势力推翻掉。中国人民经过一代又一代人的流血牺牲，从历史基调中突出了几个字：反帝反封建。这是对中国近代历史最好的概括。范文澜是运用这个认识撰写中国近代史最早的一人。然而持相反意见者颇有人在。我们且看 1993 年 12 月 1 日《人民日报》载的李文海《历史不应忘却》里，举出的例子。有人说，新中国成立后的中国近代史研究，“在很大程度上仍停留在对异族侵略者的口诛笔伐的感情宣泄上，这就大大淡化了我们研究的理性色彩”。又有人认为，解放以来关于西方殖民主义造成了东方普遍落后的谴责，是一种早就应该抛弃的传统观念，这种观念“使历史批判的天平倾斜了”，在他看来，殖民主义对东方历史“起了一种革命的作用”，“成为东方民族赶上现代文明的唯一的现实良机”。照他们的论述，讲帝国主义侵略中国，反对中国民族独立，把中国变成了半殖民地殖民地等等，那是不合理性的传统观念，是应该否定或基本否定的。一部中国近代史，至少应该着重讲殖民主义在中国起了革命作用，帮助中国进步的历史，着重讲西方殖民主义赐给了中国赶上现代文明的良机，只有这样，才算保持天平的均衡。诸如此类的议论，在西方的历史撰述和有关文件上本属常见，而现在则由我们的一些报刊堂皇地推荐给了读者。

至于近代中国封建统治阶级的作用和人民群众的反抗斗争、革命运动到底如何，则可以举出冯友兰《中国哲学史新编》第6册上关于曾国藩和太平天国的论述为例。冯著的基本观点是：“西方中世纪是神权政治统治的时代”，太平天国建立的是封建政权，所奉行的拜上帝教是西方基督教，西方基督教和封建政权结合为一，就是西方中世纪的神权政治。所以，太平天国没有任何进步意义，是对历史的反动和倒退，只有曾国藩镇压太平天国的战争才是“进步的”“建立在人权之上的”，曾国藩“确实阻止了中国的倒退，这就是一个大贡献”。

一句话，“否定了太平天国，给曾国藩翻案”。著者60年代出版的《哲学史新编》第1册开卷诗上写着“望道便知天地宽，南针廿载溯延安”，1984年12月出版的《三松堂自序》“明志”一章里更写道：中国革命胜利了，“绝大多数的中国人，包括知识分子，支持了革命，接受了马克思主义。人们深信，正是这场革命制止了帝国主义的侵略，推翻了军阀和地主的剥削压迫，从半封建半殖民地的地位拯救出了中国，重新获得了中国的独立和自由。人们相信马克思主义是真理”。谁都会承认，这些话讲得又正确，又贴切！问题是《哲学史》第6册上作为新观点提出的曾国藩进行了“进步的”“建立在人权之上”的战争，为阻止中国历史倒退作了一大贡献等等，又如何同“南针廿载溯延安”“马克思主义是真理”相调协呢？冯著上说，事情要具体分析。这很对。可是，大家知道，1860年，英法联军占领北京，火烧圆明园，逼迫清政府订立《北京条约》以后，很快实现了国内外反革命势力的大联合。这种联合，照奕䜣所说，就是“中外同心以灭贼”。也就在这时，曾国藩被任命为两江总督，第二年，更授权他统辖江苏、安徽、江西、浙江四省军务，巡抚、提督以下归其节制。曾国藩集团一跃而成了地主当权势力中最大的实力派。“中外同心以灭贼”，中外同心灭贼中的中国一面主要靠的曾国藩及其节制指挥的势力，外国的一面，则靠英法等国的参与和支持。没有外国的参与、支持，地主阶级就不可能那么快单独把太平天国镇压下去。所以，冯著上所说的曾国藩打败太平天国为阻止中国历史倒退作了一个大贡献并不确实。真实的情形是，镇压太平天国是中外反动势力联合起来共同作出的“贡献”，冯著强调事情要具体分析，不知怎么又把曾国藩受到外国干涉者的支持与外国势力相结合共同反对中国人民这一层分析掉了，这一层涉及英法联军、《北京条约》是否外国对中国的侵略，涉及中国近代历史上帝国主义、封建势力与中国人民之间到底是一种什么样的关系，把它涂改了，历史就被颠倒了。学术界有哪些评论我不清楚，只知道《历史研究》1990年第5期上刊载有朱东安的《太平天国“推行神权政治”说质疑》。按照那种从相反方面郑重提出的看法说下去，不但今天我们讲的历史上的爱国主义大部分要落空，人们也实在没法知道新中国与旧中国有何不同，旧中国何以孕育、发展出了新中国！“革命是中国历史的基调”，也就无从谈起了！所以，我认为，范文澜强调的研究中国近代史，当今仍然是一个重要课题。我们需要把他在这方面开始的工作继续下去。

“近代”与非“近代”并非时间先后的区别，而是有无革命这个基调的区别。历史研究中有对待传统与创新的问题，也有对待思想感情与理性关系的问题，中国近代史研究自非例外。学术问题上常常要打破传统才能前进。但招牌发亮，不一定就货真价实。打破传统、翻案，不应成为拒绝科学的借口。历史研究任何时候都要求实事求是，不可歪曲、捏造，这也就是理性。但理性不等于撰述者没有自己的思想感情，没有自己的立场、观点。历史是事实的科学，又是带有理论性的科学。古今中外严肃的历史书，没有离开一定思想感情，离开一定观点、主义的。孔子修《春秋》（这是从孟子以来的传统说法，现代一些研究者认为并无此事），据说他承认，其事则齐桓晋文，“其义则丘窃取之矣”。这个“义”就是孔子的主义。史·耶·莫里森强调要用“保守党立场”写美国历史，这个“保守党”就是莫里森的主义。中国近代史的讨论、评述中，人们不满足于或者谴责某种思想感情与观点、主义，也就是说，他是在表达自己的思想感情，要求树立自己的某种观点、主义。学术问题上要百家争鸣，无法强求人与我同。我们的主张一贯明确：坚持历史唯物主义。中国近代史研究，要还历史以本来面貌，保持它的基调或主旋律，唯一可行的途径，就是坚持历史唯物主义。

第三，论述范文澜同志的学术成就，还要说到他的经学研究。1926年，他出版《群经概论》，开始成为一位汉学正统派经师。正统派经学家里面转向马克思主义的另外一位知名学者为吴承仕（简斋），吴氏抗日战争期间在天津被日军杀害，没有留下用新观点写的经学著作。所以，试图用马克思主义观点讲经学，范文澜最早。《中国经学史的演变》和《经学讲演录》，是他研究这个题目的代表作。经学是中国民族文化的核心部分，要了解、认识中国传统文化，不能不触及这个核心部分。《中国经学史的演变》发表前，毛泽东写信给范文澜说，用马克思主义清算经学这是头一次，有利于反对复古主义，并强调越对近人有所批判，越能在学术界发生影响。这既是对范著的评价，同时，也是指出了经学研究的意义所在。

在这里，我想用不着说明，对范老和所有马克思主义历史学先辈的成就都应当继承下来，加以光大，与对前代非马克思主义的历史学家们的优良成果、先进认识，同样应当加以继承、接受下来，只有一致，并无矛盾。马克思主义里面绝没有与宗派主义相类似的东西。马克思主义历史学不是一个宗派。它不能只汲收马克思主义历史学者研究的成果，而不汲收其他历史学家的优良成果，以致与人们的先进思想认识脱节。这是常识。对前代非马克思主义历史学家的先进认识、优秀成果我们同样要给以积极的评价和传播，因为它们与马克思主义历史学的发展是直接相关的。

不有先驱，无以创始，不有后学，无以昌流。这是科学发展的常规。弘扬范文澜同志的科学成就，还应该重视他扶植后学的业绩。范老从延安起，主持历史研究工作长达三十年。其中二十年是领导中国科学院近代史研究所。新中国研究近代历史的队伍，在很大程度上是在他的培养和影响下成长起来的。拿我自己说，1942年我第一次读到《中国通史简编》，那时在冀南抗日游击战争的战场上。我虽然也常在一些学校、训练班讲社会发展史、中国革命运动史等，注意收集历史书，但根本谈不到研究什么问题。一年多以后我在太行山上再次读到《汉奸刽子手曾国藩的一生》，脑子里逐渐形成一个念头：设法去研究中国近代史（《曾国藩的一生》是颇有新意的。孙中山以洪秀全的后继者自诩，蒋介石则学“曾文正公”。延安当时计划写出西太后、曾国藩、李鸿章、袁世凯四个人，揭露近代中国统治阶级的代表人物。其中曾国藩、袁世凯由范老和陈伯达写出来了，另外两位作者没有能够交卷)。范老给我的指引，可以说从这时就开始了。

抗日战争结束，我从冀南调到范老做校长的北方大学工学院工作。1947年，我利用生病疗养时间，收集中美关系史资料，并向范老请教应该看哪些书。他知道我的打算以后很高兴，除了回答书本上的问题，并说最近延安来过两个电报，要他聚集人材继续研究中国历史和找人写一本美国侵华史的书。不久以后，我被指派为新成立的由他自己担任主任的历史研究室副主任。从那时起，我在他的领导下从事行政和研究工作，连续达二十年以上，他对我的关心、教育、信任始终如一。我写《美国侵华简史》那本小册子，他首先热心支持。《简史》第一版付印时我尚在正定，他亲自主持，和另外几位根据艾思奇等同志提的意见，修改书稿。起初他写有一篇充满激情的序言，后来又写有修改说明，那篇序言才省略未用。他对我的教育，表现在经常的言传身教上。他一贯遵守纪律，严格要求自己，知道党内许多事情，守口如瓶。他不慕荣利，进北京不久，坚决辞谢上面预定的中国科学院副院长职务。他生活俭朴，发表论著，以谢绝稿酬为条件。他反对自我宣扬，毛泽东同志对他的书和文章有不少评论和称赞，他自己没有讲过一个字。1957年，他提请中宣部批准，自己集中精力写书，由我实际负责近代史所的工作。自此至“文化大革命”的近十年间，所里别的事他不问，对研究人员的情况总要常常垂询。现在我手中尚存有范老写的信和手迹三十几件，观览诵读，令人心潮澎湃。从我所受到的范老关怀、教育、信任，可以看出，他是如何满腔热情培养干部，关心晚辈后学的成长的。他的眼光绝不是局限于少数人，而是希望他们那一辈人开创的事业后继有人，根株繁衍，枝叶扶苏。我个人力量绵薄，做的工作很少。学术界受过范老关心、教育或影响的其他一些同志则是有成绩的，我们的学术界是充满希望的。

马克思主义历史研究者，深知中国前人所说的“士不可以不弘毅，任重而道远”。当前，我国迈越旷古的伟业是实现社会主义四个现代化。实现四个现代化，需要讲物质财富生产，讲市场经济、经济规律等等，也需要讲文化历史，讲人对自己过去、现在来龙去脉的认识。一个人不可能只有肌体，没有灵魂。一个伟大的民族不可能没有自己的通晓思维理论和历史的合理的哲学认识论。历史学是人们的世界观、哲学认识论的基本组成部分。第一代马克思主义历史学者，已经为从头更新他们那个时代对社会历史的认识，给合理的哲学认识论提供依据，作出了重要贡献。现在该轮到当今年轻的一代或下一代作出这种贡献了。怀抱大志，学有真知的青年，不会去听信“历史无用论”“马克思主义完结了”一类的议论，无所作为。他们的眼睛将要看得更远，不会只看到眼皮底下一点点地方。他们会自愿在历史科学领域贡献自己的才华和峥嵘岁月。有志者事竟成。他们完全可以用博大精深的成果，来推进、丰富前人已经有的认识，使之达到科学上更高的境界。我们有理由相信，他们之中，早晚会出现新一代的郭沫若，新一代的范文澜，出现新一代的马克思主义历史学的先驱们。

历史要分析

——谈《胡乔木文集》第二卷阐述的历史方法论[①]

胡乔木同志是卓越的马克思主义理论家，熟谙多门科学的社会科学家。中国社会科学院成立时，他担任第一任院长。我和乔木的接触，开始于 1949 年夏天。几十年来，我一直在他的间接或直接领导下工作。

1949 年，我写的一本谫陋的小册子《美国侵华简史》由华北大学印出。乔木当时正主持《人民日报》的工作，他从一位编辑的手中看到那个本子后，决定全文在报纸上连载。《美国侵华简史》撰写于解放区，资料单薄，报纸的刊载，对我是一个无声督促：它要求我把这个题目再写下去，并有计划地研究中国近代史。自那以后，我或者参加乔木主持的会议，或者请他审阅文稿，或者听他谈论学问，教诲启发，每有提高。大约十年前，我写的涉及自己学习过程的一篇文章中有这样几句话："开国的一代，学术界和其他各界一样，众星闪耀，俊彦辈出。北京又是人文荟萃的地方。他们或者领导一个部门、单位的工作，或者在思想文化的某些领域影响显著。我作为晚辈后学，在郭沫若、范文澜等同志领导下工作，向学术界其他前辈和同志求教的机会也很多。他们的快言高论可得而闻。与战争时期相比，自己多少有了一点进步，和这个环境条件是分不开的。"这里讲的开国的一代学术界众星闪耀，在我的心目中，胡乔木是那些闪耀光芒的群星之一，而且是一颗在许多时间里始终保持着自己亮度的星。

胡乔木同志长期主管思想理论工作，对于如何加强祖国历史的研究，他倾注的心血是不少的。近些年里，他多次强调要重视抗日战争史的研究，就是一例。为避免枝蔓，我想不去罗列那些事实，而只着重讲《胡乔木文集》第二卷上阐述的历史方法论问题。

胡乔木在《文集》第二卷里反复讲，"历史要分析"。他说，看待历史不

① 原载《回忆胡乔木》，当代中国出版社 1994 年版；后收入中国社会科学院科研局编《刘大年集》，中国社会科学出版社 2000 年版。——编者注

能简单化。把历史简单化，就会不合事实。历史唯物主义要求非常仔细地、具体地分析具体情况，不是像贴标签那样。随便贴标签不是历史唯物主义，是把历史唯物主义简单化、庸俗化。《文集》第二卷论述“文化大革命”、毛泽东思想、中国二十年“左”倾、对社会主义新认识等问题的文章占着不少篇幅。它们中间，有作者参与起草中共中央《关于建国以来党的若干历史问题的决议》的前后讲的，也有很晚撰写的。作者在那些文章中对历史进行的具体分析堪称典范。

关于“文化大革命”

作者说无论从哪个意义上讲，它都不能叫作革命，而是中国的内乱，是特殊局面下的、跟历史上一些内乱不相同的内乱。毛泽东对此应负主要责任。他对阶级斗争的认识和估计犯了错误，把经济生活中的一些正常活动，看成是阶级斗争，是走资本主义道路。他发动了这场所谓革命，究竟谁是革命对象，谁是革命动力，这样一些根本的问题，他自己也不清楚。他说这个革命与过去革命战争不同，过去南征北战，敌人很明显，所以仗好打。现在谁是敌人，谁不是敌人；是敌我矛盾，还是人民内部矛盾，弄不清楚。自己连敌人都没有弄明白，就来发动了一个革命！他创造了很多名词，什么走资派、死不悔改的、三反分子、反革命修正主义分子等等，其实那些作用都不大。真正起作用的是他把“走资派”改为“犯走资派错误的干部”。这句话挽救了他，可以下台。不然的话，毛泽东也没法下台。依靠什么力量来革命，他也不知道。毛泽东有一个谈话，说我开始曾把希望寄托在青年学生（红卫兵）身上，后来，感觉到这些人也不行。那么，依靠谁呢？他没有答复，也就是没有找到一个社会力量来进行这么一个革命。结果造成了一个职业的造反派，结成帮派体系，专门对无产阶级专政进行破坏活动。那时他受到了很多刺激。其中苏共二十大批判斯大林是一次刺激，《海瑞罢官》问题又引起刺激。还有别的刺激。毛泽东那个时候的思想是不正常的，根本说不上一种理性的思维、逻辑的思维。所以发动“文化大革命”实在是毛泽东的冲动。

这些叙述，当然完全合乎事实。然而作者绝对没有因此认为，“文化大革命”那样引起整个民族震撼的事件，可以简单地从毛泽东个人的原因，从他的性格、品质等去作出解释。作者强调讲，说来说去，还是《历史决议》上讲得对。看待这样重大的问题需要着重分析历史背景，而不能从个人的性格、品质去寻求说明。“文化大革命”的发生有国内历史原因，也有国际原因，包括马列的一些不明确的被误解的论点和国际共产主义运动传统的影响，指出这些原因才是客观的、信实的、公允的、全面的。否则无法解释，何以一个伟大的马克思主义者忽然会犯如此严重的错误。个人性格、品质也并非不是问题，但着重讲这些方面，不能教育群众，不能提高人们对历史的认识。每个人都有他的品格，他的品格里面都有好的方面，不好的方面。毛泽东也是这样。中国几十年的历史，光用一个人的品格怎么能够作出解释呢？作者在此，自然没有也不需要展开历史唯物主义与历史唯心主义的学术讨论，他的论述是对历史所作的鲜明的唯物主义的分析。

这里解释一下，上面叙述的作者认为毛泽东受到了很多刺激的一段话，原文是这样的：“《海瑞罢官》引起来的问题的刺激大概比较大，还有一些别的刺激。林彪讲，毛主席最近就是考虑政变问题，那个话毛主席看过的，可见得是真的。”在“一些别的刺激”下面，忽然紧接“林彪讲，毛主席最近就是考虑政变问题”，上下两句话中间，明显存有空档。为什么？其实“别的刺激”就是讲有人提出了搞政变的问题。1964年11月，周恩来赴莫斯科参加十月革命节庆典。在一次酒会上，苏联某元帅借祝酒向中共中央政治局委员贺龙说，毛与赫鲁晓夫冲突，我们已把赫鲁晓夫搞掉了，你们也把毛搞掉。贺龙当场反驳了苏方的谰言，并在酒会后报告了周恩来。周恩来当即向对方提出抗议，回来后报告了政治局。后来在党内一定范围里说过这件事。苏联高层有人公然提出要中国党搞政变，这对毛泽东当然是很深的刺激。作者当时为了避免点明林彪讲话的来历，所以从文字表面上看去缺了点什么。我想还可以说一句，毛泽东的权力、威望这时正居于顶点，无法想象什么人可能发动政变去推翻他。具有讽刺意味的是，他依靠林彪去防止政变，后来真正想要发动政变的恰恰就是林彪。毛泽东万没有料到会有这样的事。

关于毛泽东思想

这个题目在《文集》第二卷里讲得很多，中心意思是一定要讲毛泽东思想，而且毛泽东思想不包括毛主席的错误。那些论述有不少深入的分析和概括。分别来说是两点：头一点，毛泽东在社会主义时期提出“以阶级斗争为纲”和“文化大革命”的理论，违反马克思主义，违反科学。“以阶级斗争为纲”的口号只有在剥削制度社会或由剥削制度转变到社会主义制度的过渡时期才是正确的，在社会主义制度下提出这个口号就是错误的。毛泽东长期坚持社会主义时期的主要任务是阶级斗争，而不是发展生产力，使他走上了空想的道路。在他的思想上，社会主义的主要目标由发展生产力，一变而为纯洁生产关系，再变而为纯洁国家权力和意识形态。空想的原则取代了比较切合实际的原则。他把列宁在俄国十月革命后不久讲过的一些话，例如小生产每日每时都在产生资产阶级这一类话当作法宝。说整个社会主义时期始终都存在着阶级、阶级矛盾和阶级斗争，而且“文化大革命”搞一次是不行的，一定要搞多次。照这么一种理论，这个社会主义简直是不如资本主义，这个社会主义根本不能安定，生产也不能发展，因为它不断地产生阶级、阶级斗争，而且这种阶级斗争只能够用打倒一切、全面内战来解决。人类社会要发展到这样一个阶段，必然要经过这么一个阶段，这把马克思主义不知丢到什么地方去了，是根本违反马克思主义科学理论的。

再一点，一定要讲毛泽东思想。不讲毛泽东思想，单讲马克思主义行不行？那也不行。在中国革命的历史上，至少从1927年到1957年这三十年胜利的历史，跟毛泽东思想是不可分的，现在没有理由丢掉把我们带到胜利的道路上的这样一个精神武器。如果单讲马克思主义，中国革命就胜利不了。看看这段时间里毛泽东的著作——当然还有一些与他同时代的革命前辈的著作，这些东西不能用马克思的著作来代替。同样地，用列宁的著作、斯大林的著作、什么共产国际的文件来代替，都是不可能的。马克思这个人无论怎么好，他没有到过中国，列宁也是一样，尽管他们关于中国说过许多好话。毛泽东这三十年的著作，确实灌溉、培育了中国共产党，确实把我们党广大的干部带到了马克思列宁主义的道路上去。中国革命从极其困难然后达到社会主义的胜利，虽然也有其他领导人的贡献，但是把他们的著作跟毛泽东的著作摆在一起，例如说，把刘少奇、周恩来的著作跟毛泽东的著作摆在一起一比，就可以看出，刘、周的著作中缺少很多东西。它们很难相提并论。胡乔木的结论是：我们要的毛泽东思想，就是把中国革命带上了胜利道路的这个毛泽东思想。

中国革命的历史曲折复杂。毛泽东的活动中出现丢掉了马克思主义科学思想的错误，从一个侧面表现了这种曲折过程。胡乔木从革命历史过程来很好地说明了我们为什么只讲马克思主义不行，一定要讲毛泽东思想，道理确然不可移易。

现在我们知道，乔木讲毛泽东思想的地方，不止于《文集》第二卷那一些。在《文集》以外，他还有对这个问题的最新分析。1993 年 10 月 15 日《人民日报》刊载的《关于写作〈回忆毛泽东〉一书的设想》（与郑惠的谈话）里，他着重讲了这个问题的国内、国际的背景。他说，提出毛泽东思想有国内的、也有国际的需要。在国内，那时不提毛泽东思想，共产党很难在全党形成思想的统一。提出这个思想，通过延安整风运动，毛泽东思想在全党的指导地位确立了，思想统一了。这是一面，即对国内的一面。同时，还有更重要的一面，即对国外的一面。苏共一直在把它的影响加给中国共产党，提出毛泽东思想，这就是对着苏共的。共产国际尽管很快解散了，但是共产国际的影子，它对中国党的影响始终没有断。中共八大没有提毛泽东思想，也是因为苏联的关系。苏联始终拒绝承认毛泽东思想，在苏联报刊上绝口不提毛泽东思想这个词。凡是中共文件中提到的，他们利用的时候都给删掉。这成了一个禁区。所以毛泽东思想是中国人自己的、中国共产党自己的革命道路的象征。乔木的这个最新说明使我们可以从新的高度来认识这个问题。他说毛泽东思想在苏联成了一个禁区，我手边有罗森塔尔、尤金编的《简明哲学辞典》，可以举来做个例子。《辞典》中的“毛泽东”条说：“毛泽东：中国共产党的伟大领袖，马克思主义的大理论家，中国人民胜利的组织者。”再往下，就是讲历史了。毛泽东思想的提法冲破了那个禁区。中华民族这样一个历史文化悠久的民族，这样一个伟大的民族，要革命，要掌握自己的命运，只有依靠中国人民自己，历史证明他们也能够依靠自己。这是中国立国的根基，也是认识中国一切问题的立脚点。毛泽东思想是中华民族、中国人民自己的思想，这就是它最深远的意义。胡乔木的最新论述，把这一点说到底了，讲透彻了。

关于二十年“左”倾错误

这是指 1958 年到 1978 年，中国政治乍晴乍雨，以至急风暴雨的动荡，经济发展减缓或停滞不前的那段历史。产生“左”倾错误的原因是什么？人们首先想到的仍然是把它归之于毛泽东的个人作用。但是我们知道，个人，即使很伟大、处于权力顶峰的个人，也不可能脱离一定的历史和某种社会趋势去产生作用，而要这样那样受环境和某种趋势的驱遣。如果对中国为什么二十年犯“左”倾的错误只简单地回答是由于毛泽东犯了错误，那并不能使我们增加认识，也不知道教训在什么地方。

胡乔木是从历史遗留、广阔的社会生活面来谈这个问题的。他举出了五项原因：第一，中国第一个五年计划中，经济高速度增长，领导人认为社会主义制度加上群众运动，以更高的速度来推进中国经济发展是可能的。第二，阶级斗争的思维惯性和行为惯性的影响，也使人相信经济建设不能离开阶级斗争。第三，追求某种空想的社会主义目标。这种空想的社会主义目标，其实就是平均主义，自给自足，不断发动群众运动和不断革命。第四，国际环境的恶化反映到了国内生活和经济建设里面。第五，中国经济文化落后，缺乏国家民主和党内民主的强有力制度，而建立这种制度又是一个复杂的历史过程。作者的这些叙述都是客观的，实在的。他不是简单地把一切归之于个人的作用，他也没有否认或者减少毛泽东在二十年的“左”倾错误中的作用。这些论述指出，要把个人放在历史所形成的一定社会动向和趋势中去考察，而不要把个人孤立起来，撇开某种趋势去考查。“左”倾本身就表现了一种社会趋势。没有某种趋势为背景的个人活动，不会成为卷起群众运动的个人活动。从这里人们就不仅知道历史的已然，而且也可以知道历史的所以然。他在讲述这个问题中作的总的论断是：新中国所选择的社会主义道路，并不是跟“左”倾错误相联系，而是跟经济、文化、社会进步相联系的。尽管“左”的倾向仍然需要警惕，改革、开放已经不可逆转，就如同一个成熟的人不可能返回到少年时期的荒唐一样。这是一个从历史和逻辑上得出的对人们的认识很有帮助的论断。

中国二十年的“左”倾错误，难道就没有受到过党和人民的抵制吗？显然不是，胡绳主编的《中国共产党的七十年》第七章、第八章一再讲纠正“左”倾错误的努力，经济上的调整等，那就是“左”倾路线遭到抵制的反映。党内有两条路线斗争，周恩来、邓小平是抵制“左”倾路线的主要代表人物，这一点不但中国人知道，外国人也知道。不久以前，美国首屈一指的“中国通”学者费正清写的《观察中国》一书里，就讲到了这个问题。他说：“首先，毛泽东和周恩来一方面是中国共产主义革命的主要领导人，但同时他们还起着两种典型的历史作用。”“当毛泽东和周恩来处于鼎盛时期时，毛泽东有能力支配为现实社会变革而开展的周期性政治运动，而周恩来则能够使政府工作正常进行。他们多年配合默契，相得益彰，一旦这种合作不复存在，毛与他身边的人之间便再也无人从中协调了。先前，这位伟大的领袖的地位可以操纵两条路线并周期性地推行某一种路线，现在变得只能招架并且被宗派斗争所左右，中国形势迅速变化，动荡不安。然而，政策上的分歧代表着两条不同的政治路线。两条路线的产生是由中国革命的双重性质引起的：一是经济上要努力实现现代化以使国家巩固；与此同时，为了人民的利益还要通过社会变革改变中国人的生活面貌。事实上，革命的兴衰曲折并没有使中国人放弃他们的目的。”他说：“不过对于我们（美国人）来说，稳健派比极左派及其教条主义言论可取，也比较易于使人理解。总的来说，尽管主张发展技术的那些人也反对私营企业的自由竞争，我们仍能理解他们。邓小平是一位明快而易于让人理解的人物。而那些狂热派则言辞激烈，一心只想揽权，使经济崩溃。”费正清的叙述，除了没有把林彪、“四人帮”那些“狂热派”“只想揽权”的阴谋家从“左”倾路线中区别开来，其他都接近事实。胡乔木指出，邓小平与毛泽东、邓小平与“四人帮”、毛泽东与“四人帮”的性质是完全不同的。毛泽东是革命加空想，邓小平是革命加科学或实际，“四人帮”则是假革命加阴谋破坏。不用说，革命加科学或实际，也就是对革命加空想的“左”倾路线的抵制。

关于重新认识社会主义的问题

中国在社会主义道路上走过了四十多年，我们对社会主义制度当然有自己的认识。先且不说中国在这个时期里民族独立了，废除了弱肉强食的资本主义剥削制度等等，就看生产力的发展、经济的增长，也表现出了由历史选择的这个制度的合理性，四十多年间的经济发展尽管有曲折，但大部分时间里，它的增长速度在过去的中国历史上没有，在世界历史上也属罕见。现在这个世界上既有社会主义，也有资本主义，它们在同一个时间、空间里生存、运转，变化多端。社会主义究竟是什么样的，这又需要我们随着历史的前进去不断探索，不断更新自己的认识。

胡乔木在《文集》第二卷中，反复讲了这个问题，越往后越有新见解。1981年，他在解释《历史决议》的时候说，社会主义是我们自己建立起来的一种社会制度，一种新的社会，但是不等于我们对它有充分的了解。这很不容易。以前我们对社会主义社会都认识不足，以为它是一个比较短的时期，虽然不会很快，但也不是很遥远，社会主义就可以过渡到共产主义，就可以战胜世界上的资本主义。那种看法是脱离实际的等等。他在不到十年以后，即1990年在《对社会主义的新认识》一文里再讲这个问题就长足进展了。他说："关于社会主义本身的概念在一百多年时间特别是近十多年间已经发生了重大的变化，科学社会主义理论，或者说社会主义基本原理决不是也不可能是一次完成的，现在也没有完成，只是已有很大进步。这里主要是关于共产主义的目标由近变远，作为共产主义第一阶段（后来被列宁称为社会主义）不仅由短变长，认识到社会主义时期是一个很长的历史时期，其成熟阶段现在还不能预见，而且由高变低，即由不承认商品经济到只在狭小范围内承认商品经济，到承认整个社会主义经济是有计划的商品经济。……在斯大林、毛泽东、赫鲁晓夫及其后很长一段时间内都认为，向共产主义过渡是当前必须解决至少必须和可能立即准备解决的任务。对世界形势则多着重资本主义总危机和资本主义国家的革命斗争，而没有或很少想到相反的情况。革命（包括亚非拉的民族解放运动）由高潮转入长时期的低潮，而资本主义则转入强大的攻势，这些是马克思主义历史上所始料不及的，现在必须面对现实。所以改革开放对于社会主义国家来说确是从理论到实践上的一场深刻的革命。……这从形式上说可以看成后退，因为过去的想法离不了共产主义的初级阶段，而实质上都是真正的前进，使经济活力和人民生活大大前进了。"他主张全党对此要有清醒认识，面对现实。

《对社会主义的新认识》在《文集》第二卷里排在倒数第二篇，我以为它不只应该看作本书的压卷之作，而且在作者全部马克思主义的理论研究中，也应该是最有分量的著作。文章视野辽阔，思想深刻，现实性极强。关键是指出了不要把对社会主义的认识停留在共产主义初级阶段的概念上。人们从这里可以切实地了解到为什么改革开放是社会主义国家从理论到实践的一次深刻的革命。

"文化大革命"、毛泽东思想、中国二十年"左"倾、重新认识社会主义等几个问题的性质各异，看法多有分歧、对立。胡乔木对这些重要复杂、难度很大的问题，一一提到历史上加以分析，不少地方精辟独到，发往昔之所未发，言他人之所难言。实事求是，大道在前，人们很难指以为非。这从上面的引述中可以一目了然，我们不需要再作多余的诠释了。

社会主义运动、社会主义制度出现了一些马克思主义历史上始料所不及的情况，这使以反对马克思主义为职志的论客，异口同声叫嚷：马克思主义已经死亡了，社会主义已经死亡了。他们提出的一个最新、也最得意的论点，是说苏联、东欧社会主义政权的瓦解，也就是马克思主义的完结，那几个政权塌台了，也就是马克思主义最终塌台了。对于这种反对马克思主义的得意理论，我在这里想顺便稍加讨论，回答几句。

马克思主义存在、发展的历史，明显地表现为两种状况：一种是世界科学历史发展上的马克思主义，另一种是社会主义国家与政权相结合，成了官方哲学的马克思主义。这两种状况，不是指马克思主义与非马克思主义的界线，而是指它所处的社会环境、在思想领域里以怎样的面貌出现。前者靠科学思想掌握群众，是客观存在的。我们讲，马克思主义理论一旦被群众掌握，就变成物质的力量，就属于那种状况。后者不同，它与社会主义国家政权同时并存，从外面加进来了一层它原来所没有的权威成分，那就是政权的权威成分。政权的权威，一方面可以推进马克思主义的研究、传播，另一方面，由于各种现实矛盾，又往往把自己的意志加诸科学理论之上，而以马克思主义的名义出现，鱼龙混杂。这不能不给科学思想体系的阐发、运用带来困难。马克思主义发展过程中的两种状况，俄国十月革命以前和以后存在，中国革命胜利以前和以后也存在。我们知道，外来权威把自己的意志加进到科学里面，世界历史上屡见不鲜。物理学家、天文学家伽利略维护、发展哥白尼体系，发表《关于托勒密和哥白尼的两大世界体系的对话》等著作，受到宗教裁判所的迫害。那个案子过去快四百年了，据说最近梵蒂冈的结论仍然是：虽然伽利略跟着哥白尼反对地球中心说是对的，但他确定太阳中心说是错的。马克思主义科学思想体系的核心是指出了人类社会历史运动的前进方向。在社会主义政权下，社会生活中的全部事情，从社会生产到上层建筑的广泛领域，凡涉及思想认识，都试图以马克思主义理论作出解说，事情如此多样，其中要加进政权的权威成分，丝毫不足为怪。

今天，反对马克思主义的人们津津乐道的所谓苏联、东欧社会主义政权的瓦解，也就是马克思主义的完结这个论点，其前提，是不承认马克思主义存在、发展过程中有两种不同状况，不承认马克思主义在世界科学发展史上的独立地位，而把它同政权视为一体，一而二，二而一。他们的目的是要人们相信，政权的生存能力，等于马克思主义的生存能力，某个政权的命运就是马克思主义科学学说的命运。我们指出马克思主义发展历史上有两种情况，即有世界科学历史发展上占着特定地位的马克思主义，有在社会主义国家成了官方哲学的马克思主义，就可以知道那种把马克思主义同政权等同起来的论点是何其虚伪。马克思主义诞生在前，社会主义政权出现在后，而不是相反，先有政权，后有马克思主义学说。马克思主义在原来成为官方哲学的地方地位改变了，不等于它作为世界科学发展史上一门独立科学的地位改变了。马克思主义是世界资本主义社会制度的产物。世界资本主义一天存在，马克思主义解剖资本主义的那个部分的生命力就会一天继续下去（世界资本主义为新的社会制度取而代之以后，马克思主义中作为认识世界的历史唯物主义，仍将在发展、更新中继续下去。宇宙的一切都在运动变化中。资本主义不是，也不可能是人类历史的顶点。西方关于“后资本主义”的议论，说明人们已经意识到了这一点）。政权的权威是一回事，人类社会历史运动的科学学说又是一回事。政权就像我们翻开任何一本历史书所看到的那样，往往变幻无定，而科学学说则要在人类的生活中长久显示它的功能。以反对马克思主义为职志的论者把它们搅拌在一起，抛了出来，以为是掷出一颗重磅炸弹，其实那种论据是建筑在沙滩上的，炸弹最终只能炸到他们自己的头上。如何看待马克思主义存在、发展的过程，我想还是本文题目上讲的那句话：历史要分析，要用历史唯物主义去分析。

（本文中转述的胡乔木同志的话，见《胡乔木文集》第二卷。——笔者注）

革新派先贤祠中的一员①

一、法国年鉴学派名家马可·布洛赫说："如果有一天，革新派的历史学家们决定为自己建立先贤祠的话，那么，那位来自莱茵河畔的先哲的银髯飘然的半身塑像一定会端然坐在殿堂之首列。"马可·布洛赫的话表明马克思的明晰的科学思想是一切追求历史真理的人所能理解的，它有理由被人们奉为圭臬。中国马克思主义历史学派是中国悠久而丰富的历史学上最富于革命性、开创性的革新派。他们的先贤是五六十年代人们所说的以郭沫若为首的"五老"。翦伯赞与郭沫若、范文澜、吕振羽、侯外庐并为"五老"之一。我曾说过，外庐去世，宣告了中国最早一代马克思主义历史研究者活动的终结。他们的活动终结了，毫无疑问，他们的科学成就，给予后人的启迪，现在灼然犹新，其中一些精确的东西，未来也将不朽。

马克思主义崛起于西方。产生它的社会背景、思想源流也只在西方。郭沫若、翦伯赞等老一辈历史学者，一开始就认定了它并非西方某个自称的"新"学说流派，而是一个区别于一切旧的社会历史学说的科学思想体系。他们一开始就抓住了这个思想体系的核心部分。郭沫若在《中国古代社会研究》上说，马克思恩格斯著作告诉了他"辩证唯物论的观念"，恩格斯《家庭、私有财产及国家的起源》是他研究的向导。翦伯赞的早期著作《历史哲学教程》，实际是介绍马克思主义的历史唯物主义。郭、吕的著作出现在先，翦的《教程》时间虽然稍晚，但它是结合中国历史来讲唯物论基本观点的，所以另有意义，尽管有些地方并不成熟。

二、中国人对于马克思主义科学思想体系到20年代末30年代初，已经有了比较深入的认识。郭沫若1928年11月把马克思《〈政治经济学批判〉序言》上关于生产力与生产关系、经济基础与上层建筑及其相互关系那段经典式的叙述译成中文写在自己的日记上，叫作"读唯物史观公式"。《资本论》第

---

①原载《近代史研究》1997年第4期；后收入中国社会科学院科研局编《刘大年集》，中国社会科学出版社2000年版。——编者注

一卷、《反杜林论》、《政治经济学批判》、《唯物论与经验批判论》等的中译本相继于30年代前期出版流行。郭、翦都可以阅读外文，对于马克思主义的著作、思想理论自然不限于从中译本去了解。马克思主义所以成为一个科学思想体系，是它以人类任何共同生活的基本事实，即生活资料的谋得方式为出发点，找到了人类社会存在、历史运动的物质存在、物质基础。人们依赖一定的生产力和结成相应关系，进行解决衣食住行需要的物质资料生产，来开始自己对历史的创造。其他一切创造，都起源于和最终依赖于这个创造的存在和继续。人们按照自己的意志创造历史，但人们不能脱离一定的生产力与相应的社会关系、环境条件，而必须受生产力与生产关系、环境条件的制约来从事创造。不同历史阶段的社会生产，形成不同的生产关系。在私有制社会人们被划分为不同利益的人群，即不同的社会阶级。他们的相互关系同时表现为经济、政治和意识形态的关系。它是一个统一的社会关系体系。其中某个部分发生变动，必定影响到另外部分也要发生变动。生产力与生产关系又相适合又不相适合的矛盾运动，推动社会历史发展，在阶级社会直接表现为阶级关系缓和与阶级矛盾、阶级斗争推动历史前进。每一个处在一定发展阶段上的社会，都具有独特的社会关系体系。那种体系的基本变革，标志着社会发展的一个新的阶段。奴隶制社会、封建社会、资本主义社会，都是社会关系体系变革的一个独特阶段。社会生产力不间断的革新是不可避免的，人类社会发展突破私有制，进到社会主义、共产主义的最新阶段也就是不可避免的，尽管它需要有一个复杂的过渡阶段。以前人们对历史的认识除了宗教神学观点，就是处于“历史是由个人创造的”那种空洞观点支配之下。至于社会历史的存在和运动，它的根基到底建立在什么上面；个人创造历史，各种各样的个人的活动是由什么社会条件决定的，怎样决定的；社会历史过程能不能认定，或者如何认定，也是自然历史过程；历史发展的动力来自哪里，人类社会历史最终将要走向何方；等等，都是以前或者根本没有提出，或者提出了，但从来没有真正解决的问题。人们要把对历史的认识建立在科学基础上，它们是一些必须解决的关键性问题。马克思主义思想理论，第一次对这些问题以明确、清晰的语言极其深刻地作出了回答，而且所有的说明就像一整块钢铁一样，熔成一体，不可分割。非常明显，它是一个不同于以往种种历史学说的严密的科学思想体系。遵循这个体系，我们就有了可能对历史这个十分复杂，并且充满矛盾，但毕竟是有客观规律可寻的统一过程来进行研究，也就是把它作为一门科学来研究。郭沫若、翦伯赞等人开创的中国马克思主义历史学就是以这个理论体系为指导的。

中国“正史”与私家撰述资料涉及社会生活的广阔领域，加上近代出土器物，完全可以从中窥见中国历史的某些特点与延绵不绝的过程。“正史”中“玄鸟生商”“天命有自”之类的神秘观念不突出，只起陪衬作用，主要是讲“人事”。但所有种种“人事”又是怎么构成历史运动的，人们对于它的认识，长期停留在王朝兴衰、“治与乱”、“分与合”、“英雄与时势”等的过程与相互关系的讨论上，或者再加上《礼运》关于原始社会大同之世的想象。各种记载中普遍存在的似乎隐而不彰的事物，人们就无法知其所以然了。马克思说：在人类历史上存在着和古生物学一样的情形。由于某种判断的盲目，甚至最杰出的人物也会根本看不到眼前的事物。后来，到了一定的时候，人们就惊奇地发现，从前没有看到的东西现在到处都露出自己的痕迹。于是他们在最旧的东西中惊奇地发现了最新的东西，甚至令有的人感到害怕。中国人最初应用马克思主义研究中国历史，就是从以前人们根本看不到的眼前事物中，现在发现到处都露出自己的痕迹，从最旧的事物中发现了最新的东西。它们是实实在在的。有人对此不敢正视，由于感到害怕而极力反对，那就丝毫不足为怪了。马克思主义的历史唯物主义与辩证法结合在一起。历史唯物主义建筑在人类社会生产、生产力与生产关系矛盾运动的基础上。只要历史存在，历史运动的这个基础没有封顶的日子，按照辩证法，马克思主义的科学思想体系也就没有封顶的日子。现代科学技术层出不穷，社会生产日新月异，人认识世界的知识不断更新。中国马克思主义历史学开创者做了他们所能做的事。根据新的认识，不断丰富与推进中国马克思主义历史学的前进是后来者的任务。

三、翦伯赞著作涉及的范围很广，密切联系现实。他在50年代末、60年代前期为坚持马克思主义历史学的科学性所进行的斗争尤其突出，现在更容易看出它的意义。当时“左”的政治路线直接影响学术界。历史研究和教学中教条主义、主观主义、简单化、公式化流行，马克思主义理论遭到严重破坏。陈伯达十年以前就谈到过毛泽东主张的“百家争鸣”，这时讳莫如深；“文化大革命”一开始，他提出打倒所谓“保皇派”，不是偶然的。康生担任中央理论组组长，一段时间里要求各地“写书”——写哲学、社会主义政治经济学等，主观、浮夸，“以论带史”一类的口号由他推广传播。翦伯赞《关于打破王朝体系问题》《目前历史教学中的几个问题》《谈谈历史研究和教学的结合问题》《对处理若干历史问题的初步意见》《文与道》《史与论》等一系列文章、讲话，就是在那个背景下陆续发表的。它们联系实际，与非马克思主义、假马克思主义辩论，尖锐批评错误观点，旗帜鲜明。个别的话引起争议，也不难解释清楚。其中讲到马克思主义历史学要坚持阶级观点，也要有历史主义。有人攻击说，翦伯赞用资产阶级历史主义对抗马克思主义阶级观点，那是制造政治诬陷。翦著反复强调的是在分析任何社会问题时，马克思主义理论的绝对要求，是要把问题提到一定历史范围来看待。不同社会制度、不同环境条件下，一定社会阶级的地位、作用是不同的。不要简单化、公式化，要从历史发展的观点认识历史。翦伯赞这个论述与同时的其他论述，出于同一个思想：坚持马克思主义历史学的科学性。这是明白无误的。如果说翦伯赞对抗了什么，那就是他对抗了陈伯达、康生等鼓吹宣传的破坏马克思主义科学理论的假马克思主义。那种假马克思主义与“左”的政治路线是分不开的，对抗它，实际上也就是抵抗它背后的“左”的政治路线。如果当时还看不出这方面的意义，现在或往后研究那段历史的人，对于翦伯赞从事的斗争完全有理由给予一定的评价。

翦的论著中把阶级分析与历史主义连在一起提出以后，掀起了针锋相对的讨论和争论。从马克思主义看来，我以为指出阶级分析与历史主义相一致又相区别，而且两者并非总是要关联在一起相提并论的，容易说清楚问题。后来有的评论说，翦文两个观点的并列，表现了马克思主义历史学在阶级观点与历史主义上的进退两难处境，需要用后者对前者补偏救弊。那不是对马克思主义理论固有内容的解释。关于这个问题延绵甚久的讨论和争论，事实上提出的远不止是阶级观点与历史主义的关系这个具体问题。即使并不明确，它是向我们指出：科学研究，一要坚持真理，二要追求真理。坚持与追求，两者有区别而又息息相联。社会历史在不断的运动演变中，人们对事物的认识处在不断丰富、提高过程里。阶级、阶级斗争、历史主义这样的概念，同一切科学概念一样，与现实、现象可以而且经常存在着差异，不相符合。我们要看到事物的矛盾运动，要看到事物有异中之同，也有同中之异。只有这样我们才能坚持真理，又追求真理，而不至于在认识达到某个阶段以后，就再也止步不前。

四、1952 年，我在东厂胡同一号范文澜同志寓所与翦老相识，最后一次见面是1966年大约5月底去北京医院看病，在走廊里相遇。那时他早已在北京大学受到猛烈围攻，我则处在陈伯达定调子的《人民日报》“六三”社论打倒所谓史学界“东霸天”“西霸天”的前夕。他脸色灰暗，彼此心情都了解，互相点了点头，未交一言。在那十多年时间里，我有机会同翦老频繁共事和向他请教。他是1953年中共中央设立的“历史问题研究委员会”成员，有些具体事项由我同他联系。《历史研究》创办之初，我们常在一起讨论稿件。中国科学院成立哲学社会科学学部和不久以后制订全国十二年科学工作远景规划，我是社会科学方面具体工作负责者。凡与历史学有关的，无不请他参加讨论，或去个别征询意见。1958年，他主持的北大历史学讲座，邀我讲过评尚钺同志中国资本主义萌芽研究的问题。题目不用说是我自己定的，事后也没有问过主持人的看法。尚著论点如何，自然可以讨论。但我的评论带有教条成分，1981年我在上海举行的中国史学会理事会上作过自我批评。我与翦老一起参加的外事活动次数很多，大半是接待苏联、东欧、日本的学者，也有西方学者。他善于在谈笑风生之中回答问题，阐述自己的观点。1960年9月苏联主办国际汉学家会议，同时召开苏联东方学会议，邀请中国派代表团与会。主管单位最初主张谢绝。外交部长陈毅元帅知道以后，认为我们不参加国际会议，苏联单方的会议仍然应该去。这是由于苏联撤退在华专家未久，中苏分歧尚未公开。中国是否参加那次会议，涉及对外表态问题。中国学术代表团很快组成，翦老为团长，包括历史、语言、文学等方面的学者，通报了对方。会前不久，苏方突然通知，苏联东方学会议与国际汉学家会议合并，不单独举行，建议中国参加国际会议。我们没有接受。这成了莫斯科汉学家会议中一个引人注意的话题：中苏分裂了。组织中国学术代表团时，考虑到会上可能出现矛盾和斗争，团长不但要在学术上，也要在政治经验上能够适应。翦老被认为是最适合的人选。这表明他德望宿孚，为众人所推服。1961年，中央民委邀请历史学家若干人，赴内蒙古访古，我随翦、范、吕几老同行。1960至1962年间，翦老和其他一些同志很有几次聚餐座谈，时间不定，范、吕、吴晗、齐燕铭、黎澍、金灿然和我多半在场。“文化大革命”初这被揭发为所谓“裴多菲俱乐部”。谈话没有预定题目，历史教学、研究中的情况和问题当然是中心。翦老每次总要讲些看法。他的《对处理若干历史问题的初步意见》《文与道》《论与史》就是这时写的。座谈中虽然事先事后都没有讨论过他的文章，彼此发言，角度有别，思想相通。长时间的交往，加深了我对翦老的认识。他热情忠厚，而又刚直不阿，是一位真正的马克思主义历史学老一辈学者。侯外庐在《韧的追求》"翦伯赞的风格"一节中说，翦老是严谨的学者，也是勇敢的革命斗士。他兼备精深的史识和高尚的史德，最后在反革命集团逼供时宁死不作谤书，铸下了他的史德的最后一笔记录。翦老这位挚友出于肺腑的对他的评价，公允精当，不可移易。中国古人董狐、南史，道德高尚，坚持直笔，以死殉职，在中国传统历史学上一直引为美谈。翦老坚持马克思主义科学，遵守中国传统史学美德，并以自己的生命为代价，把两者结合起来，这是中国历史学上一种新的典范。

当初听说翦老的死，是有人说他与蒋介石有关系。大家觉得奇怪，不过我听翦老亲口讲，他见过蒋介石。那是他在重庆时一度由冯玉祥聘为历史教师。教室即冯住处会客室，听讲的有冯和他的副官等人。头年冬讲到第二年春天，春节初二上午就开讲。当他正与冯隔席相对，侃侃而谈时，传达人员匆匆进来报告："蒋委员长到！"显然是来拜年的。他收拾书本，准备回避一下。冯连忙摇手制止说，不要动，继续讲。少顷，蒋入室。冯起相迎，并指着翦向蒋介绍：这是我的历史老师某某先生。蒋点一下头，他也照办，然后离去。我说，这很像是冯在表演《三国演义》上的刘备种菜园。翦老说，但是更加巧合，也表现了冯的沉稳和机敏。要问翦伯赞与蒋介石有何关系，翦老除了作为革命家，作为中国马克思主义历史学的先驱者，与蒋介石的统治处在相对抗的地位，十分偶然地参与了当权人物活动的一个小小场面，这就是他们的"关系"。

理论界老前辈成仿吾同志

——在人民大学举行的成仿吾诞辰一百周年纪念会上的发言①

成老，成仿吾这位理论界老前辈的名字，我最初是什么时候知道的，已经记不清楚了。1938 年 7 月下旬，我从湖南赴陕北，在西安八路军办事处见到陕北公学招生简章，上面印着校长罗迈、成仿吾几个大字。往后在敌后抗日根据地报纸上以及人们的谈论中，知道他是郭沫若为首的创造社重要成员，参加长征，担任过红军大学校长。

1948 年春夏，党中央决定组织华北人民政府。同时，校址原在张家口、成仿吾担任校长的华北联合大学与校址原在长治、范文澜担任校长的北方大学也决定合并，组成人民大学前身的华北大学，吴玉章任校长，范、成任副校长，校址设正定。华北大学 8 月 1 日起开学，吴老在开学前不久才到校。范则因患眼疾先在邢台、后在平山乡下疗养。两校合并、华北大学的筹备工作全部是在成的主持下进行的。北方大学第一批教学人员由我带队，于 7 月 1 日到达正定。连家属不到 20 人，王冶秋、尚钺、李何林、叶丁易等知名人士都在其中。成老设宴招待，热烈欢迎，那也就是两校合并的实现。我从此有约一年时间在成老领导下工作。后来他在东北师范大学、山东大学和“文化大革命”后期调回北京，在第四、第五届全国人民代表大会及其他场合，我多次听他谈论思想理论，回忆往事。其中有以前我所知甚少的事情，例如延安文艺座谈会的某些情节等。

大家都知道成仿吾是文学家、教育家，其实他同时是理论家，是马克思主义唯物论的宣传者。这方面的详尽内容需要专门的研究者作成学术论文去讨论。我现在讲的，是平素接触中得来的观感。唯物论可以、也需要从各方面来阐发。文学研究、文学理论是阐发唯物论的重要阵地。成仿吾首先就是

---

①1997 年 8 月未刊稿。——编者注

从文学这个阵地上来阐发、宣传唯物论的。1927年冬天起，后期创造社大力宣传唯物论，掀起很大的回响。郭沫若叙述当时的情形说："辩证唯物论的阐发与高扬，使它成为中国思想界的主流，后期创造社几位朋友的努力，是有不能抹煞的业绩的。"郭文所说贡献了光荣业绩的"朋友"，是指成仿吾、李初、冯乃超、彭康、朱镜我、李铁生诸人。其中成仿吾实际主持后期创造社的活动，当时"辩证唯物论的阐发与高扬"，成仿吾是主要的发言者、具体组织者。在这前后，鲁迅说"成仿吾东走东京、西走巴黎"，表现出自己的某种不满，而实际上则接受了成及其同志在《文化批判》等刊物上宣传的思想理论，表示感谢创造社让自己学到了唯物论。鲁迅恳切地说："有一件事要感谢创造社的，是他们'挤'我看了几种科学底文艺论，明白了先前的文学史家们说了一大堆，还是纠缠不休的疑问。……以救正我——还因我而及于别人——的只信进化论的偏颇。"鲁迅所说的"科学的文艺论"自然是指马克思主义著作。这虽然只是一个侧面，从这个侧面也可以看出，成仿吾与他的同志宣传马克思主义唯物论的功绩。1942年，毛泽东《在延安文艺座谈会上的讲话》中批评的关于文艺的基本出发点，如何看待写光明与写黑暗等不正确的观点，有一些来自萧军的发言。它们都涉及文艺与人民群众的关系这个基本问题。成仿吾参加那次会议，座位与毛泽东相邻。讨论中他第一个起来讲话，表示不赞成萧军的意见，主张要用马克思主义观点看待文艺与人民群众的关系。说明文艺的源泉最终在人民，文艺的作用最终要服务于人民。这同样是强调宣传唯物论。他对马恩主要著作如《共产党宣言》等中译本某些译法，多有不同意见。他说，《共产党宣言》第一句话过去译作"一个幽灵，在欧洲踯躅"，固然不对，《马克思恩格斯全集》中文第一版，译作"一个怪影，在欧洲游荡"，也没有准确表达原意。他晚年不担任行政工作了，把校订马恩某些著作译文作为自己要去完成的一个夙愿，并选择了在中央党校找个安静的地方去进行这项工作。宣传马克思主义，宣传唯物论，贯串于成仿吾一生革命活动的始终。文学家、教育家而又兼理论宣传者，可以说，这是他的一个特色。马克思主义唯物论是科学真理，唯物论的阐发、宣传，与中国民族解放、民主革命胜利的道路联系在一起。思想理论战线的先辈各自在这里贡献了自己的心血，各有值得纪念的地方。成仿吾在这方面同样是贡献了心血，是值得纪念的先辈之一。

中国前人衡量人物，道德文章并重，立德重于立言。成仿吾同志早岁矢志革命，备历艰苦，襟怀坦荡，顾全大局，对同志、对后进关怀热情。我在华北大学、人民大学工作时间短暂，做的事情很少，却深受吴老、成老的关怀。我手头保有他们两位的几封信，前年拿出去刊印在一本叫《当代学人手札》的内部出版物上，这不只是珍视他们的手迹，也是要表达对两位先辈的怀念尊敬之情。对吴、成各自的业绩，我说不出什么有分量的话，只是从在这里工作过的角度上，认为可以肯定地说：吴玉章是人民大学的光荣旗帜，成仿吾也是人民大学的光荣旗帜。

学习邓小平社会主义初级阶段理论的几点体会[①]

党的十五大把邓小平理论确立为我们党的指导思想。我想就与社会主义初级阶段相关的认识说点粗浅的想法。

第一，它把我们从对社会主义传统认识的束缚中解放出来了。传统的看法以为，作为共产主义的第一阶段，社会主义是一个不很长的时期。对于世界形势，过去侧重于看到“二战”以后资本主义一段时间里的衰落，以及资本主义国家人民的反抗斗争和亚非拉美民族解放运动的兴起；而对以后资本主义生产的相对稳定的发展，社会主义各国的领导人当时几乎很少警觉起来。以前我们出现的挫折和困惑，主要是和那种传统认识直接或间接联系在一起。社会主义初级阶段的理论，把社会主义历史时代由短放长，把社会主义的长远目标与当前目标结合起来，这就与当前的形势相适应，解决了如何坚持与建设社会主义的问题。我们由此取得了根据中国的国情建设有中国特色社会主义的自由。

第二，它提供了认识国际社会主义何以发生重大曲折的普遍有效的思想观点。国际共产主义运动发生的最大的曲折是苏联这个地跨欧亚、世界上第一个社会主义国家，存在了70年又宣告解体。俄国十月革命以前的工业水平在欧洲落后于英法德，排列第四位。苏德战争前夕，苏联工业水平跃居欧洲第一，世界第二。第二次世界大战同盟国打败希特勒德国，苏联的力量是决定性的。这一点，丘吉尔、罗斯福的回忆录可以勘对。社会主义制度的优越性在苏联得到了充分的验证。那么，它又为什么解体了呢？一种看法说，那是苏联最后领导人的“新思维”把人们的思想搞乱了；又一种看法说，那是由于西方从外面的渗透破坏，美国原驻苏大使马特洛克写的《苏联解体亲历记》可以为证。这两种看法都合乎事实，但都不是最后起作用的事实。如果不是苏联社会生活中的某些严重弱点，“新思维”的观点就不会有太多人去信

① 原载《求是》1997年第20期。——编者注

从。美国最初是企图用军备竞赛逼使苏联后退的，但是苏联竟然迅速垮掉，也出乎它的意料。真正看到了实情的是亚洲一个国家的一位领导人。他说，冷战不是西方外交官和将军们打赢的，是西方工人阶级用他们生产的狩猎牌等豪华汽车、货物丰富的超级市场和购物中心打赢的。事情正是这样。六七十年代以后苏联社会发展陷于停滞，社会生产不振，物资匮乏，内部矛盾加深，于是倒退便成为不可避免的事情。这一切说明，不解放和发展生产力，社会主义制度就不能巩固与发展。邓小平理论深刻阐述了这一真理，从根本上说明了社会主义为什么发生曲折的问题。

第三，它是革命的，又是科学的。马克思主义经典作家认为，生产资料公有制，按劳分配，是整个社会主义时代的原则。在这个问题上，邓小平同志在坚持生产资料公有制为主体的同时，提出了多种经济成分并存和发展；在坚持以按劳分配为主体的同时，提出了允许一部分地区一部分人先富起来，带动和帮助后富，逐步走向共同富裕。这就把社会主义的革命原则与当前中国的具体实际结合在一起，把革命性与实事求是的科学性结合在一起，从而既坚持了马克思主义，又发展了马克思主义。中国的现代化建设要达到中等发达国家水平，一般分析要到下个世纪中叶。初级阶段以后的情况会怎么样，那不妨由未来学家去讨论。我想不需要把话说得更远。

我理解社会主义初级阶段实际有两重意思：一是起点不高，二是前程远大。这好比从黑夜到白昼，必须经过黎明那一段。黎明也有两重意思：一是目前还处在晨光熹微之中，二是跨过这一段，前面就是天光大亮。照我看，社会主义初级阶段的理论可以归结到一点：中国是在社会主义的黎明，世界是在社会主义的黎明。

邓小平理论与社会主义黎明[①]

邓小平理论的核心是对社会主义本质的论述，并由此出发确认中国现在是处在社会主义初级阶段。在这里，对与社会主义初级阶段相关的认识说点粗浅的想法。

第一，它把我们从传统的对社会主义历史时代认识的束缚中解放出来。传统的看法以为社会主义是一个不很长的时期。它作为共产主义的第一阶段，将不会很遥远就可以过渡到共产主义。以前我们出现的失败和困惑主要是和那种传统认识直接或间接联系在一起。社会主义初级阶段理论，把社会主义历史时代由短放长，把社会主义现实目标由高降低，这就与当前形势相适应，解决了如何坚持与建设社会主义的问题。退一步海阔天空，我们取得了根据中国的国情建设有中国特色社会主义的自由。

第二，它提供了认识国际社会主义何以发生巨大曲折的普遍有效的思想观点。国际社会主义最大的曲折是地跨欧亚的俄国在世界上诞生出第一个社会主义国家，存在了 70 年又宣告解体。它为什么解体了呢？一种看法说那是戈尔巴乔夫的“新思维”把人们的思想搞乱了；又一种看法说，是由于西方从外面的渗透破坏。这两种看法都合乎事实，但都不是最后起作用的事实。邓小平理论中关于社会主义的本质是发展生产力等与初级阶段的论述，从根本上说明了社会主义为什么发生曲折的问题。同时，它也反驳了资产阶级种种恶劣的反社会主义宣传。

第三，它是革命的，又是科学的。社会主义初级阶段理论，一是坚持公有制为主体，多种经济成分共同发展；二是实行以按劳分配为主体的多种分配方式。它们把社会主义的革命原则与当前中国的具体实际结合在一起。

社会主义初级阶段实际有两重意思，一是起点不高，二是前程远大。这好比从黑夜到白昼，必须经过黎明那一段。黎明也有两重意思，一是还处在

---

① 原载《人民日报》1997 年 10 月 10 日。——编者注

晨光之熹微中，二是跨过这一段，前面就是天光大亮。照我看，社会主义初级阶段理论可以归结到一点：中国社会主义是在黎明，世界社会主义是在黎明。

毛泽东评《二十四史》[1]

毛泽东评点《二十四史》涉及中国传统文化、历史的广泛内容。我想它的中心是两个：一、唯物主义历史观；二、现实性。

关于唯物主义历史观

毛泽东的历史观，写在他的著作的很多篇章里，不过有些是直接讲，有些是间接讲的。毛泽东读《二十四史》的评语，尽管分散，他的历史观的基本内容还是表现得很鲜明的。那些评语直接讲到历史观的内容，主要有两个方面：一个方面，是讲从客观形势出发来认识历史的演变和走向。再一个方面是讲个人，特别是重要人物在历史上的地位和作用。关于前面的那个方面，可以举出读《旧唐书》《新唐书》评语。这些评语，极力称赞贾谊的《过秦论》《治安策》。《过秦论》的关键是一句话："仁义不施，而攻守之势异也。"就是说秦朝的灭亡是由于六国统一以前和统一以后整个形势、格局变了，而当权者的认识、政策不变所造成的。《治安策》的关键也是一句话："欲天下之治安，莫若众建诸侯而少其力。"也就是说客观形势紧迫需要削减各霸一方的诸王国实力，来适应全国走向进一步统一的要求。这都是从客观形势出发提出的对历史大变动和走向的看法。唯物史观与唯心史观的分野，关键在于是否把社会历史运动看作客观的过程。评语在这里正是照唯物史观来肯定贾谊的观点的。另外在读《续通鉴纪事本末》时也写有同样的话。宋理宗说，"纪纲万化，实出于心"。评语说"否，实出于物。社会存在决定社会意识"。评语直截了当讲唯物论，反驳唯心论，不需要解释。

对于讲重要人物在历史上的地位和作用的这个方面，可以举《读三国志

---

①原载《人民日报》1997年12月20日；后收入中国社会科学院科研局编《刘大年集》，中国社会科学出版社2000年版。——编者注

集解》对曹操的评语。《集解》上指责曹操自我宣传，奸雄欺人。评语认为那是欲加之罪，何患无辞。李白的诗说“魏武营八极，蚁观一祢衡”，即认为曹操削平群雄，很了不起，比较合乎实际。这是指出认识历史要看到个人、特别是重要人物的作用，否则不全面，违反历史。我们知道，按照历史唯物主义，人自己创造历史，但人是在一定的生活资料谋得方式下，在一定的环境条件下来进行创造的。讲环境条件，是指出历史运动本质上是独立于人的意志的客观过程的根据；讲人自己创造历史，是指出历史规律不同于自然界事物的规律，人的思想活动在其中起着直接的作用。两者结合在一起，就是历史唯物主义的原则和要求。毛泽东读《二十四史》的评语，正是把这两个方面结合在一起的，所以他的历史观是鲜明的唯物主义历史观。国外有些人说唯物论是所谓“人的空场”，见物不见人，那是不符合事实的。国内也有论者说，唯物论的物就是衣食住行，那是掩盖事情的实质。唯物论凡是讲物的地方，都是讲与物密不可分的人，讲与一定的物处于相同或不同地位、受一定思想支配进行活动的人。唯物论讲物与物的关系都是讲人与人的关系，或者是为了讲人与人的关系。见人不见物，或者见物不见人，都与马克思主义的唯物论渺不相干。

关于现实性

毛泽东评《二十四史》中，对于许多事件的分析，对各种人物行为、言论的评价，使我们很容易看出，他是怀着让人们从中汲取经验教训的目的，是密切联系社会实际的。《史记·陈涉世家》叙述陈胜起义以后脱离群众等情况，评语接连写着“一误”“再误”。《后汉书·陈实传》讲梁上君子一段，评语说，“人在一定条件下是可以改造的”。《晋书·郭象传》讲，郭剽窃向秀的《庄子》注，评语说，“郭象无行”。《南史·韦睿传》，叙述韦作战亲临前线调查，爱护人民，每治理一个地方必有政绩。评语两处讲“躬自调查研究”，又讲“我党干部要学韦睿作风”。《新唐书·徐有功传》，徐向武则天请求不担任执法御史，说这个职务很危险，就像“鹿走山林，而命系庖厨”。评语说，“命系庖厨何足惜哉，此言不当。岳飞、文天祥、曾静、戴名世、瞿秋白、方志敏、邓演达、杨虎城、闻一多诸辈，以身殉志，不亦伟乎”。《新唐书·姚崇传》，玄宗打算以姚崇为宰相，姚先提出十个问题，要求玄宗表态。这些问题中包括执法从亲近中开始，不许宦官干政，禁止官吏在租赋以外向人民需索，允许臣下讲实话，“批逆鳞，犯忌讳”等。评语说“姚崇大政治家，唯物论者”，“如此简单明了的十条政治纲领，古今少见”。《新五代史·王彦章传》，王战败被俘，为晋所杀，评语说，“杀降不可，杀俘尤不可”。评点中还有多处对战争情况、战略战术得失、指挥人员优劣等的评说。它们实际上是毛泽东讲自己长期指挥战争的深刻认识，讲他的军事思想学说。凡此种种，用他自己的话来说，就是要引起“我党干部”的注意，从中获得教益。

中国最根本的现实，自然是社会主义道路和如何建设社会主义。《二十四史》上，不用说，没有社会主义的内容。但是毛泽东还是找到了一个地方来谈论这个问题。那就是他读《魏书·张鲁传》时写的长达一千三百余字的评语。从注明的时间上，知道那是写在共产党中央北戴河会议作出《关于在农村建立人民公社问题的决议》以后，又在武昌举行会议，考虑对人民公社作一些调整的期间。评语讲了张道陵“五斗米道”以下历次农民起义中的平均主义思想，指出“其性质当然与现在马克思主义革命运动根本不相同”，而又拿它与人民公社作某些比较。人民公社等一类“左”的主观空想性的办法，根本不是什么社会主义，已经为历史所否定。我们这里要说的是，从评语中可以看出毛泽东在读书的时候是如何时时都在考虑联系实际，联系社会主义道路这个中国最大的现实。历史观属于思想认识或理论的范围，联系现实或参与实践则属于行动的范围。马克思主义理论的重要意义是它能够指导行动，要求把认识变为行动。毛泽东跟所有人一样在读书，又跟别人不一样，他是作为一个大思想家、政治家、实行家在读书。他跟所有人一样，读《二十四史》是想要了解历史，又跟别人不一样，是想着如何从对历史的了解来在行动上变革现实。他在评《张鲁传》时说，自己对历史没有研究。其实他关于《二十四史》和其他历史古籍的大量评语和考订，就是对历史的研究。但他跟通常的历史研究者对待历史不一样，就像马克思在《关于费尔巴哈的提纲》上所说的：哲学家们只是用不同的方式解释世界，而问题在于改变世界。

人对事物的理性认识与实践可以基本一致，也可以存在差异和矛盾。中国近代、现代历史运动的客观过程和走向，是要求民族独立，要求社会生产、社会物质文化生活现代化。它是不可阻挡不可改变的。重要人物的主观能动性，与这个客观运动的走向相一致，就推动历史大踏步前进；认识相矛盾、有偏差，就带来曲折；然后再一致，就再前进。毛泽东领导中国革命取得伟大胜利，二十年“左”的指导思想、特别是“文化大革命”又带来严重曲折。邓小平以毛泽东的思想理论为基础，审视国际国内环境条件，提出对社会主义本质的论述和中国社会主义初级阶段的理论，重新端正方向，中国又充满活力再前进。这是一部生动的历史唯物主义教材。毛泽东评点《二十四史》的思想观点是这部教材的一个侧面，是这部教材生动、形象、具体，在别的地方看不到的一个组成部分。依我看，这应该就是它主要的价值所在。当然，它在思想文化和对历史的了解上，还包罗着比这更多的东西。

山长水又远，佳景在前头
——对齐赫文斯基院士的祝愿①

俄国远东研究所中国研究中心副主任伊巴托娃教授11月来中国社会科学院访问，告诉我齐赫文斯基院士明年（1998）八秩大寿，俄国学者将出一本书加以庆祝，希望我能够写点什么。我感谢她告诉我这个消息，表示理当祝贺，尽老朋友之谊。前年我届满八十岁的日子过去以后，他在国外见到社会科学院的同事，询问我的近况，得知此事以后表示，要是早知道，至少也应该打个电报祝贺。

齐赫文这个由郭沫若、曹靖华给他取名的苏联汉学家的名字，是早就耳熟的。但见面比较晚。整个50年代，我与苏联学术界历史、考古、语言、经济、哲学等方面的学者有不少联系。我认识的第一位苏联研究中国历史的学者，是1951年来中国访问的写过一本中国近代史的列宁格勒大学教授叶菲莫夫。叶年龄并不算大，齐赫文由于听过他讲中国近代史，一直认他为自己的师长一辈。我认识的苏联第一位研究汉语的学者是出版过四卷《汉俄大辞典》的奥沙宁，齐赫文是同他一起学汉语的。1953年，我参加中国科学院代表团访问苏联。行前郭沫若院长特地告诉我，苏联汉学家中有对屈原研究有兴趣的学者，具体提到齐赫文和他的同学、朋友费德林。我临时赶写了一篇关于屈原研究的报告，另外也准备了一个以抗日战争为中心的中苏人民友谊的讲话稿。中国科学院访苏代表团1953年3月4日，也就是斯大林逝世的前一天到达莫斯科。代表团在苏联的访问长达三个月，我始终没有见到费德林，也没有见到齐赫文。但是却见到了其他一些研究中国历史、语言、文学、哲学史的汉学家。那是我在向苏联学者作专题报告的时候。

这个报告会在苏联科学院哲学历史学部举行，由科学院老资格的副院长巴尔金主持，有潘克拉多娃院士、涅契金娜通讯院士等一百余人参加。我的

① 原载《读书》1998年第3期；后收入中国社会科学院科研局编《刘大年集》，中国社会科学出版社2000年版。——编者注

报告《中国历史科学现状》俄译稿刊载在同年第五期《历史问题》上。我讲完以后，会场上有人举手，问是否可以提问题。我表示欢迎，并说，中国孔子有句话："知之为知之，不知为不知，是知也"，我将本着这个态度回答各位的问题。代表团年轻的译员郑揆翻译过我的话以后，会场很快有学者提出，译员讲的孔子的话不准确，那句话应当如何如何翻译才对。话音未落，又一位朋友表示不同意前面那位的译法，陈述自己的意见。接着又有第三位、第四位相继加入争论。先是坐着讲，很快有人站起来讲，相持不下。主持会议的老院士巴尔金这时把手一挥，你们不要争了，还是提问题，让刘教授讲吧！我回答问题时会场一直活跃。报告会结束了，涅契金娜通讯院士献上由两位青年抬着的用树条编织盛满泥土长着蓝色鲜花的大花篮。3月中旬，莫斯科街头积雪未消，回旅馆时汽车后箱载着一篮鲜花从街上驰过，特别显眼。不久我知道了齐赫文、费德林这时都在莫斯科，但他们不在研究所工作，而在外交部门供职。屈原研究无人提起，关于中苏友谊的题目，中国使馆代办戈宝权主张不讲为好，理由没有说。苏方工作人员对此一再感到惋惜。后来莫斯科中央广播电台邀我作了一次华语广播讲演。

1958年，中苏科学院订有双方学者互访计划。苏联中国研究所副所长杜曼访问北京，我同他代表各自的单位，拟制出一个共同搜集出版中俄关系史资料的草案，经双方科学院批准，执行了一段时间。杜曼曾是齐赫文攻读中国历史、文化的教师之一。中苏科学院学者互访计划里，也列有这一年我访问莫斯科的项目，苏联报纸上并载有相关的消息。那时我连续三次至外地出差，时间很紧，我建议取消了那个项目。也就在这年春夏间，历史学博士齐赫文作为近代史研究所的客人来访。闻名不如见面，我们从此相识。他搜集资料等计划，事先已有安排。不过大部分时间是在外地，不在北京。从那时到现在，整整四十年了。这是我们共同在人生道路上经历的一半的岁月。

同所有的人一样，我们都生活在一定的历史条件下和一定的客观环境里。我们都从事学术研究，历史进程中的曲折，难免造成学术研究中人们思想观点上的某些曲折。六七十年代我同齐赫文院士之间的争论，彼此凡越过客观事实，从而加上的"帽子"、推论的话，都属于此类。今天看来，那段曲折的历史已经成为遥远的过去。对于那些争论，白纸黑字写在那里，他人和后人怎么批判——如果值得批判的话，那是他人和后人的事。1983年10月，齐赫文院士作为苏中友协的会长率领友协代表团访问北京，我是中国史学会主席团执行主席。分别二十多年以后我们重又相逢，彼此都觉得有话可说，坦率相对。比较一致的看法，大致是认为一要讲辩证法，二要讲唯物论，那就是承认一切事物都是处在矛盾运动中的，历史的步伐终归是要向前行进的。我们都主张双方正常的学术交流需要重新开始。

最近十几年里，我与齐赫文院士见面的机会增多。有些情节一直留在记忆里。

1985年8月，我担任中国历史学代表团团长，出席在联邦德国斯图加特召开的四千余人参加的第十六届世界历史科学大会。齐是世界历史科学委员会执行委员。主办者制订的大会主题是马克斯·韦伯的历史学说与思想。德国总统魏茨泽克出席开幕式并讲话。其中说“看来德国的历史学说比德国历史更受人尊敬”。换一个说法，也就是认为德国军国主义、法西斯主义统治的历史，是遭人厌恶的。我觉得这个话相当开明而有思想。开幕式结束以后，主人设午餐招待，被邀请的不过三十来人。我同代表团顾问季羡林教授一同参加。齐院士把我介绍给他的夫人，对我在开幕式上致词博得的礼节性掌声表示祝贺。我想同德国总统说几句话，留学德国十年的季老忙于与其他朋友交谈，齐院士主动替我翻译与德总统的谈话。在后来的见面中，我们不止一次回忆起那次会议。他说，魏茨泽克出身于贵族，本人是一位民主主义者。又说，“看你那会儿!”意思是我现在更衰老了，那会儿显得还有精神。1986年10月，苏联科学院在莫斯科举行纪念孙中山诞辰120周年学术讨论会，我同中国几位同事应邀与会。我在开幕会上致词祝贺，认为苏联学者关于孙中山研究的成果，不少是值得中国学者汲取、借鉴的。表示双方应当加强这方面的交流。访问日程完成的前两天，在一次座谈会结束时，齐院士忽然提出，苏联最高苏维埃主席团副主席托勒库诺夫准备邀请你明天会面，你看怎样?这当然与学术讨论会无关，而是因为我这时是中国人大常委会成员。我说，明天的日程都安排满了。他马上说：“那些日程都可以取消，这样吧，你先同大使馆联系一下再作决定。”我回到旅馆，很快接到中国使馆公使、现在的大使李凤林电话，说苏方与使馆说过了，使馆建议我接受邀请，并由大使陪同前往会见。第二天，我同大使李则望一起至克里姆林宫办公室拜访托勒库诺夫副主席。谈话不涉及具体问题，是一个表示友好的行动。这明显是齐院士、东方研究所的朋友提出或建议的。回国以后，我向彭真委员长写了一个书面报告。1992年，莫斯科东方出版社出的《刘大年历史论文选集》，也是那次访问中齐院士、东方研究所的朋友提议并在编者、译者努力下实现的。我写在书前面的《致苏联读者》叙述了那个过程。

中国孙中山研究学会举办的纪念孙中山诞辰120周年国际学术讨论会，1986年11月在孙中山家乡翠亨村召开。我们邀请了齐赫文院士和另外几位苏联学者前来出席。他们受到同行的热情欢迎。到会的外国学者中有苏、日、美、法、加拿大、澳大利亚等国同行三十余人。国际上研究孙中山的第一流专家几乎都在其内。这是我同齐院士一起参加的又一次规模较大的国际学术讨论会，也是他重游曾经向往的孙中山家乡。

自那以后，他又多次访问北京，不管是否中国社会科学院邀请来的，我们多半都会见面谈谈。有一两次是在苏联解体以后，谈话没有固定题目，也不回避什么。这表示彼此总是对一些事情共同感到关心，共同感到有兴趣。

我与齐赫文这位汉学家所以成为长时间交往的朋友，当然是由于我们在学术研究上有共同的话题，这个话题，就是如何认识中国近代历史，以及相关的种种问题的讨论与交流。虽然我们还各自研究着其他题目，但单凭中国近代史这个话题，也就足以提供长期接触的机会了。

齐赫文院士关于中国近代史的研究，在我看来，《19世纪末叶中国的改良运动和康有为》、《孙中山，外交政策梗概和实践》和《中国通往统一和独立之路——1898—1949》这三部书，应该是他的代表作。前一部书我大致读过，另外两本我只能从著者写的相关文章和我们平时的交谈中，推断它们的梗概，不能对所有论点发表意见。这三本书，我认为：

（一）选题、观点在俄国、苏联汉学研究中，或者当初是新的，或者现在也是极有见地的。著者采取历史唯物论的科学方法论来进行研究。他利用一切机会收集资料，校正自己的看法。例如关于康有为研究，他在“二战”一结束，作为苏联驻华使馆人员，刚来到北平，就找到康同璧等人收集康有为及维新运动资料。关于康有为、孙中山的评价，1949年6月，他同毛泽东见面，并有时间单独谈话，便请问毛如何看待二人在历史上的地位。因此，这两部书资料比较充实，内容经得起推敲。

（二）视野开阔，国际形势的叙述占有重要地位。中国近代历史的基本问题，一是列强的侵略把中国变成了半殖民地，中国要求民族独立解放；二是封建统治加上外国的压迫剥削，中国贫穷落后，要求实行工业化、近代化。这两个基本问题都与列强在中国的争夺及其演变密切联系在一起。离开了或者修改了这方面的内容，就必然改变历史面貌，失去真实。这几部书把中国近代历史放在世界形势大格局里来论述，特点明显。

（三）对历史时代的划分提出创见。康有为、孙中山研究反映了著者对中国不同历史阶段的了解。《中国通往统一和独立之路——1898—1949》把1898—1949年联结在一起来考察，是一个新的见解。我们说的中国近代史一向是指1840—1949年的历史。中国这段时间里的社会性质、社会矛盾、阶级关系、推动社会运动的力量与以前以后都大不相同，明白无误。但进一步考察中国要求实行近代化的过程，就可以换一个角度来看问题。中国的近代史研究中，有一种以洋务运动、维新运动、辛亥革命作为近代历史主线的主张。那种主张有一定的道理，就是重视了清政权开始引进西方军事与民用工业产品、技术。但它忽视了维新运动、辛亥革命与洋务运动的不同政治要求、对政权的不同态度，也就是忽视了它们所体现的不同生产关系、阶级矛盾斗争性质、运动的不同方向。从维新运动开始来考察中国要求实现近代化的过程，就区分出事件的性质，明显的合理了。这对于中国近代史研究者是有启发的。

（四）康有为研究有中译本流传，孙中山研究存在争论，都表明了它们的国际影响。关于孙中山的争论，前述1986年广东国际学术讨论会，我与写过《孙中山——壮志未酬的爱国者》的美国年长学者韦慕庭教授在广州珠岛宾馆一见面，他就说，齐赫文把孙中山说成那么倾向俄国，未免不合事实，但自己不想在这个会上跟他争论。我讲了黄宗羲的一句话："以水济水，不成学问。"意思是两杯白水相加在一起，还是白水。做学问不能缺少不同意见的讨论，他完全可以各抒己见。我也说，孙中山是伟大的民主主义者，并不相信共产主义，否则就不是孙中山了。但孙中山在寻求西方支持绝望以后，认为中国革命要以俄国革命为榜样则是事实。齐、韦两位提交这次讨论会的论文，都是讲孙中山与苏联，它们倾向不同。相反意见的存在，也就是表示对面影响的存在。齐赫文院士的三部代表性著作上，当然不会没有可以讨论的问题，这里用不着一一细说。

一个学问家的成就，因素不止一端，关键在善于接受时代潮流的正面赐予。高明的老师、启蒙者的作用也很重要。齐赫文在汉学研究上的重要成就，和他那位鼎鼎大名、郭沫若《苏联纪行》上称为阿翰林的汉学泰斗阿列克谢耶夫院士是分不开的。阿列克谢耶夫对中国文化的研究，涉及中国古典文学、语言、中世纪哲学、宗教、民俗学等广泛领域。他在难度很高的中国古典文学等的研究上，进入了国外汉学研究一般很难进入的境界区。他培养了整整一代苏联有成就的汉学研究者。比这一些更有意义的，是他所抱定的汉学研究宗旨和活动所表明的俄国、苏联汉学研究的方向。1936 年，阿列克谢耶夫在南京《中苏文化》杂志上发表的一篇题为《中国文化在俄国和苏联》的文章中强调说：在沙皇俄国未曾有过对中国文化的正面宣传。苏俄从革命一开始，就不以适应这种或那种政治需要和局势为目的来宣传和研究中国文化。他自己是一个专家教授，在 1917 年以前在讲台上只是“照本宣科”。在苏俄时期，则在大学、俱乐部以及战舰上讲中国文化、艺术、文学、诗歌等，吸引了很多听众。齐赫文院士归纳他的老师研究汉学的方向说：“这位俄国学者研究中国的出发点是对中国人民及其文化的热爱。”他明确地表示要努力研究大众的文化、即中国广大劳动群众的文化，而不是社会上层封建官僚文化。“这种出发点使阿列克谢耶夫有别于西欧资产阶级汉学家，而他自己却是受过西方传统汉学教育的人”。也就是说，苏联、俄国的汉学研究，从这时起，确立了强调研究中国人民文化的高尚传统和明确的革新方向。如果说，阿列克谢耶夫是近代俄国、苏联汉学的奠基人，革新方向的倡导者，那么，站在远处观察，我想可以说：齐赫文是众所推服的当代苏联、俄国汉学研究的组织领导者之一，是用他的代表作把俄国汉学研究推进到了一个新境地的首屈一指的代表人物。苏联、俄国汉学研究的成就与革新方向属于过去，也无疑地应该属于现在，属于未来。

齐赫文院士不久以前出版的《我的一生与中国》一书，篇幅不大，内容丰富。全书末尾一一列举出对他有过帮助的老师、教授的名字，说“是他们培养了我对中国及其勤劳的人民，对中国丰富的文化和悠久历史怀有深深的敬意”。这些话读来令人愉悦感动。又说：“我还想在本书结束的时候，向我在生活道路上遇到的中国学者郭沫若、侯外庐、曹靖华、吴晗、刘大年、胡绳以及其他许多中国朋友深表谢意，是他们帮助我理解和正确评价我的邻国——中国的丰富文化遗产，促进了苏中两国人民之间相互理解和友谊的发展。”关于这一点，我认为齐院士只讲了一个方面。学术上的帮助、交流从来是互相的。就拿我来说，对孙中山早期活动在俄国的反应，对俄国、苏联汉学研究上述状况的了解等，就是从他的著作中得来的。过去这样，今后也还是这样。

当老朋友齐赫文院士八十华诞的时候，我首先祝愿他老当益壮，在学术研究上初衷依旧，松柏长青；这也是祝愿俄国汉学研究在自己的革新传统下，不断取得新的成就；也是祝愿中俄两国文化交流不断加强，继续促进中俄两国人民友谊的发展。

北京东厂胡同在历史上颇有名气，是我与齐院士头一次和以后多次见面的地方。翠亨村那个风景如画的孙中山家乡，值得我们旧地重游。中俄两个伟大国家，比邻而居，山水相连。其间不知道有多少晴峰雪海，壮览奇观，需要人们去开发探求。我期望它们的实现：

东厂重高会，翠亨复胜游。
山长水又远，佳景在前头。

1997年12月于木樨地

可敬的日本友人——山田一郎[①]

历史上出现过的种种，一些被人忘记掉，一些由时间的河流冲走。中国的抗日战争正在被一些人拼命“忘记”，知道抗日战争中被俘的日本军人建立的先叫觉醒同盟、后叫反战同盟的组织及其成员们的事迹的人，肯定寥寥无几了。反战同盟的故事缺少现场录音录像，但一个内容深刻的故事，又不是几盘录音录像带说得完的。

日本反战同盟的士兵，多半活动在战地最前沿。我在冀南先后与单个的和成组的反战同盟士兵打交道，可惜至今能叫出名字的只剩下秋山良照、水原健次两人了。太行山腹地距战地前沿较远，没有想到在此地又遇到身为医生的反战同盟成员山田一郎。他在医院给过我很大的帮助。医生天天给人看病，不可能记住患者谁叫张三李四；相反，病人由于亲身感受，很容易记住医生，不论是庸医或名医。

我突然咯血，山田说出一个药方

“七七”六周年前夕，我与中共冀南区党委组织科长刘国平一同到达河南涉县附近北方局太行分局所在地赤岸，也就是129师驻地。刘国平是来汇报工作的，我们分住两处。太行分局组织部接待我的是干部科长刘建勋，中午在农民院子里吃午饭的时候，他指给我说，那位正在向房东借碗箸的是组织部长赖若愚。刘建勋与我年龄相近，善于工作。他约我晚饭后在村外道路上散步，谈谈。赤岸村子较大，居民房舍依地势高下回环，错落分布在面朝东的山坡上。村外一小块罕有的平地，庄稼长得绿油油的，不像那么干旱缺雨。我的情况刘国平已经大致对刘建勋谈过。我希望去延安，当然也准备就在太

---

①原载《百年潮》1999年第8期；后收入中国社会科学院科研局编《刘大年集》，中国社会科学出版社2000年版。——编者注

行学习。他认为两者都可以，不妨休息几天，了解些情况再作决定。我告诉他，上山以来忽然每天咯几口血，连续三四天了，想问问医生。他让我到师部医务室看了看。年轻的医生夫妻俩，说我是肺萎缩。不知究竟，于是决定我先到129师卫生部医院检查身体，再作决定。原来我打算看看太行分局与边区政府从冀南来的熟人和领导同志，现在也只好暂时搁下。我与刘建勋再没有见过面。“文化大革命”初期，他是河南省委书记。

八路军总部、北方局驻地，在涉县以北清漳河畔山西辽县（左权）麻田镇。涉县上溯清漳河到麻田约七十华里。八路军总部卫生部与129师卫生部、它们的野战医院前此已经合并，地点在更北面三十华里的隘峪口村。我从赤岸出发，第二天中午以前到达麻田。饭铺的菜包子刚刚出笼，我一边吃，一边打听出北方局党校就在附近某村。冀南行署副主任刘建章同志正在那里学习，时间充裕，我顺道往访。我与刘见面，他们同室二三人，睡铺上都挂着蚊帐，正准备午间休息。这种很简单、但从容不迫的生活，从平原游击战争环境中来的人，也感到新鲜。刘后来当过铁道部长，他在“文化大革命”中的遭遇是不少人知道的。从党校往北，经过五年以前到过的桐峪镇，晚饭前抵达隘峪口村。两天来，我上下午都咯过几口血，除此没有异样。

休养所所长看过太行分局的介绍信，由护士领我到靠近村边的一间病室住下。三间南房，只有一位病不重的休养员。据他告知，医院共分一、二、三、四所。这里叫一所，医疗水平较高。129师卫生部就住在河滩对面的东隘峪口村。我路上不免疲劳，现在思想放松下来。抱着否定所谓肺萎缩或肺结核，终于去延安的希望，只等安排检查身体。

第二天早起一切如常。上午，突然胸口发热。还没来得及想是怎么回事，一股血流夺口而出。嘴来不及吐，从鼻孔往外喷。大约三五分钟后血量减少，并逐渐停止下来。护士把所长找来，看见地上一摊血，他也估计不出有多少毫升。只嘱咐躺下不要动，让护士用凉毛巾敷胸口，观察情况。大约两小时以后，血又大口往外冲，情形跟上次一样。用一路上吃饭喝水的搪瓷缸接住血，渐停以后，近少半缸。医生来看，吩咐护士注射葡萄糖液，继续观察。同室病号这时搬走了。下午和往后两天，恶劣情形依旧。我去厕所晕倒，被人抬回病室。中国文献上常说，某人“呕血而亡”，我意识到自己现在正面临这种境况，不出现奇迹，就不会延续几天了。显然这也是医生的估计。第四天上午，休养所当过红军、年龄较大的指导员，站在我面前，关切地问：“你有什么话要说吗？”我很平静，回答说“没有”。然后又有气无力地说了两句：“没有死在战场上，死在医院里，有点遗憾！事后请通知我们机关一下。”指导员说：“心放宽些。你的病我们还会想办法治。医院里医务主任白云，是日本医生，很有经验。我们已经去请了，他会来的。”指导员走后不久，白云主任、医生、护士一同来到病室。情况白云大体已经知道，又问了问。回头对医生说（这位医生我记得姓杜，懂点德文），如果能够找到白阿胶，也许还有点希望，别的没有办法。白云看上去比我要大几岁，会说几句简单的汉语。医生想了想，说医院以前好像有白阿胶的，一个多月以前战备藏到山洞里了，不知能否找着。白云没有检查是什么病，就说出了一个药方。事实上，这时不论对病症作出什么诊断，都是缓不济急。关键是要找到一个药方，控制住呕血，挽救死亡。白云就是说出了一个药方，虽然他也不觉得有把握。这位白云主任，后来知道，他叫山田一郎。

大出血第四或第五天，人已经奄奄一息，眼也快睁不开了。医生拿来一块拳头大小的白阿胶，对我说，这都归你了。等溶化成流质以后，用羹匙吞服，一天服四五次，看看怎么样。护士拿我的搪瓷缸熬了一满缸，样子像糨糊。我也不管有效无效，头一天就吞掉了将近三分之一。再过两天，“糨糊”消灭光了，说也奇怪，出血居然渐渐减少。四五天以后，吐血完全停止。

西隘峪口村南一二百米有片杨树林，一条清浅的小溪沟从树林下穿过。轻的伤病号三三两两，常在树林下、溪沟边乘凉聊天。医生、女护士偶尔有来洗衣服或转转的。我不需要卧床了，但严重气短，后来勉强一步步移动，参加到树林人们中间去。他们对我的病看法不一，多半认为白阿胶是不能止住肺结核出血的。究竟是什么病，问题没有解决。卫生部部长钱信忠同志深受病人信任。他给附近农民群众治病，农民称他为“活神仙”。谈天的病友中有人说：“你的病只有找钱部长才能确诊。”我问该怎么找法，他们说有办法。你先找唐兮凤唐医生看病，漂亮的唐医生是钱部长的爱人。她解决不了，就会把钱部长给你找来。不久恰逢唐医生来溪沟洗衣服，我跟她谈起看病问题。几天以后，她果然跟钱部长一起到我的病室来了。钱问明了出血情况，仔细听了听胸部，斩钉截铁地说：“你的结核病不严重，大出血是人工破裂。”然后说，破裂口不容易短期愈合，休息一段时间再看看吧。我这才明白过来，何以上山以后忽然咯血。是过敌人封锁线迷路，走到山顶日军碉堡脚下，天已破晓，连续从悬崖陡坡下跳、翻滚，造成肺部内伤。这就是“人工破裂”了。钱这个诊断后来证明是准确的。它对我同样重要。肺结核虽然没有排除，但不严重，思想负担也就大部解除。看来休息一段时间还可以工作，心情开始好起来。战场上死人是不可避免的。当初决心到敌后来的时候，说过准备“马革裹尸”的话，那也不是清谈。我和同一个环境里的其他人一样幸存下来，不过是偶然。与日军遭遇我被推到了死亡的边缘，碰上山田一郎、钱信忠两位，使我又活了下来。如果说这也是奇迹，那是他们两位丰富的医学经验与治病救人精神创造出的奇迹。去延安的希望陷于渺茫，那就只好等着瞧了。

山田同我后来还有几次简短交谈。他的医术，除了我自己的感受，也耳闻其他病人对他的好评。不久以后，我从西隘峪口转移到附近名叫石暴的小山村疗养。不知道山田是什么时候离开医院的，自然也无从了解他前后的经历。

山田加入中共，后又成了野坂参三的助手

1963年12月，我参加中国学术代表团访问日本，代表团团长张友渔因病临时住进代代木医院。我们照接待实行委员会的安排，访问日共总部，然后我和侯外庐等去医院探视团长病情。时间仓促，也不可能想到医院有何可以留意的地方。不久，中国举办国际“北京科学讨论会”，我是中国代表团团员，钱信忠是副团长之一。在一次交谈中，我问钱，山田一郎其人不知下落怎么样。钱答：“他现在叫佐藤，是日共代代木医院院长。”那时距离在隘峪口与山田相遇，不过二十年，见面或者还能认识。我去了代代木医院，毫无所知，真是失之交臂。十年内乱过去，我几次访问日本。日共与中共这时断绝来往，我也不便去打听山田近况，只是在碰到有人问我在抗日战争中的经历时回答说：“我在日本不止有学术界的朋友，也有战场上的朋友。”这首先说的是日久没有忘怀的山田一郎，也是指当年冀南战场上曾在一起的反战同盟的朋友们。

俗谚说：山不转路转。这个话好像谈不上什么哲理，但它指出世界上的事是不断变化的，你没有想到过的情景是可以突然出现的。转来转去，我终于又一次与山田见面并知道了他的生平梗概。从中可以窥见，他是反战同盟那个群体一位出色的代表性人物。

山田一郎“七七”事变前以优异成绩毕业于东京大学医学部，就业以后潜心研究医学。1938 年 5 月被征入伍，编入华北派遣军，驻扎山东兖州、汶上县等地。1939 年 8 月随部队“讨伐”梁山一带的八路军，被八路军包围，恶战一昼夜，日军大队长以下两百人全军覆没。他头部负伤，与另外四名日军一同被俘。过了两个月，他在微山湖小岛逃跑，几天以后再次被俘。开始在太行山八路军野战医院当医生，他曾打听附近铁路，寻找武器，继续准备逃跑。思想转变以后，他 1942 年加入中国共产党。1943 年 6 月，也就是隘峪口医院给我看病以前不久，转为中共正式党员。1944 年到延安进入冈野进（野坂参三）任校长的日本工农学校。中共七大会议他参加旁听。“八一五”日本投降时，他是马上就要回国的冈野进的三名助手之一。在参加毛泽东特地为冈野进举行的欢送会之后，他们一行四人从延安乘飞机至东北，转往莫斯科，1946 年 1 月经朝鲜回到日本。他从此退出中国共产党，加入日本共产党，创办日共领导的东京代代木医院，担任院长、总院长达五十年。

山田的经历、活动中，有两点很鲜明：

他从一名饱受军国主义教育，只知道“为日本而战”的军医，转变为信仰科学共产主义学说，当然是由于被八路军俘虏，生活在抗日根据地的客观环境所决定的。但他是一名受过高等教育的知识分子，不可能对于一向排斥、格格不入的共产主义学说轻易地盲从。在他思想上，对于那个学说有一个接受与不接受的问题。他在高中时代曾见到过马克思主义的宣传画和传单，从来没有想过去接近它。在八路军里生活两三年以后，体会到共产党与中国人民抗日斗争的正义性与坚定不摇的信心，开始了“新生”的想法。一个偶然的机会，他从反战同盟朋友那里读到苏联哲学家米歇尔 · 比索卢比奇著、广岛定吉译《辩证唯物论与历史唯物论》一书。他说书上“最初让我叹服的是对于‘物质、空间、时间’等概念的严谨的理论叙述。就这样，每天晚上我读这本书直到把油灯里的油用干”。那本书放在他背囊里，打仗行军，变得破破烂烂的。他先后还读了河上肇的《贫乏物语》、苏共党史、小林多喜二的小说、毛泽东《论持久战》、刘少奇《论共产党员的修养》等。那些读物使他作为一个共产主义者的信念与日俱增。他说那时自己在日军包围下，不知经过多少次九死一生的险情，“但我的思想完全不曾动摇过”。事实证明的确是这样。1943 年 5 月，日军对太行山再次大“扫荡”，反复搜山。他与卫生部工作人员隐蔽在山洞里，沉稳应付从洞口来回经过的其势汹汹的敌人，一同度过危险。当时在场的老干部，至今犹能言之历历。一要在实际工作上锻炼，二要接受新的思想理论启迪，山田的转变就是这样实现的。在这方面，他体现了不少革命知识分子共同的经历，不过环境对他更加困难。

回国组织“八四友会”

山田回到国内以后，一直站在进步群众反对日本军国主义的前列。办医院的同时，他积极参加社会活动。在战争中从事反战活动的日本军人回国以后，组织起“八四友会”（取八路军新四军各一个字命名），追求和平民主，反对复活军国主义。日本投降五十周年，“八四友会”出版“战争体验”专刊，它叙述成员们的主张和目标说：我们中的很多人以前被欺骗，为日本军部侵略中国所利用。自从做了八路军、新四军的俘虏，我们认识到了侵略战争的本质。为了实现中日两国的和平，我们在中国的战场上，与中国人民并肩作战，冒着生命危险，参加了反战活动。“战后，日本与世界形势都发生了很大的变化，但是，这期间的日本历届政府，一贯不承认过去的战争是侵略战争，而是跟在美国后面企图推进军国主义的复活，扩大向海外派兵。我们一定要阻止日本再次踏上悲惨的战争之路”。“八四友会”的成员们反对当局篡改日本军国主义侵略中国的历史，主张中日两国人民和平友好相处，这与日本众多抱有良知的国民、占主流地位的历史研究者的认识是一致的。但是，侵略战争到底是什么样子的，他们来自血与火交融的战场上，来自对中国人民家破国亡、灾难痛苦的亲见亲闻，这使他们又是具有独特的条件来认识侵略战争的。山田是“八四友会”活动的组织者、推动者之一。1983 年、1997 年，他先后发表文章，指名批评中曾根。他说自己在青年时期，认同了“为日本而战”的欺骗民众的帝国主义思想，那种思想和独裁制度非常可怕。“中曾根内阁提出战后政治总决战的口号”，反动活动猖獗，应该与这种反动活动斗争到底。山田去年出版的回忆录，书名叫《一个幸运的人——军医、八路军俘虏、新的战士》。他是他们那个群体政治观点、价值观念的代言人。他们在战争中和战后的行动是勇敢的，是正义和光明磊落的。众多普通日本群众对这个问题的认识，在这里也得到了反映。

八路军、新四军俘虏的日军，据 1945 年 3 月八路军总部作战参谋部门公布，共3880人，逃跑220人。先后参加觉醒同盟—反战同盟的1200人。延安日本工农学校的学生最多时达百余人。他们都是反战活动的积极分子，其中不少人后来成了日本共产党党员。国民党军队俘虏的日军，最后大部分集中在贵州镇远县战俘营，共500人。另一西北战俘营，人数不详。日本进步人士鹿地亘、池田幸子在郭沫若等支持下，一度在重庆建立日本反战同盟总部，少数士兵并到宜昌前线进行反战活动。国民党担心他们受共产党影响，命令解散反战同盟，那些战俘此后默默无闻。国民党、共产党抗战路线的对立，也连及日本战俘现实的与后来的遭遇。“八一五”以后，延安日本工农学校学生回国。周恩来欢送他们说：各位回国，我们没有赠送什么珍贵的礼物，“我们送去的，是为建设新日本而发挥作用的青年”。山田就是这些青年中的一分子。他和他的同志们，是日本法西斯给自己播种下的否定自己的充满活力的种子。

五十五年后在日本的重逢

我与山田、即现在的佐藤猛夫先生又一次见面，是1998年11月在东京。经过事先联系，由日中历史研究中心尾行洋一研究员陪同，一行四人，至东京目黑区佐藤住宅造访。主人在门口迎接，当初两个青年人，现在是一双龙钟老叟。当然谁也无法辨认面前的是谁。坐下寒暄，追述往事，当我提到“白云医务主任”时，他不顾费力地一下从沙发上站起来，紧紧拉住我的手，说“白云”那个名字只在短时间里用过，知道的人甚少，我们在隘峪医院相识，这是确凿无疑的了，感谢，感谢。在场的女主人、和我一同造访的朋友都为之动容。时间相隔五十五年，世界变化天翻地覆。一名来自八路军的病人，一名八路军医院里给病人留下难忘印象的日本医生，重新碰到一起，回顾往事，我们都没有忘记过去，没有淡化当初的理想。我们的会见，友谊、庆幸、乐观、慨叹衰老，兼而有之。这尽管只是个人的交往，它的背景是反映抗日战争复杂的状况，以及由抗日战争演变而来的现实生活的一角。

与佐藤见面的当天，尾行先生在一个会上宣布说，今天上午刘大年先生与老朋友“日本的白求恩”佐藤先生见面，情景感人。我是从个人角度了解佐藤的，是否可以称他作“日本的白求恩”，没有想过。全面评价山田在八路军医院里的工作，我想要以当时的领导人钱信忠部长的看法为准。回到北京以后，我去看望好几年不见的钱老。他 87 岁了，健康一如昔时，我讲了会见山田的情况，留下会见的两张照片。钱老讲述在太行山医院里的情形说："那时医院有两个外国人，一个德国人某某，很好，但年轻，是来实习的。山田则很有经验。在医院里，外科手术我自己做，内科由他主治，他肯负责任。至于称他是'日本的白求恩'，我看可以这样说。"60 年代他担任国家卫生部部长时，邀请佐藤来中国访问过。总之，钱对佐藤的评价是很好的，是友好和怀念的。中日两国人民友好交流中有不少使人感兴趣的话题。我这里叙述的，显然也不失为那种话题之一。

钱的记忆力惊人。在我们谈话快结束时，我说，当初与日军遭遇，肺部破裂不死，对您和山田我是永远感谢的。他不假思索地说，你是外伤出血，一看就可以知道。肺结核出血不是那样，除非有空洞。不过当时是危险的，你是命大。"你是命大"这个话他以前对我也是说过的。

佐藤虽然年近九旬，1998 年底我两次接到他的来信，说想见见钱部长和我，并到太行山看看。当年用武之地的太行山，至今犹在他的向往中，可谓壮心不已。

他的《一个幸运的人》回忆录中，我所知道的事迹是实实在在的。太行山医院里，工作人员以为他是光棍，曾经酝酿给他介绍一位女护士，但事情没有成功。在东京，我们谈话中，我插进了这个情节，并向他夫人表示抱歉。他只是说："我不是光棍。"等我看见回忆录，上面详细记载着那段故事，而我所知的不过是休养员中的传闻，只是说明那并非子虚乌有。回忆录所附的各种照片中，竟然有两张难得的隘峪口的照片。五十多年前八路军野战医院人物衣饰、环境外貌跃然在目。跟它近在咫尺的，就是西隘峪口村城堡式的拱门、我呕血住的病室、休养员们乘凉聊天的杨树林、女护士们洗衣的流水溪沟了，我仿佛又一次置身其境。

讲座元老，西京大师[①]

1997 年 7 月，京都大学名誉教授井上清来北京出席卢沟桥事变六十周年国际学术讨论会。在中国社会科学院授予他名誉博士学位隆重而又简朴的会议上，我代表中国社会科学院近代史研究所和中国近代史学界向井上清先生表示了热烈的祝贺。

中国社会科学院的学术地位怎么样，要由外界评论。中国社会科学院向国外学者授予名誉博士学位，只有很少的几位。第一位是英国著名大学者、中国科学史著作家李约瑟，第二位是日本皇家科学院院长有泽广巳，接下来就是井上清先生。这多少还是反映了中国社会科学院是重视自己的学术权威的。其中的两位日本朋友都是学术界的知名人士。

我与井上清先生相交近四十年，自认为对他的学术研究有相当了解。

第一，著作严谨，理论鲜明，基本事实都有确凿根据，没有泛泛之论。他所著有关日本史著作多达二十余种，尤以《昭和五十年》、《日本军国主义》（四卷本）、《日本帝国主义的形成》、《昭和天皇的战争责任》等为中国学者所熟悉。他的大部分著作都已译成中文，流传甚广，是中国学者研究日本史的重要参考书。

第二，坚持真理，铁骨铮铮。60 年代井上清当选为日本民间很有影响的学术会议成员。以后没有继续当选，这不是他的学术水平不够，而是他坚持真理，不屈服于政治上、学术上任何压力。例如，关于钓鱼岛，日本各党派都声称属于日本，但是井上清先生著《“尖阁列岛”——钓鱼岛的历史解析》一书，以史实证明历史上钓鱼岛是属于中国的。再如关于日本的天皇制，他坚持认为对日本的民主化不利。右翼势力打电话、寄信，多方威胁要杀害他。但他毫不动摇，夫人也说，你们要杀就杀。

第三，“文化大革命”中他访问过中国。“文革”结束以后，日本某知名

---

① 本文是 1999 年 11 月 28 日在北京协和医院病床上口述的，原载中国社会科学院科研局编《刘大年集》，中国社会科学出版社 2000 年版。——编者注

人士在会上问我，你知道日本最大的马克思主义者是谁呢。我说不了解。他说日本最大的马克思主义者是井上清，言下不免有揶揄之气。于是我在会上讲了一段话。我说关于这个问题，我要为井上清先生辩护几句。“文化大革命”有“四人帮”的阴谋。阴谋是外人所不能知道的。不要说他是个外国人，我是个中国人也不知道很多情况，更不了解阴谋的内幕，何况他是个外国人呢？所以凭这个事实来评价井上清，说井上清是不是马克思主义，那是不公平的。而且这个问题不仅是井上清，其他外国人也不了解那几个人策划的阴谋。因此，我们不好凭这一件事，就对人简单地加以否定。

附诗二首：

赠老友井上清先生

一

云雷论学许相知，一帜堂堂独树之[①]。
骨里人窥千尺铁，书中自理百团丝。
回头讲座推元老，屈指西京数大师[②]。
我待观君再踊跃，光辉顶上几驱驰！

二

等身著作鬓双斑，与世清泉照胆肝。
党锢传中范孟博[③]，儒林史上汉任安[④]。
昆仑历后谈高下，沧海量来认窄宽。
一部马恩笑神会，寸心寰宇共波澜！

1984年4月于北京

①30年代，日本学术界关于日本资本主义的状况、性质有一场论战。一派称劳农派，一派在岩波书店出版日本资本主义问题讲座，称讲座派。井上清先生为后一派代表人物之一。

② 西京，即日本京都。

③《后汉书·党锢传》：范滂，字孟博，早年“慨然有澄清天下之志”。

④《后汉书·儒林传》：任安，字定祖，善《易》，兼通数经，品行高尚。时人称曰：“居今行古任定祖。”

序　跋

《中国近代史诸问题》后记①

辑录在这里的十二篇文稿写于一九五七年冬天至一九六五年夏天。其中八篇属于讨论中国近代史和它的背景的，另外四篇谈其他的一些问题。

《十五年来中国的历史研究工作》以前没有发表过。其他各篇散见于报章杂志，这次付印，文字上做了一些修改。《回答日本历史学者的问题》一篇补进了报纸上没有刊载的部分。

《论康熙》和《中国近代史诸问题》中的论点在国外引起了某些人的反对。本来学术讨论有不同意见是值得欢迎的。但是国外的那些持反对意见的人们并没有拿出任何站得住脚的论点，而且一看显然是些与学术批评毫不相干的东西。我的看法没有改变，要不要答辩，且等将来再说。

一九六五年七月十三日

---

① 原载《中国近代史诸问题》，人民出版社 1965 年版。——编者注

《中国近代史问题》再版后记①

这个集子从第一次印行到今天，时间过去了十二三年。现在重印，由于我没有作新的研究，也就谈不上有所修订。个别词句略有改动，校正了已发现的错字。书名中删掉“诸”字，念起来可以顺口一些。

第一版后记中所说的《论康熙》等两篇文章的论点在国外引起了某些人的反对，许多读者早就明白，反对者不是别人，是苏修那些反华宣传员。他们为了替老沙皇的侵略扩张辩护，给新沙皇的霸权主义制造历史根据，干尽了颠倒黑白，篡改历史的丑恶勾当。这个集子里讲到了西方和东方形形色色的资产阶级唯心主义者、帝国主义的御用文人，以及他们的奇谈怪论。现在我补充一句：凡讲到这个问题的地方，一律应当列进苏联修正主义的历史编纂家们。

一九七八年一月二十七日

①《中国近代史诸问题》再版时改名为《中国近代史问题》，人民出版社 1978 年版第 2 版。——编者注

《历史小故事丛书选辑》序[①]

《历史小故事丛书》是一部面向青少年的知识性读物。三年多的时间出版了一百四五十种，三百七十多万册，现在又要印行《选辑》了。这是一个证据，证明我们的广大青少年，对于读书，获得历史知识，怀有很高的热情。

谈到学习历史知识，也许有人说，讲历史、学历史是脑力劳动者的事。大多数青少年将来必定是参加农、工、渔、牧等生产，不会每个人都从事脑力劳动。花时间去学习历史知识，有何必要呢？或者说，国家要实现四个现代化，青少年中的不少人将来是会从事脑力劳动的。不过那也主要是学习自然科学，掌握工农业等现代技术。至于学习历史知识，恐怕是多此一举吧！

这些疑问，是完全可以理解的。历史知识是人类无穷无尽的科学文化中的一种。一切有益的知识我们都需要，不是只需要历史知识这一门，更不能说唯有它最重要，别的都在其次。但历史知识在人们的生活和斗争中，占着很显著的位置，这是事实。

社会主义制度下的体力劳动者和知识分子，是国家真正的主人。社会主义制度在全世界、在中国都是最大的新事物。不论体力劳动者、脑力劳动者，不论工人、农民、知识分子，都应当对我国的社会主义道路有必要的了解和认识。这就在很大程度上要凭借历史知识。中国有句俗语："知今宜鉴古，无古不成今。"历史的内容上下数千年，纵横几万里，总括起来，就是告诉人们鉴古知今，也就是说，让我们根据对往昔的了解，来认识现在，瞻望未来。孔子并不知道历史前进的客观法则，但是他也认为知道了周代以前的事情，对于周代以后，就会"百世可知"。我们的社会主义新中国，绝不是无缘无故而来的，是以往历史发展的必然结果。我们更多熟悉了历史，就可以更深刻地认识社会主义是使落后的中国进到富强昌盛中国的唯一道路，认识为什么要

① 此文原载《读书》1983年第10期，限于篇幅，有所删节。原文见《与青少年朋友谈学历史——〈历史小故事丛书选辑〉序》，河北人民出版社、河南人民出版社、山东人民出版社1984年版。——编者注

按照中国的特点建设社会主义，以及它最终将走上理想的共产主义社会的美好前景。

历史是人民群众创造的，又总是在极其复杂的环境中创造的。任何时候，人民群众中都有众多的有理想有抱负的积极分子、先进分子走在创造活动的前列。青少年知道了历史发展的必然，就会懂得更自觉地维护社会主义的利益，更热爱祖国。

再拿体力劳动来说，要了解它与脑力劳动的关系怎样，也必须具备相当的历史知识。体力、脑力两种劳动相分离，就像剥削阶级与被剥削阶级相对立一样，是社会生产力有了初步发展，而又不够发达的条件下才出现和存在的，它必定为社会生产力的高度发展所消灭。无产阶级的革命导师曾经告诉我们：总有一天不会有职业的推小车者和职业的建筑师，曾经在半小时内作为建筑师发号施令的人也要推一段时间的小车，直到再需要他作为建筑师活动为止。那个时候，大家都是体力劳动者，也都是知识分子。以前生产资料、社会财富和政权掌握在剥削阶级手里。文化科学知识主要成了阶级压迫、阶级剥削的一种手段。阶级压迫也表现为文化压迫，阶级不平等也表现为文化不平等。现在那种剥削、压迫，再也不存在了。工人、农民、体力劳动者，要用科学文化知识包括历史知识武装自己。

是的，我们实现四个现代化，关键是科学技术要能上去。我们的伟大建设事业，需要大批的自然科学专门家和各种技术人材。目前我国自然科学和其他专业的知识分子，不是太多了，而是太少了。他们的人数与地大物博、十亿人口很不相称，亟需迅速成倍地增长。但是，尊重和提倡掌握自然科学技术，丝毫也不意味着可以没有历史知识。

新时代的自然科学家，其他各种专业知识分子的历史知识，理所当然地不应该比工人、农民和其他劳动者少些、差些，而应该多些、广些。社会发展史要知道，中国历史的概貌要知道，中国进入社会主义是走历史的必由之路，要切实知道。只有这样，才能充分认识自己从事某项专业的意义所在，把聪明才智贡献给祖国，贡献给人民。不然，容易眼光狭窄，专业知识的发挥也受到限制。鲁迅讲过他学习历史的经验。年幼的时候，知道中国在“盘古氏开辟天地”之后，有三皇五帝，宋元明清。后来又听说成吉思汗征服欧洲，是“我们”最阔气的时代。为着查一点故事，翻了几部蒙古史的书，才知道蒙古人征服俄国，侵入匈奥，还在征服中国之前，倒是俄国人被奴役的资格比我们老。鲁迅说，“所以我想，无论是学文学的，学科学的，他应该先看一部关于历史的简明而可靠的书”。如果专讲天王星、海王星或虾蟆的神经之类，不先看历史书也可以，前提是“不发关于社会的议论”。但是不管专攻哪门自然科学，人们的生活和活动，时刻都与社会保持着接触，怎么又能“不发关于社会的议论”呢？所以无论学哪门自然科学，历史的知识总是不可缺少的。

文明悠久的社会主义制度的中国，完全有根据产生新一代的世界第一流的大科学家、大发明家、大学者。这些人就在现在这一代青少年之中，不在他们之外。而且这些人也决不会像前人传说的苏老泉二十七岁才发愤读书，梁灏八十二岁才成名。那毕竟太落后了，他们的知识又不过那么一点点。现在和未来的大科学家、发明家、大学者，所需要的学识至为广阔，与古人无法相比。中国悠久的文明，古今中外有关的历史，就是那广泛需要的学识中的一部分。他们之中，许多人应当有志于此，从少年时代起就努力培养自己。

一般通俗、普及的历史读物，是否像鲁迅说的那样“简明而可靠”，应当分别地看待。青少年们阅读这些书的时候，应该提倡将它们加以比较。有比较就能有鉴别。正确的接受，不正确的拒绝。通俗、普及读物的编写，达到相当的质量，绝非容易的事。至少我就没有那样的水平。好的通俗、普及读物的作用和影响，远远地超出所谓“高深”的学术读物之上。在中国古代教育史上占有重要地位的启蒙读物，如《凡将》《急就》《三字经》等，莫不出于大学问家的手笔，我们在这里不必一一评说。举清代的例子：前期姚鼐编的《古文辞类纂》，后期曾国藩编的《经史百家杂钞》，都是大部头的书。编者自以为宗旨高妙，体系宏达，实际上翻阅的人很少。清初一位叫吴乘权的普通文人编的《古文观止》一书，倒是一直流传到今天，简直是家喻户晓。也是这位自谦为“兔园学究”的人，编的历史普及读物《纲鉴易知录》，先后出过二十几种版本，目前仍在印行。一些教学、研究者看不起通俗、普及读物未必有什么道理。我们应该尊敬那些严肃认真的编写者，公平地对待他们的劳动。什么样的书好，什么样的书差，读者将是最有资格的评价者。

我们必须用热情洋溢、认真负责的态度，对待一切有关青少年的工作。编辑、出版《历史小故事丛书》的同志，不消说，责任是相当重大的。道理很明显：它直接涉及向我们祖国未来的主人提供怎样的知识，如何促进下一代蓬勃成长的问题。时雨春风，就万卉百木，舒畅喷发，欣欣向荣；重雾寒霜，它们便会形容枯槁，景象败坏。编撰、出版历史普及读物，应该是做时雨春风的工作。聪明向上的青少年读者，会以他们的收获回报这些同志所作的辛勤努力。我们不好用某种数字来计算这种回报，但它的价值肯定在若干位数字之上。

一九八三年六月二十六日

《中国国民党“一大”六十周年纪念论文集》序言①

中国史学会决定召开一次专门的学术讨论会，来纪念中国国民党第一次全国代表大会②六十周年。收在这个集子里的，是提交会上讨论的一部分论文。中国社会科学出版社用一个月的时间把它印出来了，应当十分感谢。

六十年来，中国历史发生了翻天覆地的变化。帝国主义封建主义残酷压迫下的半殖民地半封建的旧中国，变成了昂首独立、初步繁荣昌盛的社会主义新中国。然而那次大会的重要历史地位和作用，并没有为时光所淹没。伟大的革命先行者孙中山先生为代表的坚定的革命民主主义者，与五四运动以后不久登上历史舞台的中国无产阶级政党中国共产党，实行组织上的、行动纲领上的合作，中国革命史上一个前所未有的巨大高潮，由此澎湃而起。后来历史几经曲折，以至流血遍地，但事实证明，那次大会制定的方向，是中国能够走上民族独立、获致民主和繁荣富强的正确方向。

事实是这样：从五四运动起，中国争来争去的根本问题，归根到底，是革命由资产阶级领导还是由无产阶级领导，中国的前途是走资本主义道路还是走社会主义道路。中国国民党第一次全国代表大会，在当时的具体条件下，没有可能从理论上正式阐明这两个问题。孙中山在《中国国民党第一次全国代表大会宣言》里说：“近世各国所谓民权制度，往往为资产阶级所专有，适成为压迫平民之工具。若国民党之民权主义，则为一般平民所共有，非少数人所得而私也。”这是讲的人民民主权利，不是讲的领导权。民生主义里面规定的“节制资本，平均地权”，也完全是民主革命的政纲，不是社会主义革命的政纲。在《新民主主义论》里，毛泽东同志说，国民党与共产党的纲领有

① 原载《中国国民党“一大”六十周年纪念论文集》，中国社会科学出版社1984年版。——编者注

② 在本论文集中，为了行文方便，有的地方将中国国民党第一次全国代表大会简称为：国民党“一大”。

相同的部分，有不同的部分。“共产主义于民主革命阶段之外，还有一个社会主义革命阶段，因此，于最低纲领之外，还有一个最高纲领，即实行社会主义和共产主义制度的纲领。三民主义则只有民主革命阶段，没有社会主义革命阶段”。这是明白无误的。那么，中国国民党第一次全国代表大会，是不是就简单、轻易地离开了革命领导权和革命前途这样头等重大的问题，去顾左右而言他呢？它没有、也不可能是那样。中国国民党第一次全国代表大会以自己特有的方式，对这两个问题作了回答。它没有明白宣告资产阶级不能领导革命了，但是明确认为原先起过革命作用的资产阶级政党已经陈旧、涣散，没有生命力了，必须有无产阶级政党中国共产党参加领导国民革命，否则国民党为什么要彻底改组，而且毅然采取共产党人加入国民党这种形式，使彼此密切联合起来呢？它没有直接否认资本主义道路，但是既然“三大政策”是确定了的，新民主主义革命走向社会主义的前途也就是确定了的；因为在列宁领导的俄国十月革命以后发生的、由中国共产党领导、工人农民为主体的革命斗争，怎么会在完成民主革命以后，停滞在那里，而不走上社会主义道路呢？现在六十年过去了，实践证明，只有社会主义能够救中国，而国民党与共产党合作，又正是我们民族团结、奋起的一种有效形式。回顾那次具有重要历史意义的大会，人们应当能够从中找到不少积极的、有现实意义、有启发性的东西。我们所以纪念它，理由就在这里。

一次学术讨论会，不会把什么事情都讲完。这方面肯定有不少问题，需要继续深入研究。目前新民主主义革命时期的历史，正在受到越来越多的研究者的重视。这是好现象。希望不久的将来，同志们能够在这个题目上有大的前进，贡献出新的丰硕成果。

荣孟源《史料和历史科学》序①

《史料和历史科学》是荣孟源同志的一部遗著。著者长期从事中国近代史研究，熟悉近代史资料和其中的各种问题。历史资料中某些情况，近代、古代带有共同性。著者广罗博采各种文献，应用历史唯物主义观点加以分析，触类连及，互为印证，往往见出深意。《史料和历史科学》出版，直接有助于中国近代史研究，同时，在史料学与历史科学的论述上，记载了现在学术界的一种观点，一种认识。

荣孟源同志参加革命和应用马克思主义研究历史都比较早，但经历的挫折相当多，而且绵延时间格外长久。他 1931 年进入北平中国大学读书。马克思主义哲学家李达、历史学家吕振羽等人先后在中国大学任教，受到许多青年欢迎。他选读历史，听吕振羽讲授原始社会等课程，为吕老及门弟子。1936 年在北平加入中国共产党。不久以后，发展、联合其他同志建立起家乡山东宁津县的中国共产党组织。家乡人民一直把他看作宁津县的建党人之一。1942 年，他在延安边区师范任教。因为一件具体的事向党中央控告高岗，被开除党籍，全党通报。1957 年反右派运动中又受到错误对待。其时我主持近代史所日常工作，是直接责任者。一个献身革命的人，忽然背上那种政治包袱，思想深受压抑，自不待言。"文化大革命"我被打倒，他也未能幸免。我们一起在"牛棚"里度过了那段岁月。荣孟源同志的学术研究成绩，很大部分就是在上述那种情况下做出来的。粉碎"四人帮"以后，平反冤假错案，孟源的党籍得到恢复，不再存在所谓"历史遗留问题"了。他更奋力写作。短短几年里，出版了《蒋家王朝》《历史笔记》等作品。遗著除《史料与历史科学》以外，《隋唐五代历表校记》杀青成册，只待付梓。《史通校注》经过一再修改，留有清稿。历表的研究中，关于周秦、两汉、魏晋南北朝、宋元、明清各代历表资料，收集大致齐备，再加整理，不难成书。合拢他已刊未刊的全

---

① 此文写于 1986 年 7 月 25 日。原载荣孟源《史料和历史科学》，人民出版社 1987 年版；后收入《刘大年史学论文选集》，人民出版社 1987 年版。——编者注

部著作、资料，数量可观，涉及的面广。他的全部学术工作，让人明显地看出，其中贯穿着一种精神：拒绝在困难面前低头，坚韧顽强，为人民事业执着奋斗的精神。

孟源从开始跟吕振羽同志学历史，到现在，半个多世纪过去了。客观世界的变化空前深刻迅速，人们认识的变化也空前深刻迅速。在某些具体问题上，他的看法显得过时，丝毫也不足为怪。不那样，反倒不可思议了。他在《历史笔记》的前言中特地声明，自己不存在先见之明，没有认为过去讲的都正确无误。这种态度是实事求是的。在基本理论上，他始终坚持马克思主义。历史学领域，近年各种问题的争论纷至沓来。那些辩难、争论多半促进研究深入。也有的文章怀疑马克思主义基本观点，少数青年人以为讲马克思主义指导作用，会形成框框，束缚思想。孟源旗帜鲜明，坚持历史研究要以马克思主义为指导。因此，有人说他思想“正统”。所谓“正统”，如何随人随事而异，不去管它。这里的用法，有贬义，指保守、教条主义等；也有正面的意思，指坚持马克思主义基本观点立场等。革命，对于马克思主义信从者，永远是变革现实，改造世界。保守迟钝，食古不化，进一步退两步，与革命者的品质没有共同的地方。坚持基本原理与不断改革不适合历史前进的事物，对我们是一回事，不是两回事。从孟源的具体情况看，说他思想“正统”，不应当是表示保守、教条等等，而是说明他对党的事业怀有坚定信心，始终认定马克思主义是科学真理。

我和荣孟源同志共事，连续达四十年。第一次我们见面，是在 1946 年 4 月间。那时党中央决定创立的由范文澜同志担任校长的北方大学已经筹备就绪，开始招生。校址设在文化一向比较发达的河北省邢台县。校舍利用南门外原来一处教会医院的房子，和抗日根据地办学条件相比，大为改观了。孟源夫妇抱着不满两岁的女儿，从延安分配到这里来工作。我作为教务处的负责人之一，最先出来接待他们。因为备战，1946 年秋天学校从平汉线上西迁至山西长治县。校部驻在县城北面三十多里的高庄。大约 1947 年初，范文澜同志接到中央宣传部的一个电报，要他聚集人材，继续研究历史。不久北方大学成立历史研究室，范老自己主持，我和孟源开始同在这个研究室工作。这年秋天到第二年春天，叶丁易、王冶秋、尚钺诸位先后从蒋管区来北方大学，历史研究室一时人材称盛。1948 年夏天，北方大学与华北联大合并，建成吴玉章同志担任校长、校址在正定的华北大学，并设立研究部。北方大学历史研究室成为研究部的一个室，人员、工作大体照旧。1949年进入北京，不久中国科学院成立，华北大学历史研究室划归科学院，改建为近代史研究所。现在中国社会科学院近代史研究所的起源演变经过，其中就包含我和孟源在一起工作的经过。1949年3、4月间，我因病留在正定。《美国侵华简史》那本小册子等着出版。范老、孟源等同志曾代为修订原稿，并写有简记。可惜那个本子现在已经找不到了。

孟源遗著中，《史通校注》稿子我没有亲见。但我们不止一次谈起这项工作。《史通》是中国传统的历史学理论著作。书上着重于批评前人，缺少著者正面、系统的主张。论述集中于史料，观点居其次，即重在“事”而不在“义”。但它对前史的批评，深刻中肯，千载传为名著。美文学的写作方法也增强了这部古典作品的传播力量。中国马克思主义的历史研究，一要掌握历史唯物主义，二要通晓自己的传统，并且把这两者很好结合起来。我关心孟源对《史通》的研究是这样想的，他也是这样想的。去年10月，我们同时住在协和医院五楼病房里。他那时病已沉重，脑子不清晰了。听说我做手术以后不能下地，由女儿扶着来看我。他付出过相当心血的《史通校注》肯定无法亲手卒业了。我建议由近代史研究所请位同志帮助整理，尽快完成。他完全赞成。事后知道，那次谈话是他最后一次时间较长的有条理的谈话。《史通》一书，前代注释多家。清人蒲启龙用力尤深，号称集各家之大成。《史通校注》能否顺利整理出来，那只有取决于遗稿的实际状况了。但我总希望孟源的这个遗愿有一天见诸实现。

《刘大年史学论文选集》弁言[①]

（一）收进这本选集的论文共28篇，附录4篇。论文中，7篇采自《中国近代史问题》和《赤门谈史录》。其他散见于报刊和有关的文集上。论文加附录，写于“文化大革命”以前的不足1/4，写于1979年以后的多于3/4。

（二）28篇论文分为4类：1至6讲历史学理论；7至17讲中国近代史；18至21讲亚洲史、中国古代史及其他；22至28评述当代史学研究和有关人物。选集从指导思想问题开始，也想落脚到指导思想问题上，把《郭沫若与哲学》放在最后面。

（三）论文从头改写过的有《历史前进的动力问题》和《历史学理论的建设问题》。另有若干篇或题目略有变动，或发表时删节的部分予以恢复，或更易了个别词句。其他一律维持原状。各篇篇首注有原刊载的报刊、时间，一看就知道写作的环境条件。

（四）附录中专业内容较少，人和事的回忆较多。常常接到一些读者、书刊编者来信，要求提供个人经历、治学意见等等，附录各篇，多少可供查考。不过内容也是很简略的。

（五）1979年以后写的一些文稿，有两种截然不同的评价。一种认为代表了某种倾向，而且是“有力的代表者”，意存奖饰。一种认为划框框，定调子，难于接受。这表明我们的学术界百家争鸣，思想活跃。至于我自己，只不过是按照现有的认识去说话。不求鸣高，不问时尚，不作违心之论，枉己殉人。这本集子开头曾经想用“阙文”二字作为书名。孔子讲过一句话：“吾犹及史之阙文也。”书名叫什么，无关紧要。叙述历史，要以直言为绳墨，要讲实实在在的话。我没有认为自己做得很好，但总在抱定这个宗旨，黾勉以求。叙述中涉及现在的不少人和事。在学言学，就史论史。不敢躲避“讦以为直”之嫌，也与当前对某些人物的政治评价无关。一并说明，免生歧解。

1987年4月6日夜

---

① 原载《刘大年史学论文选集》，人民出版社1987年版。——编者注

一篇未面世的《选集》前记[①]

1984年，一家出版社打算出若干研究者的自选集，向我组稿。开头我编选了一束稿子，并写有《前记》，后来觉得有些部分缺乏整理，撤回了书稿。那个选集没有出，《前记》中的内容，是一些读者、朋友不断来信问到，要求回答的。三年多以后的今天重新来写，也不会增加什么。把它保留在这里，代替我对各位读者、朋友的作复，并告歉疚。

早些年我写的东西出有单行册和集子，近来写的多在报刊上陆续发表了。出自选集，原先没有这个打算。一者，有些还想作点改订；再者，要说的话也没有说完，想再过若干时候一并处理。组稿的同志认为，把分散的篇页收拢起来，从读者考虑，可以提供方便，而且也并不妨害往后再刊行别的什么。我觉得理由应该成立，又出自一番美意，也就改变了原先的想法。

自选集的组稿者有一项要求：选入"自己最满意的学术论文"。"自己满意"，要求似乎不高。但是做到这一点，谈何容易。

真正愿意追求知识的人，从不轻易满意自己的著作。这样的事例，指不胜屈。宋代大学者胡安国长于《春秋》，著有《春秋传》和在司马光一部遗稿基础上写的《举要补遗》等书。他叙述作《春秋传》的经过说：最初攻读《春秋》，用功十年。博览群书，想从各家学说中找出奥妙，结果尽得些糟粕。又研究十年，受到不少启发，集合前人的长处，自己加以解说，但仍不敢以为就正确了。"又五年，去者或取，取者或去，己说之不可于心者，尚多有之。又五年，书成，旧说之得存者寡矣"（黄宗羲：《宋元学案》，卷三四）。后来纪昀在《四库全书总目提要》上称赞《春秋传》自草创到成书，"初稿不留一字"。尽管有点夸饰，却令人可以看出，胡安国屡次修改自己的著作，勤奋刻苦，毫不自满的精神。他的《举要补遗》一书，被朱熹赞誉为"文愈约而事愈备"，是《资治通鉴纲目》编纂的基础资料之一。胡安国个人的品格修养也

---

① 原载《刘大年史学论文选集》，人民出版社1987年版。——编者注

有足多者。据说他生活匮乏，口不言“贫”字，尝告诫子弟：对人说贫，“其意将何求？”同时代的人评论说，他的为人，好比大雪严冬中百草萎死，而苍松翠柏却挺然独秀。《春秋传》的撰写，历时三十年，最后也只是说，“旧说之得存者寡矣”，并未认为再也没有修改余地了。相反，对自己的著作达到最高满意的学者，当然也有。辛亥革命以后不久，章太炎作《自述学术次第》说：中年以后，著纂逐渐完成，虽然兼采故籍，出于自己精心思考的居多。“精要之言，不过四十万字，而皆持之有故，言之成理”。至于《齐物论释》《文始》等书，那就尽善尽美，“可谓一字千金矣”。也就在这前后，他手定《章氏丛书》和刻印《章氏丛书续编》，所收录的主要是上面列举的那些著作。在《浙江潮》上发表的《狱中赠邹容》等诗，在《民报》上发表的《复吴敬恒书》等文，都没有收入。《訄书》改名为《检论》，内容多所变更，《客帝匡谬》《分镇匡谬》《解辫发》等篇也删去了。但是对于章太炎的这种“自己满意”，应当怎样看待呢？鲁迅在《趋时和复古》中这样说：“清末，治朴学的不止太炎先生一个人，而他的声名，远出于孙诒让之上者，其实是为了他提倡种族革命，趋时，而且还‘造反’。后来‘时’也‘趋’了过来，他们就成为活的纯正的先贤。但是，晦气也夹屁股跟到……孙传芳大帅也来请太炎先生投壶了。原是拉车前进的好身手，腿肚大，臂膊也粗，这回还是请他拉，拉还是拉，然而是拉车屁股向后，这里只好用古文‘呜呼哀哉，尚飨’了。”鲁迅在《关于太炎先生二三事》里又说，当初爱看《民报》，并非为章太炎文笔古奥，或说佛法，谈“俱分进化”，而是因为他与主张保皇的梁启超等人斗争，所向披靡，令人神旺。前去听章太炎讲学，又并非为的他是学者，而因为他是有学问的革命家。直到现在，太炎先生的声音笑貌还在目前，但所听的“说文解字”却一句也不记得了。战斗的文章，乃是他一生最大最久的业绩，并非著者自视为学术华衮，粹然成为儒宗的那些东西。事实正是这样，章太炎最有贡献、有影响的著作，恰恰在他自己认为“一字千金”的以外。1903 年达到高峰的那些半学术半政治的、战斗性的重要论著，才真正奠定了他在中国近代学术思想史上和政治史上的地位。这两个例子，非常清楚地说明：研究问题、追求知识，决不可以自满自足。要取得成就，必须态度谨严，勤奋不息；更重要的还要看追求的知识的内容如何，与时代前进车轮的关系怎样。“自己满意”的，未必就足以成为客观上最有价值的。我过去、现在写的东西，有胡氏说的“已说之不可于心者”，也有章太炎说的持之有故、言之成理的，够上“自己满意”的实在不多。各种各样的议论和讨论中，存此一说，备此一格，质疑辨惑，聊供采择，如斯而已。

十年内乱结束，学术研究日益活跃。不断有青年朋友、部队做理论工作的同志和刊物编者来信，要我谈谈自己的所谓“治学经验”或解答某些问题。因为没有东西好说，连礼貌性的回复也很欠缺。不少来信热情恳切，久久放在案头，总想有个交代。例如现在手边就找出解放军八一二三九部队九十三分队一位谦逊地称为“愿做您的学生”的张同志的来信，末尾署“1983年12月30日”。两年过去了，仍没有作复。前几年在东京大学讲学，日本朋友再三要我讲自己的历史和学习经验，有的录了音，整理成文字，郑重其事寄来，准备作为“口述历史”的资料。也两三年过去了，没有作复。我怀着深深的歉意，敬请这些同志、朋友们宽恕。不得已，在这里简单地说说自己学习的内容贫乏的经过。

自出生到20岁，我生活在湖南一个偏僻的农村里。大部分时间读私塾，与“诗云子曰”打交道。抗日战争的前一年，考入长沙“湖南国学专修学校”。教师里面有几位在湖南要算知名的“老师宿儒”。课程分为经史哲文。经学讲《尚书》今古文异同，半年过去了，还没有说到题目上。哲学讲《宋元学案》，内容是那些理学家们的琐谈轶事。上了半年就辍学了。抗日战争爆发，开始接触到一些新事物。爱国心使我决定奔赴延安。1938年夏天到长沙中共驻湘通讯处办理去延安的手续。先谒见湖南知识青年尊而不名的“徐先生”徐特立同志，请求指教。他极其热情，开门见山说：“很好，有志青年应该到延安去！”然后介绍办事处一位姓刘的中年同志与我谈话。在日机空袭警报频传下，我们先后作了两次长谈，也可以说是两次辩论。他用历史唯物主义原理，指出我所认为的“国学”要点——《大学》上的正心诚意、修身齐家、治国平天下那一套的唯心主义实质，旁征博引，议论滔滔，叫人折服。后来从姜国仁同志，也就是这位“刘”同志的夫人口里才知道，原来他就是老资格的共产党员、当时中共驻湘通讯处主任兼新四军驻湘办事处主任王凌波。徐老，已经在延安去世的王凌波同志，他们是我最早的指路人。到陕北以后，读到的第一本马克思主义原著是《共产党宣言》。虽然似懂非懂，却从此在自己头脑里打开了一个闻所未闻的新天地。只要是新书，不管是政治经济学的、哲学的、外国历史的，都如饥似渴去读。从湖南到陕北的途中，还提醒自己：“国学”是我们祖宗的立国根本，切不可忘记。读过这些有限的新书以后，仿佛大梦初醒。盲目崇拜孔学的观念，不知不觉烟消云散了。以后在河北南部平原上打游击，敌军“扫荡”频繁，极少有不听到枪炮声的日子。行军宿营，每有间隙，就一卷在手。宣传教育部门的工作岗位，客观上也有这种需要。当然，即便是十足的书呆子，那时也不可能认真谈什么研究学问。1949 年进入北京，环境条件全然两样了。开国的一代，学术界和其他各界一样，众星闪耀，俊彦辈出。北京又是人文荟萃的地方。他们或者领导一个部门、单位的工作，或者在思想文化的某些领域里影响显著。我作为晚辈、后学，在郭沫若、范文澜等同志领导下工作，向学术界其他前辈和同志求教的机会也很多。他们的高言快论，可得而闻。与战争时期相比，自己多少有了一点进步，和这个环境条件是分不开的。50 年代初，开始担任中国科学院近代史研究所的行政工作，和兼任其他一些工作。年年订有研究计划，政治运动、行政工作把读书研究实际上变成了“业余”。“文化大革命”，差不多又搁笔十年。然而这种基本情况绝非某个人所独有，而为当时大多数学术理论工作者所共有。学术界有的同志作出了重要成绩，足以表现一代新的水平。我拿出的东西，不但缺少“自己满意”的，而且为数寥寥。客观条件相同，结果差距很大，问题在哪里就容易看出来了。从这个全部学习过程中，找不出什么治学经验，但以自己的亲身经历印证了一个最一般又最带普遍性的道理：研究学问和从事革命事业中的任何其他工作一样，要取得相当成绩，环境当然有关，关键在人的追求、奋斗。环境影响人，人克服困难，在改造环境中前进。

前人著书，称美“悔其少作”。又有所谓“疑字、悔字皆进学门户”的说法。我在抗日战争结束，“投戎从笔”参加学术工作的时候，已逾而立之年，并无“少作”可悔。早期写的东西，现在偶尔检阅，好些地方自己首先就感到过于简单粗疏，更不用说为专门家所齿冷了。然而也没有什么要“悔”的。简单粗疏表现在史料及其评述上，不在基本看法上。况且有的作品流传不止一种外文译本，“悔”又何益！科学研究的目的，在于推进人对世界的认识，改造世界，造福人类。历史研究在于推进人对历史的系统认识，合乎法则地来创造自己的历史。“选集”稿件里面，讲历史学理论因而连及马克思主义理论的占有较多篇幅。其中有从指导思想立论的，也有探讨历史研究的时代使命问题的。目的都是一个：照自己的理解去阐述、讨论，以期增进对历史的认识，来有助于人们的社会实践。我是相信科学归根到底是不能脱离社会实践需要，而其价值又必须受社会实践所检验的。我在那些讨论中说到的一些内容，与社会实践的联系怎样，那要看它接触到了源头活水没有，或者接触到的程度深浅如何。这个源头活水，就是当前时代的现实生活，以及源源浑浑不舍昼夜向东流去的历史演变本身。我想到的就是这一些。裁判要由读者来执行。

天壤公言录
——《中日学者对谈录》序①

一

一年以前，这部书已经出版日文本。主编者是井上清、卫藤沈吉，书名叫《日中战争与日中关系——卢沟桥事件50周年日中学术讨论会记录》。1988年9月东京原书房发行。中文本《中日学者对谈录——卢沟桥事变50周年中日学术讨论会文集》的内容、编排与日文本全部一样，只是把前者的序言、跋语移作附录了。书名叫《对谈录》，是为了突出它是中日学者共同讨论的结果。学术问题，有时要夹带点咬文嚼字。“对谈”有异于时下流行的“对话”，更符合于双方共同讨论的实际情况。

关于诞生这部书的1987年学术讨论会，我曾写有一篇短文予以评介，题目叫《从京都到东京——记卢沟桥事变50周年中日学术讨论会》，载在《中共党史研究》创刊号上。京都大学名誉教授井上清先生，亚细亚大学校长、东京大学名誉教授卫藤沈吉先生，他们主持的京都日中学术交流恳谈会、东京日中人文社会科学交流协会以及日本学术界的其他朋友，为主办这次讨论会，做了卓越的组织准备工作。参加讨论会的中日学者，一致认为那次讨论会开得很圆满，很成功。井上清先生在《日中战争与日中关系》跋语中，引述了我在讨论会结束后在庆应大学楼前向与会日本学者告别时说的话：“京都创始，东京集成；先后接力，成此盛举。”现在我要说，那个话不止适用于讨论会本身，也适用于这部书的出版。中文本变为《对谈录》，准备工作几起几落。中国人民抗日战争纪念馆的负责同志热情支持，使之得以实现。倡议筹办和参加学术讨论会的日本朋友见到这个文本，我想他们也会感到欣快。

---

① 原载《近代史研究》1990年第2期。——编者注

二

这部文集涉及的范围很广。有些具体问题提出来了，还应该深入研究，使现有成果得到发展。从总体看，这部书无疑是应该充分肯定的。今年2月，我在一次会议的发言中引述了《日中战争与日中关系》的基本论点。我说，它是一部有分量的书，强调指出了日本对中国进行的战争是日本军国主义侵略中国的战争，这个性质是谁也改变不了的。发言在《人民日报》上刊出[①]以后，引起了国内外的反响，议论见诸众多新闻媒介。虽然那些议论的中心并非为了讲这本书，而我们却可以看出它与评价这部书的直接联系。

国内的反响，是一致支持反驳日本当局的无理辩解，《中国青年报》所载《访刘大年》[②]和《人民中国》8月号的《对谈》各有披露，不必细说。

国外的反响立论角度不同，但没有哪个评述是与书上的基本论点相左的。日本共同社播发记者伊藤正自北京发出的报道，标题是《〈人民日报〉在头版刊登刘的讲话，天皇的责任问题在扩大》。其中说："中国对天皇的战争责任问题的反应是极力克制的，但对于日本国内重新兴起崇拜天皇的热潮逐步提高了警惕。可以说，刘大年的批评表明中国国内由于首相的发言而一举暴露出不信任和不满。"[③]时事社发出评论："竹下首相在国会答辩说是否为侵略战争，应由后世的历史学家作出评价，对此，中国和韩国等国家提出了强烈的批评。""原国土厅长官奥野在去年5月因为讲'日中战争是偶然发生的'而辞职。不难想象，这次发生问题后，首相对奥野辞职会记忆犹新。"[④]《读卖新闻》2月21日夕刊登载黑字大标题的消息："中国人大常委会批判首相有关战争责任问题的发言"。《朝日新闻》在报道中，根据香港发回的消息，说我在发言时手里拿着《日中战争与日中关系》这本书。法国《世界报》发表文章:《北京批评竹下登的讲话》。文中说，批评是一个中国历史学家发出的，"竹下登被指责为违背了好些同意中国的说法的日本历史学家作出的结论，这

---

①《人民日报》1989年2月21日。

②《中国青年报》1989年2月28日。

③1989年2月21日共同社电讯。

④1989年2月21日时事社《大丧礼之前，为平息事态而努力》。

种结论是：战争是以日本入侵中国为开端的。这些说法是很难反驳的”①。苏联塔斯社政治观察家阿斯科尔德·比留科夫在长篇评论里说：“轴心国发动了反对人类的侵略战争，这是一个历史事实。联合国对这个事实所作的评价已载入遵循联合国大会所批准的国际法原则的纽伦堡和东京国际法庭材料。”刘大年的发言指出：“日本国内大部分历史学者以及世界各地的历史学家，早就对那场战争（日本侵略战争）作出了一致的评价。”“日本当权人物不承认对这一历史事实的固定评价的企图使人们怀疑他们能否从过去的历史中吸取教训。他们给自己忠于和平政策的保证的诚实性投下了让人怀疑的阴影。”②美国纽约《中报》发表社论，批评日本当局自欺而不足以欺人。社论特地叙述：“刘大年以日本新近出版的《日中战争与日中关系——卢沟桥事件50周年日中学术讨论会记录》为例，说明包括编者京都大学名誉教授井上清与东京大学名誉教授兼亚细亚大学校长卫藤沈吉在内之多位日本学者，无不以日本侵略为定论。”社论并引述了远山茂树教授在讨论会上所作的总结发言。③

国外舆论如此强烈而又像一个声音一样讲出来的话，与我们评价这本书有什么样的联系呢？

第一，那些言论不是学术评论，更非某种书评，但是它们讲的基本论点，也就是《中日学者对谈录》的基本论点，不带支离含糊，更没有异议相左的地方。第二，那些言论中，或者指出本书的观点，或者直接引用《日中战争与日中关系》，这是明白无误地承认本书的可信性，或者说承认它的权威性。第三，对于抗日战争这段重大历史看法如此一致，说明本书的基本论点，不是少数历史学者一家或几家之言，不是少数人的私言，乃是世界各国众人之言，是天下之公言。由此可见，国际众多舆论媒介像一个声音讲出来的话，尽管不是为了谈论这本书，却又是一致直接充分肯定了这本书。这个事实是太明显不过了。天下的公言怎样才能使更多的人了解？一要有人宣讲，二要经过科学研究来宣讲。《对谈录》从科学研究来宣讲天下的公言，这正是它的价值所在。

社会科学、历史研究，常常被一些人认为缺少科学性，以至根本算不上一门科学。他们的理由是，不用说实用主义、庸俗无聊的东西了，严肃的历史著

---

① 费朗西斯·德隆：《北京批评竹下登的讲话》，《世界报》1989年2月22日。

②1989年2月21日塔斯社俄文电讯。

③1989年2月27日《中报》社论：《欲盖弥彰的裕仁战争罪行——再斥日本洗刷战争罪责之蠢行》。

作也总要受到国别、民族限制，摆脱不了民族利己观念的纠缠。同一问题，各执一词，黑白真伪，难成定说。如果说，这种看法指出了不少历史撰述确实存在那种严重缺陷，但是因此就否定整个社会科学和历史学，显然是完全不正确的，只表现了学术上的糊涂观点或偏见。社会历史与自然现象不同，是由具有不同思想意志的人活动的产物，然而这并不能说明对它的研究就必然要存在非科学性。社会生活中各种现象都包含着矛盾，都需要具体分析。民族关系、民族感情就是一个包含着矛盾，特别需要分析的问题。头键在于研究者的指导思想和独立分析精神。《中日学者对谈录》给我们提供了这方面的一个样板。日本学者的论文占全书三分之二，内容从政治、军事、经济到意识形态、国际关系，作者尊重事实，独立分析，采取客观冷静态度对待民族矛盾、民族感情，使这些论文“不期然地构成了日本对中国侵略的史论体系”①。中国学者的论文，同样贯彻了客观分析，没有人可以指出其中有什么“民族狭隘性”。就因为这样，他们不约而同得出了基本的共同的结论。这对于那种以为社会科学、历史研究不科学的观点，实在是一个有力的反驳。在涉及民族关系、民族矛盾的重大历史问题上坚持科学态度，这一点，意义格外深长。

历史著作各种各样。《对谈录》不是一部讲中国抗日战争史的系统著作，但它是研究这段历史的一部名著，是一部由中日学者集体创作的名著。现在它已经受到重视，其影响今后也将要传播下去。

三

中国学术界研究抗日战争史，近年来出版了大量论著，但全面叙述那段重要历史的系统著作仍感寥寥无多。前几年我在中国人民抗日战争纪念馆举行的抗日战争学术讨论会上提过一个建议，主张集中力量写出一部比现有水平再高一些的抗日战争史的著作，同时编一部基本的资料书。著作要充分汲收中国、日本和世界各地研究这段历史的成果，在科学上具有权威性代表性；资料书则要求依据档案等原始材料，反映历史的主要过程。一部新水平的书，一部较为

---

①井上清:《卢沟桥事件50周年日中学术讨论会圆满成功》,1989年日中学术交流恳谈会《会报》。

扼要完整的资料，可以推进科学研究工作，更可以满足现实生活中的需要。

写出一本全面的抗日战争史，是社会上不少人关心的事。今年2、3月间，由于前面提到的那次讲话，我接到国内外大批热情洋溢表示赞同的来信，不少信上并提出各种建议和要求。写书便是一些来信的建议之一。一位居住巴黎、谦称“愚侨”的陈庆怡（字强先）先生的来信，详细讲述了他对抗日战争过去快半个世纪的今天人们应该做些什么的看法。关于写书，他说：“日本侵华战争性质的问题，原是不争之论。只不过日本自知罪恶深重，妄图掩耳盗铃，不肯承认而已。最好由中国邀集日本及战时遭受其侵略之害各国认识公道之历史学家，共撰一部《日本对外侵略史》，并请日本政府高明详列有关侵略之各种学说，同样邀集各国之国际法家，逐说论列，作为附录。战争半个世纪之后，足为公论，不宜再往后世推托。”① 陈先生的主张是值得重视的。题目、办法可以斟酌，而这项工作需要动手来做。尽管往后人们会多次写这样的书，而我们现在来写有现在的适当条件和必要性。“不宜再往后世推托”，这个话讲出了许多人的共同看法。

抗日战争的内容异常丰富，在中国近代历史上占有特殊重要性。我们的研究要有具体项目，而又必须从更加广阔的范围来看待这个工作，不能把眼光局限在某个具体项目上。抗日战争一周年的时候，毛泽东说：“这个战争，在东方历史上是空前的，在世界历史上也将是伟大的。”怎么空前，怎么伟大，那时只是一个概说，一种展望。50多年以后的今天，我们可以把它说得全面、实在了。第一，抗日战争是中国近代历史的一个根本转折。抗日战争的胜利准备了新中国与旧中国的决战，加速了中国走进社会主义。在那以前，每一次革命斗争、爱国运动各有功绩，却没有任何一次足以比得上抗日战争推进历史车轮的显赫功绩。第二，抗日战争是全民族的战争，它的胜利是中华民族空前觉醒下取得的。这些觉醒了的爱国力量，有今天台湾海峡两岸的中国人和他们的先辈，有海外一切关怀祖国命运的炎黄子孙。研究抗日战争的历史，就是研究他们共同斗争的历史，研究中华民族各族人民空前觉醒的、爱国主义的历史。第三，抗日战争不止在中国历史上有极大重要性，在日本历史上也有极大重要性。中日两国都在这次战争中和战后发生了极大变化。中日两个国家、两国人民都可以而且完全应该从中日战争中学到非常重要的东

① 见附信摘要。

西。睦邻友好、共同发展前进的道路，是中日两国关系中唯一应该遵循的道路。这是那场严酷战争给予人们的根本教训。第四，抗日战争是第二次世界大战的重要组成部分。有了中国抗日，才有第二次世界大战和世界反法西斯战争在亚洲和东方的胜利。论述世界反法西斯战争，忽视以至撇开中国抗日战争，就好像闭着一只眼睛看世界，不能见其全局。这不只涉及如何看待中国在世界反法西斯战争中的地位，也涉及如何理解第二次世界大战以后全球，特别是东方发生的一系列历史巨变。抗日战争的所有这些方面，在不同程度上与当前的社会生活保持着这样那样的联系。全面深入研究它们，更多地了解这段未久的过去，我们将能更好地辨认历史前进方向，正确地分析、看待现在和未来。因此，今天不是要考虑这种研究是否差不多了，而是要讨论如何真正有计划地展开这方面的工作。

确认抗日战争的性质，关系到研究讨论的每一个方面。《中日学者对谈录》从科学上解决了这个根本问题，出版中文本，对于我们要进行的具体项目和有关的广泛研究，都是有帮助的。一些对谈文章警醒生动，可以估计，众多的读者会同样感到饶有兴趣。

（1989 年）

附：陈庆怡先生来信摘要

陈氏来信上注明：John C，Chen，20r de la Terrasse，75017 Paris，France。日期是 1989 年 3 月 13 日。信的摘要如下：

> 浅见以为如果我国也像国外一样，遇事均有许多民间组织不断地从旁努力推动和争取，不事非官府躬亲倡导为之不可，则虽然我国政府的官吏怕因交涉而坏了表面的关系，不肯出头争取实利，仍旧早晚会有得直的一天的。例如巴比在第二次世界大战期间，只不过德军区区一个集中营的尉级后勤官而已，当年遵照指令，将营内数千法籍犹太人自法境递解至他处而已。法国在法籍犹太人的推动下，终于年前将他引渡回法受审。其他类此引渡受审的事例多不胜举，甚至有引渡回苏俄受审的。无论西德、东德，对二次大战中犹太人的生命财产损失，均始终委曲求全，尽力满足犹太人的要求，予以赔偿。美籍日人珍珠港事变后曾受到集中看守，战后美籍日人及日

本人不断努力及争取推动，终于去（或前）年获得美国国会立法赔偿（每人 US$2 万元？）及国会通过的正式道歉（每人一份）。这只是几年的半失自由，而无生命财产的损失，更无残忍屈辱的杀戮。二次大战美国在广岛、长崎投下原子弹，日本人及美籍日人在二次大战后努力争取要求赔偿，则更早已多次如愿以偿。因为战争是国家行为，一国在战争中犯下的错误或罪行，都责无旁贷应该由这个国家来承当。这些与二次大战中日军在侵华战争中所犯的罪行一样，都是一个国家犯下的错误、罪行，不能往当时在位者的身上一推即轻松了事的。

然二次大战日本在我国侵略时间之长，动用兵力之大，侵占领土面积之广，杀死杀伤中国人民之众、之残忍，掠夺损坏的物资财产之多，在在均非犹太人在欧洲之遭遇及美籍日人在美国之情形可比。除作战之军费，日本已无耻利用中国之内部矛盾，使中国不得已而作罢外（连正式之道歉也无一声，只由田中在酒会中致辞时，顺便挂了一句而已），对中国民间的损失的赔偿，日本一直厚颜不提，而中国则一直无人主张。对民间的赔偿任何政府或个人均无权答允豁免，答允了也无效。……

大战甫行结束，彼此都民生凋敝的时候，我国人民立即要求大量的赔偿，是有点不切情理的。但目前日本已成经济大国，对外援助远及二次大战毫未受其侵略蹂躏之他国，总额则已超过美国对外之经援，积存外汇盈余世界第一，国民平均所得高出美国，如仍吝不对我国民间的损失早作合理之赔偿，则是罔顾礼义，令人齿冷之行径。尝听人说，日本以其见面时之礼节为荣（二人见面，互相鞠躬为礼，……直至二人均已低头及地），何以在赔偿一事上，中国早已一躬到地，表示作战之军费豁免，而日本则一再斤斤于因于回礼之性质为何？责任谁属，其厚颜罔顾礼义如此！

有一个为日本保留面子的办法，即不提当年战争中中国直接死难的二三千万人（据胡乔木说是 2700 万），这当然没有包括千千万万逃至大后方后绝望自尽的、患病无力治疗而死的、无衣无食冻饿而死的、未及到大后方辗转死于沟壑的，权作总共死亡 8000 万人计；再加掠去的物资及损失的财产（不计因空袭攻讨而停市、停工、停垦的损失），不按美国赔偿的高标准（一命、一残有判赔上千万美元者），不按国际航空失事赔偿的高标准（每人US$10万元），不按印度法院裁定美国联合氰铵公司毒气意外之泄漏毒死附近居民的低标准（约死3000人，共赔4.7亿美元），甚至亦不按美国赔偿集中了的美籍日人或原子弹炸了的广岛、长崎日人的赔偿标准，而只作为每人US$15000计，共美币12000亿元。加上自1940年（取抗战八年之中期）以来50年累计利息，如以年息4%计，当有12000亿 $\times 1.04^{50}$ = 85280亿，以3%计，亦有12000亿 $\times 1.03^{50}$ = 52607亿。每人一万五千美元之数，国内虽数十年处于低收入之标准下，亦不应以为多，而拖一天即付一天之利息则是财务上之道德标准。如美国全年预扣之所得税，年度结算时，退回的部分均按国库券之利率标准付利一并退还的。日本数十年来国库券利率多少，我不得而知，但相信一定高于4%。

这笔钱收到后，应像日本甲午战争后索取中国白银1亿两（=1.1913亿英两）一样，全部用于教育。（大年按：此处事实有误。日本从中国勒索的赔款共2.3亿两，其中2000万日元归入皇室私产，1000万日元用于备荒，1000万日元用于教育基金，1200万日元补助1898年特别军费支出，其余近3亿日元全部用于扩充军备基础，如建立八幡制铁所等。）但不全部直接耗掉，而是由国家设立专管机构，投资国营、公营、民营各行各业，而每年将税后之红利股息用于全国图书馆及科研单位、大中小学幼儿园之扩充改建，职工工资之调高及工作环境条件之改善上，成为中国在政府教育预算之外，永世不竭之教育基金（但除必需的实验工厂、商场、农场等之外，不要有学校各别的校有工厂、商场等，而成为学校的小钱柜，这样各校既不易公平，又有政企不分之弊，亦非国家之福）。5万亿至8万亿美元，约合20万亿至32万亿人民币，即使按8年期以上之长期存款利率（17.4%）降至目前的一半，再打折为只有5%计，每年即可有利息1万亿至16万亿元人民币，甚至再减半，也还有5000亿至8万亿人民币，足敷我国教育赶上世界最佳水平之需。

（删节号以外，有几处文字不衔接，是来信上原有的脱漏。）

七十年与四十年

——《日本侵华七十年史》序[①]

（一）日本侵略中国的历史连续了七十年，中国取得抗日战争的胜利到现在又过去了四十多年。中国社会科学院近代史研究所和所外共十余位同志经过几年的通力合作，撰写出了这部《日本侵华七十年史》。书上环绕近代中日两国关系中日本的侵略与中国的反侵略斗争，系统叙述了日本侵华的全部过程；阐述了各次重大事件的前因后果，来龙去脉。大量史实经过考核，基本论点确然不可移易。它是近年来国内中外关系研究的一项新成果。看题目，很容易联想到五十多年前王芸生的《六十年来中国与日本》；在内容上两书各具特点，王书不可能摆脱旧中国的环境条件，在认识和资料上打的是前面七十年的印记；现在这部书写作于新中国，反映的是后面四十年的情况和认识。

（二）前面的七十年让我们想到的事情是很多的。世界上一些国家或民族，当遭到严重失败、处境屈辱痛苦的时期，总是一面接受现实生活的严酷考验，一面反顾历史，要求众人铭记他们祖先的业绩，思考过去，创造未来。例如 1806 年普鲁士败于拿破仑，普法订立和约，普国丧失领土二分之一，柏林被置于法国军队的控制下。大约 1808 年，普鲁士哲学家费希特写出《告德意志国民》一书，眼望遭受践踏的国土，讲述日尔曼人的历史，呼吁德意志人恢复自己的本色。过了半个世纪，普鲁士又一跃而起。19 世纪末叶至本世纪中，日本在亚洲像彗星横扫空际，逞霸东方。经过第二次世界大战和中国人民的顽强战斗，这个庞然大物遭受致命打击，又一下子黯然坠落下来。国土被美军占领，民族一度丧失独立，人民陷入物资匮乏，精神十分痛苦。日本国内关于这场战争的著述很快纷纷问世，1953 年出版的服部卓四郎《大东亚战争全史》是其中颇有代表性的。著者强调说，日本遭到空前惨败，国家民族的前途令人惶惑不安。如果在旧时代，大家会期待伟大的哲人、政治家、

---

① 原载《真理的追求》1990 年第 5 期；后收入张振鹍、沈予等著《日本侵华七十年史》，中国社会科学出版社 1992 年版。——编者注

科学家出世。可是那并不足凭借。当今每一个国民都必须成为爱国忧国之士，自己来正确考虑和确定国家的方向，并为此集结一切力量。“新日本的兴亡安危，将系于此”。时间过去三四十年以后，日本又蹶而复起。德国、日本各有自己的特殊性。倘若认为它们遭受失败，很快又复兴起来，就是因为总结历史，牢记了国家民族的屈辱，那未免太片面了。但费希特著作、服部战史所体现的顽强奋发精神，其作用确实是不可轻视的。中国抗日战争胜利，中国遭受日本侵略的整个篇章翻过去四十多年了，为什么我们对这段历史的系统研究，拖了又拖，迟之又久，到今天才作出了现有规模的清理？回顾一下，主要原因恐怕是在中国大环境的特点里头。

中国在抗日战争中是胜利者。中国又紧接着取得民主革命的伟大胜利，然后大踏步跨进了社会主义。新制度代替旧制度，整个意识形态面临着许多新的矛盾、新的问题要去研究、辩论。这一些，无疑地直接间接影响到我们及时、系统、全面地研究日本和西方列强侵略中国的那段黑压压、沉甸甸的灾难的过去。个别项目如《帝国主义侵华史》刚刚做出一些成绩也因受到阻挠而延搁下来。时间过去越久，在人们的心目中就越发觉得事过境迁，那些历史陈账简直没有多少意义了。雅乐不昌，郑声大扬；正理睡觉，歪理咆哮。前一个时期，照一些人看来，说近代中国历史的基本内容是外国侵略、封建压迫与中国人民的反帝反封建斗争，那是捕风捉影，无稽之谈；英国发动鸦片战争、打开中国大门，是做了件大好事；没有它，今天的中国不知是个什么样子；中国抗日民族解放战争不抗比抗为好，抗日多余了；今天讲帝国主义侵略了中国，不合时宜，妨害解放思想，等等。虽然这种极端的混乱颠倒只出自少数人，但对思想界学术界提出来的问题是相当突出，需要深思的。

究竟应当怎样认识、对待旧中国那段历史？事实是，中华民族抵抗日本侵略的斗争和中国整个民主革命取得了光荣胜利，外国侵略留下的民族耻辱，造成的中国社会灾难与落后，并没有也不可能自行抵消，不复存在。昨天严重压抑、损害中国的外部势力，有的今天又想卷土重来，像幽灵一样在中国的某些地方晃荡踯躅，伺机而动。我们健忘或者重视与否，将决定它们存在时间的短长。因为凡过去了的事情就不必问闻了，那不是人类进入文明以来的规则，人们并非靠记住过去的种种来生活的，而必须靠克服现实矛盾来走进新的境界。但这只说明现在不会事事重复过去，而不表明现在事事都可以简单取消过去。历史研究者极为追求掌握各种记录细节，其中有职业的需要，有古董家的癖好。大多数人要知道的自己国家民族的历史，主要是大纲节目，特别是其中的光荣业绩与耻辱记录。中国革命创造的光荣伟大业绩，没有人能够不予正视。一个日益壮大的社会主义中国屹立在世界上，谁也无法改变这个事实。但是，知道光荣伟大业绩了，是否就有理由有资格忘记近代历史的屈辱记录了，当然不是。有些人认为早就应当遗忘了，那他们遗忘的就不止是历史。前人说，“知耻近乎勇”。这个道理对个人、对群体都适合。忘记了与现实生活密切相连的近代历史上的民族耻辱，实际上是忘记了我们民族固有的坚忍本色、勇敢精神。历史的惩罚难免要落到他们头上。《日本侵华七十年史》部分地弥补了这个缺欠。历史研究的职责是要讲清楚以往发生的事实，绝对不需要也不可能加进或减少什么。讲清楚了这一些，就是把事情的本来面目还给了历史。中国人民的英勇气概、奋发图强有各种体现，牢记我们民族近代走过的艰难道路正是一种体现。日本政治家中曾根讲的一句话非常警醒，照录于此，便于作个对照。其言曰：“在太平洋战争中受到伤害的国民的记忆，一百年也不会消失。”①

（三）后面的四十年里，旧的中日关系已经结束。日本的情况有显著变化了的，也有变化甚微的。军国主义、霸权主义的梦魇继续盘踞在少数人的头脑中，没有变化。多次发生的历史教科书等问题是这样，近来某些人公开鼓吹日本重新称霸世界更是这样。1990 年 1 月，日本一家月刊上登载的一篇题目叫作《90 年代日本生存之路》的文章说：90 年代将决定日本今后的生存道路，对日本来说是一个不亚于明治维新或战败那样的重要年代。“日本摆脱困境、谋求霸权的出路在于，确立输出日本文化。以往的历史证明，一个国家要谋求世界霸权，必须拥有军事、经济、金融和文化四个方面的优势。如今，日本已基本拥有经济、金融方面的优势，而且，只要日本愿意，谋求军事优势也不困难。因此，在上述四个要素中，对日本来说，关键是‘文化’。换言之即价值观念或生活方式。一旦某种价值观或生活方式在世界普及，成为世人所羡慕的文化，那它就具有不可估量的力量。总之，必须用某种方式在世界范围内树立起令人羡慕的‘日本哲学’。这是 90 年代日本的重要课题”②。照这位称为日本国际政治家的作者看来，日本现在不是要不要谋求世界霸权的

① 中曾根与基辛格对谈，《读卖新闻》1990 年 1 月 1 日至 12 日连载文。

② 舛添要一：《90 年代日本生存之路》，《宝石》月刊 1990 年 1 月号。

问题，而是如何来实现称霸世界的问题。经济、军事等实力接近一应俱全或者不难俱全，剩下的就是输出日本文化，输出日本的价值观念或生活方式了。事情是如此严重，不解决，就要威胁日本今后生存之路。时间又是如此紧迫，解决的期限要确定在今年开始的20世纪最后十年间。话说得再明白再直截了当不过了。是的，发表这篇文章的刊物在日本报刊里面层次不高，文章作者也够不上某种权威，因此，这种言论好像没有多少代表性。然而事情不可以孤立地看待，“大东亚战争肯定论”“侵略免责论”“时效说”①等洋洋乎不绝于耳。鼓吹日本重新称霸世界，不过是把前面的偏重于替历史辩护，改变成为今天的从现实地位出发提出主张了。它们喊出的是少数人的同一心声，人们没有理由漠视那少数人的能量。面对这种舆论鼓吹，《日本侵华七十年史》的现实意义是很明显的。它叙述过去的事，却提醒人们不要以为过去的事就不会以某种形式重演了。历史运动有自己的规律：它总要迈步向前，又从来不是笔直地向前。一切不以人的意志为转移，无论你高兴还是不高兴。

关于输出日本文化，自然不能从“文化”这个词的表面价值去理解。世界文明史上，各个国家内部照例存在着阶级对立，从来不是统一的。各个民族的文化也照例存在着人民性的与只适合统治者需要的、先进的与落后的差异，从来也不是统一的。日本民族是一个优秀的民族，日本文化中有丰富优秀的文化。论者把日本文化看作与军事、经济同等重要的称霸手段，并同明治维新时代直接联系起来，那究竟会是怎样的一种文化、怎样的价值观呢？看来这种文化、价值观的主要内容是明白的：天皇制与皇国主义国家观念；明治《宸翰》宣布的“开拓万里波涛，布国威于四方”的对外扩张思想；哲学上的资产阶级国粹主义“日本主义”；再加上武士道精神的遗留或第二次世界大战中统治者制造的“神风”特攻队精神。这种要输出的文化，尽管涂饰了“最现代化”的藻彩，其实质，无非是明治时代以后日本统治者不断向外扩张侵略与军国主义结为一体的文化、价值观念。过去深受日本侵略之害的中国和亚洲人民对此记忆犹新。他们理所当然地坚决反对日本再次推行霸权主义、军国主义，也坚决拒绝种种推行霸权主义、侵略扩张的思想文化。日本文化、

---

① 长谷川庆太郎:《再见了亚洲》，1986年《文艺春秋》发售。书中指责说，现代社会是承认犯罪“时效”的。“时效”同样也适用于侵略战争。中国至今还在批判日本侵略，是没有“时效”观念，中国尚处在“根本不懂国际常识和现代社会原则的‘前现代社会’”云云。

日本哲学是很大的题目。日本学者和西方学者写过不少书，讨论什么是日本文化或哲学的问题。他们之中有论述精当的，如永田广志等人的著作；有一般被认为接触到了日本文化若干特点的，如班内迪克特的《菊花与刀》、克里斯托弗的《日本心魂》[①]等。对于日本文化中确实足以“令人羡慕”的带有普遍意义的价值观念、学术思想，抱着科学态度的人应该像对待每个民族的优秀文化一样，仔细加以辨认，充分珍惜。但是决不能就因此掉转过去，以为日本输出文化与输出武化、军队“进入”别国不一样，就算太平无事了。霸权主义鼓吹者的看法与此正好相反。在这里，我们必须分清楚，是什么样的日本价值观念，什么样的“日本哲学”。

讨论中日关系历史与现实的联系，要看到中国、看到日本，也看到周围的世界。历史这条长河在浩浩荡荡前进中，到处充满着变幻不定。第二次世界大战结束以来，世界正在发生又一次剧变。我们要明辨、掌握历史长河行进的方向，也要注视今天的剧变。

---

①永田广志是日本马克思主义哲学家，著有《日本唯物论史》《日本封建意识形态》《日本哲学思想史》等书。《日本哲学思想史》初版于1938年，叙述到明治三十年为止，从中可以了解日本往后的思想、哲学是从何处演变来的。1967、1972年再出新版，著名哲学家松村一人在新版解说中有充分评价。露丝·班内迪克特是美国人类学家，《菊花与刀——日本文化的诸模式》1946年出版，中文本见浙江人民出版社《世界文化丛书》。书中许多分析引人入胜，西方至今称之为研究日本文化的经典著作。日本学者川岛武宜写的书评《评价与批判》深刻精彩，认识更高出于原书。罗伯特·C.克里斯托弗系美国记者、编辑，《日本心魂》1984年在英国出版，1985年中国对外翻译公司出中文本。其水平不足以与班书并论，在谈到日本知识分子、中国对日政策等时表现出强烈偏见，但资料较新，分析解说也有一些独到的地方。例如论及群体与个体的关系时说，“日本人对他们所从属的各个群体——国家、公司等，责任感远比大多数集体社会的公民来得强烈。这说明他们动力和效率的由来”。18世纪英国海军中将尼尔逊在一次海战关键时刻下达的命令是“英国希望人人克尽其责”。东乡平八郎在日俄战争对马海峡一役下的命令则是“民族与帝国的前途取决于你们每一个人的行动”。这两者之间是有明显区别的。东乡命令的要求显然高得多。它表示出，在日本，每人对集体的义务没有止境。“在美国人看来，集体主义是一个消极因素，压制主动性，妨碍进步，但日本却活生生地证实了事情并非一定如此”，等等。

固守真理者

——《战争·科学·人》中译本序①

第二次世界大战结束至今，日本出版的关于中日战争的回忆录、研究著作等不知凡几。我个人稍有了解的，是其中两种思想观点互相对立的出版物。一种是篡改史事，颠倒是非，否认、掩饰那场战争是日本全面侵略中国的战争，极力淡化军国主义。日本报刊上把这种出版物的思想观点叫作“皇国史观”或“文部省史观”，可谓鲜明扼要。那种史观反映出了人数少、能量大的旧势力的延续与蠢蠢而动。它不能不引起人们的警惕注视。和这相反的一种思想观点的著作，是站在日本民族先进者的立场上，正视事实，不讳不隐，指出日本发动的是一场全面侵略中国的战争，中国抗日战争的胜利是民族解放战争的胜利。这类出版物地位突出，名著不少，一部分早有中译本流传。田中正俊教授的《战争·科学·人》是这类著作中最新的一部。一个民族和个人一样，坦然面对现实，才能具备勇敢精神。在看待中日战争历史的问题上，非常明显，体现了日本这个伟大民族勇敢、进取精神的，不是前面那种观点，而是后面这种观点。

《战争·科学·人》见解卓越，论述醒豁。我想可以拈出这样几个字概括它的主旨：关怀民族，固守真理。著者一再强调：我们这些原本不应受到科学真理以外的任何东西所支配的人，如果屈从文部省那种“历史观”，身为历史教育家或研究者，首先就不能负起社会的责任。“无论在任何权力之前，吾人都应固守真理”。书上所有史事叙述，一概是这个主旨的贯彻。关怀民族命运，牢记社会责任，固守科学真理，对于社会科学研究者来说，似乎是平常道理，并不新鲜。但是联系中国前一个时期学术理论界的实际来看，我们就会觉得这个道理太不平常了，以至令人心弦震撼。今年7月间，纽约《中报》在一篇社论中说：中国“改革开始不久，整个社会科学界，包括大学的文科教

① 原载《近代史研究》1989年第6期；后载田中正俊著、韩一德译《战争·科学·人》，黑龙江人民出版社1990年版。——编者注

学，简直乱成了一锅粥。那时候，整个的社会科学的前沿，也即最时髦的意识形态和理论，无非是漫骂中国的历史，指责中国的现实，丑化整个中华民族，谁用的词汇新鲜，谁骂得痛快，谁就会成为名人，成为‘优秀’的理论家”。“意识形态和它支持的国家政权对立了。这些对立的意识形态理论，在经济、哲学、文学以至人们的整个社会中，产生了极大的影响。这是中国社会不安定的意识形态基础”。（纽约《中报》1989 年 7 月 13 日社论：《意识形态领域的惨痛教训》）我以为《中报》社论道出了事情的实质。我们只需说明，社会科学研究中的那种动态，从开始演变到后来严重混乱的局面，是有一个过程的。“时髦理论”主要是诋毁、歪曲马克思主义，鼓吹形形色色的资产阶级社会学说；“指责现实”则主要是指责中国社会主义，反过去一味地赞美西方资本主义。现在想来，当时不少就社会生活、哲学、经济、文学、历史等发表议论的人，如果不是忘掉社会责任，能够坚持科学态度，不管存在多少认识、观点对立，也肯定不至于闹到扮演起社会不安定促成者的角色。可惜事情并非那样。历史运动、重大事件的根据，最后在社会经济基础、人们的物质生活里面。历史从来不最后取决于意识形态、一些人的灵魂，然而历史又从来没有离开过一定的意识形态、人的灵魂。由此可见，《战争 · 科学 · 人》所主张的关怀民族，牢记社会责任，固守科学真理这个“平常道理”，在我们现实生活中如何是一个极不平常，唤人猛省的问题。不消说，科学真理绝非任何人所能够垄断。学术理论领域具体问题的分歧，不可能凭罢黜众家、定于一尊去解决，而必须依靠百家争鸣。在中国，在社会科学研究中，我们主张要坚持的真理，是指马克思主义指导与社会主义道路。它们是基本的价值观念，就像确认中日战争中日本是侵略的一方是基本的价值观念一样。

田中先生在《自序》里说，“谨以本书献给我们的老师刘大年先生”。对于田中先生的高情厚谊我深致感谢之忱。我在东京大学讲授中国近代史，整个教学过程是由田中先生主持的。怎样看待抗日战争，那时大概因为不属于课堂的讲题，谁也没有提出专门讨论过。当然我更不知道面前这位历史学者，曾以一个 21 岁的青年被作为“学徒兵”驱赶上战场，历尽艰险。今天来读他这部把亲身经历和对那场战争客观冷静分析结合在一起的精到著作，新增加的了解何止限于文字所述。本书上讲的一个核心是“人”——发动战争的人，被迫参加战争或者死亡或者幸运活下来的人，利用科学技术从事活动的人，现在对战争的评价截然相反的人等等。人是社会动物，又不是机械简单的社会动物。书的情节告诉我们，这位历史研究家、教育家是一个主张自己民族也主张别的民族同样要自尊自信的人，是一位在为人师表上高自位置的人，一位敢于顶住强权，固守科学真理的人。

说地方志的文化功能

——《华容县志》序①

新修《华容县志》，经过辛勤经营，即将竣工付梓。全县建设成果中又添此一项，令人兴奋。华容北倚长江，南对洞庭，交通阻滞，文化久欠发达，与一些通都大邑那种物华天宝、人杰地灵相比，差别何止倍蓰。从历史上看，这个地区开发很早，土地肥沃，人烟稠密，鱼米之乡，名闻遐迩。而众多农民群众长年辛劳，生活在饥寒呻吟中。新中国四十年以来，全县人民艰苦奋斗，工农业生产、文化教育等大踏步迈进，旧貌各换新颜。县志记述完备，纲举目张，反映出了这块土地上四十年来的变迁和当前现实。其中吸收了旧志的有益成分，又是一部与旧志迥然不同的合格的新型地方志。

中国的旧方志，是中国传统文化在地方上的总体建筑，精华与糟粕排列组合，杂然并陈。中国传统文化学问里面，有两条时常放在一起议论的东西，一条叫作“道”，一条叫作“艺”。“道”与“艺”的关系，是“道为重，艺为轻”。这个原则不能违反；谁违反了，即使不能说离经叛道，也难以为世人所尊崇。道应当重，不应当轻。社会主义、马克思主义是基本的道，我们强调要坚持，但它们与艺是分不开的。艺属于物质生产与讲求生产的学问、技能。社会存在依赖于物质生产的存在。世界上出现马克思主义、社会主义，就因为世界上出现了产生这个道的艺即近代工业和资本主义生产。艺与道互动，处于最终决定地位的仍然是艺而非道。遵行已久的“重道而轻艺”，造成中国文化、学问的畸形和偏枯。知识分子重视探究社会诸般现象，轻视认识自然诸般现象。社会诸象中又只重视统治制度、秩序、意识形态，而不屑于了解物质生产、经济生活。了解自然状况、生产知识被认为“小人”之事，前者才是“君子”之事。譬如盖房，富丽堂皇，马虎筑础，隆重上梁。中国古典文献上也提到“致知在格物，物格而后知致”。那与要求认识自然其实毫无

---

①原载《中国地方志》1989年第4期；后载华容县志编辑委员会编《华容县志》，中国文史出版社1992年版。——编者注

关系。明代哲学家王阳明格竹子，面对竹丛端坐七天，最后病倒了。他的结论是“心外无物”，心就是物。自然知识是人类知识的基础。自然科学知识落后，又连及社会思想的落后。中国传统文化、学问，显然在这方面受到了很大的制约。旧方志没有可能避免这种制约。现在《华容县志》和所有新型地方志书一样，把那个陈旧传统彻底地改变了。物质生产、科学技术、经济生活得到全面具体的叙述。现代自然科学知识，头一次进入了地方文化的总体建筑。社会主义的道与物质生产、自然科学知识的艺，没有哪个受到重、哪个受到轻。事实上是承认了艺在先，道在后。这表现出地方文化生活中，旧时代正在终结，新建设已经发轫；同时，这也表示出中国传统文化、学术思想的蜕变与重大革新。许多关于新方志的要求或评价中，强调国情调查，提供科学决策依据和经济建设咨询，进行历史教育等等，都正确，也重要。比较之下，从文化建设功能来看待的似乎尚少。蠡测管窥，人弃我取，寥寥数语，零光片羽，撮述如此。

华容是我的家乡。昔人有“维桑与梓，必恭敬止”的说法。那个话太古老了，然而每一念及，仍充满感情。我从新县志的内容联想到文化思想中新旧时代嬗递，这里再把范围勾划一下，那主要是从物质生产、自然科学知识取得了自己的地位来说的，并非认为陈旧知识、落后思想观念在现实生活中没有遗留了。一些落后、陈腐的思想观念，没有、也不可能一下子就消灭掉。岂止没有消灭？它们在现实生活里面，到处不胫而走，像幽灵一样纠缠住人们的头脑不放。中国封建统治时间很长，封建文化思想的根子很牢固。它所提出的又绝对不止是某个地方、农村局部的问题。世界变化，骎骎日异。高科学技术不断崛起，人对自己的价值、使命等的探索认识，正走向更深层次。生物工程学家预言，粮食可能有一天从树上开花结出谷来。能否实现固然不得而知，但人类将越来越依赖科学技术求得生存，人与人的关系也要随着改变，趋向于合理，此乃未来社会之所必至。未来的中国应该是包括人的现代化在内的社会全面现代化的中国。发展教育，革新民族文化思想观念，跟上世界现代科学文化潮流，这是需要全民族共同思考、努力的绝大题目。地方志书在现代文化建设上有优势，又有局限性，要求过高和估计过低同样地缺少根据。它是一块阵地，一个新起点。关心中国现代文化研究、建设的人，我想都有理由关心这块阵地，珍惜这个起点。

致苏联读者

——《刘大年史学论文选集》俄文版序言①

朋友们面前的这本小书，是我在不同时间里写的几篇文章的集结。1986年10月，苏联科学院举办关于孙中山的学术讨论会，中国同行应邀出席。在一次座谈中齐赫文斯基院士、季塔连科教授，要我找一本自己的书译为俄文，介绍给苏联读者。他们两位的提议，使我后来拿定主意，出版了一部《刘大年史学论文选集》。这本小书也就沿用了那个名称。

中苏两国山水相连，文化学术交流久远，不用备述。俄国文学和学术著作译为中文的指不胜屈。苏联汉学家阿列克谢耶夫院士翻译过许多汉文书籍，人们叫他“阿翰林”，传为美谈。这部小书内容有限，却也不妨看作双方交流长渠中的一点一滴。

大家可能都同意，文化学术和经济领域的交往合作不一样。经济项目要求产生物质效益，并且要立竿见影。学术交流即使是很重要的项目，也只可以抱有一定的期望值，无法使用计量单位显示出它的效益。我们是在谈论社会历史学说。历史者，无休止的矛盾运动也。社会矛盾运动有多复杂，社会历史学说就有多复杂。其中栖居峡谷层崖的，以为平原千里不过是他人妄说；习惯于寒冬凛冽的，菲薄春和日丽，芳草芊芊。然而它们的矛盾对立，并没有成为人们追求历史客观运动认识所无法克服的障碍，相反，倒成了那种追求的必要条件。历史运动、客观世界是可以认识的，不同国家、民族间的观念、感情是能够沟通的。问题在于不能像《桃花源记》上“鸡犬之声相闻，老死不相往来”那样。我们应该打开门窗，让空气流通，来实现认识历史，认识世界和沟通各民族人民的观念、情感。学术文化交流和经济领域合作不同的现实价值，也许就在于此吧！

---

①此序言为中文稿，收入俄译本《刘大年史学论文选集》(莫斯科科学出版社1992年版)时，删去了最后一段话。——编者注

贝列罗莫夫与尼克苏两位教授翻译这本书付出了可贵的劳动，我向他们两位谨致谢意。

刘大年

1991 年五一前夕　北京

《中国近代人口史》序①

姜涛同志的《中国近代人口史》已由浙江人民出版社列入中国社会史丛书出版。作者攻读博士学位期间，我建议他研究近代中国人口问题。他欣然从事这一工作，用三年多时间，完成了题为《近代中国人口研究》的博士论文。在那个过程中，我们有时就某些问题交谈，务务虚，如此而已。在那以后姜涛同志以博士论文为基础，又经过三年多的艰苦努力，几经修改增删，数易其稿，写成了现在这部32万字的《中国近代人口史》。它是作者独力完成的，是他个人的研究创获，这使我可以作一点客观的评论。

第一，这部书在相当程度上填补了中国近代史上人口研究的空缺。中国近代人口无疑应当是中国近代史研究的一个部分，一个侧面。以往我国学术界在中国近代史研究中取得了长足进展。今天稍微涉猎过近代史的人，都能够讲出中国近百年史的基本内容是什么，它从何处来，将往何处去，等等。从中也可看出学术界研究这个领域所取得的成就。但在近代人口这个部分、这个侧面就根本不能这样说。它多年来一直是一个空缺。现有的历史教材基本上不涉及人口状况的叙述。早年出版的研究中国人口的论著各有成绩，应该受到重视，但它们也不足以对中国近代人口状况如何作出回答。姜涛的书可以说是第一次对这个问题作出了一个回答。

第二，它给中国近代人口研究做了扎实的基础工作。众所周知，近代人口研究的难度是很大的。全面叙述这个题目，必须弄清楚近代人口的一些基本方面。本书所分篇论述的人口数量，人口分布与人口迁移，以及人口结构等三个大问题，都属于这项研究的最基本的方面。它们涉及的内容广泛，时间跨度也大。对那些方面论述的基础是否牢固，关键在于资料的准确整理和拿出有关的具体可靠的数字。不然的话，那些论述就像在沙滩上盖的楼房，会自然地垮掉。作者从搜集和整理各种统计资料入手，做了大量的十分烦难的

① 原载《近代史研究》1993年第4期，有所改动。原文载姜涛著《中国近代人口史》，浙江人民出版社1993年版。此次所收为原文。——编者注

基础工作。原本零乱分散，似乎是无章可循的各种数据资料和其他记载，经过爬梳剔抉，终于一变而为头绪清楚、互相有联系的整体了。一些数字的真伪虚实，也由于精心考订辨别，增强了可信性。科学研究必须讲求实在，来不得半点虚假。本书基础工作扎实，信而有征，可谓难能可贵。

第三，书上对近代人口与历史的关系问题进行了初步探索。人口与历史有没有关系，看来不会有人对此作出否定的回答。然而两者之间究竟是一种什么样的关系？由于世界观和方法论的不同，看法却大有歧异。这种歧异，从根本上可归结为：是人口解释历史，还是历史地解释人口？所谓人口解释历史，亦即以人口数量的增减变化来说明历史，这是一种过分简单化的、极为肤浅的做法。马克思主义关于人口问题的观点是正确的、科学的。那就是人口不仅是单个人的总和，而且还是不同社会共同体的复杂的复合体，是具有许多规定和关系的丰富的总体。人口数量的增减变化，归根到底取决于人口自身的矛盾运动，取决于作为历史创造者、作为社会的人而存在的人与自然界的相互关系。人口的发展，直接与生产力相关，与整个社会的经济基础，亦即生产力与生产关系的矛盾运动相关。本书对人口结构，尤其是对有关人口社会经济结构的剖析，以及对人口与历史关系问题的探讨，提出了有启发性的意见。它很值得引起人们的讨论，使这方面的研究继续深入下去。

中国近代人口研究之所以难度很大，不用说，一个主要原因是资料残缺，依据贫乏，有时碰到一片空白，巧妇也难为无米之炊。这本书上有的地方资料相当薄弱，有的地方研究缺少展开，没有把问题说深说透。它们各自明显地存在。作者自己对此是有充分认识的。从断代的角度看，辛亥革命至1949年的人口状况需要进一步探讨。作者表示对民国时期，尤其对抗日战争时期的人口研究抱有兴趣。希望他为此继续作出不懈的努力。

《中国近代人口史》讲的是过去的事，那么，它与现实生活是否就毫无联系呢？当然绝非如此。它强调提出了这样一个问题：我们应当如何从历史演变来全面认识我国人口增长的现实和未来所包含的严重意义。谁都知道，人口过分膨胀是关系我们国家未来发展的头等重大的事情。毛泽东于1956年就讲，人口增长无计划，人类将提前否定自己。“文化大革命”中他又几次讲，要抓计划生育工作。可惜那些话都没有产生效果。据估计，目前我国农村有剩余劳动力1亿人，十年以后，将再增加1亿人。众多的新增人口必定要使社会生活出现许多新的情况。人口问题显然应该引起更多人的紧迫关心。从这个意义上我想说，《中国近代人口史》讲的是过去的事，但更重要的是讲的现实社会生活中的事。

刘大年

1993年4月

《重庆抗战丛书》序①

《重庆抗战丛书》，是重庆市政协牵头编纂的一套纪念抗日战争胜利50周年的书。这项工作很有意义。据我所知，最近一段时间里，其他地区、单位也将有一批抗日战争的专著和资料出版。其中《丛书》并且不止一部。在抗日战争过去50周年之际，人们对这段历史的研究正在掀起一个热潮。

抗日战争所以需要研究，理由不止一端。最根本的原因是这段历史在中国近代史上占有特殊重要的地位。我们只需稍微回顾一下过去，事情就可以看得很清楚了。历史常有巧合，抗日战争胜利50周年，正值中日甲午战争100周年。中国在甲午战争中失败，进一步陷入了半殖民地、殖民地的黑暗深渊，不能自拔。1895年甲午战争结束到1937年抗日战争，共42年。那中间有戊戌变法、义和团运动、辛亥革命，它们都没有给中国找到出路。1919年五四运动到抗日战争，中国人民的反帝反封建斗争又进行了17年，屡起屡仆。日本军国主义却在这个时间里占领了中国东北，制造出伪满洲国，并进而分裂华北。中国真正临到了危急存亡之秋。抗日民族解放战争就是在这个严重形势下爆发的。八年抗战的过程是中国历史发生巨变的过程。在那以后四个春秋，中国人民一举取得了民主革命的最后胜利，紧接着又跨越了社会主义改造的大关。时代接连不断地迅速改变面貌，令人目不暇接。现在我们已经在社会主义道路上走过了40多年，回顾甲午战争以来100年的中国历史，我们发现八年抗日战争是近代中国历史转折的一个关键。研究这段历史，我们不仅看到了中华民族遭受的深伤巨痛，累累血污，也看到了它的倔强挺立高大的灵魂；不仅看到了旧中国如何死死拖住历史前进的后腿不放，也看到了历史如何促使人们觉醒，加速把旧中国变为一个新中国。

重庆在抗日战争中政治环境独特。它是国民政府和国民党中央所在地，又是中共中央南方局和八路军驻渝办事处所在地。第二次国共合作奠定了中

① 原载《重庆抗战丛书》，重庆出版社1995年版。——编者注

国取得抗日战争胜利的基础，而第二次国共合作的相当一部分活动则是在重庆进行与展开的，其中包括毛泽东同蒋介石的会面和谈判。抗战期间，重庆本身的政治、军事、经济、文化也有研究整理出来，供人了解的价值。谈论抗日战争，少不了要讲重庆的种种活动，就像少不了要讲延安的种种活动一样。历史给予了这两座城市极大的光荣。《重庆抗战丛书》一系列研究专题和资料，涉及不少领域，具有特色。人们应该可以从中找到所需要的东西，去认识抗日战争特定的历史地位，以及它怎样为后来新中国的降临作了准备。

抗日战争把全国空前未有地动员起来了。许多地区，不分前线与后方，都可能有这样那样的史实值得笔之于书。有了它们，就有了我们全民族这场惊天动地的、为生存而斗争的全貌。《重庆抗战丛书》带了一个好头。希望它是我们望到的以地区命名的第一部大型历史书，不是这方面仅有的一部书。

刘大年

1993 年 5 月 4 日

椎轮为大辂之始

——《北方大学工学院史料》序①

事业不论巨细，凡取得成就的，都有一个创始演进，以至壮观、大成的过程。中国古人早就形象地指出过这个过程，叫作“椎轮为大辂之始”。椎轮指以圆木为轮的原始车子，大辂则为高大、先进的大车。如果今天的北京理工大学可以比作大辂，那么，北方大学工学院就是它的椎轮之一了。

北方大学工学院的任务，顾名思义是培养科学技术人材。当时我们办学的主客观条件都很差。我和相继担任负责工作的几个人，没有一个学过工科。学校开头宣布的工学院正、副主任是高太玄、刘大年。高老先生是学工的，那时在边区参议会任职，来学校巡视一趟，就回参议会去了。我负责工学院的工作只有半年。1946 年底我离职养病，陈唯实为主任，陈以后曾毅为主任。曾毅研究数学，曾在法国留学，但也不懂工业技术。我们的共同点是知识分子，在革命根据地做过宣传教育工作。我们在工学院这个岗位上所能做的，是团结知识分子，主持政治思想工作，实施学生学文化、打基础的教育方针。仅此而已。据说新中国冶金、化工两个部门的成就中，当年工学院出来的同志颇有贡献。这当然是后来同志们的努力和全面解放提供了新的环境条件的结果。我们这些外行没有出上力，却也感到与有荣焉。

工学院在北方大学七个学院中，属于人数比较少的一个。今天看来，当初创办这个学院，绝非偶然。它的意义不能从规模大小、原始程度去加以衡量。抗日战争胜利，人民强烈希望有一个和平局面，开始国家重建。共产党与国民党达成“和平建国”的《双十协定》，共产党是准备加以执行的。近来一些研究者对当时种种动向加以考察，说明这是事实。在解放区培养科学技术人材，开展工业生产，可以认为有着双重的需要：准备与国民党作和平竞争，并改变中国落后面貌，使民族获得振兴。工学院无疑是在这个背景下举

① 原载《北方大学工学院史料》，北京理工大学出版社 1995 年版。——编者注

办的。把它说得很高，似乎共产党早就着手了中国实行现代化的任务，那不对；反过来，把它说得很低，似乎共产党依旧是农民打天下，缺少使国家工业化的眼光，同样不对。它们都不符合实际。但是话必须说回来，人们并不能凭历史生活。现在的问题，不在于认识椎轮的某种意义，而是在于建设气派更宏伟、功能更先进的大辂——比方说北京理工大学已经制造出了自己的机器人，还应当研究如何去制造一代又一代更新的机器人，以及诸如此类。

《抗日战争时代》题记①

1982年，日本文部省下令修改历史教科书，掩盖日本对中国的侵略，我头一次写关于抗日战争的文章。自那以后，或者出席学术讨论会，或者评论某事某书，直到去年纪念中国人民抗日战争胜利50周年，又陆续写了若干篇。它们不成系统，各自独立，论点也不免有重复的地方，虽则详略与侧重点各异。1987年上半年以前写的已经编在当年出的一本选集里面，其余各篇都汇集在《抗日战争时代》这本小书上。

一些历史论著中，对于拿“时代”区分历史阶段，各有用法，没有什么规则。但一般说，所标明的那个时代，必有相当特色，对于往后的历史总又产生过一些影响。只要提起那个时代，就容易令人想到其社会风貌、精神状态。例如今天人们说起五四时代，我们马上就会想到民主与科学两大口号和那个思想解放的潮流。抗日战争时代的鲜明特色或特点，一为我们民族空前觉醒；二为人民力量兴起壮大。它们两者相汇合，突出表现出了当时的社会面貌和格局，它们一起最后决定了抗日战争的全胜结局，给中国社会历史重新走上独立发展道路创造了实际可能性。收集在这里的文章，不外乎叙述和讨论抗日战争八年的这种种情节，所以取了《抗日战争时代》这个书名。现在提起抗日战争，我们马上就会想到那时全国奋起与民族敌人作殊死战，想到那个时代中华民族重新振兴的阳刚大气。

抗日战争中民族矛盾第一，阶级矛盾第二。民族苦难弥漫大地的现实感受，传统的思想认识，使爱国思想或爱国主义成了各族人民、一切抗日分子的共同思想。爱国主义这个词晚近才比较通行。但从它包含的爱国观念算起，大概同国家政权的出现和存在一样古老。爱国主义的要义是忠诚地热爱自己的祖国。力行者令人起敬，背反者不为人所齿。到现在为止，中国外国概莫能外。法国大革命把“天赋人权”作为信条，路易十六被以通敌叛国罪送上了

---

① 原载《抗日战争时代》，中央文献出版社1996年版。——编者注

断头台。这表明人权尽管神圣，但谁也不能拿它作为护符去干背叛祖国的勾当。第二次世界大战中，法国元帅贝当组织政府，向德国投降，戴高乐起来领导了抵抗运动。贝当是第一次世界大战时法国的英雄，至今众多的法国人并不因此就原谅他。美国在六七年以前，为一起国旗焚烧事件激烈争论。当时一位民主党参议员预言，在1990年国会选举中占支配地位的将是“你爱国吗？”这类价值观念问题。这说明美国资产阶级尽管标榜人权、自由，但谁也没有不爱国的自由。国家存在来自阶级统治，爱国思想与阶级统治相一致而又不相一致。当事情涉及民族利益的时候，爱国思想总要表现为不同阶级的人群共同要求捍卫民族利益。反之，一些国家的统治阶级出于图谋私利，把爱国思想变成为大国沙文主义，变成民族侵略压迫的工具，而那些国家里面的先进分子则往往站出来加以抵制、反对。统治阶级对他们打击迫害，就因为他们体现了主张正义，坚持真理。那些统治阶级对爱国主义的扭曲和滥用，并不表明这种思想没有意义，而是从另外一个方面强调了它的重要地位和意义。中国外国的事实充分证明爱国思想是文明社会的通则。爱国主义则是我们用强化了的语言表达出来的这个文明社会的通则。就像国家和世界上一切存在的东西都会消失一样，有朝一日爱国主义也会消失。但现在的社会还不具备客观条件，去预计它即将消失的日子。因此，在今天我们的生活中，爱国主义的价值观念不可能被贬低，也不应当“淡化”“中性化”。有人希望爱国主义在中国“不起作用”，那就是说他们希望让中国人不爱国来起作用。在抗日战争中把全中国人的意志集中起来战胜了民族强大敌人的爱国主义，现在和今后，将会在新的环境下，汲取新的因素，继续放射出它的光辉。

抗日战争研究是科学研究，科学研究的头一条就在于遵守事实，保持客观性。研究抗日战争，从根本上说，保持客观性与怀抱爱国主义，绝无矛盾，只有天然一致。法国思想家伏尔泰在一封致友人的信中说，“除了法国引起我的兴趣和感情以外，我再没有别的兴趣和感情”。在整理《抗日战争时代》文稿时，伏尔泰的话常常在我脑际回荡。

1996年5月9日晚

《香港二十八总督》序言[1]

1997年7月1日，中国恢复行使香港主权，中华民族的百年耻辱，即将湔雪，香港进入一个全新的历史时期。正因此，香港的历史成了众多人十分关心，希望有所了解的话题。

香港自被英国殖民主义者强夺的那天起，其统治者就是港英当局，最高权力代表就是总督。总督秉承英国皇室、英国统治阶级意旨，忠实于英国政府的政策，对香港进行殖民统治，其最高使命是为英国政府攫取最大的财富，同时，也把香港变为继续侵略中国的前沿基地。总督的地位在当地是至高无上的。他们在本国、在西方是口不离民主的头面人物，在香港、在东方则是侵略成性的老牌帝国主义的象征。他们用残酷手段、严刑峻法压制中国人民，不许反抗，或者根据形势变化采用怀柔政策来维持殖民统治秩序；他们同时也采取发展经济的政策方针，兴建一些基础设施，为香港繁荣创造条件。香港发展成为今天这样具规模、地位的国际自由港，不是凭他们的主观愿望就能实现的；从香港往英国输送滚滚财源，使英国统治阶级如愿以偿，是和他们的活动分不开的。作为个人，他们多半很渺小；作为总督和政客，即作为统治阶级掌握权力的代表，他们显然又不应当被忽视。

关于香港历史的书籍，可谓汗牛充栋。张连兴先生的《香港二十八总督》一书从一个崭新的角度和视点，来阐述百余年来香港的历史，迄今尚属仅见。

英国占领香港一百五十多年中，共派出总督二十八位。他们在任的时间长短不一，周围环境不同，有重在保护既得利益的，有积极进攻、向中国侵略扩张的。他们的个人经历有异，又更有作为殖民统治者的共性。《香港二十八总督》中，对那些总督的生平，按照他们的在任顺序，把不同时间里香港的政治、经济、文化、教育、宗教、生活、律例、风土人情，以至历史掌故综合叙述，横着看是一系列人物传，竖着看，是一部香港通俗史，别具一格。

---

① 原载张连兴著《香港二十八总督》，朝华出版社1997年版。——编者注

中国恢复行使香港主权，是根据《中英联合声明》实行的。香港回归后实行“一国两制”：“一制”是香港的资本主义，“一制”是内地的社会主义。它集中反映了香港从受英国殖民统治到回归祖国的一百五十多年间中国的沧桑巨变。清政府为什么被迫把香港割让给英国？就是因为封建统治阶级腐朽，国势衰弱，失去了捍卫国家领土主权的力量。辛亥革命推翻了清朝统治，对于收复香港问题不但没有提出，而且一开始就宣布承认清政府与外国签订的各项条约。为什么？国家衰微，没有力量。第一次世界大战后，中国作为战胜国，北洋政府在巴黎和会上只提出收回九龙租借地，不敢涉及香港岛，但那也无人置理。为什么？中国四分五裂，更加衰弱了。

抗日战争爆发，中国全民奋起抗战，赢得世界刮目相看。其间，蒋介石也有心乘机收复香港，并一度表示，如果英国不答应归还香港，国民政府就不同它签订修改废除治外法权等条约。尤其是1945年日本投降，身为同盟国中国战区最高统帅的蒋介石，完全有权派兵赴港接受日本的投降，但最终眼看着英国军队远涉重洋，来港受降，蒋介石也不敢抗争。收回香港，到底落了空。为什么？中国依然是没有力量。英国看准了，蒋介石所掌握的军队不少，但反共心切。他不但不会用武力来收复香港，相反，他还必须靠外国的支持，在国内发动反对人民的战争，来保持大地主、大资产阶级的统治地位。抗日战争中，蒋政权统治下的中国的所谓“四强之一”，徒然虚语耳。新中国代替旧中国，故国新生，大踏步走上了复兴的道路。香港得以收回，就是由于今天中国是在复兴的道路上行进着。

恢复行使香港主权，本来只是中国人的事情，或者再加上英国的关心。如今受世界广泛注目，俨然是一件世界性大事。绝大多数人热烈赞扬中国恢复行使香港主权，少数人心里不痛快，耿耿于怀，但也说不出口。这绝非偶然，因为它是由当今中国历史走向起作用的。人们之所以要了解历史，是可以从它的演变中得出相应的认识。香港回归可以从各方面去认识，但是归根到底，我以为不外乎几个大字——社会主义、改革开放。

上述一些事实，与《香港二十八总督》内容有关。写在这里，或者有可供读者研究参考的地方。

1997年3月31日

《追求集》序[①]

中国近代史的研究，早已使我们得出了一个概括，一个明确的认识：近代中国历史的基本问题，一是民族不独立，要求在外国侵略、压迫下解放出来；二是封建统治使中国社会生产落后，要求实现工业化、近代化。这个概括来自种种具体问题的研究，它合乎历史事实，而又可以帮助我们分析、观察今天的现实。不用说，这绝不等于我们认为对于过去那长达百年以上的历史，事无巨细，已经一览无余，没有进一步研究的必要了。相反，某些早就存在的重要分歧，至今没有取得共识。认识分歧的地方，多半显示是研究不足、矛盾复杂的地方。一个时期以来，各种用臆说代替学术研究的议论，一阵阵像尘土随风扬起，蒙人视界。其中有从外刊外论"引进"的，也有土生土长、自产自销的。凡此一切，或者需要我们继续深入研究讨论，或者需要切实、准确地做出答案，并且最后把它们变成有系统的、稳定性的看法。不少近代史研究者，本着自己的责任感，辛苦劳动，各有成果。张海鹏同志的《追求集》，是我见到的那些成果中的一种。集中文字，论事观点鲜明，强调理论指导的意义，命题多有针对性，在具体问题的研究上不乏新意。它们的主要内容，既是解说上述中国近代历史两个基本问题的，同时也是密切联系现实社会生活实际的。社会科学要联系实际，绝非如有人指责的是什么"功利主义"之类。真正忠于历史科学的人，都会反对按照现实这样那样的需要去"改造历史"，也不会认为对历史的简单类比推论有助于说明现实问题。但是我们的近代史研究，如果不反映时代发展中人们需要知道的与现实相关的过去，那很像有人说过的，他们是在回答谁也没有问过他们问题的聋子。就算这过于文学夸张也罢。

《追求集》的"追求"是一个现代用语。我们一般把它看作探索未知，追求真理的意思。人们从这里自然会提到一个问题：采取什么方法论去探索、追

---

①原载张海鹏著《追求集：近代中国历史进程的探索》，社会科学文献出版社1998年版。——编者注

求？我们认定马克思主义的唯物论是科学的思想方法论。唯物论的出发点是，人必须依靠一定的生产力并结成相应生产关系，进行获取物质生活资料的生产来求得生存和争取发展。生产力和生产关系又适合又矛盾的运动，推动社会发展，历史变革。生产力的革新是无止境的，生产关系或质变或不断量变的革新也就是不封顶的。这充分表明，唯物论是从人类社会共同生活里最基本的事实出发来认识历史的，和是从基因上带着永久开放性来认识社会历史的。事实的基本性，先天的开放性，浑然一体，无彼此之分。为什么唯物论面世之后，无日无时不受到反对、攻击，而迄今仍被追求认识人类社会历史规律的思想理论界奉为圭臬，就因为它的道理是推翻不了的。

世界的一切都在迅速变动中。马上就要过去的20世纪留下了人类历史上一系列的空前巨变造成的现状。自然科学领域最初由社会生产需要所推动、促进的多种划时代的发明、发现，令人眼花缭乱。人类社会的存在，依靠人类自身的生产和人谋取物质生活资料的生产这两个生产来延续下去，蕃衍昌盛。当前自然科学领域的一些重要成果，正在全面地改造社会物质生活的生产，也直接触及人自身的生产。这说明人创造自己的历史，首先必须从社会物质生产领域来开始自己的创造，有了物质生产领域的创造，然后才有其他一切创造，包括人类的思想花朵。人创造历史，由于它是先天开放的，有些活动将把自己引向何处去，以至现在难以预测。例如微电子信息技术、基因工程，整个生物科学、航天科学等就是这样。物质性和开放性，是人类社会历史的基础与基本性格。世界的全部过去，都是教人得出这个认识；相反的认识都站不住脚。那么，在历史研究、社会科学研究中，应当怎样去探索呢？我想说，那就是要照唯物论的本来面目坚持唯物论。在唯物论前面加上“本来面目”几个字，显然说不上什么新的解释，但添几个字意在加强，也并非画蛇添足。

刘大年

《中国工人运动史》序①

中国工人运动史是一个应当切实研究的领域：一切事物都有自己的发展过程和环境条件，中国工人运动也不例外。它的早期微弱、后来壮大和中国近代历史的演变联系在一起，了解中国工人运动史可以从一个重要的方面了解中国近代的历史。

关于中国工人阶级独特的地位和历史作用，以往我们的一些文献和论著上早有阐述。那些阐述，给人们提供过重要的思想认识或启示。那些阐述，发源于通常所说的民主革命时期。因此，它们主要是讲工人阶级革命的彻底性和在民主革命中的任务。当时只能如此，讲的道理也是正确的。现在民主革命胜利，新中国代替旧中国已经过去半个世纪，我们只是简单地重复原有的正确道理，就显得缺少点了什么，不教人餍足。中国工人阶级的地位和作用，是从中国近代历史复杂矛盾运动的整体过程中表现出来的。越往后，这一点越突出。

何谓中国近代历史复杂的整体运动？我们把多种社会矛盾现象梳理一下，可以知道，近代中国社会生活中的基本矛盾，是民族丧失独立，要求在外国侵略压迫下解放出来，和社会生产落后，要求实现工业化、近代化。民族不独立，缺少近代化，这两大问题压抑、困扰中国几代人伸不起腰杆，斗争总是失败。中国近代历史奇特地形成了虽不相等，却是明显存在着两个相反走向的两条路线。一条是急剧的下降线。中国遭受外国侵略压迫加上封建统治，一天天在半殖民地半封建社会黑暗深渊里沉沦下去，直至日本发动八年的侵略战争，把中国推向了死亡的边缘。一条是曲折、艰难、微弱的上升线。上世纪六七十年代中国近代工业露头，本世纪初并出现过短暂的小小增长浪潮，尽管全部是轻工业。第一次世界大战结束，帝国主义再次加紧对中国的控制，但是直到日本发动全面侵华战争，民族工业也仍然多少保持增长倾向。民族

---

① 原载刘明逵、唐玉良主编《中国工人运动史》，广东人民出版社 1998 年版；转载《中国图书评论》1999 年第 6 期，改名为《焚膏油以继晷，恒兀兀以穷年》。——编者注

工业是新事物，给中国前景带来了光明。伴随着它，中国出现了新的社会力量，出现了民族资产阶级、工人阶级、近代知识分子。它们的地位和作用不同。其中工人阶级是近代工业的生产劳动者，最富于革命性。中国共产党的诞生，就是以中国工人阶级的存在为基础，并且在政治上成为它的先锋队的。这是近代历史上的一个大变化。与近代工业相伴随的这些社会势力，各自凭着自己的能量，加上深受压迫占人口最大多数的农民群众，才构成了民族独立，打开使中国走向近代化的最后支柱。新中国代替旧中国，是民族不独立与近代工业同时存在的下降与上升两条线矛盾运动的终点，同时，也是中国由衰败走向复兴的起点。把工人阶级的地位、作用放在中国近代历史这个大脉络、大变迁过程里看待，显然就丰富多了，事物要从它的运动中去认识。事物一定形态的运动没有完成，人们对它的认识也就不可能完成。相反，把握住了事物一定形态运动的某种完成式，我们的认识就有可能比较深刻一些，全面一些。我说的中国工人阶级的地位、作用，是从中国近代历史的基本矛盾运动变迁的整体过程表现出来的，就是这个意思。

民族独立与近代化息息相关，但又是不同的两件事。中华人民共和国成立，民族独立了，中国要实行现代化，即使达到中等发达国家的水平，也还有漫长的路要走。工人阶级现在一是国家社会的主人，二是中国特色社会主义现代化建设的生产劳动者。它的地位、作用不是减轻，而是加重了。新情况、新矛盾接踵而来，但这已经不属于我们讨论的如何看待工人阶级在中国近代史上的地位、作用的问题。

对于学术著作的要求是什么，似乎不好笼统地说。零星接触到一些出版物，使我设想重复两个词："实学""创新"。实学、创新说来平平淡淡，在学术研究上真正见诸实现，谈何容易。刘明逵、唐玉良两位主编的《中国工人运动史》是若干时间以来国内外同类题目中一部值得注意的书。它在实学、创新上达到了怎样的境地，那要由读者和同行们去评论，我能够说的，是编著者焚膏油以继晷，恒兀兀以穷年，是下过功夫的。人们爬山，越多爬几步，到达的位置就越高。研究学问，肯下功夫，我想也可以看作是一种爬山。

《张学良世纪风采》序[①]

当代世界名人张汉卿先生明年100岁，我们祝贺他，如南山之寿，如松柏之茂。

评价张汉卿先生有三个基本原则：

第一，我们是把中华民族的利益得失放在第一位，还是把国民党、共产党的利益得失放在第一位？

第二，推动蒋介石参加抗日战争，是抬高了他在历史上的地位，还是贬低了他在历史上的地位？

第三，“西安兵谏”时，是只有张、杨能够起这种作用，或者还有别人能起这种作用？“西安兵谏”是个人或少数人的行为，还是代表了全民族的意愿？

半个世纪以来，全国人民对日本残暴侵略中国强烈愤怒，一旦对日打响，全国四面八方的几十万大军就开赴前线，一致对敌。

抗日是民族大义，是历史的必然趋势。

蒋介石三十万大军进逼西安，逼出了“西安兵谏”，张汉卿把蒋介石送回南京，实现了国共合作、全国抗战、全民族空前团结，足见“西安兵谏”是代表了全国人民的意愿。抗日是不可阻挡的，全国要求抗日的历史潮流是不可阻挡的。

国共合作后，蒋介石一时成了全国的抗日统帅。蒋介石统治中国20年，这是他最受全国人民拥护的时期。至于国民党最终遭到失败，那是因为蒋介石在第二次世界大战后（即进入冷战时期），党内派系倾轧，官员贪污腐败，对外投靠美国，背离人民的根本利益。

陆游晚年有诗云：“斜阳古柳赵家庄，负鼓盲翁正作场。死后是非谁管得，满村听说蔡中郎。”

---

① 原载张友坤编《张学良世纪风采》，华文出版社2000年版。——编者注

根据以上三条原则去衡量，我们讲历史的人，只要不是负鼓盲翁，就很容易对张汉卿的是非功过作出判断。学术讨论可以各说各的，但像张汉卿这样的人物，千秋青史自有定评。人无完人，金无足赤，要从民族大义去考虑问题，一切以民族大义为重。

张友坤编著的《张学良世纪风采》虽不是一部专门评价历史人物的书，但是所收汉卿先生不同时期珍贵稀有的照片，最易了解这位特殊的历史人物，有文字所不能表达的效果，值得认真一读。

刘大年

1999 年 12 月 1 日